Spätmittelalter und Reformation
Neue Reihe

herausgegeben von Berndt Hamm,
in Verbindung mit Johannes Helmrath,
Jürgen Miethke, Heiko A. Oberman
und Heinz Schilling

13

Ute Lotz-Heumann

Die doppelte Konfessionalisierung in Irland

Konflikt und Koexistenz
im 16. und in der ersten Hälfte
des 17. Jahrhunderts

Mohr Siebeck

UTE LOTZ-HEUMANN, geboren 1966; 1986–93 Studium der Geschichte, Anglistik, Pädagogik und Psychologie in Gießen und Schottland; 1993–98 Promotionsstudium; 1993–94 Forschungsaufenthalt an der State University of New York at Stony Brook, 1995 am Trinity College, Dublin; 1999 Disputation; seit 1995 wiss. Mitarbeiterin und seit 2000 wiss. Assistentin am Lehrstuhl für Geschichte der Frühen Neuzeit der Humboldt-Universität zu Berlin.

Die Deutsche Bibliothek – CIP-Einheitsaufnahme:

Lotz-Heumann, Ute:
Die doppelte Konfessionalisierung in Irland : Konflikt und Koexistenz
im 16. und in der ersten Hälfte des 17. Jahrhunderts / Ute Lotz-Heumann.
– Tübingen : Mohr Siebeck, 2000
    (Spätmittelalter und Reformation ; N.R., 13)
    ISBN 3-16-147429-5

Das Buch wurde von Gulde-Druck in Tübingen auf alterungsbeständiges Werkdruckpapier gedruckt und von der Großbuchbinderei H. Koch in Tübingen gebunden.

ISSN 0937-5740

Vorwort

Die vorliegende Arbeit wurde im Wintersemester 1998/99 von der Philosophischen Fakultät I der Humboldt-Universität zu Berlin als Dissertation angenommen und für den Druck geringfügig überarbeitet. An erster Stelle möchte ich meinem akademischen Lehrer und Doktorvater, Herrn Prof. Dr. Heinz Schilling, für die Betreuung der Arbeit und für seine jahrelange und vielfältige Unterstützung meinen herzlichen Dank aussprechen. Ebenso gilt mein Dank Herrn Prof. Dr. Clemens Wurm und Herrn Prof. Dr. Wolfgang Hardtwig für ihre Bereitschaft zur Erstellung des Zweit- und Drittgutachtens im Rahmen meines Promotionsverfahrens. Den Herausgebern der Reihe „Spätmittelalter und Reformation" möchte ich sehr herzlich für die Aufnahme der Arbeit in diese Veröffentlichungsreihe danken. Herrn Prof. Dr. Berndt Hamm danke ich in diesem Zusammenhang für freundlichen Zuspruch.

Nach ersten Anregungen von Herrn Prof. Schilling, die an meine Studienzeit in Schottland bei Frau Dr. Jane Dawson anknüpften, habe ich die vorliegende Arbeit im Jahr 1993/94 in den USA begonnen. Dort wurde ich von Herrn Prof. Dr. Karl Bottigheimer, State University of New York at Stony Brook, betreut. Ihm gilt mein herzlicher Dank für viele anregende Gespräche zum frühneuzeitlichen Irland sowie für Rat und fruchtbare Zusammenarbeit auch nach Beendigung meines USA-Aufenthalts. Frau Prof. Dr. Nancy Curtin und Frau Prof. Dr. Samantha Meigs danke ich ebenfalls für ihre Gesprächsbereitschaft. Herrn Prof. Dr. Robert Kingdon verdanke ich wertvolle Hinweise für die Vorbereitung meines USA-Aufenthalts. Den Professoren und Bibliothekaren der Columbia University, der Fordham University, des Union Theological Seminary und der State University of New York at Stony Brook schulde ich Dank dafür, dass ich in ihren Bibliotheken arbeiten durfte.

Die Finanzierung eines Forschungsaufenthalts in Irland im Jahr 1995 verdanke ich einem Stipendium der Gottlieb Daimler- und Karl Benz-Stiftung. Herrn Prof. Dr. Aidan Clarke gilt mein Dank für die Aufnahme als visiting scholar am Trinity College, Dublin. Frau Dr. Helga Robinson-Hammerstein und Frau Dr. Elizabethanne Boran nahmen mich dort mit großer Herzlichkeit auf, wofür ich ihnen an dieser Stelle danken möchte. Ebenfalls danke ich den Archivaren und Bibliothekaren des Trinity College, Dublin, des University College, Dublin, der National Library of Ireland, Dublin, der Representative Church Body Library, Dublin, und der British Library, London, für ihre Hilfe.

Nach meinem Forschungsaufenthalt in Irland konnte die Arbeit auf einer wissenschaftlichen Mitarbeiterstelle am Lehrstuhl von Herrn Prof. Schilling an der Humboldt-Universität zu Ende gebracht werden. Meinen Kollegen Frau Marie-Antoinette Gross und Herrn Dr. Stefan Ehrenpreis möchte ich für die freundschaftliche Atmosphäre am Lehrstuhl danken. Frau Karin Heilmann gilt mein herzlicher Dank für jahrelange gute Zusammenarbeit. Frau Angela Schneider hat sich um das Korrekturlesen der Arbeit verdient gemacht, wofür ich ihr an dieser Stelle danken möchte.

Mehrfach wurde mir in Irland, Großbritannien und Deutschland Gelegenheit gegeben, Teilergebnisse meiner Arbeit in Vorträgen vorzustellen. Dafür möchte ich Herrn Prof. Dr. Ronald Asch, Herrn Dr. Alan Ford, Herrn Dr. Bruce Gordon, Herrn Dr. John McCafferty, Herrn Prof. Dr. Raymond Mentzer, Herrn Dr. Hiram Morgan, Herrn Prof. Dr. Andrew Pettegree, Frau Dr. Helga Robinson-Hammerstein, Frau Prof. Dr. Luise Schorn-Schütte, Herrn Prof. Dr. Hermann Wellenreuther und Herrn Prof. Dr. Peter Wende sehr herzlich danken.

Zahlreiche Historiker und Historikerinnen haben mir zudem in freundlicher Atmosphäre die Gelegenheit zu Gesprächen oder Briefwechseln über die irische Geschichte gegeben. Dafür sei Herrn Prof. Dr. Ronald Asch, Frau Dr. Elizabethanne Boran, Herrn Prof. Dr. Aidan Clarke, Herrn Prof. Dr. Steven Ellis, Herrn Dr. Alan Ford, Herrn Dr. Raymond Gillespie, Herrn Dr. Holger Gräf, Herrn Dr. Colm Lennon, Herrn Dr. Hiram Morgan, Herrn Dr. Taigh Ó hAnnracháin, Herrn PD Dr. Ralf Pröve und Frau Dr. Helga Robinson-Hammerstein mein herzlicher Dank ausgesprochen.

Mein Ehemann, Dr. Dirk Heumann, und meine Eltern, Heinz und Liesel Lotz, haben auf vielfältige Weise und durch ihre aktive und moralische Unterstützung meiner Arbeit über viele Jahre entscheidend zum Gelingen des Projekts beigetragen. Ihnen dreien sei die Arbeit deshalb gewidmet.

Berlin und Nidderau, im August 2000   Ute Lotz-Heumann

Die vorliegende Arbeit wurde zu Beginn des Jahres 2000 auf die neue Rechtschreibung umgestellt. Zu welcher Entwicklung die Diskussion des Sommers 2000 über die Rechtschreibreform führen wird, bleibt abzuwarten.

Inhaltsverzeichnis

V. Konfessionalisierung der Gesellschaft und der Church of Ireland ‚von außen‘: Wentworth’ Experiment des absolutistischen Konfessionsstaates – 1632–1640

C. Konfessionsbildung und gesellschaftliche Formierung: Spezifika der doppelten Konfessionalisierung in Irland

I. Identität, Sprache, Propaganda und Geschichtsschreibung

E. Anhang

I. Zeittafel und Karten

II. Quellen- und Literaturverzeichnis

III. Register

A. Einleitung

I. Problemstellung:
Die irische Geschichte des 16. und 17. Jahrhunderts
aus der Perspektive des Konfessionalisierungsparadigmas

Auf Grund des Nordirland-Konfliktes mit seiner spezifischen Verknüpfung von konfessionellen und nationalen Identitäten ist man sich auch in der breiten europäischen Öffentlichkeit der großen Bedeutung von Konfession und Konfessionskonflikt in Irland bewusst. Die Konfliktlinien, die in Irland seit Jahrhunderten immer wieder aufbrechen, haben ihren Ursprung in der Geschichte des 16. und 17. Jahrhunderts. Die vorliegende Arbeit will diese ‚Inkubationsphase' der modernen irischen Geschichte unter der Fragestellung des in der deutschen Forschung entwickelten Paradigmas ‚Konfessionalisierung' untersuchen.[1]

Das 16. und 17. Jahrhundert stellen für Irland – wie für ganz Europa – die Phase des Eintritts in die Neuzeit dar, die geprägt war von starken Wandlungsprozessen und einem „struggle for stability".[2] Die Reformation und die durch sie hervorgerufenen Konfessionskonflikte waren ein entscheidender Bestandteil dieses Ringens um Stabilität. Eine fundamentale Eigenschaft des europäischen Zeitalters der Reformation und Konfessionalisierung war die enge strukturelle Verknüpfung von Politik und Religion. Denn „der Religionsbegriff der Zeit erstreckt sich auch auf die Politik wie

---

[1] Das Manuskript der vorliegenden Arbeit wurde im Herbst 1998 abgeschlossen. Danach erschienene Publikationen konnten nur noch in Auswahl berücksichtigt werden. – Die Literatur wird im Folgenden mit Autorennachname und Kurztitel zitiert, die bibliographischen Angaben befinden sich im Literaturverzeichnis. Rezensionen wurden nicht ins Literaturverzeichnis aufgenommen und erscheinen deshalb in den Anmerkungen mit vollständigen bibliographischen Nachweisen. – Die Schreibung fremdsprachlicher Begriffe im Text erfolgt nach den folgenden Regeln: Englische Wörter, die im Duden aufgeführt sind, beginnen mit Großbuchstaben und sind in normaler Schrift gesetzt. Genauso wird mit Ämtern und Institutionen, geographischen Namen und den Bezeichnungen für die einzelnen Bevölkerungsgruppen Irlands verfahren, um den Lesefluss nicht zu hemmen. Alle anderen fremdsprachlichen Begriffe, die nicht in die obigen Kategorien fallen, werden kleingeschrieben und in kursiver Schrift gesetzt. Die Titel von Büchern, Bullen, Parlamentsakten, Religionsartikeln etc. beginnen mit Großbuchstaben und stehen in kursiver Schrift.

[2] RABB, Struggle for Stability.

umgekehrt der Politikbegriff Kirche und Religion miteinschließt".[3] Unter
diesem Blickwinkel liegt das Besondere der modernen irischen Geschichte
darin, dass die spezifische Art der Vergesellschaftung, die im konfessionellen Zeitalter in ganz Europa vorherrschte, im weiteren Verlauf der irischen Geschichte nie völlig überwunden wurde.[4]

Staatlich-politisch ist Irland insofern ein europäischer Sonderfall, als einerseits die Republik Irland erst im 20. Jahrhundert von der britischen
Krone unabhängig wurde und andererseits die Insel weiterhin von zwei
Staaten regiert wird. Diese Tatsache hat ihren Ursprung ebenfalls im späten
Mittelalter und in der Frühen Neuzeit, nämlich in der Eroberung und Kolonisation Irlands durch England. Auch in diesem Zusammenhang stellt sich
die Phase des 16. und 17. Jahrhunderts als staatlich-politischer „struggle
for stability" dar, dessen Ausgang keineswegs vorherbestimmt war.

Seit der anglo-normannischen Eroberung Irlands im Jahr 1169 nannte sich
der englische König Lord of Ireland und beanspruchte die Insel als päpstliches Lehen, das ihm Papst Hadrian IV. 1155 in der Bulle *Laudabiliter* verliehen hatte.[5] Die anglo-normannische Eroberung des Hochmittelalters
brachte jedoch weder ganz Irland unter englische Herrschaft noch wurde
die ursprüngliche gälische Bevölkerung integriert. Deshalb hatte Irland im
späten Mittelalter eine politisch und gesellschaftlich stark fragmentierte
Struktur mit drei mehr oder weniger deutlich voneinander geschiedenen
Bevölkerungsgruppen. Erstens, die gälischen Iren: Sie gehörten zwar kulturell-ethnisch zusammen, bildeten aber keine politische Einheit. Zweitens,
die Nachkommen anglo-normannischer Adeliger: Diese hatten sich im Zuge
eines Akkulturationsprozesses an die Gälen angenähert[6] und waren weitgehend politisch unabhängig geworden. Sie blieben aber – sowohl von ihrem
Selbst- als auch vom Fremdverständnis her – Lehnsmänner des englischen
Königs. Und drittens, die im Gebiet um Dublin, der so genannten ‚Pale',[7]

---

[3] REINHARD, Zwang, S. 269; vgl. SCHILLING, Konfessionskonflikt, S. 22; SCHILLING,
Nation und Konfession, S. 89–90.

[4] Vgl. die Analyse von ASCH, Antipopery, S. 300: „Politics were gradually secular-
ised in England from the 18th century onwards, but in Ireland Antipopery remained a
force of considerable strength and proved to be a major obstacle to the development of a
secular, religiously neutral state which was to founder in the 19th and 20th centuries on
the enduring conflicts of the age of Reformation and Counter Reformation." (Vgl. auch
HOLMES, Ulster Presbyterians and Irish Nationalism; ROBBINS, Religion and Identity in
Modern British History).

[5] Irish Historical Documents, hg. v. CURTIS u. MCDOWELL, S. 17–18.

[6] Das Ausmaß dieses Akkulturationsprozesses ist in der spätmittelalterlichen Forschung umstritten. (Siehe unten A.III.1).

[7] Die Pale „reichte [von Dublin aus] nur selten weiter als 32 km nach Westen oder
mehr als 64 km nach Norden". (BOTTIGHEIMER, Geschichte Irlands, S. 60). Der Name
des Gebiets leitet sich von einem Erdwall ab, der im späten 15. Jahrhundert zum

und in den Hafenstädten ansässigen Stadtbürger und Angehörige des niede- ren Adels (Gentry): Sie bildeten den ‚harten Kern' des irischen Lordship und verstanden sich als ‚letzte Bastion' englischer Kultur in Irland. Die identitätsmäßige Abgrenzung verlief folglich im Spätmittelalter ent- lang ethnisch-kultureller Linien mit zwei sich diametral gegenüberstehen- den Bevölkerungsgruppen, wobei eine dritte Bevölkerungsgruppe sich zwar kulturell in einer ‚Schnittmenge' befand, als Lehnsmänner der engli- schen Krone und im Hinblick auf ihre anglo-normannische Herkunft jedoch eindeutig dem ‚englischen' Teil der Bevölkerung zuzurechnen war. Des- halb bezeichnet man die Gruppe der mittelalterlichen Siedler anglo-nor- mannischer bzw. englischer Herkunft – Adel, Gentry und Stadtbürgertum – auch mit dem zusammenfassenden Begriff ‚Anglo-Iren'. In der vorliegen- den Arbeit wird begrifflich zwischen dem ‚anglo-irischen Adel' und den – aus der Sicht der englischen Krone – ‚loyalen Anglo-Iren' (Gentry und Stadtbürgertum) differenziert.

Im 16. Jahrhundert fand ein komplexer Wandlungsvorgang in der Bevöl- kerungsstruktur und in den Identitäten der einzelnen Bevölkerungsgruppen statt, der durch zwei gesamteuropäisch wirksame Prozesse ausgelöst wurde: die Ausbildung und Formierung der Konfessionskirchen, wobei die protestantische Reformation von England an Irland herangetragen wurde, und die frühmoderne Staatsbildung, die wiederum England in Irland durch- zusetzen versuchte. Irland war eine ‚politische Anomalie', denn trotz seiner verfassungsrechtlichen Stellung als eigenständiges Königreich (seit 1541) hatte es durch die seit Mitte des 16. Jahrhunderts verfolgten Ansiedlungs- projekte *(plantations)* immer auch den Charakter einer Kolonie. Die geo- politische Lage Irlands hatte zur Folge, dass die Insel für auswärtige Mächte ein potentieller ‚Trittstein' nach England war.

Im frühen 17. Jahrhundert hatte sich eine neue Situation in Irland he- rausgebildet. Man unterscheidet nun drei Bevölkerungsgruppen. Erstens, die katholischen gälischen Iren, die mittlerweile auf Grund der vollständi- gen Eroberung Irlands durch England ihre politisch-militärische Führungs- schicht verloren hatten. Daneben hatten auch zahlreiche anglo-irische Ade- lige nach Rebellionen ihre Ländereien und ihre politische Macht verloren. Zweitens, die so genannten ‚Altengländer' (Old English), eine hauptsäch- lich aus den ‚loyalen Anglo-Iren', der Gentry und dem Stadtbürgertum, be- stehende Bevölkerungsgruppe. Diese hatten sich dem tridentinischen Ka- tholizismus zugewandt, fühlten sich aber politisch der englischen Krone verbunden, verstanden sich als kulturell ‚englisch' und grenzten sich von den Gälen ab. Der Begriff ‚Altengländer' kam im frühen 17. Jahrhundert als Selbstbezeichnung der katholischen ‚loyalen Anglo-Iren' auf, die sich

---

Schutz der ‚loyalen Untertanen' des englischen Königs errichtet wurde. (Vgl. RICHTER, Irland im Mittelalter, S. 149).

damit von den englischen Siedlern protestantischer Konfession abgrenz-
ten.[8] Er wird deshalb in der vorliegenden Arbeit auch erst für diese Zeit gebraucht.[9] Und drittens, die protestantischen ‚Neuengländer' (New English),
Beamte der englischen Krone und Siedler aus England, die im 16. Jahrhundert nach Irland gekommen waren. Im frühen 17. Jahrhundert kamen im
Zuge der *plantation of Ulster* auch viele Schotten nach Irland, deren calvi-
nistisch-presbyterianische Glaubenshaltung für die Entwicklung der protestantischen Reformation in Irland von Bedeutung war.[10]

Die identitätsmäßige Abgrenzung zwischen den Bevölkerungselementen
erfolgte nun nicht mehr allein über kulturell-ethnische und politische Faktoren. Der konfessionelle Faktor war hinzugekommen, der neue Gegensätze zwischen den protestantischen Neuengländern und den katholischen
Altengländern entstehen ließ, der aber doch noch nicht so stark war, dass
er die alten kulturell-ethnischen und politischen Gegensätze zwischen den
Altengländern und den ebenfalls katholischen gälischen Iren hätte nivellie-
ren können. Diese Konstellation blieb bis zum irischen Aufstand 1641 erhalten, als sich in der Konföderation von Kilkenny die Möglichkeit einer
neuen Gruppenbildung durch das Zusammengehen der gälischen Iren und
der Altengländer auf konfessioneller Basis ergab.

Das *cuius-regio-eius-religio*-Prinzip, auf dem in vielen Ländern Europas
die Konfessionszugehörigkeit der Untertanen beruhte, konnte in Irland
trotz der Eroberung des gesamten Landes durch England nicht durchgesetzt werden. Die protestantische Church of Ireland entwickelte sich zur
Minderheitskirche der Neuengländer, während sich die Bevölkerungsmehr-
heit, nämlich Anglo-Iren und Gälen, der katholischen Kirche, die als Untergrundkirche operierte, zuwandte.

In der vorliegenden Arbeit wird das in der deutschen Frühneuzeit-Forschung entwickelte Paradigma ‚Konfessionalisierung'[11] als heuristisches Instrument zu einer Analyse der irischen Geschichte des 16. und der ersten

---

[8] Vgl. ELLIS, Crown, S. 196.
[9] In der irischen Forschung wird der Begriff häufig bereits für die Zeit ab der Mitte
des 16. Jahrhunderts verwendet, was meines Erachtens jedoch angesichts seiner Ent-
stehungsbedingungen nicht angemessen ist.
[10] Im Folgenden werden die Schotten, falls es nicht unmittelbar um ihre Glaubenshaltung geht (siehe C.IV.1.a), begrifflich unter den ‚Neuengländern' subsumiert.
[11] Die folgende Darstellung des Paradigmas Konfessionalisierung basiert auf den
Arbeiten von Wolfgang Reinhard und Heinz Schilling, die im Literaturverzeichnis angegeben sind. Die Entwicklung der Forschungsdiskussion zum Paradigma Konfessionalisierung ist am besten dokumentiert in den drei aus Symposien des Vereins für Reformationsgeschichte (einmal in Zusammenarbeit mit dem Corpus Catholicorum)
hervorgegangenen Sammelbänden. (Vgl. SCHILLING, Reformierte Konfessionalisierung;
RUBLACK, Lutherische Konfessionalisierung; REINHARD, SCHILLING, Katholische Konfessionalisierung; vgl. auch SCHINDLING, ZIEGLER, Terrritorien, Bd. 7).

Hälfte des 17. Jahrhunderts verwendet. Aufbauend auf dem Konzept der Konfessionsbildung von Ernst Walter Zeeden[12] wurde das Paradigma ‚Konfessionalisierung' von Wolfgang Reinhard und Heinz Schilling Ende der 1970er und Anfang der 1980er Jahre entwickelt.[13] Der Ansatz Reinhards war eine Kritik an der negativ-antimodernen Implikation des Begriffes ‚Gegenreformation'.[14] Schilling entwickelte das Paradigma aus seinen Forschungen zur ‚Zweiten Reformation', wobei er die Verknüpfung mit dem Staatsbildungsprozess besonders hervorhob.[15]

Das aus der Perspektive der Gesellschaftsgeschichte entwickelte Konzept der Konfessionalisierung „beruht auf der Tatsache, daß in Alteuropa – im Mittelalter nicht anders als in der frühen Neuzeit – Religion und Politik, Staat und Kirche strukturell miteinander verzahnt waren, daß unter den spezifischen Bedingungen der frühneuzeitlichen Vergesellschaftung Religion und Kirche nicht historische Teilphänomene waren, sondern das Gesamtsystem der Gesellschaft abdeckten und zentrale Achsen von Staat und Gesellschaft bildeten".[16] Mit der Reformation spaltete sich die allumfassende mittelalterliche Kirche in verschiedene Konfessionskirchen auf, wobei jedoch jede einzelne der Konfessionskirchen ihren Absolutheitsanspruch aufrechterhielt, denn Religion nur als Teilsystem der Gesellschaft war noch nicht vorstellbar.[17] „Daraus mußte sich ein erheblicher Konkurrenzdruck zwischen den Kirchen ergeben, der sie jeweils zur Sicherung ihres Besitzstandes oder zu Versuchen zu seiner Ausweitung durch Konfessionalisierung veranlaßte."[18] Die Folge des Gegensatzes von religiösem Universalanspruch und realer konfessioneller Pluralität war, dass sich neue „Totalsysteme ... mit religiöser oder räumlicher Begrenzung"[19] ausbildeten.

In der Definition Heinz Schillings bezieht sich das Konfessionalisierungstheorem sowohl auf die „Herausbildung einer in einem formellen Bekenntnis verankerten Konfessionskirche" als auch auf einen „gesamtgesellschaftliche[n] Prozeß, innerhalb dessen diese bekenntnismäßige und organisatorische Verfestigung der Kirche als Leitvorgang für eine weitergreifende politische und gesellschaftliche Formierung wirkte".[20] Schilling bezeichnet die Konfessionalisierung als einen „gesellschaftlichen Fundamentalvorgang, der das öffentliche und private Leben in Europa tiefgreifend umpflügte, und zwar in meist gleichlaufender, bisweilen auch ge-

---

[12] Vgl. ZEEDEN, Grundlagen; ZEEDEN, Konfessionsbildung.
[13] Vgl. SCHILLING, Konfessionalisierung von Kirche, Staat und Gesellschaft, S. 2–3.
[14] Vgl. REINHARD, Gegenreformation.
[15] Vgl. SCHILLING, Konfessionskonflikt; SCHILLING, Zweite Reformation.
[16] SCHILLING, Konfessionalisierung im Reich, S. 5; vgl. REINHARD, Zwang, S. 269.
[17] Vgl. REINHARD, Katholische Konfessionalisierung, S. 428.
[18] REINHARD, Katholische Konfessionalisierung, S. 428.
[19] REINHARD, Konfession, S. 176–177.
[20] SCHILLING, Zweite Reformation, S. 412.

genläufiger Verzahnung mit der Herausbildung des frühmodernen Staates und mit der Formierung einer neuzeitlich disziplinierten Untertanengesellschaft".[21] Der Konfessionalisierungsprozess umfasste somit „die Konfessionsbildung' im Sinne eines Hervortretens von religiös-kulturellen Systemen, die sich bekenntnismäßig in der Lehre, im Ritus, in der Spiritualität und nicht zuletzt in der religiösen Alltagskultur deutlich voneinander unterscheiden".[22] Er förderte die „Sozialdisziplinierung" und sogar die „Christianisierung", insofern „ältere, vorkonfessionelle Formen der Volksreligiosität zurückgedrängt, wenn nicht gar vernichtet wurden",[23] und er war eng verknüpft mit der frühmodernen Staatsbildung.[24]

Im Fall einer gegenseitigen Verstärkung von Konfessionalisierung und Staatsbildung wurde die Entwicklung des frühmodernen Staates auf mehreren Ebenen gefördert. Der Staat erlangte „die Kontrolle über die Kirche als einen mächtigen Rivalen ..., nicht zuletzt auch über das kirchliche Vermögen als wichtiges Machtmittel".[25] So kam es zu einer „sachliche[n] und personelle[n] Ausweitung des Staates"[26] durch „die Entstehung staatlicher oder doch staatlich kontrollierter Kirchenbehörden",[27] durch die Übernahme der „Kompetenz für Ehe- und Familienangelegenheiten, Schule und Erziehungswesen sowie Armen-, Kranken- und Sozialfürsorge"[28] und durch eine Ausdehnung der staatlichen Gesetzgebung auf das Kirchenwesen.[29] Außerdem nutzten besonders die deutschen Fürsten die ihnen durch die Konfessionalisierung zur Verfügung gestellten Instrumentarien zur Zähmung bzw. Ausschaltung der Ständeopposition.[30]

Der Prozess der Konfessionalisierung basierte vor allem auf der Herstellung einer geschlossenen Großgruppe ‚Konfession'. Wolfgang Reinhard hat sieben Methoden herausgearbeitet, derer sich die Konfessionen bedienten, um ihre innere Organisation zu festigen:
1. Wiedergewinnung klarer theoretischer Vorstellungen – klares Glaubensbekenntnis – Ausmerzung von Unklarheiten,

---

[21] SCHILLING, Konfessionalisierung im Reich, S. 6.
[22] SCHILLING, Konfessionalisierung von Kirche, Staat und Gesellschaft, S. 4; vgl. ZEEDEN, Grundlagen.
[23] SCHILLING, Reformation und Konfessionalisierung, S. 21, 23; vgl. SCHILLING, Konfessionalisierung als gesellschaftlicher Umbruch, S. 41–43; REINHARD, Zwang, S. 268. Siehe dazu unten C.IV.2.a und b.
[24] Vgl. REINHARD, Konfession, S. 188; REINHARD, Zwang, S. 257, 269; SCHILLING, Konfessionalisierung im Reich, S. 6; SCHILLING, Zweite Reformation, S. 428.
[25] REINHARD, Zwang, S. 268; vgl. SCHILLING, Reformation und Konfessionalisierung, S. 21.
[26] SCHILLING, Nation und Konfession, S. 92.
[27] Ebd.
[28] SCHILLING, Reformation und Konfessionalisierung, S. 21.
[29] Vgl. SCHILLING, Konfessionalisierung als gesellschaftlicher Umbruch, S. 37.
[30] Vgl. SCHILLING, Reformation und Konfessionalisierung, S. 21.

2. Verbreitung und Durchsetzung neuer Normen – Versorgung mit geeigneten Multiplikatoren – Sicherung gegen ungeeignete,
3. Propaganda und Verhinderung von Gegenpropaganda – Zensur,
4. Internalisierung der neuen Ordnung durch Bildung – Reorganisation der Bildung – Monopolisierung der Bildung,
5. Disziplinierung der Anhänger – Kontrolle im Innern – Entfernung von Dissidenten und Abschließung,
6. Anwendung und Intensivierung von Riten – Betonung von Unterscheidungsriten,
7. Beeinflussung der Sprache – sprachliche Festlegung – sprachliche Ausschließung.[31]

Mittels dieser Verfahren sollte einerseits eine Abgrenzung nach außen und andererseits eine möglichst weitgehende Integration im Innern hergestellt werden.

Der Prozess der Konfessionalisierung war jedoch ambivalent. Er hatte sowohl einen aufbauenden, fördernden Aspekt, die Konfessionsbildung, als auch einen disziplinierenden, repressiven Aspekt, das Ziel der „Disziplinierung und Homogenisierung der Untertanen".[32] Konfessionalisierung konnte integrative, aber auch konfliktfördernde Wirkungen haben,[33] sie „ermöglichte staatliche und gesellschaftliche Integration ... und ... die nicht weniger radikale Konfrontation, die religiöse und politische Fundamentalopposition gegen jene staatlich-gesellschaftliche Integration".[34]

Die Konfessionalisierung gab zudem der „Herausbildung politischer und kultureller Identitäten in den Staaten und Völkerschaften des neuzeitlichen Europa" wichtige Impulse.[35] Es ist somit „von einem gesellschaftsgeschichtlichen Syndrom auszugehen. In ihm wirkten politik- und ereignisgeschichtliche, sozial- und personengeschichtliche ..., verfassungs- und rechtsgeschichtliche ... sowie religions-, kirchen- und mentalitätsgeschichtliche Faktoren zusammen und beeinflußten sich ständig gegenseitig".[36] Außerdem bezieht sich Konfessionalisierung „sowohl auf den überstaatlichen Bereich, auf das internationale System ‚Mächte-Europa' ... als auch auf innerstaatliche, innergesellschaftliche Sachverhalte".[37] Insgesamt ist das Kon-

---

[31] Die obige Liste stellt verschiedene Formulierungen der sieben Methoden der Konfessionalisierung von Wolfgang Reinhard zusammen. (Vgl. REINHARD, Zwang, S. 263; REINHARD, Katholische Konfessionalisierung, S. 426).
[32] REINHARD, Zwang, S. 268.
[33] Vgl. SCHILLING, Konfessionalisierung im Reich, S. 7; SCHILLING, Nation und Konfession, S. 90.
[34] SCHILLING, Konfessionalisierung im Reich, S. 6.
[35] SCHILLING, Nationale Identität, S. 199, vgl. S. 206.
[36] SCHILLING, Zweite Reformation, S. 391; vgl. SCHILLING, Konfessionalisierung von Kirche, Staat und Gesellschaft, S. 4.
[37] SCHILLING, Konfessionalisierung als gesellschaftlicher Umbruch, S. 37.

fessionalisierungsparadigma vergleichend ausgerichtet und analysiert nicht nur die vor allem von der klassischen Kirchengeschichte hervorgehobenen theologisch-dogmatischen und spirituellen Unterschiede der Konfessionen, sondern auch deren funktionale und entwicklungsgeschichtliche Äquivalenzen und die gesellschaftlichen, sozialen und politischen Konsequenzen der konfessionellen Formierung.[38]

Das Konzept der Konfessionalisierung ist in der Forschung breit rezipiert worden, in den letzten Jahren wird es aber auch zunehmend kritisch gesehen. Die am Konfessionalisierungstheorem formulierte Kritik lässt sich in mehrere Hauptrichtungen zusammenfassen.[39] Zunächst sind die vor allem von Winfried Schulze aus makrohistorischer Sicht geäußerten Zweifel an der ‚Reichweite' des Paradigmas zu nennen. Schulze hat sowohl die These von Konfessionalisierung als Fundamentalvorgang und Grundkategorie der frühneuzeitlichen Gesellschaft als auch die modernisierende Wirkung der Konfessionalisierungsprozesse angezweifelt.[40] Mit ähnlicher Stoßrichtung hat Anton Schindling darauf hingewiesen, dass „Grenzen der Konfessionalisierbarkeit im 16. und 17. Jahrhundert ... auch Grenzen des Konfessionalisierungs-Paradigmas in der heutigen Forschung"[41] seien. Des Weiteren ist sowohl von kirchen- als auch von allgemeinhistorischer Seite moniert worden, das Konfessionalisierungstheorem vernachlässige die theologische Wahrheitsfrage und die ‚Propria' der einzelnen Konfessionen.[42] Aus mikrohistorischer Sicht und zugleich aus dem Blickwinkel der „Disziplinierungsforschung"[43] hat vor allem Heinrich Richard Schmidt dem Konfessionalisierungsparadigma eine „etatistische Verengung" vorgeworfen, die durch die Konzentration auf die Gemeinden als „Fundament der Gesell-

---

[38] Vgl. SCHILLING, Konfessionalisierung im Reich, S. 6–7.

[39] Im Gegensatz zu der ausführlichen Darstellung der Historiographie zum frühneuzeitlichen Irland im nachfolgenden Abschnitt A.II, die angesichts des geringen Bekanntheitsgrades der irischen Geschichtsschreibung in der deutschen Forschung geboten scheint, sollen an dieser Stelle nur die wesentlichen Kritikpunkte am Konfessionalisierungsparadigma genannt werden. Detaillierte Darstellungen der Forschungslage und -kontroversen finden sich unter anderem in: KAUFMANN, Konfessionalisierung; REINHARD, Konfessionalisierung; SCHILLING, Konfessionalisierung von Kirche, Staat und Gesellschaft.

[40] Vgl. SCHULZE, W., Rezension von: SCHILLING, Konfessionskonflikt, in: Zeitschrift für historische Forschung 12 (1985), S. 104–107; SCHULZE, Konfessionalisierung.

[41] SCHINDLING, Konfessionalisierung, S. 40; vgl. SCHINDLING, Delayed Confessionalization.

[42] Vgl. KAUFMANN, Konfessionalisierung, Sp. 1115–1116, 1121; ZIEGLER, Typen, S. 417; ZIEGLER, Konfessionalisierungsthese; SCHINDLING, Konfessionalisierung, S. 12.

[43] So der jüngst von Heinz Schilling vorgeschlagene Überbegriff. (Vgl. SCHILLING, Disziplinierungsforschung).

schaft" abzulösen sei.[44] Auch Luise Schorn-Schütte hat eine durch das Konfessionalisierungsparadigma verursachte ,Engführung' konstatiert, indem „Bewegungen innerhalb der frühneuzeitlichen Gesellschaft als norm- und verhaltensprägend" angesehen worden seien, „die in der Realität vielfach nur als Zentralisierungs*absicht* existierten".[45]

Die Kritik am Konfessionalisierungsparadigma ist auch im Rahmen von Fallstudien zu den Niederlanden und zum Herzogtum Berg aufgenommen worden.[46] Hierbei wurde das Konzept der Konfessionalisierung jedoch nicht verworfen, sondern in einem wesentlichen Punkt modifiziert, indem auf die Möglichkeit des „gemeindeinterne[n] Voranschreiten[s] der Konfessionalisierung"[47] bzw. auf „konkurrierende Konfessionalisierung von unten"[48] und damit auf „das Nebeneinander verschiedener Konfessionalisierungen im gleichen politischen Raum"[49] hingewiesen wurde. Damit wird zum einen die Möglichkeit eröffnet, Konfessionalisierung nicht als per se erfolgreichen Prozess ,von oben' anzusehen, sondern vielgestaltige „Konfessionalisierungsversuche"[50] und -absichten ,von oben' und ,von unten' in einem politisch-gesellschaftlichen Raum zu konstatieren und in ihrem Aufeinandertreffen zu analysieren. Zum anderen rückt so auch der Konflikt wieder stärker in den Vordergrund des Interesses, und zwar sowohl im Hinblick auf die Auseinandersetzungen zwischen den Konfessionen als auch mit Bezug auf Widerstandsformen gegen Sozialdisziplinierung und frühmoderne Staatsbildung.[51] In diesem Sinne wird, wie unten noch zu zeigen sein wird, das Konfessionalisierungsparadigma in der vorliegenden Arbeit operationalisiert.

Ungeachtet der Kritik sind die zahlreichen vom Konfessionalisierungsparadigma angestoßenen Untersuchungen und Fallstudien Beweis dafür, dass es die Forschung insgesamt sehr befruchtet hat. Das Konfessionalisierungskonzept ist zudem auch von der internationalen Forschung rezipiert

---

[44] SCHMIDT, Sozialdisziplinierung, S. 640, 681; vgl. SCHMIDT, Dorf und Religion; SCHMIDT, Konfessionalisierung, vgl. dazu die Rezension von REINHARD, W., in: Zeitschrift für historische Forschung 22 (1995), S. 267–269.

[45] SCHORN-SCHÜTTE, Konfessionalisierung, S. 67.

[46] Vgl. MÖRKE, Konfessionalisierung; MÖRKE, Bedeutung des Konfessionellen; DIETZ, EHRENPREIS, Drei Konfessionen.

[47] MÖRKE, Bedeutung des Konfessionellen, S. 145.

[48] EHRENPREIS, Konfessionalisierung von unten, S. 8.

[49] MÖRKE, Bedeutung des Konfessionellen, S. 145.

[50] Ebd., S. 155.

[51] Vgl. FREITAG, Konfliktfelder. – Doch auch die Arbeit von Schilling zu Lippe und Lemgo hat keinen Fall beschrieben, bei dem Konfessionalisierung und Staatsbildung nahtlos ineinander griffen und sich gegenseitig verstärkten, sondern einen Fall, der – gerade auch auf lokaler Ebene – von Konflikten geprägt war. (Vgl. SCHILLING, Konfessionskonflikt).

worden.[52] Allerdings konzentrieren sich Anwendung und Fallstudien weitgehend auf das deutsche Reich.[53] Obwohl es sich als ein Paradigma der europäischen Geschichte des 16. und 17. Jahrhunderts versteht,[54] wurde das
Konzept der Konfessionalisierung bislang selten auf andere europäische
Länder angewandt.[55]

Die Anwendung des Konfessionalisierungsparadigmas auf Irland erscheint
aus mehreren Gründen erkenntnisfördernd. Erstens: In der Historiographie
zur Frühen Neuzeit in Irland werden die politische Geschichte einerseits
und die konfessionellen, kulturellen, mentalitäts- und sozialgeschichtlichen
Entwicklungen andererseits noch immer weitgehend getrennt betrachtet.[56]
Integrierende Ansätze wie das Konfessionalisierungsparadigma, das religi-
ons- und sozialgeschichtliche Fragestellungen auf der einen Seite und die
politische Geschichte auf der anderen Seite in einem Untersuchungsansatz
vereinigt, wurden innerhalb der irischen Frühneuzeitforschung bislang nicht
entwickelt oder rezipiert.[57]

---

[52] Vgl. z.B. HSIA, Social Discipline (mit irreführendem Titel); WANEGFFELEN,
Chrétiens.
[53] Vgl. BECKER, Konfessionalisierung; DIETZ, EHRENPREIS, Drei Konfessionen;
FRIEß, KIEßLING, Konfessionalisierung und Region; WESTPHAL, Frau und lutherische
Konfessionalisierung; SCHLÖGL, Differenzierung.
[54] Vgl. SCHILLING, Konfessionalisierung von Kirche, Staat und Gesellschaft, S. 4;
REINHARD, Konfession.
[55] Ausnahmen sind vor allem Studien zur niederländischen Republik und jüngst
auch zum ostmitteleuropäischen Raum: KAPLAN, Calvinists; MÖRKE, Konfessionalisierung; MÖRKE, Bedeutung des Konfessionellen; BAHLCKE, STROHMEYER, Konfessionalisierung in Ostmitteleuropa.
[56] Vgl. z.B. MORGAN, Political Ideology in Ireland. Dieser jüngst erschienene Sammelband ist aus einer im Jahr 1995 abgehaltenen Vorlesungsreihe an der Folger Library in Washington hervorgegangen und deutlich auf politische Theorie und Politikgeschichte ausgerichtet. – Obwohl in einigen Einzeluntersuchungen der letzten Jahre, vor
allem zur konfessionellen Entwicklung in den irischen Städten (vgl. LENNON, Lords;
SHEEHAN, Irish Towns), der enge Zusammenhang zwischen säkularen und religiösen
Faktoren herausgearbeitet wurde, wurden integrierende theoretische Forschungsansätze
und gesellschaftsgeschichtliche Zugänge bislang nicht entwickelt. (Siehe dazu im Einzelnen unten A.II.1 und 2).
[57] Man kann bei dem folgenden Hinweis von Alan Ford wohl kaum von einer Rezeption sprechen: „... some historians have pointed to the analogy of the German Reformation, where in several states the compromises of early Lutheran leaders of the
‚First Reformation' were in the early seventeenth century rejected by a more explicit,
self-consciously Calvinist ‚Second Reformation'. In Irish terms, this would suggest that
the transition from the ambiguities of the sixteenth century to the clarity of the seventeenth century was indeed a watershed, marking the beginning of the ‚Second Reformation' and even of the ‚confessionalisation' of Irish society." (FORD, Part II: 1603–41,
in: FORD, MILNE, Church of Ireland, S. 358). Ford bezieht sich hier auf die folgenden
Anmerkungen von Helga Robinson-Hammerstein, Heinz Schilling und Ronald Asch. –

Zweitens: Ähnlich verhält es sich mit den Untersuchungen zu den Konfessionskirchen. Diese beschränken sich bislang auf eine der beiden Institutionen, ohne gegenseitigen Einflüssen und vor allem vergleichbaren Aspekten Aufmerksamkeit zu schenken.[58] Doch vor allem dies ist angesichts der konfessionell gespaltenen und meist von kirchengeschichtlicher Seite getragenen Tradition irischer Historiographie ein dringendes Forschungsdesiderat. Insofern scheint es im irischen Kontext weniger dringlich, die konfessionellen ‚Propria‘ hervorzuheben, als vielmehr den Blick stärker auf eine vergleichende Analyse der Konfessionskirchen zu lenken.

Drittens: Die irische Historiographie zum 16. und 17. Jahrhundert operiert ausschließlich mit den klassischen Begriffen ‚Reformation‘ und ‚Gegenreformation‘ (*Counter-Reformation*), ohne dass diese ausreichend definiert oder systematisch aufeinander bezogen wären. Dabei ist es vor allem die der älteren kontinentalen Historiographie entnommene Vorstellung von der chronologischen Abfolge von Reformation und Gegenreformation, die die Geschichtsschreibung insbesondere in Gesamtdarstellungen weiterhin in hohem Maße determiniert.[59]

Robinson-Hammerstein: „[Ford] elicits the story of an intriguing variant of the general European phenomenon: ‚the second reformation‘.“ „In fact Ford succeeds in redirecting the thinking of researchers and in designating early seventeenth century Ireland as an example of ‚the second reformation‘ which repays closer scholarly attention.“ (ROBINSON-HAMMERSTEIN, H., Rezension von: FORD, Protestant Reformation in Ireland, 1590–1641, in: Journal of Ecclesiastical History 37 [1986], S. 470–474, hier S. 471 [erstes Zitat] und S. 473–474 [zweites Zitat].) – Schilling: „[Die irische Reformation] war eine Art ‚Zweite Reformation‘ ..., die ähnlich wie zur gleichen Zeit in anderen europäischen Ländern die Konfessionalisierung von Kirche und Gesellschaft auf der Basis der staatlich verordneten Konfession erzwingen sollte.“ (SCHILLING, Literaturbericht „Konfessionsbildung“, S. 455 [mit Bezug auf FORD, Protestant Reformation in Ireland, 1590–1641].) – Asch: „... the Reformation in Ireland was similar in structure and outlook to those continental reform movements which are commonly subsumed under the heading Second Reformation.“ (ASCH, Antipopery, S. 267).
[58] Vgl. z.B. die jüngst erschienenen Sammelbände über die Diözesen Dublin und Derry, die explizit oder implizit ausschließlich katholische Geschichte schreiben. (Vgl. KELLY, KEOGH, Diocese of Dublin; JEFFERIES, DEVLIN, Diocese of Derry; zu dieser Frage siehe auch unten A.II.1 und 2). – Raymond Gillespies Studie zur Volksreligiosität in Irland mit dem Titel *Devoted People* kann insofern als Ausnahme und Neuansatz gelten, da Gillespie Katholizismus und Protestantismus gleichberechtigt untersucht und nicht nach Konfessionen getrennt gliedert, sondern nach thematischen Schwerpunkten. (Zu den problematischen Aspekten dieses Buches siehe unten A.II.2).
[59] Demzufolge ist die bereits im Jahr 1986 von Ciaran Brady und Raymond Gillespie geäußerte Kritik nach wie vor berechtigt: „While concepts such as the ‚renaissance‘ and the ‚reformation‘ may serve as useful shorthand in some circumstances, they lack, in an Irish context, sufficient definition to act as useful analytical tools.“ (BRADY, GILLESPIE, Introduction, in: BRADY, GILLESPIE, Natives and Newcomers, S. 15). Siehe dazu auch unten A.II.2.

Viertens: Die irische Historiographie zum konfessionellen Zeitalter konzentriert sich bisher sehr stark auf Spezifika und Besonderheiten der irischen Entwicklung, ohne eine Einordnung in die europäische Geschichte
der Frühen Neuzeit vorzunehmen. In Unkenntnis beispielsweise der Vorgänge um die so genannte ‚Zweite Reformation‘ bzw. calvinistische Konfessionalisierung in zahlreichen Territorien des Reiches gilt das Scheitern
der von England an Irland herangetragenen Spätreformation weiterhin als
einmalig („unique"), und man geht davon aus, das einzige Land in Europa
gewesen zu sein, das das *cuius-regio-eius-religio*-Prinzip durchbrach.[60]
Auch hier kann die Anwendung des Paradigmas Konfessionalisierung helfen, den irischen Fall einerseits im europäischen Kontext zu untersuchen
und andererseits die tatsächlichen Besonderheiten der irischen Situation
herauszuarbeiten.

Fünftens: Auf der Ebene der Politik- und Mentalitätsgeschichte hat in
Irland in den letzten Jahrzehnten zunehmend die Interpretationskategorie
‚Kolonialismus‘ an Bedeutung gewonnen[61] – bis hin zu einer Dominanz
dieser Interpretation. Die Vertreter dieses Konzepts stellen Irland in den
Kontext englischer kolonialer Expansion. Dementsprechend wird Irland als
Englands erste und einzige Kolonie in Europa und als ‚testing ground‘ für
die überseeischen Kolonien interpretiert. Auch hier wird also ein irischer
‚Sonderweg‘ konstatiert, der vor allem die Sichtweise auf den zutiefst von
europäischen Entwicklungen beeinflussten Konfessionskonflikt in Irland
versperrt und auch insgesamt verhindert, Irland im europäisch-vergleichenden Kontext zu untersuchen.[62]

---

[60] Die im Folgenden aufgeführten Zitate mögen das belegen: Brendan Bradshaw:
„Uniquely, perhaps, among the polities of Europe, Ireland defied the principle of *cuius
regio eius religio*." (BRADSHAW, Reformation, S. 445). – Ders.: „The result throughout
Europe was to produce a reconfiguration of the political map in line with the confessional formula ‚one king, one faith, one law‘ ... viewed in the light of the same norm, the
outcome in Ireland is seen to be ominously exceptional: a kingdom in which the vast
majority of the subjects persisted in refusing to conform to the religion of the monarch
‚as by law established‘." (BRADSHAW, Tudor Reformation, S. 39–40). – Patrick Corish:
„... the bulk of the people ... of Ireland ... had taken a decision without parallel in Europe: they had opted for a religion which was not that of their civil ruler." (CORISH,
Two Centuries, S. 225). – Colm Lennon: „... the majority of the population, uniquely
for a European country of the period, came to dissent from the religion of the civil ruler." (LENNON, Sixteenth-Century, S. 27). – Samantha A. Meigs: „From the beginning
it was clear that Ireland was not following the familiar European pattern of *cuius regio,
eius religio* during the age of confessionalism. Everywhere else in Europe, the slogan
applied, one way or another. Only in Ireland were the terms reversed, with the religion
of the official government commanding the support of only a tiny minority of the population ..." (MEIGS, Reformations, S. 1).

[61] Siehe unten A.II.1 und 2.

[62] Dies hat auch der irische Historiker Hiram Morgan an seinen Kollegen kritisiert.
(Vgl. MORGAN, Mid-Atlantic Blues).

Eine Anwendung des Paradigmas Konfessionalisierung auf die irische Geschichte des 16. und 17. Jahrhunderts kann also angesichts der beschriebenen Situation in der irischen Forschung erkenntnisfördernd wirken. Dabei ist jedoch zu beachten, dass eine Analyse der irischen Geschichte unter dem Blickwinkel der Konfessionalisierung entscheidende Spezifika des frühneuzeitlichen Irland nicht aus den Augen verlieren darf und das theoretische Konzept entsprechend zu modifizieren ist. Als Spezifika sind zu nennen:

Erstens: Die Vertreter des Paradigmas Konfessionalisierung haben, um die chronologische und sachliche Parallelität der Konfessionalisierungsprozesse im Reich deutlich zu machen, auch eine sprachliche Parallelität eingeführt. Während die ältere Forschung die Begriffe „lutherische Orthodoxie", „Zweite Reformation" und „katholische Reform und Gegenreformation" benutzte, sprechen Schilling und Reinhard von „lutherischer, reformierter oder calvinistischer und katholischer Konfessionalisierung".[63] Diese Begriffe sind auf die konfessionelle Situation Irlands im 16. und in der ersten Hälfte des 17. Jahrhunderts nur teilweise anwendbar.

Auf protestantischer Seite muss man im irischen Kontext vor allem zwischen zwei inner-protestantischen Richtungen differenzieren, die auch innerhalb der englischen Staatskirche eine wichtige Rolle spielten. Es handelte sich zunächst um die vom Calvinismus beeinflussten so genannten ‚Puritaner'. Dieser Begriff ist von der Forschung bislang nicht eindeutig definiert worden, sondern schließt ein weites Spektrum von Meinungen und Gruppen ein. In der vorliegenden Arbeit sollen darunter die ‚gemäßigten' Puritaner verstanden werden, die die englische Staatskirche im 16. Jahrhundert ‚von innen' zu reformieren suchten.[64] Diese zeichneten sich im Allgemeinen durch die folgenden Standpunkte aus: „The key concern of any Puritan is for the godly spreading of the Word. Factors ... which can help to identify people as Puritans, may be said to be an aversion to unnecessary ceremony; [an aversion to] surplices; a desire for a Presbyterian structure."[65] Die irische Staatskirche des späten 16. und frühen 17. Jahrhunderts wurde, wie wir noch sehen werden, sowohl vom englischen Puritanismus als auch vom schottischen Presbyterianismus beeinflusst und war in ihrer Theologie deutlich calvinistisch ausgerichtet.

Im Gegensatz zur konfessionellen Ausrichtung der Puritaner stand der Arminianismus, dessen wichtigster Vertreter in der Regierungszeit

---

[63] Vgl. SCHILLING, Konfessionalisierung im Reich, S. 6.
[64] Vgl. COLLINSON, Puritan Movement, S. 12–13.
[65] BORAN, Friendship Network, S. 118; vgl. COLLINSON, Puritan Movement, S. 45–55. Zur Frage der calvinistischen Theologie in der irischen Staatskirche, vor allem zur Prädestination, siehe unten C.IV.1.a.

Charles I. der englische Erzbischof von Canterbury, William Laud, war.[66]
Laud strebte die Stärkung der Bischofskirche und die Aufwertung des
geistlichen Standes gegenüber den Laien an, und er betonte die Liturgie
und die Sakramente gegenüber der Predigt.[67] Damit unterschieden sich die
Laudschen High-Church-Vorstellungen vor allem im Hinblick auf die
Adiaphora deutlich von den puritanischen Low-Church-Vorstellungen.
Dies führte auch in der irischen Staatskirche unter Charles I. zu Konflikten.

Im Hinblick auf den Katholizismus in Irland ist es sinnvoll, die ursprünglich als Kompromissformel entwickelte Bezeichnung ‚katholische Reformation und Gegenreformation' auch beizubehalten, obwohl sie mittlerweile
in der deutschen Forschung durch den sowohl den abwehrenden als auch
den aufbauenden Aspekt der katholischen Erneuerung im 16. Jahrhundert
umfassenden Begriff der ‚katholischen Konfessionalisierung' ersetzt worden ist.[68] Die irische Forschung ist bislang in der begrifflichen Differenzierung noch nicht weit vorgedrungen. Man spricht meist allgemein von
Counter-Reformation, ohne zwischen dem tridentinisch geprägten Reformkatholizismus und der auf Abwehr des Protestantismus – in Irland vor allem durch militärisches Vorgehen – ausgerichteten Gegenreformation zu
unterscheiden.[69] Tatsächlich kann man diese beiden Aspekte in der irischen
Geschichte der zweiten Hälfte des 16. Jahrhunderts aber voneinander trennen, da sie im Wesentlichen von unterschiedlichen Bevölkerungsgruppen
getragen wurden. Die unabhängigen anglo-irischen und die gälischen Lords
wurden zu Trägern der militärischen Gegenreformation, wogegen die loyalen Anglo-Iren sich primär zu Trägern der katholischen Reform entwickelten.

---

[66] Nach dem niederländischen Theologen Jakob Arminius (1560–1608), der im Unterschied zur calvinistischen Prädestinationslehre die Freiheit des Menschen zur Erlangung der göttlichen Gnade betonte. Es ist in der Forschung umstritten, ob Laud ein
Anhänger der arminianischen Theologie war, jedenfalls vertrat er im Hinblick auf die
äußeren Formen des Gottesdienstes eine konservative Ausrichtung. (Vgl. HAAN,
NIEDHART, Geschichte Englands, S. 157; VON GREYERZ, England, S. 92–93).
[67] Vgl. VON GREYERZ, England, S. 93; HAAN, NIEDHART, Geschichte Englands,
S. 157; SCHRÖDER, Revolutionen, S. 33–34.
[68] Die Formel ‚katholische Reformation und Gegenreformation' wurde von Hubert
Jedin in der deutschen Forschung eingeführt. (Vgl. JEDIN, Katholische Reformation;
vgl. auch REINHARD, Gegenreformation, S. 227).
[69] Die mangelnde begriffliche Differenzierung auch in der neueren irischen Forschung wird deutlich an der Diskussion des Begriffs *Counter-Reformation* bei LENNON,
Counter-Reformation, S. 76–78. Lennon entscheidet sich selbst für eine sehr breite, fast
schwammige Definition: „... I wish to take the counter-reformation in Ireland as en-
compassing the elements of native response to the reformation, the preservation of ol-
der forms of practice and devotion, some reform impulses already manifest in the pre-
reformation period and the spiritual force of the Tridentine reforms fusing with or
transmuting native Catholicism." (Ebd., S. 77–78).

Zweitens: Die nach der Einführung der Reformation in Irland unterbliebene Durchsetzung der Einheit von religiösem bzw. kirchlichem und politischem Raum musste sich angesichts der oben beschriebenen Bedingungen frühneuzeitlicher Vergesellschaftung als sehr konfliktträchtig erweisen. Auf Grund dessen wird man den Aspekt des katholischen Widerstandes gegen konfessionell-staatliche Integration im Zeichen des Protestantismus im irischen Kontext besonders beachten müssen. Dieser Aspekt ist zwar in der ursprünglichen Formulierung des Konfessionalisierungskonzeptes von Heinz Schilling bereits vorhanden,[70] in der Forschung wurde er aber bislang durch eine vornehmlich etatistische, obrigkeitliche Ausrichtung in den Hintergrund gedrängt.

In Irland kam es jedoch weder dazu, dass eine der beiden Konfessionen ihr religiöses Monopol durch effektive Konfessionsbildung und erfolgreiche Konfessionalisierung durchzusetzen vermochte, noch kann man von einem Ineinandergreifen und einer gegenseitigen ‚positiven Verstärkung‘ von Konfessionalisierung und Staatsbildung sprechen. Vielmehr sind im irischen Kontext gegeneinander gerichtete Konfessionalisierungsansätze und -ziele zu betrachten, die aneinander scheiterten. Um dies terminologisch zu verdeutlichen, werden die konkurrierenden Konfessionsbildungen und Konfessionalisierungen des Protestantismus und des Katholizismus in Irland unter dem Oberbegriff der ‚doppelten Konfessionalisierung‘ gefasst. Daraus folgt auch eine wichtige methodische Konsequenz: Statt die erfolgreiche Durchsetzung eines konfessionellen Monopols und die Verknüpfung mit der Staatsbildung als ‚Norm‘ zu betrachten, sollen sowohl die Versuche der protestantischen Konfessionalisierung ‚von oben‘ in Allianz mit dem Staat als auch die Ansätze der katholischen Konfessionalisierung ‚von unten‘ in Opposition zum Staat gleichberechtigt nebeneinander analysiert werden. Die protestantische und die katholische Konfessionalisierung in Irland waren nicht strukturell getrennt, sondern aufeinander bezogen. Sie reagierten aufeinander und vor allem ‚behinderten‘ sie sich gegenseitig. Dadurch entwickelten sie spezifische Merkmale und Anpassungsmechanismen an die bestehende konfessionelle Konkurrenzsituation.

Deshalb wirft der irische Typus der ‚doppelten Konfessionalisierung‘, der sich weniger durch erfolgreiche Durchsetzung als durch Zielformulierungen, Ansätze und Konflikte auszeichnet, die Frage nach Konfessionalisierung als gesellschaftlichem „Fundamentalvorgang"[71] auf. Es ist zu untersuchen, wie weit und wie tief die Gesellschaft durch zwei aufeinander tref-

---

[70] Vgl. SCHILLING, Konfessionalisierung im Reich, S. 6; jetzt auch: SCHILLING, Konfessionalisierung von Kirche, Staat und Gesellschaft, S. 29–31; vgl. auch REINHARD, Katholische Konfessionalisierung, S. 423.

[71] SCHILLING, Konfessionalisierung im Reich, S. 6; vgl. REINHARD, Katholische Konfessionalisierung, S. 420: „Fundamentalprozeß".

fende Konfessionalisierungsprozesse gespalten wurde und welche Strukturen sich als resistent, als trans- oder unkonfessionell bzw. nur teilkonfessionalisierbar erwiesen, damit das alltägliche Zusammenleben in einem gemischtkonfessionellen Raum noch funktionieren konnte.

Der Konfessionalisierungsprozess in Irland verkomplizierte sich zusätzlich, indem zu der ‚protestantisch-katholischen Doppelkonfessionalisierung' die oben bereits angesprochenen „binnenkonfessionellen"[72] Differenzierungen und Konflikte traten. Im Katholizismus drückte sich dies in der unterschiedlichen Trägerschaft von militärischer Gegenreformation und katholischer Reform aus. Im Protestantismus kam in den 1630er Jahren der Konflikt zwischen der mehrheitlich puritanisch-calvinistisch geprägten Church of Ireland und den Vertretern des Arminianismus hinzu. Im Gegensatz zur doppelten Konfessionalisierung, die sich ‚im Innern' der irischen Gesellschaft allmählich herausgebildet hatte, wurde der Arminianismus im Zuge einer Konfessionalisierung ‚von außen' an die irische Staatskirche herangetragen.[73]

Drittens: Ein weiteres Spezifikum der Konfessionalisierung in Irland ist die Tatsache, dass die kulturell-ethnische Aufgliederung der Bevölkerung sich nicht mit den entstehenden konfessionellen Abgrenzungen deckte. Diese Konstellation wirkte sich vor allem auf zwei Ebenen der doppelten Konfessionalisierung aus: Sie beeinflusste entscheidend die Entwicklung des Zusammenhangs zwischen Konfessionalisierung, Staatsbildung und verschiedenen Formen des Widerstandes. Und sie wirft die Frage auf, inwieweit der Faktor ‚Konfession' mittelalterliche, kulturell-ethnische Identitäten überlagern oder verdrängen konnte.

Viertens: Auf der Ebene der Staatsbildung ist Irlands besondere, sich allmählich im Laufe der frühmodernen Konflikte herausbildende verfassungs- und politikgeschichtliche ‚Zwitterstellung' zu beachten. Irland hatte sowohl Züge eines eigenständigen Königreichs als auch einer Kolonie.[74] Dieser nicht in die üblichen Kategorien passende Prozess der Staatsbildung ist in die Analyse des Zusammenhangs zwischen doppelter Konfessionalisierung und politischer Entwicklung einzubeziehen.[75]

---

[72] REINHARD, Konfessionalisierung, S. 83; vgl. auch SCHORN-SCHÜTTE, Konfessionalisierung.

[73] Die Begriffe „Konfessionalisierung ... im Innern der Gesellschaft" und „Konfessionalisierung der Gesellschaft und der Church of Ireland ‚von außen'" werden im Inhaltsverzeichnis und im Text als Kurzformeln verwendet, um auf diesen Unterschied abzuheben. Siehe B.IV und V.

[74] Vgl. BOTTIGHEIMER, Kingdom and Colony.

[75] Heinz Schilling hat den Begriff der „kolonialen Konfessionalisierung" für Irland vorgeschlagen. (Vgl. SCHILLING, Europa und der Norden). Meines Erachtens ist dieser Begriff jedoch problematisch, da er den politischen Status Irlands von vornherein festlegt, ohne die Entwicklungsdynamik gerade des 16. und frühen 17. Jahrhunderts mit

Fünftens: Die politische und verfassungsrechtliche Situation Irlands stand in engem Zusammenhang mit seiner Stellung im *multiple kingdom* der Tudors und erst recht der Stuarts und seiner Bedeutung im entstehenden internationalen Staatensystem. Einerseits erhielt die ‚innergesellschaftliche Ebene' in Irland durch die enge Bindung an England eine zusätzliche Dimension, die entscheidenden Einfluss auf den Verlauf des Konfessionalisierungsprozesses hatte. Andererseits war Irland als geopolitische ‚Hintertür' Englands auch von der Konfessionalisierung des europäischen Mächtesystems betroffen und stellte vor allem für Spanien einen potentiellen ‚Trittstein' nach England dar. Aus diesem Grund konnten und wollten die englischen Monarchen im 16. und 17. Jahrhundert Irland nie sich selbst überlassen, obwohl die Verteidigung Irlands eine permanente Belastung für die englische Staatskasse darstellte.

Die vorliegende Arbeit gliedert sich folgendermaßen: In den beiden folgenden Teilen der Einleitung werden zunächst der Forschungsstand[76] sowie die Quellenbasis der Arbeit und sodann die gesellschaftlichen, politischen und religiös-kulturellen Strukturen des spätmittelalterlichen Irland erläutert. Die beiden Hauptteile orientieren sich an den von den Vertretern des Paradigmas Konfessionalisierung herausgearbeiteten Untersuchungskategorien. Im ersten Hauptteil (Teil B) wird der Prozess der Konfessionalisierung in Irland periodisiert,[77] um das Schema Reformation – Gegenreformation zu überwinden. Es soll aufgezeigt werden, wie der spezifisch irische Staatsbildungsprozess und die doppelte Konfessionalisierung aufeinander bezogen waren. Im zweiten Hauptteil (Teil C) werden anhand ausgewählter Themenbereiche die Spezifika der doppelten Konfessionsbildung und Konfessionalisierung in Irland dargestellt. Ausgehend von den von Wolfgang Reinhard identifizierten Methoden zur Herstellung konfessioneller Großgruppen[78] werden vier Bereiche untersucht, in denen entscheidende Entwicklungen der doppelten Konfessionalisierung in Irland stattfanden: Erstens: Identität, Sprache, Propaganda und Geschichtsschreibung (C.I); zweitens: Multiplikatoren und soziale Netzwerke (C.II);

---

einzubeziehen. Vgl. auch Alan Ford, der von einer „colonial reformation" nur für Ulster spricht (FORD, Protestant Reformation in Ireland, 1590–1641, S. 153–192).
    [76] Nach einem Überblick über die Entwicklung der Historiographie zum frühneuzeitlichen Irland werden in einem zweiten Abschnitt die derzeit vorherrschenden Interpretationsrichtungen beschrieben. Die relativ ausführliche Darstellung der Literatur zur frühneuzeitlichen Geschichte Irlands scheint mir geboten, da die Arbeiten der irischen Historiographie in der deutschen Frühneuzeitforschung wenig bekannt sind.
    [77] Vgl. die Periodisierung des Konfessionalisierungsprozesses im deutschen Reich in: SCHILLING, Konfessionalisierung im Reich; vgl. auch ENDRIß, Phasen der Konfessionsbildung.
    [78] Vgl. REINHARD, Zwang, S. 263.

drittens: Erziehung, Bildung und Bildungsinstitutionen (C.III);
viertens: Konfessionsbildung und Disziplinierung in einer konfessionellen
Konkurrenzsituation (C.IV).

Als Zeitrahmen wurde die Epoche von 1534 bis 1641 gewählt. Mit der
Kildare-Rebellion von 1534/35 begann für Irland die Zeit der so genannten
direct rule, der verstärkten politischen Kontrolle durch England. Das Jahr
1641 markiert den Beginn des Aufstandes in Ulster, der in den *war of the
three kingdoms* und die Eroberung Irlands durch Cromwell einmündete. Im
Zuge dieser Bürgerkriege verloren die Katholiken weitgehend ihren Landbesitz und ihre politische Macht, so dass sich die politisch-gesellschaftlichen Verhältnisse in Irland im Vergleich zur ersten Hälfte des 17. Jahrhunderts grundlegend veränderten.[79]

Angesichts des gewählten Zeitrahmens kann es nicht Ziel dieser Arbeit
sein, eine erschöpfende Geschichte Irlands im 16. und in der ersten Hälfte
des 17. Jahrhunderts zu schreiben, sondern es sollen entscheidende Entwicklungen und Wendepunkte sowie zentrale Themen unter der Rahmen-
frage ‚Konfessionalisierung' untersucht werden. Dies hat erstens zur Folge,
dass bestimmte Aspekte und Entwicklungen, die den Konfessionalisierungsprozess entscheidend beeinflussten, – insbesondere die Rolle der loyalen anglo-irischen Eliten – stärker in den Vordergrund treten. Das bedeutet zweitens, dass die Kapitel zu einzelnen Themenaspekten keine erschöpfende Behandlung des jeweiligen Themas anstreben, sondern auf die
Gesamtfragestellung orientiert sind. Drittens führt der ‚doppelte' Aufbau
der Arbeit, d.h. die Behandlung eines historischen Zeitraums sowohl in
chronologischem als auch in thematischem Zugriff, an einigen Stellen zu
geringfügigen Wiederholungen, die jedoch notwendig erscheinen, um in jedem Kapitel die Anknüpfung an den Gesamtzusammenhang deutlich zu
machen. Die übergreifende Fragestellung und der Untersuchungszeitraum
von mehr als einem Jahrhundert bestimmen viertens den Quellen- und Lite-
raturzugriff der Arbeit. Während die Literaturbasis der Arbeit so breit wie
möglich gewählt wurde, mußte bei den Quellen vor allem auf gedruckte
Quelleneditionen zurückgegriffen werden. Manuskriptquellen konnten anders als bei lokal- und regionalgeschichtlichen Studien nicht umfassend,
sondern nur gezielt und in Auswahl verwendet werden.[80]

---

[79] Siehe dazu die Karten d und e im Anhang.
[80] Siehe dazu im Einzelnen unten A.II.1–3.

II. Forschungsstand und Quellenlage

1. Die Entwicklung der Historiographie zur irischen Frühneuzeit im 20. Jahrhundert

Seit dem frühen 19. Jahrhundert wurde die irische Historiographie von zwei politisch bestimmten Interpretationen dominiert: der *unionist history* und der irisch-nationalistischen *faith-and-fatherland*-Geschichtsschreibung.[1] Von der kontinentaleuropäischen Entwicklung zu einer wissenschaftlichen, von Quellenkritik bestimmten Historie blieb Irland bis in die 1930er Jahre im Wesentlichen unberührt. Der Umbruch kündigte sich allmählich an, als seit Ende der 1920er Jahre Geschichte an allen irischen Universitäten als eigenständige Disziplin etabliert wurde.[2] Ein wichtiger Schritt war die Gründung der Irish Manuscripts Commission im irischen Freistaat 1928, die die Zeitschrift *Analecta Hibernica* ins Leben rief, und deren erster Vorsitzender, Eoin MacNeill, sich erstmals quellenkritisch mit der frühmittelalterlichen Geschichte Irlands befasste.[3]

Der Beginn der wissenschaftlichen Geschichtsschreibung zur Frühen Neuzeit in den 1930er Jahren ist vor allem mit drei Namen verknüpft: R.D. Edwards, T.W. Moody und D.B. Quinn. Moody und Quinn kamen aus protestantischen Elternhäusern und studierten an der Queen's University, Belfast. Edwards war der Sohn eines englischen protestantischen Vaters und einer irischen katholischen Mutter; er studierte am University College, Dublin. Nach ihren ersten Abschlüssen gingen alle drei nach London an das Institute of Historical Research, wo sie die Grundsätze der Quellenkritik erlernten und die Notwendigkeit erkannten, Geschichte – vor allem irische Geschichte – möglichst distanziert und objektiv zu schreiben. Sie

---

[1] Bottigheimer charakterisiert die *faith-and-fatherland*-Interpretation der irischen Geschichte folgendermaßen: „Die katholisch-nationalistische Geschichtsinterpretation definiert ‚irisch‘ als ausschließlich keltisch und katholisch. Gleichzeitig marginalisiert oder unterdrückt sie alles, das entweder ethnisch nicht keltisch oder konfessionell nicht katholisch ist – so wie die englische historische Tradition [und die *unionist history*] lange Zeit alles marginalisierte, das keltisch und katholisch war. Sie versteht die Geschichte Irlands seit dem Mittelalter als die Geschichte der englischen Eroberung, Kolonisation, Ausbeutung und Unterdrückung. ... Dies war die ‚brauchbare Vergangenheit‘, die dem Kampf um Unabhängigkeit im 19. und 20. Jahrhundert zugrunde lag, ihn rechtfertigte und ihm Nachdruck verlieh." (BOTTIGHEIMER, Nackte Wahrheit, S. 165–166). Zur irischen Historiographie im 19. Jahrhundert vgl. auch EDWARDS, O'DOWD, Sources, S. 185–201; FORD, Standing one's Ground, S. 6–10.

[2] Vgl. EDWARDS, O'DOWD, Sources, S. 202.

[3] Vgl. ebd., S. 200, 206.

wollten sich mit ihren eigenen Arbeiten von der bisherigen subjektiv-par-
teiischen Geschichtsschreibung beider Konfessionen absetzen.[4]

Edwards, Moody und Quinn beschäftigten sich in ihren Erstlingswerken
alle mit der irischen Frühneuzeit.[5] Vor allem die Dissertation von R.D. Edwards über *Church and State in Tudor Ireland* (1935) übte großen Einfluss
auf die Forschung aus. Moody untersuchte in seiner 1939 veröffentlichten
Doktorarbeit die *plantation of Ulster*.[6] Und Quinn inaugurierte mit seinen
Arbeiten die kolonialistische Interpretationsrichtung der irischen Geschichte.[7] Moody und Edwards gaben dem Fach wichtige Impulse, indem
sie führend an der Gründung der Ulster Society for Irish Historical Studies
und der Irish Historical Society im Jahr 1938 beteiligt waren. Für ihre gemeinsame internationale Repräsentation gründeten diese beiden Gesellschaften das Irish Committee of Historical Sciences, und sie geben zusammen ebenfalls seit 1938 die heute wichtigste Zeitschrift zur irischen
Geschichte, *Irish Historical Studies*, heraus. Diese Organisationen und ihre
Zeitschrift haben seitdem – auch über den Ausbruch der *troubles* in Nordirland 1968 hinweg – eine politisch und konfessionell unparteiische Geschichtsschreibung gefördert und gewährleistet.[8]

Vom heutigen Standpunkt aus ist der Anspruch dieser ersten Generation
irischer Historiker, ‚wertfreie' Geschichte zu schreiben, allerdings kritisch
zu betrachten. Edwards' pro-katholische Haltung ist nicht zuletzt an seiner
Wortwahl zu erkennen.[9] Trotzdem gelten Edwards, Moody und Quinn als
die ersten Revisionisten der irischen Frühneuzeit-Forschung, die die politisch-konfessionell determinierte Historiographie des 19. Jahrhunderts
überwanden.

---

[4] Vgl. BOTTIGHEIMER, Nackte Wahrheit, S. 167; BRADSHAW, Nationalism, S. 334–
335; EDWARDS, O'DOWD, Sources, S. 208.

[5] Während sich Edwards und Moody später der irischen Geschichte des 19. und 20.
Jahrhunderts zuwandten, arbeitete Quinn kontinuierlich zur Frühen Neuzeit. (Vgl.
EDWARDS, O'DOWD, Sources, S. 211).

[6] Vgl. MOODY, Londonderry Plantation.

[7] Vgl. QUINN, Ireland; QUINN, The Elizabethans and the Irish.

[8] Vgl. BOTTIGHEIMER, New New Irish History, S. 72; BOTTIGHEIMER, Nackte Wahrheit, S. 166; EDWARDS, Agenda, S. 3–6; EDWARDS, O'Dowd, Sources, S. 210.

[9] Die englische Reformation wird als „Anglican schism" und das Papsttum als „the
Holy See" bezeichnet, und am Ende des Werkes steht eine Liste irischer Märtyrer. (Vgl.
EDWARDS, Church and State, S. 308–312). Vgl. auch die kritische Bemerkung von Alan
Ford: „Even the work of R.D. Edwards, arguably the father of modern scientific Irish
history, nevertheless retained elements of the Catholic vision of the religious history of
Elizabeth's reign." (FORD, Standing one's Ground, S. 10; vgl. ELLIS, Representations,
S. 295–296). Dementsprechend schreibt Edwards heute selbst über seine Dissertation: „In
attitude it was far more detached than the faith and fatherland school of history but it
might, nonetheless, be seen as a product of its time. It perhaps overstresses the attach-
ment of the Irish people to catholicism ..." (EDWARDS, O'DOWD, Sources, S. 209).

In den 1940er und 50er Jahren befassten sich nur sehr wenige irische Historiker mit der Frühen Neuzeit, wodurch die irische Frühneuzeitforschung wichtige Impulse, vor allem aus der englischen und französischen Forschung, erst verspätet aufnahm.[10] Als sich seit Ende der 50er Jahre wieder mehr Forscher der irischen Frühneuzeit widmeten, konzentrierten sie sich auf das 17. Jahrhundert, förderten aber kaum die Erforschung des 16. Jahrhunderts.[11] Allerdings traten in den 1950er, 60er und frühen 70er Jahren einige Historiker mit bedeutenden Arbeiten vor allem aus dem Bereich der Politikgeschichte des 17. Jahrhunderts hervor, z.B. H.F. Kearney mit *Strafford in Ireland* (1959), Aidan Clarke mit *The Old English in Ireland* (1966) und Toby Barnard mit *Cromwellian Ireland* (1975).[12] An diesen Arbeiten, die auch heute noch wegweisend sind, wird deutlich, dass die Historiographie zur irischen Frühneuzeit seit den 1930er Jahren die alten Interpretationsrichtungen der *faith-and-fatherland* und *unionist history* weit hinter sich gelassen hatte.[13]

Trotz der aus heutiger Sicht noch sehr knappen Basis an wissenschaftlicher Literatur hielt T.W. Moody 1962 die Zeit reif für ein Überblickswerk, das den Stand der irischen Forschung zusammenfassen sollte. Als Gemeinschaftswerk zahlreicher irischer Historiker entstand daraufhin die mehrbändige *New History of Ireland*, deren Band 3, *Early Modern Ireland, 1534–1691*, im Jahr 1976 erschien. Diese erste Synthese der irischen Frühneuzeitforschung erwies sich jedoch – zumindest für das 16. Jahrhundert – als zu früh.[14] Denn die irische Frühneuzeitforschung erlebte in der Mitte

---

[10] Das ist darauf zurückzuführen, dass die Generation der 1930er Jahre sich weitgehend von der Erforschung der Frühen Neuzeit abwandte und dass die britischen Archive während des Zweiten Weltkrieges geschlossen waren. Irische Historiker widmeten sich Themen der späten Neuzeit, für die das Quellenmaterial in Irland vorhanden war. (Vgl. CANNY, Early Modern Ireland, S. 56).

[11] Vgl. CANNY, Early Modern Ireland, S. 57.

[12] Vgl. außerdem die Arbeiten von T. Ranger, J.J. Silke, D.F. Cregan und K.S. Bottigheimer aus dieser Zeit im Literaturverzeichnis.

[13] Vgl. EDWARDS, O'DOWD, Sources, S. 212–213.

[14] Die Qualität der Darstellungen des 16. und des 17. Jahrhunderts in der *New History of Ireland* ist sehr unterschiedlich. Das gesamte 16. Jahrhundert wird in drei Kapiteln von einem Forscher der 'ersten Stunde', G.A. Hayes-McCoy, abgehandelt, der dabei sein Hauptinteressengebiet, die Militärgeschichte, in den Vordergrund stellt. Dagegen beschäftigen sich drei Historiker in acht Kapiteln mit dem 17. Jahrhundert, wobei sie analytischer vorgehen und Themen der Sozial- und Wirtschaftsgeschichte und der Kultur- und Mentalitätsgeschichte einbeziehen. Hier spiegelt sich das bis zum Erscheinen der *New History of Ireland* geringe Forschungsinteresse am 16. Jahrhundert. (Vgl. BOTTIGHEIMER, Nackte Wahrheit, S. 166–167; BRADY, GILLESPIE, Introduction, in: BRADY, GILLESPIE, Natives and Newcomers, S. 13–14; CANNY, Early Modern Ireland, S. 57–58; CLARKE, Ireland, 1534–1660, S. 35–36; EDWARDS, O'DOWD, Sources, S. 211). – Auch an dem 1977 erschienenen Werk von R.D. Edwards *Ireland in the Age of the Tudors* wird

der 1970er Jahre einen großen Aufschwung und besonders die Forschung
zum 16. Jahrhundert durchlief eine weitere ‚Phase' des Revisionismus.[15]
Für diese zweite Revisionismusphase stehen vor allem die Historiker
Brendan Bradshaw und Nicholas Canny. Bradshaw widerlegte in seinem
Buch *The Dissolution of the Religious Orders in Ireland under Henry VIII*
(1974) die gängige und vor allem von R.D. Edwards vertretene These, die
Iren hätten auf Grund ihres Konservatismus und überzeugten Katholizismus die Innovationen Heinrichs VIII. sofort abgelehnt.[16] Nicholas Canny
veröffentlichte 1976 seine Dissertation *The Elizabethan Conquest of Ireland* und entwickelte sich zum führenden Vertreter des von Quinn inaugu-
rierten Kolonialismus-Paradigmas. In den darauf folgenden Jahren bestimmten die Kontroversen von Bradshaw und Canny die irische Frühneuzeitforschung.[17]
Während die Bradshaw-Canny-Kontroverse im Gang war, widmete sich
erneut eine Generation junger Historiker dem 16. und frühen 17. Jahrhundert. Ihre auf intensiven Quellenstudien beruhenden Arbeiten beschäftigten
sich mit wichtigen Bereichen und Zeitabschnitten der irischen Frühneuzeit,
die zuvor nicht ausreichend untersucht worden waren. Zu nennen sind vor
allem Steven Ellis mit seinen Veröffentlichungen zum frühen 16. Jahrhundert, in denen er Irland – gegen Bradshaw – in den vergleichenden Zusammenhang der britischen Inseln einordnet,[18] Alan Ford mit seiner Studie
über die Church of Ireland,[19] Ciaran Brady mit seiner Untersuchung über

---

deutlich, dass die Forschungen zum 16. Jahrhundert sich bis zu diesem Zeitpunkt nicht
wesentlich weiterentwickelt hatten. (Vgl. CLARKE, Ireland, 1534–1660, S. 36).
[15] In der Forschung wird der Begriff ‚Revisionismus' im Allgemeinen als Oberbegriff
für die historiographische Entwicklung seit den 1930er Jahren gebraucht. In der vorliegenden Arbeit soll durch die Einteilung in drei ‚Phasen' deutlich gemacht werden, dass
sich das Verständnis von ‚Revisionismus' in jeder Historikergeneration gewandelt hat –
bis hin zu der Tatsache, dass, wie unten noch zu erläutern sein wird, ehemalige Revisionisten nun das Revisionismusverständnis jüngerer Historiker scharf kritisieren.
[16] Doch kann und will sich Bradshaw offenbar nicht völlig freimachen „von der Suche nach den Ursprüngen des modernen irischen Nationalstaates". (ASCH, Englische
Herrschaft, S. 376). So vertritt Bradshaw weiterhin die Meinung, dass „the dimension of
nationalism must be regarded as a central feature of the politics of the Anglo-Irish from
the mid-Tudor period onwards". (BRADSHAW, Irish Constitutional Revolution, S. 287;
vgl. allg. BRADSHAW, Nationalism). Diese Auffassung wird in der neueren Forschung
nicht mehr vertreten. Man betont dagegen den andauernden Loyalismus der Anglo-Iren
gegenüber der englischen Krone. (Siehe unten C.I.1.b).
[17] Siehe unten A.II.2.
[18] Vgl. insbesondere ELLIS, Pale (1988); ELLIS, Tudor Frontiers (1995).
[19] Vgl. FORD, Protestant Reformation in Ireland, 1590–1641 (1987; als zweite Auf-
lage 1997).

die Lord Deputies,[20] Colm Lennon mit seinen Arbeiten über die altenglische Elite[21] und Raymond Gillespie, der nach seiner Dissertation über die *plantation of Ulster*[22] die verschiedensten Aspekte der irischen Frühneuzeit untersucht hat.[23] Diese Historiker haben seit Mitte der 1980er Jahre eine ‚dritte Phase' des Revisionismus in der irischen Frühneuzeitforschung auf den Weg gebracht.[24]

An den Ansätzen und der Diskussion von Bradshaw und Canny übten diese jungen Historiker grundsätzliche Kritik: Bradshaw und Canny hätten zum Teil übergreifende Thesen formuliert, ohne dass in ausreichender Anzahl Lokal- und Fallstudien vorhanden gewesen seien, um diese schlüssig zu belegen. Sie kritisierten die Ungenauigkeit und Unzulänglichkeit von Begriffen wie ‚Reformation' und ‚Renaissance', die auf die irische Frühneuzeit angewandt wurden, ohne in diesem Kontext angemessen definiert zu sein.[25] Die Forscher der dritten Revisionismusphase orientieren sich zunehmend auch an Fragestellungen, die in der britischen, amerikanischen und kontinentaleuropäischen Frühneuzeitforschung entwickelt wurden, z.B. an sozial- und wirtschaftsgeschichtlichen Aspekten und Fragen der Volksreligiosität und der Geschlechtergeschichte.[26]

---

[20] Vgl. BRADY, Chief Governors. Brady hatte seine Dissertation schon 1980 abgeschlossen, das Buch erschien aber erst 1994. Seine Thesen hatte er jedoch bereits in Aufsätzen zusammengefasst. (Vgl. BRADY, Court; BRADY, Decline).

[21] Vgl. LENNON, Richard Stanihurst (1981); LENNON, Lords (1989).

[22] Vgl. GILLESPIE, Colonial Ulster (1985).

[23] Vgl. dazu die im Literaturverzeichnis aufgeführten Arbeiten von Gillespie.

[24] Vgl. dazu vor allem den von Brady und Gillespie herausgegebenen Sammelband *Natives and Newcomers* von 1986, in dem die meisten Aufsätze die Ergebnisse von Dissertationen zusammenfassen und in dessen Einleitung Brady und Gillespie programmatisch ihre Kritik an den Forschungen der zweiten Revisionismusphase formuliert haben.

[25] Vgl. BRADY, GILLESPIE, Introduction, in: BRADY, GILLESPIE, Natives and Newcomers, S. 15. – Leider haben aber auch die auf vielen Ebenen sehr anregenden Arbeiten der dritten Revisionismusphase die Forschung im Hinblick auf die Begrifflichkeiten und die historischen Interpretationskonzepte nicht vorangebracht. (Siehe unten A.II.2).

[26] Zur Geschlechtergeschichte vgl. COSGROVE, Marriage in Ireland; MACCURTAIN, O'DOWD, Women. Zur Volksreligiosität jetzt GILLESPIE, Devoted People. Allerdings kann man angesichts der bislang doch geringen Anzahl von Arbeiten zu solchen Themen nicht gerade von einem ‚Boom' sprechen. – Brady und Gillespie meinen, dass „the increasing use in Ireland of the techniques developed for the study of early modern British, American and European history has served not to obscure the essential quality of the Irish experience but rather to emphasise it". (BRADY, GILLESPIE, Introduction, in: BRADY, GILLESPIE, Natives and Newcomers, S. 19). Angesichts der Tatsache, dass in der irischen Forschung seit jeher das Besondere der historischen Erfahrung Irlands betont wurde, sind meines Erachtens vergleichende Studien, die das Eingebundensein Irlands in gesamteuropäische frühneuzeitliche Prozesse betonen, durchaus zu begrüßen. (Vgl. BOTTIGHEIMER, LOTZ-HEUMANN, Irish Reformation).

Fasst man den derzeitigen Stand der irischen Forschung – und zwar nicht nur zur Frühen Neuzeit, sondern zur Neuzeit insgesamt – in Schlagworten zusammen, so kann man sagen, dass der Revisionismusbegriff neuerdings die Qualität eines ‚Kampfbegriffes' bekommen hat und die Historiographie deshalb am Scheideweg zwischen Anti- und Post-Revisionismus zu stehen scheint. Der frühneuzeitliche Teil des Konflikts nahm seinen Ausgang 1986–1991 mit einer Kontroverse zwischen Brendan Bradshaw und Steven Ellis über die Frage, ob und inwieweit irische Geschichte national-orientiert und mit ‚Empathie' oder ‚wertfrei'[27] und vergleichend geschrieben werden sollte.[28] Bradshaw, dessen eigene Arbeiten fraglos als ‚revisionistisch' zu bezeichnen sind, kritisierte nun den jüngeren Revisionismus als „neue Orthodoxie", dessen Anspruch, neutral und wertfrei zu schreiben, eine „fehlerhafte methodologische Vorgehensweise"[29] sei. Da Bradshaw ein führender Vertreter der irischen Frühneuzeitforschung ist und seine Auffassung nicht als „Ausbruch eines verschrobenen Wissenschaftlers"[30] abgetan werden konnte, hat sich ein regelrechter irischer ‚Historikerstreit' entwickelt, der noch nicht als beendet gelten kann.[31] Es zeichnet sich jedoch ab, dass diese Debatte letztlich nicht zu einer Polarisierung der irischen Historiographie in Revisionisten und Anti-

---

[27] Bradshaw hält die historische Interpretation der Revisionisten nicht nur für „value-free", sondern auch für gefühllos und will ihr deshalb „empathy" entgegenstellen. (BRADSHAW, Nationalism, S. 350).

[28] Zunächst veröffentlichte Ellis den Aufsatz „Nationalist Historiography", Bradshaw antwortete darauf mit „Nationalism", worauf Ellis wiederum mit „Representations" reagierte. – Bradshaw, der in Cambridge (England) lehrt, richtet sich mit seiner Kritik auch gegen den führenden Vertreter des neuzeitlichen Revisionismus, Roy Foster, der in Oxford lehrt, und gegen dessen Buch *Modern Ireland*. (Vgl. BOTTIGHEIMER, Nackte Wahrheit, S. 173).

[29] Übersetzung der Aussage von Bradshaw in: Ebd., S. 171.

[30] Ebd., S. 165.

[31] Zur Diskussion um den Revisionismus in der Frühneuzeitforschung vgl. z.B. CURTIN, Varieties; DUNNE, New Histories; BOTTIGHEIMER, Nackte Wahrheit (in allen drei Aufsätzen weiterführende Literatur). Zur Debatte in der irischen Neuzeitforschung insgesamt vgl. den von Ciaran Brady herausgegebenen Sammelband *Interpreting Irish History*, in dem die wichtigsten Aufsätze zur Diskussion wieder abgedruckt wurden. – Einige jüngere Historiker haben sich jüngst implizit auf die Seite Bradshaws gestellt, indem sie die Untersuchung der „traumatic aspects" der irischen Frühneuzeit einfordern, die durch die Revisionisten vernachlässigt worden sei. (Vgl. CAREY, Derricke's Image of Ireland, S. 305; JEFFERIES, George Montgomery, S. 165). Meines Erachtens wird es hierbei jedoch vor allem darauf ankommen, Krieg und Verfolgung im frühneuzeitlichen Irland nicht erneut als *unique* darzustellen, sondern in einen vergleichenden Kontext einzuordnen.

Revisionisten führt, sondern zu einer Verbreiterung von Themengebieten und Interpretationskonzepten.[32]

2. Themengebiete und Kontroversen der neueren Geschichtsschreibung[33]

Die politische Geschichte erweist sich seit Beginn des Revisionismus als dominantes Forschungsfeld der irischen Frühneuzeit. Dabei steht die Frage nach der irischen Verfassungswirklichkeit im 16. und frühen 17. Jahrhundert im Vordergrund, die lautet: War Irland ein Königreich oder eine Kolonie?[34] In der zweiten Revisionismusphase eröffnete Bradshaw mit seiner Dissertation *The Irish Constitutional Revolution of the Sixteenth Century* (1979) die Möglichkeit zu einer neuen Sicht der politischen Entwicklung Irlands, indem er zum ersten Mal die Perspektive der „Tudor revolution in government" des englischen Verfassungshistorikers Geoffrey Elton auf die

---

[32] Vgl. CURTIN, Varieties, S. 219. Kritisch ist jedoch die Breiten- und Tiefenwirkung der revisionistischen Historiographie innerhalb der Bevölkerung des geteilten Irland zu betrachten – darauf hat Bradshaw in seiner Kritik am Revisionismus zu Recht hingewiesen. (Vgl. BRADSHAW, Nationalism, S. 350). Denn trotz aller Bewegungen und Fortschritte innerhalb der historischen Forschung kann man bislang noch kaum Auswirkungen der differenzierteren Geschichtsbetrachtung in der irischen und nordirischen Öffentlichkeit feststellen. Vielmehr fällt eine Beharrlichkeit des öffentlichen Geschichtsbildes auf. Als Beispiel sei hier nur das Buch *A Short History of the Church of Ireland* von Robert MacCarthy, einem Pfarrer der protestantischen Church of Ireland, genannt. In diesem 1995 erschienenen und aus öffentlichen Vorträgen hervorgegangenen Werk wird – ähnlich wie im Verständnis der Protestanten des 17. Jahrhunderts – die Geschichte der Church of Ireland auf St. Patrick zurückgeführt und als ungebrochene kirchengeschichtliche Linie bis in die Neuzeit dargestellt. Obwohl MacCarthy sich durchaus konfessionell diskriminierender Sprache enthält, wird sein kirchengeschichtliches Selbstverständnis deutlich an Aussagen wie „... the Church of the Middle Ages became increasingly irrelevant to people's needs: a new beginning was needed" (ebd., S. 27) und durch das Abdrucken eines Porträts des protestantischen Erzbischofs von Armagh, James Ussher (1625–56), der als Erster in Irland protestantische Kirchengeschichte schrieb. (Vgl. zu Ussher: LOTZ-HEUMANN, Protestant Interpretation; siehe auch unten C.I.2.b).

[33] Umfassende Darstellungen der Forschungslage zum frühneuzeitlichen Irland seit Beginn der ersten Revisionismusphase bieten: BOTTIGHEIMER, New New Irish History; MORGAN, Writing Up Early Modern Ireland; CLARKE, Ireland, 1534–1660; CLARKE, Ireland, 1450–1750; CLARKE, Introduction, in: CLARKE, GILLESPIE, McGUIRE, Bibliographical Supplement. Einen Überblick über die Forschung zum Mittelalter gibt COSGROVE, Medieval Ireland.

[34] Vgl. ELLIS, Representations, S. 290–291. Beispiele für diese Fragestellung sind die Aufsätze von BOTTIGHEIMER (Kingdom and Colony), ELLIS (Inveterate Dominion), PERCEVAL-MAXWELL (Ireland and the Monarchy) und die Arbeiten von BRADY (insbes. Court und Chief Governors). Mit dem irischen Parlament beschäftigen sich: BRADSHAW, Beginnings; ELLIS, Parliament; zu einzelnen Parlamenten vgl. TREADWELL, Irish Parliament of 1569–71; TREADWELL, Sir John Perrot.

irische Geschichte anwandte.[35] Dieser Ansatz wurde vor allem von Steven Ellis weiterentwickelt.[36] Der gebürtige Engländer Ellis unterscheidet sich jedoch grundlegend von Bradshaw, indem er eine neue vergleichende Perspektive an die irische Geschichte heranträgt. Ellis betont für das Spätmittelalter und das beginnende 16. Jahrhundert die strukturelle Ähnlichkeit zwischen Irland und anderen *borderlands* Englands, z.B. dem Norden des Landes oder Wales, die auch erst allmählich in das Tudor-Königreich integriert wurden.[37]

Aufbauend auf den Arbeiten D.B. Quinns[38] untersuchte Nicholas Canny Irland im vergleichenden Kontext des „westward enterprise", d.h. der englischen Kolonisation in Nordamerika.[39] In seiner Dissertation *The Elizabethan Conquest* (1976) interpretierte Canny die Regierung des Vizekönigs Sir Henry Sidney in den 1570er Jahren als Umbruchzeit von einer ‚weichen‘ zu einer ‚harten‘ kolonialen Linie Englands gegenüber Irland.[40] Canny hat mittlerweile in zahlreichen Arbeiten eine umfassende Interpretation der irischen Geschichte des 16. und 17. Jahrhunderts als Kolonialgeschichte formuliert.[41] Cannys Kolonialismus-These war in der Forschung zeitweise ausgesprochen dominant,[42] sie wird jedoch mittlerweile auch kritisch gesehen, wobei es nun erstmals in der irischen Historiographie

---

[35] Vgl. ELTON, Tudor Revolution in Government; ELTON, England under the Tudors, S. 127–192.

[36] Ellis befasst sich besonders mit dem Übergang vom späten Mittelalter zur Frühen Neuzeit. (Vgl. ELLIS, Reform and Revival). Auch in seiner Gesamtdarstellung des späten 15. und 16. Jahrhunderts wird dieser Forschungsschwerpunkt deutlich. (Vgl. ELLIS, Tudor Ireland, 1985; als überarbeitete Neuauflage: ELLIS, Ireland, 1995; vgl. zur Neuauflage die Rezension von LENNON, C., in: Irish Historical Studies XXXI [1999], S. 565–566).

[37] Der Engländer Ellis versteht sich selbst als „offering an alternative menu to the nationalist fare which forms the staple diet of Irish historiography". (ELLIS, Tudor Ireland, S. viii; vgl. ELLIS, Pale; ELLIS, Tudor Frontiers).

[38] Die wegweisenden Arbeiten von D.B. Quinn zu diesem Thema (vgl. QUINN, Ireland; QUINN, The Elizabethans and the Irish) stellen bis heute die Grundlage für die koloniale Interpretationsrichtung der irischen Geschichte dar.

[39] Vgl. ANDREWS, CANNY, HAIR, Westward Enterprise; vgl. auch ELLIS, Representations, S. 291–294; BOTTIGHEIMER, New New Irish History, S. 74.

[40] Auch hier baut Canny auf Quinn auf, der als Erster zwischen „soft and tough strategies" in der englischen Politik gegenüber Irland unterschied. (QUINN, Ireland, S. 24; vgl. BOTTIGHEIMER, New New Irish History, S. 73–74).

[41] Vgl. vor allem das seine Thesen zusammenfassende Buch *Kingdom and Colony*. Vgl. auch Cannys zahlreiche Aufsätze zu Irland als Kolonie, zur Interpretation der neuenglischen Identität und zum Vergleich mit Nordamerika im Literaturverzeichnis.

[42] Canny ist es gelungen, durch die Aufnahme Irlands in den von ihm herausgegebenen ersten Band der *Oxford History of the British Empire* die Einordnung Irlands als englische Kolonie zu ‚kanonisieren‘. (Vgl. die Aufsätze in: CANNY, Origins of Empire).

auch Ansätze zu einer europäisch-vergleichenden Einordnung der irischen Frühneuzeit gibt.[43]

Wenn sich Cannys und Bradshaws Interpretationen der politischen Geschichte Irlands im 16. Jahrhundert auch fundamental unterscheiden,[44] so verbindet sie doch die Grundannahme, dass fest gefügte ideologische Systeme die englische Politik gegenüber Irland bestimmt hätten. Bradshaw sieht den politischen Umschwung zu Zwang und Eroberung im „militante[n] Protestantismus calvinistischer Prägung"[45] begründet, der sich nach seiner Ansicht in den späten 1540er Jahren in England durchsetzte. Canny sieht in der „kolonialen Weltsicht"[46] der englischen Siedler und Amtsträger in Irland die Ursache für die englische Politik in Irland.

Vor allem diese Grundannahme wird von den Historikern der dritten Revisionismusphase in Zweifel gezogen. Sie sind skeptisch, ob man den Einfluss von „programmatische[n] Konzeptionen"[47] und geistesgeschichtlichen Entwicklungen auf politisches Handeln als so direkt und geradlinig ansehen kann wie Bradshaw und Canny dies getan haben. Die jüngere Forschung betont eher die Sachzwänge und die Bewältigung von akuten Problemen im englisch-irischen Verhältnis, d.h. sie konstatiert eine vornehmlich reaktive und zum Teil stark oszillierende Haltung der englischen Regierung und ihrer Dubliner Vertreter im Umgang mit Irland und negiert ein planmäßiges Vorgehen Englands bei der Eroberung und Unterwerfung Irlands.[48] Dies hat insbesondere Ciaran Brady in seinem Buch über die Chief Governors herausgearbeitet.[49]

---

[43] Vgl. vor allem die Kontroverse zwischen Hiram MORGAN (Mid-Atlantic-Blues) und Andrew HADFIELD (Rocking the Boat). – Hiram Morgan hat Vergleichsansätze zwischen Irland und dem Aufstand der Niederlande herausgearbeitet, während Toby Barnard auf Parallelen mit Böhmen nach der Schlacht am Weißen Berg hingewiesen hat. (Vgl. MORGAN, Hugh O'Neill; BARNARD, T., On the Edge of Europe, Rezension von: CASWAY, J.I., Owen Roe O'Neill and the Struggle for Catholic Ireland, in: Times Literary Supplement 4292 [5 July 1985], S. 742). – Steven Ellis hat das Cannysche Kolonialismusparadigma aus der Sicht der *new British history* zurückgewiesen. (Vgl. ELLIS, Writing Irish History).

[44] Vgl. z.B. BRADSHAW, B., The Elizabethans and the Irish, Rezension von: CANNY, Conquest, in: Studies 66 (1977), S. 38–50.

[45] ASCH, Englische Herrschaft, S. 378.

[46] Ebd., S. 377.

[47] Ebd., S. 378.

[48] Vgl. ebd., S. 376–378; BRADY, GILLESPIE, Introduction, in: BRADY, GILLESPIE, Natives and Newcomers, S. 14–16.

[49] Als weitere neuere Arbeiten zur politischen Geschichte Irlands im 16. Jahrhundert, die mit einem vergleichbaren Ansatz arbeiten, sind zu nennen: CRAWFORD, Anglicizing the Government; MORGAN, Tyrone's Rebellion. Ähnliches gilt auch für das einzige neuere Werk zur Rolle Irlands in der Außenpolitik der Tudors: PALMER, Problem of Ireland.

Sowohl die Historiker der zweiten als auch der dritten Revisionismusphase haben sich in erster Linie mit dem 16. Jahrhundert beschäftigt und
nur zum Teil die Phase des irischen Bürgerkrieges und des *war of the three
kingdoms* in der Mitte des 17. Jahrhunderts bearbeitet.[50] Dagegen gibt es
keine neueren Arbeiten zur politischen Entwicklung Irlands in der langen
Friedensphase des frühen 17. Jahrhunderts. Aidan Clarkes Arbeit über die
Old English in Ireland[51] und Kearneys Studie über *Strafford in Ireland*
sind nicht durch neuere Untersuchungen ersetzt worden, sie werden lediglich ergänzt durch Pawlischs *Sir John Davies and the Conquest of Ireland*
(1985).[52]

In den letzten Jahren nimmt die irische Historiographie zunehmend an
der von John Pococke 1975 angeregten Diskussion um die so genannte
new British history teil.[53] Die *new British history* will England und seine
Peripherien (*borderlands*) als Regionen im umfassenden Zusammenhang
der britischen Inseln bzw. der *three kingdoms* beschreiben. In diesem
Rahmen wächst die Anzahl komparativer Studien, die Irland in den vergleichenden Kontext der *celtic borderlands* Wales und Schottland einord-
nen.[54] Auffallend ist jedoch, dass die Diskussion um Sinn und Zweck der
new British history sehr stark entlang bereits festgelegter Linien verläuft:
So ist der erste Vertreter der *Tudor-borderland*-These, Steven Ellis, auch
ein Befürworter der *new British history*, wogegen Nicholas Canny, der Irlands Sonderstatus als Kolonie hervorhebt, auch ein „Brito-Sceptic" ist.[55]

---

[50] Vgl. PERCEVAL-MAXWELL, Outbreak of the Irish Rebellion; vgl. auch die Aufsätze
von Perceval-Maxwell im Literaturverzeichnis; OHLMEYER, Civil War; OHLMEYER, Ireland from Independence to Occupation (Sammelband).

[51] Vgl. auch CLARKE, Graces, und die von Clarke verfassten Abschnitte in der *New
History of Ireland.*

[52] Vgl. auch PAWLISCH, Sir John Davies, the Ancient Constitution and the Feudal
Law.

[53] Vgl. POCOCKE, British History.

[54] Vgl. die folgenden Sammelbände: ASCH, Three Nations (1993), darin vor allem die
Aufsätze von ASCH (Obscured in Whiskey) und CANNY (Anglicization); ELLIS, BARBER,
Conquest and Union (1995), darin vor allem die Aufsätze von ELLIS (Tudor State For-
mation) und BRADY (Comparable Histories); GRANT, STRINGER, Uniting the Kingdom
(1995), darin vor allem die Aufsätze von CANNY (Responses) und MORRILL (Three
Kingdoms); BRADSHAW, MORRILL, British Problem (1996), darin vor allem die Aufsätze
von BRADSHAW (Tudor Reformation), MORGAN (British Policies) und BRADY (England's
Defence); BRADSHAW, ROBERTS, British Consciousness (1998). In dem letztgenannten
Sammelband von Bradshaw und Roberts wird die *British perspective* jedoch durch eine
starke Konzentration auf Irland als ‚Sonderfall' nicht eingelöst. Vgl. dazu die kritische
Rezension von WILLIAMSON, A., in: American Historical Review 104 (1999), S. 982–
984. – Vorläufer der *new British history* sind: HECHTER, Internal Colonialism; KEARNEY,
British Isles.

[55] Canny verortet sich selbst folgendermaßen: „In contributing to a volume designed
to discuss the ‚new British history', I am conscious that my interpretation of events in the

Zurzeit wird die frühneuzeitliche Historiographie Irlands von der kolonialen Interpretation einerseits und von der *new British history* andererseits bestimmt, wobei die *new British history* zunehmend an Einfluss gewinnt. Sie weist jedoch einige grundsätzliche Probleme bzw. Gefahren auf: Erstens konzentriert sich die *new British history* sehr stark auf die Politikgeschichte.[56] Zweitens beschäftigt sie sich weiterhin hauptsächlich mit den offensichtlichen Krisenphasen im 16. oder in der Mitte des 17. Jahrhunderts. Drittens verengt sie den komparativen Blick auf einen vorherbestimmten geographischen Raum, sie pflegt damit die traditionelle Insularität der britisch-irischen Geschichtsschreibung und ist nicht offen für europäische Vergleichsfälle. Viertens hat auch die *new British history* bislang kein schlüssiges Konzept zur Interpretation des politisch-verfassungsrechtlichen Status Irlands entwickelt, das der Komplexität dieses Status gerecht würde.

Die revisionistische Historiographie hat zudem auch den identitäts- und mentalitätsgeschichtlichen Aspekt in den Blick genommen. Die Forschung hat das Selbst- und Fremdverständnis und die konfessionelle, kulturelle, ethnische und politische Identitätsentwicklung der Anglo-Iren, der gälischen Iren und der Neuengländer untersucht und intensiv diskutiert. Zunächst rückte die Mentalität der Anglo-Iren bzw. der Altengländer in den Mittelpunkt des Interesses. In den Untersuchungen zum späten Mittelalter und zum Beginn des 16. Jahrhunderts geht es um die Frage, inwieweit die Anglo-Iren „more Irish than the Irish themselves" geworden waren, d.h. inwieweit ein die Anglo-Iren in den gälischen Kulturkreis assimilierender Akkulturationsprozess vorangeschritten war.[57] Während die ältere Forschung von einer weitgehenden Assimilation der Anglo-Iren ausgegangen

---

three Celtic jurisdictions of the English/British Crown during the sixteenth and seventeenth centuries may appear as ungenerous nationalist carping. To forestall any such criticism I should point out that I have always advocated comparisons between developments in Britain and Ireland, and since my reservations to the new approach are methodological rather than philosophic, I would prefer to be labelled with the modern-sounding tag of ‚Brito-Sceptic' rather than with the tired nineteenth-century label of ‚Nationalist Historian'." (CANNY, Responses, S. 147; vgl. aber CANNY, Marginal Kingdom: hier scheint er stillschweigend die britische Perspektive von Irland als peripherem Königreich zu akzeptieren).

[56] Auch Canny hält dies in der *new British history* für ausgeprägter als in seiner eigenen Interpretation: „... the ‚new British history' seems to be further widening the rift that already exists in British historiography between political history and social and economic history." (CANNY, Responses, S. 147). Auch in Victor Treadwells Studie über den Einfluss Buckinghams auf Irland wird die Politik- und Verwaltungsgeschichte stark in den Vordergrund gestellt. (Vgl. TREADWELL, Buckingham).

[57] Vgl. vor allem COSGROVE, Hiberniores Ipsis Hibernis. Siehe dazu auch unten A.III.1.

war,[58] konstatiert die neuere Forschung eine eigenständige Identität der anglo-irischen Bevölkerungsgruppe, wenn man auch differenziert zwischen den anglo-irischen Adeligen einerseits und der Gentry der Pale und den Stadtbürgern andererseits.[59]

Mit der Identität der altenglischen Bevölkerungsgruppe, d.h. des seit dem späten 16. Jahrhundert bewusst katholischen Teils der Anglo-Iren, haben sich zuerst Aidan Clarke und Nicholas Canny auseinander gesetzt.[60] Besonders die Arbeiten von Aidan Clarke waren wegweisend, da sie erstmals die spezifische politisch-konfessionelle Identität der Altengländer erforscht und damit deutlich gemacht haben, dass die Gleichung ‚katholisch=irisch‘ erst im 18. Jahrhundert greift.[61] In der dritten Revisionismusphase haben sich Colm Lennon und Ciaran Brady erneut mit der Frage der altenglischen Identität beschäftigt. Während Brady auf Grund seines Hauptforschungsinteresses in der politischen Geschichte den Widerstand der Altengländer im Parlament beschreibt, gewähren die Forschungen Lennons zum Dubliner Patriziat entscheidende Einblicke in das komplexe Zusammenspiel der verschiedenen politischen und konfessionellen Faktoren für den Identitätswandel der Altengländer im späten 16. Jahrhundert. Damit hat Lennon nicht nur einen wichtigen Beitrag zur Mentalitätsgeschichte geliefert, sondern zugleich die Forschungen zur Entwicklung des Katholizismus in Irland vorangetrieben.[62]

Die Mentalität der Neuengländer wurde zunächst auf der Ebene ihrer Abgrenzungsidentität gegenüber den gälischen Iren untersucht, wobei auch hier D.B. Quinn mit seinem Buch *The Elizabethans and the Irish* richtungsweisend wirkte. Mittlerweile hat besonders Nicholas Canny das Selbst- und Fremdverständnis der Neuengländer umfassend, d.h. sowohl in

---

[58] Vgl. EDWARDS, Ireland in the Age of the Tudors. Bezeichnend ist der Untertitel: *The Destruction of Hiberno-Norman Civilization.*

[59] Siehe dazu unten C.I.1.

[60] Vgl. CLARKE, Old English; CLARKE, Colonial Identity; vgl. auch CANNY, Formation of the Old English Elite.

[61] Aidan Clarke schreibt dazu: „The assumption that the catholic tradition in Ireland is an Irish one, and the Anglo-Irish tradition [d.h. die der Ascendancy des 18. Jahrhunderts] a protestant one, is a product of the eighteenth century. In writing Irish history, it is only when that period is reached that it becomes possible to interchange the terms catholic and Irish with reasonable accuracy, for by then a lengthy process of assimilation between the native Irish and the descendants of early English settlers had been completed, and their common catholicism had obliterated their differences of national origin." (CLARKE, Old English, S. 9; vgl. auch CLARKE, Colonial Identity, S. 62 über die ältere Literatur, die irisch und katholisch bereits für das 16. Jahrhundert gleichsetzte).

[62] Vgl. BRADY, Conservative Subversives; LENNON, Lords; LENNON, Counter-Reformation; LENNON, Recusancy and the Dublin Stanyhursts; LENNON, Rise of Recusancy.

Abgrenzung zu den gälischen Iren[63] und den Altengländern als auch im Verhältnis zur englischen Regierung, dargestellt.[64] Dabei beschreibt er entsprechend seiner Gesamtinterpretation Irlands als Kolonie die Identität der Neuengländer als koloniale Identität und vergleicht sie mit der der Siedler in den nordamerikanischen Kolonien. Dagegen hat Alan Ford in seiner Arbeit zur Church of Ireland den konfessionellen Aspekt der neuenglischen Identität herausgearbeitet.[65]

Die Erforschung der Identität der gälischen Iren[66] bereitet den Historikern große Schwierigkeiten, da die einzigen Quellen zu diesem Thema, die bardischen Gedichte, zahlreiche Interpretationsprobleme aufwerfen.[67] Diese Interpretationsschwierigkeiten haben zu höchst widersprüchlichen Auslegungen geführt. Dabei wurde die Entstehung einer ausgeprägten nationalen Identität der gälischen Iren im 16. Jahrhundert sowohl emphatisch bejaht als auch völlig negiert.[68]

Insgesamt hat sich die Forschung zu den Mentalitäten und Identitäten der Bevölkerungsgruppen in den letzten Jahren stark weiterentwickelt und auch eine differenziertere Sicht – vor allem für die jeweils einzelne Gruppe – gewonnen. Ein Defizit ist jedoch darin zu sehen, dass man bisher

---

[63] In der dritten Revisionismusphase hat in diesem Zusammenhang das Pamphlet *A View of the Present State of Ireland* des englischen Dichters Edmund Spenser eine intensive Forschungskontroverse ausgelöst, an der sich sowohl Historiker als auch Literaturwissenschaftler beteiligen. (Siehe dazu unten C.I.1.c).

[64] Vgl. CANNY, Ideology; CANNY, Dominant Minorities; CANNY, Identity Formation (in diesem Aufsatz verwendet Canny den Begriff ‚Anglo-Irish' für die Protestant Ascendancy des 18. Jahrhunderts). – Dagegen befassen sich die Forschungsarbeiten zu einzelnen *plantations*, die in den letzten Jahren erschienen sind, hauptsächlich mit den organisatorischen Fragen der Landverteilung und nicht mit der Identität der Siedler. (Vgl. GILLESPIE, Colonial Ulster; MacCARTHY-MORROGH, Munster Plantation).

[65] Vgl. FORD, Protestant Reformation in Ireland, 1590–1641, S. 193–242.

[66] Dagegen hat die Erforschung der politischen, sozialen und ökonomischen Strukturen des gälischen Irland, obwohl die Forschung auch hier mit Quellenproblemen zu kämpfen hat, in den letzten Jahren große Fortschritte gemacht und ist nicht kontrovers. (Vgl. HAYES-McCOY, Gaelic Society; MORGAN, End of Gaelic Ulster; O'DOWD, Gaelic Economy).

[67] Erstens sind die einzigen Quellen zu diesem Thema die bardischen Gedichte, die Quellenlage ist also ausgesprochen schlecht. Zweitens ist die Interpretation dieser Gedichte, die in einer langen literarischen Tradition stehen, äußerst schwierig. Und drittens wurden diese Gedichte von einer bestimmten Gruppe innerhalb der gälischen Elite, nämlich den Barden, zur Verherrlichung der gälischen Lords geschrieben, so dass sie letztlich nur einen begrenzten Einblick in die gesamtgälische Identität bieten können. Siehe dazu auch unten A.II.3 und C.I.1.a.

[68] Bejahend: BRADSHAW, Native Reaction; und neuerdings CABALL, Faith. Für das 16. Jahrhundert negierend: CANNY, Formation of the Irish Mind; CUNNINGHAM, Native Culture; DUNNE, Gaelic Response; O'RIORDAN, Gaelic Mind; Ó BUACHALLA, James Our True King.

selten den Blick auf die ‚Grenzgänger', die zwischen den identitätsmäßig klar definierten Gruppen stehenden Personen, gerichtet hat.[69] Immerhin können deren Identitätskonflikte Indikator für die relative Bedeutung von politischen, ethnischen, kulturellen und konfessionellen Faktoren bei der Identitätsbildung sein.[70]

Die Historiographie zur katholischen Reform und Konfessionskirche in Irland wurde traditionell von Kirchenhistorikern dominiert, deren Interesse ausschließlich der ‚offiziellen Kirche' galt. Zumindest in der älteren Kirchengeschichte bis in die 1970er Jahre wurden dabei entsprechende Voreingenommenheiten deutlich. Helga Robinson-Hammerstein urteilt über die von Patrick Corish, dem bedeutendsten katholischen Kirchenhistoriker, zwischen 1967 und 1972 herausgegebene „offiziöse katholische Kirchengeschichte" *A History of Irish Catholicism*, dass sie sich „nur ganz schwerfällig aus dem Bannkreis der katholischen Hagiographie und Martyrologie"[71] löse. Die neueren Arbeiten Corishs von 1981 und 1985 lassen allerdings einen gewissen Wandel zu einer differenzierteren Sicht des tridentinischen Katholizismus erkennen, vor allem im Hinblick auf dessen Erfolge in Irland im 16. Jahrhundert und auf dessen sozialgeschichtliche Wirkungen.[72] Corish beruft sich dabei auf Anregungen des englischen His-

---

[69] Eine Ausnahme sind die Studien von Bernadette Cunningham zu Geoffrey Keating. (Vgl. CUNNINGHAM, Interpretations; CUNNINGHAM, Geoffrey Keating).

[70] Siehe dazu unten C.I.2.b.

[71] ROBINSON-HAMMERSTEIN, Erzbischof, S. 2 mit Anm. 1. Die für die Frühe Neuzeit relevanten Teilbände der *History of Irish Catholicism* sind: MOONEY, First Impact; JONES, Counter-Reformation; CORISH, Origins; GIBLIN, Irish Exiles. – Daneben liegen aus den 1940er, 50er und 60er Jahren zahlreiche in ihrer Interpretation zwar veraltete, aber häufig sehr materialreiche Studien zur katholischen Kirche vor. Vgl. z.B. die Arbeiten des Redemptoristen JONES (Canonical Faculties) und des Franziskaners MOONEY (Irish Church). Weiterhin gibt es aus dieser Zeit vielfach Untersuchungen zu den Irish Colleges auf dem Kontinent oder zu einzelnen Orden. Nicht selten gehörten die Historiker auch den Orden an, deren Geschichte sie schrieben. So z.B. Benignus Millett, der eine Geschichte der Franziskaner in der Mitte des 17. Jahrhunderts verfasste (vgl. MILLETT, Irish Franciscans).

[72] Vgl. den Beitrag von Patrick Corish zu seiner *History of Irish Catholicism* von 1968 (CORISH, Origins) und demgegenüber seine jüngeren Abhandlungen zum Katholizismus in Irland (CORISH, Catholic Community [1981]; CORISH, Irish Catholic Experience [1985]). – Corish schreibt zu diesem Wandel in seiner eigenen Interpretation des Katholizismus in Irland: „However, for some time past on the continent, and more recently in England, indications have been multiplying of a break-through into what is really more properly ‚ecclesiastical history'. In the catholic community, these have been associated with the rethinking of the idea of ‚the church' that preceded the II Vatican Council and ultimately found expression in its degrees. ... At the centre of the new thinking is the realisation that ‚the church' cannot be equated with ‚the clergy': there are laity as well. ... What this has meant in historical writing is that ecclesiastical history has be-

torikers John Bossy.[73] Patrick Corish und John Bossy gehören, wie Ernst Walter Zeeden in Deutschland, einer Generation von Historikern an, die sich mit dem Objekt ihres Erkenntnisinteresses persönlich verbunden fühlen.[74] Durch die Untersuchung der Geschichte der katholischen Kirche wollten sie sich auch der Traditionen versichern, an deren Ende sie selbst in ihrer „gegenwärtigen christlich-konfessionellen Existenz"[75] stehen.

Die beiden Überblickswerke Corishs zur katholischen Kirche[76] sind bislang in der Forschung nicht abgelöst worden. Sie wurden jedoch durch die Untersuchungen von Colm Lennon zu den Altengländern ergänzt und erweitert.[77] Die einzige neuere Monographie zu einem katholischen Orden im 16. und in der ersten Hälfte des 17. Jahrhunderts, die Arbeit von Flynn zu den Dominikanern,[78] stellt zwar eine sehr detaillierte Studie zu einem bislang überhaupt nicht bearbeiteten Orden dar,[79] sie geht jedoch in ihren Schlussfolgerungen nicht über ihr enges Forschungsfeld hinaus. Die neuste übergreifende Arbeit zum frühneuzeitlichen Katholizismus in Irland, Sa-

---

gun to catch up with the approaches to historical studies in general, paralleling their emphases on such things as social and economic history with corresponding emphasis on the christian community rather than on its ministry. ... the present concern of church historians ... with cultural factors, daily christian life and the impact of general social structures." (CORISH, Irish Ecclesiastical History, S. 154–155).

[73] Bossy publizierte 1975 die erste Geschichte des englischen Katholizismus (BOSSY, English Catholic Community); vgl. auch Bossys Arbeiten zum Katholizismus im frühneuzeitlichen Europa allgemein.

[74] Corish macht seine persönliche Involviertheit deutlich, indem er auf die Erkenntnisse verweist, die die Geisteswissenschaften seines Erachtens von der katholischen Theologie übernehmen sollten: „... the humanities may expect to receive a certain sense of involvement, a realisation that a bell tolls through all human experience, and that it tolls for me." (CORISH, Irish Catholic Experience, S. viii). – Auch John Bossy schreibt über sein Erkenntnisinteresse: „... the continuous history of the community ..., or part of it, it was my ambition to recover, in the hope that ... a sizeable part of the population of England might move a little more securely in its environment." (BOSSY, English Catholic Community, S. 1).

[75] SCHILLING, Literaturbericht „Konfessionsbildung", S. 451, vgl. S. 448.

[76] Vgl. CORISH, Catholic Community; CORISH, Irish Catholic Experience. – Nach Abschluss der vorliegenden Studie erschien das Buch *Catholic Synods* von Alison Forrestal, in dem die katholischen Synodaldekrete des 17. Jahrhunderts analysiert werden. Forrestal kommt, wenn auch unter einer anderen Fragestellung und ohne vergleichenden Blick auf die Church of Ireland, zu ähnlichen Ergebnissen wie die Verfasserin. (Siehe unten C.IV.1.b und C.IV.2.a).

[77] Vgl. LENNON, Lords und die zahlreichen Aufsätze von Lennon im Literaturverzeichnis.

[78] Vgl. FLYNN, Irish Dominicans.

[79] Zu den Franziskanern liegt nur die Monographie von Millett vor. (Vgl. MILLETT, Irish Franciscans). Eine moderne Untersuchung der irischen Jesuiten bleibt ein dringendes Forschungsdesiderat. (Vgl. neuerdings mit ‚britischem' Zugriff, aber ohne allgemeingeschichtliche Perspektive: MCCOOG, Society of Jesus).

mantha Meigs' *The Reformations in Ireland. Tradition and Confessionalism, 1400–1690* (1997), konzentriert sich auf die spätmittelalterliche Kirche und Religiosität im gälischen Irland und die katholische Reformbewegung des 16. Jahrhunderts. Die in der Einleitung angekündigte Anwendung zahlreicher Konzepte der neueren Geschichtsschreibung zur protestantischen und katholischen Reform[80] wird in der Arbeit nicht eingelöst. Stattdessen kehrt Meigs zu einer Auffassung über das Wesen und die Bedeutung des Katholizismus in Irland zurück, die die Forschung bereits hinter sich gelassen zu haben glaubte: die These vom unerschütterlichen und tief in der Gesellschaft verankerten Katholizismus der gälischen Iren.[81] Auf der Grundlage dieses Befundes definiert Meigs Irland als unvergleichlichen europäischen Sonderfall („The Irish Anomaly").[82]

Die erste umfassende neuere Darstellung zur protestantischen Reformation und zur Church of Ireland stellt die Dissertation von Alan Ford mit dem Titel *The Protestant Reformation in Ireland, 1590–1641* (1987) dar.[83] Fords Arbeit, in der dieser systematisch die Entwicklung der Church of Ireland von einer vorkonfessionell-offenen zu einer konfessionell definierten Minderheitskirche der Neuengländer zwischen 1590 und 1640 beschreibt, kann als der zurzeit wichtigste Beitrag zur Geschichte der Konfessionen und Konfessionskirchen in Irland gelten. Angeregt durch Fords Arbeit erleben die Forschungen zur Church of Ireland derzeit einen regen Aufschwung.[84]

---

[80] Vgl. MEIGS, Reformations, S. 3–4.

[81] „Here at last we come to the heart of the matter. Nothing appealed to the Irish as profoundly as their traditions, and in spite of the English Protestant state's efforts, no legislation could effectively change this." (MEIGS, Reformations, S. 141, vgl. S. 141–144). Diese traditionelle Sicht der Dinge hat Patrick Corish 1970 im *Handbuch für Kirchengeschichte* formuliert: „Die Iren – einem von Natur aus konservativen Volk, das aus religiösen Gründen dem Protestantismus gegenüber wenig aufgeschlossen war ..." (CORISH, Lage der Katholiken, 195). – Der enge Zusammenhang, den Meigs zwischen der Traditionsgebundenheit und der Struktur der irischen Gesellschaft, den Barden und dem Katholizismus sieht, ist aus zwei Gründen anzuzweifeln: Erstens hat Jane Dawson für das gälische Schottland nachgewiesen, dass gälische Barden auch in eine protestantische Kirche integriert werden konnten. (Vgl. DAWSON, Calvinism). Und zweitens ist in der jüngeren Forschung mehrfach darauf hingewiesen worden, wie anpassungsfähig die gälischen Barden in Irland im Hinblick auf ihre Loyalität waren – sie schrieben durchaus auch für protestantische *planters* und integrierten König James I. in das in ihren Gedichten dargestellte ‚politische System'. (Vgl. O'RIORDAN, Native Ulster Mentalité; Ó BUACHALLA, James Our True King).

[82] MEIGS, Reformations, S. 1.

[83] Vgl. auch FORD, Protestant Reformation in Ireland.

[84] Vgl. vor allem den 1995 erschienenen Sammelband: FORD, MCGUIRE, MILNE, As by Law Established. Dazu zählt auch die derzeit im Druck befindliche Dissertation von John McCafferty zur Geschichte der Church of Ireland in den 1630er Jahren unter besonderer Berücksichtigung der Rolle Bischof Bramhalls. (Vgl. einstweilen MCCAFFERTY,

Allerdings löst sich die Forschung sowohl auf protestantischer als auch auf katholischer Seite nur sehr langsam von dem generationenlang vorherrschenden Interesse an institutionengeschichtlichen Fragestellungen. Doch hat Kevin Herlihy mehrere Sammelbände zur Geschichte der bisher vernachlässigten Dissenters in der zweiten Hälfte des 17. Jahrhunderts herausgegeben,[85] und Raymond Gillespie hat mit *Devoted People* (1997) das erste Buch zur *popular religion* im frühneuzeitlichen Irland vorgelegt. Zwar wird an Gillespies Arbeit der Quellenmangel für das 16. und frühe 17. Jahrhundert nur allzu deutlich, so dass der Autor überwiegend Quellen ab der zweiten Hälfte des 17. Jahrhunderts verwendet. Vom methodischen Zugriff her bietet *Devoted People* aber einen in der irischen Forschung völlig neuen Ansatz. Denn Gillespie handelt die Volksfrömmigkeit nicht für eine der Konfessionskirchen oder für den Nonkonformismus ab, sondern er untersucht alle Konfessionen und Sekten und gliedert seine Studie thematisch, um zu einem übergreifenden Bild frühneuzeitlicher Frömmigkeitsformen und -praktiken in Irland zu kommen. Obwohl Gillespie seine Vertrautheit mit den in der internationalen Forschung geführten Diskussionen um Eliten- und Volksfrömmigkeit, Akkulturation und Christianisierung in der Einleitung beweist, geht es ihm im Hauptteil seiner Studie jedoch ausschließlich darum, die Volksfrömmigkeit im frühneuzeitlichen Irland möglichst breit zu dokumentieren. Insofern verpasst Gillespie die Chance, seine irischen Untersuchungsergebnisse in einen europäisch vergleichenden Kontext einzuordnen.[86] Die vergleichende Untersuchung der konfessionellen Entwicklung Irlands – ob im europäischen Vergleich oder zwischen den Konfessionskirchen – ist also ein eindeutiges Forschungsdesiderat.

Obwohl die Forschung zur irischen Frühneuzeit in den letzten Jahren einen Aufschwung erlebt hat, sind kaum neue Vorschläge zur Periodisierung der Frühen Neuzeit bzw. des 16. und 17. Jahrhunderts gemacht worden. Man periodisiert weiterhin gerne entweder nach den Regierungszeiten der Könige oder nach Jahrhunderten. Die 1976 erschienene *New History of Ire-*

John Bramhall; MCCAFFERTY, God Bless). – Auch die Phase des späten 15. und frühen 16. Jahrhunderts kommt neuerdings wieder in das Blickfeld der Forschung. (Vgl. JEFFERIES, Priests and Prelates; vgl. auch die Arbeiten von Watt im Literaturverzeichnis).

[85] Vgl. HERLIHY, Irish Dissenting Tradition; HERLIHY, Religion of Irish Dissent; HERLIHY, Politics of Irish Dissent; HERLIHY, Propagating the Word.

[86] Gillespie lässt interessante vergleichende Fragestellungen leider unbeantwortet, was jedoch teilweise auch auf die schlechte Quellenlage zurückzuführen ist: Welche Formen der Volksfrömmigkeit in Irland waren im Europa der Frühen Neuzeit typisch, welche spezifisch ‚irisch'? Konnte Volksfrömmigkeit in Irland auf Grund der konkurrierenden Konfessionsbildungen ihre ‚Eigenständigkeit' länger bewahren? (Zum Quellenproblem siehe unten A.II.3 und C.IV.2.a).

land löste sich zwar auch nicht völlig aus der Periodisierung nach den Regierungszeiten der Könige, wählte aber als Anfangs- und Endpunkte des
ersten Bandes zur Frühen Neuzeit nicht die konventionellen Daten 1485
und 1714, sondern die für Irland entscheidenden Daten 1534 und 1691.[87]
Umso bedauerlicher ist es, dass eines der Standardwerke zur irischen Geschichte, die Reihe *The New Gill History of Ireland*, sich für die unflexible
Periodisierung nach Jahrhunderten entschieden hat.[88] Der Band zum 16.
Jahrhundert von Colm Lennon trägt den signifikanten Titel *Sixteenth-Century Ireland. The Incomplete Conquest*: Er bricht drei Jahre vor dem Vollzug der Eroberung 1603 ab.[89] Immerhin wird die getrennte Periodisierung
der Regierungszeiten Edwards VI. und Marys allmählich im Licht der neueren englischen Forschung unter dem Signum der *mid-Tudor crisis* überdacht. Diese sachbezogene Periodisierung hat sich erstmals Ciaran Brady
in seinem Buch über die Chief Governors zu Eigen gemacht.[90]
   Durch die weiterhin recht strenge Trennung zwischen Forschungen zur
politischen und Forschungen zur Religions- und Kirchengeschichte werden
auch getrennte Periodisierungen der Frühen Neuzeit entworfen. Insofern
eignen sich diese Einteilungen auch nur bedingt als Grundlage für eine Periodisierung des irischen Konfessionalisierungsprozesses. Als Beispiele
seien hier einerseits die Diskussion um den Zeitpunkt des Umschwungs zu
einer Politik der Eroberung und Kolonisation und andererseits die Kontroverse um das endgültige Scheitern der Reformation in Irland genannt.
   Die Frage der politischen Chronologie des Tudor-Jahrhunderts hat in
der zweiten Revisionismusphase zu Meinungsverschiedenheiten zwischen
Nicholas Canny und Brendan Bradshaw geführt, an der sich dann auch die
Forscher der dritten Revisionismusphase, vor allem Ciaran Brady, beteiligt
haben. Während Bradshaw den Umschwung in die Jahre 1547–56 datiert,
als der auf Versöhnung bedachte Lord Deputy St. Leger in Misskredit geriet und Sir Edward Bellingham und der Earl of Sussex eine aggressive
Militärpolitik einleiteten, betrachtet Canny die Regierungszeit Sir Henry
Sidneys in den 1570er Jahren als Wendepunkt.[91] Die Forschung hat sich

---

[87] Vgl. CANNY, Early Modern Ireland, S. 57: „... the editors are to be congratulated in
selecting 1534 rather than the more traditional 1485 as a starting point. The closing date
of 1691, by which time the future of the Protestant ascendancy was secure, is a more ac-
curate reflection of historical reality than the conventional 1714."
[88] Vgl. LENNON, Sixteenth-Century Ireland; FITZPATRICK, Seventeenth-Century Ireland.
[89] Das Buch von Lennon ist zurzeit die beste Gesamtdarstellung für das 16. Jahrhundert, die sich auf die maßgeblichen Forschungsarbeiten des Autors stützt. Insofern ist es
bedauerlich, dass die Chance nicht genutzt wurde, auch die herkömmlichen Periodisierungen zu überdenken.
[90] Vgl. LOADES, Mid-Tudor Crisis; BRADY, Chief Governors, S. 45–71.
[91] Vgl. BRADSHAW, Irish Constitutional Revolution, S. 258–263; CANNY, Conquest.

mehrheitlich der Meinung Bradshaws angeschlossen. Sie konstatiert in der
mid-Tudor-Periode eine Veränderung der Gesamttendenz der englischen
Politik gegenüber Irland in Richtung auf zunehmendes militärisches Vorgehen, betont aber noch stärker den oszillierenden Charakter englischer
Politik in Irland.[92]

Die sich mit den konfessionellen Entwicklungen befassenden Historiker
haben gänzlich andere Periodisierungsdiskussionen geführt. In der Forschung wird weiterhin nach dem für den Kontinent üblichen Muster periodisiert: Auf ein Zeitalter der Reformation folgt ein Zeitalter der Gegenreformation. Für Hayes-McCoy war die Zeit von 1534 bis 1547 die der
„ecclesiastical revolution", von 1547 bis 1571 die der „protestant reformation" und die von 1571 bis 1603 die der „counter-reformation".[93] Colm
Lennon überschreibt in dem bereits erwähnten Band *Sixteenth-Century
Ireland* von 1994 ein Kapitel mit „From Reformation to Counter-Reformation, 1560–1600".[94] Diese Periodisierung kann angesichts der Arbeiten
von Ford, aber auch von Corish, die beide die Entstehung der protestantischen bzw. der katholischen Konfessionskirche seit den 1590er Jahren an-
setzen,[95] kaum aufrechterhalten werden. Die Periodisierungsfrage verknüpft sich hier mit dem Problem der analytischen Begrifflichkeit, denn es
erweist sich zusehends, dass der Begriff ‚Reformation' in seiner derzeitigen undifferenzierten Verwendung mehr Verwirrung als Klarheit stiftet.
‚Reformation' bezeichnet in der irischen Frühneuzeitforschung die politischen Veränderungen unter Heinrich VIII., die kurzlebigen Reformen unter Edward VI., das *Elizabethan settlement* oder, wie Ford den Begriff benutzt, den Wandel der vorkonfessionellen Staatskirche zu einer protestantischen Konfessionskirche am Ende des 16. Jahrhunderts. Eine exakte und
differenziertere Definition des Begriffs je nach Kontext bzw. die Einführung neuer Begrifflichkeiten ist deshalb ein dringendes Desiderat.

Die Periodisierung der konfessionellen Entwicklung Irlands wurde in
der Forschung bislang nur im Hinblick auf die Frage nach der *failure of the
Reformation in Ireland* diskutiert. Es geht dabei um den Zeitpunkt, zu dem
die Church of Ireland als endgültig gescheitert gelten kann, d.h. eine pro-
testantisch-katholische Polarisierung auf so breiter Basis stattfand, dass
eine Bekehrung der Mehrheit der Bevölkerung Irlands zum Protestantismus unmöglich erschien. Brendan Bradshaw, der durch seine Forschungen
zur Regierungszeit Heinrichs VIII. den Mythos vom unabänderlichen Ka-

---

[92] Vgl. BRADY, Court, S. 45; BRADY, Chief Governors, insbes. S. 71, 76; ELLIS, Parliament, S. 58–59.
[93] Vgl. HAYES-MCCOY, Royal Supremacy; HAYES-MCCOY, Conciliation; HAYES-
MCCOY, Completion.
[94] Vgl. LENNON, Sixteenth-Century Ireland, S. 303.
[95] Vgl. FORD, Protestant Reformation in Ireland, 1590–1641 (die Periodisierung im
Titel ist sozusagen Programm); CORISH, Catholic Community, S. 18–42.

tholizismus der Iren aufgebrochen hatte,[96] wollte dann aber in der Regierungszeit Marys den konfessionellen Umschwung zu Gunsten des Katholizismus in Irland erkennen und damit *the failure of the Reformation*.[97] Dagegen argumentierte Nicholas Canny, die Entscheidung gegen den
Protestantismus und für den Katholizismus sei in der Frühen Neuzeit eigentlich gar nicht gefallen, sondern die Mehrheit der Bevölkerung habe
weiterhin eine von beiden Konfessionskirchen unberührte mittelalterlich-
vorkonfessionelle Religion praktiziert. Erst im frühen 19. Jahrhundert hätten dann erneute Missionsbemühungen beider Kirchen die Entscheidung zu
Gunsten des Katholizismus gebracht.[98] Weder die These von Bradshaw
noch die von Canny sind in der Forschung akzeptiert worden. Die neueren
Forschungsarbeiten haben deutlich gemacht, dass die protestantische Reformation auf der Wende vom 16. zum 17. Jahrhundert scheiterte.[99]

Das grundsätzliche Problem bei der Diskussion um *the failure of the Reformation* war meines Erachtens jedoch ein begriffliches: Canny hatte vor
allem den so wichtigen Begriff *failure* nicht ausreichend definiert. Canny
differenzierte in seinem Aufsatz zwischen *conformity* und *conversion*.
Conformity beschrieb er als die Teilnahme am Gottesdienst der Staatskirche, *conversion* als Konversion im Sinne einer aktiven und bewussten Annahme eines Glaubens. Canny arbeitete heraus, dass eine der entscheidenden Entwicklungen des 16. Jahrhunderts die gescheiterte Umwandlung
anglo-irischer *conformity* mit der Staatskirche in anglo-irische *conversion*
zum Protestantismus war. Er schoss jedoch über das Ziel hinaus, indem er
das langfristige Überleben volksreligiöser Praktiken, die nicht dem tridentinischen Katholizismus entsprachen, als Beweis dafür ansah, dass auch
keine *conversion* zum Katholizismus stattgefunden habe. Damit ignorierte
er die in der allgemeinen Reformationsforschung bekannte Tatsache, dass
beide Konfessionskirchen über das Zeitalter der Reformation und der Konfessionalisierung hinaus mit solchen Frömmigkeitsformen konfrontiert
waren.

Zudem hat Joseph Liechty eine Langzeitperiodisierung vorgeschlagen,
in der das in dieser Arbeit behandelte konfessionelle Zeitalter als eine Art
‚Durchgangsstufe‘ oder ‚Vorbereitungsphase‘ auf dem Weg ins 19. Jahrhundert verstanden wird. Liechty teilt die Entwicklung des irischen Pro-

---

[96] Vgl. BRADSHAW, Opposition; BRADSHAW, Irish Constitutional Revolution.

[97] Vgl. BRADSHAW, Beginnings; BRADSHAW, Reformation.

[98] Vgl. CANNY, Why the Reformation Failed, insbes. S. 450.

[99] Vgl. BOTTIGHEIMER, Failure; CLARKE, Varieties of Uniformity; LENNON, Lords;
FORD, Protestant Reformation in Ireland, 1590–1641. – Bottigheimer hat meines Erachtens zu Recht gegen Canny angeführt: „... Canny's arguments ... require us to ignore a
distinctive polarisation that developed during the seventeenth and eighteenth centuries
and from which much of the character of modern Irish history derives." (BOTTIGHEIMER,
Failure, S. 197).

testantismus in die drei Phasen „state, church and popular Reformation".[100]
Er definiert das 16. Jahrhundert als das der „state Reformation", den von
Alan Ford beschriebenen Zeitabschnitt des institutionellen und personellen
Aufbaus der Church of Ireland ab ca. 1590 als „church Reformation" und
den erneuten Aufbruch im irischen Protestantismus des frühen 19. Jahrhunderts, vor allem mit John Walker und der Church of God, als „popular
Reformation".[101] Zwar wirft diese strenge Phasenaufteilung durchaus
Zweifel auf, ob die Prozesse so deutlich voneinander getrennt werden können oder ob nicht doch Überschneidungen zu konstatieren wären. Doch ist
die Einteilung insofern sehr hilfreich, als sie für das 16. Jahrhundert deutlich macht, dass die erste Phase eine durch den Staat initiierte und vor allem auch von politischen Interessen determinierte ‚Reformation' war, wogegen die Konfessionsbildung („church Reformation" bei Liechty) in Irland erst Ende des 16. Jahrhunderts einsetzte.

Insgesamt ist in der irischen Historiographie ein Periodisierungs-Defizit
erkennbar. Die Übernahme von in der älteren englischen Historiographie
üblichen Periodisierungen, wie nach Jahrhunderten oder Monarchen, erweist sich für Irland als genauso ungeeignet wie die Anwendung des älteren kontinentalen Schemas ‚Reformation' – ‚Gegenreformation'. In dieser
Arbeit soll deshalb der Versuch gemacht werden, die Geschichte Irlands
im 16. und in der ersten Hälfte des 17. Jahrhunderts mit parallelem Blick
auf die konfessionell-kirchliche und die staatliche Entwicklung zu periodi-
sieren.

In der deutschen Frühneuzeit-Forschung der zweiten Hälfte des 20. Jahrhunderts fand die irische Geschichte nur geringe Aufmerksamkeit.[102] Abgesehen von einem älteren Aufsatz zum 16.–18. Jahrhundert von Ludwig
Hammermayer[103] und der Dissertation von Helga Robinson-Hammerstein
über Erzbischof Adam Loftus von 1976,[104] interessierte man sich in den
1980er Jahren nur für die Eroberung durch Cromwell und die Zeit des

---

[100] LIECHTY, Popular Reformation, S. 161.

[101] Diese von Liechty „popular Reformation" genannte Bewegung des frühen 19.
Jahrhunderts wird in der Forschung auch als „Second Reformation" oder als „Protestant
crusade" bezeichnet. (Vgl. LIECHTY, Popular Reformation, S. 159; BOWEN, Protestant
Crusade; vgl. auch: CONNOLLY, S.J., Second Reformation, in: CONNOLLY, Oxford Companion, S. 504–505).

[102] Vgl. dagegen die umfangreichen Arbeiten zu Irland aus dem 19. und frühen 20.
Jahrhundert von Bellesheim (Geschichte der katholischen Kirche) und Bonn (Englische
Kolonisation).

[103] Vgl. HAMMERMAYER, Herrschaftlich-staatliche Gewalt.

[104] Die mangelnde Rezeption dieser Arbeit in der irischen Forschung ist offensichtlich auf die ‚Sprachbarriere' zurückzuführen, denn [Robinson-]Hammersteins Aufsatz
über „Continental Education" wurde breit rezipiert.

Commonwealth.[105] In der Deutschen Demokratischen Republik erschienen
zwischen 1976 und 1989 sechs Tagungsbände zu Gesellschaft und Kultur
Irlands, herausgegeben von Dorothea Siegmund-Schultze am Wissen-
schaftsbereich Anglistik der Universität Halle.[106] Darin befinden sich auch
einige historisch orientierte Aufsätze,[107] die jedoch auf der älteren irischen
Literatur beruhen und dieser in ihren Interpretationen auch folgen. In jüngerer Zeit hat Ronald G. Asch einige Aufsätze zu Irland im 16. und frühen
17. Jahrhundert veröffentlicht, die die neuere irische Forschung berücksichtigen,[108] und in seiner Habilitationsschrift über den Hof Karls I. hat
Asch die Beziehungen Irlands als ‚Provinz' zum englischen Hof ausführlich dargestellt.[109] Die fast völlige Nichtbeachtung Irlands in der deutschen
Frühneuzeitforschung wird neuerdings durch einige Arbeiten ‚gelindert',
die sich sowohl aus historischer als auch aus literaturwissenschaftlicher
Sicht mit der Frage der Identitäten befassen.[110] Zudem liegt die Habilitationsschrift von Karin Schüller über die Beziehungen zwischen Spanien
und Irland vor, in der auch die Entstehung und Entwicklung der Irish Colleges in Spanien analysiert wird.[111] Ansonsten wird das frühneuzeitliche
Irland zusammenfassend behandelt in den beiden Überblicksdarstellungen
zur irischen Geschichte von Jürgen Elvert und Michael Maurer.[112]

---

[105] Vgl. BERBIG, Oliver Cromwells Irlandpolitik; METZ, A Tale of Troy, vgl. auch
METZ, Der Andere und die Fremden. – Allerdings stützt sich der Aufsatz von Berbig von
1984 ausschließlich auf die ältere irische Forschung. Daraus ergeben sich dann folgende
Formulierungen: „Immer wieder bäumten sich die Iren auf, um Heim und Heiligtum zu
retten." (BERBIG, Oliver Cromwells Irlandpolitik, S. 161).
[106] Vgl. SIEGMUND-SCHULTZE, Irland.
[107] Vgl. BINDER, Edmund Spencer; KIRCHEISEN, Englische Revolution; STEGAT, Politik der Tudors; STEGAT, Repressive Measures; STEGAT, Decline.
[108] Vgl. ASCH, Englische Herrschaft; ASCH, Antipopery; ASCH, Kulturkonflikt; vgl.
außerdem ASCH, Three Nations (Sammelband).
[109] Vgl. ASCH, Hof Karls I.
[110] Vgl. ROSS, Britannia et Hibernia; OEHLKE, Irland; WITTHOFF, Grenzen der Kultur.
[111] Vgl. SCHÜLLER, Spanien und Irland.
[112] Vgl. ELVERT, Geschichte Irlands; MAURER, Geschichte Irlands. Zu Elvert vgl. die
Rezension von ASCH, R., in: Historische Mitteilungen 1995, S. 305–309. – Die beiden
anderen bei deutschen Verlagen erschienenen Überblicksdarstellungen sind jeweils Übersetzungen aus dem Englischen: BECKETT, Geschichte Irlands; BOTTIGHEIMER, Geschichte Irlands (im Original: Ireland and the Irish). Auch in dem von Elvert herausgegebenen Sammelband über Nordirland von 1994 stammen die Beiträge zum frühneuzeitlichen Irland von irischen Historikern.

3. Quellenlage[113]

Die vorliegende Arbeit stützt sich, wie bereits begründet, auf Grund der Breite ihres Zugangs und der gewählten Zeitspanne in höherem Maße als regional- und lokalgeschichtliche Arbeiten auf gedruckte Quellen und Literatur. Auch bei der Auswahl der Manuskriptquellen mussten andere Kriterien gelten als für Arbeiten mit enger gefasster Fragestellung: Es konnten nur die in der irischen Forschung bereits bekannten und in den großen Archiven (vor allem im Trinity College, Dublin[114]) vorhandenen Quellenbestände[115] einbezogen werden.

Grundsätzlich sind der Forschung zur irischen Frühneuzeit durch die im Vergleich zu anderen europäischen Ländern schlechte Quellenlage deutliche Grenzen gesetzt. Durch die vorwiegend mündliche Kultur des gälischen Irland hat diese Gesellschaft vor allem die bardischen Gedichte hinterlassen. Bei der Verwendung dieser literarischen Erzeugnisse als Quellen ergeben sich zahlreiche Interpretationsprobleme, die in der Forschung bislang nicht endgültig geklärt sind.[116] Der weitaus größte Teil der Quellen

---

[113] Zur Quellenzitation und zur Angabe von Daten: Bei der Zitation von Quelleneditionen wird die Schreibung der Vorlage genau übernommen; bei zeitgenössisch gedruckten Quellen wird nur die Schreibung von u/v und i/j modernen Gepflogenheiten angepasst. Um die Vielfalt der Schreibungen nicht noch weiter zu erhöhen, werden Manuskriptquellen in moderner Schreibung zitiert. Daten werden in den Fußnoten entsprechend der Angabe in den Manuskripten/Quelleneditionen wiedergegeben. Dabei ist zu bedenken, dass in den katholischen Korrespondenzen mit dem Kontinent nach 1582 der gregorianische Kalender, in den Dokumenten der englischen und irisch-protestantischen Seite aber der julianische Kalender verwendet wurde. Da im englisch-irischen Königreich der 25. März als Jahresanfang angesehen wurde, wird die Jahreszahl für einen Jahresanfang am 1. Januar zusätzlich in eckigen Klammern und teilweise im Text angegeben, falls die Umrechnung nicht bereits in der jeweils benutzten Quellenedition durchgeführt wurde.

[114] Leider ist auch ein so großes und wichtiges Archiv wie das des Trinity College, Dublin, für den Frühneuzeitler nur sehr unzureichend erschlossen. Man muss sich weiterhin auf Abbotts *Catalogue* aus dem Jahr 1800 verlassen, der zwar im Archiv selbst in annotierter Form vorliegt und damit einige Fehler bzw. ungenaue Angaben des Originals korrigiert, damit aber bei weitem nicht den Ansprüchen an ein die Archivbestände gut erschließendes Findbuch genügt.

[115] Einen Überblick über die Quellenlage bietet: EDWARDS, O'DOWD, Sources. Das umfassendste Quellenverzeichnis zur irischen Geschichte ist HAYES, Manuscript Sources. Die irischen Archive sind verzeichnet in: HELFERTY, REFAUSSÉ, Directory of Irish Archives. Für weitere Archivführer und Quellenverzeichnisse vgl. das Literaturverzeichnis.

[116] Meines Erachtens ist das grundlegende Problem der Forschung zu den bardischen Gedichten, dass deren Interpretation nicht nur die Fähigkeiten und Kenntnisse eines Historikers erfordert, sondern eindeutig auch die eines gälischen Literaturwissenschaftlers, der die gesamte mittelalterliche literarische Tradition kennt. Die Verfasserin enthält sich deshalb des Versuchs, bardische Gedichte selbst zu interpretieren, und orientiert sich

für die frühneuzeitliche Geschichte Irlands stammt daher von drei ‚Institutionen‘, vom englischen Staat, von der protestantischen Church of Ireland
und von der katholischen Kirche. Obwohl auch die Quellen, die die Sicht
des englischen Staates und das Funktionieren der englischen Herrschaft in
Irland repräsentieren, durch die vielen Kriege der Frühen Neuzeit und zuletzt durch den Brand des Public Record Office im Jahr 1922 (seit 1988 in
die National Archives integriert) stark dezimiert sind,[117] haben sie weiterhin ein relatives Übergewicht gegenüber Quellen anderer Provenienz. Die
größte Quellengruppe dieser Art sind die durch *Calendars* erschlossenen
State Papers. Sie werden ergänzt durch Editionen von *State Papers* für
einzelne Zeitabschnitte.[118]

Für die Untersuchung der beiden Konfessionskirchen sind sowohl die
Klerikerkorrespondenzen[119] als auch die Visitationen der Church of Ireland[120] die wichtigsten Quellengruppen, wobei jedoch Visitationen in Irland nicht in so großer Zahl vorliegen wie auf dem Kontinent oder in
England. Zudem stellen die Religionsartikel und *canons* der Church of
Ireland und die Synodaldekrete der katholischen Kirche wichtige Quellen-
grundlagen dar.[121] Von ungeahnter Nützlichkeit werden im irischen Kon-

---

an den Interpretationen von literaturwissenschaftlicher Seite und an der Mehrheitsauffas-
sung in der historischen Forschung, die sich beide gegen die These vom ‚gälischen Na-
tionalismus‘ gewandt haben. (Siehe dazu ausführlich unten C.I.1.a).

[117] Vgl. EDWARDS, O'DOWD, Sources, S. 133.

[118] Die *Calendars of the State Papers relating to Ireland* (im Folgenden abgk. CSPI)
sind für das 16. Jahrhundert weniger zuverlässig als für das 17. Jahrhundert und werden
zurzeit neu bearbeitet. Dies stellt für die vorliegende Arbeit aus zwei Gründen kein größeres Problem dar: Erstens decken einige Editionen von *State Papers* das 16. Jahrhundert
ab. (Vgl. Original Letters, hg. v. SHIRLEY; State Papers, hg. v. BRADY; Harris: Collectanea, hg. v. MCNEILL; vgl. auch Irish Historical Documents, hg. v. CURTIS u. MC-
DOWELL; Irish History, hg. v. MAXWELL; für das 17. Jahrhundert vgl. Papers, hg. v.
SHIRLEY; Strafforde's Letters, hg. v. KNOWLER; Tanner Letters, hg. v. MCNEILL). Und
zweitens ist das 16. Jahrhundert inzwischen auch durch die Forschung gut aufgearbei-
tet. – Zu bestimmten Themenbereichen, z.B. zur Bildung, gibt es zusätzliche Quellen-
sammlungen, die jedoch auch stark aus den *State Papers* schöpfen. (Vgl. z.B. State Policy, hg. v. CORCORAN).

[119] Tanner Letters, hg. v. MCNEILL; Works of Ussher, hg. v. ELRINGTON u. TODD;
Correspondence, hg. v. FORD; True Relation, hg. v. JONES; Spicilegium Ossoriense,
v. MORAN; Wadding Papers, hg. v. JENNINGS; Words of Comfort, hg. v. HOGAN; Ibernia
Ignatiana, hg. v. HOGAN; HOGAN, Distinguished Irishmen (mit übersetzten Jesuitenbrie-
fen, wobei die Zuverlässigkeit der Übersetzung durch die teilweisen Überschneidungen
zu *Ibernia Ignatiana* geprüft werden konnte).

[120] Vgl. TCD MSS 550, 566, 806, 808, 843, 1066, 1067; BL Add. MS 4756; vgl. auch
die gedruckten Visitationsprotokolle im Quellenverzeichnis. – Für die Parochialebene ist
die Quellenlage in Irland sehr schlecht; Kirchenbücher sind im Wesentlichen nicht erhalten (siehe dazu auch unten C.IV.2.a und b).

[121] Vgl. Brefe Declaration (*12 Artikel*) und Articles of Religion (*104 Artikel*), in:
ELRINGTON, Life of Ussher, S. xxi-l; Canons der Church of Ireland, 1634, in: Constitu-

text auch allgemeine kirchengeschichtliche Arbeiten und Diözesange-
schichten des 19. Jahrhunderts, die sehr detailreich sind und teilweise
heute nicht mehr erhaltene Quellen wörtlich wiedergeben.[122] Eine weitere
wichtige Quellengattung sind Flugschriften, unter anderem die von protestantischen Neuengländern verfassten Pamphlete über das gälische Irland, und die zeitgenössische Historiographie.[123] Insgesamt macht die
Überlieferungssituation zum 16. und frühen 17. Jahrhundert quantitative
Quellenanalysen, die insbesondere bei der Untersuchung der Disziplinierungsmaßnahmen wünschenswert wären, weitgehend unmöglich, und man
muss sich auf eine qualitative Quellenuntersuchung stützen.[124]

---

tions. Die katholischen Synodaldekrete liegen nicht als Korpus vor, sondern wurden aus
verschiedenen Werken zusammengestellt.

[122] Vgl. z.B. DWYER, Diocese of Killaloe.

[123] Vgl. SPENSER, A View; DAVIES, Discovery; CAMPION, Two Bokes; O'SULLIVAN
BEARE, Compendium. Vgl. dazu im Einzelnen das Quellenverzeichnis.

[124] Siehe dazu vor allem unten C.IV.2.a und b.

III. Gesellschaft, Politik und Religion in Irland im späten Mittelalter und zu Beginn des 16. Jahrhunderts

1. Gesellschaftliche und politische Strukturen

Irland hatte im Spätmittelalter eine politisch, rechtlich und gesellschaftlich-ethnisch stark fragmentierte Struktur, in der es zwar idealtypische und auch von den Zeitgenossen durchaus wahrgenommene bzw. postulierte ‚Grenzen' zwischen den einzelnen politischen und gesellschaftlichen Gruppen gab, die aber in der Realität auch immer wieder verschwammen. Die gesellschaftlich-ethnische Struktur des spätmittelalterlichen Irland wurde von Beamten des englischen Königs folgendermaßen beschrieben: Erstens, die als ‚Feinde des englischen Königs' („the King's Irish enemies") angesehenen gälischen Iren, die auch als ‚wilde Iren' („the wild Irish") bezeichnet wurden.[1] Zweitens, die so genannten ‚englischen Rebellen' („the King's English rebels"), die anglo-irischen Adeligen;[2] und drittens, die ‚Untertanen des Königs' („the King's subjects"), die so genannten ‚loyalen Anglo-Iren'.[3]

Im spätmittelalterlichen Irland gab es viele kleine politische Einheiten,[4] die in drei Kategorien zusammengefasst werden können. Diese politische Dreiteilung stimmte mit der Dreiteilung der Bevölkerungsgruppen im We-

---

[1] „... there be more than 60 countries, called regions, in Ireland, inhabited with the King's Irish enemies; ... where reigneth more than 60 chief captains, whereof some calleth themselves kings, some king's peers, in their language, some princes, some dukes, some archdukes, that liveth only by the sword, and obeyeth to no other temporal person, but only to himself that is strong: and every of the said captains maketh war and peace for himself, and holdeth by sword, and hath imperial jurisdiction within his ‚room', and obeyeth no other person, English or Irish, except only to such persons, as may subdue him by the sword." (State of Ireland, and Plan for its Reformation, 1515, in: Irish History, hg. v. MAXWELL, S. 79–85, hier S. 79). – Eine konzise Zusammenfassung der gesellschaftlichen und politischen Struktur des gälischen Irland bietet HAYES-McCOY, Gaelic Society.

[2] „... there is more than 30 great captains of the English noble folk, that followeth the same Irish order ... and every of them maketh war and peace for himself, without any licence of the King, or of any other temporal person, save to him that is strongest, and of such that may subdue them by the sword." (State of Ireland, and Plan for its Reformation, 1515, in: Irish History, hg. v. MAXWELL, S. 79–85, hier S. 80).

[3] Vgl. Instructions ministered by the King's Council in Ireland to John Alan, Master of the Rolls, 1533, in: Irish History, hg. v. MAXWELL, S. 85–87, hier S. 86; COSGROVE, Hiberniores Ipsis Hibernis, S. 12; ELLIS, Crown, S. 195–196; RICHTER, Irland im Mittelalter, S. 120, 143. – So auch noch William Gerrard 1577 in einem Bericht an das englische Privy Council. (Vgl. ASCH, Kulturkonflikt, S. 169–170).

[4] Vgl. Karte b im Anhang.

sentlichen überein. Das Gebiet, über das der englische König auch im Spätmittelalter weiterhin eine direkte Kontrolle ausübte und in dem englisches Gesetz, Institutionen und Verwaltung weiterhin uneingeschränkte Gültigkeit besaßen, war seit Beginn des 15. Jahrhunderts auf die Pale und die anglo-irischen Städte beschränkt. Hier siedelten die ‚loyalen Anglo-Iren‘. Die Nachkommen der großen anglo-normannischen Adelsfamilien, z.B. die Grafen von Kildare und Desmond (beide Fitzgeralds) oder die Grafen von Ormond (Butler), die Irland im 12. Jahrhundert erobert hatten, beherrschten große Earldoms. Diese anglo-irischen Magnaten befanden sich weitgehend außerhalb der Kontrolle der Dubliner Regierung und damit auch des englischen Königs. Die gälischen Herrschaftsgebiete standen dagegen völlig außerhalb des Lordship of Ireland und damit der Jurisdiktion der englischen Krone. Sie fielen nicht unter die Gültigkeit des englischen *common law*, was zur Folge hatte, dass sie im englischen Herrschaftsbereich den Status von Leibeigenen oder feindlichen Fremden hatten.[5] Ihre Gesellschaftsstruktur unterschied sich grundlegend von der im Lordship of Ireland und in England, die auf dem Lehnsrecht aufbaute. Die gälische Gesellschaft war in hierarchisch abgestufte und sich geographisch überlagernde Personen- und Klientelverbände gegliedert. Auch ihre gälische Sprache und Kultur und das gälische Recht, das *brehon law*, unterschieden sich – auf Grund ihres keltischen Ursprungs – wesentlich von der englischen Kultur und Rechtsordnung. Die geschlossenen gälischen Herrschaftsgebiete befanden sich im Westen (Provinz Connacht) und im Norden Irlands (Provinz Ulster).[6] Sie lagen entweder außerhalb der ursprünglichen anglo-normannischen Eroberungen, oder sie waren im Rahmen des so genannten *Gaelic revival* bzw. *Gaelic resurgence* des 13. und 14. Jahrhunderts zurückerobert worden.[7]

Das gälische Irland wies eine ausschließlich ländliche Struktur auf. Die geschlossenen Siedlungsgebiete der Gälen in Connacht und Ulster hatten

---

[5] Vgl. ELVERT, Geschichte Irlands, S. 101; ASCH, Kulturkonflikt, S. 173.

[6] Im nordöstlichen Teil von Ulster (Antrim) hatten sich seit dem späten 15. Jahrhundert schottische Siedler niedergelassen, z.B. die MacDonnells. Da diese Bevölkerungsgruppe jedoch derselben kulturell-linguistischen Welt angehörte wie die gälischen Iren und sich in deren politisches System integrierte, werden sie hier – auch auf Grund ihrer vergleichsweise kleinen Zahl – nicht gesondert behandelt. (Vgl. MORGAN, End of Gaelic Ulster, S. 14–15).

[7] Vgl. ELLIS, Representations, S. 302; SIMMS, Norman Invasion, S. 88–89. – Simms betont, dass der Unterschied zwischen der Zeit vor und nach dem *Gaelic revival* nicht in der tatsächlichen Besiedelung des Landes lag. Die Gebiete, die von den gälischen Lords zurückerobert wurden, waren auch vorher – unter anglo-normannischer Herrschaft – von Gälen besiedelt: „The greatest change between the fourteenth century and earlier times was this assumption that areas not actually colonized were in the hands of ‚wild Irish enemies‘ rather than rent-paying vassals." (SIMMS, Norman Invasion, S. 89).

keine Städte. Die wenigen irischen Städte waren Gründungen der Wikinger
oder der Anglo-Normannen und stellten im späten Mittelalter ‚englische
Bastionen' dar.[8] Im gälischen Irland waren wichtige religiöse Zentren, zum
Beispiel große Klöster, häufig auch Siedlungsschwerpunkte.[9] Die gälische
Gesellschaft war weniger auf Ackerbau, sondern mehr auf Viehzucht ausgerichtet, denn in einer kriegerischen und wenig sesshaften Gesellschaft
war das Vieh ein beweglicher Besitz, der im Fall einer militärischen Konfrontation schnell an einen sicheren Ort gebracht werden konnte. Ein typisches Merkmal schon der frühen keltischen Gesellschaft, das sich auch in
den Sagen niedergeschlagen hat, war *cattle raiding*, d.h. der Raub des
Viehs im Verlauf kriegerischer Auseinandersetzungen, der darauf abzielte,
dem Gegner sowohl die Lebensgrundlage als auch die Grundlage seiner
gesellschaftlichen Stellung zu nehmen.[10]
   Diese äußere Mobilität der Gälen spiegelte sich in ihrer Gesellschaftsordnung wider, in der die soziale und politische Stellung des Einzelnen
ständigen Veränderungen unterworfen sein konnte, was auch mit dem Gewinn oder Verlust von Klientelverbänden und Landbesitz verbunden war.
Auf der unteren Stufe der gälischen sozialen Hierarchie stand der einfache
‚Freie', der über ein Klientelverhältnis mit einem Adeligen bzw. einer
Adelsfamilie von lokaler Bedeutung verbunden war.[11] Dies stellte die
kleinste gesellschaftliche und politische Einheit im gälischen Irland dar,
die so genannte *tuath*.[12] Innerhalb einer *tuath* gab es einen führenden adeligen Familienverband mit unterschiedlich weiter Verzweigung, aus dessen

---

[8] „Bezeichnenderweise gedieh – mit Ausnahme von Sligo – keine anglo-normannische Stadt im Einflußbereich gälisch-irischer Chiefs zur Zeit der gälischen Wiederero-
berung im 14. Jahrhundert. Vielmehr scheinen die Städte als feindlich empfunden und ab-
sichtlich zerstört worden zu sein." (ROBINSON-HAMMERSTEIN, Erzbischof, S. 22).
[9] Vgl. NICHOLLS, Gaelic Society, S. 399. Nicholls behandelt in diesem Aufsatz zwar
nominell das Hochmittelalter, stützt sich aber vor allem auf Quellen aus dem 16. Jahrhundert.
[10] Vgl. BOTTIGHEIMER, Geschichte Irlands, S. 35–37; NICHOLLS, Gaelic Society,
S. 413. – Die Mobilität der gälischen Gesellschaft wird auch an dem so genannten *trans-
humance* oder *booleying* deutlich, was dem Almauftrieb in den Alpen entsprach, d.h. die
Tiere wurden von ihren Winterquartieren in tiefer gelegenen Gegenden im Sommer auf
Weiden in höher gelegenen Regionen getrieben. (Vgl. NICHOLLS, Gaelic Society, S. 413).
Damit soll jedoch nicht behauptet werden, die gälischen Iren seien Nomaden gewesen
und hätten überhaupt keinen Ackerbau betrieben. Dies war eine Propaganda-Meinung
vieler Neuengländer im 16. Jahrhundert. Gälischer Ackerbau zeichnete sich jedoch durch
geringe Intensität und eine Ausrichtung ausschließlich auf Eigenbedarf aus. (Vgl.
ELVERT, Geschichte Irlands, S. 113).
[11] Das gälische Gesellschaftssystem war aber kein *clan*-System wie in Schottland, wo
alle Mitglieder einer politischen Einheit einer Familie angehörten. (Vgl. HAYES-MCCOY,
Gaelic Society, S. 49).
[12] Vgl. SIMMS, Kings, S. 178.

Kreis der Lord oder *chieftain*[13] dieser *tuath* bestimmt wurde. Der Lord wurde dabei – zumindest theoretisch – von und aus dem Kreis der so genannten *derbfine*, der Familie im Sinne des *brehon law* gewählt, die die männlichen Nachkommen eines früheren Lord aus vier Generationen umfasste.[14] In der Praxis setzte sich im Allgemeinen der Bewerber durch, der die größte Gefolgschaft hatte, denn das politische System des gälischen Irland beruhte auf personalen Beziehungen.[15] Häufig versuchte die führende Familie, die Nachfolge enger einzugrenzen, so dass z.B. nur noch die Söhne des Lord in Frage kommen sollten. Dem Zweck der Stabilisierung der Nachfolge sollte auch das wahrscheinlich nach der normannischen Eroberung eingeführte *tanistry*-System dienen, wonach der Nachfolger bereits zu Lebzeiten des Lord aus dem Familienverband gewählt wurde. Der designierte Nachfolger wurde *tanist* (*tánaiste*) genannt.[16] Trotzdem blieben Herrschaft und Herrschaftsweitergabe im gälischen Irland unsichere Angelegenheiten. Denn es bestand immer die Gefahr, dass ein Angehöriger aus der weiteren Führungsfamilie genügend Anhänger und militärische Macht hinter sich bringen konnte, um die Position des Lord zu erringen.[17]

Es fällt auf, dass das Gesellschaftssystem des gälischen Irland auf der unteren Ebene, nämlich hinsichtlich des Klientelverbandes der *tuath*, durchaus Ähnlichkeiten mit dem Feudalsystem aufweist. Andererseits war jedoch das Verhältnis zwischen einem Freien und seinem Lord aufhebbar, und auf der Ebene der gesellschaftlich-politischen Führungsschichten bestand eine unsichere Nachfolgeregelung, die keine Primogenitur oder etwas Vergleichbares kannte.[18]

---

[13] Die wörtliche Übersetzung des Terminus *chieftain* im Deutschen wäre ‚Häuptling‘, ein Begriff, den ich jedoch im Folgenden – vor allem wegen seiner ‚kolonialen‘ (und weniger ostfriesischen) Implikationen – vermeiden möchte. Auch Begriffe wie ‚gälische Fürsten‘ (oder auch ‚Könige‘) sind meines Erachtens problematisch, da sie englische bzw. kontinentaleuropäische Rechtsstrukturen implizieren. Ich bevorzuge den vergleichsweise neutralen Begriff ‚Lord‘. Erst nach der Verleihung englischer Adelstitel an gälische Lords im 16. Jahrhundert kann man diese auch als ‚Earl/Graf‘ bezeichnen.

[14] Vgl. NICHOLLS, Gaelic Society, S. 424; HAYES-MCCOY, Gaelic Society, S. 47; MEIGS, Reformations, S. 10–11; ELVERT, Geschichte Irlands, S. 40–42. – Dabei ist zu bedenken, dass im gälischen Erbrecht eheliche und uneheliche Kinder gleichgestellt waren. Da man Ehen auflösen konnte und das Konkubinat häufig war, gab es nie Mangel an männlichen Nachkommen. (Vgl. RICHTER, Irland im Mittelalter, S. 13).

[15] Vgl. NICHOLLS, Gaelic Society, S. 424; O'DOWD, Gaelic Economy, S. 123.

[16] Vgl. HAYES-MCCOY, Gaelic Society, S. 47, 58.

[17] Vgl. O'DOWD, Gaelic Economy, S. 123.

[18] Dies wird man tatsächlich als eine Eigenschaft des gälischen politischen Systems ansehen müssen, die politisch-soziale Instabilität förderte: „... a lord in office ... lacked one of the strongest incentives to work for posterity – the certainty that his son would in-

Oberhalb dieser kleinsten politisch-gesellschaftlichen Einheit im gälischen Irland, der *tuath* mit ihrem Lord, gab es zwei weitere Ebenen der
politischen Organisation. Mehrere kleine Lordships oder *tuatha* unterstanden einem mittleren *overlord*, an den sie Abgaben zahlten und dessen Autorität sie anerkannten. Zu diesen ‚mittleren‘ *overlords*, auch *ur-rí* oder *ur-
raght* genannt, gehörten z.B. die O'Reillys und Maguires in Ulster. Über
diesen Lords standen wiederum mächtigere *overlords*, die auf der Ebene
einer Provinz von den ‚mittleren‘ *overlords* Gefolgschaft und Tributzahlungen verlangten. In Ulster waren die O'Neills und – mit geringerer
Macht – die O'Donnells *overlords*. Jeder dieser mittleren und großen
overlords war selbst Lord einer *tuath*.[19] Die Tributzahlungen, die die Lords
von den von ihnen abhängigen Personenverbänden verlangten, bestanden
zum Teil aus festen Abgaben und Dienstleistungen. Vor allem im Kriegs-
fall übten die Lords ihr Recht auf *coyne and livery* aus, d.h. sie quartierten
sich, ihr Gefolge und ihre Soldaten bei ihren Untergebenen ein und ließen
sie verpflegen.[20]
   Das politische System des gälischen Irland stellt sich also als eine drei-
fach abgestufte Hierarchie von Lordships dar. Die Masse der kleinen *tuatha* wurde überformt von Lordships mittlerer Größe und Macht, die wiederum von mächtigen *overlordships* ‚überdacht‘ wurden. Allerdings erscheint dieses politische System nur in der Theorie als stabil. In der Praxis
war es ein instabiles System, denn „the relationship between an overlord
and a sublord was an arbitrary and unstable one depending mainly on military strength. Although submission might be yielded and tribute collected
over a long period, the relationship was never permanent and could be
overthrown at any time".[21]
   Ähnlich wie die politische Organisation beruhte das System des Landbesitzes im gälischen Irland auf Familienverbänden. Das Land wurde als
erblicher Besitz einer Familie angesehen und teilweise in regelmäßigen
Abständen zwischen den männlichen Mitgliedern dieser Familie neu verteilt. Dieses System nannten die Engländer im 16. Jahrhundert *gavelkind*,

---

herit the government, and, perhaps, perpetuate his policy." (HAYES-MCCOY, Gaelic Society, S. 57, vgl. S. 55).
   [19] Vgl. HAYES-MCCOY, Gaelic Society, S. 47–48; O'DOWD, Gaelic Economy,
S. 121–123; ELVERT, Geschichte Irlands, S. 40–42.
   [20] *Coyne and livery* ist eine hybride Bildung. *Coyne* ist von einem gälischen Wort für
‚Einquartierung‘ abgeleitet. *Livery* ist dagegen ein englisches Wort für ‚Versorgung (mit
Lebensmitteln)‘. Der Begriff wird sowohl auf die Praxis gälischer als auch gälisierter
anglo-irischer Lords angewandt. Im Gälischen gab es außerdem noch den Begriff
bonnacht für ‚Einquartierung‘. (Vgl. ELLIS, Tudor Ireland, S. 321; NICHOLLS, Gaelic Society, S. 425–426; SIMMS, Kings, S. 173).
   [21] O'DOWD, Gaelic Economy, S. 123.

nach einem ähnlichen Prinzip der Landverteilung in Wales.[22] Der größte Teil des Landes in einem Lordship gehörte dem Lord und den einzelnen Zweigen seiner Familie. Kleinere Landbesitzer waren sowohl „families who had formerly been politically important in the lordship and had held larger portions of land in the region but had declined as the new ruling family expanded its control"[23] als auch Söldner, bardische Dichter und *brehons*, d.h. irische Rechtsgelehrte.

Die Söldner waren meist so genannte *gallowglasses* aus Schottland, die seit dem 13. Jahrhundert in die Dienste der gälischen Adeligen traten. Sie trugen auf militärischer Ebene entscheidend zum *Gaelic revival* bei. Die schottischen Söldner waren eine wichtige Gruppe in einer Gesellschaft, deren inhärente Instabilität und Fragmentierung ständig zu militärischen Auseinandersetzungen führten. Die einfachen irischen Fußsoldaten nannte man dagegen *kerns*.[24] Barden (*filí*) und *brehons* stellten – zusammen mit den Klerikern – die ‚Berufsstände', die *aes dána*, des gälischen Irland dar, die hohes Ansehen genossen und ihren Beruf innerhalb der Familie von Generation zu Generation vererbten.[25] Die bardische Dichtung war darauf ausgerichtet, die gälischen Lords, d.h. den jeweiligen Patron des Dichters, zu preisen, sein Prestige zu erhöhen und seinen Herrschaftsanspruch zu legitimieren. Sie hatte im Zusammenhang mit dem *Gaelic revival* des 13. und 14. Jahrhunderts einen großen Aufschwung erlebt und blieb lebendig bis zum Untergang des traditionellen gälischen Irland im frühen 17. Jahrhundert.[26]

Ein wichtiger Brauch innerhalb der gälischen Gesellschaft war *fosterage*, d.h. einzelne Kinder wurden in andere Familien zur Pflege gegeben und dort aufgezogen. Diese Sitte schaffte neue familiäre Verbindungen und verstärkte die sozialen Bindungen und Beziehungen innerhalb der gälischen Gesellschaft insgesamt.[27]

---

[22] Dieses System hatte offenbar viele regionale Varianten. (Vgl. HAYES-MCCOY, Gaelic Society, S. 53; NICHOLLS, Gaelic Society, S. 432; O'DOWD, Gaelic Economy, S. 126–127).

[23] O'Dowd erläutert dazu weiter: „This process was a familiar one throughout Gaelic Ireland and it meant that there was considerable movement in landownership as families rose and fell in importance. Obviously, such changes in landownership occurred more frequently in politically unstable lordships than in lordships where one family held control for several centuries." (O'DOWD, Gaelic Economy, S. 125–126).

[24] Vgl. ELLIS, Tudor Ireland, S. 322; HAYES-MCCOY, Gaelic Society, S. 49–50; RICHTER, Irland im Mittelalter, S. 131; SIMMS, Kings, S. 172, 175.

[25] Meigs definiert *aes dána* als „a hereditary caste of elites" und betont deren engen Zusammenhang mit den Klerikern bzw. Klerikerfamilien. (MEIGS, Reformations, S. 8, vgl. S. 41; vgl. RICHTER, Irland im Mittelalter, S. 158).

[26] Vgl. SIMMS, Kings, S. 17; SIMMS, Norman Invasion, S. 91.

[27] Vgl. WATT, Gaelic Polity, S. 320.

Im Spätmittelalter war das gälische Irland durch politische Instabilität und ständige militärische Konfrontationen geprägt. Die gälischen *chieftains* waren *warlords*, die so viele Söldner wie möglich unterhielten, um ihre Macht zu erhalten und militärisch auszubauen.[28] Trotzdem war das gälische Irland ein kulturell und sprachlich zusammengehöriges Gebilde, und die Grundzüge des sozialen, wirtschaftlichen und politisch-rechtlichen Systems waren überall gleich.[29] Man kann also von einer das gesamte gälische Irland umspannenden Kultur und Gesellschaftsordnung und einer entsprechenden gesamtgälischen kulturellen Identität sprechen. Trotz der politischen Fragmentierung lässt sich zudem ein gesamtirisches ethnisch-politisches Abgrenzungsbewusstsein feststellen, das als wesentliches Moment die Feindschaft gegenüber den ins Land eingedrungenen Anglo-Iren enthielt. Dies drückt sich in den gälischen Quellen in der Unterscheidung zwischen *Gael* (Gäle, d.h. Einheimischer) und *Gall* (Fremder, Ausländer) aus.[30] Diese ‚Abgrenzungsidentität‘ hatte jedoch kaum praktische politische Auswirkungen und war insofern sehr ‚abstrakt‘, denn auf realpolitischer Ebene kämpften die gälischen Lords im Allgemeinen unabhängig voneinander[31] und verbündeten sich auch mit anglo-irischen Adeligen zum Kampf gegeneinander.

Zudem wird die starke politische Fluktuation im spätmittelalterlichen Irland daran deutlich, dass sich einzelne gälische Lords regelmäßig dem englischen König unterwarfen, d.h. seine Oberhoheit anerkannten. Dabei ist jedoch zu bedenken, dass die gälischen Lords einer solchen Unterwerfung keine große Bedeutung beimaßen. Wie innerhalb ihres eigenen politischen Systems unterwarfen sie sich, wenn es opportun oder sogar lebensnotwendig schien. Sie fühlten sich jedoch dadurch nicht dauerhaft gebunden, sondern nutzten die nächstmögliche Gelegenheit, um sich wieder aus der Unterwerfung zu lösen.[32] Außerdem hatte eine Unterwerfung unter den englischen König für einen gälischen Lord im späten Mittelalter keine spürbaren politischen Konsequenzen, denn der englische König besaß kaum die Möglichkeit, seine Ansprüche in Irland durchzusetzen.

In den anglo-irischen Lordships[33] herrschte das englische Lehnsrecht, wonach für die Nachfolge das Prinzip der Primogenitur galt und in dessen

---

[28] Vgl. SIMMS, Kings, S. 19, 149.

[29] Vgl. HAYES-MCCOY, Gaelic Society, S. 54.

[30] Vgl. COSGROVE, Hiberniores Ipsis Hibernis, S. 12–13.

[31] „... among the Gaelic chiefs there was almost no political cohesion at all, except when a few chiefs were briefly united by self-interest." (ELLIS, Reform and Revival, S. 9).

[32] Vgl. COSGROVE, Emergence, S. 545.

[33] Die wichtigsten anglo-normannischen Adelsfamilien, die sich in Irland niedergelassen hatten, waren die Fitzgeralds, die Butlers und die Burkes (ursprünglich de Burgo).

Rahmen die Bindungen zwischen Herr und Lehnsmann dauerhafter ange-
legt waren als im gälischen Gesellschaftssystem.[34] Auch wenn die anglo-
irischen Adeligen allein durch ihren geographischen Abstand zum englischen König eine größere Selbstständigkeit hatten als die meisten Adeligen
in England, so waren sie doch weiterhin vom Anspruch her an den König
als obersten Lehnsherr gebunden.[35] Allerdings ging die Unabhängigkeit einiger anglo-irischer Lords, vor allem der Grafen von Kildare, Desmond
und Ormond, ausgesprochen weit. Sie hatten für ihre Herrschaftsgebiete
ganz oder teilweise den Status von *liberties* bzw. *palatinates* erlangt. In ihren ‚Pfalzgrafschaften‘ übten sie die uneingeschränkte Jurisdiktion und
Herrschaftsgewalt aus.[36] Im späten Mittelalter bauten die anglo-irischen
Adeligen ihre autonomen ‚Landesherrschaften‘ systematisch aus und
drängten die Eingriffsmöglichkeiten des englischen Königs zurück, so
dass – aus der Sicht der Krone – der Dezentralisierungsprozess in Irland
weiter fortschritt. Sie betrieben vorwiegend eine Politik, die auf ihre parti-
kularen Interessen ausgerichtet war und die deshalb auch Fehden mit
anglo-irischen Nachbarn und Bündnisse mit gälischen Lords als Mittel der
Politik einschloss.[37] Insofern ist in Irland durchaus eine Parallele zur Entwicklung des deutschen Reiches im späten Mittelalter festzustellen. Ohne
das englische Eingreifen in Irland im 16. Jahrhundert hätte sich dort wahrscheinlich ein System autonomer gälischer und anglo-irischer Landesherrschaften mit loser ‚Überdachung‘ durch das englische Königtum herausgebildet, wie das im Reich der Fall war.[38]

Das Haus Fitzgerald hatte zwei Linien: die Earls of Desmond im Süden Irlands, d.h. in
der Provinz Munster, und die Earls of Kildare, deren Herrschaftsgebiet sich im Osten Ir-
lands in Leinster und zum Teil innerhalb der Pale befand. Die Butlers waren Earls of
Ormond und ihr Herrschaftsgebiet lag zwischen dem Kildare-Gebiet und dem Desmond-
Gebiet im Süden der Osthälfte Irlands. Die Burkes hatten sich im Westen Irlands, in der
Provinz Connacht, niedergelassen. (Siehe dazu auch Karte b im Anhang).

[34] In den anglo-irischen Gebieten wurde – im Gegensatz zum gälischen Irland – mehr
Ackerbau als Viehzucht betrieben. Die anglo-irische Bevölkerung war entsprechend stark
an die Scholle gebunden, damit aber auch wesentlich verwundbarer im Fall militärischer
Konfrontationen. (Vgl. CANNY, Early Modern Ireland, c. 1500–1700, S. 109).

[35] Vgl. HAYES-McCOY, Gaelic Society, S. 55.

[36] Vgl. CANNY, Early Modern Ireland, c. 1500–1700, S. 107; ELLIS, Inveterate
Dominion, S. 33–34; RICHTER, Irland im Mittelalter, S. 126.

[37] Vgl. COSGROVE, Hiberniores Ipsis Hibernis, S. 13.

[38] „... the social trend ... was the fragmentation of Ireland into a sequence of political
lordships, each governed over by a particular lord. Some of these lords were of Anglo-
Norman descent, and others were of Gaelic origin; but the features which they shared in
common were a desire to maximize their control over the residents of their territories and
a wish to extend their jurisdictions by forcing previously independent noblemen to owe
allegiance to them. The maximizing of authority was manifested by an increase in military spending and by an effort to establish control over the administration of justice
within the lordship." (CANNY, Early Modern Ireland, c. 1500–1700, S. 106).

Viele der anglo-irischen Adeligen hatten sich politisch, gesellschaftlich und kulturell an die gälische Gesellschaft angenähert. In den zeitgenössischen Quellen von Seiten Englands und der loyalen Anglo-Iren wird die Gälisierung der anglo-irischen Adeligen als ‚Degeneration‘ bezeichnet und scharf verurteilt.[39] Die ältere Forschung hat diese Quellenaussagen als Indiz für eine weitgehende Assimilation der anglo-irischen Lords in die gälische Gesellschaft verstanden und dafür das Schlagwort „Hiberniores ipsis Hibernis"[40] – „more Irish than the Irish themselves"[40] geprägt.

Die neuere Forschung beurteilt das differenzierter. Einerseits handelte es sich hier nicht um einen einseitigen Prozess, sondern dieser betraf beide Seiten: Es gibt auch Anzeichen eines Akkulturationsprozesses auf Seiten der Gälen. Dies lässt sich zum Beispiel an dem Bau von steinernen *tower-houses* nach Art der Anglo-Iren im 14. und 15. Jahrhundert erkennen und an der Tatsache, dass sich zahlreiche Gälen im Lordship of Ireland einbürgern ließen. Auch die oben erwähnten Versuche, die Erbregelungen im gälischen Irland einem Primogenitursystem anzunähern, gehören in diesen Kontext. Es wird angenommen, dass diese Entwicklungen auf den Kontakt mit dem *common law* und dem Lehnssystem der Anglo-Iren zurückzuführen sind.[41]

Andererseits war der Grad der Assimilation unter den anglo-irischen Adeligen sehr unterschiedlich. Die Entwicklung der anglo-irischen Adelsfamilie Burke entspricht den Befürchtungen der Quellen. Die Burkes integrierten sich früh in die gälische Gesellschaftsstruktur Connachts und können am Ende des Mittelalters kaum noch als ‚englisch‘ bzw. ‚anglo-irisch‘ gelten.[42] Nach den Burkes waren wohl die Earls of Desmond am weitesten gälisiert.[43]

Der Akkulturationsprozess auf kultureller, rechtlicher und gesellschaftlicher Ebene fand von Fall zu Fall in unterschiedlich starkem Maße statt. So beherrschten die anglo-irischen Adeligen die gälische Sprache und förderten bardische Dichter. In den anglo-irischen Lordships wurde häufig nicht mehr nach dem reinen *common law* Recht gesprochen, sondern man vermischte *common law* und *brehon law* zu dem so genannten *march law* (Markrecht). Die anglo-irischen Magnaten knüpften zahlreiche Heiratsverbindungen mit gälischen Adelsfamilien, und sie beteiligten sich am Brauch

---

[39] Vgl. CANNY, Early Modern Ireland, c. 1500–1700, S. 106.
[40] COSGROVE, Hiberniores Ipsis Hibernis, S. 1; vgl. S. 1–4.
[41] Vgl. ELLIS, Representations, S. 303; HAYES-McCOY, Gaelic Society, S. 55; RICHTER, Irland im Mittelalter, S. 151, 156; WATT, Gaelic Polity, S. 345.
[42] Vgl. CANNY, Early Modern Ireland, c. 1500–1700, S. 106.
[43] Vgl. COSGROVE, Hiberniores Ipsis Hibernis, S. 7, 14. – Es ist auffällig, dass in diesen Fällen der größte Abstand von der Pale, und damit das stärkste ‚Eintauchen‘ in eine irische Umgebung, auch zu einer weitgehenden Assimilation führte. (Siehe dazu auch Karte b im Anhang).

des *fosterage*. Diese engen sozialen Beziehungen dienten auch dazu, politische Bündnisse zu festigen oder herbeizuführen. Die anglo-irischen Lordships waren ähnlich militarisiert wie die gälischen, d.h. die anglo-irischen Adeligen unterhielten eine große Zahl von *swordsmen*, vor allem *gallowglasses*, und praktizierten *coyne and livery*. Außerdem waren gälische Bauern häufig Pächter von anglo-irischen Adeligen.[44]

Die anglo-irischen Adeligen unterschieden sich aber insofern deutlich von den gälischen Lords, als sie selbst dem *common law* unterstanden, an der nach englischem Vorbild aufgebauten Dubliner Verwaltung partizipierten und am Parlament teilnahmen.[45] Diese Abgrenzung gegenüber dem gälischen Irland drückte sich auch in der Identität der anglo-irischen Adeligen aus, die sich auch bei fortgeschrittener Annäherung an die gälische Gesellschaft weiterhin ihrer ethnischen Herkunft und ihres Status als Lehnsmänner des englischen Königs bewusst waren. Aus diesem Grund wird auch zwischen den so genannten *two nations*, der anglo-irischen und der gälischen Bevölkerungsgruppe, im spätmittelalterlichen Irland unterschieden.[46]

Die politische Macht der Earls of Kildare hatte sich im Spätmittelalter zunehmend vergrößert, und die Grafen besaßen ein weit verzweigtes Netz von Allianzen in Irland. Am Ende des 15. Jahrhunderts hatten sie eine fast unangefochtene Vormachtstellung in Irland inne, die die englischen Könige anerkannten, ja anerkennen mussten. Deshalb ernannte die Krone die Grafen von Kildare immer wieder zu Lord Lieutenants in Irland.

Der Lord Lieutenant, der Vizekönig, war der Stellvertreter bzw. Statthalter des Königs. Lord Lieutenant konnten nur Adelige werden, die im Mittelalter häufig diesen Titel innehatten, ohne ihr Amt direkt in Irland auszuüben. Es wurde dann zusätzlich ein Lord Deputy eingesetzt, der die Dubliner Administration führte. Das Amt des Lord Deputy konnten auch Nichtadelige bekleiden. Die Earls of Kildare, die das Amt seit dem späten 15. Jahrhundert fast ununterbrochen bis zu ihrer Rebellion im Jahr 1534[47] innehatten, waren meist beides in einer Person. Mit Beginn der *direct rule* unter Heinrich VIII. gab es dann im Allgemeinen nur noch einen Amtsträger, der direkt in Irland tätig war und dessen Titel davon abhing, ob er

---

[44] Vgl. ELLIS, Reform and Revival, S. 6, 210; RICHTER, Irland im Mittelalter, S. 145, 156; ROBINSON-HAMMERSTEIN, Erzbischof, S. 16.

[45] Vgl. FRAME, Engleys.

[46] Vgl. COSGROVE, Hiberniores Ipsis Hibernis, S. 12–14. – Der Meinung der älteren Forschung, dass, wie R.D. Edwards es im Untertitel seines Buches *Ireland in the Age of the Tudors* formulierte, im Spätmittelalter eine „Hiberno-Norman civilization" entstand, wird in der neueren Forschung entschieden widersprochen. (Vgl. ELLIS, Reform and Revival, S. 8).

[47] Siehe dazu unten B.I.1.a.

Aristokrat war oder nicht. Einen Unterschied in der Stellung machte das jedoch nicht. Deshalb benutzt man für das 16. und 17. Jahrhundert auch den allgemeinen Begriff ‚Chief Governor'.[48]

Die Vorteile, die dem englischen König aus der Übertragung der Lord Lieutenancy an die Grafen von Kildare erwuchsen, liegen auf der Hand. Erstens wurde die englische Staatskasse nicht belastet. Der Graf durfte zwar die Einnahmen der Krone in Irland verwalten, musste dafür aber auch Söldner für seine militärischen Aufgaben als Vizekönig bereitstellen. Ein Statthalter englischer Herkunft ohne Machtbasis in Irland war dagegen immer auf eine beträchtliche finanzielle Unterstützung aus England angewiesen. Zweitens stellten die Earls of Kildare für mehr als ein halbes Jahrhundert durch ihr weit verzweigtes Bündnissystem ein relativ hohes Maß an politischer Stabilität in Irland sicher.

Doch die Strategie der Delegierung der Macht hatte auch beträchtliche Nachteile für den englischen König, die vor allem in der zunehmenden Autonomie des Kildare-Regimes lagen.[49] So musste man den Earls zugestehen, das irische Privy Council und viele Ämter in der Dubliner Administration mit ihren Gefolgsleuten zu besetzen. Es gelang den Grafen außerdem, das Parlament nach ihrem Willen zu manipulieren. Zudem nutzten die Earls of Kildare das Prestige des Amtes, um ihre eigenen Interessen, z.B. die Ausdehnung ihres Herrschaftsgebietes oder die Erweiterung ihrer Allianzen, zu verfolgen.[50]

Im Jahr 1494 versuchte Heinrich VII. deshalb erstmals, den großen Einfluss des achten Earl einzudämmen, indem er den Engländer Edward Poynings zum Lord Deputy ernannte und mit einem Heer nach Irland schickte. In dem von Poynings einberufenen Parlament wurde das so genannte *Poynings' Law* beschlossen, das die Autonomie des Grafen von Kildare oder eines anderen anglo-irischen Lord, der als Vizekönig an seine Stelle treten könnte, beschneiden sollte. Das Gesetz bestimmte, dass das irische Parlament nicht ohne die Zustimmung des englischen Königs zusammentreten sollte und dass alle Gesetzesvorschläge vorher vom König und dem englischen Kronrat genehmigt werden müssten.[51] Weitere Beschlüsse stärkten die Rolle der englischen Krone in Irland: Führende Mitglieder der irischen Verwaltung sollten nicht mehr auf Lebenszeit ernannt werden und waren unmittelbar dem König verantwortlich. Die Dubliner Regierung sollte nicht mehr selbstständig einen Übergangs-Vizekönig ernennen können,

---

[48] Vgl. BOTTIGHEIMER, Geschichte Irlands, S. 60.

[49] Vgl. ELLIS, Tudor Policy, S. 239–240.

[50] Vgl. BOTTIGHEIMER, Geschichte Irlands, S. 58; QUINN, Aristocratic Autonomy, S. 607–608; QUINN, Hegemony, S. 652.

[51] Vgl. Poynings' Law, in: Irish Historical Documents, hg. v. CURTIS u. MCDOWELL, S. 83.

sondern es wurde vorgesehen, dass während einer Vakanz der Schatz-
kanzler automatisch das Amt übernahm. Die *constables* der königlichen
Burgen sollten „Englishmen born in England"[52] sein. Zugleich wurde der
Gebrauch von *coyne and livery* unter den anglo-irischen Adeligen stark
eingeschränkt, und alle Fehden sollten eingestellt werden.[53]
„Together with the revival of the statute of Kilkenny against the use of
Gaelic Irish customs, such acts, if they were enforceable, could have laid
the foundations of a polity reformed to something like its situation in the
earlier fourteenth century."[54] Doch es gelang Poynings nicht, die Grundlagen für eine Durchsetzung der Parlamentsbeschlüsse außerhalb der Pale,
z.B. durch die Unterwerfung gälischer Lords, zu legen. Zudem erwies sich
die Tätigkeit Poynings' als zu kostspielig, so dass er abberufen wurde.
1496 wurde der Earl of Kildare erneut zum Lord Lieutenant ernannt. D.B.
Quinn urteilt über die Bedeutung dieser Vorgänge: „1494 is not an un-
important date in the relationship between England and Ireland. It marked
the beginnings of the reorganisation of the system of government and administration in the course of which there was some reshaping of the formal
relationship between the English crown and its Irish dependency; and it
was on the foundations of what was accomplished then that Henry VIII
was later to build."[55]

Das Hauptsiedlungsgebiet der ‚loyalen Anglo-Iren', die Pale, war dichter
besiedelt als der Rest Irlands und von Gentry und Stadtbürgern bewohnt.[56]
Diese waren auf die Hilfe der englischen Krone angewiesen, um sich gegen die Angriffe der gälischen Iren zu schützen. Neben dieser Region waren es nur noch die anglo-irischen Städte, fast ausschließlich Hafenstädte,
nämlich neben Dublin, Drogheda und Dundalk in der Pale vor allem Wexford, Waterford, Kilkenny, Cork, Kinsale, Limerick, Galway, Sligo und
Carrickfergus,[57] die sich dem englischen König eng verbunden fühlten.
Viele von ihnen mussten sich ihre Unversehrtheit und ihr Überleben regelmäßig erkaufen, indem sie Schutzgeld, die so genannte *black rent*, an
die sie umgebenden gälischen Lords zahlten.[58] Auf Grund ihrer besonderen
Situation als ständig bedrohte Bollwerke der englischen Herrschaft in Ir-

---

[52] QUINN, Hegemony, S. 640.
[53] Vgl. QUINN, Hegemony, S. 640–641; ELVERT, Geschichte Irlands, S. 135.
[54] QUINN, Hegemony, S. 641.
[55] QUINN, Aristocratic Autonomy, S. 618.
[56] Vgl. QUINN, NICHOLLS, Ireland, S. 4.
[57] Außer Limerick, Galway und Sligo, die im Westen Irlands liegen, und Carrickfergus in Ulster, befinden sich alle Städte im Osten und Südosten der Insel, von wo sie
Handelsbeziehungen mit England und dem Kontinent pflegten. Eine Beschreibung der
einzelnen Städte findet sich in: QUINN, NICHOLLS, Ireland, S. 4–18.
[58] Vgl. O'DOWD, Gaelic Economy, S. 131.

land verliehen ihnen die englischen Könige im Laufe der Zeit große Privilegien und Freiheiten, z.B. Steuerbefreiung, um das Geld in die Verteidigungsanlagen der Städte zu investieren, und weitgehende Selbstverwaltung. „Solche Maßnahmen ... betrachtete die englische Regierung als die beste Rückversicherung zur Aufrechterhaltung der ‚gerechten Ordnung‘; das heißt in diesem Fall, der kulturellen, linguistischen, wirtschaftlichen und politischen Bindung an England.“[59] Die anglo-irischen Städte hatten sich deshalb bis zum späten Mittelalter zu ‚Autonomiestädten‘ entwickelt, deren Freiheiten weit über das hinausging, was die Krone den Städten in England gewährte. In ihrer Stellung kamen sie vielmehr den unabhängigen Landstädten vor allem im Norden des Reiches, den *civitas mixtae* des 16. Jahrhunderts, gleich.[60]

Die städtischen Verfassungen zeichneten sich durch eine starke Stellung eines inneren Rates aus, der ergänzt wurde durch Sheriffs und Zunftvertreter.[61] Dieser innere Rat wurde von der Kaufmannsoligarchie der jeweiligen Stadt dominiert. Es bestand eine weitgehende Personalunion zwischen den Mitgliedern der reichsten und mächtigsten Kaufmannsgilde – in Dublin war dies die Trinity Guild – und den Mitgliedern des inneren Rates.[62] Die Familien der wirtschaftlich-politischen Führungsschicht Dublins knüpften enge Heiratsverbindungen sowohl untereinander als auch mit der Gentry der Pale.[63] Dies hatte zur Folge, dass einige Familien der städtischen Kaufmannsoligarchie in die Gentry aufstiegen und umgekehrt auch Gentlemen der Pale in den Dubliner Rat kooptiert wurden.[64] Ganz im Gegensatz zum anglo-irischen Adel in der Provinz grenzten sich die Dubliner Stadtbürger bewusst von den Gälen ab und schlossen mit diesen keine Heiratsverbindungen.[65]

---

[59] ROBINSON-HAMMERSTEIN, Erzbischof, S. 25.
[60] Vgl. SCHILLING, Stadt, S. 40–41. – Brendan Bradshaw hat die anglo-irischen Städte als „virtual city republics by royal charter“ bezeichnet. (BRADSHAW, Reformation, S. 447). Und Anthony Sheehan nennt sie „corporate republics“ (SHEEHAN, Recusancy Revolt, S. 6). Dies geht mir jedoch zu weit, denn im frühen 17. Jahrhundert sollte sich zeigen, dass die Krone durchaus im Stande war, die Städte wieder ‚einzufangen‘. (Siehe unten B.IV.1.b).
[61] In Dublin gab es 24 Ratsherren, die den inneren Rat (*the twenty-four*) ausmachten, 48 *sheriffs' peers* (ehemalige Sheriffs) und 96 *guildsmen*, auch *numbers* genannt. Diese bildeten zusammen den großen Rat der Stadt. In Drogheda gab es 23 Ratsherren und 14 *commons*. (Vgl. LENNON, Sixteenth-Century Ireland, S. 23).
[62] Vgl. SHEEHAN, Irish Towns, S. 99.
[63] Vgl. LENNON, Sixteenth-Century Ireland, S. 25.
[64] Vgl. LENNON, Lords, S. 73–75.
[65] Richard Stanihurst schrieb dazu: „The townspeople ... bind themselves together through intermarriage and they reject Irish suitors with the utmost contempt.“ (STANIHURST, On Ireland's Past, S. 145). – Gegenüber Neuankömmlingen aus England zeigte sich die städtische Elite Dublins bis in die zweite Hälfte des 16. Jahrhunderts aber durch-

In der Pale pflegte man engsten Kontakt zum englischen König und nach England. Die Verwaltungsorganisation dieses Gebietes war nach englischem Vorbild gestaltet. Und genauso wie in England entstand im Laufe des 13. Jahrhunderts in Irland ein Parlament mit Ober- und Unterhaus, in dem ausschließlich Anglo-Iren und in der Mehrheit Bewohner der Pale saßen.[66] Die Stadtbürger und Gentry der Pale bzw. speziell ihre jüngeren Söhne waren als Juristen in der Dubliner Verwaltung tätig. Da es in Irland keine Universität gab, gingen die Palesmen an die englischen Universitäten, vornehmlich nach Oxford, und an die Inns of Court nach London.[67]

Auch wenn es am Rande der Pale, in den Marken, zu Gälisierungstendenzen bei der anglo-irischen Gentry kam, so kann die Bevölkerung der Pale und der Städte doch insgesamt sowohl auf der Ebene ihrer Verhaltensweisen als auch ihres politischen und kulturellen Selbstverständnisses als durch und durch ‚englisch‘ angesehen werden.[68] Diese ‚English of Ireland‘ empfanden einerseits eine starke Loyalität zum englischen König und hatten andererseits eine ausgeprägt anti-gälische Haltung, die auf einem kulturellen und zivilisatorischen Überlegenheitsgefühl beruhte.[69]

Im Spätmittelalter war es diese Bevölkerungsgruppe, die durch gesetzgeberische Maßnahmen versuchte, die Bedrohung, die der Akkulturationsprozeß vor allem unter den anglo-irischen Adeligen ihrer Meinung nach darstellte, abzubauen und zumindest aus der Pale und den Städten fern zu halten. In diesem Kontext sind die Statuten des Parlaments von Kilkenny aus dem Jahr 1366 zu verstehen, die man „als Spiegel der Verhältnisse in Irland betrachten [kann], die es zu bessern galt"[70] bzw. die die Bewohner der Pale und der Städte vergeblich zu verändern suchten. Diese Statuten machen „the Anglo-Irish commons' own view of themselves as a

---

aus aufgeschlossen. In den kleineren Städten, z.B. Galway, Drogheda, Limerick, Cork und Kilkenny, bildete die städtische Elite dagegen ein verwandtschaftlich eng verknüpftes Patriziat. (Vgl. LENNON, Lords, S. 64–72; LENNON, Sixteenth-Century Ireland, S. 25).

[66] Vgl. BECKETT, Geschichte Irlands, S. 21; SIMMS, Norman Invasion, S. 67–68.

[67] „With a common law, language, ancestry, culture, and structure of government, and with strong trading links with English towns and cities, the lordship was comparatively resistant to the pressures exerted on it by the utterly different form of society which existed in other parts of Ireland ..." (ELLIS, Reform and Revival, S. 8).

[68] Ihre Selbstbezeichnung als *English* ist wohl das beste Indiz für ihre Identität. (Vgl. COSGROVE, Writing, S. 105; ELLIS, Representations, S. 299; ELLIS, Inveterate Dominion, S. 35–36).

[69] Frame betont in diesem Zusammenhang auch die Rolle, die die päpstliche Bulle *Laudabiliter* von 1155 spielte: Sie konnte als „founding charter" begriffen werden, die den Anglo-Iren die Aufgabe übertragen hatte, unter den gälischen ‚Barbaren‘ Zivilisation und römisches Christentum zu verbreiten. (Vgl. FRAME, Engleys, S. 98). Siehe unten C.I.2.b zur Rolle von *Laudabiliter* im konfessionellen Zeitalter.

[70] RICHTER, Irland im Mittelalter, S. 142.

beleaguered outpost of civilization"[71] deutlich. Im Folgenden einige der
wichtigsten Bestimmungen:
„– keine Verbindungen mit Iren in Ehe, Konkubinat oder Adoption
– kein Handel mit den Iren
– ausschließlicher Gebrauch der englischen Sprache, auch durch loyale
Iren ...
– Verbot des Gebrauchs von Markrecht und irischem Recht (*Brehon Law*);
statt dessen ausschließlicher Gebrauch des Common Law ...
– nur offiziell genehmigte Kriegsführung gegen die Iren ...
– keinerlei Kontakt mit irischen Musikanten, Dichtern oder Sängern ...
– Verbot von Kriegen zwischen Engländern."[72]
    Es war auch die Bevölkerung der Pale und der anglo-irischen Städte, die
wiederholt um stärkere Intervention durch den englischen König bat, vor
allem für die militärische Verteidigung der Pale und die Eindämmung der
selbstständigen Politik der anglo-irischen Magnaten. Hier gab man die
Vorstellung, der englische König werde eines Tages doch noch die gesamte Insel unter seine Herrschaft bringen, nicht auf.[73]

2. Religiöse Struktur: Die ‚zwei Kirchen'

Die kirchlichen Verhältnisse im spätmittelalterlichen Irland spiegeln die
Aufteilung des Landes in die *two nations* wider. Denn die Kirche und damit auch der Episkopat waren gespalten in die so genannte Ecclesia inter
Hibernicos und die Ecclesia inter Anglicos. „Ten dioceses, mostly in the
richer ecclesiastical provinces of Dublin and Cashel, usually had bishops
of English background; Gaelic bishops invariably held thirteen sees,
mostly in the poorer provinces of Tuam and Ulster; and there were nine
other bishoprics which fell to candidates of either race, depending on the
powers prevailing locally."[74] Die Trennung ging auch auf anderen Ebenen
weiter, z.B. im Zisterzienserorden.[75] Dagegen waren die Bettelmönche, die
zu Beginn des 13. Jahrhunderts nach Irland kamen, zunächst ethnisch ‚ge-
mischt'. Bald kam es jedoch zu Konflikten, und anglo-irische und gälische

---

[71] SIMMS, Norman Invasion, S. 88. – In der Parlamentsakte heißt es: „Now therefore
our lord the King, considering the mischiefs aforesaid [d.h. die Folgen des Akkulturati-
onsprozesses], in consequence of the grievous complaints of the commons of his said
land summoned to his Parliament ..." (The Statutes of Kilkenny, 1366, in: Irish Historical
Documents, hg. v. CURTIS u. McDOWELL, S. 52–59, hier S. 52).
[72] RICHTER, Irland im Mittelalter, S. 142.
[73] Vgl. ELLIS, Representations, S. 302.
[74] LENNON, Sixteenth-Century Ireland, S. 115; vgl. RICHTER, Irland im Mittelalter,
S. 132.
[75] Vgl. RICHTER, Irland im Mittelalter, S. 133.

Bettelmönche gingen trotz vieler Integrationsversuche getrennte Wege.[76] So wurden in den meisten Klöstern ausschließlich die Angehörigen einer Bevölkerungsgruppe aufgenommen.[77] Die beiden Kirchen wiesen außerdem erhebliche Unterschiede in ihrer Organisation und ihren Bräuchen auf.

Die frühe irische Kirche war eine Mönchskirche mit eigenen Organisationsformen und Regeln. Die „Organisationsstruktur" dieser Kirche entsprach dem „dezentralen Ordnungsgefüge ihres Lebensraums": Die Gemeinden waren den „großen Klostergemeinschaften und ihren Gründungsheiligen" zugeordnet.[78] Im 11. und 12. Jahrhundert, kurz vor der anglonormannischen Eroberung, verstärkte sich unter dem Einfluss der Wikinger und der gregorianischen Reformbewegung die Romverbundenheit der irischen Kirche, und es wurde auch in Irland eine Diözesanstruktur nach kontinentalem Vorbild eingeführt. Auf der Synode von Raith Bresail 1111 wurde Irland in zwei Erzdiözesen eingeteilt, Cashel im Süden mit zwölf Diözesen, und Armagh im Norden mit dreizehn Diözesen. Auf der Synode von Kells 1152, auf der erstmalig ein päpstlicher Legat zugegen war, wurden zwei weitere Erzdiözesen eingerichtet, Dublin für die ‚skandinavische' Einflusssphäre im Osten und Tuam im Westen. Durch die anglo-normannische Eroberung wurden die Impulse zur Reform und Umgestaltung der irischen Kirche verstärkt.[79]

St. Malachy, Erzbischof von Armagh, gründete 1140 das erste Zisterzienserkloster in Irland: Mellifont in County Louth. Die Augustiner-Chorherren breiteten sich ebenfalls in Irland aus. Der Benediktinerorden, der auch im 12. Jahrhundert eingeführt wurde, und die Prämonstratenser, die im 13. Jahrhundert kamen, waren dagegen in Irland nicht weit verbreitet. Wie oben bereits erwähnt, waren alle diese Orden weitgehend in gälische und anglo-irische Klöster getrennt.[80]

Im gälischen Irland blieben trotz der neuen Diözesanstruktur und der Einführung neuer Orden viele Merkmale der älteren irischen Kirche erhalten, besonders im Hinblick auf die Klöster und die enge Verbundenheit der Ecclesia inter Hibernicos mit der weltlichen Gesellschaft. In der gälischen Kirche war das Kirchenamt in erheblichem Ausmaß erblich. Das galt vor allem für hohe geistliche Ämter, bei denen sich regelrechte Klerikerfamilien herausbildeten und der Sohn häufig direkt vom Vater das Amt des

---

[76] Vgl. BOTTIGHEIMER, Geschichte Irlands, S. 55–56.

[77] Vgl. RICHTER, Irland im Mittelalter, S. 133.

[78] BRADSHAW, Irland, S. 273.

[79] Vgl. BOTTIGHEIMER, Ireland and the Irish, S. 63; RICHTER, Medieval Ireland, S. 127–128.

[80] Vgl. BRADSHAW, Irland, S. 275; NICHOLLS, Gaelic Society, S. 435–436; RICHTER, Irland im Mittelalter, S. 107–110; WATT, Church in Medieval Ireland, S. 41–59; MEIGS, Reformations, S. 45–46.

Bischofs oder Abtes übernahm. Dies ist vor dem Hintergrund zu sehen,
dass Verwandtschaftsbeziehungen der gälischen Gesellschaft ihren Zusammenhalt gaben. Wie die *brehons* und die Barden gehörten die Kleriker
den *aes dána*, den ‚Berufsständen‘ an, und so gab es auch bei den Klerikern die ausgeprägte Tendenz, das Amt innerhalb der Familie zu vererben.
Diese Eigenart der irischen Kirche wurde vom Papsttum keineswegs bekämpft, sondern unterstützt, indem vor allem im 14. und 15. Jahrhundert
regelmäßig den illegitimen Söhnen von Klerikern ein Dispens bewilligt
wurde.[81] Die Missachtung des Zölibats und die Existenz der Klerikerfamilien waren somit ein fester Bestandteil der gälischen Kirche und des gälischen Gesellschaftssystems im Mittelalter.[82]

Zudem wies die gälische Kirche besondere Organisationsformen in der
Verwaltung von Kirchen- und Klosterbesitz auf. Diese sind mit den Begriffen *coarb, erenagh* und *termoner* verbunden.[83] Urspünglich wurden die
Besitzungen der Klöster und Mönchszellen im gälischen Irland von Klerikerfamilien verwaltet, aus deren Reihen gleichzeitig die Äbte der Klöster
kamen. Nach der Kirchenrefom im 12. Jahrhundert wurden die Klöster und
das dazugehörige Land dem jeweiligen Bischof unterstellt. Das bedeutete
jedoch nicht die Enteignung und das Ende der Klerikerfamilien. Sie blieben im Besitz des Kirchenlandes, zahlten eine Pacht an den Bischof und
boten ihm während seiner Visitationen Quartier. Großes Prestige und zahlreiche Privilegien genossen die so genannten *coarbs* – ‚Nachfolger‘ oder
‚Erben‘ des Gründers eines Klosters, meist einer der irischen Schutzheili-
gen. Tatsächlich konnten sich die *coarb*-Geschlechter häufig auf die Familie des Gründungsheiligen zurückführen. Die *erenaghs* waren Verwalter
des alten Klosterlandes und beispielsweise für die Einziehung des Zehnten
zuständig. *Termoners* wurden die Pächter des ehemaligen Klosterbesitzes
genannt, die auch in die Einziehung des Zehnten eingebunden waren. Häufig gab es Überschneidungen zwischen diesen ‚Ämtern‘, so dass zum Beispiel ein *coarb* gleichzeitig auch *erenagh* des Kirchenlandes war, das sich
im Besitz seiner Familie befand.[84]

---

[81] Im späten Mittelalter hatte sich im gälischen Irland deshalb der Brauch des so genannten *Rome-running* eingebürgert – zur Erlangung eines Dispenses oder einer Pfründe
begab sich auch der niedere Klerus nach Rom. (Vgl. WATT, Church in Medieval Ireland,
S. 188; LENNON, Sixteenth-Century Ireland, S. 125).
[82] Vgl. BRADSHAW, Irland, S. 276; RICHTER, Irland im Mittelalter, S. 133; WATT,
Gaelic Polity, S. 335–338; WATT, Church in Medieval Ireland, S. 188–189; MEIGS, Reformations, S. 49–50.
[83] Meigs schreibt dazu: „This group of ‚semi-clerics‘ occupied a unique role in the
Irish church, with no equivalent to any recognized clerical office elsewhere in Christendom.“ (MEIGS, Reformations, S. 50; vgl. LENNON, Sixteenth-Century Ireland, S. 127).
[84] Vgl. MEIGS, Reformations, S. 50–53; ELLIS, Tudor Ireland, S. 321–322; NICHOLLS,
Gaelic Society, S. 433–434; SIMMS, Kings, S. 170, 173; WATT, Gaelic Polity, S. 336.

Im 13. und 14. Jahrhundert kamen die Bettelorden nach Irland, wobei Dominikaner, Franziskaner, Karmeliter und Augustiner ungefähr gleich stark vertreten waren. Wie im übrigen Europa ließen sich die Bettelmönche zunächst im städtischen Milieu nieder, vor allem in den bedeutenderen anglo-irischen Städten. Von dort aus breiteten sie sich jedoch schnell über das Land, besonders im gälischen Irland, aus. Nach einer gemeinsamen Anfangsphase trennten sich auch unter den Bettelorden die Klöster nach ethnischer Zugehörigkeit. Während die alten Mönchsorden im 15. Jahrhundert einen Niedergang erfuhren,[85] führte die Observantenbewegung der Bettelorden zu einer Welle neuer Klostergründungen im gälischen Irland, vor allem in den Provinzen Connacht und Ulster. Diese Observantenklöster wurden von gälischen Lords stark gefördert. So entwickelten sich insbesondere die Franziskanerobservanten zu einem wichtigen Faktor im religiösen Leben des gälischen Irland im Spätmittelalter und zu Beginn der Frühneuzeit.[86] Angesichts der oft unzureichenden Ausbildung der Gemeindepriester und ihrer Verweltlichung übernahmen die Observanten nicht selten die Aufgaben des Parochialklerus, indem sie beispielsweise Beerdigungen im Kloster durchführten. Vor allem die Franziskaner entwickelten dabei ein besonders intensives Verhältnis zur gälischen Gesellschaft und Volksfrömmigkeit.[87]

Die Volksfrömmigkeit im spätmittelalterlichen gälischen Irland wies einige spezielle Merkmale auf, die noch aus vorchristlicher Zeit stammten und die allmählich mit den christlichen Bräuchen verschmolzen waren. In diesen Bräuchen spiegeln sich die Charakteristika der irischen Gesellschaftsordnung, vor allem ihre ausgeprägte Betonung verwandtschaftlicher Beziehungen. Speziell die Beerdigungen und die damit verbundenen Totenwachen (*wakes*) hatten eine besondere Bedeutung in der gälischen Volksfrömmigkeit. Ein ausgiebiger Leichenschmaus und andere Feierlichkeiten wurden abgehalten, bei denen es auch zu sexuellen Freizügigkeiten kam.[88] Auch in Fragen des Eherechts entsprachen die gälischen Volksbräuche nicht den Vorstellungen der Kirche. Das *brehon law* erlaubte die Ehescheidung, und im Erbrecht wurde kein Unterschied zwischen ehelichen und unehelichen Kindern gemacht.[89]

---

[85] Vgl. WATT, Church in Medieval Ireland, S. 187–188; BRADSHAW, Dissolution, S. 32–35.

[86] Vgl. BRADSHAW, Dissolution, S. 8–16; NICHOLLS, Gaelic Society, S. 437–438; RICHTER; Irland im Mittelalter, S. 154–155; SIMMS, Norman Invasion, S. 97–99; WATT, Church in Medieval Ireland, S. 60–86; 193–202.

[87] Vgl. BOSSY, Counter-Reformation and the People of Catholic Ireland, S. 163–164; MEIGS, Reformations, S. 46.

[88] Vgl. BOSSY, Counter-Reformation and the People of Catholic Ireland, S. 164.

[89] Vgl. LAURENCE, Cradle, S. 69; RICHTER, Irland im Mittelalter, S. 134.

Im Gegensatz zum gälischen Irland wurden in den anglo-irischen Gebieten im 13. Jahrhundert die Bistümer konsequent in Pfarrsprengel unterteilt. Die Diözesan- und Parochialstruktur wurde im anglo-irischen Teil des Landes voll durchgesetzt. Die Ecclesia inter Anglicos glich damit wesentlich mehr der mittelalterlichen Kirche auf dem Kontinent und in England als die Ecclesia inter Hibernicos.

Wie im gälischen Irland erlebten auch hier die alten Mönchsorden im Spätmittelalter einen Niedergang.[90] Obwohl die Observantenbewegung der Bettelorden sich vor allem im gälischen Irland in neuen Klostergründungen ausdrückte, war sie auch in der Kirche inter Anglicos wirksam. Zahlreiche der seit dem 13. und 14. Jahrhundert etablierten Bettelordensklöster, vor allem der Franziskaner, wurden Observantenklöster.[91]

Der Zustand der Ecclesia inter Anglicos und das Verhältnis zwischen Klerikern und Laien im späten 15. und frühen 16. Jahrhundert werden in der Forschung insgesamt positiv bewertet. Henry Jefferies hat für die Erzdiözese von Armagh inter Anglicos herausgearbeitet, dass hier der Erzbischof regelmäßig visitierte und die Kleriker zu Provinzial- und Diözesansynoden versammelte.[92] Die Laien drückten ihre Verbundenheit mit der Kirche vor allem durch ihr Stiftungsverhalten und ihre Aktivitäten in den religiösen Gilden aus. In den anglo-irischen Städten war die politisch-wirtschaftliche Elite durch ihre gemeinsame Mitgliedschaft in religiösen Bruderschaften zusätzlich miteinander verknüpft. So kamen zum Beispiel in Dublin alle *masters* der religiösen Gilde von St. Anne aus den Reihen der städtischen Ratsherren.[93] Brendan Bradshaw hat zudem darauf hingewiesen, dass das 15. und frühe 16. Jahrhundert in den anglo-irischen Städten

---

[90] Bradshaw versucht in *Dissolution of the Religious Orders*, ein differenzierteres Bild vom monastischen Leben in Irland im späten 15. Jahrhundert zu zeichnen, als das gemeinhin in der Literatur geschieht. Allerdings kommt auch er an der Diagnose eines Niedergangs nicht vorbei. (Vgl. BRADSHAW, Dissolution, S. 16–38; vgl. auch LENNON, Sixteenth-Century Ireland, S. 120; WATT, Church in Medieval Ireland, S. 187–188).

[91] Vgl. LENNON, Sixteenth-Century Ireland, S. 120. – Simms führt die fehlenden Neugründungen in der Ecclesia inter Anglicos auf das stärkere Diözesansystem in diesen Gegenden zurück: „... it would seem that the administrator-bishops, whom English kings continued to appoint to all dioceses that were even partially colonized, could not tolerate the challenge to the pastoral work of ordinary parish clergy posed by the Observantines." (SIMMS, Norman Invasion, S. 99). Bradshaw betont aber, dass sich die Observanten zu Beginn des 16. Jahrhunderts, kurz bevor die Auflösung der Klöster 1539 eingeleitet wurde, in den anglo-irischen Städten verstärkt ausbreiteten. (Vgl. BRADSHAW, Dissolution, S. 10; BRADSHAW, Reformation, S. 450–451; WATT, Church in Medieval Ireland, S. 200–201).

[92] Vgl. JEFFERIES, Priests and Prelates, S. 96–118; LENNON, Sixteenth-Century Ireland, S. 117.

[93] Vgl. LENNON, Survival, S. 8; LENNON, Chantries, S. 15.

durch regen Kirchenbau gekennzeichnet waren.[94] Diese Hinweise auf eine lebendige spätmittelalterliche Frömmigkeitspraxis sind jedoch nicht als Hindernis für eine protestantische Reformation anzusehen. Bereits ein Blick auf die Studie von Eamon Duffy zur Frömmigkeit im spätmittelalterlichen England macht dies deutlich: „If a country as pious as Duffy maintains late medieval England was could become staunchly Protestant in little over three generations, a more creditable explanation for the history of religious life in Ireland must be offered."[95]

Im Hinblick auf das Verhältnis zwischen den *two nations* zeigte die Ecclesia inter Anglicos ein stärkeres Abgrenzungsverhalten als die gälische Kirche. Die oben erwähnten Statuten von Kilkenny aus dem Jahr 1366 machen deutlich, dass man von englischer Seite die Trennung sowohl in den Klöstern als auch in allen anderen Bereichen der Kirche aufrechterhalten und fördern wollte. Dort heißt es: „Also it is ordained that no Irish ... shall be admitted into any cathedral or collegiate church by provision, collation, or presentation of any person whatsoever or to any benefice of Holy Church amongst the English of the land; ... Also it is agreed and established that no house of religion which is situate [sic] among the English ... shall henceforth receive any Irishmen [to their] profession but shall receive Englishmen, without taking into consideration that they be born in England or in Ireland ..."[96] Diese rigide Trennung wurde von der anglo-irischen Kirche im Verlauf des gesamten Mittelalters beibehalten. Auch am Ende des 15. Jahrhunderts verlangte das englische Recht weiterhin, dass ein Gäle, der als Priester oder Mönch in der anglo-irischen Kirche tätig sein wollte, eine Einbürgerungsurkunde erwerben musste. Das bedeutete auch, dass er seinem kulturellen und sozialen Hintergrund ‚abzuschwören‘ hatte.[97]

---

[94] Vgl. BRADSHAW, Reformation, S. 448–450.

[95] JACKSON, B., Rezension von: DUFFY, Stripping of the Altars, in: Irish Historical Studies XXIX (1994), S. 276.

[96] The Statutes of Kilkenny, 1366, in: Irish Historical Documents, hg. v. CURTIS u. McDOWELL, S. 52–59, hier S. 55.

[97] Vgl. WATT, Gaelic Polity, S. 341.

B. Staatsbildung und Konfessionalisierung: Phasen der doppelten Konfessionalisierung in Irland

I. Vom Mittelalter zur Neuzeit: ‚Politische Reformation' und beginnende staatliche Durchdringung – 1534–1560

1. Staatsbildung

a) Die Kildare-Rebellion (1534/35): Adeliger Widerstand gegen staatliche Zentralisierung

Die politische Konstellation des späten 15. Jahrhunderts änderte sich unter Heinrich VIII. zunächst nicht: Die Earls of Kildare regierten Irland für die Tudors, und als 1513 der achte Graf starb, wurde umgehend sein Sohn, der neunte Earl of Kildare, zum Statthalter des Königs in Irland ernannt.[1] Im Jahr 1519 begann jedoch eine über zehnjährige ‚Experimentierphase', mit der Heinrich VIII., ähnlich wie sein Vater durch die Entsendung von Lord Deputy Poynings, eine Veränderung in der Regierung Irlands herbeiführen wollte. Allerdings war Heinrichs Politik gegenüber Irland nicht von besonderer Konstanz geprägt: „Henry VIII did not pay continuous attention to his Irish lordship, but, like his father, he did not forget it. He regarded it as a reserve sphere of influence, which it might be desirable or necessary to govern more directly than had been done since 1496. Dissensions in Ireland might mean that his representative was not doing his duty of keeping the lordship in order and should be replaced. They could arise acutely if it appeared that Henry's European rivals were attempting to use any powerful elements in Ireland against England. They might also come from the intermittent urge towards reform, the desire to assert direct royal power more firmly and ultimately more profitably over the peripheries of his realm. These impulses did not constitute a coherent programme of action before the 1530s but emerged from time to time in Henry's Irish policy."[2] So schwankte er in dieser ‚Experimentierzeit' auf der Suche nach einem ‚Rezept' für Irland zwischen *direct rule* und *Kildare ascendancy*. Einerseits hätten ein englischer Lord Deputy und seine Truppen allein mit englischen Mitteln finanziert werden müssen. Der König war jedoch nicht gewillt,

---

[1] Vgl. BOTTIGHEIMER, Geschichte Irlands, S. 61; QUINN, Henry VIII, S. 320; QUINN, Hegemony, S. 648.

[2] QUINN, Hegemony, S. 657–658; vgl. QUINN, Reemergence, S. 662.

seine finanziellen Aufwendungen so drastisch zu erhöhen, dass eine militärische Eroberung des Landes in Angriff genommen werden konnte. Andererseits wollte er aber auch nicht das aristokratische Regiment Kildares oder eines anderen anglo-irischen Magnaten mit dessen nahezu unangefochtener Autonomie weiterführen. Zwischen diesen beiden Lösungswegen bot sich jedoch kein Kompromiss an.[3]

Im Jahr 1532 trat Thomas Cromwell, der neue Erste Minister Heinrichs VIII., in die irische Politik ein.[4] Cromwell war der ‚Architekt‘ einer umfassenden Reform der englischen Regierung, Verwaltung und Kirche in den 1530er Jahren, der *Tudor revolution in government*, die die Entstehung eines frühmodernen zentralisierten Nationalstaates in dem im europäischen Vergleich ohnehin schon weit entwickelten England noch mehr vorantrieb. Ein wichtiges Element in diesem Prozess war eine intensivere Kontrolle über die Randgebiete des Königreichs, z.B. den Norden Englands und Wales.[5]

Im Zuge der Durchführung dieser Reformen in England begann Cromwell auch, seine Straffungs- und Zentralisierungsmaßnahmen auf das Lordship of Ireland auszudehnen. Er wollte vor allem eine bessere Kontrolle der Dubliner Verwaltung durch London erreichen. Dazu baute er sich ein Netz eigener Informanten innerhalb der Dubliner Administration auf, die ihn über die Aktivitäten des Vizekönigs informierten. Er versuchte, frei werdende Ämter in der Dubliner Verwaltung mit englischen Vertrauensleuten zu besetzen, um die Administration von Kildare unabhängiger zu machen. Cromwell strebte außerdem die Beseitigung des *liberty of Kildare* an, denn solche autonomen ‚Landesherrschaften‘ widersprachen dem Ziel eines stärker zentralisierten Staates. Die Londoner Regierung mischte sich nun wesentlich häufiger in die irischen Angelegenheiten ein. Sie suchte zudem die das Fehdewesen begünstigende Praxis des *coyne and livery* unter den anglo-irischen Magnaten abzuschaffen.[6] Diese Reformpolitik Thomas Cromwells wurde von den Bewohnern der Pale begrüßt, die ein Interesse an verstärktem englischen Engagement in Irland hatten.[7]

In der Forschung ist umstritten, ob Cromwells Aktivitäten bis zum Ausbruch der Kildare-Rebellion der Versuch einer Beibehaltung des anglo-iri-

---

[3] Vgl. dazu im Einzelnen ELLIS, Tudor Policy, S. 244; QUINN, Henry VIII, S. 323–339; QUINN, Reemergence, S. 664–681.

[4] Vgl. BRADSHAW, Cromwellian Reform, S. 72; BRADY, Court, S. 26; ELLIS, Thomas Cromwell, S. 517.

[5] Vgl. ELTON, England under the Tudors, S. 175–180.

[6] Vgl. BRADY, Court, S. 26; BRADY, Chief Governors, S. 4; ELLIS, Thomas Cromwell, S. 500, 502; ELLIS, Tudor Policy, S. 271; QUINN, Reemergence, S. 681–685; LENNON, Sixteenth-Century Ireland, S. 105.

[7] Vgl. ASCH, Englische Herrschaft, S. 380; LENNON, Sixteenth-Century Ireland, S. 103.

schen Aristokratenregiments mit wesentlich stärkerer Kontrolle durch die Londoner Regierung waren, oder ob Cromwell von vornherein einen völligen Neuanfang in den Beziehungen zu Irland auf der Basis der Entsendung eines englischen Lord Deputy und dauerhafter militärischer Präsenz plante.[8] Ciaran Brady kommt zu dem Schluss, dass „King Henry and Cromwell ... wished to renew reform, not in opposition to the great lords but with their co-operation".[9] Kein Zweifel besteht jedoch daran, dass Cromwells Aktivitäten, besonders seine Versuche, Kildares Autonomie durch ein System von „checks and balances"[10] einzuschränken, die Rebellion auslösten.[11] Denn Kildare war nicht bereit, die geplante Beschneidung seiner politischen Macht in Irland, d.h. die Veränderung der Zuständigkeiten zwischen Krone und Magnaten „in such a way as to transform the latter into true agents of the former within the framework of a properly centralized government",[12] zu akzeptieren. Er rebellierte gegen ein neues politisches Zeitalter – das Zeitalter der von England auf Irland ausgreifenden frühmodernen Staatsbildung, in deren Rahmen auch die Peripherien Englands der Zentralregierung untergeordnet werden sollten.

Im Jahr 1533 wurde Kildare nach London zitiert, er zögerte seine Abreise jedoch längere Zeit hinaus. Es ist sehr wahrscheinlich, dass er bereits zu diesem Zeitpunkt eine unmittelbare Bedrohung seiner Stellung als Vizekönig sah, denn er traf offensichtlich vor seiner Abreise Vorbereitungen für eine mögliche Rebellion.[13] Außerdem setzte er seinen Sohn Thomas, Lord

---

[8] Bradshaw geht von einem frühen, d.h. vor der Rebellion gefassten Plan Cromwells für radikale Veränderungen in Irland und einer weit reichenden Wirkung seiner Pläne und Aktivitäten aus. (Vgl. BRADSHAW, Cromwellian Reform; BRADSHAW, Irish Constitutional Revolution, S. 87–185). Ellis und Brady bewerten das vorsichtiger. Sie meinen, Cromwell habe zunächst nur die Vorstellungen Heinrichs VIII. mit dem Ziel einer Unterordnung des Vizekönigs und der Dubliner Verwaltung zielstrebiger weitergeführt. Die umfassende Cromwellsche Reformpolitik in Irland ist nach Ellis und Brady erst als Folge der Kildare-Rebellion anzusehen. (Vgl. BRADY, Chief Governors, S. 4–5; ELLIS, Thomas Cromwell; ELLIS, Tudor Policy). D.B. Quinn hat auf die Fruchtlosigkeit dieser Forschungskontroverse hingewiesen: „The poverty (and sometimes ambiguity) of the materials on the discussions between 1532 and 1534 make a definitive treatment impossible, so that final judgements, in the absence of additional evidence, must tend to be ones of opinion rather than of established fact." (QUINN, Reemergence, S. 682).

[9] BRADY, Chief Governors, S. 5.

[10] QUINN, Reemergence, S. 682.

[11] Vgl. BRADSHAW, Irish Constitutional Revolution, S. 90; BRADY, Court, S. 27; ELLIS, Kildare Rebellion, S. 808.

[12] BRADSHAW, Cromwellian Reform, S. 86.

[13] Vgl. QUINN, Reemergence, S. 684.

Offaly, auch ‚Silken Thomas' genannt, als seinen Stellvertreter ein, nicht
ohne ihm einen Rat aus Familienmitgliedern zur Seite gestellt zu haben.[14]
   In London verlor Kildare seinen diplomatischen Kampf um das Vizekönigtum, denn Heinrich VIII. und Cromwell hatten zu diesem Zeitpunkt bereits beschlossen, Kildare aus dem Amt zu entfernen und Sir William Skeffington als Lord Deputy einzusetzen.[15] Daraufhin rebellierte Kildares Sohn
Silken Thomas im Jahr 1534.[16] Der Aufstand wurde durch Kildare selbst
und den Familienrat der Kildares in Irland beschlossen.[17] Die Kildares wollten mit ihrer Rebellion deutlich machen, dass die englische Krone Irland
ohne sie nicht regieren könne und dass sie das Land in ein politisches
Chaos stürzen würden, wenn der König ihre Entmachtung anstrebe. Sie
hofften, den König so unter Druck zu setzen, dass er sich gezwungen sehen
würde, ihnen das Vizekönigtum zu belassen.[18] Außerdem schien die Gelegenheit aus der Sicht der Kildares günstig, denn Heinrich VIII. befand sich
sowohl innen- als auch außenpolitisch in einer schwierigen Lage. Auf in-
nenpolitischer Ebene waren er und sein Minister Cromwell gerade dabei,
die Loslösung der englischen Kirche vom Papst durchzusetzen. Auf außen-
politischer Ebene war Kaiser Karl V. zu seinem Feind geworden. Diese
Lage suchte Kildare[19] auszunutzen, indem er seine Rebellion als religiösen
Kreuzzug gegen Heinrich VIII. ausgab, um die Unterstützung Karls V. und
der irischen Geistlichkeit zu erhalten. Letzteres erreichte er auch in beacht-
lichem Maße, obwohl in Irland zu diesem Zeitpunkt noch keine Schritte in
Richtung auf eine Veränderung der kirchlichen Verhältnisse eingeleitet
worden waren.[20] Der Kaiser, der Papst und der schottische König zeigten
Interesse und verhandelten mit Kildare, sandten jedoch keine militärische
Hilfe.[21] Die ‚propagandistische Verwertung'[22] der Rebellion als Religions-

---

[14] Vgl. BRADSHAW, Cromwellian Reform, S. 79, 81; ELLIS, Tudor Policy, S. 254–
256.
[15] Vgl. BRADSHAW, Cromwellian Reform, S. 85; ELLIS, Kildare Rebellion, S. 810;
LENNON, Sixteenth-Century Ireland, S. 105.
[16] Dem Aufstand schlossen sich zahlreiche Verbündete der Kildares an. Diese so genannte *Geraldine League* bestand zu einem großen Teil aus gälischen Lords.
[17] Vgl. BRADSHAW, Cromwellian Reform, S. 88–89; ELLIS, Tudor Policy, S. 259.
[18] Vgl. BRADSHAW, Cromwellian Reform, 79, 90; ELLIS, Tudor Policy, 259; ELLIS,
Thomas Cromwell, S. 505; BRADY, Chief Governors, S. 1.
[19] Nach dem natürlichen Tod seines Vaters im Jahr 1534 war Silken Thomas der
zehnte Earl of Kildare.
[20] Lennon merkt an, dass diese angebliche konfessionelle Motivation nur schwer zu
vereinbaren ist mit der Tatsache, dass man den Erzbischof von Dublin, Alen, ermor-
dete. „… however, [Alen had] antagonised not only the Kildares but also many leading
Pale gentlemen … by his single-minded attack on lay appropriators of ecclesiastical
properties." (LENNON, Sixteenth-Century Ireland, S. 108, vgl. S. 118).
[21] Vgl. BRADSHAW, Cromwellian Reform, S. 92; ELLIS, Kildare Rebellion, S. 812–
813, 815; LENNON, Sixteenth-Century Ireland, S. 107–108.

krieg machte sie jedoch, auch wenn ihr Ausbruch keinen konfessionellen Hintergrund hatte, zu einer größeren Bedrohung für den englischen König als eine lokale Rebellion allein aus politischen Gründen es je hätte sein können.[23] Entsprechend energisch war die Reaktion Heinrichs VIII. Sir William Skeffington wurde als Vizekönig mit einem vergleichsweise großen Heer nach Irland geschickt, und sein Nachfolger Lord Leonard Grey beendete 1540 den Aufstand der so genannten ,Geraldinischen Liga' aus anglo-irischen und gälischen Adeligen, nachdem Silken Thomas und fünf seiner Onkel bereits 1537 hingerichtet worden waren.[24]

Nach der Niederschlagung der Kildare-Rebellion begann eine neue Epoche im Verhältnis zwischen Irland und England. Die Kildares, die durch ihre weit verzweigten Allianzen ein immer zu berücksichtigender Machtfaktor irischer Politik gewesen waren, hinterließen nun ein entsprechendes geographisches, politisches und gesellschaftliches Vakuum. Die englische Politik in Irland musste vollkommen neu überdacht und organisiert werden. Nach der Beseitigung der mächtigen Grafen setzte die englische Krone keine anglo-irischen Magnaten mehr als Vizekönige ein, sondern ernannte nur noch Engländer zu Lord Deputies. *Native rule* wurde endgültig durch *direct rule* ersetzt. Außerdem war England von nun an gezwungen, die Chief Governors mit einem stehenden Heer auszurüsten. Denn die Verteidigung der Pale gegen die Gälen und die Aufrechterhaltung von Ruhe und Ordnung mussten ohne die Earls of Kildare geleistet werden.[25] Außerdem führte Cromwell in der Zeit nach der Kildare-Rebellion weitere Reformen durch, die die Verwaltung in Dublin stärker unter englische Kontrolle bringen sollten. Eine der wichtigsten Maßnahmen war die Entsendung englischer Beamter in die Dubliner Administration. Auch diese Veränderung war zukunftsweisend, und sie resultierte letztlich in der Verdrängung der Anglo-Iren aus der Dubliner Verwaltung.[26] Doch zwei Entwicklungen sollten die darauf folgenden Jahre vor allen Dingen prägen: die Erhebung Irlands zum Königreich (1541) und die daraufhin inaugurierte Politik des *surrender and regrant.*

---

[22] Lennon spricht von „a ,public relations exercise' orchestrated by the Geraldines". (LENNON, Sixteenth-Century Ireland, S. 107).

[23] Vgl. ELLIS, Kildare Rebellion, S. 829–830; ELLIS, Thomas Cromwell, S. 505; QUINN, Reemergence, S. 686.

[24] Vgl. HAYES-McCOY, Royal Supremacy, S. 43; LENNON, Sixteenth-Century Ireland, S. 108–111.

[25] Vgl. ELLIS, Thomas Cromwell, S. 506–507; BRADY, Chief Governors, S. 2–3, 8–9; LENNON, Sixteenth-Century Ireland, S. 111–112.

[26] Vgl. BOTTIGHEIMER, Geschichte Irlands, S. 68; BRADY, Chief Governors, S. 213–214. Brady betont zwar, dass die Verdrängung ein langfristiger Prozess war, konstatiert aber auch den Einflussverlust der loyalen Anglo-Iren auf der zentralen Regierungsebene.

b) Vom Lordship zum Königreich (1541)

Nach den wesentlichen politischen Veränderungen der 1530er Jahre und
dem unten noch zu besprechenden irischen Reformationsparlament von
1536 wurde 1541 erneut ein Parlament einberufen, das den verfassungsrechtlichen Status Irlands entscheidend veränderte. Heinrich VIII. und
seine Nachfolger wurden von diesem Parlament zu Königen von Irland erklärt. Der irische Königstitel sollte für immer mit der englischen Krone
verbunden sein.[27]

Bis 1541 war Irland offiziell ein päpstliches Lehen. Diese Tatsache war
bestens dazu geeignet, in Irland als Ansatzpunkt und Rechtfertigung für
Rebellionen gegen die englische Krone zu dienen, auch Kildare hatte sich
darauf berufen. Die entprechende Gefahr für das englische Königtum war
durch die Ablösung der irischen Staatskirche von Rom natürlich noch ge-
wachsen. Insofern war also die Erklärung Irlands zum Königreich in Personalunion mit der englischen Krone auch im Sinne der außenpolitischen
Sicherheit des Königreichs England. Außerdem war die Annahme des irischen Königstitels eine logische Konsequenz aus der Suprematie des englischen Königs über die neu etablierte irische Staatskirche, denn damit war
Irland auf kirchlichem Gebiet für souverän erklärt worden.[28]

Die Parlamentsakte von 1541 hatte entscheidende Konsequenzen: Sie
beendete nicht nur die theoretische Abhängigkeit des englischen Königs als
Lord of Ireland vom Papsttum, vielmehr erklärte sie Irland verfassungs-
rechtlich zu einem souveränen Königreich. Dies hatte zur Folge, dass im
Gegensatz zum Mittelalter nicht nur die Anglo-Iren ‚berechtigte‘ Einwohner des Landes waren, sondern – vom Anspruch her – alle Einwohner des
irischen Königreiches gleichermaßen als Untertanen des englischen Königs
galten und der Geltungsbereich des *common law* auf ganz Irland ausgedehnt wurde.[29] Es gab also theoretisch keine *Irish enemies* mehr. Dieser

---

[27] Vgl. An act that the king of England, his heirs and his successors be kings of Ireland, 1541, in: Irish Historical Documents, hg. v. CURTIS u. MCDOWELL, S. 77–78;
auch in: Irish History, hg. v. MAXWELL, S. 101–102.

[28] Vgl. ELLIS, Kildare Rebellion, S. 813–814; HAYES-MCCOY, Royal Supremacy,
S. 47–48; ROBINSON-HAMMERSTEIN, Erzbischof, S. 13, 21, 27; LENNON, Sixteenth-
Century Ireland, S. 154–155.

[29] In der Parlamentsakte wurde das folgendermaßen formuliert: „... for lack of nam-
ing the king's majesty and his most noble progenitors kings of Ireland, according to
their ... true and just title, style and name therein, hath been great occasion that the
Irish men and inhabitants within this realm of Ireland have nor been so obedient to the
king's highness and his most noble progenitors, and to their laws, as they of right, and
according to their allegiance and bounden duties ought to have been." (An act that the
king of England, his heirs and his successors be kings of Ireland, 1541, in: Irish Historical Documents, hg. v. CURTIS u. MCDOWELL, S. 77–78, hier S. 77; vgl. BRADSHAW,
Irish Constitutional Revolution, S. 162; ELLIS, Crown, S. 200; ELLIS, Inveterate Dominion, S. 32).

Neuansatz im Verhältnis zu den Gälen, der aus dem veränderten Status Irlands folgte, wurde schon durch das Parlament von 1541–43 selbst deutlich gemacht. Zu diesem Parlament wurden gälische Lords, die bisher nicht als Teil der irischen *political nation* angesehen wurden, als Beobachter, wenn auch nicht als Mitglieder, geladen, und die Parlamentsakte wurde sogar auf Gälisch verlesen.[30] *Irish enemies, English rebels* und die loyalen Anglo-Iren (*the King's English subjects*) sollten nun „ein homogenes politisches Gemeinwesen"[31] unter dem *common law* bilden. Und die Bedeutung des Parlaments als zentrale Institution in diesem Gemeinwesen wurde durch die Parlamentsakten von 1536 und 1541 unterstrichen.[32]

Da die Gälen nun automatisch Untertanen des englisch-irischen Königs waren, konnte die Krone die Idee einer vollständigen militärischen Eroberung der Insel, die im Mittelalter immer wieder eine Rolle gespielt hatte, die jedoch aus finanziellen Gründen undurchführbar war, getrost fallen lassen. Stattdessen ging die englische Regierung von der Annahme aus, dass man Irland in ein stabiles politisches System und funktionierendes Königreich umformen könne, wenn dort die politischen, rechtlichen und kirchlichen Institutionen entsprechend dem englischen Modell eingeführt bzw. weiterentwickelt würden.[33] Die gälischen Lords und die autonomen anglo-irischen Adeligen sollten mit im Wesentlichen friedlichen Mitteln in eine

---

[30] Vgl. HAYES-MCCOY, Royal Supremacy, S. 47; LENNON, Sixteenth-Century Ireland, S. 144, 155.

[31] ASCH, Englische Herrschaft, S. 377. – Lennon formuliert treffend: „… the kingly title … was to provide for political unity of all the island's inhabitants in a single community of subjects under the unilateral jurisdiction of the crown." (LENNON, Sixteenth-Century Ireland, S. 154).

[32] Vgl. LENNON, Sixteenth-Century Ireland, S. 155.

[33] Brady meint dazu: „Evidence in support of this optimistic scenario was not lacking. Parliament, the central element of the Tudor constitution, continued to act as vital organ in Anglo-Irish government. The central courts were, in their structures, procedures and the laws they dispensed, almost identical to the English courts. The Irish chancery and exchequer continued to discharge their duties as managers of the crown's legal and financial affairs, and by the beginning of the sixteenth century they too had begun to expand their jurisdictional powers in the manner of the English originals. The institutions of local and regional government – sheriffs, justices of the peace and assize circuits – existed only in a much depleted form in early sixteenth-century Ireland; … Finally, a royal council which had maintained a shadowy existence during the long years of the Kildare ascendancy staged a significant recovery during the first decades of the sixteenth century and began to display the same trends towards contraction and professionalisation which characterised the English original. It was the strength and endurance of these surviving institutions of English government in Ireland that convinced King Henry VIII and his counsellors that the reform of Ireland could be undertaken not through the drastic and uncertain means of conquest, but by the same conservative and gradual means by which the regime was currently being reconstructed in England." (BRADY, Court, S. 26; vgl. BRADY, Decline, S. 96–101).

domestizierte adelige Führungsschicht englischer Prägung umgewandelt werden.[34] Zudem bedeutete die ungefragte Aufnahme der gälischen Iren in den Untertanenverband des englisch-irischen Königs aber auch, dass ihre Handlungen im Rahmen ihres eigenen politischen Systems, z.B. Fehden untereinander und Bündnisse mit dem Ausland gegen die – nach ihrer Auffassung – englischen Feinde, von der Krone nun als Hochverrat aufgefasst wurden.[35]

Die Mehrheit des Parlaments von 1541–43 bestand aus der Gentry der Pale und dem Stadtbürgertum. Diese loyalen Anglo-Iren, die sowohl die Reformpolitik Thomas Cromwells als auch, wie wir noch sehen werden, die henrizianische Reformation gutgeheißen hatten, begrüßten die Umwandlung Irlands in ein Königreich „as a prelude, it was hoped, to real constitutional change".[36] Die Gestaltung des neuen irischen Königreichs nach englischem Vorbild bedeutete eine Staatsbildung nach dem Prinzip des King-in-Parliament, wonach der König seine Souveränität nur im und mit dem Parlament besaß. Das sicherte dem Parlament ein Mitsprache- und Zustimmungsrecht sowohl in weltlichen als auch in kirchlichen Fragen.[37] Die loyalen Anglo-Iren hatten also eher mit einem Machtzuwachs als mit einer Verringerung ihrer politischen Einflussmöglichkeiten zu rechnen. Zudem wurden die städtischen Privilegien durch Heinrich VIII. bestätigt oder sogar noch erweitert, so dass die Ausweitung königlicher Autorität für die loyalen Anglo-Iren einstweilen nur positive Konsequenzen hatte.[38] Schließlich ließ die geplante Integration der gälischen Lords in das irische Königreich auf eine umfassende Befriedung des Landes hoffen. Und die loyale anglo-irische Bevölkerungsgruppe sah nun ihre besondere Aufgabe darin, als Vermittler zwischen dem englisch-irischen König und den Gälen deren

---

[34] Siehe dazu unten B.I.1.c.

[35] Vgl. den zweiten Teil der Parlamentsakte (An act that the king of England, his heirs and his successors be kings of Ireland, 1541), in: Irish Historical Documents, hg. v. CURTIS u. MCDOWELL, S. 77–78, hier S. 78; vgl. auch BRADY, Decline, S. 99–100; ROBINSON-HAMMERSTEIN, Erzbischof, S. 21.

[36] LENNON, Counter-Reformation, S. 79.

[37] Zur Verfassungsstruktur des King-in-Parliament vgl. ELTON, Lex terrae victrix; ELTON, English Parliament.

[38] Robinson-Hammerstein stellt dazu fest: „Es fällt auf, daß Heinrich VIII. in Irland Privilegien bestätigte, die andere ehrgeizige Fürsten Europas den Städten in ihren Gebieten eher absprachen. Die strategische Bedeutung der irischen Städte als Inseln pro-englischer Loyalität in potentiell feindlicher Umgebung ermöglichte es ihnen, ihre Selbstverwaltung zu behaupten und durch weitere Privilegien zu konsolidieren, als dieser Vorgang in Frankreich und Deutschland im Zuge des Ausbaus der fürstlichen Landesherrschaft rückläufig war." (ROBINSON-HAMMERSTEIN, Erzbischof, S. 26; vgl. zu Waterford: WALTON, Church, S. 179; WALTON, Merchant Community, S. 189; zu Dublin: LENNON, Lords, S. 40–41).

Eingliederung in das neue politische System und in eine gesamtirische Untertanengesellschaft herbeizuführen.[39]

Bei der Umwandlung Irlands in ein Königreich handelte es sich jedoch um eine Absichtserklärung. Dem neuen verfassungsrechtlichen Anspruch stand eine völlig andere politische Realität gegenüber. Als ‚zweitrangiges‘ Königreich im Rahmen eines *multiple kingdom* war Irland von Anfang an auf vielen Ebenen nicht autonom. Sein König residierte nicht im Land, und die Handlungsfähigkeit des irischen Parlaments blieb durch die Bestimmungen von *Poynings' Law* beschränkt. Die Abhängigkeit des mittelalterlichen Lordship of Ireland von England wurde also nicht beseitigt und stand im Gegensatz zu dem neu formulierten Anspruch eines eigenständigen Königreichs in Personalunion mit England. Außerdem stand dem Kingdom of Ireland das potentiell feindliche politische System des gälischen Irland gegenüber.[40]

Die englische Krone versuchte nach 1541, die Idee eines irischen Königreichs mit einer homogenen Untertanengesellschaft und ohne autonome Partikulargewalten in die Wirklichkeit umzusetzen. Vor allem ging es darum, sowohl die unabhängigen anglo-irischen Adeligen wieder enger an die Krone zu binden als auch das konkurrierende politische System der gälischen Lords abzubauen und diese Bevölkerungsgruppe in ein Loyalitäts- und Untertanenverhältnis zum englischen König einzubinden. Die Politik, die zu diesem Zweck entwickelt wurde, wird *surrender and regrant* genannt.

c) Surrender and regrant: Die Integration der gälischen Lords in das Königreich Irland

Die Politik des *surrender and regrant*[41] (Unterwerfung und Belehnung) ist untrennbar verbunden mit dem Namen Sir Anthony St. Leger, der ab 1540 Vizekönig war. St. Leger bemühte sich intensiv um *surrender-and-regrant-*

---

[39] Vgl. BRADSHAW, Beginnings, S. 75–78; CANNY, Identity Formation, S. 162; CANNY, Formation of the Old English Elite, S. 12–13.

[40] Vgl. BRADY, Court, S. 30.

[41] Dies ist kein zeitgenössischer Begriff, er wurde vielmehr von der Forschung des 19. Jahrhunderts geprägt. Canny kritisiert den Terminus *regrant* mit dem Hinweis, dass es sich im Verständnis der betroffenen gälischen Lords nicht um eine Belehnung mit Landbesitz handelte, da die gälische Gesellschaft auf Personenverbänden beruhte. (Vgl. CANNY, Reformation, S. 43). Aus gälischer Sicht ist das mit Sicherheit richtig, und Canny verweist auf einen typischen Anachronismus des 19. Jahrhunderts. Die Verwendung des Begriffs ist meines Erachtens jedoch weiterhin gerechtfertigt, da die Politik des *surrender and regrant* von englischer Seite initiiert wurde, und nach dem Verständnis der Krone die gälischen Lords mit Land belehnt wurden.

Vereinbarungen mit gälischen Lords.[42] Es handelte sich dabei um eine Be-
lehnungspolitik, im Zuge derer sich ein gälischer Lord dem König förmlich
unterwarf, um daraufhin sein Land als erblichen Besitz mit einem englischen Adelstitel verliehen zu bekommen. Der gälische Lord wurde damit
zum Lehnsmann des englisch-irischen Königs und ein Glied der gesamtiri-
schen Untertanengesellschaft, die es noch zu schaffen galt. Er verpflichtete
sich zur Teilnahme am Parlament als friedlicher Interessenvertretung des
‚Landes‘ gegenüber dem König. Durch die Anerkennung der königlichen
Gerichtsbarkeit in den gälischen Gebieten, die Abschaffung der *swordsmen*
und die Beendigung des Fehdewesens sollten das Gewaltmonopol des
Staates und der Rechtsweg als normales Mittel der Konfliktlösung durchgesetzt werden. Der gälische Lord erkannte auch die königliche Suprematie über die Staatskirche an und wies den päpstlichen Hoheitsanspruch über
Irland zurück. Im Rahmen der Unterwerfung wurden der gälische Lord,
seine Familie und die Bewohner seines Landes außerdem dazu verpflichtet,
ihre gälische Kultur, d.h. Sprache, Gesetze, Bräuche, Kleidung bis hin zu
den landwirtschaftlichen Methoden, zu Gunsten der englischen Lebens-
weise aufzugeben. Zudem sollten die gälischen Adeligen zumindest einen
ihrer Söhne in England erziehen lassen.[43]

Die *surrender-and-regrant*-Politik zielte also auf eine Befriedung des
irischen Königreiches ab, die man im europäischen Kontext auch für das
Zeitalter der ‚Reichsverdichtung‘ im späten 15. und frühen 16. Jahrhundert
feststellen kann. Eine Vertretung des Landes (Reichsstände, Parlament)
und eine königliche Gerichtsbarkeit sollten militärische Konflikte zurückdrängen und den friedlichen Ausgleich mit rechtlichen Mitteln an ihre Stelle
setzen. Die von den gälischen Lords verlangte völlige Entmilitarisierung ihrer Herrschaftsbereiche und die angestrebte Anglisierung der gälischen Gesellschaft gingen aber deutlich über dieses Ziel hinaus. Dadurch sollte Irland in ein ‚englisches Königreich‘ umgewandelt werden, d.h. dass die
Krone die gälischen Lords in ihrer Herrschaft über Land und Personenver-
band massiv einschränken wollte und – dies deckte sich mit den Vorstellungen der loyalen Anglo-Iren – gälischer Tradition und Kultur keinen
Platz im irischen Königreich zugestand.

Die Politik der Unterwerfung und Belehnung erwies sich auf Dauer als
ein sehr problematisches Instrument, um die gälischen Lords in ein einheit-

---

[42] Zu St. Leger ausführlich BRADY, Chief Governors, S. xiii–xiv, 25–40. Brady arbeitet heraus, dass St. Leger sich ein Patronagesystem innerhalb Irlands aufbauen
wollte, das das durch den Untergang der Kildares entstandene Machtvakuum ausfüllen
sollte. Dies ging jedoch mit Bestechung und Korruption einher, weswegen St. Leger
letztendlich seines Amtes enthoben wurde.
[43] Vgl. HAYES-MCCOY, Royal Supremacy, S. 48–52; MORGAN, End of Gaelic Ulster, S. 10; ROBINSON-HAMMERSTEIN, Erzbischof, S. 19–20; LENNON, Sixteenth-Century
Ireland, S. 155.

liches Staatsgebilde einzubinden. Trotz des großen Vertrauens, das die königlichen Amtsträger in Irland in diese Politik setzten,[44] barg sie an vielen
Punkten entscheidende Probleme. Nicht nur, dass die Forderung nach ra-
scher und vollkommener Anglisierung der gälischen Bevölkerung völlig un-
realistisch und undurchführbar war, es stießen vor allem die gälischen und
die englischen Rechtssysteme aufeinander, was zum Teil fatale Folgen
hatte.

St. Leger war mit der Politik des *surrender and regrant* zuerst jedoch
erstaunlich erfolgreich, weil diese für den Ansprechpartner der Engländer,
den regierenden Lord, zahlreiche Vorteile mit sich brachte. Erstens wurde
das Land, das nach gälischem Recht dem Familienverband gemeinschaftlich
gehörte, zu seinem persönlichen Eigentum erklärt. Zweitens konnte der
Lord das Land nun vererben, und die Erbfolge war sowohl gesichert als
auch in seinem Sinne geregelt. Dabei zeigten sich die englischen Amtsträger in Irland durchaus flexibel, indem sie nicht darauf bestanden, in der
ersten Generation bereits das Prinzip der Primogenitur durchzusetzen. Das
fundamentale Problem der *surrender-and-regrant*-Politik lag jedoch darin,
dass die alten Rechte des Familienverbandes, der nach dem *brehon law* sowohl einen Anspruch auf den Gemeinschaftsbesitz des Landes als auch auf
die Wahl des Nachfolgers aus ihren Reihen hatte, übergangen wurden. Dies
musste fast unweigerlich zu Konflikten innerhalb des gälischen Gesellschaftssystems führen.[45]

Die Problematik der *surrender-and-regrant*-Politik soll an einem Beispiel[46] deutlich gemacht werden, an der Unterwerfung Con O'Neills, des
mächtigsten gälischen Lord in Ulster. Im Jahr 1542 unterwarf sich O'Neill
St. Leger und erhielt die von ihm abhängigen Gebiete als Earl of Tyrone
zurück. Dieser Titel und der dazugehörige Landbesitz wurden ihm nach
englischem Recht als erblich verliehen. Die Krone ließ sich im Falle Con
O'Neills auf einen Kompromiss ein, indem sie nicht auf einer Nachfolgeregelung nach dem Prinzip der Primogenitur bestand, sondern es Con überließ, seinen Nachfolger aus dem Kreis seiner Familie zu bestimmen. Er

---

[44] Sir Thomas Cusack schrieb 1541 optimistisch an das englische Privy Council:
„Forasmuch as the Irishmen in Ireland be in opinion among themselves, that Englishmen one day will banish them, and put them from their lands for ever ... which causeth
them, when opportunity serves them, to persevere in war and mischief; and now they
having their lands of the King's Majesty, by his Grace's letters patent, whereby they
may stand in assurance of their lands, and being accepted as subjects, where before they
were taken as Irish enemies, which is the chiefest mean, by good wisdom, to continue
them in peace and obedience." (Sir Thomas Cusack to the Privy Council in England,
1541, in: Irish History, hg. v. MAXWELL, S. 114–115, hier S. 114).

[45] Vgl. HAYES-MCCOY, Royal Supremacy, S. 50; ROBINSON-HAMMERSTEIN, Erzbischof, S. 20; LENNON, Sixteenth-Century Ireland, S. 155–158.

[46] Für andere Beispiele vgl. CUNNINGHAM, Warlords; LENNON, Sixteenth-Century
Ireland, S. 239–240.

wählte Matthew, einen Pflegesohn.[47] Diese Entscheidung hatte sowohl für die O'Neills und Ulster als auch für die englische Krone große Probleme zur Folge. Es entstand eine paradoxe Situation im Hinblick auf Cons Nachfolge: Während sein Adoptivsohn auf der Grundlage der *surrender-and-regrant*-Vereinbarung die Nachfolge als Earl of Tyrone forderte, konnte sich der älteste legitime Sohn Cons, Shane, der an sich nach dem Prinzip der Primogenitur der Erbe hätte sein müssen, auf den Rückhalt seines Familienverbandes stützen, der ihn nach gälischem Recht als *tanist* zum Nachfolger seines Vaters bestimmt hatte.[48] Daraus entstand ein langwieriger Konflikt bis in die Zeit Königin Elisabeths, in den auch die englische Krone auf Seiten Matthews immer wieder eingriff, da sie es nicht zulassen wollte, dass dem rechtmäßigen Erbe des Earldom of Tyrone seine Nachfolge streitig gemacht wurde. Nachdem Matthew 1558 auf Shanes Befehl ermordet worden war und Con 1559 starb, ging der Konflikt mit der Krone, die nicht kompromissbereit war, weiter.[49] Die ‚Lösung' des Problems ergab sich nicht durch einen militärischen Erfolg der Krone, sondern auf Grund der andauernden Fehden gälischer Lords in Ulster: Shane wurde 1567 von den O'Donnells besiegt und daraufhin von den MacDonnells getötet, zu denen er nach seiner Niederlage geflohen war.[50]

---

[47] Vgl. Irish History, hg. v. MAXWELL, S. 108–112.

[48] Shane O'Neill konnte seinen Herrschaftsanspruch vor Königin Elisabeth 1562 auf beiden, eigentlich gegensätzlichen Ebenen verteidigen: „When asked with courtesy by what right he had excluded Hugh his brother Matthew's son from his ancestral lands, he replied boldly ..., ‚By the best of right. For I', he said, ‚as the true and legitimate son and heir of Con, born to his lawful wife, have entered upon my father's estate. Matthew was the son of a blacksmith of Dundalk, not true born, but born after Con's marriage with his wife Alison and craftily passed off on Con by the mother as his son, so as to cheat me of the possessions and title of O'Neill. ... The surrender made by my father to Henry VIII and the grant which Henry made him by letters patent, was of no value, since Con had no estate in what he surrendered save for his own life, nor could he yield it without the consent of the chiefs and people by whom he had been chosen to the dignity of O'Neill. Such letters patent are of no avail, unless the true head of the family is first approved by the oath of twelve men, which in this case was not done. But I am the true heir by the law of God and man, being the first son of my father born in lawful wedlock, and called O'Neill by the common consent of chiefs and people according to the law of our ancesters called tanistry ...'." (Camden, William, Annales rerum Anglicarum et Hibernicarum regnante Elizabetha ..., 1615, übers. in: Irish History, hg. v. MAXWELL, S. 171–172, hier S. 172).

[49] Brady betont, dass die Krone sich hier – angesichts der Stärke Shanes innerhalb seines eigenen Familienverbandes – sehr unflexibel zeigte und damit letztlich einen jahrelangen militärischen Konflikt heraufbeschwor, der die Energien und Ressourcen der Dubliner Regierung massiv in Anspruch nahm. (Vgl. BRADY, Chief Governors, S. 99–101).

[50] Vgl. BRADY, Sixteenth Century Ulster; LENNON, Sixteenth-Century Ireland, S. 266–274; CANNY, Early Modern Ireland, c. 1500–1700, S. 124; HAYES-McCOY, Conciliation, S. 71–72; MORGAN, End of Gaelic Ulster, S. 10–11.

Bis in die Mitte der 1540er Jahre erwies sich *surrender and regrant* insgesamt jedoch als Instrument des Ausgleichs, das auf eine Verwirklichung der englischen Ziele im irischen Königreich hindeutete. Dies lässt sich zum Beispiel an dem Zwei-Fronten-Krieg gegen die *old alliance*, Schottland und Frankreich, festmachen, auf den sich Heinrich VIII. ab 1542 einließ.[51] Im Gegensatz zum politischen Verhaltensmuster früherer Jahre versuchte nun kein gälischer oder anglo-irischer Lord, mit den Feinden Englands gemeinsame Politik zu machen. Im Gegenteil, die Earls of Desmond und Tyrone stellten neben zahlreichen anderen Lords Truppen für die englischen Kriegszüge.[52]

Aufschlussreich im Hinblick auf das Klima dieser Jahre ist auch die erste Jesuiten-Mission in Irland im Jahr 1542, die nur als Misserfolg bezeichnet werden kann. Die beiden Jesuiten, der Spanier Alphonso Salmerón und der Franzose Paschase Broët, zwei der ersten Mitglieder des Jesuitenordens, kamen mit Empfehlungsschreiben des Papstes und des schottischen Königs nach Irland. Sie stellten jedoch fest, dass die gälischen Lords, vor allem O'Neill und O'Donnell, soeben *surrender-and-regrant*-Vereinbarungen mit Heinrich VIII. getroffen hatten und ihre Mission deshalb nicht willkommen war. Binnen weniger Wochen gaben sie auf und verließen Irland.[53]

d) Die mid-Tudor crisis: Zunehmendes militärisches Vorgehen und erste Ansiedlungsprojekte

Die Regierungszeiten Edwards VI. und Marys sind auf politischer wie auch auf religiöser Ebene von raschem Wandel, häufigem Wechsel der Chief Governors und einem allmählich auftretenden Gegensatz zwischen der durch die Umwandlung Irlands zum Königreich initiierten und langfristig weiterhin angestrebten friedlichen Reform einerseits und zunehmendem militärischen Vorgehen andererseits gekennzeichnet.[54] Die Politik war un-

---

[51] Vgl. SMITH, Emergence, S. 57–64.

[52] Vgl. LENNON, Sixteenth-Century Ireland, S. 159.

[53] Salmerón beendet seinen Bericht folgendermaßen: „Tandem en conclusión: uisto el poco fauor de príncipes, la confederación de ellos y obediencia al rey, el no hauer uilla ni ciudad fuerte, la poca esperança de meter paz entre los señores de Hibernia, uiendo el mandamento que allá nos dieron los Rmos. cardenales de la Inglatierra, que no hallando seguridad en el estar, ó en el passar, nos boluiéssemos, y el consejo que algunos de crédito nos dieron, y por el ditame de nuestras consciencias de no poner en euidente perigo de nuestras personas sin fruto, nos tornamos aquí en Scotia ...“ (Salmerón an Ignatius von Loyola, 9. April 1542, in: Epistolae Alphonsi Salmeronis, hg. v. VIDURRE u. CERVÓS, Bd. 1, S. 10–14, hier S. 13; vgl. auch Broët und Salmeron an Kardinal Cervini, 9. April 1542, in: Epistolae Paschasii Broëtii, hg. v. CERVÓS, S. 25–31, hier S. 29; BANGERT, Claude Jay, S. 167–171).

[54] Somit kann die Aussage von Hayes-McCoy in der *New History of Ireland* auch im Lichte der neuesten Forschung von Ciaran Brady weiterhin Richtigkeit beanspruchen: „The Tudor attempt to settle Ireland proceeded uneasily. The state still had hope of at-

stet, man schwankte zwischen den beiden gegensätzlichen Strategien „conciliation" und „coercion",[55] je nachdem, was die jeweilige irische oder internationale Situation zu erfordern schien. Dabei zeigte sich die Regierung Edwards VI. – im Gegensatz zu Heinrich VIII. – immer bereit, die Lord Deputies mit militärischer Unterstützung und den entsprechenden finanziellen Mitteln auszustatten.[56] Die Chief Governors machten aber auch zunehmend von der traditionellen Verpflichtung der anglo-irischen Bevölkerung der Pale, zu ihrer eigenen Verteidigung beizutragen, Gebrauch. Es wurde damit begonnen, die ursprünglich vor allem in Form des Militärdienstes oder der Verpflegung bzw. Einquartierung der Armee zu leistende *cess*[57] in Geldzahlungen umzuwandeln, was sich auch als entscheidend für die Zukunft erweisen sollte.[58]

Um Krisensituationen schnell und effektiv bewältigen zu können, gewann militärisches Vorgehen in Irland immer größere Bedeutung. Es begannen nun auch die englischen Ansiedlungsprojekte, wobei dahinter jedoch keine bewusste Veränderung der politischen Ziele oder eine langfristige Planung stand. Trotzdem ist aus der Rückschau nicht zu leugnen, dass hier die Ursprünge einer neuen Politik gegenüber Irland zu finden sind. Die Vorstellung einer friedlichen Reform des irischen Königreichs blieb langfristiges Ziel, die tatsächliche Politik gehorchte aber zunehmend kurzfristigen Erfordernissen, sie oszillierte stark und tendierte mehr und mehr zu militärischem Vorgehen und Eroberung.[59]

---

taining its end by conciliation, but the military resources of the deputies were steadily increased, and, although the power of the administration was as yet quite inadequate for a military conquest, the use of force to secure short-term objectives was becoming more and more attractive." (HAYES-McCOY, Conciliation, S. 73).

[55] HAYES-McCOY, Conciliation, S. 69.

[56] Vgl. WHITE, Reign, S. 198.

[57] Im Einzelnen umfasste die *cess* Folgendes: „Purveyance, or cess as it was known in Ireland, was levied for the provisioning not only of the governor's household but of his retinue too; the duty of able-bodied men between the ages of 16 and 60 to serve in the defence of their country was extended so that the governor ... could compel inhabitants to serve without payment in hostings upon the king's enemies for up to forty days two or three times a year, or exact a fine in lieu; he could likewise compel them to provide carts to carry provisions, or labourers for building projects connected with defence; and at need he could quarter ... troops on the marches for defence." (ELLIS, Parliament, S. 61; vgl. ASCH, Englische Herrschaft, S. 387; LENNON, Sixteenth-Century Ireland, S. 181).

[58] Vgl. BRADY, Conservative Subversives, S. 18. Siehe unten B.II.2.b.

[59] Ich folge hier Brady, der meines Erachtens überzeugend herausgearbeitet hat, dass der Umschwung in der englischen Politik gegenüber Irland ein ungeplanter und allmählicher Vorgang der *mid-Tudor*-Epoche war. (Vgl. BRADY, Chief Governors, S. 45–71; BRADY, Court, S. 45). Entschiedener hat dies dagegen Steven Ellis formuliert, der davon ausgeht, die englische Regierung habe in der *mid-Tudor*-Periode ihre Haltung gegenüber Irland grundsätzlich geändert und eine „more radical strategy of conquest"

Dieser Wandel zeigte sich erstmals deutlich, als 1547, zeitgleich mit der Thronbesteigung Edwards VI., die O'Connors und die O'Mores, zwei gälische Lords in Leinster nahe der Grenze der Pale, rebellierten.[60] Die englische Regierung unter Protektor Somerset schickte Sir Edward Bellingham mit einem Heer nach Irland, um diesen Aufstand niederzuschlagen. Lord Deputy St. Leger wurde angewiesen, in militärischen Dingen dem Rat von Bellingham zu folgen. Damit begann die allmähliche Aushöhlung seiner Position. Im Jahr 1548 wurde St. Leger dann seines Amtes enthoben, und Bellingham wurde zum Chief Governor ernannt. Nachdem er die Gebiete der O'Mores und O'Connors erobert hatte, errichtete Bellingham Forts mit festen Garnisonen in den eroberten gälischen Gebieten. Grundsätzlich sollten die Forts nur dazu dienen, das Land in einer für die englische Krone gefährlichen außenpolitischen Situation zu sichern. Doch sie erlangten im Zuge der Gesamteroberung Irlands zunehmend innenpolitische Bedeutung. Obwohl diese militärischen Maßnahmen hohe Kosten verursachten, wurden sie zur Sicherung des Landes gegen Rebellionen immer wieder, wenn auch mit wechselndem Erfolg, angewandt.[61]

Die Politik Bellinghams provozierte jedoch genau das, was sie eigentlich verhindern sollte. Die gälischen Lords in Ulster verhandelten mit Frankreich über militärische Hilfe für einen Aufstand. Ihr Botschafter bei Heinrich II., George Paris, machte deutlich, warum sich die gälischen Lords nun so rasch und entschieden gegen den englischen König wandten: Sie fürchteten „that they would be ,driven out of their ancient possessions, one after the other, in such sort as had lately been served to O'More and O'Connor'".[62] In dieser Ausführlichkeit und Ernsthaftigkeit waren diplomatische Verhandlungen gälischer Adeliger mit ausländischen Königen bisher nicht vorgekommen.[63] Sie erwiesen sich als ein Element, das langfristig die irische Politik entscheidend prägen sollte. Für England stellte diese Entwicklung eine große Bedrohung dar, denn es bestand die Gefahr, dass

---

initiiert. (ELLIS, Parliament, S. 59). Vgl. ähnlich auch Bradshaw der von „the abandonment of conciliation" spricht. (BRADSHAW, Irish Constitutional Revolution, S. 258, vgl. S. 258–263). Dagegen formuliert Lennon in seiner Gesamtdarstellung bereits wesentlich vorsichtiger: „Militarism and modification of policy in the mid-century years." (LENNON, Sixteenth-Century Ireland, S. 164). Insgesamt hat sich in der irischen Forschung jedoch die Mehrheitsmeinung durchgesetzt, dass der Wandel in der englischen Politik bereits in der *mid-Tudor*-Periode zu konstatieren ist – gegen Canny, der den Wandel erst unter Sidney ab 1565 sieht. (Vgl. CANNY, Conquest).
[60] Die Gründe für diese Rebellion sind unklar. (Vgl. BRADY, Chief Governors, S. 56).
[61] Vgl. BRADY, Chief Governors, S. 59–60; ELLIS, Inveterate Dominion, S. 39; WHITE, Reign, S. 198–199, 203–204; HAYES-MCCOY, Conciliation, S. 69–70.
[62] LENNON, Sixteenth-Century Ireland, S. 167.
[63] Vgl. POTTER, French Intrigue, S. 159–160.

die *old alliance* zwischen Frankreich und Schottland Irland als Trittstein
für eine Invasion in England nutzen könnte.[64]
    In dieser Situation wurde St. Leger 1550 erneut zum Lord Deputy beru-
fen, um mit seiner Politik der Versöhnung die gälischen Lords zu be-
schwichtigen. Allerdings hielt er die Beschlagnahmung des Landbesitzes
von O'Connor und O'More in den Regionen Offaly und Leix aufrecht und
traf Vorbereitungen, um das Land mit englischen Pächtern zu besiedeln.[65]
Aus diesem Grund und weil St. Leger bereits nach weniger als einem Jahr
wieder abberufen wurde, konnte sein erneuter Versuch einer ausgleichen-
den Politik in Irland nicht mehr wirksam werden.[66] Ihm folgte unter dem
neuen englischen Lord Protector Northumberland 1551 ein weiterer Vizekönig, der die Ausübung militärischen Drucks bevorzugte: Sir James Croft,
der dieses Amt bis zum Tod Edwards VI. innehatte.[67]

Im Gegensatz zu den erneuten religiösen Veränderungen, die die anschlie-
ßende Thronbesteigung Marys mit sich brachte, änderte sich das politische
Verhältnis zwischen England und Irland nicht.[68] Obwohl der neu gewon-
nene irische Königstitel ursprünglich mit der königlichen Suprematie Heinrichs VIII. über die Staatskirche verbunden war, erkannte offensichtlich
auch Mary seinen Nutzen und ließ Irland 1555 von Papst Paul IV. zum
Königreich erklären.[69]
    Unter Mary verstärkte sich die Abkehr von der vornehmlich konzilianten
Politik St. Legers, aber ohne die grundsätzliche Idee der langfristigen
friedlichen Reform des irischen Königreichs aufzugeben. Im Jahr 1557 leitete Lord Deputy Thomas Fitzwalter, der spätere Earl of Sussex, die erste
plantation der irischen Geschichte in Leix und Offaly, den Gebieten der be-
siegten gälischen Lords O'More und O'Connor, ein. Das Land wurde vom
Parlament konfisziert, in die beiden neuen *shires* Queen's County und
King's County geteilt und zur Neubesiedelung durch Engländer freigege-
ben. Das englische System der Lokalverwaltung und englische Gerichtsbarkeit wurden eingeführt. Die einheimische gälische Bevölkerung sollte

---

[64] Vgl. WHITE, Reign, S. 205.
[65] Dies hatte Bellingham nicht vorgeschlagen: „He wanted the general inhabitants
disturbed as little as possible, and proposed that the confiscation of land be restricted to
those strategic areas where the new forts were to be established." (BRADY, Chief Governors, S. 49).
[66] Vgl. BRADY, Chief Governors, S. 52; LENNON, Sixteenth-Century Ireland,
S. 167–168; HAYES-MCCOY, Conciliation, S. 71; POTTER, French Intrigue, S. 161;
WHITE, Reign, S. 204–206.
[67] Vgl. HAYES-MCCOY, Conciliation, S. 72–72; WHITE, Reign, S. 206.
[68] Vgl. BOTTIGHEIMER, Geschichte Irlands, S. 70.
[69] Die Königin hatte persönlich aber wenig Interesse an Irland. (Vgl. BRADSHAW,
Beginnings, S. 80; BRADY, Court, S. 31).

nicht verdrängt, sondern durch das ,Vorbild' der englischen Siedler möglichst bald zu loyalen Untertanen der Krone ,erzogen' werden.[70] Doch Sussex' *plantation* war nicht erfolgreich, und vor allem war er gezwungen, ein wachsendes stehendes Heer zu unterhalten, um beispielsweise die Pale gegen Shane O'Neill zu verteidigen. Das stehende Heer machte eine Intensivierung der *cess* notwendig[71] – eine Entwicklung, die unter Königin Elisabeth weit reichende Konsequenzen haben sollte.

2. *Kirche und Religion*

a) *Der Bruch mit Rom und die Etablierung der irischen Staatskirche (1536/37)*

Seit 1534 war Heinrich VIII. „Supreme Head of the Church of England",[72] wogegen der Papst weiterhin offizielles Oberhaupt der irischen Kirche war. Die königliche Verfügungsgewalt über die Kirche sollte nun auch in Irland durchgesetzt werden. Außerdem musste die Anerkennung der veränderten Nachfolgeregelung auf Grund der neuen Ehe Heinrichs VIII. auch in Irland sichergestellt werden.[73]

Aus diesem Grund wurde kurz nach der Kildare-Rebellion im Jahr 1536 ein Parlament einberufen, das die englische Reformationsgesetzgebung auf Irland übertragen sollte.[74] Damit fügte sich die Durchsetzung der politisch-rechtlichen Reformation in Irland in den politischen Neuanfang, den die Krone in Angriff nehmen musste, um das von den Kildares hinterlassene Machtvakuum auszugleichen. Die Ernennung des Königs zum Oberhaupt der irischen Staatskirche band das Land enger an die Krone und stand damit auch in direktem Zusammenhang mit der 1541 erfolgten Erhebung Irlands zum Königreich. Der König löste seine Herrschaftsgebiete insgesamt aus der universalen Papstkirche, um auch auf kirchlichem Gebiet den Souveränitätsanspruch des Staates durchzusetzen. Die ,erste Reformation' war deshalb im irischen Kontext noch mehr als im englischen ein Ausdruck zunehmender staatlicher Verdichtung und Abgrenzung, ein politisch-rechtlicher Vorgang.

---

[70] Vgl. LENNON, Sixteenth-Century Ireland, S. 180.

[71] Vgl. ebd., S. 181.

[72] The Act of Supremacy, 1534, in: Reformation in England, hg. v. DICKENS u. CARR, S. 64–65, hier S. 65.

[73] Im Hinblick auf die Ehe Heinrichs VIII. mit Anne Boleyn war die Gesetzgebung des irischen Reformationsparlaments verspätet, denn zu diesem Zeitpunkt war Anne Boleyn schon enthauptet, Prinzessin Elisabeth für illegitim erklärt und Jane Seymour neue Ehefrau des Königs. (Vgl. BOTTIGHEIMER, Geschichte Irlands, S. 62–63).

[74] Schon vor diesem Zeitpunkt hatte die Dubliner Regierung vorsichtig damit begonnen, in Irland die Auflösung einzelner Klöster zu betreiben. (Vgl. EDWARDS, Irish Reformation Parliament, S. 64).

In der älteren Forschung, vor allem bei R.D. Edwards, wurde die Opposition, die im Parlament von 1536/37 zweifellos auftrat, als Widerstand gegen die Reformationsgesetzgebung gedeutet, und daraus wurde der Schluss gezogen, dass die Anglo-Iren dieser Veränderung von vornherein negativ gegenübergestanden hätten. Heinrich VIII. habe seine Gesetze nur durch Zwang und Einschüchterung durchsetzen können.[75] Brendan Bradshaw hat dagegen nachgewiesen, dass die Gesetze der ersten Sitzungsperiode des Parlaments, die Heinrich VIII. als *supreme head* der irischen Kirche anerkannten und die neue Nachfolgeregelung festlegten,[76] ohne Widerstand der Commons und des House of Lords zügig beschlossen wurden. Damit war die Loslösung von Rom festgeschrieben. Nur das dritte Haus des irischen Parlaments, die so genannten *proctors*, die Vertreter der niederen Geistlichkeit, die im englischen Parlament keine entsprechende Vertretung besaßen, widersetzten sich den Beschlüssen. Allerdings war auch in Irland die verfassungsrechtliche Stellung der *proctors* im Parlament unklar. Als der Widerstand dieser Gruppe der irischen Regierung ein Dorn im Auge war, konnte sie sich auf die – im Vergleich zu England – verfassungsrechtliche Anomalie der *proctors* berufen und ihre Abschaffung verlangen, der das Parlament – nach kurzem Widerstand selbst die im Oberhaus vertretenen Bischöfe – 1537 auch zustimmte.[77]

Damit wurde im Zuge der politisch-rechtlichen Reformation die Struktur des irischen Parlaments an die des englischen angepasst. Sieht man einmal von der traditionellen Teilnahme der Bischöfe am Oberhaus ab, so wurden die Kleriker als eigenständiges Element in der Vertretung des Landes zu-

---

[75] Vgl. EDWARDS, Church and State, S. 8, 15; EDWARDS, Irish Reformation Parliament, S. 70. Damit vertrat die erste Generation der wissenschaftlich orientierten Geschichtsschreibung auch weiterhin die These vom natürlichen Hang der Iren zum Katholizismus. Die Wiederaufnahme dieser These in der neuesten Forschung findet sich, wie oben bereits erwähnt, in: MEIGS, Reformations. Tatsächlich hat jedoch bereits Bradshaw diese Interpretation schlüssig widerlegt: „Writers have been deceived about the attitude of the colonists in parliament because they have interpreted that reaction in the light of later events. ... To freeze the colonists in 1536 into an attitude of militant Roman Catholicism is to project on to them thought-patterns of latter-day Irish catholicism." (BRADSHAW, Opposition, S. 302–303, vgl. S. 286–290; vgl. auch BRADSHAW, Beginnings, S. 72).

[76] Vgl. An Act authorising the King, his Heirs and Successors, to be Supreme Head of the Church of Ireland, 1537, in: Irish History, hg. v. MAXWELL, S. 122–123. In dieser Sitzungsperiode wurden weitere Gesetze beschlossen, die die oberste kirchliche Gerichtsbarkeit vom Papst auf die Krone übertrugen. (Vgl. BRADSHAW, Opposition, S. 290; EDWARDS, Irish Reformation Parliament, S. 67–69).

[77] Vgl. An act against proctors to be any member of the parliament, 1537, in: Irish Historical Documents, hg. v. CURTIS u. McDOWELL, S. 88–89; vgl. auch BRADSHAW, Opposition, S. 292, 298–299; EDWARDS, Irish Reformation Parliament, S. 77; HAYES-McCOY, Royal Supremacy, S. 56–57.

rückgedrängt und für die Zukunft auf die parallel zum Parlament tagende Klerikerversammlung, die Convocation, verwiesen.[78] In der zweiten Sitzungsperiode des Parlaments kam es zu Widerständen in den Commons gegen einige Gesetzesvorschläge, neben Steuer- und Zollangelegenheiten[79] auch „a bill ‚for the suppression of certain monasteries‘“.[80] Bradshaw weist nach, dass hier kein Widerstand gegen den Supremat des Königs ausgedrückt wurde, sondern dass diese drei Gesetzesvorschläge zusammen gesehen werden müssen und dementsprechend finanzielle Erwägungen im Vordergrund standen. In allen drei Fällen waren nämlich finanzielle Einnahmequellen der loyalen Anglo-Iren in Gefahr. Im Fall der Klöster waren dies ihre lukrativen Verwalterstellen (*stewardships*), die auch im Norden Englands Widerstand gegen die Klosterauflösungen ausgelöst hatten.[81] Außerdem fürchteten die anglo-irischen Commons offenbar, dass der größte Teil des aufgelösten Klosterbesitzes den neuenglischen Amtsträger überlassen würde und dass sie selbst benachteiligt sein würden, da viele von ihnen Klosterland gepachtet hatten. Nachdem die anderen beiden Gesetze fallen gelassen bzw. zu ihrer Zufriedenheit geregelt worden waren,[82] stimmten die Commons der Klosterauflösung zu.[83]

---

[78] In der Parlamentsakte heißt es entsprechend: „Forasmuch as at every parliament begun and holden within this land, two proctors of every diocese within the same land have been used and accustomed to be summoned and warned to be at the same parliament, which were never by the order of the law, usage, custom, or otherwise any member or parcel of the whole body of the parliament, nor have had of right any voice or suffrage in the same, but only to be there as councillors and assistants to the same, ... much like as the convocation within the realm of England, is commonly at every parliament begun and holden by the king's highness special licence ...“ (An act against proctors to be any member of the parliament, 1537, in: Irish Historical Documents, hg. v. CURTIS u. MCDOWELL, S. 88–89, hier S. 88).

[79] Es ging dabei um eine allgemeine Einkommenssteuer von 20 Prozent und um die Zolleinnahmen der Hafenstädte, die wieder an die Krone fallen sollten. (Vgl. LENNON, Sixteenth-Century Ireland, S. 135; siehe dazu auch unten B.IV.1.b).

[80] BRADSHAW, Opposition, S. 295; vgl. HAYES-MCCOY, The Royal Supremacy, S. 58. – Edwards deutet dies als Widerstand gegen den königlichen Supremat und führt die geringfügige Opposition im irischen Parlament auf dessen Angst und Einschüchterung nach der Kildare-Rebellion zurück. (Vgl. EDWARDS, Irish Reformation Parliament, S. 70, 72). Bradshaw hebt dagegen hervor: „If the principle of royal supremacy provoked no opposition when the acts of supremacy, succession, slander, first fruits, and appeals came before the commons, there is no reason to suppose that it would in an act for the suppression of the monasteries.“ (BRADSHAW, Opposition, S. 295).

[81] Vgl. BRADSHAW, Opposition, S. 295.

[82] Die Einkommenssteuer wurde nur von den Klerikern erhoben, und die Krone ließ ihren Anspruch auf die Zölle fallen. (Vgl. LENNON, Sixteenth-Century Ireland, S. 136).

[83] Vgl. BRADSHAW, Opposition, S. 294–298; HAYES-MCCOY, Royal Supremacy, S. 60.

Die relativ reibungslose Annahme der Reformationsgesetzgebung ist, wie die spätere Akzeptanz Heinrichs VIII. als König von Irland, darauf zurückzuführen, dass sich das irische Parlament zum überwiegenden Teil aus loyalen Anglo-Iren zusammensetzte, „who regarded themselves as English subjects".[84] Diese Bevölkerungsgruppe sah die Reformation Heinrichs VIII. als ersten Schritt für eine umfassende Reform des Lordship of Ireland: „... the doctrinally-conservative Henrician reformation was acceptable to the community in Anglo-Ireland, particularly because of the hopes which the lay leaders there entertained of a full-scale reform of the colony and eventually the island, not just in religious terms but in political and social matters also."[85] Im vom christlichen Humanismus beeinflussten Denken der anglo-irischen Gentry und Stadtbürger war die ‚Reformation' Irlands ein ‚ganzheitlicher' Prozess, der Politik, Gesellschaft und Religion umfasste und der Irland im Zeichen englischer Kultur und gesellschaftlicher Normen vereinheitlichen und zentralisieren sollte. Deshalb war die theologisch konservative Reformation Heinrichs VIII., die keine Veränderungen an Dogma und Ritus der Kirche vornahm, willkommen.[86]

b) Durchsetzung und Folgen der politisch-rechtlichen Reformation

Die politisch-rechtliche Reformation von 1536 war keine protestantische Reformation nach kontinentalem Vorbild und sollte es auch nicht sein. Trotzdem zeigen die Versuche, diese Reformation in der Pale einzuführen, bereits viele Aspekte auf, die für den Zusammenhang zwischen Staatsbildung und Konfessionsbildung in Irland im Verlauf des 16. Jahrhunderts typisch werden sollten.

Die Aufgabe, den königlichen Supremat in der Pale umzusetzen, fiel an Bischof Edward Staples von Meath und vor allem an George Browne, den neu ernannten Erzbischof von Dublin. Ein Vorfall in Dublin im Jahr 1538 lässt die Probleme bei der Durchsetzung der henrizianischen Reformation unter den Klerikern der Pale erkennen: James Humphrey war Pfründner der St. Patricks Kathedrale und Priester von St. Audoen in Dublin und hatte weitläufige verwandtschaftliche Beziehungen in der Pale. Während der Feier eines Hochamtes in seiner Pfarrkirche 1538 provozierte er Erzbischof Browne, indem er die vorgeschriebene Verlesung der so genannten *Form of the Beads* unterließ. Dies war ein von Browne verfasstes Gebet, in dem die Suprematie des Königs verteidigt und die päpstliche Autorität für nichtig erklärt wurde.[87] Der Vikar Humphreys wollte diese Unterlassung nicht

---

[84] HAYES-MCCOY, The Royal Supremacy, S. 60.
[85] LENNON, Counter-Reformation, S. 79.
[86] Vgl. LENNON, Sixteenth-Century Ireland, S. 114.
[87] Vgl. The Form of the Beads, in: Irish History, hg. v. MAXWELL, S. 123–124. Darin heißt es: „Ye shall pray ... for Our Sovereign Lord the King, supreme head in

akzeptieren und begab sich in die Kanzel, um die *Form of the Beads* zu verlesen. Humphrey stoppte ihn jedoch, indem er mit der Messe fortfuhr und dem Chor das Signal zum Gesang gab. Einige Gemeindemitglieder berichteten den Vorfall Erzbischof Browne, woraufhin dieser Humphrey verhaften ließ. Statt jedoch an Humphrey wegen seines Widerstandes gegen den königlichen Supremat ein Exempel zu statuieren, entließ Lord Deputy Grey Humphrey aus dem Gefängnis und erlaubte ihm die Rückkehr in sein Amt. Browne, entsetzt über diese Unterhöhlung seiner Autorität, schrieb an Cromwell nach England: „The simplest holy-water clerk is better esteemed than I am."[88]

Diese Ereignisse machen erstens deutlich, dass es unter Heinrich VIII. nicht um theologisch-dogmatische Neuerungen, sondern allein um eine politisch-rechtliche Reformation ging. Zweitens gab es offensichtlich sehr unterschiedliche Meinungen innerhalb der Geistlichkeit und der Laien hinsichtlich des königlichen Supremats. Humphreys Vikar und die Gemeindemitglieder, die Erzbischof Browne verständigten, bewiesen durch ihr Verhalten ihre Akzeptanz der politisch-rechtlichen Reformation.[89] Dagegen brachte Humphrey den Widerstand gegen die königliche Suprematie zum Ausdruck, der unter der geistlichen Elite Dublins vor allem im Umkreis der St. Patricks Kathedrale verbreitet war. Diese konservativ denkenden Kleriker wurden auch im weiteren Verlauf der Reformation in Irland nicht aus ihren Ämtern entfernt, und sie stellten in der Rückschau eine Art „cuckoo in the nest of the established church"[90] dar. Ein europäisch vergleichender Blick macht jedoch deutlich, dass staatlich initiierte Reformationen das mittelalterliche Kirchenpersonal immer übernehmen mussten und dann in

---

earth immediate under God of the ... Church of England and Ireland. And for the declaration of the truth thereof, ye shall understand, that the unlawful jurisdiction, power, and authority, of long time usurped by the Bishop of Rome, in England and Ireland ..., is now by God's law justly, lawfully, and ... by authority of Parliament ... extinct and ceased forever ... Wherefore ... I exhort you all, that ye deface him in all your primers, and other books, where he is named Pope ..." (Ebd., S. 123).

[88] Zitiert in: LENNON, Sixteenth-Century Ireland, S. 113; vgl. MURRAY, Ecclesiastical Justice, S. 48.

[89] Die Forschung geht jedoch insgesamt davon aus, dass die Bemühungen von Browne und Staples eher ignoriert wurden, teilweise auf passiven Widerstand stießen und häufig mit unkooperativer, nominaler Konformität beantwortet wurden. (Vgl. BRADSHAW, Opposition, S. 303; EDWARDS, Irish Reformation Parliament, S. 79; HAYES-MCCOY, Royal Supremacy, S. 65). Auch hätten diejenigen, die die Bedeutung des königlichen Supremats verstanden, diese Veränderung nicht als unwiderruflich angesehen. Streit zwischen dem Papst und weltlichen Oberhäuptern hatte es im Mittelalter schon zur Genüge gegeben, das bedeutete aber nicht, dass die Trennung von Rom endgültig sein musste. (Vgl. BOTTIGHEIMER, Geschichte Irlands, S. 65–66; BRADSHAW, Beginnings, S. 72).

[90] MURRAY, Ecclesiastical Justice, S. 48.

einen allmählichen Prozess der ‚Umerziehung' dieses Personals eintraten.[91] Das Scheitern der ‚Reformation von oben' war damit also in Irland keineswegs vorherbestimmt. Schließlich verweist drittens die vom Lord Deputy gegen den Willen Brownes veranlasste Entlassung Humphreys aus der Haft auf ein wesentliches Problem, auf das man im Laufe der weiteren Entwicklung wiederholt stößt: Aus Angst vor Widerstand und um ihr politisches Reformprogramm nicht zu gefährden, verweigerten die staatlichen Amtsträger der Kirche häufig ihre volle Unterstützung.[92] Doch diese mangelnde Förderung der Staatskirche hatte ihre Hauptursache nicht in einer bewussten Prioritätsentscheidung ‚Staatsbildung vor Konfessionsbildung', sondern war bestimmt durch die Tatsache, dass der englische Staat in Irland letztlich keine ausreichende Machtbasis hatte. Es gelang deshalb auch nur eingeschränkt, der politisch-rechtlichen Reformation Heinrichs VIII. Geltung zu verschaffen.

Eine der spürbarsten Folgen der Reformation Heinrichs VIII. in Irland war die Auflösung der Klöster. Zunächst wurden zwar nur dreizehn Klöster aufgelöst, wobei die meisten von ihnen nur noch wenige Insassen hatten. Im Jahr 1539 begann jedoch eine Kampagne zur allgemeinen Klosterauflösung. Allerdings konnte diese Maßnahme auf Grund des eingeschränkten Durchsetzungsvermögens der Dubliner Regierung nicht in ganz Irland umgesetzt werden. In der Pale wurde erwartungsgemäß die Auflösung der Klöster am gründlichsten betrieben. Hiervon profitierten zwar auch viele loyale Anglo-Iren, doch waren es die neuenglischen Amtsträger, die sich den größeren Anteil am aufgelösten Klosterbesitz sicherten. In den anglo-irischen Gebieten außerhalb der Pale hing der Erfolg stark von der Mithilfe der lokalen Adelsfamilien ab, die eine entsprechende Beteiligung am ‚Gewinn' erwarteten.[93] Auch in den anglo-irischen Städten wurde die Auflösung nicht mit letzter Konsequenz betrieben, so dass beispielsweise in Galway und Limerick alle Klöster bestehen blieben. Insgesamt erregte die Auflösung der Klöster kaum Widerstand im anglo-irischen Irland. Das gälische Irland, vor allem Connacht und Ulster, blieb davon völlig unberührt.[94]

---

[91] Vgl. PARKER, Success, S. 57. Die englische Staatskirche ist ein Beispiel dafür. (Vgl. MARSHALL, Catholic Priesthood). Auch das Beispiel Norwegen, eine mit Irland vergleichbare *dependency* des dänischen Königreiches, wo die Reformation aber letztlich durchgesetzt wurde, lässt sich hier anführen. (Vgl. GRELL, Catholic Church, S. 99; LYBY, GRELL, Consolidation, S. 123–124; SCHWARZ LAUSTEN, Early Reformation, S. 33).

[92] Vgl. MURRAY, Ecclesiastical Justice, S. 48.

[93] So unterstützte z.B. die Gentry in County Kildare nach der Kildare-Rebellion die Auflösung der Klöster und profitierte davon auch entsprechend. (Vgl. LYONS, County Kildare, S. 146–181).

[94] Vgl. BRADSHAW, Reformation, S. 454–456; HAYES-MCCOY, Royal Supremacy, S. 63; LENNON, Sixteenth-Century Ireland, S. 139–143. Umfassend behandelt wird die Auflösung der Klöster in Irland in dem Buch von BRADSHAW, Dissolution.

Diese Geographie der Klosterauflösungen zeigt die Grenzen des Wirkungsbereichs der Dubliner Regierung in der ersten Hälfte des 16. Jahrhunderts und macht damit auch klar, dass das Hauptproblem der Regierung bei der Durchsetzung jeglicher Reformen ihre weitgehende politische Machtlosigkeit außerhalb der Pale war. Infolgedessen blieben vor allem die Bettelorden im gälischen Irland bestehen – ein für die zukünftige religiöse Entwicklung keinesfalls zu unterschätzender Faktor.

Ähnlich wie mit den Klosterauflösungen verhielt es sich mit der Besetzung der Bischofsstühle. Während in den anglo-irischen Gebieten die englische Krone schon seit dem Mittelalter die Bischöfe nominiert hatte, die dann nur noch vom Papst bestätigt wurden, nahm im gälischen Irland der Papst die Besetzungen in alleiniger Zuständigkeit, aber durchaus unter Berücksichtigung der Wünsche der lokalen Lords, vor.[95] Durch die Trennung von Rom hatte sich die Situation grundlegend geändert. Der englische König beanspruchte nun, alle Bischöfe der theoretisch ganz Irland umfassenden irischen Staatskirche zu ernennen, wogegen der Papst die vom englischen König ernannten Bischöfe natürlich nicht mehr anerkannte und die Bischofsstühle mit eigenen Kandidaten besetzte. Ob sich der vom Papst oder der vom König nominierte Bischof durchsetzte, hing im Wesentlichen davon ab, ob die Diözese im gälischen oder anglo-irischen Gebiet lag. Auch unter diesem Aspekt nahm der Einfluss der Staatskirche außerhalb der Pale mit zunehmender Entfernung von Dublin konstant ab. Die Durchsetzung der politisch-rechtlichen Reformation durch vom König ernannte Bischöfe blieb daher auf ein begrenztes Gebiet beschränkt.

Im Zuge der *surrender-and-regrant*-Verhandlungen der frühen 1540er Jahre versuchte St. Leger auch auf kirchlicher Ebene ein konziliantes Klima herzustellen, das den Interessen der Church of Ireland entgegenkam. Um den päpstlichen Einfluss auf das gälische Irland zurückzudrängen, war er bereit, sowohl lokale Patronatsrechte als auch Wunschkandidaten der gälischen Lords für Bischofsstühle anzuerkennen und als Amtsinhaber der Staatskirche einzusetzen.[96] Doch wie auf politischer Ebene konnte seine Politik auch hier nicht langfristig wirksam werden, und die Bischofsstühle in Irland wurden zunehmend doppelt besetzt. „Thus began what ultimately developed into the parallel systems of an illegal catholic episcopate and a legal reformed one."[97]

---

[95] Siehe oben A.III.2.

[96] Vgl. LENNON, Sixteenth-Century Ireland, S. 160.

[97] HAYES-McCOY, Royal Supremacy, S. 62; vgl. BOTTIGHEIMER, Geschichte Irlands, S. 64–65.

c) Religiöse Entwicklung unter Edward VI.: Zögernder Versuch reformatorischer Durchdringung[98]

Auf dem Gebiet von Kirche und Konfession versuchte die Regierung Edwards VI. nach den rechtlichen Veränderungen unter Heinrich VIII. erstmals eine protestantische Reformation in Irland durchzusetzen. Problematisch war dieser Versuch allein deshalb, weil die englische Regierung in diesem Fall kein irisches Parlament einberief, um die konfessionelle Neuregelung sanktionieren zu lassen.[99] Die Gründe für diesen Schritt sind nicht bekannt, möglicherweise war man sich jedoch der Schwierigkeiten bewusst, auf die die Einführung der unbekannten protestantischen Reformation im irischen Parlament stoßen konnte. Die Abschaffung der Messe und die Einführung des englischen *First Book of Common Prayer* erfolgten im Jahr 1549 nur auf dem Verordnungswege.[100]

Die oben genannten Bischöfe Browne und Staples begannen, protestantisch zu predigen und den Gottesdienst nach dem *First Book of Common Prayer* in englischer Sprache abzuhalten. Staples rief jedoch, sobald er seine protestantische Überzeugung in Meath etwas entschiedener formulierte, innerhalb der Gentry seiner Diözese negative Reaktionen hervor.[101]

---

[98] „The mid-Tudor period constitutes something of a dark age in the history of sixteenth century Ireland because of the exiguousness of the surviving source materials." (BRADSHAW, Reformation, S. 456).

[99] Vgl. BRADSHAW, Edwardian Reformation, S. 85; HAYES-McCOY, Conciliation, S. 74.

[100] Vgl. Instructions given to the Lord Deputy [St. Leger] by Edward VI, 6. Feb. 1551, in: Irish History, hg. v. MAXWELL, S. 129–130; vgl. auch ELLIS, Parliament, S. 57–58.

[101] In einem Brief an den Sekretär des Lord Deputy Sir Edward Bellingham von 1548 beschrieb Staples Reaktionen auf seine Aktivitäten zur Durchsetzung des Protestantismus in Irland: „One gentlewoman to whom I did christen a man-child which beareth my name, came in great counsel to a friend of mine desiring how she might find means to change her child's name. And he asked her why? And she said, because I would not have him bear the name of an heretic. A gentleman dwelling nigh unto me forbade his wife, which would have sent her child to be confirmed by me, so to do, saying, his child should not be confirmed by him that denied the Sacrament of the Altar. A friend of mine rehearsing at the market that I would preach this next Sunday at the Navan, divers answered they would not come thereat, lest they should learn to be heretics. ... A beneficed man of mine own promotion came unto me weeping, and desired me that he might declare his mind unto me without my displeasure. I said, I was well content. My Lord, said he, before ye went last to Dublin ye were the best beloved man in your diocese that ever came in it, and now ye are the worst beloved that ever came here. I asked why? Why, saith he, for ye have taken open part with the State that false heretic, and preached against the Sacrament of the Altar, and deny saints, and will make us worse than Jews. Where if the country wist how, they would eat you, and besought me to take heed of myself for he feared more than he durst tell me. He said, ye have more curses than ye have hairs of your head ..." (Letter of Edward Staples, the

Insgesamt drang der protestantische Glaube aber kaum bis zu den niederen Klerikern und ihren Gemeinden vor, so dass auch keine liturgischen Veränderungen vorgenommen wurden. Hinzu kam, dass die Regierung auch auf institutioneller Ebene vorsichtig war und die in England unter Edward VI. vorgenommenen Auflösungen von religiösen Stiftungen (*chantries*) und religiösen Gilden bzw. Bruderschaften (*confraternities*) in Irland nicht durchgeführt wurden.[102] So war Irland zum Zeitpunkt der Abberufung Bellinghams 1549 von der protestantischen Reformation Edwards VI. im Wesentlichen unberührt.

St. Leger suchte dies in seiner kurzen zweiten Amtszeit zu ändern. Er ordnete 1551 an, dass die Gottesdienste nach reformiertem Ritus abzuhalten seien und schrieb das *First Book of Common Prayer* für die englischsprachigen Gebiete vor. Dies macht erneut den ‚Radius‘ der englischen Regierungstätigkeit in Irland deutlich: Außerhalb dieser Gebiete konnte die englische Krone ihre Maßnahmen nicht propagieren, geschweige denn durchsetzen. St. Leger brachte auch die Druckerpresse nach Irland, mit der zuerst das englische *Prayer Book* gedruckt wurde. Außerdem wollte er das *Book of Common Prayer* in die irische Sprache übersetzen lassen, um die protestantischen Glaubensgrundsätze dem gälischen Irland zugänglich zu machen. Diese Übersetzung kam jedoch erst viel später zu Stande.[103] Zusätzlich gelang es St. Leger, die Erlaubnis für die Veröffentlichung einer lateinischen Version des *Gebetbuchs* zu erhalten. Mit dem lateinischen *Prayer Book* sollte offenbar der Unterschied zwischen der alten katholischen Messe und dem neuen protestantischen Gottesdienst verbrämt werden. Im Vergleich zum übrigen Europa, wo der Protestantismus überall bewusst auf die Volkssprachen zurückgriff, um seine Lehre zu verbreiten, war dies eine außergewöhnliche Maßnahme.[104] Doch es gibt Hinweise in den Quellen, dass so durchaus der neuen Konfession der Weg geebnet werden konnte.[105] Außerdem favorisierte St. Leger weiterhin einheimische Kleriker bei Neubesetzungen von geistlichen Ämtern, auch bei Bischofsstühlen.[106] Sein Nachfolger, Lord Deputy Croft, forderte dagegen, die Kirchenämter in Irland mit überzeugten englischen Protestanten zu besetzen.

Bishop of Meath, to the Secretary of Sir Edward Bellingham, Lord Deputy, Dez. 1548, in: Irish History, hg. v. MAXWELL, S. 152–153; vgl. BRADSHAW, Edwardian Reformation, S. 84–85).

[102] Vgl. LENNON, Sixteenth-Century Ireland, S. 166; LENNON, Survival, S. 6.

[103] Siehe unten B.II.1.a. Über die Bedeutung von Sprache und Druckerzeugnissen für die protestantische und die katholische Reform in Irland siehe unten C.I.2.c.

[104] Vgl. BRADSHAW, Edwardian Reformation, S. 89–90; LENNON, Sixteenth-Century Ireland, S. 168; ROBINSON-HAMMERSTEIN, Erzbischof, S. 30.

[105] St. Leger berichtete aus Limerick, dass das lateinische *Prayer Book* dort wohlwollend aufgenommen wurde. (Vgl. JEFFERIES, Irish Parliament, S. 134).

[106] Vgl. LENNON, Sixteenth-Century Ireland, S. 168.

Im Gegensatz zu St. Legers Strategie der „nativization"[107] strebte er eine
Anglisierung der Kirchenhierarchie an.[108]

In den Reihen der Bischöfe gab es viel nominelle Konformität und In-
differenz, aber auch Missfallen.[109] Beispiele für seltene Entschiedenheit auf
beiden Seiten waren der 1543 von Heinrich VIII. eingesetzte Erzbischof
von Armagh, der Anglo-Ire George Dowdall, und der 1553 ernannte Bischof von Ossory, der Engländer John Bale. Erzbischof Dowdall, der den
königlichen Supremat Heinrichs VIII. unterstützt hatte, ging 1551 ins Exil,
weil er die Abschaffung der Messe und das *Prayer Book* nicht akzeptierte.[110] Der Engländer Bale versuchte in seiner Diözese, das betont protestantische *Second Book of Common Prayer* von 1552 einzuführen, das in
Irland weder bekannt noch durch Verordnung oder Parlamentsakte vorgeschrieben war.[111] Obwohl Steven Ellis nachgewiesen hat, dass es Bale gelang, einigen jungen Leuten in Kilkenny den Protestantismus näher zu bringen,[112] sah er sich insgesamt – auch von Seiten der niederen Geistlichkeit –
großem Widerstand gegenüber.[113]

d) Zeitweilige Rückkehr zum Katholizismus unter Mary Tudor

Als die katholische Königin Mary Tudor den englischen Thron bestieg,
war – nach Angaben des protestantischen Bischofs John Bale – die Freude
über die Rückkehr zum alten Glauben vor allem unter den Klerikern groß.
Bale berichtete aus Kilkenny: „... the clergie of Kylkennie ... blasphemously
resumed agayne the whole papisme / or heape of supersticions of the bishop of Rome / to the utter contempte of Christe and his holye wurde / of the

---

[107] BRADSHAW, Reformation, S. 458.
[108] Vgl. Sir James Croft to Sir William Cecil, 15. März 1551 [1552], in: Original
Letters, hg. v. SHIRLEY, S. 63; vgl. auch BRADSHAW, Edwardian Reformation, S. 89,
91; HAYES-MCCOY, Conciliation, S. 74; LENNON, Sixteenth-Century Ireland, S. 170.
[109] Vgl. BRADSHAW, Edwardian Reformation, S. 91.
[110] Dowdall entschloss sich zu diesem Schritt, nachdem er im Rahmen einer Disputation gegen protestantische Kleriker vergeblich für die Aufrechterhaltung der Messe
gekämpft hatte. (Vgl. Irish History, hg. v. MAXWELL, S. 130–131; vgl. auch LENNON,
Sixteenth-Century Ireland, S. 170).
[111] Bezeichnenderweise wehrte sich Thomas Lockwood, Dean of Ossory, gegen die
Konsekration Bales nach dem neuesten englischen Ordinale mit folgender Begründung:
„Thomas Lockwode ... the deane of the cathedrall churche there / desired the lord
chauncellor very instantly / that he wolde in no wise permyt that observacion to be
done after that boke of consecratinge bishoppes / which was last set fourth in Englande
by acte pf parlement / alleginge that it wolde be both an occasion of tumulte / and also
that it was not as yet consented to by acte of their parlement in Irelande." (BALE, Vocacyon, S. 52).
[112] Vgl. BALE, Vocacyon, S. 59; ELLIS, John Bale.
[113] Vgl. dazu vor allem seinen eigenen Bericht der Vorgänge in: BALE, Vocacyon,
S. 55–56.

kinge and counsell of Englande / and of all Ecclesiasticall and politike ordre / without eyther statute or yet proclamacion. They ronge all the belles in the cathedrall minstre and parrish churches / they flonge up their cappes to the battlement of the great temple / with smylinges and laughinges most dissolutely / the justice himselfe beinge therwith offended. They brought fourth their coopes / candelstickes / holy waterstocke / crosse and sensers. They mustered fourth in generall procession most gorgiously / all the towne over with Sancta Maria ora pro nobis / & the reest of the latine Letanie."[114]

Im Gegensatz zur Einführung der protestantischen Reformation unter Edward VI. wurde unter Mary Tudor 1557 ein Parlament einberufen, um den Konfessionswechsel der irischen Kirche zu bestätigen. Dabei wurde die Versöhnung mit Rom erklärt, das Parlament verweigerte jedoch – genauso wie in England – die Rückgabe des Besitzes aufgelöster Klöster.[115] Die Veränderungen im Dogma und die Abschaffung der Messe unter Edward VI. wurden rückgängig gemacht. Mary entließ die wenigen protestantischen Bischöfe, die inzwischen geheiratet hatten.[116] Abgesehen von diesen Maßnahmen kam es jedoch nicht zu grundlegenden Veränderungen. Genauso wenig wie in England hatte das Konzil von Trient, das gerade in vollem Gange war, Auswirkungen auf den irischen Katholizismus, weder auf der Ebene der Hierarchie noch im Volk. Der mittelalterliche, vorkonfessionelle Katholizismus blieb die Religion der gälischen und anglo-irischen Bevölkerung. Diese *traditional religion* und der Zustand der Kirche in Irland erschienen auch der marianischen Regierung reformbedürftig. Das Schreiben des Vizekönigs Lord Fitzwalter, des späteren Earl of Sussex, von 1556 an die Königin liest sich ähnlich wie die von Protestanten geübte Kritik: Die Kirchen seien auf Grund der Vernachlässigung durch ihre Pfarrer „lyke stabells for horses, and herd-howses for cattell, then holly places to mynyst[e]r w[ith] due reverence the moste blyssed Sacraments yn; ... whiche ungodlynes amongst crysten men, it maye plese yo[u]r Ma-[jes]tie ... to see abolyshed and the disorder reformed".[117] Um diese Reform voranzutreiben, empfahl der Lord Deputy, ähnlich wie bereits Chief Governor Croft unter Edward VI., dass „Pryests and mynysters must be sent owt of Ingland and well chosen, who maye as well instructe the pepell

---

[114] Ebd., S. 62.
[115] Die Klöster, die in Irland überlebten, verdankten das also nicht einer Wiederherstellung durch Mary Tudor, sondern der Tatsache, dass ihre Auflösung am Ende der Regierungszeit Edwards noch nicht durchgeführt worden war.
[116] Vgl. BOTTIGHEIMER, Geschichte Irlands, S. 70; HAYES-MCCOY, Conciliation, S. 75–76.
[117] Articles for the re-establishment of the Roman Catholic Religion, with the opinion of the Lord Fitzwalter, Lord Deputy, 1556, in: Original Letters, hg. v. SHIRLEY, S. 76–77, hier S. 77.

yn the Catholyk faythe, as also see ther churches so kept and adorn-
ed ..."[118]

Insgesamt ist festzuhalten, dass das religiöse Selbstverständnis der Bevölkerungsgruppen Irlands vom konfessionellen Wechselspiel der *mid-Tudor-*
Periode nicht nachhaltig berührt wurde. Die politisch-rechtliche Reformation Heinrichs VIII. war für die Laien der Pale durchaus akzeptabel, wenn
es auch Proteste von Seiten der Dubliner Kleriker gab. In Irland kam es jedoch nicht zu Widerstand gegen die Klosterauflösungen und auch nicht zu
einer allgemeinen Rebellion gegen die Neuerungen Heinrichs VIII., wie
dies im Norden Englands in der Pilgrimage of Grace von 1536/37 der Fall
war.[119] Die Regierungszeit Edwards machte die Verbundenheit der Bevölkerung mit dem mittelalterlichen Katholizismus deutlich. Dies wird allerdings von der neueren Forschung auch für England betont.[120]
    Trotzdem gab es einige entscheidende Unterschiede zwischen der Ent-
wicklung Irlands und Englands in den Regierungszeiten Edwards VI. und
Marys. In England war die Regierungszeit Edwards ein wichtiger Wendepunkt, weil die politische und intellektuelle Elite des Landes zu einem be-
achtlichen Teil zum Protestantismus bekehrt wurde und weil die neue
Konfession in Südengland und vor allem in London entscheidende Fortschritte machte. So wurden wesentliche Bevölkerungsgruppen und Lan-
desteile für die protestantische Konfession gewonnen, was sich prägend auf
den weiteren Verlauf der englischen Reformationsgeschichte auswirkte.[121]
In Irland war das nicht der Fall. Die neue Konfession machte kaum Fortschritte – weder in Dublin oder anderen Städten noch innerhalb der anglo-
irischen Bevölkerungsgruppe. Trotzdem darf diese Entwicklung nicht als
endgültige Entscheidung gegen die protestantische Reformation in Irland
angesehen werden. Auch in England, vor allem im Norden des Landes,
konnte der Protestantismus bis weit in die Regierungszeit Elisabeths hinein
nur mühsam durchgesetzt werden.[122]
    Die Voraussetzungen für die Annahme der protestantischen Reforma-
tion waren allerdings auch unter anderen Gesichtspunkten in Irland weniger günstig als in England. Irland hatte keine mittelalterliche ,häretische
Tradition', wie sie die Bewegung der Lollarden seit dem 14. Jahrhundert
für England darstellte.[123] Außerdem gab es in Irland keine Kontakte mit

---

[118] Ebd., S. 76.
[119] Vgl. SMITH, Emergence, S. 30, 61.
[120] Vgl. vor allem DUFFY, Stripping of the Altars, S. 448–477; DUFFY, Morebath,
S. 30–33; HAIGH, English Reformations, S. 168–183.
[121] Vgl. DICKENS, Early Expansion.
[122] Vgl. BOTTIGHEIMER, Geschichte Irlands, S. 69.
[123] Vgl. ELLIS, Kildare Rebellion, S. 808; FORD, Protestant Reformation in Ireland,
S. 51; HAYES-MCCOY, Royal Supremacy, S. 54–55.

dem kontinentalen Protestantismus. Zwar hätten gerade die anglo-irischen Hafenstädte auf diesem Wege von der Reformation beeinflusst werden können. Dies war jedoch nicht der Fall; vielmehr wurden sie in der zweiten Hälfte des Jahrhunderts zu Einfallstoren für den tridentinischen Katholizismus.[124] Für eine ‚Reformation von unten‘, wie sie auf dem Kontinent zu beobachten war und in England zumindest ansatzweise stattfand, bestanden in Irland keine Aussichten. Diese Unterschiede zur englischen Situation schlossen jedoch die allmähliche Durchsetzung einer protestantischen Staatskirche ‚von oben‘ nicht aus.[125]

Die Regierungszeit Marys stellte, aufbauend auf den Entwicklungen unter Edward, in Irland und England sehr unterschiedliche Weichen für die Wiedereinführung des Protestantismus unter Elisabeth. In England wehrte sich ein teilweise bereits bewusst protestantisches Volk gegen die Rekatholisierungspolitik der Königin, die mit – für englische Verhältnisse – harter Verfolgung und Bestrafung antwortete.[126] In den berühmten Feuern von Smithfield und Oxford starben zahlreiche Protestanten, die unter Elisabeth dann als Märtyrer für ihren Glauben verehrt wurden und viel zur Entwicklung des englischen Selbstverständnisses als *Protestant nation* beitrugen.[127] Dadurch, dass in Irland unter Edward kaum Menschen zum Protestantismus bekehrt worden waren, gab es dort keine Protestantenverfolgungen und folglich auch keine Märtyrer, die die Identitäten hätten beeinflussen können.[128] Zudem gab es auch kein irisches Pendant zu den marianischen Exulanten, überzeugten englischen Protestanten, die in der Regierungszeit Marys auf den Kontinent flohen und unter Elisabeth nach England zurückkehrten.[129]

---

[124] Vgl. BRADSHAW, Reformation, S. 448.

[125] Bradshaw bringt die Situation am Ende der Regierungszeit Edwards VI. auf den Punkt: „If the Protestant reformation under Edward VI was quite clearly unpopular on all sides in Ireland, the royal supremacy was not. In any event immediate unpopularity did not mean ultimate rejection. For the moment anything short of outright rejection of the religious changes ... could be regarded as a potential victory. It held out the possibility that the state, by bending all its resources of persuasion and education to the task, could in time create a favourable climate of opinion towards the religious changes." (BRADSHAW, Edwardian Reformation, S. 96).

[126] Gemessen an kontinentaleuropäischen Maßstäben war die Zahl der Protestanten, die unter Mary Tudor für ihren Glauben starben, klein. Mary war jedoch in England ein Einzelfall. Kein anderer englischer König ließ konfessionelle Verfolgungen dieser Art vornehmen. (Vgl. SMITH, Emergence, S. 80).

[127] In dem so genannten *Book of Martyrs*, eigentlich *Acts and Monuments*, von John Foxe wurden die Protestantenverfolgungen unter Mary als Martyrien dargestellt. (Vgl. HALLER, Elect Nation).

[128] Vgl. HAYES-MCCOY, Conciliation, S. 76.

[129] Vgl. SUTHERLAND, Marian Exiles.

II. Der ‚Vorlauf': Konfessionelles Vakuum und forcierte Staatsbildung – 1560–1580

1. Kirchlich-religiöse Entwicklung

a) Annahme und Durchsetzung des Elizabethan settlement

Mit dem Regierungsantritt Elisabeths I. 1558 kehrte England zum protestantischen Glauben zurück. Nachdem die Änderung 1559 in England vom Parlament angenommen worden war, bestätigte 1560 auch das irische Parlament die Rückkehr zum Protestantismus, stellte im *Act of Supremacy* die königliche Suprematie über die Staatskirche wieder her und beschloss die Durchsetzung eines Suprematseides für weltliche und kirchliche Amtsinhaber. Im irischen *Act of Uniformity* wurde der Gebrauch des eindeutig protestantischen *Second Book of Common Prayer* Edwards VI. von 1552 mit geringfügigen Änderungen angeordnet und die Abwesenheit vom Gottesdienst der Church of Ireland, die so genannte *recusancy*, mit einer Geldstrafe belegt.[1] Zudem wurde den nicht englisch-sprechenden Klerikern ausdrücklich erlaubt, den Gottesdienst in lateinischer Sprache abzuhalten, wobei die Schwierigkeiten erwähnt wurden, ein gälisches *Prayer Book* drucken zu lassen.[2] Ähnlich wie bei St. Legers lateinischem *Gebetbuch*[3]

---

[1] Vgl. The Act of Supremacy, 1560, und The Act of Uniformity, 1560, in: Irish Historical Documents, hg. v. Curtis u. McDowell, S. 121–125; vgl. Lennon, Sixteenth-Century Ireland, S. 307.

[2] „And foreasmuch as in most places of this realm, there cannot be found English ministers to serve in the churches or places appointed for common prayer or to minister the sacraments to the people, and that if some good mean were provided, that they might use the prayer, service and administration of sacraments set out and established by this act in such language as they might best understand, the due honour of God should be thereby much advanced, and for that also that the same may not be in their native language, as well as for the difficulty to get it printed, as that few in the whole realm can read the Irish letters ... [be it enacted] that in every such church or place, where the common minister or priest hath not the use or knowledge of the English tongue, it shall be lawful for the same common minister or priest to say and use the matins, evensong, celebration of the Lord's supper and administration of each of the sacraments, and all their common and open prayer in the Latin tongue, in such order and form as they be mentioned and set forth in the said book established by this act ...“ (The Act of Uniformity, 1560, in: Irish Historical Documents, hg. v. Curtis u. McDowell, S. 123–125, hier S. 125). – Jefferies sieht in diesem Passus, vor allem in dem Verweis auf die Schwierigkeiten mit dem Druck und in dem Hinweis auf die wenigen, die ein gälisches *Prayer Book* lesen könnten, eine generelle Abneigung gegen die Übersetzung des *Prayer Book*. Er nimmt an, der Passus sei durch das Parlament, nicht die Regierung, eingefügt worden und verkörpere damit die Haltung der loyalen Anglo-Iren der Pale: „The clear antipathy towards a vernacular Irish liturgy evident in the

könnte auch jetzt das Ziel im Vordergrund gestanden haben, den neuen protestantischen Gottesdienst nicht zu deutlich von der lateinischen Messe abzuheben.

Mit den genannten Parlamentsgesetzen wurde die gesamte irische Kirche zur protestantischen Church of Irland erklärt. Elisabeth wollte, wie ihre Geschwister und ihr Vater vor ihr, das *cuius-regio-eius-religio*-Prinzip, das in vielen europäischen Ländern die Konfessionszugehörigkeit der Untertanen bestimmte, nicht nur in England, sondern auch in ihrem zweiten Königreich Irland durchsetzen. Sie tat dies jedoch – im Gegensatz zu Edward VI. und in deutlichem Anklang an die politisch-rechtliche Reformation Heinrichs VIII. – nicht per Verordnung, sondern indem sie ein Parlament einberief und sich damit grundsätzlich zum traditionellen Recht des Parlamentes auf Mitsprache und insbesondere zur notwendigen Zustimmung der Vertreter des ‚Landes‘ zu den konfessionellen Angelegenheiten bekannte.

Allerdings sind die Umstände, unter denen das irische Parlament der Reformationsgesetzgebung Elisabeths I. zustimmte und die Frage, inwieweit es dies freiwillig tat, in der Forschung umstritten.[4] Die ältere Forschung ging davon aus, dass die Reformationsgesetzgebung 1560 auf Widerstand im irischen Parlament stieß und es bei dem Beschluss der Parlamentsakten nicht mit rechten Dingen zuging.[5] In der neueren Forschung hat sich dagegen die Meinung durchgesetzt, dass „the ecclesiastical legislation encountered much less opposition than is generally believed" und „contemporary information, in the form of letters from the Spanish ambassador to Elizabeth ..., establishes beyond doubt that the Irish parliament had indeed enacted the reformation statutes".[6] Die Quellenaussagen über den Widerstand gegen die Reformationsgesetzgebung, auf die sich die älteren Historiker gestützt haben, stellen eine Rückprojektion der anglo-irischen Eliten aus dem späten 16. und frühen 17. Jahrhundert dar, als diese mehrheitlich bereits tridentinisch formierte Katholiken geworden waren.[7] Es ist also davon auszugehen, dass die loyalen Anglo-Iren, die weiterhin die Parla-

---

Irish act appears to reflect Anglo-Irish, rather than government, prejudice." (JEFFERIES, Irish Parliament, S. 133; siehe auch unten C.I.2.c und C.III.1.a).

[3] Siehe oben B.I.2.c bezüglich St. Legers lateinischem *Prayer Book*.

[4] Das grundsätzliche Problem am Parlament von 1560 ist die mangelhafte Quellenbasis. (Vgl. ROBINSON-HAMMERSTEIN, Erzbischof, S. 43).

[5] Vgl. EDWARDS, Church and State, 170–191; BRADSHAW, Beginnings, S. 80–81.

[6] JEFFERIES, Irish Parliament, S. 129, 132.

[7] Edwards und Bradshaw halten sich an eine Behauptung einer im Jahr 1613 an den Hof James I. gesandten altenglischen Delegation, deren Aussagen aber als ‚Rückprojektion‘ anzusehen sind. (Vgl. JEFFERIES, Irish Parliament, S. 136; LENNON, Sixteenth-Century Ireland, S. 307; ROBINSON-HAMMERSTEIN, Erzbischof, S. 44; siehe auch unten B.IV.2.b).

mentsmehrheit stellten, im Jahr 1560 den Anspruch ihrer Königin, das *cuius-regio-eius-religio*-Prinzip durchzusetzen, akzeptierten. Nach Jefferies hat es im Parlament von 1560 auch keinen entschiedenen Widerstand der Bischöfe gegen das *Elizabethan settlement* gegeben.[8]

Die Anfangsphase der elisabethanischen Staatskirche ist geprägt durch eine große personelle Kontinuität. Vizekönig Sussex, der 1557 unter Queen Mary das Parlament einberufen hatte, das den Katholizismus wieder einführte, berief 1560 auch das Reformationsparlament Elisabeths ein. Die meisten Bischöfe blieben im Amt, und auf der Ebene des niederen Klerus fanden überhaupt keine personellen Veränderungen statt.[9] Langfristig sollte sich dies zum Nachteil der Church of Ireland auswirken, diese Entwicklung war jedoch keineswegs vorherbestimmt. Das Beispiel einer anderen europäischen Peripherie, nämlich die erfolgreiche Durchsetzung der protestantischen Reformation in dem von Dänemark abhängigen Norwegen, zeigt, dass sich Kontinuität bei den Bischöfen und im niederen Klerus durchaus positiv auf den langfristigen Erfolg der Reformation auswirken konnte.[10]

Das primäre Problem der Church of Ireland bestand aber erneut – wie bereits unter Heinrich VIII. und Edward VI. – in dem Gegensatz zwischen ihrem Anspruch, eine ganz Irland umfassende Staatskirche zu sein, und der politischen Wirklichkeit, die die Durchsetzung dieses Monopols im Wesentlichen nur in der Pale realistisch erscheinen ließ. In den Gebieten der gälischen und anglo-irischen Lords, die weiterhin eher unabhängigen ‚Landesherren' als der Krone untergeordneten Adeligen glichen, waren die Aussichten der Staatskirche, sich zu etablieren, von Anfang an gering. Auf die Gebiete der gälischen Lords im Norden und Westen des Landes hatten der Staat und die Church of Ireland so gut wie keinen Einfluss,[11] so dass hier die mittelalterliche Kirche mit allen ihren Institutionen bestehen blieb.[12] Auch in den Herrschaftsgebieten der anglo-irischen Lords waren Staat und Staatskirche auf den Reformwillen des jeweiligen Adeligen an-

---

[8] Vgl. JEFFERIES, Irish Parliament, S. 136.

[9] Zu den Klerikern als Multiplikatoren siehe unten C.II.2.a.

[10] Vgl. GRELL, Catholic Church, S. 99.

[11] Dies wird auch daran deutlich, dass Lord Deputy Sidney 1576 in einem Bericht an die Königin die religiöse Situation außerhalb der Pale nur vom Hörensagen kannte: „... so prophane and heathenish are some parts of this your country become, as it hath been preached publicly before me that the sacrament of Baptism is not used among them, and truly I believe it." (Sir H. Sydney to the Queen, 28. April 1576, in: State Papers, hg. v. BRADY, S. 14–19, hier S. 16). Der Earl of Thomond war der einzige gälische Lord, der dann Ende des 16., Anfang des 17. Jahrhunderts die Church of Ireland unterstützte. (Vgl. FORD, Protestant Reformation in Ireland, 1590–1641, S. 29).

[12] Vgl. z.B. Edward White, the Earl of Clanryard's clerk, to the Lord Deputy, Anlage zu: Lord Deputy to Burghley, 7. Dez. 1572, in: CSPI 1509–1573, S. 490.

gewiesen.[13] Aidan Clarke hat Irland dementsprechend in „three ecclesiastical zones" eingeteilt: „one in which religious reform could not be enforced in any respect; one in which the Act of Supremacy could be said to operate, but not the Act of Uniformity; and one in which the adequacy of state authority seemed to make it feasible to implement both."[14]

Auf Grund der mangelnden Zugriffsmöglichkeiten der Regierung auf die gälischen und anglo-irischen Lordships konzentrierte sie ihre Maßnahmen zur Durchsetzung des *Elizabethan settlement* auf die Pale und die anglo-irischen Städte. Aus der Sicht der mittelalterlichen Vorgeschichte Irlands waren die Eliten der Pale und der anglo-irischen Städte doppelt prädestiniert, als ‚Vorhut‘ des Protestantismus zu fungieren: Sie waren traditionell loyal zur Krone, und sie beherrschten die in Irland so dünn gesäten Städte, die überall in Europa Ausgangspunkte und Zentren der neuen Lehre waren. Folglich sollten die Pale und die anglo-irischen Städte nicht nur als politische, sondern auch als konfessionelle Zentren dienen, die allmählich auf ganz Irland ausstrahlen würden. Mit diesen – sowohl angesichts der spezifisch irischen Situation als auch des europäischen Normalfalls der ‚ersten Reformation‘ – plausiblen Annahmen gingen die Reformer an den Aufbau der Staatskirche inter Anglicos.

Auch der Ritus und das Bekenntnis der Church of Ireland in dieser Periode schienen die Möglichkeit einer allmählichen und reibungslosen Durchsetzung der protestantischen Reformation zu eröffnen. Durch den *Act of Uniformity* wurde zwar das eindeutig protestantische *Prayer Book* eingeführt, mit der Beibehaltung der mittelalterlichen Messgewänder[15] und der Option auf die Gottesdienstsprache Latein aber wieder abgemildert. Theologisch-dogmatisch hielt sich die Church of Ireland in alle Richtungen so weit wie möglich offen, indem sie 1566 die so genannten *12 Artikel*, die auf den *11 Artikeln* des englischen Erzbischofs Parker beruhten, einführte, jedoch nicht die *39 Artikel* der englischen Staatskirche von 1562/71 übernahm.[16]

In der Pale und den anglo-irischen Städten waren in diesen Jahren einerseits *church-papistry* und *conformity* weit verbreitet, d.h., dass Priester sich der irischen Staatskirche anpassten, um ihre Ämter nicht zu verlieren, und dass Laien – wie vorgeschrieben – am Gottesdienst der Church of Ire-

---

[13] Vgl. ROBINSON-HAMMERSTEIN, Erzbischof, S. 52–53.
[14] CLARKE, Varieties of Uniformity, S. 110.
[15] Lennon meint, die Messgewänder seien nur in Irland – im Gegensatz zu England – beibehalten worden. (Vgl. LENNON, Sixteenth-Century Ireland, S. 307). Das ist nicht korrekt, denn diese Bestimmung war im englischen und irischen *Act of Uniformity* gleich, und sie löste in den 1560er Jahren in England eine Kontroverse (die *vestarian controversy*) aus. (Vgl. SMITH, Emergence, S. 111).
[16] Siehe dazu detailliert unten C.IV.1.a.

land teilnahmen, ohne vom protestantischen Glauben überzeugt zu sein. Andererseits wurden katholische Riten und Bräuche aber auch durch die heimlichen Aktivitäten von Mönchen aus aufgelösten Klöstern oder Priestern, die sich nicht in die Staatskirche integrieren wollten, aufrechterhalten. Diese Kleriker wurden oft von Laien geschützt und unterstützt.[17] Die Ambivalenz dieser vorkonfessionellen Situation, in der *survivalism* und *church-papistry* sowohl Vorläufer eines formierten Katholizismus als auch Wegbereiter einer Bekehrung zum protestantischen Glauben sein konnten, wird an den Aussagen zeitgenössischer Beobachter beider Konfessionen deutlich.

Die aus England stammenden Commissioners Wroth und Arnold[18] kamen im Jahr 1564 zu einer Einschätzung der religiösen Situation in Irland, die die hier vorgenommene Charakterisierung der 1560er Jahre als Phase des ‚konfessionellen Vakuums‘ und der vorkonfessionellen, mittelalterlichen Religiosität bestätigt. Aus ihrer protestantischen Sicht der Dinge beschrieben sie den ‚religiösen Zustand‘ Irlands folgendermaßen: „Concerning religion and the favorers of it, we ar sorie to saye what we fynde, blinde ignorance, the leadre to sup[er]stition, so set bie, as it is harde to p[er]swade willingnes to here the troth soberlie tawght, and yet ther aperith in this people feare to offend, wherfore they be not to be dispayred, but to be hoped of, ffor thoes we haue to do w[ith], we fynd confirmable to lawes ...“[19] Auch ihre Strategie zur Durchsetzung der Konformität mit der Staatskirche entsprach einer realistischen Einschätzung sowohl der Möglichkeiten des englischen Staates in Irland als auch der Probleme und Gefahren einer ‚Reformation von oben‘: „... we thought good that they [die königlichen Richter] meadle not w[ith] the simple multitude nowe at the first, but w[ith] one or two bosting masse men in every shire; – That it maye be sene that the ponishment of soch men is ment.“[20]

Daneben belegen die Aussagen des päpstlichen Legaten David Wolfe, der 1561 nach Irland kam, und die Berichte über die Tätigkeit des katholischen Erzbischofs von Armagh, Richard Creagh, die weit verbreitete *conformity* unter den Eliten der Pale und der anglo-irischen Städte in diesen Jahren. Wolfe berichtete in seiner Beschreibung Irlands von 1574, die Einwohner Dublins seien ‚quasi‘ alle Katholiken, aber sie nähmen zwangsweise an Abendmahl und Predigt der Staatskirche teil.[21] Aus den anderen

---

[17] Vgl. Bradshaw, Reformation, S. 462; Lennon, Counter-Reformation, S. 82–83.

[18] Zu Wroth und Arnold siehe auch unten C.II.1.b.

[19] Sir Thomas Wroth and Sir Nicholas Arnold, two of the Commissioners for Ecclesiastical Causes, to the Lords of the Privy Council, 16. März 1563 [1564], in: Original Letters, hg. v. Shirley, S. 139–141, hier S. 139–140.

[20] Ebd., S. 140.

[21] „Sonno quasi tutti catholici, et specialmente quelli che sonno nativi della città benche sforzati vanno alla communione, et prediche delli heretici.“ (Description of

anglo-irischen Städten teilte Wolfe mit: In Cork seien die Leute zwar gezwungen, den Predigten des protestantischen Bischofs beizuwohnen, dieser bekehre aber niemanden. In Limerick gäbe es sieben oder acht junge Leute, die sich zum Protestantismus bekehrt hätten, dasselbe gelte für ca. fünfzehn Bewohner Galways.[22] Von Richard Creagh wird berichtet, er habe während seiner Inhaftierung in Dublin Castle in den frühen 1570er Jahren viele Dubliner Bürger, „[who] did hold it for no offence to hear mass in the morning and afterwards go to church and hear the common prayer", ermahnt, dass „no man could serve two masters".[23]

Im Jahr 1580 zeichnete Marmaduke Middleton, der protestantische Bischof von Waterford und Lismore, ein Bild von Waterford, das das lebendige Weiterbestehen katholischer Bräuche unter den Bewohnern deutlich macht: Rosenkränze, Heiligenbilder, Glockenläuten und Totengebete, Kerzen auf den Gräbern – hier ist der mittelalterliche Katholizismus als „a set of ingrained observances"[24] zum Greifen nahe.[25]

Die Situation in der Pale und den anglo-irischen Städten, auf die sich die protestantischen Reformer in den ersten Jahren der Regierungszeit Elisabeths I. konzentrierten, war also geprägt von „a good deal of religious uncertainty, ... a large body of undecided church-papistry surrounded by small pockets of committed Catholicism and Protestantism"[26] und glich damit den Verhältnissen in den Peripherien Englands, z.B. im Norden des Landes. Die Krone hoffte, durch langsames, abwartendes Vorgehen den Protestantismus allmählich durchzusetzen, ohne dabei Widerstand oder eine Rebellion heraufzubeschwören.[27] In den ersten Dekaden der Regierungszeit Elisabeths waren diese Hoffnungen auch für Irland durchaus berechtigt. Im Einflussbereich der Dubliner Regierung nahm die Bevölkerung weitgehend am Gottesdienst der Staatskirche teil, *conformity* war vorhanden. Zum Protestantismus bekehrt wurden zwar vorerst nur wenige, es bestand jedoch die Aussicht, dass die Zeit für die Church of Ireland arbeiten

---

Ireland by Father David Wolfe, S.J., 1574, abgedruckt in: BEGLEY, Diocese of Limerick, S. 494–515, hier S. 503). Wolfe verfasste seinen Bericht nach seiner Flucht aus Irland in Lissabon.

[22] Vgl. ebd., S. 507, 509; vgl. auch LENNON, Sixteenth-Century Ireland, S. 312.

[23] So die Aussage eines katholischen Dubliner Ratsherren von ca. 1591, zitiert in: LENNON, Prisoner, S. 106; vgl. LENNON, Richard Creagh, S. 80.

[24] BOSSY, Character, S. 39.

[25] Vgl. Marmaduke Middleton, bishop of Waterford and Lismore, to Walsingham, 29. Juni 1580, in: State Papers, hg. v. BRADY, S. 39–42, hier S. 39–40; vgl. auch John Shearman, Schoolmaster, to the archbishop of Armagh, 12. Juli 1585, in: State Papers, hg. v. BRADY, S. 99; The Earl of Sussex, Lord Deputy, to Sir William Cecil, 22. Juli 1562, in: Original Letters, hg. v. SHIRLEY, S. 117–118, hier S. 117.

[26] BRADY, Conservative Subversives, S. 13.

[27] Vgl. LENNON, Counter-Reformation, S. 81; SMITH, Emergence, S. 145, 151, 153.

würde, vor allem wenn es der Staatskirche allmählich gelänge, ihren Anspruch auf das religiöse Monopol im irischen Königreich durchzusetzen.[28]
   Im Vergleich mit der Situation in anderen Herrschaftsgebieten der Tudors war die Ausgangssituation der Church of Ireland jedoch eindeutig
schlechter. Ein wichtiger Unterschied zu England und damit eine problematische Ausgangssituation für die Reformation in Irland lag allein darin,
dass es in England bereits ein vom Protestantismus durchdrungenes Gebiet
um die Hauptstadt London gab. Um vergleichbare Ausgangsbedingungen
wie in England zu haben, hätte die protestantische Konfession unter der
anglo-irischen Elite der Pale, im politischen Zentrum Irlands, bereits etabliert sein müssen, um auf die irischen Peripherien ausgreifen zu können.[29]
In England waren bereits unter Edward VI. die Eliten, vor allem im Süden
des Landes, für den Protestantismus gewonnen worden. Das hatte zur
Folge, dass es zu Beginn der Regierungszeit Elisabeths I. unter Klerikern
und Laien bereits überzeugte Protestanten gab, die sich um die weitere
Durchsetzung ihres Glaubens im Volk bemühten. „Ireland lacked the
complicated dialectic which existed in England between coercion and conviction, between the official attempts to impose the reformation, and the
efforts of small groups of Protestants to spread it through teaching and
preaching."[30]
   Doch die Möglichkeiten zum Ausgleich dieses Defizits waren relativ gering, denn die Church of Ireland sah sich auch praktischen Schwierigkeiten
gegenüber, die ihre Handlungsfähigkeit erheblich einschränkten.[31] In Irland
war seit dem Mittelalter, aber vor allem in der Pale nochmals deutlich verstärkt durch die Klosterauflösungen Heinrichs VIII., ein hoher Anteil der
Pfründen in den Händen von Laien (*lay impropriations, impropriated rectories*).[32] Damit lag das Patronat für die Pfarreien der Staatskirche nur in
sehr geringem Umfang bei den Bischöfen, und die Church of Ireland war in

---

[28] Vgl. CANNY, Why the Reformation Failed, S. 432–434.

[29] Diese Aussage steht im Gegensatz zur Auffassung Bradys, dass die Chancen zur
Durchsetzung des Protestantismus in Irland vergleichbar waren mit denen in anderen
englischen Peripherien. (Vgl. BRADY, Conservative Subversives, S. 13). Meines Erachtens müssen die beiden Inseln hier getrennt betrachtet werden, denn Irland war vom
englischen Zentrum London doch wesentlich weiter entfernt als die anderen englischen
Randgebiete. Entsprechend konnte nicht das protestantische Zentrum um London und
in Südengland nach Irland ausgreifen, sondern die Pale hätte als irisches Zentrum auf
die Randgebiete in Irland ausgreifen müssen.

[30] FORD, Protestant Reformation in Ireland, S. 51; vgl. ELLIS, Economic Problems,
S. 258.

[31] Mit dieser Frage der „practical difficulties", die zum Scheitern der Church of Ireland beitrugen, hat sich die irische Forschung am intensivsten auseinander gesetzt.
(Vgl. FORD, Protestant Reformation in Ireland, 1590–1641, hier S. 288; CLARKE, Varieties of Uniformity).

[32] Siehe dazu auch unten C.IV.1.a.

hohem Maße auf ihr positiv gegenüberstehende Laienpatrone angewiesen, während ihr bewusst negativ gegenüberstehende Patrone die Staatskirche entscheidend schwächen konnten. Dass sie sich wohlgesonnene Laien in der Zeit zwischen 1558 und 1580 nicht geschaffen hatte, beweisen die Klagen über die Nichtausübung des Patronats und den Verfall von Kirchen und Pfarrhäusern.[33]

Die ökonomischen Schwierigkeiten der Church of Ireland hatten unmittelbare Auswirkungen auf ihre personelle Situation. Steven Ellis hat detailliert nachgewiesen, dass die Pfarreien der Church of Ireland sogar im Vergleich mit der walisischen Kirche schlecht ausgestattet waren.[34] Es bestand ein unmittelbarer Zusammenhang zwischen den wirtschaftlichen Problemen und dem Phänomen des *survivalism*,[35] des Überlebens mittelalterlicher Religiosität. Lord Deputy Sidney berichtete 1576 aus der Diözese Meath, die die Pfarreien versorgenden Hilfsgeistlichen „live upon the bare alterages, as they term them (which God knoweth are very small) and were wont to live upon the gain of masses, dirges, shrivings and such like trumpery, godly abolished by your Majesty".[36] Die ökonomischen Probleme der Church of Ireland hatten also zur Folge, dass die Bekehrung der vorhandenen Geistlichen zum Protestantismus schwierig zu verwirklichen war. Um eine Änderung zu erreichen, musste man entweder gut ausgebildete protestantische Pfarrer aus England ‚importieren‘ oder in Irland selbst eine Universitätsausbildung ermöglichen. Beides gelang zunächst nicht, zumal Pfarrern mit Universitätsabschluss auch keine angemessenen Pfründen geboten werden konnten. Hinzu kamen die so genannten *alienations*, die Veräußerung oder langfristige Verpachtung von Kirchengut durch Bischöfe. Die einheimischen Bischöfe vergaben häufig langfristige Pachtverträge zu extrem niedrigem Pachtzins an Verwandte. Zudem sahen sich viele Bischöfe auf Grund ihres geringen Einkommens gezwungen, gegen hohe Einmalzahlungen ähn-

---

[33] Vgl. Lord Deputy Sidneys Bericht von 1576 über die Diözese Meath: „No house standing for any of them [d.h. die Pfarrer] to dwell in. In many places the very walls of the churches down, very few chancels covered, windows and doors ruined or spoiled." Und er schließt mit den Worten: „If this be the estate of the churches in the best peopled diocese, and best governed country of this your Realm (as in troth it is), easy it is for your Majesty to conjecture in what case the rest is ..." (Sir H. Sydney to the Queen, 28. April 1576, in: State Papers, hg. v. BRADY, S. 14–19, hier S. 16; vgl. auch The Prebendaries of St. Patrick's, Dublin, to the Lords of the Council in England, Dez. 1584, in: State Papers, hg. v. BRADY, S. 93–94).

[34] Vgl. ELLIS, Economic Problems. Ellis benutzt für seine Berechnungen den *Valor Ecclesiasticus* Heinrichs VIII. für Wales und den *Valor Beneficiorum Ecclesiasticorum in Hibernia* für Irland.

[35] Zum Begriff des *survivalism* vgl. BOSSY, Character, S. 39.

[36] Sir H. Sydney to the Queen, 28. April 1576, in: State Papers, hg. v. BRADY, S. 14–19, hier S. 16.

liche Pachtverträge mit Laien abzuschließen, was auf Dauer umso desaströsere Folgen für das bischöfliche Einkommen hatte.[37]

Trotzdem sollte man die Chancen der Church of Ireland, sich umfassend zu etablieren, nicht zu gering veranschlagen. Entscheidend war, ob es mit Hilfe des Staates gelingen würde, das konfessionelle Monopol der Staatskirche durchzusetzen, institutionalisierte konfessionelle Alternativen zu verhindern und so allmählich den mittelalterlichen Katholizismus zu verdrängen bzw. zunächst institutionell zu überformen.

b) Einheimischer und kontinentaler Katholizismus

Im Jahr 1561 begann die zweite Jesuiten-Mission in Irland mit der Entsendung von David Wolfe. Er stammte aus Limerick und war einer der ersten irischen Mitglieder des Jesuitenordens. Nach seiner Ausbildung auf dem Kontinent kam er als päpstlicher Legat mit folgenden Instruktionen nach Irland: Er sollte die als katholisch angesehenen führenden Adeligen in Irland besuchen und sie zum Erhalt des katholischen Glaubens ermuntern; er sollte die Bischöfe und Kleriker visitieren und auf ihre Amtspflichten hinweisen; er sollte die Laien vor protestantischen Pfarrern warnen, aber auch versuchen, diese Pfarrer zum katholischen Glauben zu bekehren; er sollte Lateinschulen mit katholischen Lehrern gründen und die Möglichkeiten zur Wiedererrichtung von Klöstern prüfen; zum Abschluss sollte er eine Liste geeigneter Kandidaten für die irischen Bischofsstühle vorlegen.[38] Zudem erhielten Wolfe und der von ihm selbst vorgeschlagene Erzbischof von Armagh, Richard Creagh, 1564 eine päpstliche Bulle, die ihnen die Vollmacht zur Gründung von Priesterseminaren und Universitäten übertrug.[39] Dies war ein ehrgeiziges Programm, das beweist, dass die Kurie die Hoffnung hatte, in Irland noch mit Erfolg tätig werden zu können. Die Schlüsselpersonen, auf die die katholische Kirche ihre Hoffnung setzte, dürften die in Wolfes Instruktionen als Erste erwähnten Lords gewesen sein, deren Unabhängigkeit von der englischen Krone man sich offensichtlich zu Nutze machen wollte.[40]

---

[37] Bezeichnend ist der Versuch des englischen Erzbischofs Parker: Er stellte 1560 eine Liste mit Namen von befähigten Geistlichen für den Dienst in Irland auf, musste aber feststellen, dass keiner von ihnen dort hingehen wollte. (Vgl. ELLIS, Tudor Ireland, S. 215; FORD, Protestant Reformation in Ireland, S. 52–55; LENNON, Sixteenth-Century Ireland, S. 311).
[38] Vgl. MORAN, Catholic Archbischops, S. 78–79; Instructions to the Agents of the Holy See in Ireland, for the management of ecclesiastical matters, 1560, abgedruckt in: MORAN, Catholic Archbishops, S. 415–417.
[39] Siehe unten C.III.2.a.
[40] Dies scheint mir eine wesentlich plausiblere Begründung für die ehrgeizigen Pläne Roms als die Annahme Robinson-Hammersteins, die meint: „No disloyalty to English rule in Ireland was intended. In fact, the pope still hoped that Elizabeth might

Die Instruktionen Wolfes machen auch deutlich, dass Rom die seit der Regierungszeit Heinrichs VIII. in Teilen Irlands fortbestehende katholische Bischofshierarchie systematisch weiter ausbauen wollte. Dieser Faktor ist mit Sicherheit nicht gering zu schätzen, wenn er auch nicht als entscheidend für die weitere Entwicklung gelten kann. Irland unterschied sich dadurch aber deutlich von England und den skandinavischen Ländern, wo die katholische Kirche eine solche ‚Schattenhierarchie‘ nicht unterhielt und deshalb erst wieder Ende des 16. Jahrhunderts mit Missionaren (Weltgeistlichen und Jesuiten) in Erscheinung trat.[41] Sowohl das Itinerar Wolfes als auch seine Vorschläge für Bischofsernennungen machen deutlich, dass er sich auf die Gebiete der unabhängigen gälischen und anglo-irischen Lords konzentrierte. Wolfe selbst hielt sich vor allem in der Diözese Limerick, in Connacht und Ulster auf, also weit entfernt von den Zugriffsmöglichkeiten des englischen Staates.[42] 1562 wurden auf Wolfes Vorschlag Donald Mac-Congail zum Bischof von Raphoe, der Dominikaner Eugene O'Harte zum Bischof von Achonry und sein Ordensbruder Andrew O'Crean zum Bischof von Elphin ernannt – alles Diözesen im Westen und Norden Irlands.[43] Dies bedeutete jedoch nicht, dass die Gebiete der gälischen und unabhängigen anglo-irischen Adeligen in dieser Periode eine geschlossene Bischofshierarchie gehabt hätten. Auch hier bestanden auf Grund der andauernden militärischen Konflikte und der sich ausweitenden englischen Herrschaft schwierige Bedingungen für die katholischen Kleriker. Häufig lebten ernannte Bischöfe nicht in Irland, sondern auf dem Kontinent. Die Bettelmönche, die ohnehin angesichts des im gälischen Irland schwach entwickelten Parochialsystems für die ‚religiöse Versorgung‘ der Bevölkerung sehr wichtig waren, wurden nun immer häufiger mit missionarischen Sondervollmachten ausgestattet. Vor allem in den Gebieten unter direkter Kontrolle der Krone wagte die Kurie es überhaupt nicht, Bischöfe zu ernennen. Hier wurden Generalvikare (Vicars Apostolic) eingesetzt, einfache Priester mit Sondervollmachten, die die Funktionen des Bischofs so weit wie möglich übernehmen sollten.[44] Für Dublin und Umgebung wurde beispielsweise der

---

return to the fold. The measures devised in the bull of 1564 thus reveal an interesting plan of Catholic ‚reform from within‘ ... This could, however, only have succeeded if Elizabeth as head of state had given her energetic co-operation; ...“ ([ROBINSON-]HAMMERSTEIN, Continental Education, S. 142).

[41] Vgl. BOSSY, English Catholic Community, S. 11–48; GARSTEIN, Rome, S. 287–338; LYBY, GRELL, Consolidation, S. 133–135.

[42] Vgl. MORAN, Catholic Archbishops, S. 77.

[43] Diese drei Bischöfe nahmen an den Abschlusssitzungen des Konzils von Trient teil. (Vgl. LENNON, Sixteenth-Century Ireland, S. 313; MEIGS, Reformations, S. 75).

[44] Vgl. CORISH, Catholic Community, S. 18–19.

Priester Thadeus Newman zum Generalvikar ernannt.[45] 1575 erhielt dann
der von Wolfe vorgeschlagene Bischof Creagh von Armagh Vollmachten
für die Diözese Dublin. Für Dublin selbst wurde bis zum Jahr 1600 kein Bischof ernannt.[46]

Wolfe konnte nur für relativ kurze Zeit in Irland tätig sein. Im Jahr 1567
wurde er von der Regierung gefangen genommen und verbrachte mehrere
Jahre im Gefängnis in Dublin Castle, von wo er 1572 nach Spanien ent-
kam.[47] Ähnlich erging es Richard Creagh. Obwohl er teilweise auf Seiten
der Krone gegen Shane O'Neill tätig geworden war, erkannte die Regierung die von Creagh ausgehende konfessionelle Gefahr, nahm ihn fest und
klagte ihn wegen Verrats und Zusammenarbeit mit Shane O'Neill an.[48]

Die Mission David Wolfes in Irland macht einerseits deutlich, dass die
Kurie die Aufrechterhaltung einer katholischen Hierarchie in Irland anstrebte und dass man dabei vor allem auf Unterstützung unter den unabhängigen gälischen und anglo-irischen Lords hoffte. Andererseits gelang es
der Regierung, die beiden herausragendsten Vertreter des Katholizismus in
Irland in diesen Jahren, Wolfe und Creagh, gefangen zu setzen und damit
handlungsunfähig zu machen. Eine dauerhafte und gefestigte Etablierung
der katholischen Kirche in Irland wurde in dieser Phase nicht erreicht.
Beide Kirchen waren nicht in der Lage, das konfessionelle Vakuum dieser
Jahre durch effektive Konfessionsbildung und Durchsetzung eines konfessionellen Monopols auszufüllen.

2. Staatlich-politische Entwicklung

a) Die Desmond-Rebellionen 1569–73 und 1579–83: Adeliger Widerstand und militärische Gegenreformation

Wie wir oben gesehen haben, rückten die Regierungen Edwards und Marys
allmählich und unbeabsichtigt von der konzilianten Politik Heinrichs VIII.
und seines Vizekönigs St. Leger ab und gingen zu kurzfristigen militärischen Aktionen und Zwangsmaßnahmen gegenüber den gälischen und

---

[45] In dem entsprechenden Schreiben weist Wolfe ausdrücklich darauf hin, dass es
für ihn zu gefährlich sei, in die Gegend um Dublin zu reisen. (Vgl. Commission given
by David Wolf, Commissionary from the Pope, [to Thadeus Newman], 7. Dez. 1563, in:
Original Letters, hg. v. SHIRLEY, S. 128–130, hier S. 129; MORAN, Catholic Archbishops, S. 82).

[46] Auch die katholischen Bischöfe von Meath und Cork und Cloyne erhielten entsprechende Vollmachten. (Vgl. MORAN, Catholic Archbishops, S. 83).

[47] 1575 kehrte er für eine weitere kurze Mission nach Irland zurück, wahrscheinlich
bis ca. 1577/78, denn 1578 soll er in Lissabon gelebt haben. (Vgl. MORAN, Catholic
Archbishops, S. 81).

[48] Creagh starb im Tower von London 1586/87. Vgl. die ausführliche Biographie
Creaghs von Colm Lennon (LENNON, Prisoner).

anglo-irischen Lords über. Ein politischer Neuansatz war dabei auch die Einrichtung einer *plantation* mit englischen Siedlern in den eroberten gälischen Gebieten Leix und Offaly. Etwa seit der Mitte des 16. Jahrhunderts gab es damit einen teilweise massiven Gegensatz zwischen dem langfristigen politischen Ziel der friedlichen Umwandlung Irlands in ein Königreich nach englischem Vorbild und den zur Erreichung dieses Ziels eingesetzten militärischen Mitteln.[49]

Ciaran Brady hat herausgearbeitet, dass sich dieses politische Verhaltensmuster in der Amtszeit des Vizekönigs Sussex, der der letzte marianische und zugleich der erste elisabethanische Chief Governor war, ab ca. 1556 deutlich verfestigte. Sussex und sein Nachfolger Sidney waren die ersten Vizekönige, die das Prinzip des „rule by programme"[50] einführten und damit letztlich – ohne dies als Ziel vor Augen gehabt zu haben – das Verhältnis zwischen England und Irland wesentlich veränderten. *Rule by programme* bedeutete zunächst nur, dass alle Vizekönige seit Sussex der Krone ihre Ziele in Irland vor oder bei Amtsantritt schriftlich darlegten. Dies hatte jedoch langfristige Konsequenzen: Die Krone überließ den Vizekönigen die Detailgestaltung der irischen Regierungstätigkeit und zog sich – auf der politischen Ebene[51] – auf ihr wichtigstes Interesse zurück: ein möglichst die englische Staatskasse wenig belastendes und politisch stabiles Nachbarland.[52] Die Chief Governors mussten im weiteren Verlauf ihrer Tätigkeit in Irland das langfristige Ziel der Reform immer mehr in den Hintergrund stellen und versuchen, durch kurzfristige Maßnahmen ihr Programm und die Erwartungen der Krone zu erfüllen. Die Folge war, dass „they oscillated freely from open conciliation to outright confrontation".[53] Auf Grund dieser oszillierenden Politik wurden die anglo-irischen und gälischen Lords gegenüber der Regierung immer misstrauischer und abwehrender, da es aus ihrer Sicht keine verlässliche und konstante Verhaltensweise der Chief Governors mehr gab. Die Vizekönige und ihre Dubliner Beamten wurden ihrerseits zunehmend frustriert, weil ihre Projekte weit-

---

[49] Vgl. BRADY, Chief Governors, S. xii.

[50] BRADY, Chief Governors, S. 166.

[51] Das muss hier ausdrücklich betont werden. Die Arbeit Bradys, deren Interpretation ich mir hier zu Eigen mache, beschäftigt sich jedoch ausschließlich mit dem politischen Programm und klammert die an sich so wichtigen Wechselbeziehungen zwischen Staatsbildung und konfessioneller Entwicklung im Wesentlichen aus (sieht man einmal von einigen Hinweisen zur Entwicklung der anglo-irischen Bevölkerungsgruppe ab). (Vgl. BRADY, Chief Governors).

[52] Vgl. BRADY, Chief Governors, S. 162: „political stability" und „administrative economy".

[53] BRADY, Chief Governors, S. 163. Zudem gerieten die Vizekönige mehr und mehr in den Strudel der Faktionen am Londoner Hof, wo ihre Rivalen mit alternativen Programmen aufwarteten.

gehend im Misserfolg endeten. Langfristig schlossen sie daraus, dass Irland
nur mit militärischen Mitteln zu unterwerfen sei.[54]

Bradys Analyse der langfristigen Vorgänge im Königreich Irland ist ein
wichtiger Schritt weg von den älteren Interpretationen englischer Staats-
bildungsprinzipien in Irland, die von einer bewussten Entscheidung für Eroberung, Unterwerfung und Siedlungspolitik ausgegangen sind.[55] Doch mi-
nimalisiert Brady zwei Aspekte, die meines Erachtens für die Frage nach
dem politischen Verhältnis Englands zu den unabhängigen Lords in Irland
nicht außer Acht gelassen werden dürfen. Erstens trafen hier zwei völlig
verschiedene politische und rechtliche Systeme aufeinander, wobei England
beabsichtigte, das gälische und das teilweise gälisierte anglo-irische System
in seinem Sinne umzuwandeln, konkret: es letztlich abzuschaffen. Das englische Königreich war in einem Staatsbildungsprozess begriffen, der eine
engere Anbindung der Peripherien – und diesen Status behielt Irland auch
als Königreich – an das Zentrum beinhaltete. Die mittelalterliche Tradition
der politisch-militärischen Autonomie gälischer und anglo-irischer Lords
widersprach den Interessen des frühmodernen englischen Staates mit seinem Anspruch auf das Gewaltmonopol und die universelle Gültigkeit des
common law. Zudem war dieser frühmoderne englische Staat in Irland so
schwach, dass er seine eigene Stellung ständig bedroht sah. Zwar war das
zunehmende militärische Vorgehen der Engländer in Irland mit Sicherheit
nicht zwangsläufig, aber die friedliche Integration und Umwandlung der
unabhängigen gälischen und anglo-irischen Lords in domestizierte englische Adelige erforderte ein sehr hohes Maß an Toleranz, Geduld und Zeit,
und es ist fraglich, ob ein frühmoderner Staat im konfessionellen Zeitalter
dies letztlich aufbringen konnte. Und damit haben wir bereits den zweiten
Punkt angesprochen, nämlich die von Brady kaum thematisierte Bedeutung
des konfessionellen Faktors.[56] Da dieser Faktor sich bereits unter Heinrich VIII. und Edward ansatzweise mit der Bedeutung Irlands als ‚geopoli-
tischer Hintertür‘ Englands verknüpft hatte, musste er die englische Politik
entscheidend beeinflussen. Mit der zunehmenden Konfessionalisierung des
internationalen Systems seit der Mitte des 16. Jahrhunderts[57] konnte Irland
jederzeit zum Trittstein nach England für dessen politisch-konfessionelle
Feinde werden. Es war folglich unerlässlich für die Sicherheit des Königreiches England, Irland so rasch wie möglich politisch zu kontrollieren und
eine dauerhafte staatliche Durchdringung zu erreichen. Auf diesem außenpolitischen Hintergrund muss das intensive und andauernde Engagement

---

[54] Vgl. BRADY, Chief Governors, bes. S. xi–xiii, 159–166.
[55] Siehe oben A.II.2.
[56] So auch CANNY, N., Review Article. Revising the Revisionist, Rezension von:
BRADY, Chief Governors, in: Irish Historical Studies XXX (1996), S. 242–254, hier
S. 253–254.
[57] Vgl. SCHILLING, Konfessionalisierung und Formierung.

Englands in Irland ebenfalls gesehen werden. Und die Schwankungen der englischen Politik sind auch auf diesen politisch-konfessionellen Faktor zurückzuführen. Denn je nachdem, welcher internationalen und inner-irischen Situation man sich gegenübersah, schien es zeitweise besser, in Irland nicht zu stark einzugreifen, um keinen irischen Aufstand mit Unterstützung der Feinde Englands zu provozieren.[58] In anderen Situationen schien es jedoch notwendig, gegen irische Aufstände mit Härte vorzugehen, um die Hintertür Englands ausreichend zu sichern.[59]

Die Zusammenhänge zwischen diesen Faktoren sollen im Folgenden an den Konflikten zwischen der Regierung und dem Earl of Desmond, dem mächtigen gälisierten anglo-irischen Lord in Munster, erläutert werden.[60] Bezeichnend für die Fluktuationen und eingeschränkten Möglichkeiten der englischen Politik in Irland ist zunächst die Tatsache, dass die Dubliner Regierung in den frühen 1560er Jahren, vor allem vor dem Hintergrund des andauernden Konfliktes mit Shane O'Neill,[61] in Munster keine Präsenz zeigte und die führenden anglo-irischen Lords der Provinz, Desmond und Ormond, sich selbst und den immer wieder zwischen ihnen aufflackernden Konflikten überließ. Im Jahr 1562 wurde dann jedoch Gerald, der vierzehnte Earl of Desmond, nach London beordert, um Rechenschaft darüber abzulegen, warum er die alten Rivalen seines Hauses, die Earls of Ormond, mit Fehde überzogen hatte.[62] Bis 1564 wurde der Earl of Desmond daraufhin in London in Gewahrsam gehalten, durfte dann aber nach Irland zurückkehren. Tatsächlich hatte das Machtvakuum, das der Earl hinterlassen hatte, zu vermehrten Fehden in Munster geführt und man erhoffte sich von seiner Rückkehr eine Eindämmung dieser Unruhen. Doch der althergebrachte Konflikt zwischen Desmond und Ormond um die Grenzen ihrer Herrschaftsgebiete und die *overlordship* über weniger mächtige anglo-irische und gälische Lords flammte erneut auf. Ormond besiegte Desmond und nahm ihn gefangen.[63]

---

[58] So ging Elisabeth zu Beginn ihrer Regierungszeit, als ihre Thronfolge auch in England erst einmal gesichert werden musste, vorsichtig gegenüber Shane O'Neill vor, dessen Anspruch auf die Grafschaft Tyrone die englische Regierung negierte. (Vgl. BOTTIGHEIMER, Geschichte Irlands, S. 71–72). Man befürchtete, dass Shane durch Kontakte nach Schottland und Frankreich der *old alliance* eine Möglichkeit zum Angriff auf England über Irland bieten könnte (Vgl. die Bittbriefe Shane O'Neills an Karl IX. von Frankreich und den Kardinal von Lorraine, 25. April 1566, in: Irish History, hg. v. MAXWELL, S. 172–173).
[59] Dies wird z.B. an der zweiten Desmond-Rebellion deutlich: Nachdem 1579 Truppen Spaniens und des Papstes in Irland gelandet waren, wurde die Rebellion rasch und entschieden niedergeschlagen.
[60] Siehe dazu Karte b im Anhang.
[61] Siehe dazu oben B.I.1.c.
[62] Vgl. LENNON, Sixteenth-Century Ireland, S. 210.
[63] Vgl. HAYES-MCCOY, Conciliation, S. 86–87.

Eine solche Fehde zwischen anglo-irischen Lords, die als Untertanen der englischen Krone eigentlich das Gewaltmonopol des Staates zu achten hatten, konnte die Königin nicht ignorieren. Beide Grafen wurden nach London zitiert und verpflichteten sich, den Anordnungen der Königin zur sofortigen Beendigung der Fehde Folge zu leisten. Ormond tat das auch, der Earl of Desmond dagegen versuchte erneut, seine Herrschaft auszudehnen. Trotzdem reagierte die Regierung nur langsam auf die Widersetzlichkeit des Grafen von Desmond, denn sie wusste, dass eine Abwesenheit des Earl aus seinem Herrschaftsraum nur ein Machtvakuum mit weiteren Fehden geschaffen hätte.[64] Außerdem wollte man ja nicht den Untergang der Lords herbeiführen, sondern ihre ‚Domestizierung‘.[65]

Die englische Regierung versuchte deshalb, eine bereits in Wales und im Norden Englands unter dem Namen ‚Regional Councils‘ erprobte Institution auch in Irland einzusetzen, die so genannte ‚Provincial Presidency‘ mit einem dazugehörigen ‚Council‘. Dies war ein regionales Verwaltungsorgan unter Vorsitz eines President mit der Aufgabe, Regierung, Verwaltung und Jurisdiktion aus den Händen der Lords zu nehmen und englischen Maßstäben anzupassen. Die Presidency zog zunächst grundsätzlich die gesamte Rechtsprechung an sich, auch in den eigentlich von der Jurisdiktion der Krone befreiten *palatine liberties*. Zudem sollten die Magnaten die Bevölkerung und die kleinen Lords nicht mehr zu *coyne and livery* verpflichten können, stattdessen hatten diese finanzielle Abgaben direkt an die Presidency zu leisten. „Aus diesen sogenannten compositions sollten die Präsidenten der councils eine kleine Truppe von Soldaten unterhalten, die in Zukunft für die Wahrung von Recht und Ordnung in den Provinzen zu sorgen hatte.“[66] Grundsätzlich waren diese Bemühungen nicht gegen die regierenden Lords gerichtet.[67] Deren Verzicht auf *coyne and livery* hätte zwar ihre häufig sehr unsichere und nur militärisch aufrechtzuerhaltende Herr-

---

[64] „... until the system of lordship had been replaced by an extension of the royal administration, the lord's presence in office was essential. His removal left a vacuum; ...“ (HAYES-McCoy, Conciliation, S. 88).

[65] Siehe oben B.I.1.a zu Kildare.

[66] Asch schreibt dazu weiter: „Damit wären nach und nach die Magnaten von ‚warlords‘ zu ‚landlords‘ geworden, ein Prozeß, der sich gegen Ende des Mittelalters auch in England vollzogen hatte. Allerdings war die Umwälzung, die sich damit in Irland anbahnte, wesentlich radikaler, denn die Stellung sowohl der gälischen Häuptlinge als auch der anglonormannischen Magnaten beruhte traditionell noch sehr viel stärker als in England auf der militärischen Gefolgschaftspflicht ihrer Vasallen und den sich daraus ableitenden Rechten und nicht auf Landbesitz.“ (ASCH, Englische Herrschaft, S. 383; vgl. BRADY, Court, S. 39–40; HAYES-McCoy, Conciliation, S. 91–92).

[67] „The presidents were expected to invite the collaboration of the local magnates, both fomally and informally, to induce their acceptance of common law and English local government and to assure them that the crown still had their best interests at heart.“ (BRADY, Faction, S. 295).

schaft über diverse kleinere Lords beendet, die nun als direkte Untertanen der Krone galten.[68] Zugleich sollten die Magnaten jedoch auch die Abgaben ihrer eigenen Pächter in regelmäßige Geldzahlungen umwandeln, was die Einnahmen aus ihren Lordships – im Gegensatz zu *coyne and livery* – dauerhaft gesichert und ihre Herrschaftsgebiete politisch stabilisiert hätte.[69] Lennon fasst die Ziele der Regierung zusammen: „By these means ... the social structure of the province would be transformed by the setting up of independent proprietors, subject only to the crown, having recourse to its courts, being protected by its army at conciliar level, and willing to serve in local offices such as shrievalties."[70] Dieser Prozess sollte nach den Plänen Vizekönig Sidneys durch die konzentrierte Ansiedlung von Neuengländern unterstützt werden.

Desmond zeigte sich durchaus bereit, mit Sir Warham St. Leger, der 1566 zwar noch nicht offiziell, aber faktisch das Amt des Provincial President in Munster innehatte, zusammenzuarbeiten und eine *composition* zu akzeptieren, sofern seine politische Stellung garantiert werde.[71] Im Jahr 1567 ordnete die Königin jedoch – vor dem Hintergrund einer Änderung der Faktionen am Hofe zu Gunsten der Butlers – an, den Earl of Desmond gefangen zu nehmen.[72] Desmond wurde nach England gebracht, wo er bis 1573 festgehalten wurde.

In der Zwischenzeit hatte das erneut innerhalb seines Herrschaftsgebietes entstandene Machtvakuum fatale Auswirkungen: Im Jahr 1569 brach unter der Führung von James Fitzmaurice Fitzgerald, des Cousins des vierzehnten Earl, in Munster eine Rebellion aus. Fitzmaurice war als *captain* der Fitzgeralds[73] „the archetypical landless swordsman".[74] Seine Existenz war abhängig von der Aufrechterhaltung von *coyne and livery* und des gesamten hybriden politischen Systems, das sich in den anglo-irischen Lordships im Laufe des späten Mittelalters herausgebildet hatte und dessen Kernelement die ‚Privatarmee' des jeweiligen Lord war. Es gelang Fitzmaurice, die Fitzgeralds und zahlreiche kleinere gälische und anglo-irische Lords für den Aufstand zu gewinnen, wobei persönliche, politische und auch religiöse Erwägungen miteinander verschmolzen.[75] Auf politischer

---

[68] Vgl. LENNON, Sixteenth-Century Ireland, S. 211.

[69] Vgl. BRADY, Faction, S. 308.

[70] LENNON, Sixteenth-Century Ireland, S. 211.

[71] Vgl. BRADY, Faction, S. 294–295; LENNON, Sixteenth-Century Ireland, S. 211.

[72] Vgl. BOTTIGHEIMER, Geschichte Irlands, S. 73; HAYES-MCCOY, Conciliation, S. 89.

[73] Vgl. HAYES-MCCOY, Conciliation, S. 90; LENNON, Sixteenth-Century Ireland, S. 213.

[74] LENNON, Sixteenth-Century Ireland, S. 213.

[75] „His own personal bitterness, the threat that hung over men of his type in the new social order and the current misfortunes of the Geraldine interest as a whole fused in

Ebene wandten die einheimischen Lords sich vor allem gegen die zunehmenden Versuche einiger *planters,* vor allem Sir Peter Carews, sich durch
die Berufung auf alte Besitztitel Land in der Provinz Munster anzueignen.
Durch solche Aktivitäten fühlten sie sich bedroht und sahen darin sowie in
der Festnahme des Earl of Desmond den Beweis, dass England die politische Entmachtung und die Enteignung der Lords in Munster plane.[76]
    Der Aufstand war für die englische Regierung gefährlicher als eine nur
politisch motivierte *feudal rebellion,* weil Fitzmaurice auch mit einer konfessionellen Begründung antrat und entprechende internationale Kontakte
knüpfte. In einer Zeit zunehmender Spannungen zwischen England und
Spanien verhandelte Fitzmaurice als Erster im Jahr 1569 mit dem spanischen König über militärische Hilfe.[77] Mit der Begründung „if we had a
king like other nations none would venture to attack us"[78] versuchte Fitzmaurice außerdem, Philipp II. von Spanien dazu zu bewegen, Don Juan de
Austria zum König von Irland zu ernennen. Hiermit negierte er die Parlamentsakte von 1541 und den Herrschaftsanspruch der englischen Könige
über Irland überhaupt. Dies war eine – auch im späten Mittelalter – noch
nie da gewesene Handlungsweise eines anglo-irischen Lord, die durch die
Konfessionalisierung der internationalen Beziehungen möglich wurde. Der
Aufstand in Munster fand dagegen keine Resonanz unter den loyalen
Anglo-Iren.[79]
    Die erste Desmond-Rebellion wurde von Colonel Humphrey Gilbert nie-
dergeschlagen, der das ihm übertragene Kriegsrecht brutal einsetzte.[80]
Doch Munster kam nicht zur Ruhe. 1573 wurde dem Earl of Desmond unter der Bedingung, dass er sich den neuen Verhältnissen füge und die Abschaffung von *coyne and livery* anerkenne, die Rückkehr nach Irland erlaubt – auch in der Hoffnung, dass Munster dadurch wieder dauerhaft zu
befrieden sei. Seine Rückkehr hatte insofern den erhofften Erfolg, als Fitzmaurice sich daraufhin ergab.[81]

Fitzmaurice's mind into one single grievance. And there was ready to hand a medium
through which this general resentment might be crystallised, articulated and propagat-
ed among his people: the medium of religion." (BRADY, Faction, S. 305).
[76] Vgl. BOTTIGHEIMER, Geschichte Irlands, S. 73–74; HAYES-MCCOY, Conciliation,
S. 89; LENNON, Sixteenth-Century Ireland, S. 213.
[77] Vgl. LENNON, Sixteenth-Century Ireland, S. 213–214; HAYES-MCCOY, Conciliation, S. 90.
[78] Zitiert in: HAYES-MCCOY, Completion, S. 105.
[79] Es dürfte wohl auch bezeichnend sein, dass die Rebellen in Munster erst gar nicht
versuchten, die loyalen Anglo-Iren von ihrer Sache zu überzeugen. Siehe dagegen unten B.III.3.b zu den ,Annäherungsversuchen' Hugh O'Neills Ende des 16. Jahrhunderts.
[80] Vgl. LENNON, Sixteenth-Century Ireland, S. 214–215.
[81] Vgl. BRADY, Faction, S. 305; LENNON, Sixteenth-Century Ireland, S. 216.

Nach anfänglichen Konflikten Desmonds mit dem ähnlich wie Gilbert
auf militärisches Vorgehen ausgerichteten President Sir John Perrot,[82] gelang es dessen Nachfolger Sir William Drury und Vizekönig Sidney, den
Grafen von einer *composition* und der Auflösung seiner ‚Privatarmee' –
außer einer Gruppe von zwanzig Rittern zu seinem persönlichen Schutz –
zu überzeugen.[83] Dieser Prozess hatte jedoch fatale Folgen für die *swordsmen*, d.h. *kerns* und *gallowglasses*, des regierenden Lord, die vormals die
Stützen seiner Herrschaft waren. „... [the composition] made them unwant-
ed: the armed retainers who made their living solely through ‚coyne and livery' were the very group whom Desmond had sworn to disband ...
Swordsmen had no place in the newly reconstructed lordship."[84] Erneut
war Fitzmaurice die ‚Inkarnation' dieses Prozesses, und er ging deshalb im
Jahr 1575 nach Frankreich.[85]

Nachdem es ihm wieder gelungen war, auf dem Kontinent erfolgreich
für seine Sache zu werben, kehrte er 1579 mit Truppen Spaniens und des
Papstes und in Begleitung des Engländers Nicholas Sanders als päpstlichem
Nuntius nach Irland zurück, wo er zu einem katholischen Kreuzzug gegen
die Königin aufrief. Im Jahr 1580 landete dann eine päpstliche Flotte zur
Unterstützung Fitzmaurices in Smerwick. Die ‚arbeitslosen' und ent-
täuschten *swordsmen* Desmonds schlossen sich Fitzmaurice größtenteils an.
Der Earl selbst wollte zunächst gegen die Rebellen kämpfen, doch viele
seiner Anhänger verließen ihn, und Sir Nicholas Malby, der Kommandant
der Regierungstruppen zur Niederschlagung der Rebellion, ignorierte seine
Rechte und verlangte, dass Desmond sich ihm unterstelle. Daraufhin
schloss der Earl sich doch der Rebellion seines Cousins an und wurde zum
Verräter erklärt.[86] Die zweite Desmond-Rebellion wurde rasch niedergeschlagen: Während Fitzmaurice 1579 den Tod fand, ließ Vizekönig Lord
Grey de Wilton noch 1580 Smerwick erobern; 1583 starb dann auch Desmond. Nach der Niederschlagung der zweiten Rebellion war die Macht der
Desmonds für immer gebrochen, und der Arm der Dubliner Regierung
reichte fortan auch in diese Provinz Irlands. In der Folge beschloss die Regierung die *plantation of Munster*, das erste wirklich groß angelegte Siedlungsprojekt in Irland.[87]

Die Desmond-Rebellionen machen deutlich, dass selbst dann, wenn ein
gälisierter anglo-irischer Magnat wie der Earl of Desmond zur Kooperation
mit der Regierung bewegt werden konnte, viele Faktoren diesem Prozess

---

[82] Vgl. BRADY, Faction, S. 295–269; LENNON, Sixteenth-Century Ireland, S. 215.
[83] Vgl. BRADY, Faction, S. 296–297; LENNON, Sixteenth-Century Ireland, S. 221.
[84] BRADY, Faction, S. 307.
[85] Vgl. HAYES-MCCOY, Conciliation, S. 92.
[86] Vgl. BRADY, Faction, S. 309–311.
[87] Vgl. genauer zur *plantation of Munster*: LENNON, Sixteenth-Century Ireland,
S. 229–236; und vor allem MACCARTHY-MORROGH, Munster Plantation.

im Wege standen. Die oszillierende Politik der Krone und ihrer Amtsträger trug sicherlich dazu bei, dass Munster nicht dauerhaft befriedet und umgestaltet werden konnte. Doch ist auch zu bedenken, dass das politische System des anglo-irischen Lordship hochgradig militarisiert war. Dadurch waren die sich von *coyne and livery* ernährenden und das Lordship militärisch abstützenden *swordsmen* die eindeutigen Verlierer des beabsichtigten Wandlungsprozesses, die zudem über die militärischen Fähigkeiten verfügten, sich gegen diesen Prozess zu wehren. Insofern gab es massive gesellschaftliche Hindernisse für die Integration eines gälisierten anglo-irischen Lordship in ein irisches Königreich nach englischem Vorbild.[88]

Mit der Niederschlagung der zweiten Desmond-Rebellion hatte sich der ursprünglich unbeabsichtigte Prozess der ‚Staatsbildung durch Eroberung und Kolonisation‘ einen entscheidenden Schritt weiterbewegt. Vor allem aber sollte sich das konfessionelle Element, das Fitzmaurice in die Auseinandersetzung eingebracht hatte, in Zukunft immer stärker auf das politische Verhalten aller Gruppen in Irland auswirken.

Fitzmaurice war der erste Vertreter der militärischen Gegenreformation in Irland. Vor dem Hintergrund der päpstlichen Bulle *Regnans in Excelsis* von 1570, die Elisabeth exkommunizierte und absetzte und ihre Untertanen von ihrem Treueid entband,[89] wurde das konfessionelle Argument zu einem zentralen Faktor in Fitzmaurices zweiter Rebellion. Hier verband sich die Abneigung gegen den protestantischen Glauben mit persönlicher Unzufriedenheit und dem Widerstand gegen die englische Politik in Irland.[90] Auch die Rhetorik der Rebellen bekam infolgedessen eine deutlich konfessionell zugespitzte Richtung. In einer Proklamation von James Fitzmaurice Fitzgerald aus dem Jahr 1579 hieß es: „This war is undertaken for the defence of the Catholic religion against the heretics.“[91] Versteht man ‚Religionskrieg‘ mit Repgen „nicht als Motivations-, sondern ... als Legitimationstyp“[92] frühneuzeitlicher Kriege, wobei Religion von einer der beiden Krieg füh-

---

[88] Insofern ist – trotz der detaillierteren und an vielen Punkten auch revidierten Interpretation Ciaran Bradys (vgl. Faction) – weiterhin Hayes-McCoys Satz zuzustimmen, dass „the earl was the victim of the transition that he had been sent home to assist. ... circumstances had forced him to demonstrate the irreconcilability of an earldom such as his and the Tudor machine“. (HAYES-McCOY, Completion, S. 99–100).

[89] Vgl. SMITH, Emergence, S. 422.

[90] Selbst ein Historiker der ‚alten Schule‘ wie G.A. Hayes-McCoy kam zu dem Schluss: „Even Fitzmaurice, although we must look upon his concern for the church as genuine, was a Fitzgerald dynast to whom the transition to an English-ordered Munster was as much a challenge as a threat.“ (HAYES-McCOY, Completion, S. 105).

[91] The Proclamation of the Right Honourable Lord James Geraldine concerning the Justice of that War which he wageth in Ireland for the Faith, 1579, in: Irish History, hg. v. MAXWELL, S. 169.

[92] REPGEN, Religionskrieg, S. 86; vgl. auch REPGEN, Religious War; REPGEN, Kriegslegitimationen.

renden Parteien in Anspruch genommen wurde, „um Kriegführen zu rechtfertigen, um öffentlich zu begründen, warum eine konkrete militärische
Gewaltanwendung, noch dazu gegen eine politische Obrigkeit, ein ‚bellum
iustum‘ sei“,[93] so war Fitzmaurices zweite Rebellion der erste ‚Religionskrieg‘ in Irland.[94]

b) Die loyalen Anglo-Iren und die cess: Parlamentarischer Widerstand
ohne konfessionellen Hintergrund

In den ersten Regierungsjahren Elisabeths nahmen der andauernde Konflikt
mit Shane O'Neill, die Desmond-Rebellionen und die Aktivitäten in Connacht[95] die Verantwortlichen in Dublin stark in Anspruch, und die finanziellen Lasten der angestrebten Staatsbildung wurden zunehmend größer.
In Irland standen die öffentlichen Finanzen nicht auf soliden Beinen, da die
Regierung auf Grund der unsicheren politischen Verhältnisse keine ausreichende Kontrolle über die ihr zustehenden Einnahmen durchsetzen
konnte.[96] Da Irland also nicht finanziell autark war, fanden sich die Tudor-
Könige allmählich damit ab, das Land dauerhaft aus der englischen Staatskasse zu unterstützen. Diese Notwendigkeit nahm in der zweiten Hälfte des
16. Jahrhunderts mit der Stationierung eines sich stetig vergrößernden stehenden Heeres zu.

Um wenigsten einen Teil der Kosten für den Unterhalt des Heeres in Irland zu decken, bedienten sich die Vizekönige des mittelalterlichen Rechts
auf Erhebung der so genannten *cess*, die vor allem die Versorgung des
Lord Deputy und seines Gefolges, also auch des rasch anwachsenden Heeres, durch die Bevölkerung der Pale und der anglo-irischen Städte umfasste.[97] Unter den Bedingungen des Mittelalters war die *cess* durchaus
eine sinnvolle Einrichtung, denn damit hatte die anglo-irische Kolonie
selbst zu ihrer Verteidigung beigetragen. Doch mit der zunehmenden militärischen Aktivität der englischen Krone in Irland wurde die *cess* zu einer
großen finanziellen Belastung für die loyalen Anglo-Iren. Die Vizekönige
waren sich dieses Problems zwar bewusst, mussten die *cess* jedoch zur
Verwirklichung ihrer politischen und militärischen Vorhaben in Irland in
Anspruch nehmen.[98] Sie waren von der *cess* finanziell abhängig, und es war

---

[93] REPGEN, Religionskrieg, S. 87.
[94] Es ist aber bezeichnend, dass Fitzmaurices diplomatischer Vermittler, der katholische Erzbischof von Cashel, Maurice Fitzgibbon, „an ecclesiastic in the old tradition
with useful connections but no university training at all“ war. ([ROBINSON-]HAM-
MERSTEIN, Continental Education, S. 152). Der tridentinische Katholizismus war zu
diesem Zeitpunkt noch kein Faktor in Irland.
[95] Vgl. jeweils oben B.I.1.c, oben B.II.2.a und unten B.III.3.a.
[96] Vgl. BRADY, Court, S. 33–34.
[97] Zur *cess* siehe auch oben B.I.1.d.
[98] Vgl. BRADY, Conservative Subversives, S. 20.

keine realistische Alternative in Sicht, solange sich die Staatsgewalt in Irland nicht vollends durchgesetzt hatte.[99] Hinzu kam, dass die *cess* seit den 1540er Jahren immer häufiger in Form von Geldzahlungen geleistet wurde, so dass sie zunehmend den Charakter einer Heeressteuer erhielt, wenn sie auch weiterhin als eine außerordentliche Maßnahme „in times of necessity"[100] angesehen wurde.

Im Rahmen eines langwierigen Prozesses, der im Folgenden für die Phase von 1560 bis 1580 nachgezeichnet werden soll, entwickelte die loyale anglo-irische Bevölkerungsgruppe kollektive Verteidigungsmuster, die für ihr politisches Verhalten bis 1641 kennzeichnend waren. Bereits unter Chief Governor Sussex trugen sie vermehrt Gravamina gegen die Belastung durch die *cess* vor.[101] Sie wandten sich auch schriftlich an Königin Elisabeth und baten um Abhilfe und neutrale Einschätzung der schwierigen Lage der loyalen Anglo-Iren.[102] Im Jahr 1562 wurde erstmals der Königin direkt in London eine Beschwerde über die *cess* und das Vorgehen des Dubliner Vizekönigs vorgelegt, und zwar durch anglo-irische Studenten in England.[103]

Damit hatten die loyalen Anglo-Iren die erste Strategie zur Vertretung und Verteidigung ihrer Interessen entwickelt. Auf Grund ihrer zunehmenden Verdrängung aus der Dubliner Regierung, vor allem aus den oberen Rängen, wurde es für sie immer schwieriger, auf diesem Weg die politische Entwicklung zu beeinflussen.[104] Deshalb nahmen sie ganz bewusst ihr

---

[99] Zu den erfolglosen Versuchen von Sussex und Sidney, die *cess* zu ersetzen, vgl. ebd., S. 19–20.

[100] BRADY, Chief Governors, S. 243.

[101] Vgl. LENNON, Sixteenth-Century Ireland, S. 181; SHEEHAN, Recusancy Revolt, S. 5.

[102] Vgl. z.B. Jenico Viscount of Gormaston, Roland Baltynglas, James Baron of Slane, and C. Baron Donsany to the Queen, 6. Juli 1561, in: CSPI 1509–1573, S. 174; A book comprehending twenty-four articles, specifying the miserable estate of the English Pale in the years 1560 and 1561, delivered to the Privy Council, by certain students of Ireland ..., 1562, in: CSPI 1509–1573, S. 189.

[103] Vgl. BRADY, Conservative Subversives, S. 23; LENNON, Sixteenth-Century Ireland, S. 181–182. – Für weitere im Laufe des 16. Jahrhunderts von den loyalen Anglo-Iren an die Vizekönige oder nach London gesandte Beschwerden wegen der *cess* vgl. Petition of the Inhabitants of the English Pale to Lord Deputy Sydney and Council, 1576, in: Irish History, hg. v. MAXWELL, S. 389; Letter from the Mayor and Citizens of Dublin to Lord Burghley, 1597, in: Irish History, hg. v. MAXWELL, S. 361–362.

[104] Dies sollte gegen Ciaran Brady betont werden, der meint „the importance of the Palesmen's displacement from government office can easily be overstated", denn die Anglo-Iren seien aus der lokalen Verwaltung nie verdrängt worden. (BRADY, Chief Governors, S. 213, vgl. S. 212–213). Für die Frage der Einflussnahme auf politische und finanzielle Entscheidungen ist es jedoch viel wichtiger, dass, wie Brady selbst konzediert, „after 1556 ... no Palesman ever again served as lord justice, lord chancellor or

Recht als Untertanen der englischen Krone wahr und richteten ihre Petitionen am Vizekönig vorbei direkt an den Hof in London. Die spezifische ‚doppelte' Regierungsstruktur des irischen Königreichs als *dependent territory* eröffnete den loyalen Anglo-Iren Handlungsmöglichkeiten, die sie geschickt zu ihren Gunsten nutzten.

Auch die Reaktionen der Krone auf die Gravamina der loyalen Anglo-Iren wiesen eine gewisse Gleichförmigkeit auf: Die Monarchen reagierten zunächst mit Härte, indem sie den Widerstand gegen die Autorität des Vizekönigs verurteilten und sich die Angehörigen der jeweiligen Delegation häufig zunächst im Gefängnis wieder fanden. So erging es auch den Studenten im Jahr 1562. Doch letztlich schenkte die Krone den Beschwerden immer Gehör, die anglo-irischen Forderungen, z.B. nach einer Untersuchungskommission, wurden erfüllt und teilweise – vor allem durch Beeinflussung der Faktionen am Hof – gelang es den loyalen Anglo-Iren sogar, eine Abberufung des Vizekönigs zu veranlassen.[105]

So entfremdeten sich die loyalen Anglo-Iren zwar einerseits zunehmend von den Vizekönigen und deren neuenglischer Verwaltung in Irland, andererseits wuchs jedoch ihre Loyalität zur englischen Krone.[106] Trotzdem waren sie sehr darauf bedacht, die Politik der *direct rule* durch englische Chief Governors nicht grundsätzlich anzuzweifeln und ihre Beschwerden nicht als rebellisches Verhalten erscheinen zu lassen. So versicherten die loyalen Anglo-Iren im Jahr 1562: „We protest before God ..., we would choose no Irishman, for our choice must lie between the earls of Kildare and Ormond whom neither (though they both be noblemen and ready to serve) ... should seem fit to us to have government in this realm ..."[107]

---

vice-treasurer" (BRADY, Chief Governors, S. 213) und bekanntlich auch nicht als Chief Governor. (Vgl. auch BRADY, Conservative Subversives, S. 21).

[105] Vgl. BRADY, Conservative Subversives, S. 23; BRADY, Chief Governors, S. 241–242.

[106] Vgl. BRADY, Conservative Subversives, S. 22.

[107] Zitiert in: BRADY, Chief Governors, S. 236. Der weitere Text der Erklärung ist auch aufschlussreich im Hinblick auf das ausgeprägte englische Selbstverständnis, ja Selbstbewusstsein der Palesmen und ihre Sichtweise der anglo-irischen Lords als *Irish* auf Grund deren Integration in das politische System der gälischen Lordships: „... and if they were as wise as Solomon were and yet should burden the Pale with kerne and gallowglass, we could not bear their government so far is our nature from the nature of the mere Irish and such mutual hate ... is there between us." (Ebd.) – Deutlich wird hier auch, dass *kerns* und *gallowglasses*, die *swordsmen* der anglo-irischen und gälischen Lords, von den Palesmen als etwas grundsätzlich anderes empfunden wurden als die bei ihnen stationierten englischen Soldaten – obwohl die Belastung der Pale insofern wohl keinen Unterschied gemacht haben dürfte. Aber *kerns* und *gallowglasses* galten als unrechtmäßige Privatarmeen, die englischen Soldaten waren Ausdruck der legitimen Macht der englischen Krone.

Doch eine allgemeine Unzufriedenheit mit der Politik der Chief Governors ist seit den 1560er Jahren unverkennbar, und sie sollte im Parlament von 1569–71[108] sehr deutlich zum Ausdruck kommen. Hier zeigte sich die loyale anglo-irische Bevölkerungsgruppe nicht mehr bereit, den politischen Wünschen der Dubliner Regierung nachzukommen, und Vizekönig Sidney sah sich einer ganz unerwarteten Opposition gegenüber. Diese beruhte einerseits auf der zunehmenden Bürde der *cess* und andererseits auf Versuchen des Engländers Sir Peter Carew, sich durch das Auffinden alter Besitztitel nun auch Land in der Pale anzueignen.[109]

Der parlamentarische Widerstand wurde zur zweiten Strategie der loyalen Anglo-Iren, um ihre Interessen zu wahren. Und viele Elemente des im Parlament von 1569–71 erstmals praktizierten oppositionellen Verhaltens entwickelten sich zu regelrechten Verhaltensmustern der loyalen anglo-irischen Eliten. Zunächst zweifelten sie die Rechtmäßigkeit der Wahl der neuenglischen Mitglieder des Unterhauses an, die zum ersten Mal in größerer Anzahl im Parlament saßen.[110] Dann verweigerte die Parlamentsmehrheit die vorübergehende Aussetzung von *Poynings' Law*, was ein eindeutiger Misstrauensbeweis gegenüber dem Vizekönig war.[111] Schließlich wurden zahlreiche von Sidney vorgeschlagene Gesetze zu Handel und Finanzen vom Unterhaus mit Argwohn empfangen. Es handelte sich um eine Weinsteuer, um die Kontrolle des Exporthandels und der Gerberei. Diese Maßnahmen sollten sowohl einen finanziellen Gewinn für die Krone sichern als auch den Schutz des Handels in den anglo-irischen Städten sicherstellen, der zunehmend von direktem Handel der Gälen mit dem Kontinent bedroht war. „These economic measures were clearly of a piece, designed to refurbish the old alliance of the crown and the towns by revitalizing the economy on mutually beneficial terms."[112] Die Krone sah die anglo-irischen

---

[108] Vgl. dazu vor allem TREADWELL, Irish Parliament of 1569–71.

[109] Vgl. LENNON, Sixteenth-Century Ireland, S. 184; TREADWELL, Irish Parliament of 1569–71, S. 67–68; siehe auch oben B.II.2.a.

[110] „The opposition launched an impassioned attack on the credentials of government supporters: it was alleged that some were mayors or sheriffs who had returned themselves, that some represented unincorporated towns, and that others were Englishmen not resident in their constituencies." (TREADWELL, Irish Parliament of 1569–71, S. 68).

[111] *Poynings' Law* war gegen die spätmittelalterlichen Alleingänge anglo-irischer Adeliger, speziell der Earls of Kildare, erlassen worden. (Siehe oben A.III.1). Nach dem Beginn der *direct rule* durch englische Chief Governors war diese Gefahr im Grunde nicht mehr gegeben, und die Parlamente hatten *Poynings' Law* regelmäßig am Beginn ihrer Sitzungen ausgesetzt, um den Vizekönigen mehr Handlungsfreiheit zu ermöglichen. Somit war die Verweigerung dieser Aufhebung ein eindeutiger Misstrauensbeweis gegenüber Sidney. (Vgl. LENNON, Sixteenth-Century Ireland, S. 188; TREADWELL, Irish Parliament of 1569–71, S. 69).

[112] TREADWELL, Irish Parliament of 1569–71, S. 61–62, vgl. S. 59–62.

Städte weiterhin als „the only monument of obedience and nurseries of civility in this country",[113] die es zu erhalten und zu fördern galt.[114] Das Parlament sah die Gesetzesvorschläge jedoch nicht wie Sidney als Einheit,
sondern isoliert. Deshalb wurde die Weinsteuer von den Parlamentsmit-
gliedern für die Hafenstädte als „a matter that would utterly beggar and
decay the said towns"[115] verurteilt. Sie wurde zunächst abgelehnt, dann
aber in der letzten Sitzungsperiode, die unter dem Eindruck der Niederschlagung der Rebellion in Munster stattfand, in überarbeiteter Form angenommen.[116]

Die oppositionelle Stimmung im Parlament lässt sich jedoch nicht, wie
die ältere Forschung meinte, auf das konfessionelle Moment zurückführen.
Zwar wies das Parlament auch zwei für die Reform der Church of Ireland
wichtige Gesetzesvorlagen zurück: Erstens, die Verpflichtung zur baulichen Wiederherstellung der Pfarrkirchen; und zweitens, die Residenzpflicht
der Kleriker. Hier wurden jedoch nicht die religiösen, sondern die finanziellen Interessen der Laien mit Kirchenbesitz *(lay impropriators)* emp-
findlich berührt. Die Durchführung beider Gesetze hätte von ihnen einen
hohen finanziellen Einsatz erfordert, den sie nicht tragen wollten.[117] Einem
anderen Gesetz, das dem Lord Deputy für die darauf folgenden zehn Jahre
das Recht zusprach, in Munster und Connacht die Pfründen zu besetzen,
stimmten sie dagegen zu.[118] Auch wenn das oppositionelle Verhalten der
loyalen Anglo-Iren im Parlament also nicht konfessionell begründet war,
zeigt ihr Widerstand doch, dass sie – wenn ihre eigenen finanziellen Be-
lange betroffen waren – kein Interesse daran hatten, die Staatskirche zu
fördern. Dies wird man durchaus auch im Zusammenhang mit ihrer gestie-
genen finanziellen Belastung durch die *cess* sehen müssen.

Dass die *cess* im Parlament von 1569–71 ein hochaktuelles Thema war,
wenn sie auch nicht im Rahmen der Gesetzgebung auftauchte, beweist ein
in dieser Zeit verbreitetes Pamphlet gegen die *cess* mit dem Titel *Tom
Troth*.[119] Vor diesem Hintergrund verteidigte Lord Deputy Sidney die *cess*
in seiner Abschlussrede gegenüber dem Parlament. Sidney betonte die Bedeutung des durch die *cess* finanzierten Heeres für die Verteidigung der

---

[113] Sidney an Königin Elisabeth, 1567, zitiert in: Ebd., S. 60.
[114] Auch die städtischen Freiheiten wurden in dieser Phase nochmals bestätigt oder
sogar erweitert: „The years between 1558 and 1580 saw the continuation and even en-
largement of the close relationship between the government and the towns. Most urban
areas received new charters …" (SHEEHAN, Irish Towns, S. 105, vgl. S. 106).
[115] Zitiert in: TREADWELL, Irish Parliament of 1569–71, S. 70; vgl. HOOKER, Irish
Chronicle, S. 344–345.
[116] Vgl. TREADWELL, Irish Parliament of 1569–71, S. 74–75, 86–87.
[117] Vgl. ebd., S. 85.
[118] Vgl. ebd., S. 63, 69.
[119] Vgl. CAMPION, Two Bokes, S. [142]; BRADY, Chief Governors, S. 238.

loyalen Anglo-Iren und machte deutlich, dass England auch seinen finanziellen Beitrag dazu leiste: „Are your enemies more tractable then they
have been? Are they fewer? Are you by yourselves of force to matche
them? If you be, the weare Englande starke madd to disbusse twentie or
thirtie thousande poundes a yeare for none other purpose but to vexe and
greve you. ... Naye, rather thinke truelie we tender your quietnes and ...
preservacion as a nation derived from our ance[s]tors, engraffed and incor-
porate into one bodye with us, disturbed by a sorte of barbarous odious to
God and man that lapp your blood as gredelie as ours."[120]

Auch in den darauf folgenden Jahren war jedoch keine alternative Finan-
zierungsmöglichkeit für das stehende Heer in Irland in Aussicht, und die
vom Lord Deputy vorgeschlagene Lösung stellte für die loyalen Anglo-Iren
eine direkte Bedrohung ihrer Rechte als Untertanen der Krone dar. 1575
wollte nämlich Vizekönig Sidney die *cess* in eine dauerhafte, feste Abgabe
umwandeln und damit ihren grundsätzlichen Charakter als vorübergehende
Kontribution in Not- und Bedrohungssituationen verändern.[121] Er berief
sich bei dieser Maßnahme auf die königliche Prärogative.[122] Sidney forderte die loyalen Anglo-Iren auf: „Examine not [the prince's] authority,
neither decipher his power. Compare not your principles with his authority,
neither dispute your liberties with his prerogative. For notwithstanding
these principles, grants and liberties be great, yet they cannot abate or im-
pugn the least part of your prince's prerogative which is so great as
nothing can be greater."[123] Aus der Sicht der loyalen Anglo-Iren wurde
hier jedoch eine Steuer ohne die notwendige parlamentarische Zustimmung

---

[120] CAMPION, Two Bokes, S. [148], vgl. S. [147]–[150].

[121] Sidney bezeichnete diesen Vorschlag auch als *composition*, denn er sah ihn im
Zusammenhang mit seinen Versuchen, in den Gebieten der gälischen und anglo-irischen Lords *coyne and livery* in feste Abgaben zu verwandeln. Neben der Lösung der
finanziellen Probleme der Krone sollte die Pale mit ihrer *composition* der *cess* als Vorreiter und Vorbild für das gesamte Land fungieren. (Vgl. LENNON, Sixteenth-Century
Ireland, S. 186).

[122] Auch die Berufung auf die königliche Prärogative hatte eine Vorgeschichte, war
aber niemals zuvor in dieser Deutlichkeit vorgetragen worden: „Bellingham had
employed the prerogative to justify a wide range of demands in times of necessity, but
he had conceded that consultation might occur with representatives of the country to
determine if such necessity actually existed. Sussex took the case further by insisting
that the question of necessity was a strategic issue which could be determined only by a
military governor. But he himself shied away from basing his demands on the prerogative alone. Characteristically, the clearest expression of this new view came from Sidney." (BRADY, Chief Governors, S. 243).

[123] Zitiert in: BRADY, Conservative Subversives, S. 21; vgl. BRADY, Court, S. 42;
LENNON, Sixteenth-Century Ireland, S. 188.

erhoben, und das parlamentarische Recht auf Steuerbewilligung wurde unterminiert.[124]

Im Verlauf der zweiten Hälfte des 16. Jahrhunderts stellte die Regierung in Dublin dann allmählich fest, dass sie durch die systematische Erhebung der *cess* finanziell besser dastand als durch die zögernde Bewilligung von Steuern durch das Parlament.[125] Denn gerade die Bürde der *cess* hatte zur Folge, dass die anglo-irische Bevölkerungsgruppe keine weiteren Belastungen durch erhöhte Steuern mehr tragen konnte und sich diesen im Parlament verweigerte.[126] In dieser Situation erwies sich das Parlament für die Regierung in Irland zunehmend als entbehrlich.[127] Dieser Vorgang erinnert in europäisch vergleichender Sicht an die Entwicklung in den deutschen Territorialstaaten während und in der Folge des Dreißigjährigen Krieges. Unter Berufung auf die *necessitas*, den durch den Krieg hervorgerufenen Notstand, besteuerten die Landesherren ihre Untertanen auch ohne die Zustimmung der Stände. Damit verloren die Stände zunehmend an Einfluss, wogegen der Staat dauerhaft ein stehendes Heer finanzieren konnte.[128]

Die Anglo-Iren befanden sich zunehmend in einem Dilemma: „Loyal subjects of the crown who had repeatedly urged the revival of English government in Ireland, they could continue to support this endeavour only by sacrificing their hallowed rights as Englishmen under English law. Yet they could reject the claims of the English government only at the risk of identifying themselves with their own and the crown's traditional enemies, the Gaelic Irish."[129] Rebellion lag den loyalen Anglo-Iren des Bürgertums und der Gentry fern. Sie begannen stattdessen, sich durch ein gewisses Maß an zivilem Ungehorsam gegen die *cess* zu wehren. So entwickelte sich seit den 1570er Jahren der Widerstand der loyalen Anglo-Iren gegen die *cess* allmählich zu „a fully articulated, constitutional case".[130] Sie wollten den unter Heinrich VIII. festgeschriebenen konstitutionellen Status Irlands als unabhängiges Königreich in Personalunion mit England verteidigen. Und sie betonten ihre Mitbestimmungsrechte im Parlament, die sie durch die Politik der Vizekönige in Gefahr sahen. „They not only considered the two monarchies as of equal status, but also desired to maintain a balance between the power of the executive and the interest of the subject in Ireland."[131]

---

[124] Vgl. BRADY, Conservative Subversives, S. 20–21.

[125] Vgl. ASCH, Englische Herrschaft, S. 386–387.

[126] Vgl. ELLIS, Parliament, S. 61–62.

[127] Nach dem Parlament von 1585/86 wurde erst wieder unter James I. im Jahr 1613 ein Parlament einberufen. Siehe unten B.III.1.b und B.IV.2.b.

[128] Vgl. SCHILLING, Aufbruch und Krise, S. 437.

[129] BRADY, Conservative Subversives. S. 21.

[130] Ebd., S. 25.

[131] PERCEVAL-MAXWELL, Ireland and the Monarchy, S. 285–286.

Deshalb bezeichneten sie sich als „commonwealth men" oder „country-men".[132]

Im Jahr 1577 begannen die loyalen Anglo-Iren erneut eine systematische Kampagne gegen die *cess* und sandten auch eine Delegation an den Londoner Hof. Nach ihrer anfänglichen Inhaftierung appellierten sie wiederum erfolgreich an die Königin, indem sie ihre besondere Loyalität gegenüber der Krone betonten.[133] Sie erreichten auch die Abberufung des Vizekönigs.[134] Die Entlassung Sidneys im Jahr 1578 eröffnete die Möglichkeit, die politische Entfremdung der loyalen Anglo-Iren rückgängig zu machen und sie erneut in den von der Regierung angestrebten Staatsbildungsprozess positiv einzubinden. Dies sollte jedoch nicht gelingen, und die 1580er und 90er Jahre waren geprägt von einer zunehmenden politischen und konfessionellen Polarisierung der irischen Gesellschaft. Das Selbstverständnis der loyalen Anglo-Iren erfuhr in dieser Phase einen fundamentalen Wandel.[135]

[132] BRADY, Conservative Subversives, S. 25; vgl. BOTTIGHEIMER, Kingdom and Colony, S. 50; CANNY, Formation of the Old English Elite, S. 24; PERCEVAL-MAXWELL, Ireland and the Monarchy, S. 285–286.
[133] Vgl. BRADY, Chief Governors, S. 242.
[134] Vgl. BRADY, Conservative Subversives, S. 22; LENNON, Sixteenth-Century Ireland, S. 187.
[135] Vgl. BRADY, Conservative Subversives, S. 25.

III. Die Umschwungphase: Abschluss der staatlichen Durchdringung auf dem Weg der Eroberung und konfessionelle Polarisierung – 1580–1603

1. Politische und konfessionelle Entfremdung der loyalen Anglo-Iren

a) Die Baltinglass-Rebellion (1580/81): Die Explosivität der Verknüpfung von Konfession und Politik

Während die Regierung seit 1579 damit beschäftigt war, die Rebellion James Fitzmaurice Fitzgeralds in Munster niederzuschlagen,[1] schlossen sich im Jahr 1580/81 in der Pale überraschend zwei Gentlemen der Desmond-Rebellion an. Die Aufstände von James Eustace, Viscount Baltinglass, und William Nugent, zwei gälisierten Gentlemen am Rande der Pale, hatten auf vielen Ebenen Signalcharakter. Sie machten vor allem deutlich, dass politische Unzufriedenheit gepaart mit dem neuen Faktor ‚Konfession‘ eine sehr brisante Mischung war, die nun auch das Zentrum englischer Macht in Irland bedrohte. Einerseits verstanden sich alle Aufständischen im Kontext politischen Widerstands gegen ausgreifende frühmoderne Staatlichkeit: „Amongst the most gaelicised of the border lords of the Pale a common awareness of the implications of reform by composition made Fitzmaurice's reaction seem quite appealing."[2] Andererseits beriefen sich viele der Aufständischen aber auch auf die Verteidigung des Katholizismus. Die Verknüpfung beider Faktoren ergab eine dynamische und explosive Mischung.

Dies wurde vor allem an der Rebellion von James Eustace, Viscount Baltinglass, deutlich. Baltinglass war an den Inns of Court in London zum Juristen ausgebildet worden und hatte einige Jahre in Rom verbracht, bevor er 1579 sein Erbe antrat. In Rom war er zum Katholizismus bekehrt worden. Sein Vater war in den Jahren zuvor einer der Wortführer in der Kampagne gegen die *cess* gewesen.[3] Kurz bevor er sich zur Rebellion entschloss, war Eustace von der High Commission of Ecclesiastical Causes, einer zentralen Institution zur Durchsetzung der Reformationsgesetzgebung,[4] „for having attended mass"[5] zu einer hohen Geldstrafe verurteilt worden.

---

[1] Siehe oben B.II.2.a.
[2] BRADY, Conservative Subversives, S. 26.
[3] Vgl. LENNON, Sixteenth-Century Ireland, S. 202–203.
[4] Zur High Commission of Ecclesiastical Causes siehe unten C.II.1.b.
[5] LENNON, Lords, S. 151.

Baltinglass' Begründung für seine Rebellion macht die Verknüpfung konfessioneller und politischer Motive deutlich: Er sagte, „a woman, uncapax of all holy orders" könne nicht *supreme governor* einer Kirche sein und Irland habe in Elisabeths Regierungszeit „more damnable doctrine" und „more oppressing of poor subjects, under pretence of justice"[6] ertragen müssen als jemals zuvor. Auch der Personenkreis, den Baltinglass für seinen Aufstand gewinnen konnte, spricht für sich. Dazu zählten einerseits *marcher lords* der Pale, die die von Sidney vorgeschlagene *composition* für die Pale ablehnten, und andererseits Juristen, die in den Verfassungskämpfen der vorangegangenen Jahre an vorderster Front gestanden hatten.[7]

Im Winter 1580 begann der neue Chief Governor, Lord Grey de Wilton, die Baltinglass Rebellion niederzuschlagen. Dabei verhaftete er den Grafen von Kildare und den Baron von Delvin unter dem Verdacht, Baltinglass geholfen zu haben.[8] Daraufhin kam es zu einer erneuten Rebellion, angeführt vom Bruder des verhafteten Barons, William Nugent. Dieser Aufstand war vorrangig vom persönlichen Interesse Nugents motiviert, der seinen Bruder aus der Haft befreien wollte.[9] Unter den Aufständischen lässt sich zudem eine Gruppe jüngerer Söhne von Gentry-Familien identifizieren, deren Zukunft als Amtsträger der englischen Krone in Irland auf Grund der Zuwanderung von Neuengländern unsicher war.[10] Aber auch bei der Nugent-Rebellion gab es einige Teilnehmer, die die Konfession als Hauptgrund für ihren Aufstand ansahen, namentlich George Netterville.[11]

Der eingangs angesprochene Signalcharakter ging jedoch weniger von den Rebellionen selbst aus, die rasch von Lord Grey de Wilton niedergeschlagen wurden und mit der Flucht der beiden Anführer 1581/82 endeten, sondern vielmehr von den Reaktionen des Vizekönigs. Die Mehrheit der Gentry der Pale hatte sich an den Aufständen nicht beteiligt, und die aus Palesmen zusammengesetzten Geschworenengerichte sprachen die Rebellen problemlos und umgehend schuldig.[12] Doch Lord Grey de Wilton war davon überzeugt, die Rebellionen seien Teil einer großen, die gesamte Pale umfassenden Verschwörung, und er ging entsprechend hart vor.[13] In den

---

[6] Carew, Bd. 2: 1575–1588, S. 289–290, hier S. 289.
[7] Vgl. LENNON, Sixteenth-Century Ireland, S. 203.
[8] Vgl. ebd., S. 317.
[9] Vgl. COBURN-WALSHE, Rebellion, S. 29–32, 51.
[10] Vgl. ebd., S. 33–34; LENNON, Sixteenth-Century Ireland, S. 204.
[11] Vgl. LENNON, Sixteenth-Century Ireland, S. 317; COBURN-WALSHE, Rebellion, S. 34–35 (dort eine Aufzählung der unterschiedlichen Motive der Rebellen), 40.
[12] Vgl. COBURN-WALSHE, Rebellion, S. 39.
[13] Vgl. den Brief von Wallop an Walsingham von 1581: „... the State is so far altered from former times, their hearts so much alienated from [the Queen] and our nation, and so greatly affected to foreign nations and Papistry, as I fear [the Queen] shall ... lose even the Pale itself in very short time. This late discovered conspiracy and combination in the Pale, which stretcheth to all the best houses of English name, doth suffi-

Jahren 1581 bis 1584 verhaftete und verhörte Grey zahlreiche Mitglieder der Gentry und des Stadtbürgertums der Pale und ließ etwa zwanzig Gentlemen hinrichten, bevor er vom englischen Privy Council gestoppt wurde. Diese Ereignisse hatten entscheidende Auswirkungen auf die eng verflochtene Gesellschaft der Pale, denn von den unerbittlichen Reaktionen der Regierung waren viele Familien betroffen, vor allem die in den 1570er Jahren als Wortführer der *commonwealth men* hervorgetretenen Gentlemen.[14]

Hinzu kam, dass einige der zum Tode Verurteilten wie Märtyrer für den katholischen Glauben starben. Die verurteilten Gentlemen George Netterville, Robert Sherlock und Christopher Eustace bekräftigten auf dem Schafott, dass sie für ihre Konfession stürben. Sie verweigerten sich den Bekehrungsversuchen des anwesenden protestantischen Pfarrers Thomas Jones, des zukünftigen Bischofs von Meath, mit dem Ausruf „Vade Satana – Vade post me, Satana". Christopher Eustace fragte Jones: „Is it not enough for you to have our lives but that you must seek also to draw us from our religion?"[15] Und als die Verurteilten für die Königin beten sollten, lehnten sie dies ebenfalls ab.[16] In diesem Zusammenhang ist auch die Hinrichtung des katholischen Erzbischofs von Cashel, Dermont O'Hurley, zu sehen, dem man vorwarf, auf dem Kontinent für die irischen Rebellen tätig gewesen zu sein. Bereits kurz nach seiner Ankunft in Irland wurde er gefangen genommen und 1584 nach Kriegsrecht zum Tode verurteilt.[17]

Das Ergebnis des Zugriffs von Lord Grey war paradox: „Baltinglass's radical interpretation of the relationship of government and society in the Pale had apparently been validated by the government's ruthless reaction ..."[18] Durch sein hartes Vorgehen gegen die „hot-headed idealists"[19] provozierte der Lord Deputy genau das, was er zu verhindern suchte: die endgültige Formierung des politisch-konfessionellen Widerstands der lo-

---

ciently prognosticate the same." (H. Wallop to Walsingham, 6. Nov. 1581, in: State Papers, hg. v. BRADY, S. 56).

[14] Vgl. BRADY, Conservative Subversives, S. 27; ELLIS, Tudor Ireland, S. 282; LENNON, Sixteenth-Century Ireland, S. 204.

[15] Thomas Jones, preacher, relates the execution of three gentlemen for treason, and his attempts to convert them, 18. Nov. 1581, in: State Papers, hg. v. BRADY, S. 56–57, hier S. 57.

[16] Vgl. COBURN-WALSHE, Rebellion, S. 40. Ein Bäcker aus Wexford sagte bei seiner Hinrichtung, „that he knew nothing of religious controversy but that he was a Catholic and believed what the ‚holy mother church' believed". (LENNON, Sixteenth-Century Ireland, S. 317). Hieran wird meines Erachtens deutlich, dass der gemeine Mann ein ausgeprägtes Bewusstsein konfessioneller Abgrenzung haben konnte, ohne sich in Theologie und Dogma der eigenen Konfession auszukennen.

[17] Vgl. LENNON, Sixteenth-Century Ireland, S. 205.

[18] BRADY, Conservative Subversives, S. 27.

[19] ELLIS, Tudor Ireland, S. 282.

yalen Anglo-Iren, vor allem der Palesmen, gegenüber der Regierung.[20] Das im Jahr 1585 von Vizekönig Perrot einberufene Parlament sollte dafür – trotz gegenteiliger Erwartungen der Regierung – katalytische Wirkung haben.

b) Das Parlament von 1585/86: Politisch-konfessioneller Widerstand im Rahmen der Verfassung

Nach der vollständigen Niederschlagung der Desmond-Rebellion und der mit ihr zusammenhängenden Aufstände wollte die Krone einen erneuten Versuch zur umfassenden Staatsbildung und zur Etablierung der Staatskirche in Irland machen. Deshalb wurde Sir John Perrot zum Vizekönig berufen, der mit einem breiten politischen und konfessionellen Reformprogramm antrat. Perrot plante sowohl eine *composition*, d.h. die Umwandlung der *cess* in eine dauerhafte Steuer für ganz Irland, wie sie Sidney bereits 1575 angestrebt hatte, als auch die Einführung der meisten englischen Gesetze gegen die so genannte *recusancy*, die Weigerung, an den Gottesdiensten der Staatskirche teilzunehmen. Zudem wollte Perrot – nach dem Vorbild der Politik St. Legers in der ersten Hälfte des 16. Jahrhunderts – sein Reformprogramm von einem Parlament in Kraft setzen lassen und ihm damit den Rückhalt der ‚Vertretung des Landes‘ sichern.[21]

Für den Lord Deputy gehörten die angestrebten Reformen auf politischem und konfessionellem Gebiet untrennbar zusammen. Beide waren seines Erachtens notwendig, um Irland in ein friedliches, ‚zivilisiertes‘ und der Königin gehorsames Land zu verwandeln.[22] Diese Politik des Vizekönigs war zwar im europäisch-vergleichenden Kontext der Zeit um 1580 beileibe nicht außergewöhnlich – im Europa der zweiten Hälfte des 16. Jahrhunderts waren Staatsbildung und Konfessionalisierung eng verknüpft. In Irland jedoch war Perrots Reformprogramm, das seine politischen und konfessionellen Ziele eng zusammenband, eine neue Entwicklung. Dies beruhte vor allem auf der Erfahrung der Baltinglass-Rebellion, als die Dubliner Regierung sich in der Pale von einer Rebellion mit konfessionellen Motiven bedroht sah. Dagegen wollte der Vizekönig nun mit Nachdruck vorgehen.

---

[20] Vgl. BRADY, Conservative Subversives, S. 27–28; LENNON, Sixteenth-Century Ireland, S. 317.

[21] Vgl. BRADY, Conservative Subversives, S. 28; BRADY, Chief Governors, S. 293; LENNON, Sixteenth-Century Ireland, S. 205–206; TREADWELL, Sir John Perrot, insbes. S. 271.

[22] In einem Brief an das englische Unterhaus beschrieb Perrot Irland als übervoll mit „heathenish and superstitious idolatries, treasons, rebellions, murders, rapes, robberies, stealths" und befürwortete die Umwandlung Irlands in „a strong and profitable ornament to England where religion, duty, obedience, peace, quietness, true dealing, order and civility may be planted in it". (Zitiert in: TREADWELL, Sir John Perrot, S. 274–275; vgl. BAGWELL, Ireland under the Tudors, Bd. 3, S. 136–137).

Doch erneut verlief die Entwicklung entgegen den Erwartungen Perrots. Statt den katholischen Konfessionalisierungsprozess unter den loyalen Anglo-Iren aufzuhalten, trug Perrot zu dessen Eskalation bei. Druck erzeugte Gegendruck, und so provozierte der Lord Deputy durch seine Politik die endgültige Synthese von religiösen Neigungen und politischem Widerstand bei den loyalen Anglo-Iren im Parlament von 1585/86.[23]

Die Situation zu Beginn des Parlaments wurde noch dadurch verschärft, dass die High Commission of Ecclesiastical Causes just zu dieser Zeit wieder aktiv wurde[24] und dass Perrot erstmals von lokalen Amtsträgern die Ablegung des Suprematseides forderte.[25] So war die Atmosphäre bereits gereizt, als das Parlament im Frühjahr 1585 zusammentrat. Der Lord Deputy eröffnete die Sitzungen mit einem Gesetzesvorschlag zur Aufhebung von *Poynings' Law.* Dies war zwar seit Beginn der *direct rule* nichts Außergewöhnliches, aber das Parlament hatte bereits 1569 durch die Ablehnung desselben Vorschlags des damaligen Vizekönigs Sidney sein Misstrauen gegenüber einem Chief Governor ausgedrückt. In der Atmosphäre der 1580er Jahre kam der Initiative Perrots eine noch größere Bedeutung zu. Die anglo-irischen Parlamentarier vermuteten dahinter den Versuch, sie ohne Wissen der englischen Regierung zu überrumpeln, und wollten deshalb die Zustimmung des Londoner Privy Council zu den irischen Gesetzesvorschlägen sicherstellen. „Thus the debate over suspension [of Poynings' Law] became the focus of all the burgeoning anxieties of the Pale."[26]

Die loyalen Anglo-Iren starteten eine regelrechte Propagandakampagne und formierten sich zu einer fest gefügten Opposition, die sich wiederum *commonwealth men* nannte. Für sie stellten die Vorschläge Perrots einen Angriff sowohl auf ihre alten konstitutionellen Freiheiten als auch auf ihre Gewissensfreiheit dar – und es folgte, dass, wenn beide gemeinsam angegriffen wurden, beide gemeinsam zu verteidigen waren.[27] Auf beiden Seiten – von ‚oben' und von ‚unten', von Seiten der Dubliner Regierung und von Seiten der *commonwealth men* – nahm somit der Konfessionalisierungsprozess seinen Lauf.

---

[23] Brady schreibt dazu: „... Perrot at once fused the two converging fears of the Palesmen and provided them with a forum in which to oppose him." (BRADY, Conservative Subversives, S. 28).

[24] Siehe unten C.II.1.b. Vgl. TREADWELL, Sir John Perrot, S. 274; EDWARDS, Church and State, S. 270.

[25] Siehe unten C.II.1.a.

[26] BRADY, Conservative Subversives, S. 29; vgl. TREADWELL, Sir John Perrot, S. 286.

[27] Vgl. BRADY, Conservative Subversives, S. 29; ELLIS, Tudor Ireland, S. 286; TREADWELL, Sir John Perrot, S. 285–286 (dort detailliert zur ‚Obstruktionspolitik' der Palesmen in den Commons).

Das Parlament Perrots wurde – obwohl die Dubliner Regierung versuchte, die Opposition einzuschüchtern – zu einem Desaster, da sowohl die politischen Reformpläne, die *composition*, als auch die konfessionelle Forderung nach Einführung der englischen *recusant laws* abgelehnt wurden.[28] Als das Parlament vertagt wurde, fuhr eine anglo-irische Delegation an den Hof nach London und suchte auf diesem bereits erfolgreich erprobten Weg ihre Interessen durchzusetzen. Die nun folgenden Ereignisse sind Ausdruck eines Verhaltensmusters, das das Beziehungsdreieck loyale Anglo-Iren – irische Regierung – Londoner Hof in den darauf folgenden Dekaden entscheidend prägte.

Wie bereits in den 1560er und 70er Jahren war die anglo-irische Delegation auch jetzt am Hof äußerst erfolgreich. Die Konfessionalisierungspolitik der irischen Regierung ,von oben' wurde aus London mit deutlichen Worten gestoppt. Die Königin, deren Maxime „not ... to make windows into men's hearts and secret thoughts, except the abundance of them did overflow into overt express acts and affirmations"[29] in England durchaus zum Erfolg führte, wollte auch in Irland nicht mit Härte vorgehen. Perrot wurde mit zahlreichen Direktiven aus London dazu aufgefordert, sich zu mäßigen. Vor allem musste er die Durchsetzung des *oath of supremacy* beenden und sein *composition*-Programm aufgeben zu Gunsten einer Ablösung aller *cesses* gegen eine einmalige Zahlung von 1500 Pfund durch die Palesmen.[30]

Im Zeitalter der Konfessionalisierung der internationalen Politik, und vor allem angesichts des Konfliktes mit Spanien, ging es der Krone um die Sicherung Irlands als englischer Hintertür.[31] Um die Gefahr von Rebellionen und politischem Widerstand abzuwenden, wurden vielfach alle politisch-konfessionellen Ziele, die die englischen Amtsträger in Irland formuliert hatten, hintangestellt. Dies untergrub häufig die Stellung der Verantwortlichen in Irland, die zudem angesichts des erstarkenden Katholizismus der Meinung waren, nur durch eine aktive Konfessionalisierungspolitik könne die Kontrolle über das Königreich Irland auf Dauer gesichert werden.[32] So entwickelte sich auch im Verhältnis zwischen der Londoner und

---

[28] Vgl. ELLIS, Tudor Ireland, S. 286; LENNON, Sixteenth-Century Ireland, S. 206.

[29] So Francis Bacon, zitiert in: HAIGH, Elizabeth I, S. 37.

[30] Vgl. BRADY, Conservative Subversives, S. 29; LENNON, Sixteenth-Century Ireland, S. 206–207.

[31] Vgl. TREADWELL, Sir John Perrot, S. 292.

[32] Dies hatte Lord Grey bereits im Jahr 1580 in einem Schreiben an die Königin formuliert: „Your Highness ... gave me a warning for being strict in dealing with religion. I have observed it, how obediently soever yet most unwillingly I confess, and I doubt as harmfully to your and God's service – a canker never receiving cure without corrosive medicines." (Arthur, Lord Grey, Lord Lieutenant of Ireland, ... to the Queen, 22. Dez.

der Dubliner Regierung ein Verhaltensmuster, das von Zurückhaltung auf der einen und von dem Ruf nach hartem Durchgreifen auf der anderen Seite geprägt war.

Nach dem Eingreifen der englischen Regierung und dem ‚Rückzug' Perrots bekundete der Bischof von Meath, Thomas Jones, öffentlich seinen Unmut über die Entscheidung, in der konfessionellen Frage nicht mehr gegen die loyalen Anglo-Iren vorzugehen. Im Mai 1586 predigte er über das Thema „Whether magistrates may tolerate with Papists"[33] und beschuldigte Perrot der übertriebenen Nachsicht gegenüber Katholiken; es folgte eine Gegenpredigt von „Mr. Powell",[34] in der die Haltung der englischen Regierung deutlich zum Ausdruck kam: „... princes might tolerate with Idolatry, for the strength of the Realm and the increase of God's Church – so that they were not permitted publicly to commit Idolatry nor infect others, and had instructors provided for them."[35] Jones antwortete mit einer weiteren Predigt, in der er bekräftigte, dass „this land [whose inhabitants] – after Twenty-six years' preaching ... – were not to be counted children but to be dealt withal sharply and punished severely".[36] Daraufhin wurde die Kontroverse von London aus gestoppt.[37]

Insgesamt war das Parlament von 1585/86 aus der Sicht Lord Deputy Perrots ein vollkommener Misserfolg. Lediglich die Erneuerung der von Sidney eingeführten Weinsteuer war ein Gewinn für die irische Regierung. Die *composition* fand nicht statt, und die Einführung der englischen Statuten gegen *recusants* wurde umgewandelt in eine harmlose Gesetzesvorlage „to induce the queen's majesty's subjects to the knowledge of their duty towards God and to know their obedience towards their Prince"[38] – ein Wortlaut, der für die loyale anglo-irische Bevölkerungsgruppe akzeptabel war. Durch die Ablehnung der meisten Gesetzesvorschläge hatte das Parlament der Regierung seine Entbehrlichkeit bewiesen. Die Regierung bemühte sich fortan nicht mehr um die parlamentarische Zustimmung zu

---

1580, in: State Papers, hg. v. BRADY, S. 43–44, hier S. 44; vgl. Lord Grey, Lord Lieutenant, to Walsingham, 24. April 1581, in: State Papers, hg. v. BRADY, S. 46).

[33] A report, written by the archbishop of Armagh, John Long, 1586, in: State Papers, hg. v. BRADY, S. 113–115, hier S. 113.

[34] Ebd., S. 114. (Wahrscheinlich war „Mr. Powell" Moses Powell, der spätere Dean of Leighlin. Vgl. TREADWELL, Sir John Perrot, S. 304).

[35] A report, written by the archbishop of Armagh, John Long, 1586, in: State Papers, hg. v. BRADY, S. 113–115, hier S. 114.

[36] Ebd.; vgl. TREADWELL, Sir John Perrot, S. 304.

[37] Dass Perrot die Anweisungen der englischen Regierung auf diesem Gebiet ausführen musste, brachte ihn selbst in Misskredit bei seinen neuenglischen Kollegen im irischen Privy Council und trug letztlich zu seinem Untergang – er wurde wegen Hochverrats verurteilt – bei. (Vgl. TREADWELL, Sir John Perrot, S. 304).

[38] Ebd., S. 294.

Steuern, die dann doch nur widerwillig oder gar nicht bewilligt wurden.[39]
Stattdessen blieb die *cess* erhalten und wurde von den Chief Governors regelmäßig beansprucht oder auf dem Verhandlungswege in eine einmalige
Geldzahlung der Palesmen umgewandelt. Das Parlament wurde unter Elisabeth überhaupt nicht mehr und unter ihrem Nachfolger erst 1613 wieder
einberufen.

Aus der Rückschau sah Erzbischof Adam Loftus im Jahr 1590 das Parlament Perrots und die Vorgänge im Umkreis des Parlaments als entscheidenden Wendepunkt für die konfessionelle Entwicklung Irlands und der
loyalen anglo-irischen Bevölkerungsgruppe an. Er schrieb an Sir William
Cecil, Lord Burghley, Elisabeths Secretary of State: „... albeit there hath
been in this people a general disposition to popery, as to a thing wherein
they are misled, ever from their cradle, yet this general recusancy is but of
six years continuance at the most, and began in the second year of Sir John
Perrot's government, in the beginning of the parliament holden by him.
Before which time I well remember, and do assure your Lordship, there
were not in the pale the number of twelve recusants, gentlemen of account.
But, since, they have grown to such obstinacy and boldness that it is to be
feared – if some speedy remedy be not provided – upon pretence of religion they will shake off all duty and obedience."[40] Loftus beschrieb auch
den Effekt, den die königliche Anweisung an Perrot, auf religiöser Ebene
nicht gegen die loyalen Anglo-Iren vorzugehen, in der Pale hatte: „And
presently it was bruited throughout the pale, that her Majesty's pleasure
was that they should not be touched for their religion, but should be permitted to use the same at their pleasure, and so they did during the time of
Sir John's government, wherein they took such heart and grew to such
obstinacy that now they can hardly be reclaimed."[41]

c) Die konfessionelle Entfremdung der loyalen Anglo-Iren

Der Prozeß der konfessionellen Entfremdung der loyalen Anglo-Iren war
eine über mehrere Jahrzehnte zwischen den späten 1570er Jahren und dem
frühen 17. Jahrhundert verlaufende Entwicklung, deren wesentliche Elemente und Schübe im Folgenden skizziert werden sollen. Ihren augenfäl-
ligsten Ausdruck fand diese Entfremdung in der zunehmenden *recusancy*
der loyalen Anglo-Iren. Die Entscheidung, nicht mehr an den Gottesdiens-

---

[39] So wurde z.B. auch die Weinsteuer nach Ablauf ihrer zehnjährigen Bewilligungs-
frist ab dem Jahr 1596 ohne parlamentarische Grundlage, allein unter Berufung auf die
königliche Prärogative, eingezogen. (Vgl. TREADWELL, Establishment, S. 581;
TREADWELL, Irish Customs, S. 417).

[40] Archbishop Loftus to Burghley, 22. Sept. 1590, in: State Papers, hg. v. BRADY,
S. 124–128, hier S. 125.

[41] Ebd., S. 126.

ten der Staatskirche teilzunehmen, war zugleich ein öffentliches Bekenntnis zur katholischen Konfession. Konformität mit der protestantischen Staatskirche war zwar in einer Situation vorkonfessioneller Offenheit möglich gewesen, jedoch mit den sich nun festigenden konfessionellen Überzeugungen nicht mehr vereinbar.[42]

Dieser Umbruch war so auffällig, dass die Zeitgenossen, vor allem die neuenglischen Beobachter, ihn klar erkannten und dokumentierten. Einige Beispiele: Die Stadt Waterford in Munster, wegen ihrer traditionellen Loyalität zur Krone als „her Majesty's Chamber"[43] bezeichnet, galt den Amtsträgern der Krone als erste Stadt, die sich dem Katholizismus zugewandt hatte. Sir John Dowdall urteilte 1595: „... what town did first refuse to come to the church and to be partakers of the rites thereof as God's Word doth allow, even the good town of Waterford, ... which were never but loyal ..., but it is well known they have in their town seminaries, Jesuits, Popish priests and friars, and they were the first that refused the Church ..., they being not punished another followed their example, and another and another, and now all the townsmen of the Kingdom are become apostates and do oppose themselves against God and her Majesty's laws."[44] Im 17. Jahrhundert erhielt Waterford deshalb den neuen Beinamen „Parva Roma", da aus dieser Stadt die meisten Studenten auf den Kontinent gingen und als Missionare nach Irland zurückkehrten.[45] Der protestantische Bischof von Cork und Ross, William Lyon, schrieb 1596: „... they generally are mightily drawn away from their loyalty to Her Majesty's godly laws now within these two years so far, that where I had a thousand or more in a church at sermon, I now have not five; and whereas I have seen 500 communicants or more, now are there not three; ..."[46]

Die Entwicklung in Galway zeichnete sich offenbar durch einen besonders scharfen Bruch aus. Während die Bewohner Galways den Verantwortlichen in Staat und Kirche noch in den 1580er Jahren als „for the most part, very well affected in religion already and more given to embrace the

---

[42] Vgl. FORD, Protestant Reformation in Ireland, S. 57–58. – Auch in England entwickelte die *Catholic community* in den 1580er und 90er Jahren eine neue Dynamik und Entschlossenheit, die auf dem Einfluss von Missionaren beruhte und die sich in *recusancy* offenbarte. (Vgl. BOSSY, English Catholic Community, S. 11–34; SMITH, Emergence, S. 244).

[43] Sir John Dowdall to Lord Burghley, 9. März 1595, in: Irish History, hg. v. MAXWELL, S. 146–147, hier S. 147; vgl. WALTON, Merchant Community, S. 189.

[44] Sir John Dowdall to Lord Burghley, 9. März 1595, in: Irish History, hg. v. MAXWELL, S. 146–147, hier S. 147; vgl. auch Richard Whyte to Burghley, 8. Mai 1590, in: CSPI 1588–1592, S. 340–341, hier S. 341: „Mass is openly attended in Waterford."

[45] WALTON, Church, S. 189. Vor allem unter den Jesuiten waren die Waterforder zahlreich vertreten. (Vgl. WALTON, Merchant Community, S. 190).

[46] William [Lyon], Bishop of Cork and Ross, to Lord Hunsdon, 6. Juli 1596, in: CSPI 1596–1597, S. 13–17, hier S. 14.

doctrines of the Gospel generally than any people in Ireland"[47] galten, konstatierte man zu Beginn der 1590er Jahre: „... Gallway ... hath bene once
the paradisse of Ireland in nomber and zeale of professors of the Gospell so
now what through the necglegence of the magistrates for not preservinge
the heate and furtheringe the fruitfullnesse as by rasen of certayne Romish
flatterers secrettly seducinge them are exceedingly fallen away so ffarre yt
wheare heretofore ther was noe exception for all sorts and sex to repayer
to the Church now very few of their men and not the cheefest will be seene
to frequent the same."[48]

Die konfessionelle Entfremdung der loyalen Anglo-Iren vollzog sich auf
den Schlüsselebenen der Konfessionalisierung, wie sie Heinz Schilling und
Wolfgang Reinhard herausgearbeitet haben: Erstens im Bereich der Opposition gegen eine englische Staatsbildung mit absolutistischen Zügen und
im Bereich des Widerstandes gegen den eigenen politischen Machtverlust
in der Dubliner Zentralverwaltung und im Parlament; zweitens im Bereich
der Bildung; drittens durch einen Generationswechsel; und viertens über
das Konnubium. Die drei letztgenannten Ebenen werden im Folgenden kurz
erläutert.

Nach den mangelnden Bildungsinitiativen der Regierung in der vorkonfessionellen Phase[49] fand der entscheidende Schritt im Bereich der Bildung
seit den späten 1570er und vor allem in den 1580er Jahren auf Seiten der
loyalen Anglo-Iren statt: Das Stadtbürgertum und die Gentry schickten ihre
Söhne zunehmend an katholische Universitäten auf dem Kontinent – im
vollen Bewusstsein, dass an diesen Universitäten im Geist des tridentinischen Katholizismus gelehrt wurde.[50] Dort wurden immer mehr Söhne
anglo-irischer Familien zu Missionaren ausgebildet. Die Verantwortlichen
auf Seiten des Staates und der Church of Ireland waren sich der Bedeutung
dieser Entwicklung in hohem Maße bewusst und versuchten deshalb immer
wieder, den Exodus auf den Kontinent zu unterbinden, was ihnen jedoch
nicht gelang. Die Zurückkehrenden, ob als Missionare oder Laien, waren
entscheidende „Multiplikatoren"[51] des tridentinischen Katholizismus.

Die konfessionelle Formierung innerhalb der anglo-irischen Eliten wurde
mit einem Generationswechsel vollzogen, der an zahlreichen anglo-irischen
Familien, zum Beispiel den Stanihursts und den Cusacks, nachvollziehbar

---

[47] Sir R. Bingham, President of Connaught, to Walsingham, 26. Jan. 1586, in: State
Paper, hg. v. BRADY, S. 105–107, hier S. 106; vgl. CANNY, Galway.
[48] A View, hg. v. CUNNINGHAM, S. 20.
[49] Siehe dazu ausführlich unten C.III.
[50] „What made the choice of academies in France, Spain, and the Low Countries
significant was the scholars' parents full realization that the curricula were designed to
instil strong Catholic beliefs ..." (LENNON, Rise of Recusancy, S. 127; vgl. LENNON,
Counter-Reformation, S. 83; LENNON, Sixteenth-Century Ireland, S. 320).
[51] REINHARD, Katholische Konfessionalisierung, S. 426.

ist. James Stanihurst, Sohn Nicholas Stanihursts, war wie sein Vater Angehöriger des Dubliner Patriziats und Amtsträger sowohl der Stadt Dublin als
auch der englischen Krone. Nicholas Stanihurst hatte unter Heinrich VIII.
ehemaligen Klosterbesitz erworben. Sein Sohn James schwor im Jahr 1560
den Suprematseid und nahm an den Gottesdiensten der irischen Staatskirche teil. Stanihurst war immer ein treuer Diener der Krone, unter anderem
übte er die Funktion des Speaker im Unterhaus als Kandidat der Krone
sowohl 1557 unter Mary als auch 1560 und 1569 unter Elisabeth aus. Die
Karriere von James Stanihurst im englischen Staatsdienst war allerdings die
letzte in der Familie Stanihurst. Es ist symptomatisch für den Umbruch dieser Zeit, dass das Amt des General Escheator, das James Stanihurst innehatte, nach ihm an einen Neuengländer namens John Crofton fiel.

Stanihurst war einer der entschiedensten Befürworter einer umfassenden
Reform Irlands, die er vor allem durch Bildung und Bildungsinstitutionen
verwirklicht sehen wollte.[52] Sein persönlicher Glaube ist aus den Quellen
nicht zu erschließen; auch wenn er im Nachhinein unter anderem von seinem Sohn zu einem guten Katholiken stilisiert wurde, ist seine Konformität
mit der Staatskirche nicht anzuzweifeln: Stanihurst war kein *recusant*.

Als James Stanihurst 1573 starb, hatte sich jedoch sein Sohn Richard,
vorwiegend unter dem Einfluss seines katholischen Lehrers Peter White[53]
und des Oxforder Gelehrten und Katholiken Edmund Campion,[54] bereits zu
einem überzeugten Katholiken entwickelt. Richard Stanihurst verließ Irland
im Jahr 1581 aus konfessionellen Gründen und lebte fortan auf dem Kontinent. Er war u.a. Hofkaplan Erzherzog Albrechts in den Spanischen Niederlanden. Seine beiden Söhne (von seiner jung verstorbenen Frau) wurden
katholische Priester.[55] Dagegen heiratete die Tochter James Stanihursts,
Margaret, in eine andere Familie des Dubliner Patriziats, die Usshers, ein,
und ihr Sohn James Ussher wurde im 17. Jahrhundert protestantischer Erzbischof von Armagh.[56]

Ähnlich verlief die Geschichte der Cusack-Familie. Sir Thomas Cusack
(1490–1571), Lord Justice und Lord Chancellor von Irland, hatte maßgeblichen Anteil an der Auflösung der Klöster und auch seine eigene Familie
profitierte entsprechend. Sein Sohn, der Jurist Sir Robert Cusack, stand
der Church of Ireland unter Elisabeth positiv gegenüber. Dagegen wurde

---

[52] Siehe unten C.III.1.a und b, C.III.2.a.
[53] Siehe unten C.III.1.b.
[54] Siehe unten C.I.2.b.
[55] Vgl. LENNON, Recusancy and the Dublin Stanyhursts; LENNON, Reform Ideas,
S. 6; LENNON, Richard Stanihurst, S. 123–125.
[56] Zu Ussher siehe unten C.I.2.b.

dessen Sohn Christopher überzeugter Katholik und gründete 1594 das Irish College in Douai.[57]

Im Konnubium manifestierte sich die konfessionelle Spaltung der Gesellschaft. Es bildeten sich katholische und protestantische Heiratskreise heraus, wodurch sich einige anglo-irische Familien auf Dauer in katholische und protestantische Linien spalteten.[58] Nur eine kleine Minderheit der anglo-irischen Stadtbürger und Gentry wurde zum Protestantimus bekehrt.

Insgesamt kann man seit den späten 1570er Jahren im Verhältnis zwischen der irischen Regierung und den katholischen Anglo-Iren einen allmählich eskalierenden Konfessionalisierungsprozess konstatieren. Die Erfahrungen der frühen 1580er Jahre lösten in der Gruppe der anglo-irischen Gentry und Stadtbürger eine Entwicklung aus, in deren Verlauf sich die Unzufriedenheit über die *cess* und ihre abnehmenden politischen Einflussmöglichkeiten eng verknüpften mit ihrer allmählichen Hinwendung zum tridentinischen Katholizismus. Sie formierten sich zu einer umfassenden Verteidigung ihrer traditionellen Privilegien und des ‚alten Glaubens‘ gegenüber dem diese Traditionen bedrohenden englischen Staat. Zugleich wandelte sich der ‚alte Glaube‘, den sie verteidigten, zum neuen tridentinischen Glauben. Es setzte allmählich ein Konfessionalisierungprozess ‚von unten‘ ein, im Zuge dessen die loyalen Anglo-Iren Widerstand gegen frühmoderne Staatsbildung und Konfessionalisierung ‚von oben‘ leisteten. Die Besonderheit des irischen Falles liegt dabei in der Tatsache, dass eine Konfessionsbildung im eigentlichen Sinne zu diesem Zeitpunkt weder auf protestantischer noch auf katholischer Seite stattgefunden hatte. Die protestantische Church of Ireland war noch keine ausgebildete Konfessionskirche, und erst die Entscheidung der loyalen Anglo-Iren für den tridentinischen Katholizismus trieb die katholische Konfessionsbildung entscheidend voran.

Durch den Erfolg ihres konstitutionellen Widerstandes von 1585/86 bestärkt, verhielt sich die anglo-irische Bevölkerungsgruppe weiterhin loyal zur englischen Krone. Nicht die bewaffnete Rebellion eines Viscount Baltinglass,[59] sondern Fundamentalopposition im Rahmen der Verfassung und Appellation an die Krone in London waren die Wege, auf denen sie auch in Zukunft ihre konfessionellen und politischen Interessen gegen die Amtsträger in Dublin durchsetzen wollte.

---

[57] Leider ist über die Ausbildung Cusacks nichts bekannt, so dass nicht klar ist, warum er sich dem Katholizismus zuwandte. (Vgl. [ROBINSON-]HAMMERSTEIN, Continental Education, S. 146; BRADY, Christopher Cusack, S. 99–100).

[58] Vgl. LENNON, Counter-Reformation, S. 85; LENNON, Rise of Recusancy, S. 125, 128; LENNON, Sixteenth-Century Ireland, S. 321.

[59] Siehe oben B.III.1.a.

Und doch änderte sich die Stellung der loyalen Anglo-Iren auf Grund ihrer zunehmenden *recusancy* grundlegend. Denn es ging nicht mehr nur um eine politische Meinungsverschiedenheit wie noch in den 1570er Jahren, die auf dem Verhandlungswege durchaus hätte ausgeräumt werden können. Jetzt standen die loyalen Anglo-Iren in einem fundamentalen Gegensatz zur Regierung, im Rahmen dessen konfessionelle und politische Fragen untrennbar verschmolzen. Angesichts der Bedeutung konfessioneller Loyalität in der frühmodernen Gesellschaft musste sich die Stellung der Anglo-Iren durch ihr Bekenntnis zum Katholizismus zwangsläufig verändern. Sie wurden in Zukunft nicht mehr als loyale Stützen der englischen Herrschaft in Irland angesehen, auch wenn sie selbst sich weiterhin so verstanden.[60]

Parallel zum Entfremdungsprozess der loyalen Anglo-Iren wuchs deshalb das Misstrauen der irischen Regierung und der protestantischen Neuengländer gegenüber dieser Bevölkerungsgruppe. Der Prozess der protestantischen Konfessionalisierung ‚von oben‘ führte auf mehreren Ebenen zu wachsendem politisch-konfessionellen Druck auf die loyalen Anglo-Iren. Erstens wurden sie jetzt in noch stärkerem Maße von der politischen Macht und Partizipation ausgeschlossen. Dabei richtete die Regierung ihren Blick auf die lokale Unabhängigkeit und Machtbasis der loyalen Anglo-Iren, d.h. auf die Städte und ihre Privilegien, die ihr zunehmend ein Dorn im Auge waren. Die Royal Commissioners in Munster schrieben dazu im Jahr 1592: „We have perused the charters of the cities of Waterford, Limerick, Kinsale, Cork, and Clonmel, and we find that their franchises are very large, and their liberties for the most part greater than they are in most cities in England, ... the said corporations and the liberties thereof have been greatly increased by Her Majesty's most gracious and favourable charters ..., in respect of their assured loyalties in doubtful and troublesome times, having been always the anchor hold of assurance in this province. But yet now peace and civility being established such immunities may be some impeachment to the course of justice ...“[61] Und die Commissioners hoben ausdrücklich hervor, dass die High Commission of Ecclesiastical Causes nicht wegen „their daily contempts in not repairing to hear divine service“ gegen die Stadtbürger vorgehen könne, denn diese hätten „the [recusancy] fines to their own uses“.[62] Doch trieb die Regierung ihren Angriff auf die politischen und ökonomischen Freiheiten der anglo-irischen Städte erst nach 1603 mit Macht voran.[63]

---

[60] Siehe unten C.I.1.b und c.
[61] Declaration of the proceedings of Sir Thomas Norreys, Sir Robert Gardener and the Commissioners for making the composition in Munster, Anlage zu: Lord Deputy to the Privy Council, 21. Okt. 1592, in: CSPI 1592–1596, S. 2–12, hier S. 10.
[62] Ebd.
[63] Siehe unten B.IV.1.b.

Zweitens forderten die englischen Amtsträger in Irland die Verstärkung staatlicher Zwangsmaßnahmen zur Herstellung konfessioneller Konformität. Drittens begannen die Neuengländer, die katholischen Anglo-Iren auf Grund ihrer Konfession identitätsmäßig auszugrenzen. Und schließlich bedeutete der Verlust der loyalen Anglo-Iren als eine im Sinne des englischen Staates zuverlässige Elite, dass die Ansiedlung von Neuengländern umso wünschenswerter wurde, um die englische Herrschaft in Irland zu sichern.

2. Die Anfänge der konkurrierenden Konfessionsbildungen

a) Der allmähliche Wandel der 1580er Jahre

Die praktischen Schwierigkeiten der Church of Ireland und ihre mangelnde Durchsetzungskraft, die sich seit Beginn der Regierungszeit Elisabeths nicht entscheidend gebessert hatten, hinterließen in vieler Hinsicht ein ‚konfessionelles Vakuum'. Die vom Anspruch her ganz Irland umfassende Staatskirche war – vor allem durch das von ihr übernommene Personal – weiterhin vorkonfessionell geprägt. Auch die praktischen Probleme nahmen in keiner Weise ab, z.B. im Hinblick auf die schlechte Versorgung der Pfarrer und den baulichen Zustand der Kirchen.[64]

Indes war das in Irland vorhandene ‚konfessionelle Vakuum' durchaus kein ‚religiöses Vakuum': Die mittelalterlichen katholischen Bräuche überlebten, wurden innerhalb und neben der Church of Ireland weitergeführt.[65] Die mittelalterliche Frömmigkeit, der *traditional Catholicism*, blieb sowohl im anglo-irischen als auch im gälischen Irland lebendig, wobei im gälischen Irland auch die kirchlichen Institutionen, vor allem die Bettelorden, von der Staatskirche so gut wie unberührt blieben.[66] Seit den 1580er

---

[64] Der Protestant Andrew Trollope fasste im Jahr 1587 nochmals alle, bereits von den Verantwortlichen der 1560er und 70er Jahre kritisierten Probleme zusammen: „There is no divine service in the country, that all the churches in the country are clean down, ruinous and in great decay, ... Here are also above thirty bishopricks and not seven bishops able to preach; and yet, those which be, by making long leases, reserving small rents, and sundry sinister devices, so much impair their sees, as, if they be suffered, all the bishopricks in Ireland, within few years, will not yield sufficient maintenance for one man worthy of this calling. The ordinaries and patrons here have so ordered the matter as most ministers are stipendary men, and few have £ 5 a year to live on – the most not above 53s. 4d. In truth, such they are as deserve not living or to live. For they will not be accounted ministers but Priests." (Andrew Trollope to Walsingham, 26. Okt. 1587, in: State Papers, hg. v. BRADY, S. 117–121, hier S. 117–118).

[65] „Some gentry families continued to nurture local cults: the Luttrells of Luttrelltown in west County Dublin were closely identified with the famous well of St Mary at Mulhuddart, and the Fagans of Feltrim in the north of the county financed the decoration of St Doulagh's well." (LENNON, Sixteenth-Century Ireland, S. 313).

[66] Siehe oben B.II.1.a.

Jahren beobachteten die neuenglischen Verantwortlichen sogar in den anglo-irischen Gebieten eine – offensichtlich durch die mangelnde staatliche und kirchliche Kontrolle ermöglichte – ‚Re-Institutionalisierung' traditioneller Orden und Frömmigkeitsformen. So berichtete zum Beispiel Captain W. Piers 1583 an Lord Burghley, dass Franziskaner in Westmeath ein altes Kloster wieder in Besitz genommen hatten und dort eine klösterliche Gemeinschaft aufbauten. In Munster wurden unterdessen die Pilgerfahrten nach Holy Cross Abbey wieder aufgenommen.[67]

Es war zu Beginn der 1580er Jahre weiterhin die Frage, welche Konfessionskirche zuerst das ‚konfessionelle Vakuum' in Irland mit neuen, formierten und auf ihren Glauben eingeschworenen Klerikern würde ausfüllen können. Das Weiterleben mittelalterlicher, konservativer Volksreligiosität ist im Europa des 16. und 17. Jahrhunderts für alle Konfessionen belegt;[68] die entscheidende Frage in Irland war also nicht das Überleben dieser Bräuche, sondern die Etablierung einer Konfessionskirche, die diese Bräuche letztlich integrieren oder überformen würde. Insofern kann die Bedeutung sowohl der hier beschriebenen Umbruchphase als auch der loyalen anglo-irischen Bevölkerungsgruppe im Rahmen der konfessionellen Entwicklung Irlands gar nicht hoch genug eingeschätzt werden.

Die späten 1570er und frühen 1580er Jahre waren geprägt von dem Versuch der Staatskirche, die Anerkennung ihres konfessionellen Monopols durchzusetzen. Dies stand in engem Zusammenhang mit dem oben beschriebenen Konfessionalisierungsprogramm Sir John Perrots. Diese ‚Offensive' der Church of Ireland drückte sich vor allem in der Reaktivierung der High Commission of Ecclesiastical Causes durch Erzbischof Adam Loftus aus.[69] Von 1579 bis etwa 1585 war die High Commission tätig, dann wurde es im Zuge der allgemeinen Anweisung aus England, vorsichtiger vorzugehen, wieder ruhig um sie.[70]

Doch insgesamt trug die konfessionelle ‚Offensive' zu Beginn der 1580er Jahre nur zu einer Verschärfung des gesellschaftlichen Klimas im Umkreis der Niederschlagung der Baltinglass-Rebellion und im Vorfeld des Parlaments von 1585/86 bei. Dass kurz vor dem Parlament in Dublin drei „notorious massing-priests" verhaftet und „a great nest ... of massmongers,

---

[67] Vgl. Captain W. Piers to Burghley, 15. Sept. 1583, in: CSPI 1574–1585, S. 469.

[68] Vgl. z.B. LANG, Volk; VOGLER, Volksfrömmigkeit; vgl. für Irland GILLESPIE, Devoted People, der jedoch daraus den meines Erachtens völlig falschen Schluss zieht, es habe in Irland auf der Ebene ‚des Volkes' in der Frühen Neuzeit keinen Konfessionskonflikt gegeben. (Siehe dazu unten C.II.2.c).

[69] In den Jahren davor war die Ecclesiastical Commission im Wesentlichen untätig. (Vgl. EDWARDS, Church and State, S. 201, 247; ROBINSON-HAMMERSTEIN, Erzbischof, S. 139).

[70] Siehe unten C.II.1.b.

and amongst them divers gentlemen, whereof some lawyers in places of credit, merchants, ladies and gentlewomen of good sort"[71] entdeckt wurde, trug auf beiden Seiten zur unkooperativen Haltung bei. Lord Deputy Perrot war umso entschlossener, die englischen *recusant laws* durchzusetzen, und den Anglo-Iren wurde vor Augen geführt, welche Auswirkungen diese Gesetze hatten.[72]

Während also der Versuch der Staatskirche, über ein zentrales Disziplinierungsinstrument Konformität in ihrem Sinne durchzusetzen, nur den Konfessionalisierungsprozess weiter vorantrieb, füllte in diesen Jahren der Katholizismus das ‚konfessionelle Vakuum' allmählich zu seinen Gunsten aus. Die nach Irland zurückkehrenden Missionare anglo-irischer Herkunft förderten die Entscheidung zur *recusancy*, zur bewussten Abwendung von der Staatskirche, und sie verbreiteten die tridentinischen Glaubensinhalte. *Church-papistry* und *survivalism* der vorkonfessionellen Phase bis 1580 wurden bis Ende des 16. Jahrhunderts abgelöst vom tridentinisch formierten Katholizismus, der keine Kompromisse mit der Staatskirche zuließ. Und die Missionare legten die Grundlagen für den institutionellen Aufbau der katholischen Konfessionskirche insbesondere im anglo-irischen Irland.[73]

Das Ausfüllen des ‚konfessionellen Vakuums' durch die tridentinisch formierten *seminary priests* bedeutete, dass nun erstmals eine klare konfessionelle Alternative, wenn auch zunächst eher als Mission und weniger als institutionalisierte Kirche, neben der Staatskirche existierte. Die Seminarkleriker setzten nicht nur alles daran, die Menschen vom Gottesdienst der Staatskirche fern zu halten, sie boten auch ein konfessionell klar definiertes alternatives Glaubenssystem an. Dies konnte längerfristig nicht ohne Folgen für die Staatskirche und für die irische Gesellschaft bleiben.

b) Der Umbruch der 1590er Jahre

„As the religious divide between the two churches hardened, the middle ground crumbled." So hat Alan Ford die 1590er Jahre treffend beschrieben.[74] Gegen Ende der Umschwungphase trat ein „Zwang zur Konfessionalisierung"[75] ein, wie er auch die Philippisten in den 1570er und 80er Jahren im Reich betraf, die zwischen calvinistischer und lutherischer Konfessionalisierung zerrieben wurden bzw. sich für eine der beiden Seiten

---

[71] Zitiert in: TREADWELL, Sir John Perrot, S. 274.
[72] Vgl. die Zusammenfassung von Perrots Bericht der Vorgänge: Lord Deputy Perrot to the Privy Council, 25. Okt. 1584, in: CSPI 1574–1585, S. 534. Zur Bedeutung der Rolle der Juristen und der Frauen in der irischen Konfessionalisierung siehe unten C.II.2.a und b.
[73] Vgl. LENNON, Sixteenth-Century Ireland, S. 321.
[74] FORD, Protestant Reformation in Ireland, 1590–1641, S. 27.
[75] REINHARD, Zwang.

entscheiden mussten.[76] Ausgelöst durch die zunehmenden Aktivitäten der katholischen Missionare vor allem im anglo-irischen Irland, wurden auch die vorkonfessionellen Kleriker der Church of Ireland vor die Wahl zwischen zwei konfessionellen Alternativen gestellt. Nachdem die Staatskirche bereits seit den 1580er Jahren mit sich rasch ausbreitender *recusancy* und infolgedessen kaum besuchten Gottesdiensten konfrontiert war, sah sie sich nun einem Schwund des mittelalterlich geprägten Personals gegenüber. Das vorkonfessionelle Personal starb entweder aus oder – was noch eklatanter war – es verließ seine Pfarreien in der Church of Ireland, um als katholische Priester im ,Untergrund' tätig zu werden. Der protestantische Bischof Lyon von Cork konstatierte im Jahr 1596: „... the priests of the country forsake their benefices to become massing priests ...; many have forsaken their benefices by the persuasion of those seminaries that come from beyond the seas; ..."[77] Im Jahr 1600 war offensichtlich eine neue Qualität der konfessionellen Situation in Irland erreicht, denn von protestantischer Seite stellte man besorgt fest, dass die katholische Mission mehr ,manpower' hatte als die Staatskirche. Dementsprechend wurde im Juli 1600 aus Leinster berichtet: „... the number [of Catholic priests and missionaries] is now grown to be greater than there are able and willing preachers of the gospel of both nations in that realm, yea, and with too much grief to be spoken, of all sorts of that country birth, that, for displeasing of them, will or dare be called Protestants."[78]

Ohne einen grundsätzlichen Erneuerungsprozess konnte die Staatskirche daraufhin nicht mehr überleben. Sie reagierte auf den Zwang zur Konfessionalisierung mit einer umfassenden Konfessionsbildung. Der Court of Faculties, zuständig für Amtsmissbräuche der Geistlichkeit, wurde erstmals in eine der Reform dienende Institution umgewandelt.[79] Langfristig wurde das verbliebene vorkonfessionelle Personal abgelöst durch protestantische Kleriker englischer Herkunft mit Universitätsausbildung. So begann der Prozess der umfassenden Umgestaltung der Staatskirche in Personal, Doktrin und Identität, aus dem diese im frühen 17. Jahrhundert als Eliten- und Minderheitskirche der Neuengländer hervorging.

---

[76] Vgl. SCHILLING, Konfessionalisierung im Reich, S. 20.

[77] William [Lyon], Bishop of Cork and Ross, to Lord Hunsdon, 6. Juli 1596, in: CSPI 1596–1597, S. 13–17, hier S. 15. Vgl. FORD, Protestant Reformation in Ireland, S. 58; FORD, Protestant Reformation in Ireland, 1590–1641, S. 23–24.

[78] Intelligences for Her Majesty's services in the province of Leinster in Ireland, as they proceed from a discreet and well-experienced servitor at the wars in Ireland, an Irish native, well affected to religion ..., 3. Juli 1600, in: CSPI 1600, S. 294–299, hier S. 295.

[79] Vgl. FORD, Protestant Reformation in Ireland, 1590–1641, S. 22; siehe dazu genauer unten C.II.1.b.

Auch im Katholizismus lassen sich gegen Ende des 16. Jahrhunderts deutliche Anzeichen einer weiteren Formierung erkennen. Von päpstlicher Seite war man zwar in diesen Jahren mit Bischofsernennungen noch zurückhaltend, aber in den Diözesen ohne Bischof wurden nun systematisch Generalvikare ernannt.[80] Nach den ersten beiden recht erfolglos verlaufenen Jesuiten-Missionen des 16. Jahrhunderts folgte ab 1596 eine weitere Aussendung von Jesuiten nach Irland. Die Mitglieder dieser Jesuiten-Mission stammten alle aus der eng verknüpften loyalen anglo-irischen Bevölkerungsgruppe, und sie etablierten sich mit großem Erfolg im Herzen des irischen Königreichs direkt unter den Augen der Regierung in Dublin.[81] Der von dieser Jesuiten-Mission ausgehende starke Einfluss lässt sich an den Aktivitäten von Henry Fitzsimon, der aus dem Dubliner Stadtbürgertum stammte, erkennen. Nach Angaben eines anderen Jesuiten feierte Fitzsimon 1598 im Haus eines Patriziers mit einhundert Gläubigen das erste Hochamt in Dublin seit vierzig Jahren. Viele, die noch im letzten Jahr das protestantische Abendmahl besucht hätten, kehrten durch Fitzsimons Tätigkeit zum katholischen Glauben zurück. Er predige viel und spende häufig die Kommunion. Auch habe er eine Marianische Kongregation gegründet, in die die Dubliner Patrizierfamilien eingetreten seien.[82]

Für die Mehrheit der loyalen Anglo-Iren war der entscheidende Schritt von Konformität, die durchaus zu überzeugtem Protestantismus hätte führen können, zu entschiedener tridentinisch-katholischer Identität, die keinen Kompromiss mit der Staatskirche zuließ, am Ende des 16. Jahrhunderts endgültig getan.[83] Und die getrennte Institutionalisierung protestantischer (Trinity College, Dublin) und katholischer (Irish College, Salamanca) Bildung im Jahr 1592 war zugleich ein Symptom für die weitgehende konfessionelle Polarisierung der irischen Gesellschaft.[84]

---

[80] Vgl. CORISH, Catholic Community, S. 19; JONES, Counter-Reformation, S. 38.
[81] Vgl. LENNON, Sixteenth-Century Ireland, S. 303–304.
[82] Vgl. Nicholas Leynich an Pater Duras, 25. Sept. 1598, in: Ibernia Ignatiana, hg. v. HOGAN, S. 40–43, hier S. 40–41; vgl. auch MACERLEAN, Sodality, S. 6–8. Selbst wenn man hier Abstriche für den übertriebenen Enthusiasmus jesuitischer Erfolgsmeldungen macht, so wird doch deutlich, wie viel die Jesuiten in Dublin bereits nach kurzer Zeit bewegt hatten und wie innovativ sie waren.
[83] Vgl. z.B. FORD, Protestant Reformation in Ireland, S. 58.
[84] Siehe dazu unten C.III.2.

3. Staatsbildung und Eroberung vor dem Hintergrund konfessioneller Polarisierung

a) Die composition of Connacht: Friedliche Staatsbildung am Ende des 16. Jahrhunderts

Die so genannte *composition of Connacht* von 1585 soll im Folgenden kurz behandelt werden, da sie – zumindest für den südlichen Teil der Provinz – ein Beispiel für das Gelingen des englischen Staatsbildungsprozesses darstellt. Zudem macht die *composition of Connacht* – wie auch die oben beschriebenen Versuche, das Earldom of Desmond durch eine Presidency und *composition* zu reformieren – erneut deutlich, dass man den Wandel in der englischen Politik gegenüber den gälischen und anglo-irischen Lords in der zweiten Hälfte des 16. Jahrhunderts nicht als radikalen Bruch verstehen darf, durch den die konziliante Politik Heinrichs VIII. völlig von einer Politik des Zwangs und der Unterwerfung abgelöst worden wäre. Vielmehr versuchte die Regierung Elisabeths ebenfalls, politischen Wandel mit friedlichen, diplomatischen Mitteln und möglichst geringem Zwang zu erreichen.[85] Dies gelang im Süden der Provinz Connacht, in Clanricard und Thomond.

Auf Initiative des Lord Deputy Sir Henry Sidney war auch hier – wie in Munster – im Jahr 1569 eine Provinzialregierung mit Sir Edward Fitton als President eingesetzt worden. Die Ziele der Presidency und des dazugehörigen Rates waren vergleichbar mit denen in Munster. Aufbauend auf *surrender-and-regrant*-Vereinbarungen, die mit verschiedenen Lords seit der Jahrhundertmitte geschlossen worden waren,[86] wurde eine umfassende Reform der Provinz ins Auge gefasst. Durch die Zentralisierung von Justiz, Militär und Besteuerung in den Händen des Präsidenten und seiner Beamten sollten allmählich die folgenden Veränderungen herbeigeführt werden. Erstens, die Aufteilung der Provinz in *shires*, die Einsetzung von Sheriffs sowie die Einführung englischer Justiz und Lokalverwaltung. Zweitens, eine Beschneidung der Macht der großen *overlords* und eine entsprechende Anerkennung der *lesser lords* als *freeholders*, also als direkte Untertanen der Krone. Drittens, ein Verzicht auf die aus gälischen Kriegern und vor allem schottischen *gallowglasses* zusammengesetzten ‚Privatarmeen' und damit ein Ende von *coyne and livery*. Viertens, der Aufbau eines alternativen Abgaben- und Finanzierungssystems durch die Abschaffung von *coyne and livery* zu Gunsten regelmäßiger Pachtzahlungen an den Präsidenten. Und fünftens, das langfristige Aufleben von Landwirtschaft und Städten in

---

[85] Vgl. CUNNINGHAM, Composition, S. 8–14. Cunnigham arbeitet heraus, dass die *composition of Connacht* eine Rückkehr zu den Strategien St. Legers darstellte.
[86] Vgl. LENNON, Sixteenth-Century Ireland, S. 239–240.

einem englisch geprägten gesellschaftlichen System inklusive der Durchsetzung des Protestantismus.[87]

In den 1570er und frühen 1580er Jahren waren die Entwicklungen sehr wechselhaft und sowohl von Aufständen gälischer Lords als auch von grundsätzlicher Bereitschaft zur Anerkennung und Zusammenarbeit mit der Presidency gekennzeichnet.[88] Die angestrebten Ziele wurden jedoch nicht erreicht. Im Jahr 1585 wollte Lord Deputy Perrot auch in Connacht einen neuen Anfang machen und initiierte die so genannte *composition of Connacht*.[89] Dabei war Perrot – im Gegensatz zu seiner Politik in Munster in den frühen 1570er Jahren[90] – bereit, mit den großen *overlords* der Provinz zusammenzuarbeiten und Kompromisse einzugehen. So wurden die *overlords* der Region, insbesondere die Earls of Thomond und Clanricard, bereits als Commissioners in die Planung der *composition* mit einbezogen.

Die Gelegenheit, in Connacht eine langfristige Lösung mit den gälischen Lords zu suchen, war auch deshalb günstig, weil im Jahr 1581 in Thomond der am Hof erzogene Donough O'Brien die Nachfolge seines Vaters angetreten hatte und in Clanricard durch einen Ausgleich zwischen den beiden Söhnen des verstorbenen Earl nun auch stabile Machtverhältnisse herrschten.[91] Zudem profitierte die Durchführung der *composition of Connacht* von der Tatsache, dass es bereits eine funktionierende Präsidentschaft in Connacht gab, die die Umsetzung der Vereinbarungen organisieren konnte.

Die *composition* wurde in Form von dreiseitigen Verträgen zwischen der Königin, den *overlords* und den so genannten *freeholders* (tatsächlich *lesser lords*) abgeschlossen. Das Kernstück der *composition* war die lückenlose Erfassung des bewohnten und bewirtschafteten Landes, auf das eine feste *composition rent* an die Krone gezahlt werden sollte, die *coyne and livery* und *cess* ersetzte. Alle gälischen Titel wurden abgeschafft. Die *overlords* wurden für ihren Statusverlust auf zwei Arten entschädigt: Erstens wurde ein Teil ihres Landes zu so genannten *freedoms* erklärt, auf die keine *composition rent* zu zahlen war. Zweitens wurden die *freeholders* innerhalb ihrer alten *overlordships* mit einer zusätzlichen Pacht belegt „in full recompence of all duties rents exactions and spendings by him [d.h. dem *overlord*] claimed of the freeholders".[92] Der Präsident und sein mit der

---

[87] Vgl. ebd., S. 240–241. Es kann jedoch wieder als symptomatisch für die massiven Probleme der politischen Expansion des englischen Staates in Irland gelten, dass die Ausweitung der Staatskirche auf Connacht ein nachgeordnetes Ziel sein musste.

[88] Vgl. ebd., S. 241–249; HAYES-MCCOY, Completion, S. 101–102.

[89] Vgl. Commission for the Composition of Connaught, 1585, in: Irish Historical Documents, hg. v. CURTIS u. MCDOWELL, S. 117–119.

[90] Siehe oben B.II.2.a.

[91] Vgl. LENNON, Sixteenth-Century Ireland, S. 249; CUNNINGHAM, Natives, S. 39; CUNNINGHAM, Warlords, S. 101–102.

[92] Zitiert in: CUNNINGHAM, Composition, S. 4.

composition rent finanziertes Heer übernahmen – in Ablösung der *swordsmen* und *gallowglasses* – die Verteidigung der Provinz gegen „common malefactors and spoilers".[93]

Auch im Norden Connachts wurde diese *composition* durchgesetzt, doch erwies sich die Regelung hier als problematisch auf Grund der starken Zersplitterung des Landes in viele kleine Lordships und wegen der Abwesenheit großer *overlords*, in deren Verträge die kleineren Lordships hätten integriert werden können. Die Regierung ließ sich deshalb auf die Garantie zahlreicher Sonderrechte ein. Im Norden Connachts kam es auch nach der *composition* immer wieder zu Rebellionen, und in den 1590er Jahren konnte der Ulster Lord Hugh O'Donnell sich in dieser Region als *overlord* etablieren. So wurde das nördliche Connacht in den Neunjährigen Krieg hineingezogen.

Dagegen war die *composition* im Süden des Landes erfolgreich. Die Kosten der Präsidentschaft wurden durch die Einnahmen aus der *composition rent* voll gedeckt. Die *overlords* unterstützten die *composition*, denn sie fanden für ihre weniger mit Abgaben belasteten *freedoms* leicht Pächter. Die beiden entscheidenden Lords im Süden Connachts, Thomond und Clanricard, waren im Neunjährigen Krieg auf der Seite der Krone, nicht der Ulster Lords.[94] Connacht zog nun auch alt- und neuenglische Siedler an, ein Prozess, der nicht mit gesellschaftlichen Spannungen verbunden war, da die Provinz gering bevölkert war und es keine planmäßigen Ansiedlungen gab.

Doch eine wichtige Unterlassung im Rahmen der *composition of Connacht* sollte von Vizekönig Wentworth im 17. Jahrhundert rücksichtslos ausgenutzt werden, um in Connacht eine *plantation* zu initiieren. Zwar waren die Beziehungen zwischen Lord und Pächter durch die *composition* stabilisiert,[95] doch da im 16. Jahrhundert kein Ansiedlungsprojekt drohte, wurde die Frage des tatsächlichen Landbesitzes nie rechtlich zweifelsfrei festgehalten. Es wurden nur wenige Besitztitel ausgefertigt, so dass die Eigentumsverhältnisse nach dem *common law* nicht eindeutig geklärt waren.[96]

---

[93] Zitiert in: Ebd., S. 3.

[94] „The court-educated fourth Earl of Thomond was later described as ‚as truly English as if he had been born in Middlesex', and Clanricard was to become a regular attender at the English court." (LENNON, Sixteenth-Century Ireland, S. 259).

[95] Vgl. Sir John Perrot to Sir Francis Walsingham, 10. Juli 1587, in: Irish History, hg. v. MAXWELL, S. 162–164.

[96] Vgl. ELLIS, Tudor Ireland, S. 288–291; LENNON, Sixteenth-Century Ireland, S. 249–263; HAYES-MCCOY, Completion, S. 109–110.

b) Der Neunjährige Krieg (1595–1603): Höhepunkt der Verknüpfung
von adeligem Widerstand und militärischer Gegenreformation

Ulster war im Laufe des 16. Jahrhunderts die Provinz in Irland, in der die
englischen Versuche einer Staatsbildung sich sehr wechselhaft gestalteten,
konfliktreich waren und letztendlich die englische Herrschaft über Irland
grundsätzlich bedrohten.[97] Zwischen den Konflikten mit Shane O'Neill auf
Grund der nicht auf Primogenitur beruhenden *surrender-and-regrant*-Ver-
einbarung in der Mitte des 16. Jahrhunderts[98] und dem Neunjährigen Krieg
von 1595 bis 1603 wurde die Regierung auf unterschiedlichste Weise in
Ulster aktiv, was insgesamt keineswegs zur Stabilisierung der Provinz beitrug.

So hatte sich beispielsweise der Nord-Osten Ulsters zu einer zunehmend
instabilen Region entwickelt, weil sich dort die schottischen MacDonnells
dauerhaft angesiedelt und das Gleichgewicht der Lords in dieser Gegend
gestört hatten. Als die englische Regierung diesen Einfluss der Schotten in
den 1550er und 60er Jahren vor allem wegen der außenpolitischen Gefahr
durch die französisch-schottische *old alliance* zurückdrängen wollte, un-
ternahm man zahlreiche Feldzüge nach Ulster, die jedoch wenig dauerhaf-
ten Erfolg brachten.[99]

Als alternative Vorgehensweise gegen die Schotten unterstützte die
Krone in den 1570er Jahren eine durch Privatinitiativen getragene Ansiedlung in den beiden Gebieten Antrim und Down. Sir Thomas Smith und
Walter Devereux, der Earl of Essex, versuchten, als „selbständige Unternehmer"[100] die ihnen von der englischen Krone zugewiesenen Gebiete in Irland zu erobern. Das führte zu zahlreichen Konflikten mit den dort lebenden gälischen Lords, wobei sich die Expedition des Earl of Essex durch besondere Grausamkeit auszeichnete. Die Projekte scheiterten letztlich, aber
„the overall impact of English policy in these years on native society was
negative".[101]

In den 1580er Jahren wollte Lord Deputy Perrot eine mit seiner Initiative in Connacht vergleichbare *composition* in Ulster durchführen.[102] Doch
auch dieses Vorhaben scheiterte sowohl wegen regionaler Konflikte innerhalb der gälischen Gesellschaft als auch, weil das Programm von Seiten der
Regierung nicht ausreichend konsequent umgesetzt wurde.

---

[97] Einen kurzen Überblick über die Gesamtentwicklung im 16. Jahrhundert gibt
BRADY, Sixteenth-Century Ulster.
[98] Siehe oben B.I.1.c.
[99] Vgl. BRADY, Sixteenth-Century Ulster, S. 91–92.
[100] BOTTIGHEIMER, Geschichte Irlands, S. 75.
[101] LENNON, Sixteenth-Century Ireland, S. 280, vgl. S. 278–282; BOTTIGHEIMER,
Geschichte Irlands, S. 75–76; HAYES-MCCOY, Completion, S. 95–98.
[102] Vgl. LENNON, Sixteenth-Century Ireland, S. 284–287.

Ende des 16. Jahrhunderts erwuchs der englischen Regierung und ihrer Herrschaft über Irland in der Person Hugh O'Neills der größte und zugleich unwahrscheinlichste Gegner. Hugh war der jüngere Sohn Matthews, Baron of Dungannon, der in Missachtung des Primogeniturprinzips von Con O'Neill zu seinem Nachfolger als Earl of Tyrone bestimmt worden war.[103] Nach der Ermordung seines Vaters auf Befehl Shane O'Neills war Hugh von der neuenglischen Familie der Hovendons in der Pale großgezogen und von Sir Henry Sidney in den späten 1560er Jahren bei Hofe eingeführt worden.[104] Hugh unterstützte die kolonialen Aktivitäten von Smith und Devereux, so dass er von der Regierung als Verbündeter und mögliche Stütze in Ulster angesehen wurde.

Lord Deputy Perrot handelte für Hugh mit dem Nachfolger Shanes als *chief* der O'Neills, Turlough Luineach, einen Vertrag aus, wonach das Earldom of Tyrone zwischen Hugh und Turlough aufgeteilt wurde. Hugh erhielt als Baron of Dungannon den südlichen Teil Tyrones und wurde 1585 vom Parlament zum zweiten Earl of Tyrone erklärt.[105] Im Jahr 1593 trat Turlough Luineach zu Gunsten von Hugh O'Neill zurück, der nun Earl of Tyrone und *chief* der O'Neills in einer Person war.

Just zu diesem Zeitpunkt planten die beiden Ulster Lords O'Donnell und Maguire einen Aufstand, für den sie um spanische Hilfe warben[106] und für den sie schließlich auch ihren gemeinsamen Schwiegervater, Hugh O'Neill, gewannen. O'Neills Eintritt in die Rebellion ist keineswegs als Entscheidung für einen entschiedenen Abwehrkampf gegen den ‚Erbfeind' England, der sowohl die politische Unabhängigkeit der einzelnen Lordships als auch die Existenz der gälischen Kultur bedrohte, zu sehen. Vielmehr entschloss sich O'Neill zur Unterstützung der Rebellion, um seine eigene Stellung in Tyrone und als *overlord* in Ulster zu festigen. Hätte er sich weiterhin der Anglisierungspolitik der Krone verschrieben, bestand die Gefahr, dass sich sowohl seine *lesser lords* als auch seine Rivalen innerhalb der O'Neills gegen ihn wandten. Außerdem verhießen die Aktivitäten englischer Siedler

---

[103] Siehe dazu oben B.I.1.c.

[104] Vgl. BRADY, Sixteenth-Century Ulster, S. 89; LENNON, Sixteenth-Century Ireland, S. 283.

[105] Vgl. BRADY, Sixteenth-Century Ulster, S. 84–85; LENNON, Sixteenth-Century Ireland, S. 285–286.

[106] Die Rebellion dieser beiden Lords ist nicht allein im Zusammenhang mit einer Abwehr der englischen Herrschaft zu sehen, sondern in einem komplexen Zusammenspiel mit anderen Interessen und Faktoren: Beide Lords hatten Rivalen innerhalb ihrer Lordships. Sie konnten sich nicht den englischen Versuchen zur Reorganisation ihrer Herrschaftsbereiche in *shires* unterwerfen, da sie damit ihre eigene ungefestigte Stellung als Lords in Gefahr gebracht hätten. Stattdessen entschlossen sie sich zur Rebellion. (Vgl. LENNON, Sixteenth-Century Ireland, S. 289–290).

und eine mögliche Presidency eine Bedrohung für seine Stellung.[107] Dennoch versuchte er, auch als er sich auf die Seite der Rebellen gestellt hatte, die Möglichkeit zu einem Kompromiss mit der englischen Regierung offen zu halten, z.b. indem er zunächst keine Überfälle auf die Pale durchführte.[108]

Diese Position war jedoch nicht von Dauer. Die Rebellion entwickelte rasch eine Eigendynamik. 1595 wurde O'Neill von der Regierung zum Verräter erklärt. Überall in Ulster brachen Rebellionen aus, und O'Neill wurde durch seine Assoziation mit O'Donnell und Maguire zum Anführer derjenigen, die sich gegen die englische Herrschaft in Irland, aber auch gegen diejenigen Gälen wandten, die sich bereits mit dieser Herrschaft arrangiert hatten.

Zudem weitete sich die Rebellion nach dem Sieg O'Neills und seiner Verbündeten in der Battle of the Yellow Ford 1598 auf Munster und Leinster aus und bedrohte so die englische Herrschaft in Irland grundsätzlich.[109] O'Neill stand nicht nur an der Spitze dieser Bewegung, er untermauerte sie auch ideologisch und durch Verhandlungen mit Spanien über militärische Hilfe. Bereits 1593 hatte James O'Hely, der katholische Erzbischof von Tuam, für O'Donnell und Maguire beim spanischen König Philipp II. um militärische Hilfe geworben, jedoch ohne Erfolg. Im Jahr 1595 baten O'Neill und O'Donnell dann den spanischen König um die Ernennung eines katholischen Königs für Irland. Sie selbst hatten dabei offenbar Erzherzog Albrecht, den Statthalter der Südlichen Niederlande, im Sinn.[110] Im Jahr 1601 landete tatsächlich eine spanische Flotte in Kinsale, wodurch die außenpolitische Bedeutung Irlands als englische Hintertür wieder virulent wurde.

---

[107] Vgl. CANNY, Early Modern Ireland, c. 1500–1700, S. 129; LENNON, Sixteenth-Century Ireland, S. 291–293.

[108] Vgl. BRADY, Sixteenth-Century Ulster, S. 100.

[109] Sir Henry Wallop schrieb 1596 besorgt an Cecil: „The state of the Realm was never so dangerous in the memory of man as it is at this present, in regard of the uniting of O'Donnell, and all the chieftains of Ulster and Connacht with Tyrone, and the great combination which they have drawn together, stretching itself unto all the parts of this Kingdom, and the strength of the traitors through Tyrone's wealth who is well furnished with all the habiliments of war, and [they] have so trained their men, as in sundry encounters that they have had with our men, they seem to be other enemies, and not those that in times past, were wont never to attempt her Majesty's forces in the plain field ...“ (Sir Henry Wallop to Sir Robert Cecil, 9. Feb. 1596, in: Irish History, hg. v. MAXWELL, S. 185).

[110] Vgl. LENNON, Sixteenth-Century Ireland, S. 291; HAYES-MCCOY, Completion, S. 121–122; MORGAN, Hugh O'Neill, S. 33; MOODY, MARTIN, BYRNE, Chronology of Irish History, S. 217–218. Vgl. zu den Verhandlungen der Ulster Lords mit dem spanischen König: Irish History, hg. v. MAXWELL, S. 187–191.

Alle Elemente adeligen Widerstandes, die sich in den Desmond-Rebellionen, vor allem in der zweiten von 1579–83, bereits deutlich abgezeichnet hatten, kamen im Neunjährigen Krieg zu voller Ausprägung. Politische Unzufriedenheit verband sich mit dem konfessionellen Argument als öffentlichem Begründungsmuster. Indem O'Neill sich eindeutig auf die Seite der militärischen Gegenreformation stellte und die Rebellion zum Religionskrieg erklärte,[111] suchte er sowohl seine Allianz innerhalb Irlands zu verbreitern als auch die militärische und ‚ideologische' Unterstützung des Papstes und vor allem Spaniens zu gewinnen. O'Neill nutzte die Konfession als das einzige öffentliche Begründungsmuster, das sich in einem politisch zersplitterten Land wie Irland, in dem der einzelne Lord ganz unterschiedliche säkulare Ziele verfolgte, als ‚Sammelpunkt' der Interessen eignete: „... the adoption of a religious justification for their resistance to English reform ... formed the centrepiece of an ideological defence of the old ways which provided a far more powerful rallying point ... than the material concerns of disappointed individuals or sectional interests. ... the disparate discontents of widely varied interests became fused in a ‚crusade' or holy war."[112]

O'Neill entwickelte eine *faith-and-fatherland*-Ideologie, die er aktiv propagandistisch verbreitete. Dabei ging es ihm vor allem darum, die loyalen Anglo-Iren für sich zu gewinnen. So forderte er 1599 in einem eindeutig auf die loyalen Anglo-Iren abzielenden (ungedruckten) Pamphlet: „1 That the Catholic, Apostolic and Roman religion be openly preached and taught throughout all Ireland, as well cities as borough towns, by Bishops, seminary priests, Jesuits and other religious men. 2 That the Church of Ireland be wholly governed by the Pope. 3 That all cathedrals and parish churches, abbeys, and all other religious houses ... be presently restored to the Catholic churchmen. 4 That all Irish priests and religious men, now prisoners ..., be presently set at liberty ... 5 That all Irish priests and religious men may freely pass and repass, by sea and land, to and from foreign countries. 6 That no Englishman be a churchman in Ireland."[113] Erst am Ende des Pamphlets folgen Artikel mit politisch-säkularen Forderungen.

---

[111] Siehe dazu auch oben B.II.2.a.

[112] BRADY, Decline, S. 107.

[113] Articles intended to be stood upon by Tyrone, Nov.–Dez. 1599, in: Faith and Fatherland, hg. v. MORGAN, S. 32–34, hier S. 32–33; vgl. MORGAN, Hugh O'Neill, S. 24–26. Sir Robert Cecil hat diese Forderungen O'Neills mit der viel sagenden Randbemerkung „Ewtopia" versehen. (Faith and Fatherland, hg. v. MORGAN, S. 32). In einer an die loyalen Anglo-Iren gerichteten Proklamation betonte O'Neill ausdrücklich, er habe die Palesmen bislang in der Annahme geschont, dass diese sich seiner Rebellion anschließen würden. Und er drohte mit einem Angriff auf die Pale, falls sie weiterhin „obstinate" blieben. (Vgl. Copie of a trayterous writing delyvered throughout Ireland by

Im Jahr 1600 versuchte O'Neill Papst Clemens VIII. dazu zu bewegen, alle zu exkommunizieren, die sich seinem Aufstand nicht anschlossen bzw. die Königin unterstützten. Damit wollte er die loyalen Anglo-Iren zur Unterstützung seiner Rebellion zwingen. Clemens VIII. gewährte jedoch nur einen Ablass für die Verbündeten Tyrones. Die angestrebte Exkommunikation erfolgte nicht.[114] Die militärische Gegenreformation der Ulster Lords wurde aber aktiv von irischen Klerikern unterstützt, hauptsächlich von den seit dem späten Mittelalter mit den gälischen Adeligen kooperierenden Franziskanerobservanten. Besonders setzte sich der Franziskaner Florence Conry ein, der auf dem Kontinent beständig für die Sache O'Neills und O'Donnells warb.[115] Obwohl sich auch Peter Lombard, Professor in Löwen und anglo-irischer Herkunft aus Waterford, für O'Neill engagierte,[116] erwiesen sich die anglo-irischen Kleriker in Irland, vor allem die Jesuiten in der Pale, als „highly critical of the religious motivation of O'Neill's campaign",[117] und in Munster wurde sogar gegen die Spanier gepredigt, als diese in Kinsale landeten.[118] Die loyalen Anglo-Iren vertraten im Gegensatz zu O'Neill die Auffassung, es gäbe keinen Grund für einen ‚gerechten Krieg' gegen die Königin. Die Antwort des anglo-irischen Gentleman David Barry, Viscount Buttevant, an Hugh O'Neill bringt dies zum Ausdruck: „Her Highness hath never restrained me for matters of religion; ... You shall further understand that I hold my lordships and lands immediately, under God, of Her Majesty and her most noble progenitors by corporal service, and of none other, by very ancient tenure. Which service and ten-

---

the Archtraytcr, hugh late Earl of Tyrone, 15. Nov. 1599, in: Faith and Fatherland, hg. v. MORGAN, S. 30–32, hier S. 30).

[114] Vgl. MOODY, MARTIN, BYRNE, Chronology of Irish History, S. 219. Papst Clemens VIII. „refused to judge between the two catholic parties in Ireland and would not make it a matter of conscience for catholics to support Tyrone". (SILKE, Irish Abroad, S. 597).

[115] Vgl. [ROBINSON-]HAMMERSTEIN, Continental Education, S. 149–150; HAYES-MCCOY, Completion, S. 103–108; LENNON, Counter-Reformation, S. 82, 86; SILKE, Irish Abroad, S. 591, 595–596.

[116] Vgl. MORGAN, Hugh O'Neill, S. 29–31. Siehe auch unten C.I.2.b.

[117] [ROBINSON-]HAMMERSTEIN, Continental Education, S. 150; vgl. MORGAN, Hugh O'Neill, S. 29. O'Neill hatte in seiner an die loyalen Anglo-Iren gerichteten Proklamation offensichtliche Probleme, die Tatsache zu rechtfertigen, dass die Konfession zu Beginn seiner Erhebung überhaupt keine Rolle gespielt hatte: „... though it may be from the very beginninge Religion was the Chiefest motive or at least was a principall parte thereof albeit the same then was not manifest because soe good a cause should not be committed to soe doubtfull an entertaynment as my power was then like to afford." (Copie of a trayterous writing delyvered throughout Ireland by the Archtraytor, hugh late Earl of Tyrone, 15. Nov. 1599, in: Faith and Fatherland, hg. v. MORGAN, S. 30–32, hier S. 31).

[118] Vgl. MORGAN, Hugh O'Neill, S. 32.

ure none may dispense withal, but the true possession of the crown of England, being now our sovereign lady, Queen Elizabeth."[119]

Die anglo-irische Gentry und das Stadtbürgertum erwiesen sich im Laufe des Neunjährigen Krieges wiederum als loyale Anhänger der Krone, die O'Neills religiöser Propaganda wie auch seinen politischen Zielen misstrauten, denn sie wollten weder einen spanischen noch einen gälischen König.[120] Angesichts der Tatsache, dass die loyalen Anglo-Iren, vor allem die Palesmen, auf Grund schlechter Ernten und der Explosion einer großen Ladung Schießpulver in Dublin im Jahr 1597 stark unter dem Krieg zu leiden hatten,[121] offenbarte sich hier einmal mehr ihr unerschütterliches Selbstverständnis als loyale Untertanen der englischen Krone. Zudem war ihnen offenbar sehr bewusst, dass die Königin die Konfessionalisierungspolitik ihrer irischen Regierung in den 1580er Jahren gebremst und damit eine faktische religiöse Toleranz in Irland herbeigeführt hatte, die gerade wegen der Konzentration der Regierung auf den Neunjährigen Krieg anhielt.

Doch nicht nur das Verhalten der loyalen Anglo-Iren blieb im Laufe des Neunjährigen Krieges konstant. Auch die Besorgnisse der Dubliner Regierung blieben dieselben: Man fürchtete eine Rebellion der Anglo-Iren, denn angesichts der zunehmenden politisch-konfessionellen Polarisierung in Irland schien es der Regierung nur eine Frage der Zeit, bis die konfessionelle Identität der loyalen Anglo-Iren auch in eine gegen die protestantische Krone gerichtete politische Identität münden würde.[122] Deshalb versuchte man, die konfessionelle Begründung des O'Neillschen Aufstandes abzuwerten, rannte damit aber im Grunde bei den loyalen Anglo-Iren nur offene Türen ein. In einem ,Gegenpamphlet' der Regierung hieß es: „The common opinion received, and by the rebels published, to be the principal motives of their late and former rebellions since her Majesty's reign, is supposed to be religion; but therein let no man be deceived, for ambition only is the true and undoubted cause that moves the lords and others of this Realm to take arms."[123]

---

[119] A true copy of my answer to Tyrone['s] and James FitzThomas['s] letter of the 13th of February, 1599 [1600], Anlage zu: David, Viscount Buttevant, Lord Barry, to Sir Robert Cecil, 19. Feb. 1600, in: CSPI 1599–1600, S. 492–495, hier S. 493–494.

[120] Vgl. MORGAN, Hugh O'Neill, S. 34.

[121] Vgl. LENNON, Sixteenth-Century Ireland, S. 295.

[122] Vgl. SHEEHAN, Irish Towns, S. 108.

[123] „A Discourse of Ireland" sent to Sir Robert Cecil from Sir George Carew, 1601, in: Irish History, hg. v. MAXWELL, S. 186–187, hier S. 186; vgl. das an die loyalen Anglo-Iren gerichtete (ungedruckte) Pamphlet der Regierung, mit dem die 22 Artikel O'Neills widerlegt werden sollten: The answer of a faithful servant to his sovereign Prince to a seditious libell signed by Tyrone at Dungannon, the 15th of this November 99, and sent from him to some seditious priests in the Pale to be published by them

Die Landung der spanischen Flotte in Kinsale im Jahr 1601, die O'Neill und seinen Verbündeten den Sieg ermöglichen sollte, führte dagegen zu ihrer Niederlage. Während die Spanier die Festung Kinsale nicht verließen, verloren die Ulster Lords die Battle of Kinsale gegen die Armee Lord Deputy Mountjoys. Hugh O'Donnell floh nach Spanien, O'Neill zog sich zunächst nach Ulster zurück. Mountjoy rückte tiefer nach Ulster vor und zerstörte im Jahr 1602 den Krönungsstein der O'Neills in Tullaghoge Fort, County Tyrone – ein ausdrucksvoller symbolischer Akt englischer Herrschaft.[124] Schließlich ergab sich O'Neill aber im Jahr 1603 in Mellifont.[125] Damit befand sich ganz Irland unter englischer Herrschaft.

---

amongst Her majesties good and loyall subjects. Directed to the Lords and Principall gentlemen of the Pale, Nov. 1599, in: Faith and Fatherland, hg. v. MORGAN, S. 34–55.
[124] Vgl. HAYES-McCOY, Completion, S. 135.
[125] Als O'Neill sich Vizekönig Mountjoy unterwarf, war die Königin bereits verstorben, was Mountjoy O'Neill jedoch verschwieg. (Vgl. ebd., S. 136).

IV. Konfessionalisierung der Kirchen und im Innern der Gesellschaft – 1603–1632

1. Staatsbildung, plantation und Konfessionalisierung: Regierungsprogramme 1603–1632

a) Legal imperialism: Reform und plantation durch die Einführung des common law

Die Bestimmungen des Vertrages von Mellifont, den Hugh O'Neill und Lord Mountjoy 1603 nach der Unterwerfung O'Neills unter die Krone unterzeichnet hatten, bedeuteten für O'Neill keineswegs den Untergang. Sein Land wurde nicht konfisziert. Vielmehr ähnelten die Friedensbedingungen einer *surrender-and-regrant*-Vereinbarung. O'Neill verzichtete auf seinen irischen Titel ‚The O'Neill' und wurde erneut zum Grafen von Tyrone ernannt. Rory O'Donnell, ein jüngerer Bruder Hugh O'Donnells, wurde Graf von Tyrconnell.[1] Die Krone verlieh O'Neill fast den gesamten Landbesitz, den er auch vor der Rebellion besessen hatte, und gestand ihm weitgehende Rechte innerhalb seiner Ländereien zu.[2] Allerdings wurden innerhalb seines Territoriums Garnisonen errichtet, womit die irische Regierung deutlich machte, dass sie O'Neill durch militärische Präsenz zu kontrollieren gedachte.[3] Zudem nutzte man die militärische Überlegenheit der Krone, um eine Lokalverwaltung nach englischem Muster einzuführen.[4]

Nach kurzer Zeit wurde jedoch deutlich, dass O'Donnell und O'Neill ihre Macht auszudehnen suchten und vor allem O'Neill offenbar seine gälische *overlordship* wiederherstellen wollte.[5] Dies war für die neuen Verantwortlichen in der Dubliner Regierung, Vizekönig Chichester und den Solicitor General (1603–1606) und späteren Attorney General (1606–1619) Sir John Davies,[6] völlig unakzeptabel. Sie wollten nicht erneut mit einer unabhängigen gälischen ‚Landesherrschaft' in Irland konfrontiert sein, die die seit fast einem Jahrhundert angestrebte und jetzt möglich erscheinende politische Reform Irlands wiederum verhindern würde. Vielmehr machten die Aktivitäten der Regierung und vor allem Davies' in den darauf folgenden Jahren deutlich, dass man entschlossen war, nun eine umfassende Reform

---

[1] Vgl. BECKETT, Geschichte Irlands, S. 76.
[2] Vgl. LENNON, Sixteenth-Century Ireland, S. 302; CANNY, Hugh O'Neill, S. 7–12.
[3] Vgl. ELVERT, Geschichte Irlands, S. 177.
[4] Vgl. BOTTIGHEIMER, Geschichte Irlands, S. 87–88; CLARKE, Pacification, S. 193; McCAVITT, Establishment.
[5] Vgl. CLARKE, Pacification, S. 193; PAWLISCH, Sir John Davies, S. 65–66.
[6] Zu Davies grundlegend ist PAWLISCH, Sir John Davies.

des irischen Königreichs umzusetzen. Wie wir unten noch sehen werden, betraf dies nicht nur die Politik, sondern auch die Konfessionsfrage. Die ersten Jahre der Regierungszeit James I. (1603–1625) sind – wie die 1530er und 40er Jahre und kurzzeitig die 1580er Jahre vor ihnen – geprägt von Reformvorhaben der Regierung auf allen politisch-gesellschaftlichen Ebenen.[7]

Die angestrebte politische Reform Irlands formulierte Davies programmatisch in seiner 1612 erschienenen Schrift *A Discovery of the True Causes Why Ireland Was Never Entirely Subdued, Nor Brought Under Obedience of the Crown of England, Until the Beginning of His Majesty's Happy Reign*.[8] Darin analysierte Davies die englische Herrschaft über Irland vom Standpunkt der Bodinschen Souveränitätslehre. Mit Blick auf die mittelalterliche Geschichte stellte er fest: „As for King Henry II, he was far from obtaining that monarchy royal and true sovereignty which His Majesty ... now ... hath over the Irish. For the Irish lords did only promise to become tributaries to King Henry II. And such as pay only tribute, though they be placed by Bodin in the first degree of subjection, are not properly subjects but sovereigns. For though they be less and inferior unto the prince to whom they pay tribute, yet they hold all other points of sovereignty; ... And therefore, though King Henry II had the title of ‚Sovereign Lord' over the Irish, yet did he not put those things in execution which are the true marks and differences of sovereignty."[9] Davies argumentierte weiter, dass nur die Einführung eines einheitlichen Rechts, nämlich des englischen *common law*, die Durchsetzung des Gewaltmonopols des Staates, die Durchdringung des Landes mit königlicher Bürokratie und die Schaffung eines einheitlichen Untertanenverbandes die Souveränität des englischen Königs über Irland sicherstellen könne.[10] Mit diesen Reformzielen ging er zunächst an die Eindämmung des expansiven politischen Verhaltens von O'Neill und O'Donnell.

---

[7] Diese ‚Aufbruchstimmung' wird z.B. auch noch an Sir John Davies' Eröffnungsrede zum Parlament von 1613–15 deutlich, in der er mit Begeisterung davon spricht, dass dies das erste Parlament unter Teilnahme von Vertretern aus ganz Irland sei: „... the first Parliament that may justly be called a common council, wherein all the commons throughout the Kingdom are present ..." (Sir John Davies's Speech in the Irish House of Lords, 21. Mai 1613, in: Irish History, hg. v. MAXWELL, S. 385–388, hier S. 387).

[8] DAVIES, Discovery; Ausschnitte der Schrift auch in: Elizabethan Ireland, hg. v. MYERS, S. 146–184.

[9] DAVIES, Discovery, S. 75–76.

[10] In Davies' Worten: „... to give laws unto a people; to institute magistrates and officers over them; to punish and pardon malefactors; to have the sole authority of making war and peace, and the like, are the true marks of sovereignty ..." (DAVIES, Discovery, S. 76).

Zunächst wurde im Jahr 1605 eine Proklamation veröffentlicht, die alle Personen in Irland zu „free, natural, and immediate subjects of his Majesty"[11] erklärte und betonte, sie seien nicht Untertanen eines Lord oder *chief*. Damit wurde die Vorstellung vom einheitlichen Untertanenverband deutlich zum Ausdruck gebracht.[12] Außerdem wurden in der Proklamation die Bestimmungen des Vertrages von Mellifont im Sinne der Krone ausgelegt. Es wurde verfügt, dass die Rechte und der Landbesitz der so genannten *freeholders*, also aller ehemals unter O'Neills und O'Donnells Oberherrschaft stehenden *lesser lords*, durch den Vertrag von Mellifont unangetastet geblieben seien.[13] Daraufhin wurde eine Kommission berufen, die diese Bestimmung in Ulster durchsetzte. „Methodically, [the commissioners] were establishing central control, dismantling local power structures, and introducing stabilised landholding. Their work was consolidated by a judicial resolution that all Irish land must descend according to the common law."[14] Durch diese und andere Maßnahmen wollte Davies sicherstellen, dass die Ulster Lords in Zukunft über keine gälischen *overlordships* mehr verfügen und nur noch adelige Großgrundbesitzer auf dem Eigenbesitz ihrer Familien sein würden.

Um das gälische Irland ein für alle Mal in das irische Königreich zu integrieren, kehrte Sir John Davies zu der traditionellen Annahme zurück, erst durch die Einführung des *common law* könne Irland politisch und kulturell in ein Königreich nach englischem Muster umgewandelt werden.[15] Doch es bestanden entscheidende Unterschiede zur *surrender-and-regrant*-Politik Heinrichs VIII. und zu den Reformversuchen der anderen Tudor-Könige. Davies sah das *common law* nicht mehr als Mittel zur allmählichen

---

[11] Proclamation by Sir Arthur Chichester, 11. März 1605, in: Irish History, hg. v. MAXWELL, S. 208–210, hier S. 209.

[12] Davies rechtfertigte dies vor dem Hintergrund der nie insgesamt aufgehobenen mittelalterlichen Rechtsverhältnisse Irlands. Er schrieb über die Statuten von Kilkenny: „The Common lawe and statute lawes of England being thus transmitted and established in Ireland were put in execucion only in the English colonies, for the Irish were not permitted to have the benefit and protection thereof, but were left to bee governed by their owne lord and lawes, And therefore the Statute of Kilkennye which maketh yt treason for anie English to use the Brehon lawe, extendeth not to the Irish ..." (Lawes of Irelande, hg. v. MORGAN, S. 309). Damit ignorierte er aber die Tatsache, dass auch die Erhebung Irlands zum Königreich 1541 und die *surrender-and-regrant*-Politik St. Legers auf das Ziel einer rechtlichen Homogenisierung Irlands ausgerichtet waren.

[13] Vgl. CLARKE, Pacification, S. 193; ELVERT, Geschichte Irlands, S. 178; PAWLISCH, Sir John Davies, S. 67–68. Dass dies eindeutig ein Schritt zur Machteindämmung O'Neills und O'Donnells war, wird auch daran deutlich, dass die hier als *freeholders* bezeichneten *lesser lords* nach dem *common law* kein Besitzrecht auf ihr Land hatten, sondern ihre ‚Besitztitel' einzig auf dem *brehon law* beruhten – und dieses Recht wurde von der Regierung in Irland normalerweise ja nicht anerkannt.

[14] CLARKE, Pacification, S. 194.

[15] Vgl. ASCH, Kulturkonflikt, S. 174–175.

Umgestaltung der existierenden politischen Struktur in Irland, wobei auch Anpassungen an die gegebenen Verhältnisse in den gälischen Lordships akzeptabel waren.[16] Vielmehr vertrat Davies die Auffassung, dass nach dem Ende des Neunjährigen Krieges nun das Kingdom of Ireland und vor allem die Souveränität der englischen Krone über dieses Königreich in die Realität umgesetzt werden könnten, wenn man keine Kompromisse mehr mit dem gälischen Recht zulasse. Er strebte deshalb die vollständige Abschaffung des *brehon law* an, um die darauf beruhende politische und gesellschaftliche Struktur des gälischen Irland zu zerstören.[17]

Im Jahr 1606 begann Davies seinen systematischen Angriff auf das *brehon law*. In diesem Jahr erklärte eine Versammlung der königlichen Richter das gälische Erbrecht (*gavelkind*)[18] für null und nichtig, und im Jahr 1608 hob der Court of King's Bench das gälische Nachfolgerecht (*tanistry*) auf.[19] Davies begründete diesen Schritt mit der Überzeugung, das *brehon law* gewährleiste kein klar definiertes und abgegrenztes Landeigentum und sei damit für die Instabilität und ‚Barbarität‘ der gälischen Gesellschaft verantwortlich.[20] Dagegen gewährleiste das *common law* Eigentumssicherheit und sei damit Grundlage einer – nach Davies' Vorstellung – „zivilisierten und freien Gesellschaft",[21] eines irischen Königreichs nach englischem Vorbild.[22] Programmatisch formulierte er: „... heretofore, the neglect of the [common] law made the English degenerate and become Irish; and now, on the other side, the execution of the [common] law doth make the Irish grow civil and become English."[23]

Die neue Rechtslage hätte sich keineswegs negativ auf die *lesser lords* und die kleinen gälischen Pächter ausgewirkt, sondern nur auf die Rechtspositionen und Besitzstände der *overlords*. Gälischen *freeholders* sollte ihr

---

[16] Man denke an die oben beschriebene Flexibilität bei den *surrender-and-regrant*-Vereinbarungen hinsichtlich der Primogenitur. (Siehe oben B.I.1.c).

[17] Vgl. Asch, Kulturkonflikt, S. 211; Pawlisch, Sir John Davies, S. 10–12.

[18] Siehe oben A.III.1.

[19] Vgl. Asch, Kulturkonflikt, S. 194; Pawlisch, Sir John Davies, S. 12; Moody, Martin, Byrne, Chronology of Irish History, S. 223.

[20] „... the Brehon lawe which the makers of the statutes of Kilkenny did not without cause call a lewd custome; for yt was the cause of much lewdnes and barbarisme, yt gave countenaunce and encouragment to theft rape and murder, yt made all possessions incerten, whereby it came to passe, that there was noe buildinge of howses and townes, noe educacions of children, in learninge or civilitye nor exercise of trades or handycrafts, noe improvement or manuring of the land, noe industry or vertue in use among them, but the people bred in loosenes and Idlenes which hath bin the true cause of all the mischiefs and miseries in that kingedome." (Lawes of Irelande, hg. v. Morgan, S. 313).

[21] Asch, Kulturkonflikt, S. 203.

[22] Vgl. ebd., S. 190–203.

[23] Davies, Discovery, S. 217.

Landbesitz durch *common law titles* bestätigt werden, um sie gegen die *overlords* zu stärken.[24] Obwohl die Umsetzung dieser Maßnahmen nur langsam erfolgte, wollte Hugh O'Neill sie nicht akzeptieren. Zusammen mit O'Donnell und anderen Ulster Lords entschloss er sich 1607, Irland zu verlassen, um auf dem Kontinent Hilfe für einen erneuten Angriff auf die englische Herrschaft in Irland zu suchen. Die gälischen Lords kamen jedoch nie mehr nach Irland zurück.[25]

Nach der *flight of the earls* 1607 wurden die auf den Kontinent geflohenen gälischen Lords zu Verrätern erklärt und ihr Land fiel damit an die Krone. Zunächst war eine der typischen *plantations* des 16. Jahrhunderts vorgesehen: Ansiedlung einer begrenzten Anzahl von Siedlern auf dem Eigenbesitz der Ulster Lords und Verteilung des restlichen Landes unter gälischen *freeholders*. Doch die Rebellion von Sir Cahir O'Doherty und einigen anderen gälischen Lords im Jahr 1608 und deren rasche Niederschlagung führten zur Erweiterung der *plantation* auf die gesamte Provinz Ulster und zu einem Kolonisationsplan, der sich von allen Projekten des 16. Jahrhunderts deutlich unterschied. Nun sollte das Land großflächig enteignet, die gälischen Bewohner sollten umgesiedelt werden.[26] Bereits im Jahr 1608/09 legte eine Kommission die genauen Modalitäten der *plantation* fest, die City of London wurde maßgeblich beteiligt, und im Jahr 1610 begann das Siedlungsprojekt.[27]

In der Durchführung der *plantation of Ulster* offenbarte sich der zwiespältige Charakter von Sir John Davies' Anwendung des *common law*. Denn er ließ überall königliche Besitztitel für gälisches Land auffinden, um dieses an englische und schottische Siedler weitergeben zu können. Für die meisten Gälen, die im Rahmen des *common law* keine Rechtsansprüche auf ihr Land geltend machen konnten, bedeutete das nicht die ursprünglich verheißene Eigentumssicherheit, sondern das genaue Gegenteil, einen hohen Grad an Unsicherheit. Davies benutzte nun das Recht als Werkzeug zur Kolonialisierung Irlands, er betrieb „legal imperialism".[28] Das *common law* wurde Instrument zur Fortsetzung der Eroberung.[29]

Obwohl im Zuge der *plantation of Ulster* Tausende von protestantischen Engländern und Schotten nach Irland kamen, wurde das Ansied-

---

[24] Vgl. PAWLISCH, Sir John Davies, S. 67–70.

[25] Vgl. CLARKE, Pacification, S. 195; ELVERT, Geschichte Irlands, S. 178.

[26] Vgl. CLARKE, Pacification, S. 196–197; ELVERT, Geschichte Irlands, S. 188–190.

[27] Vgl. CLARKE, Pacification, S. 197–202; ELVERT, Geschichte Irlands, S. 190–192.

[28] So der Untertitel des Buches von Pawlisch, Sir John Davies. Vgl. PAWLISCH, Sir John Davies, S. 3–14, 69; ASCH, Kulturkonflikt, S. 203, 212; BRADY, Decline, S. 111–112.

[29] „Law ... was seen not as an alternative to the forceful establishment of English rule in Ireland, but as an integral part of that process – the continuation of conquest by other means." (BRADY, Decline, S. 112).

lungsprojekt letztlich doch nicht so durchgeführt, wie die Regierung es ursprünglich geplant hatte. Die irischen Bauern wurden weitgehend nicht zwangsumgesiedelt, sondern verblieben auf dem Land – allerdings ohne Besitzrechte. Sie wurden in die *plantation* integriert, da sich das verfügbare Land für die Aufteilung unter den britischen Siedlern insgesamt als zu groß erwies.[30]

Mit dem Vertrag von Mellifont begann in Irland eine fast vierzig Jahre andauernde Friedensphase, bevor 1641 in Ulster der Konflikt mit Macht wieder ausbrach. Doch lastete auf dieser Friedensphase die Hypothek der *plantation of Ulster*. Viele gälische Pächter waren durch kurze Pachtverträge und hohe Pachtzahlungen belastet. Die Enteigneten und die *swordsmen*, die in dem neuen Gesellschaftssystem keinen Platz hatten, zogen sich in die Wälder und Sümpfe zurück und griffen die Kolonisten von dort immer wieder an. Die Gesellschaft in Ulster blieb instabil und die Kolonisten fürchteten sich permanent vor Angriffen.[31] Angesichts dieses ‚Friedens‘ erscheint es kaum verwunderlich, dass die Rebellion von 1641 in Ulster ausbrach.

b) Staatsbildung und städtische Autonomie

Die politische Entwicklung Irlands kurz vor und nach 1603 hatte auch Konsequenzen für die autonomen anglo-irischen Städte. Parallel zu einem Prozess, der auch auf dem Kontinent im 16. und 17. Jahrhundert stattfand, nämlich dem Versuch der frühmodernen Territorialstaaten, die Privilegien und Freiheiten ihrer autonomen Landstädte einzudämmen,[32] sahen sowohl die Dubliner als auch die Londoner Regierung die Stadtfreiheiten der anglo-irischen Städte seit dem späten 16. Jahrhundert mit zunehmender Skepsis.[33]

Erste Anzeichen der neuen Regierungshaltung zeigten sich während des Neunjährigen Krieges, als die neuenglischen Verantwortlichen in Irland die Freiheiten der Städte als zu weitgehend empfanden, weil sie auch Handel mit dem Feind erlaubten – und das Vertrauen in die Loyalität der Altengländer[34] war ja, wie wir oben gesehen haben, mittlerweile gering.[35] Dies betraf zunächst die Städte in Munster, die teilweise in Konflikt mit dem Präsident der Provinz, Sir George Carew, gerieten. Carew ging zwischen 1600

---

[30] Vgl. CLARKE, Pacification, S. 203–204; ELVERT, Geschichte Irlands, S. 193.

[31] Vgl. CLARKE, Pacification, S. 203–205.

[32] Vgl. SCHILLING, Stadt, S. 40–45.

[33] Siehe dazu den Bericht der Commissioners aus Munster oben B.III.1.c.

[34] Wie oben in der Einleitung begründet, wird für die Phase nach 1603 der Begriff ‚Altengländer‘ als neue Selbstbezeichnung der katholischen loyalen Anglo-Iren in Abgrenzung zu den protestantischen Neuengländern verwendet. (Siehe oben A.I).

[35] Vgl. SHEEHAN, Recusancy Revolt, S. 6; SHEEHAN, Irish Towns, S. 108.

und 1603 systematisch daran, die Rechte und Privilegien der Städte einzuschränken, um die Städte seiner politischen Kontrolle zu unterstellen.[36]

So enthob er beispielsweise den Bürgermeister von Limerick seines Amtes und verurteilte ihn zu einer Geldstrafe, als dieser sich weigerte, einen wegen Diebstahls angeklagten Soldaten dem Kriegsgericht zu überstellen. Der Bürgermeister berief sich dagegen auf das verbriefte Recht der Stadt auf uneingeschränkte Jurisdiktion innerhalb der Stadtgrenzen, was auch das Eingreifen des Präsidenten von Munster ausschließe. Carew setzte sich durch und benutzte die Geldstrafe zur Reparatur von Limerick Castle, um einen sichtbaren Beweis staatlicher Autorität in Limerick zu hinterlassen.[37] Ähnlich verfuhr Carew in Cork, wo er einen Festungsring um die Stadt und auch auf städtischem Gebiet errichten ließ, ohne Rücksprache mit dem Rat gehalten zu haben.[38] Die Stadt Kinsale, die im Jahr 1601 Landepunkt der Spanier gewesen war und die Einquartierung der spanischen Soldaten bereitwillig vorgenommen hatte, wurde dafür im Jahr 1602 hart bestraft. Carew zog ihre städtischen Freiheitsbriefe, Insignien und Amtsroben ein und zwang die Stadt zum Wiederaufbau der Burg. Carew tat dies alles sehr bewusst, nicht nur, um die Stadtfreiheiten einzuschränken, sondern auch, um das städtische Selbstbewusstsein zu treffen.[39]

Hinzu kamen die Belastungen durch das stehende Heer, die im Neunjährigen Krieg deutlich zunahmen. Die Einquartierung von Soldaten im Rahmen der *cess* war gang und gäbe, und die Städte versuchten immer wieder, sich auf ihre Freiheiten zu berufen, um die teuren Einquartierungen abzuwenden oder zumindest ihre Ausgaben zurückerstattet zu bekommen.[40] Außerdem verschlechterte sich die wirtschaftliche Situation der Städte durch die Auswirkungen des Neunjährigen Krieges.[41] Alle diese Faktoren trugen zum Ausbruch der so genannten *recusancy revolt* in den Städten Munsters im Jahr 1603 bei.[42] Nach der unblutigen Unterdrückung der Revolte entschloss sich die Regierung zwar gegen eine Bestrafung der Städte, doch die Revolte erwies sich trotzdem als entscheidender Wendepunkt im Verhältnis zwischen den Städten und der Staatsgewalt.

Der städtische Anspruch, Bastionen englischer Kultur und Loyalität zu sein, den die Regierung seit dem Mittelalter durch die Vergabe weitgehender Freiheiten akzeptiert und gefördert hatte, wurde von der Regierung

---

[36] Carew griff zwar die Privilegien der Städte an einzelnen Punkten an, konnte ihnen jedoch nicht ihre verbrieften Rechte aberkennen. (Vgl. SHEEHAN, Irish Towns, S. 111).
[37] Vgl. SHEEHAN, Recusancy Revolt, S. 9; SHEEHAN, Irish Towns, S. 109.
[38] Vgl. SHEEHAN, Irish Towns, S. 109–110.
[39] Vgl. SHEEHAN, Recusancy Revolt, S. 9.
[40] Vgl. ebd., S. 5.
[41] Vgl. ebd., S. 9–10.
[42] Siehe unten B.IV.2.a.

James I. nicht mehr anerkannt. Die Ausbreitung der englischen Herrschaft über die gesamte Insel bedeutete zudem, dass die Funktion der altenglischen Städte als militärische Bollwerke überflüssig wurde. In der Regierungszeit James I. wurden deshalb die Freiheiten der altenglischen Städte von einer erstarkenden Staatsgewalt unmittelbar angegriffen. Das Ziel war die Einschränkung der politischen, religiösen[43] und wirtschaftlichen Privilegien der Städte.

Dass diese Maßnahmen nicht auf eine Zurückdrängung des städtischen Elements in Irland insgesamt, sondern spezifisch auf die autonomen altenglischen Städte ausgerichtet waren, wird daran deutlich, dass die Regierung zur gleichen Zeit im Rahmen der *plantation of Ulster* Stadtgründungen nachdrücklich förderte.[44] Diese neuen Städte zeichneten sich jedoch, im Gegensatz zu ihren traditionellen Pendants, durch eine starke Abhängigkeit vom jeweiligen, das Land zur Verfügung stellenden neuenglischen *landlord* aus. Zudem waren ihre Verfassungsstrukturen auf eine im Sinne des englischen Staates ‚zuverlässige‘ Oligarchie ausgerichtet.[45]

Die Versuche des Staates, sowohl die faktischen Freiheiten als auch die verbrieften Privilegien der altenglischen Städte einzuschränken, konzentrierten sich auf drei Ebenen: Erstens, die Durchsetzung des Suprematseides für die gewählten Amtsträger in den Städten;[46] zweitens, eine kritische Überprüfung städtischer Freiheiten durch die Krone; und drittens, eine Eindämmung der wirtschaftlichen Privilegien der Städte, die faktisch sämtliche Zölle in ihre Verfügungsgewalt gebracht hatten. Während die Regierung versuchte, nicht auf allen Ebenen gleichzeitig tätig zu werden, verschmolzen die einzelnen Maßnahmen in der Wahrnehmung der städtischen Eliten jedoch zu einem globalen Angriff einer „absolutist-tending"[47] Regierung auf ihre städtische Libertät, sei sie nun religiös, verfassungspolitisch oder wirtschaftlich definiert. Insofern waren die drei Angriffsebenen der Regierung gegenüber den Städten für diese Teil eines umfassenden Staatsbildungs- und Konfessionalisierungsprogramms ‚von oben‘. Dass die Maßnahmen des Staates massive Eingriffe in die städtische Autonomie im All-

---

[43] In diesem Zusammenhang gehören auch konfessionelle Zwangsmaßnahmen wie z.B. die so genannten *mandates*, die ultimative Aufforderung an Dubliner *aldermen*, am Gottesdienst der Staatskirche teilzunehmen. (Siehe unten B.IV.2.a).

[44] Diese Städte sollten einerseits als Märkte, andererseits als befestigte Orte in den *plantations* dienen. Dazu kam die bereits im 16. Jahrhundert mit Blick auf die angloirischen Städte gehegte Hoffnung, von dort aus *civility* und ‚Protestantismus‘ unter den verbliebenen gälischen Iren verbreiten zu können. (Vgl. GILLESPIE, Small Towns; HUNTER, Ulster Plantation Towns). Zudem waren die neuen Städte Teil einer groß angelegten Kampagne, um neue *parliamentary boroughs* zu schaffen und damit eine protestantische Mehrheit im Parlament zu sichern. (Siehe unten B.IV.2.b).

[45] Vgl. GILLESPIE, Urban Oligarchies, S. 54.

[46] Siehe auch unten C.II.1.a und C.II.2.a.

[47] LENNON, Lords, S. 192.

gemeinen und ihre Selbstverwaltung im Besonderen darstellten, wird an den zahlreichen Konflikten deutlich, die die Stadt Dublin in den wenigen Jahren zwischen 1604 und 1613 mit der Regierung austrug: einen Streit um die Bürgermeisterwahlen wegen der Verweigerung des Suprematseides,[48] den Konflikt um die so genannten *mandates* von 1605 (Aufforderungen an die Ratsherren, an den Gottesdiensten der Staatskirche teilzunehmen),[49] zahlreiche Auseinandersetzungen um die Wahlen für das Parlament von 1613–15,[50] eine staatliche Untersuchung der Aktivitäten der religiösen Bruderschaft von St. Anne[51] und den zwischen 1607 und 1612 ausgetragenen Konflikt um die Zölle.

Die Versuche zur Durchsetzung des Suprematseides bei den städtischen Amtsträgern und deren enge Verknüpfung mit der Gewährung städtischer Privilegien werden im Folgenden an den Vorgängen in der Stadt Waterford näher erläutert. In den Jahren 1606–1607 setzte der neue Präsident von Munster, Sir Henry Brouncker, vier gewählte Bürgermeister, die nacheinander den Suprematseid verweigerten, ab und belegte sie mit Geld- und Gefängnisstrafen. Nach Brounckers Tod kam es zunächst zu keinen Konflikten mehr.[52] Im Jahr 1611 – nur zwei Jahre nach der Verleihung umfangreicher Stadtrechte durch James I. – flammten die Probleme mit dem Suprematseid jedoch wieder auf. König James sah die Verweigerung des Eides durch die städtischen Amtsträger als Zeichen der Undankbarkeit für die Verleihung der Privilegien und als Zeichen der Illoyalität. Deshalb instruierte er im Jahr 1612 Lord Deputy Chichester, dass allen Städten, deren Bürgermeister den Suprematseid nicht ablegten, ihre Freiheiten entzogen werden sollten.[53] Daraufhin wurden bis zum Jahr 1616 zwölf Bürgermeister gewählt, alle verweigerten den Eid und wurden entlassen. Auch der Versuch der Stadt, einen eilig mit dem Bürgerrecht ausgestatteten Schotten, der seit 13 Jahren in Waterford lebte, zum Bürgermeister zu wählen, schlug fehl. Im Jahr 1618, nach der erneuten Wahl von Katholiken, war die Geduld der Regierung am Ende. Eine *jury of freeholders* wurde eingesetzt, die der Stadt ihre Stadtrechte aberkennen sollte. Als diese *jury* sich dem Begehren der Regierung verweigerte – ein nicht seltenes Ereignis im Irland der ersten Hälfte des 17. Jahrhunderts[54] –, wurden ihre Mitglieder inhaf-

---

[48] Siehe dazu auch unten C.II.2.a.
[49] Siehe dazu unten B.IV.2.a.
[50] Siehe dazu unten B.IV.2.b.
[51] Siehe dazu unten C.II.2.b.
[52] Dies ist meines Erachtens auch ein Ausdruck der häufig ‚sprunghaften‘ Natur der englischen Staatsbildung in Irland: Der Tod eines Amtsträgers der Krone machte der von ihm in Gang gesetzten Politik unmittelbar ein Ende.
[53] Vgl. The King to Sir Arthur Chichester, 30. Sept. 1612, in: CSPI 1611–1614, S. 288; WALTON, Church, S. 193.
[54] Siehe dazu auch unten B.V.2.b.

tiert und eine zweite *jury* wurde bestellt, die sich dem Willen der Regierung beugte. Als die Stadt auch danach noch zögerte, ihre Freibriefe abzugeben, zogen der Lord President von Munster und der Lord Chief Justice in die Stadt ein, um diese in ihre Regierungsgewalt zu bringen. Erst im Jahr 1626 verlieh Charles I. Waterford wieder Stadtrechte.[55]

Während dieser Konflikte um Suprematseid und Stadtrechte stand Waterford, wie alle anderen altenglischen Städte, in einem andauernden Streit mit der Regierung um die Zölle[56] und die Bestellung von Zollbeamten in den Städten. Auch hier fügten sich die Maßnahmen der Regierung in deren Staatsbildungsprogramm nach 1603 ein, denn der Staat wollte die Zölle wieder an sich ziehen, um die irische Staatskasse zu sanieren. Faktisch hatte der Staat im 16. Jahrhundert keinerlei Kontrolle mehr über die Zölle in den Städten ausgeübt. Die einheimischen Kaufleute waren meist von ihnen befreit, es gab kaum königliche, sondern – auf Grund von Privilegien oder Usurpationen – fast nur noch städtische Zollbeamte, und die wenigen eingenommenen Zölle wurden ohne großen Verwaltungsaufwand direkt von den Städten verwendet. Um die Zölle wieder an sich zu ziehen, ging die Regierung gerichtlich gegen die Städte vor. 1607 wurden *quo-warranto*-Verfahren gegen die Städte Waterford, Dublin, Drogheda und Limerick eröffnet, wobei man Waterford als Präzedenzfall auswählte, da dessen Stadtrechte als besonders weitgehend galten. Während die Befreiung der einheimischen Kaufleute von den Zöllen vor Gericht eindeutig bestätigt wurde, konnte die Regierung ihr Recht auf die Eintreibung der Zölle und auf die Ernennung von Zollbeamten in Waterford durchsetzen. Trotz zeitweise massiven Widerstandes der städtischen Räte wurden ähnliche Gerichtsurteile auch gegen andere altenglische Städte gefällt. Im Jahr 1611 ging die Krone gegen die verbliebenen Zollprivilegien der altenglischen Kaufleute vor, indem sie auf dem Weg der königlichen Prärogative allen Personen einen Zoll auferlegte, die eigentlich durch die städtischen Freibriefe davon befreit waren. So erlangte die Regierung letztlich die volle Zollhoheit, setzte königliche Zollbeamte ein oder verpachtete die Zölle lukrativ an Unternehmer, die eine feste jährliche Summe in die Staatskasse zahlten.[57]

Im Hinblick auf die Stadtrechte machte die Regierung deutlich, dass Unabhängigkeit und Privilegien der Städte keine Rechtsansprüche, sondern

---

[55] Vgl. WALTON, Church, insbes. S. 193–195; WALTON, Merchant Community, S. 191.

[56] Auf drei Zölle hatte die Krone Anspruch: *poundage*, ein Zoll von fünf Prozent auf alle Ex- und Importe, die *great custom* auf Wolle und Felle und die *petty custom* auf Exporte und Importe durch fremde Kaufleute. (Vgl. TREADWELL, Irish Customs, S. 387–388).

[57] Vgl. TREADWELL, Establishment, insbes. S. 598; SHEEHAN, Irish Towns, S. 112–114.

von der Krone jederzeit widerruflich verliehen waren. So wurde die Erneuerung von Stadtrechten für die altenglischen Städte zu einem erheblichen Unsicherheitsfaktor. Bezeichnend ist der Fall Galway. Als sich die Stadt im Jahr 1608 um eine Erneuerung und Erweiterung ihrer Stadtrechte beim König bemühte, antwortete James, dass „[he] will not suffer the temporary grants of his predecessors to bind him, their right having been but a successive toleration, and the reasons of those times not being available now".[58] Deutlicher konnte der König kaum ausdrücken, dass sich die Zeiten gewandelt hatten und dass die Krone nach den autonomen Herrschaftsgebieten der Adeligen nun auch die autonomen Städte in das irische Königreich zu integrieren gedachte.

Ähnlich wie sich die autonomen Landstädte im Reich gegen die Territorialisierungsbestrebungen ihrer Landesherren durch Gerichtsverfahren, zum Beispiel am Reichskammergericht, zur Wehr setzten, so entwickelten auch die altenglischen Städte Strategien, um ihre Privilegien mit rechtlichen Mitteln zu verteidigen. Bezeichnend ist das Verhalten der Städte von Munster im Jahr 1600/01, die – als sie die ersten Angriffe auf ihre Stadtfreiheiten und das Misstrauen der Regierung während des Neunjährigen Krieges zu spüren bekamen – in ihrer Mehrzahl Juristen zu Bürgermeistern wählten.[59] Da dieser Weg, wie oben deutlich wurde, nicht unbedingt von Erfolg gekrönt war, entwickelten die altenglischen Städte, und vor allem ihre im Zentrum des Angriffs stehenden stadtbürgerlichen Eliten, andere Formen des politisch-konfessionellen Widerstands gegenüber dem ausgreifenden englischen Staat.[60]

c) Konfessionalisierungspolitik

Parallel zu ihrem politischen Reformprogramm wollte die Dubliner Regierung auch ein Konfessionalisierungsprogramm in Gang setzen, dessen Ziel die Durchsetzung des konfessionellen Monopols der Staatskirche und die Verdrängung des Katholizismus war. Dies geschah vor dem Hintergrund, dass seit dem späten 16. Jahrhundert der Katholizismus in Irland erstarkte, die *recusancy* ständig zunahm und immer mehr katholische Priester aus den Irish Colleges auf dem Kontinent nach Irland zurückkamen.[61] Die Kronbeamten in Dublin und die Kleriker der Church of Ireland wurden zunehmend besorgter und hielten entschiedenes Vorgehen für notwendig. Die neuengli-

---

[58] To the Lord Deputy, 26. Dez. 1608, in: CSPI 1608–1610, S. 128.

[59] Auch der Regierung entging nicht die Bedeutung dieses Schritts. Der Lord President von Munster, George Carew, kommentierte: „... what their purpose is in making the factious tribunes of the people their magistrates ... your lordships may judge not to be done out of any loyal disposition." (Zitiert in: SHEEHAN, Irish Towns, S. 108).

[60] Siehe dazu unten B.IV.2.a und b.

[61] Siehe oben B.III.2.a und b, unten C.III.2.c.

schen Protestanten fühlten sich vor allem von den Jesuiten und *seminary priests* bedroht, wobei sie deren Ausweisung aus Irland für den Schlüssel zur Durchsetzung der Staatskirche hielten.

Die weltlichen und kirchlichen Amtsträger in Irland forderten deshalb direkt nach dem Regierungsantritt James I. die Durchsetzung einer systematischen Konfessionalisierungspolitik. Doch im Verlauf der nächsten Jahre wurde schnell deutlich, dass London die Dubliner Ziele nicht uneingeschränkt unterstützte. Es bildeten sich erneut Verhaltensmuster heraus, die geprägt waren von einer Intensivierung der Konfessionalisierung durch die protestantischen Verantwortlichen in Irland einerseits und die Moderierung dieser Politik durch die Londoner Regierung andererseits. Die protestantischen Politiker und Kleriker in Irland forderten staatliche Maßnahmen zur Unterstützung der Staatskirche. In ihren Augen war durch den nun erstarkten Staat endlich erfolgreiche Konfessionalisierungspolitik möglich, d.h. die Durchsetzung der Church of Ireland im gesamten Land.[62] Vor allem sollte der Staat eine Teilnahme der Bevölkerung Irlands an den Gottesdiensten der Staatskirche sicherstellen.[63] Dagegen ließ sich die Krone auf diese Politik nur bedingt ein, sie moderierte und stoppte die Konfessionalisierungsmaßnahmen der Dubliner Regierung. Dabei waren zwei Aspekte ausschlaggebend: Erstens beruhte die Haltung der Londoner Regierung auf der persönlichen Einstellung James I., der ähnlich wie Elisabeth keine Zwangsmaßnahmen gegen seine Untertanen anwenden wollte: „… whilst he was unwilling to grant toleration to Catholics, at the same time he had no innate desire to enforce severe measures against them."[64] Zweitens sah die englische Regierung durch eine harte Konfessionalisierungspolitik die Sicherheit des soeben erst befriedeten irischen Königreichs erneut gefährdet. Man fürchtete, mit staatlichen Zwangsmaßnahmen katholischen Widerstand zu provozieren, der sich leicht in weiteren Rebellionen – möglicherweise auch der Altengländer – entladen könnte.[65]

---

[62] McCavitt hat erstmals herausgearbeitet, dass hier ein „comprehensive reform package" Chichesters vorlag. (McCavitt, Chichester, S. 321).

[63] Vgl. Bishops of Dublin and Meath to the King, 4. Juni 1603, in: CSPI 1603–1606, S. 58–60, hier S. 60; Clarke, Pacification, S. 190.

[64] Ford, Protestant Reformation in Ireland, 1590–1641, S. 43–44; vgl. Asch, Antipopery, S. 265; Clarke, Pacification, S. 190; Fincham, Lake, Ecclesiastical Policy.

[65] Ford diagnostiziert hier den zuerst von Bradshaw postulierten Unterschied zwischen „coercive strategists" (Dubliner Regierung) und „persuasive strategists" (Londoner Regierung). (Ford, Protestant Reformation in Ireland, 1590–1641, S. 14, vgl. S. 50; vgl. auch Bradshaw, Sword, Word and Strategy; Ford, Protestant Reformation In Ireland, S. 70–73). Die Dubliner Regierung habe auf *conformity before conversion* bestanden, wogegen die Londoner Regierung die Konversion der Katholiken durch Mittel wie Predigt etc. in den Vordergrund gestellt habe. Dieser Unterschied ist zwar durchaus vorhanden, scheint mir jedoch in der irischen Forschung überbetont worden zu sein. Denn auch die Verantwortlichen in Irland wiesen immer wieder auf die Not-

So wurde eine stark oszillierende Konfessionalisierungspolitik ‚von oben' zum Signum der Epoche. Einerseits hatte die moderierende Politik der Londoner Regierung zur Folge, dass für den größten Teil dieser Phase eine De-facto-Tolerierung der Katholiken in Irland vorherrschte.[66] Andererseits ging die Dubliner Regierung in Schüben gegen die Katholiken vor, vor allem gegen das altenglische Bürgertum in den Städten, und trieb damit die doppelte Konfessionalisierung im Innern der Gesellschaft voran. Ein Überblick über die zahlreichen Proklamationen und Maßnahmen der Dubliner Regierung zwischen 1603 und 1632 macht dies deutlich.

Im Jahr 1605 ging James I. erstmals auf das Verlangen der Dubliner Regierung nach aktiver Konfessionalisierungspolitik ein. Es erging die erste Proklamation, die alle *seminary priests* und Jesuiten aufforderte, Irland bis zu einem bestimmten Termin zu verlassen, und die Laien anwies, den Gottesdienst der Church of Ireland zu besuchen.[67] In dieser Proklamation machte James – mit Blick auf die *recusancy revolt* der Städte in Munster

---

wendigkeit einer *preaching ministry* hin. (Vgl. z.B. Bishops of Dublin and Meath to the King, 4. Juni 1603, in: CSPI 1603–1606, S. 58–60, hier S. 60; Memorials for Reformation of ye Clergie, and establishing of a learned Ministrie in Ireland, [1604], in: CSPI 1603–1606, S. 241–242; Lord Deputy and Council of Ireland to the Lords, 29. Mai 1606, in: CSPI 1603–1606, S. 485–486, hier S. 486). Vor allem aber machte die Londoner Regierung in ihren Weisungen nach Dublin, insbesondere in den Visitationsinstruktionen, deutlich, dass auch sie nicht allein auf Konversion durch Predigt setzen wollte; vielmehr enthielten diese Weisungen alle Elemente eines Konfessionalisierungsprogramms einschließlich einer Kontrolle und Bestrafung katholischer Priester und der Durchsetzung von Konformität im Sinne der Teilnahme an den Gottesdiensten der Church of Ireland. (Vgl. z.B. TCD MS 582: His Majesty's Instructions concerning the Church of Ireland, brought over by Bishop Andrew Knox about 1620, fol. 134r–136v, insbes. fol. 135r–135v; TCD MS 808: [King James'] orders and directions concerning the State of the Church of Ireland ..., 1623, fol. 28–40, insbes. fol. 38–39). Insofern sollte man meines Erachtens den pragmatischen Grund für die Londoner Zurückhaltung, nämlich in Irland keine konfessionell motivierten Rebellionen heraufzubeschwören, höher einschätzen als Ford das tut. Denn die irische Geschichte des 16. Jahrhunderts hatte vor allem deutlich gemacht, dass die durch die Konfessionalisierung der internationalen Politik in Irland wirksam gewordene Verknüpfung von Konfession und militärischem Widerstand eine existentielle Gefahr für England darstellte. Ford selbst zitiert in diesem Zusammenhang die Aussage des englischen Privy Council: „... how lately these people have been reduced from a general revolt" und „how apt they may be to a relapse". (FORD, Protestant Reformation in Ireland, 1590–1641, S. 50).

[66] Vgl. CLARKE, Pacification, S. 208–209; FORD, Protestant Reformation in Ireland, S. 59.

[67] Vgl. Proclamation against Toleration in Ireland, 4. Juli 1605, in: Irish History, hg. v. MAXWELL, S. 143–144; MOODY, MARTIN, BYRNE, Chronology of Irish History, S. 222; CLARKE, Pacification, S. 191; FORD, Protestant Reformation in Ireland, S. 59. Allerdings wurde Lord Deputy Chichester gleichzeitig instruiert, keine intensive Suche nach katholischen Priestern vorzunehmen. (Vgl. ASCH, Antipopery, S. 265, Fußnote 23).

im Jahr 1603[68] – deutlich, dass er weder „liberty of conscience" noch „toleration of religion"[69] gewähren werde, und verkündete „his resolve never to
do any act that may confirm the hopes of any creature, that they shall ever
have from him any toleration to exercise any other religion than that which
is agreeable to God's Word, and is established by the laws of the Realm".[70]
Die Palesmen trugen daraufhin gegenüber der Dubliner Regierung ihr
Recht auf „the private use of their religion and conscience"[71] vor und baten
um Verschiebung der Regierungsaktivitäten, bis sie den König davon überzeugt hätten, dass sie und ihre Priester trotz ihres Katholizismus loyal
seien.[72] Nachdem der Altengländer Sir Patrick Barnewall erfolgreich in
London interveniert hatte, sandte die englische Regierung 1607 eine Di-
rektive nach Dublin, die das Ende der Repressionspolitik forderte.[73] Im
Rückblick wurde dies von den Verantwortlichen in Dublin als weitere ver-
passte Chance zur Protestantisierung Irlands angesehen.[74]

Im Jahr 1611/12 kam es erneut zu einem Aufflammen der Konfessionalisierungspolitik der Dubliner Regierung. Diese hatte während der Periode
der De-facto-Tolerierung seit 1607 ein umso stärkeres – und öffentliche-
res – Wiederaufleben des Katholizismus in den altenglischen Gebieten festgestellt. Nach der O'Doherty Revolte in Ulster im Jahr 1608 vermutete die
irische Regierung erneut eine von Klerikern gestützte katholische Ver-

---

[68] Siehe unten B.IV.2.a.
[69] Proclamation against Toleration in Ireland, 4. Juli 1605, in: Irish History, hg. v.
MAXWELL, S. 143–144, hier S. 143.
[70] Ebd., S. 144.
[71] Zitiert in: MOODY, MARTIN, BYRNE, Chronology of Irish History, S. 223.
[72] Vgl. CLARKE, Pacification, S. 191; LENNON, Lords, S. 181–183. Zu den gleichzeitig von der Regierung eingeleiteten so genannten *mandates*, dem Versuch, maßgebliche
Dubliner Bürger zur Teilnahme am Gottesdienst der Staatskirche zu zwingen, siehe
unten B.IV.2.a.
[73] Vgl. CLARKE, Pacification, S. 192.
[74] Vgl. FORD, Protestant Reformation in Ireland, 1590–1641, S. 54. – Im Jahr 1605
hatten die Verantwortlichen in Irland ausdrücklich darauf hingewiesen, dass die neue
Politik nur erfolgreich sein könne, wenn sie „constantly pursued" werde. (Sir John Davys to Salisbury, 1605, in: CSPI 1603–1606, S. 370–373, hier S. 371, vgl. auch Lord
Deputy [Chichester] and Council to the Lords, 5. Dez. 1605, in: CSPI 1603–1606,
S. 355–358, hier S. 356). Bereits 1606 meinte die Dubliner Regierung dann den Silber-
streifen am Horizont zu sehen: „Matters of the recusants stand as before, save that
many of the meaner sort go to church, divers priests and friars have renounced Roman
orders, and have taken new from the lawful bishop, or utterly abjured their former pro-
fessions; so as if the cause now begun be well proceeded on and a good care taken for
amendment of some Bishops and planting of a learned and sufficient clergy, there will
soon ensue much good to this people ..." (Irish Deputy & Council to English Council,
23. April 1606, in: Harris: Collectanea, hg. v. MCNEILL, S. 378–379, hier S. 379; vgl.
auch den Bericht von Sir John Davies aus Waterford im Jahr 1606, in: Words of Comfort, hg. v. HOGAN, S. 135–136, hier S. 135).

schwörung und wollte entsprechend vorgehen.[75] Chichester ließ die Proklamation von 1605 im Jahr 1611 erneut veröffentlichen,[76] wurde aber sehr schnell von London gestoppt. Das englische Privy Council vertrat die Auffassung, die Bischöfe sollten den Katholizismus durch eine Förderung des Protestantismus bekämpfen und gegen Priester solle nur bei Verdacht auf Verrat vorgegangen werden.[77]

Den Hinweis aus London, eventuell könne mit dem einen oder anderen katholischen Bischof ein Exempel statuiert werden, nutzte die Regierung in Dublin sofort. Sie verhaftete den betagten Bischof von Down, Cornelius O'Devany, verurteilte ihn wegen Hochverrats und ließ ihn in Dublin öffentlich hinrichten. Doch der Effekt dieses ‚Exempels' war die Schaffung eines weiteren Märtyrers. Bei O'Devanys Hinrichtung fanden sich viele Menschen ein, die ihn als Märtyrer verehrten und seine Leichenteile als Reliquien mitnahmen.[78] Im Ergebnis war die protestantische Konfessionalisierungspolitik ‚von oben' auf Grund der bereits weit vorangeschrittenen Formierung des Katholizismus für die Ziele der Regierung kontraproduktiv: Der entscheidende Zeitpunkt war längst überschritten, so dass die Maßnahmen der Dubliner Regierung nur noch die weitere konfessionelle Polarisierung der Gesellschaft zur Folge hatten.

Doch die Dubliner Regierung versuchte in dieser Phase durch immer neue Proklamationen weiterhin, den Katholizismus zurückzudrängen. 1617 erließ sie eine *Proclamation ordering banishment of priests educated abroad,*[79] 1624 eine *Proclamation ordering all catholic ecclesiastics to leave Ireland within 40 days,*[80] die jedoch einen Monat später wieder aufgehoben wurde. In den Jahren zwischen 1618 und 1621 versuchte man auch, die *recusancy fines* systematischer einzutreiben, eine Maßnahme, die die Londoner Regierung aus außenpolitischen Erwägungen – konkret: die geplante Reise von Prince Charles nach Spanien – stoppte.[81]

1629 begann die Dubliner Regierung dann erneut mit Maßnahmen zur Zurückdrängung des Katholizismus. Zunächst erließ Lord Deputy Falkland eine Proklamation, die die Ausübung vom Papst verliehener kirchlicher Jurisdiktion verbot und die Auflösung aller katholischen Klöster anordnete. Diese Proklamation ist in vieler Hinsicht aufschlussreich. Erstens macht sie deutlich, dass die Regierung und die neuenglischen Protestanten sich nach einer Phase der Tolerierung einer erstarkten katholischen Konfessionskir-

---

[75] Vgl. CLARKE, Pacification, S. 208.

[76] Vgl. MOODY, MARTIN, BYRNE, Chronology of Irish History, S. 224.

[77] Vgl. CLARKE, Pacification, S. 208–109.

[78] Vgl. den Bericht des Jesuiten Richard Conway aus dem Jahr 1612, in: Spicilegium Ossoriense, hg. v. MORAN, Bd. 1, S. 123–126.

[79] MOODY, MARTIN, BYRNE, Chronology of Irish History, S. 226.

[80] Ebd., S. 227.

[81] Vgl. CLARKE, Pacification, S. 224–225.

che gegenübersahen: „Forasmuch as wee cannot but take notice that the late intermission of legall proceedings against popish pretended or titulary archbishops, bishops, abbots, deanes, vicars generall, Jesuites, fryers, and others of that sorte ... hath bred such an extraordinarie insolence and presumption in them, as that they have dared here of late not onely to assemble themselves in publike places to celebrate their superstitious services in all parts of this kingdome, but also have erected houses and buildings called publike oratories, colledges, Mass-houses, and convents of fryers, moncks, and nunnes in the eye and open view of the state ...“[82] Zweitens, die auf Grund der Meinungsverschiedenheiten zwischen London und Dublin oszillierende Politik des beginnenden 17. Jahrhunderts hatte vergleichbare Folgen für die konfessionelle Situation wie die geringe staatliche Durchdringung Irlands im 16. Jahrhundert. Beides führte dazu, dass in Irland Staatsbildung und Konfessionalisierung nicht Hand in Hand liefen, um das konfessionelle Monopol der Staatskirche durchzusetzen und zu sichern. Stattdessen eröffneten die mangelnde Staatsbildung des 16. und die oszillierende Konfessionalisierungspolitik des 17. Jahrhunderts der rivalisierenden katholischen Konfessionskirche fortgesetzt Freiräume, die sie jeweils rasch ausfüllte. Nach der festen Etablierung dieser konkurrierenden Konfession bewirkten Repressionsmaßnahmen nicht mehr die Einheit von politischem und konfessionellem Raum, sondern eine zunehmende konfessionelle Polarisierung, eine katholische Konfessionalisierung ‚von unten‘. Dies wurde drittens daran deutlich, dass die Dubliner Regierung im Jahr 1629 eine Klosterauflösung proklamierte, die eigentlich bereits knapp einhundert Jahre zuvor mit der politisch-rechtlichen Reformation Heinrichs VIII. durchgeführt werden sollte, aber nur in begrenztem Umfang erfolgt war.

Für einige Jahre schlug nun das Pendel wieder in Richtung Konfessionalisierung ‚von oben‘ aus, als die Lord Justices Richard Boyle, Earl of Cork, und Viscount Loftus nach der Abberufung Falklands dessen Proklamation entschieden durchzusetzen suchten.[83] In der kurzen Phase ihrer Amtszeit zwischen 1629 und 1632 trieben Boyle und Loftus vor allem die 1629 verfügte Klosterauflösung voran. Noch im gleichen Jahr wurde eine Dubliner Franziskanerkapelle während der Messe gestürmt und der Priester verhaftet. In den darauf folgenden Wochen wurden alle bekannten Klostergemeinschaften in Dublin – sechzehn an der Zahl – aufgelöst, und die Häuser, in denen die Ordensleute gelebt hatten, wurden konfisziert. Danach wurden die Auflösungsaktivitäten auf das ganze Land ausgedehnt. Nach einem Jahr war sich die Dubliner Regierung sicher, die öffentliche Ausübung des Katholizismus und die Orden unterdrückt zu haben. Die Ordensleute hatten

---

[82] By the Lord Deputy and Councell, 1629, in: Proclamations, hg. v. CORISH, S. 54–55, hier S. 54; vgl. MOODY, MARTIN, BYRNE, Chronology of Irish History, S. 229.
[83] Vgl. CLARKE, Selling Royal Favours, S. 242.

nun Schwierigkeiten, Häuser von Privatleuten zu mieten, da diese im Falle von Konfiszierungen um ihren Besitz fürchten mussten.[84] Doch unter dem neuen Vizekönig Wentworth begann erneut eine Phase der Tolerierung.

2. Konfessionalisierung der Gesellschaft

a) Die recusancy revolt in den Städten Munsters (1603) und die mandates in Dublin (1605): Katholische Konfessionalisierung ,von unten' und protestantische Konfessionalisierung ,von oben'

Wie weit die konfessionelle Formierung der Altengländer im Jahr 1603 fortgeschritten war, zeigt die so genannte *recusancy revolt* in den Städten Cork, Waterford, Kilkenny, Cashel, Kinsale und Limerick. Sie brach nach dem Tod Königin Elisabeths I. aus, weil die Bevölkerung fälschlicherweise annahm, der neue König, James Stuart von Schottland, sei Katholik oder zumindest dem katholischen Glauben seiner Mutter Mary Stuart wohlgesonnen. Die *recusancy revolt* war jedoch, wie wir bereits oben gesehen haben, nicht allein religiös motiviert, sondern entsprang einer komplexen Mischung aus konfessionellen, politischen und ökonomischen Motiven: „By 1603 ... we have a combination of circumstances virtually guaranteed to produce an outbreak: religious feeling ...; anger over the violations of the urban charters ...; the widespread poverty and distress caused by the currency debasement and the general disruption to trade during the [O'Neill] rebellion; ... These circumstances, ... coupled with the universal supposition that James Stuart would be a catholic ..., combined to spark off the spontaneous popular displays of religious feeling ...“[85]

Als Carew 1603 Munster verließ, die Nachricht vom Tod Elisabeths eintraf und die Amtsträger der Regierung insgesamt über keine Handlungsanweisungen verfügten, brach die Revolte in den altenglischen Städten aus. Sie war eine spontane Aktion der Bevölkerung in den Städten, die ihre Unabhängigkeit von der Provinzialregierung, dem Presidency Council, erklärten und den katholischen Glauben offiziell wieder einführten. Es fanden Prozessionen statt, protestantische Kirchen wurden geweiht, und die Messe wurde öffentlich gelesen. Außerdem kam es zu Angriffen auf die protestantischen Bewohner der Städte – ein deutliches Zeichen für die konfessionelle Polarisierung der Gesellschaft.[86]

---

[84] Vgl. ebd., S. 241–242; CLARKE, Old English, S. 61–62. Zur öffentlichen Reaktion auf die Vorgänge in Dublin siehe unten C.II.2.c.

[85] SHEEHAN, Recusancy Revolt, S. 10.

[86] Vgl. Sheehans Beschreibung der Vorgänge in den einzelnen Städten: „In Cork, the mayor himself led a procession at the funeral of a priest, having his sword of state borne before him. In Kilkenny, a friar, Edmund Barry, set himself up as a virtual dictator, being constantly surrounded by a bodyguard of monks and townspeople. In Cashel, a protestant goldsmith was tied to a tree and harangued by a priest, in constant

Die *recusancy revolt* wurde noch im Jahr 1603 durch Vizekönig Lord
Mountjoy, der mit einem Heer durch Munster zog, unblutig – nur unter
Androhung von Gewalt – unterdrückt.[87] Die Revolte führte der neuen Re-
gierung James I. deutlich vor Augen, dass der Katholizismus seit den
1580er Jahren ein fester Bestandteil altenglischen Lebens und altenglischer
Identität geworden war. Im Jahr 1603 verdichteten sich in den Städten der
Provinz Munster alle Elemente politisch-konfessioneller Unzufriedenheit zu
einer katholischen Konfessionalisierung als Widerstandsbewegung ‚von
unten‘, die sich als spontane Bürgerbewegung manifestierte. Die Dubliner
Regierung empfand dies als konfessionelle und politische Bedrohung, sah
sich aber nun gleichzeitig auch in der Lage, erstmals entschieden dagegen
vorzugehen. Während die Städte Munsters in den darauf folgenden Jahren
eher mit den ‚Staatsbildungsaspekten‘ des staatlichen Reformprogramms
konfrontiert wurden, konzentrierte die Dubliner Regierung ihre Konfessionalisierungspolitik vor allem auf die stadtbürgerliche Elite Dublins und die
Gentry der Pale. Denn die Regierung sah Dublin und die Pale als Zentrum
des irischen Königreiches in einer Vorreiterrolle: Wenn es gelänge, hier
Konformität mit der Staatskirche durchzusetzen, so würde man damit auch
in den anderen altenglischen Städten und im gesamten Land Erfolg haben.[88]

Bezeichnend für die konfessionelle Situation des frühen 17. Jahrhunderts
sind die Vorgänge um die so genannten *mandates* in Dublin im Jahr 1605.
Die *mandates* wurden kurz nach der ersten anti-katholischen Proklamation
James I. von Lord Deputy Chichester erlassen.[89] Es handelte sich um Aufforderungen der Dubliner Regierung an Ratsmitglieder der Stadt Dublin, an
einem bestimmten Sonntag am Gottesdienst der Church of Ireland teilzu-

---

fear of being burned, surrounded as he was by a pile of torn-up protestant bibles and
books of common prayer. In Waterford, the handful of protestants in the town had to
flee for fear of their lives." (SHEEHAN, Recusancy Revolt, S. 3). Die Stadt Cork verweigerte zudem den englischen Soldaten den Zugang und beschoss die vom Präsidenten
Munsters um die Stadt erbauten Festungen. (Vgl. SHEEHAN, Irish Towns, S. 110).

[87] Vgl. SHEEHAN, Recusancy Revolt, S. 3, 11. Bezeichnend für die Lage ist Mountjoys Erwiderung auf den Versuch Waterfords, dem Lord Deputy und seinen Truppen
den Zugang zur Stadt zu verweigern, indem sie sich auf ihre mittelalterlichen Stadtfreiheiten beriefen. Mountjoy „vowed to cutt king *Iohns charter* ... with king *Iames* his
sword, and to sowe salt vppon the soyle of their destroyed Citty, if they obeyed him
not ..." (Fynes Moryson's Unpublished Itinerary, hg. v. KEW, S. 53).

[88] „... they resolved to begin with that city [d.h. Dublin], which was the lantern of
this whole kingdom, and in that matter [d.h. der Verfolgung der *recusants*] the only
place whereon the eyes of expectation of all the rest were earnestly fastened; ..." (Lord
Deputy [Chichester] and Council to the Lords, 5. Dez. 1605, in: CSPI 1603–1606,
S. 355–358, hier S. 355; vgl. LENNON, Lords, S. 168; McCAVITT, Chichester, S. 322).

[89] Siehe oben B.IV.1.c.

nehmen.[90] Die Räte weigerten sich, wurden vor dem Court of Castle Chamber angeklagt, inhaftiert und sollten hohe Geldstrafen zahlen. Sie lehnten jedoch die Zahlung der Geldstrafen ab und verblieben ca. sechs Monate im Gefängnis, während die Regierung das Geld bei ihren Familien eintrieb. Die Ratsmitglieder beriefen sich bei ihrem Widerstand gegen die *mandates* geschlossen auf ihren katholischen Glauben und betonten, eine Teilnahme am Gottesdienst der Staatskirche sei gegen ihr Gewissen.[91] Auf Grund des massiven Widerstandes der Altengländer in Dublin und der Pale und infolge der oben erwähnten erfolgreichen Appellation Patrick Barnewalls nach London musste die Dubliner Regierung im Jahr 1607 ihre Repressionspolitik einstellen und konnte auch die *mandates* nicht durchsetzen.[92]

Während des Konfliktes um die *mandates* und in den Jahren danach lieferten sich die beiden Konfessionskirchen einen verbissenen Kampf um die konfessionelle Loyalität der altenglischen Eliten Dublins und der Pale. Deutlich wird dies an den Versuchen der Kleriker der Church of Ireland, die inhaftierten Dubliner Ratsmitglieder zum Protestantismus zu bekehren, während die Jesuiten genauso aktiv waren, um dies zu verhindern und den Katholizismus der Eliten zu stärken.[93] Dieser Kampf wurde auch in zahlreichen Disputationen und Pamphleten geführt.[94] Die veränderte konfessionelle Lage des frühen 17. Jahrhunderts wird an der Person des Jesuiten Henry Fitzsimon deutlich, der wegen seiner Missionsaktivitäten zwischen 1599 und 1604 in Dublin Castle inhaftiert war. Fitzsimons Inhaftierung war in der nun konfessionell polarisierten Dubliner Stadtgesellschaft von großem öffentlichen Interesse. Es kursierten Gerüchte aller Art, und Fitzsimon forderte protestantische Kleriker zu Disputationen heraus.[95]

---

[90] Vgl. Mandates to the Citizens of Dublin to attend Church, 3. Nov. 1605, in: Words of Comfort, hg. v. HOGAN, S. 124. Grundlegend zu den *mandates*: MCCAVITT, Chichester.

[91] Vgl. Urteil des Star Chamber, 20. Nov. 1605, in: Words of Comfort, hg. v. HOGAN, S. 126–127, hier S. 127: „... they refused, alleging that they had been brought up in the Romish religion, and that it was against their conscience to go to church to hear service or sermons." Vgl. auch Clarke, Pacification, S. 191–192; Cregan, Irish Recusant Lawyers, S. 311–312; LENNON, Lords, S. 178–181. – Zur gleichen Zeit weitete die Regierung ihre Aktivitäten auch auf die anderen anglo-irischen Städte aus, wobei sie dort sowohl mit Hilfe von *mandates* vorging als auch die normalen *recusancy fines* erstmals systematisch erhob. (Vgl. CLARKE, Pacification, S. 192; über die *mandates* in den anderen irischen Städten berichten detailliert die Jesuiten-Briefe in: Words of Comfort, hg. v. HOGAN).

[92] Siehe dazu oben B.IV.1.c.

[93] Vgl. LENNON, Lords, S. 175; vgl. auch FITZSIMON, Answer.

[94] Siehe dazu unten C.I.2.c.

[95] Er selbst berichtete 1603 von folgender Begebenheit, die auch den öffentlichen Charakter seiner Inhaftierung deutlich macht: „While he held me in the closest con-

Aus den Briefen der Verantwortlichen auf beiden Seiten geht hervor, dass die Zeitgenossen den Kampf um die Altengländer keineswegs als bereits entschieden ansahen. Die Jesuiten sahen in der Konfessionalisierungspolitik des Staates eine große Gefahr, vor allem da ihrer Meinung nach die Altengländer noch keineswegs ausreichend im tridentinischen Glauben verwurzelt waren. „Non altas fixasque Religio hic agit radices, sed communi quadam propensione vocem magis quam rem Fidei Catholicae sectantur; adeoque paulo momento, quocunque edictorum minarumque vento huc illuc plerique feruntur et referuntur", schrieb Father Fitzsimon im Jahr 1604.[96] Die Jesuiten waren sich auch durchaus bewusst, welche Faktoren eventuell das Pendel für die Staatskirche ausschlagen lassen konnten: „... alii minis et terroribus, alii spoliatione bonorum et officiorum, alii praemiis et honoribus ut Fidem deserant attentantur; ..."[97] Und Nachrichten wie die aus dem Jahr 1607, dass „the inhabitants of Drogheda, a populous town, and hitherto so tenacious to the Faith, all went to the Protestant churches last Lent – hardly a dozen of them remained away",[98] sprachen durchaus dafür, dass eine konstante Konfessionalisierungspolitik der Dubliner Regierung auch noch im frühen 17. Jahrhundert zu einer Durchsetzung des konfessionellen Monopols der Staatskirche hätte führen können.[99] Doch wurden die Maßnahmen der Dubliner Regierung von der altenglischen Elite mit geschlossenem Widerstand beantwortet, dessen Zustandekommen die Jesuiten ihrer eigenen Tätigkeit zugute hielten.[100] Dieser konfessionelle Wi-

---

finement, reports were everywhere spread that ‚I was about to become a Protestant, and to go to church in a few days, and that I had stated so with my own hand in a paper which they had in their possession'. As I enjoy the friendship, or exceeding good-will of a great many, this report reached me very soon, and I at once went up to a higher gallery, to which I have been sometimes able to go in order to take some fresh air. I saw a large number of persons assembled for various games or amusements in the garden or court below, and cried out to them, that I was so far from wishing to turn a Protestant, that I would rather become a Jew or a Turk." (Henry Fitzsimon an Ordensgeneral Aquaviva, 10. April 1603, übers. in: Words of Comfort, hg. v. HOGAN, S. 52–58, hier S. 53). Zu seiner an die protestantischen Kleriker gerichteten Herausforderung zur Disputation vgl. HOGAN, Distinguished Irishmen, S. 232.

[96] Henry Fitzsimon an Ordensgeneral Aquaviva, 5. April 1604, in: Ibernia Ignatiana, hg. v. HOGAN, S. 124–127, hier S. 126.

[97] Pater O'Kearney an Ordensgeneral Aquaviva, 20. Nov. 1605, in: Ibernia Ignatiana, hg. v. HOGAN, S. 171–172, hier S. 172.

[98] Brief aus Irland an Henry Fitzsimon, 1. Mai 1607, übers. in: Words of Comfort, hg. v. HOGAN, S. 64–65, hier S. 65; vgl. auch Ibernia Ignatiana, hg. v. HOGAN, S. 214.

[99] Vgl. auch MCCAVITT, Chichester, S. 331.

[100] Fitzsimon schrieb: „If these Catholics stood firm, and if by that constancy the other Catholics are free from persecution, others may say, though I will not, that, under God, the credit is due to the Society, since nothing like that was ever known before, and since no others contributed to that happy result." (Henry Fitzsimon an Ordensgeneral

derstand, gepaart mit der städtischen Opposition gegen die Staatsbildungsmaßnahmen der Regierung, formierte die Altengländer endgültig zu
einer fest gefügten Gruppe, die nun ihre politisch-konfessionelle Fundamentalopposition im Parlament zum Ausdruck brachte.

b) Die Sprengung des Parlaments von 1613–15:
Politisch-konfessionelle Fundamentalopposition

Wie in der Umschwungphase des späten 16. Jahrhunderts, so erwies sich
auch in dieser Phase der Konfessionalisierung im Innern der irischen Gesellschaft das Parlament als ein wesentliches Forum des altenglischen Widerstandes gegen die politischen und konfessionellen Maßnahmen der
Dubliner Regierung. Bei der Vorbereitung und Durchführung des Parlaments von 1613–15 wurde deutlich, dass das altenglische Verständnis vom
Parlament als ‚ständischem‘ Mitbestimmungsorgan und das Verständnis der
Regierung vom Parlament als die Regierung unterstützende Institution
nicht mehr kompatibel waren. Die Konfessionalisierung der Gesellschaft
war so weit vorangeschritten, dass sich die beiden konfessionellen ‚Lager‘
erstmals unversöhnlich gegenüberstanden. Das Parlament erwies sich als
handlungsunfähig und wurde gesprengt. Doch letztlich griff auch hier die
Londoner Regierung ein und stellte sicher, dass das irische Königreich keinen konfessionellen Fundamentalkonflikt erlebte.

Bereits während der langen Vorbereitungsphase des Parlaments wurden
die Konfliktpunkte deutlich. So reagierten beispielsweise die altenglische
Gentry und der Adel, die von Vizekönig Chichester 1611 um Vorlegung
von Gesetzesvorschlägen gebeten worden waren, mit Misstrauen auf die
Parlamentsabsichten der Regierung. Unter Berufung auf *Poynings' Law*
forderten sie erstmals eine Hinzuziehung zu den Beratungen über alle beabsichtigten Gesetzesinitiativen. Chichester lehnte dies mit der Begründung
ab, dass *Poynings' Law* keinen entsprechenden Passus enthalte, was wohl
auch formalrechtlich korrekt war.[101] Doch hatten die Altengländer sehr
deutlich gemacht, dass sie der Dubliner Regierung misstrauten und einen
Weg suchten, um ihren Einfluss auf das Parlament bereits vor dessen Beginn auszudehnen.

Dass dieses Misstrauen von katholischer Seite durchaus nicht unbegrün-
det war und sich im Verhalten der Regierung gegenüber den Altengländern
spiegelte, zeigen die Maßnahmen, die der König ergriff, um das Parlament
von einem oppositionellen Gremium wieder in ein die Regierungspolitik
unterstützendes Verfassungsorgan umzuwandeln. Dabei sollten sich die
kolonialen Aspekte des irischen Königreichs als entscheidend erweisen.

Aquaviva, 10. April 1603, übers. in: Words of Comfort, hg. v. Hogan, S. 52–58, hier
S. 57; vgl. Lennon, Lords, S. 175, 181).
[101] Vgl. Clarke, Pacification, S. 211.

Denn durch die *plantation of Ulster* war eine neue, protestantische und damit in den Augen der Regierung garantiert loyale Bevölkerungsgruppe nach Irland gekommen. Um also nicht mit einer altenglischen katholischen Mehrheit im Parlament konfrontiert zu sein, entschloss sich James I., durch die Einrichtung neuer *boroughs* eine Mehrheit protestantischer Abgeordneter zu schaffen.[102]

Nachdem Irland seit Beginn des 17. Jahrhunderts insgesamt unter englischer Herrschaft stand, war es formal durchaus richtig, dass die städtischen Wahlkreise ungleichmäßig verteilt waren, denn bisher gab es nur zwei *borough constituencies* in Connacht und vier in Ulster. Tatsächlich ließen sich der König und die Dubliner Regierung jedoch nicht von Erwägungen des regionalen Ausgleichs, sondern von ihren politisch-konfessionellen Interessen leiten. So wurden Dörfer und teilweise sogar Ländereien, auf denen erst *plantation towns* entstehen sollten, inkorporiert und als *boroughs* ausgewiesen. Die jeweils zwölf Bürger dieser *boroughs* wurden in den Urkunden namentlich genannt und mussten den Suprematseid ablegen. Auch das Trinity College, Dublin, durfte zwei Mitglieder ins Parlament entsenden. Somit war sichergestellt, dass die neuen Parlamentsmitglieder Protestanten sein würden.[103] An diesen Maßnahmen wird klar erkennbar, dass die Konfessionalisierung der Politik im Verhältnis zur altenglischen Bevölkerungsgruppe zu Beginn des 17. Jahrhunderts endgültig vollzogen war: Denn deutlicher konnte man von Regierungsseite die Assoziation von Katholizismus mit politischer Unzuverlässigkeit und Opposition und von Protestantismus mit politischer Loyalität und Kooperation nicht machen.

Als die Pläne zur Schaffung neuer *boroughs* 1612 bekannt wurden, forderten die altenglischen Lords der Pale erneut, bei allen Gesetzesvorschlägen konsultiert zu werden. Zudem appellierten sie an den König mit ihrer „fearful suspicion that the project of erecting so many corporations in places that can scantly pass the rank of the poorest villages in the poorest country of Christendom to tend to nought else at this time but that by the voices of a few selected for the purpose under the name of burgesses, extreme penal laws should be imposed upon your subjects here contrary to the natures, customs and dispositions of them in effect, and so the general scope and institution of parliaments frustrated, they being ordained for the

---

[102] Vgl. ebd., S. 211–213.
[103] Vgl. ebd., S. 213; MOODY, Irish Parliament, S. 53–54. Sir John Davies bezeichnete die neuen *boroughs* als „perpetual seminaries of Protestant burgesses, since it is provided in the charters that the provost and 12 chief burgesses, who are to elect all the rest, must always be such as will take the oath of supremacy". (Sir John Davys to the Earl of Somerset, 31. Okt. 1614, in: CSPI 1611–1614, S. 516). Sir Patrick Barnewall wurde nach England zitiert und dort inhaftiert, um seine Wahl zu verhindern. (Vgl. CLARKE, Pacification, S. 213).

assurance of the subjects not to be processed with any new edicts or laws but such as should pass with their general consent and approbation".[104]

In diesem Gesuch drückt sich deutlich aus, wie stark das Parlament von 1613–15, ähnlich wie das von 1585/86,[105] unter dem Eindruck der Konfessionalisierungspolitik der Regierung stand. Diese Konfessionalisierungspolitik war im Vorfeld des Parlaments erneut intensiviert worden, so dass die Altengländer die Einführung umfassender anti-katholischer Gesetze erwarteten. Entscheidende Ereignisse vor dem Zusammentreten des Parlaments waren erstens die Hinrichtung des katholischen Erzbischofs O'Devany 1612; zweitens, die versuchte Durchsetzung des *oath of supremacy* gegenüber städtischen Amtsträgern;[106] drittens, das von der Regierung verbreitete Gerücht, die Parlamentsmitglieder müssten zu Beginn der Versammlungen den Supermatseid schwören;[107] und viertens, die konfessionelle Polarisierung innerhalb des Dubliner Rates und der Dubliner Bürgerschaft im Zuge der Parlamentswahlen.

In Dublin hatte die Bürgerschaft zunächst in Abwesenheit des protestantischen Bürgermeisters zwei katholische Ratsmitglieder gewählt, womit sie deutlich machte, dass sie nur so ihre Interessen im Parlament angemessen vertreten sah. Als der Bürgermeister in die Stadt zurückkehrte, ordnete er eine Wiederholung der Wahl an, dieses Mal unter Teilnahme von englischen Einwohnern der Stadt, die kein Bürgerrecht besaßen. Bei dieser zweiten Wahlversammlung kam es zu Tumulten, so dass keine Wahl stattfand. Nun griff auf Verlangen des Bürgermeisters Vizekönig Chichester ein, indem er „divers of the aldermen and free citizens" gefangen setzen ließ. Erneut wurde eine Wahlversammlung abgehalten, auf der unter zweifelhaften Umständen zwei Protestanten als Parlamentsmitglieder gewählt wurden.[108]

Damit war das bislang zwar konfessionell gespaltene, aber noch nicht konfessionell polarisierte Dubliner Patriziat in die allgemeine Entwicklung der katholisch-protestantischen Konfrontation eingeschwenkt. Nun gab es

---

[104] Complaint of peers in the Pale that they were not admitted to know what bills were to be proposed in Parliament, 25. Nov. 1612, in: Harris: Collectanea, hg. v. MCNEILL, S. 383; vgl. MOODY, Irish Parliament, S. 58.

[105] Siehe oben B.III.1.b.

[106] Vgl. CLARKE, Pacification, S. 212. Siehe dazu ausführlicher unten C.II.2.a.

[107] Damit wollte die Regierung die Wahl von Protestanten sicherstellen. (Vgl. CLARKE, Pacification, S. 212; MOODY, Irish Parliament, S. 53).

[108] Petition delivered by the Recusant Party's Agents to the King; Schedule of Returns referred to in the above Petition, Anlage zu: Lords of the Council to Lord Chichester, 31. Mai 1613, in: CSPI 1611–1614, S. 357–364, hier S. 362. – Die katholischen Bürger behaupteten, in der Mehrheit gewesen zu sein, der Bürgermeister habe die Wahl der Protestanten dadurch zu Stande gebracht, dass er sie vor Beginn der angesetzten Versammlungszeit durchführen ließ. (Vgl. ebd.; vgl. auch LENNON, Lords, S. 200–204).

eine Polarisierung der städtischen Elite in eine Faktion, die unter dem Banner des Katholizismus sowohl die städtischen Freiheiten als auch ihren konfessionellen Freiraum verteidigte, und eine andere Faktion, die auf der Seite der Dubliner Regierung stand und sowohl die Durchsetzung der protestantischen Konfessionalisierung als auch eine – die städtischen Freiheiten einschränkende – zentralisierte Staatsbildung unterstützte.[109]

Das Gesetzgebungsprogramm der Regierung sah neben einer Anerkennung von James I. als König von Irland und der für die Durchführung der *plantation of Ulster* notwendigen Enteignungen O'Neills und O'Donnells vor allem konfessionelle Maßnahmen vor: gegen Jesuiten und Seminarpriester und ihre Beschützer; ein Verbot der Ausbildung im Ausland; und die Anwendung der strengeren englischen *recusant laws* auf katholische ,Neuengländer' in Irland. Dagegen verzichtete die Regierung auf den Versuch, erneut die strengeren englischen *recusant laws* oder eine andere verschärfte Maßnahme zur Durchsetzung der Konformität mit der Staatskirche unter den Altengländern im Parlament einzubringen.[110]

Bereits zu Beginn des Parlaments machten die altenglischen Abgeordneten[111] ihre Opposition gegen die Veränderung der Machtverhältnisse durch Widerstand im Rahmen der Verfassung deutlich. Sie nahmen nämlich am ersten Tag nur ihre Parlamentssitze ein, um sofort ihre Gravamina vorzubringen und weigerten sich, in die Tagesordnung einzutreten. Da sie das Recht des Königs zur Schaffung neuer *boroughs* nicht bestreiten konnten, richteten sie ihre Beschwerde gegen die von diesen *boroughs* entsandten Parlamentsmitglieder: In vierzehn Wahlkreisen hätten die Sheriffs nicht die tatsächlich gewählten Vertreter geschickt; die neuenglischen Mitglieder seien alle nicht in ihren Wahlkreisen wohnhaft, sondern meistenteils Beamte der Dubliner Regierung; traditionelle *boroughs* hätten keine *writs of summons* zum Parlament erhalten.

Als die neuenglisch-protestantischen Mitglieder des Parlaments mit der Wahl des Speaker das Parlament eröffnen wollten, kam es zum Eklat. Kandidat der Regierung war Sir John Davies, dessen Recht auf einen Sitz im Parlament von den Altengländern bestritten wurde. Kandidat der altenglischen Parlamentsmitglieder war dagegen Sir John Everard, signifikanterweise der letzte katholische Altengländer, der in Irland ein hohes Staatsamt

---

[109] Dies ist strukturell vergleichbar mit der von Schilling beschriebenen Aufspaltung der städtischen Elite im Zug des Konflikts zwischen der lutherischen Stadt Lemgo und ihrem calvinistischen Landesherrn. (Vgl. SCHILLING, Konfessionskonflikt, S. 271–275).

[110] Vgl. CLARKE, Pacification, S. 212; MOODY, Irish Parliament, S. 52.

[111] „The catholic members were nearly all representatives of the old English colony ..." (MOODY, Irish Parliament, S. 57).

innegehabt hatte.[112] Während die neuenglischen Vertreter zur Zählung ihrer
Ja-Stimmen den Saal verließen, setzten die altenglischen Abgeordneten
Everard auf den Platz des Speaker. Die Zurückkehrenden platzierten Davies in dessen Schoß, so dass es zu einem Tumult kam. Daraufhin verließen
die altenglischen Abgeordneten aus Protest das Parlament.[113] Sie argumentierten nicht, dass Davies nicht von der Mehrheit gewählt worden sei,
sondern dass diese Mehrheit nicht das rechtmäßige Parlament darstelle:
„Those within the house are no house, and Sir John Everard is our speaker,
and therefore we will not join with you ...“[114]

Somit hatten die Altengländer sich endgültig für die Fundamentalopposition gegenüber der Dubliner Regierung entschieden. Denn im Gegensatz zu
den Parlamenten von 1569–71 und 1585/86 war der politische Minimal-
konsens, der die Eröffnung des Parlaments und die Wahl eines Speaker ermöglichte, bevor Gravamina vorgebracht wurden, nicht mehr vorhanden.
Die Altengländer verweigerten nun die Mitarbeit in einem Gremium, dessen
Zusammensetzung nach ihrem Verständnis vom irischen Königreich durch
Willkürakte beeinflusst worden war. Wie bereits in den 1570er Jahren
durch die Erhebung der *cess*, sahen sie dadurch ihre traditionellen Rechte
als Untertanen der Krone verletzt. Bezeichnend für ihre Sicht der Dinge ist
der in einer altenglischen Schrift unter der Überschrift *Morall reasons and
causes of exception to this parliament* vorgebrachte Einwand, dass „this
proiect did set open the way, to take away from the subiects their birth-
right to the lawes of the land, and leave them fleeting under the mercy of a
Prerogative, wh[ich] happely other kings would not use so mildly (as our
nowe gracious Soveraigne doth) when the scepter and sway did come to
their hands".[115] Für die altenglische Opposition drohte am Horizont die Regierung mittels Prärogative, also der Absolutismus, wenn der König be-

---

[112] Vgl. CLARKE, Pacification, S. 214; MOODY, Irish Parliament, S. 51; KEARNEY,
Irish Parliament, S. 92.
[113] Vgl. auch CLARKE, Pacification, S. 214–215; CREGAN, Irish Recusant Lawyers,
S. 314. Für eine altenglische Sicht dieser Vorgänge vgl. Document, hg. v. JACKSON,
S. 52–53.
[114] Zitiert in: CLARKE, Pacification, S. 215; vgl. MOODY, Irish Parliament, S. 58.
[115] Document, hg. v. JACKSON, S. 55. Der unbekannte altenglische Autor erläutert –
mit deutlicher Ironie – weiter: „And this wilbe the better explained by this deduction;
videlicet; the kyng can sumon a parliament whensoever and as oft as he pleaseth: the
doome of a parliament is conclusive and finall to all subiects aswell present as absent:
differences in parliament must be determined by the greatest number of voyces, and
that determination is an Act of parliament. The kyng, by the president of this tyme,
may by his Prerogative add as many voyces to the parliament, as he pleaseth, at least by
this collaterall way of making newe bourroughs, and enabling them by his charter to
have voyce and place in parliament: and then what remayneth but that the king by his
prerogative may make Acts of parliament ...“ (Ebd.)

gann, in die Zusammensetzung und damit Funktionsweise des Parlaments einzugreifen.

Daneben brachte die altenglische Opposition aber auch ganz konkrete rechtliche Einwände gegen das Vorgehen der Regierung vor, denn nur so konnte sie auf Berücksichtigung ihrer Beschwerden hoffen.[116] Schließlich offenbarte sich die grundsätzliche Loyalität der Altengländer zur Krone in ihrer Annahme, dass der König nicht unmittelbar an den Vorgängen beteiligt gewesen sei.[117] Dementsprechend kehrten sie auch zu ihrer traditionellen Verhaltensweise zurück und sandten eine Delegation nach London. Das Parlament in Dublin tagte währenddessen zwar offiziell weiter und hätte natürlich auch ohne die altenglischen Abgeordneten, die sich ja freiwillig von den Sitzungen fern hielten, rechtmäßige Beschlüsse fassen können. Die irische Regierung war sich jedoch darüber bewusst, dass in Abwesenheit eines so großen Teils der Vertreter des ‚Landes‘, vor allem der altenglischen Städte und der Gentry der Pale, beschlossene Gesetze keine Akzeptanz finden würden.[118]

Die altenglische Delegation bei James I. wurde – entsprechend dem bekannten Verhaltensmuster der Krone – für ihre direkte Petition nach London unter Umgehung des Vizekönigs scharf kritisiert. Zudem wurden einige Mitglieder verhaftet.[119] Es wurde eine Kommission mit Vizekönig Chichester an der Spitze eingesetzt, die die Beschwerden der Altengländer im Wesentlichen verwarf. Auch der König zeigte sich zunächst unbeugsam und beharrte auf seinen Eingriffsrechten in die Parlamentszusammensetzung. Seine abschließende Entscheidung drei Monate später war zwar ein momentanes Zugeständnis an die Altengländer, allerdings nicht in den

---

[116] Vgl. die ausführliche rechtliche Begründung unter der Überschrift „Obiections on Lawe against the courses held in this Parliament" in: Document, hg. v. JACKSON, S. 56–57. Insofern ist Helga Robinson-Hammerstein nicht zuzustimmen, die meint: „Whereas religious dissenters on the European continent ... developed extremely sophisticated defences of resistance to rulers ..., such sophisticated argumentations were utterly lacking in Ireland." (ROBINSON-HAMMERSTEIN, H., Rezension von: FORD, MCGUIRE, MILNE, As By Law Established, in: Archiv für Reformationsgeschichte, Beiheft Literaturbericht 24 [1995], S. 147). Denn die Altengländer entwickelten zwar kein Konzept des militärischen Widerstandes gegen die Krone, dafür aber ein auf die Verteidigung der traditionellen Verfassung und ihrer parlamentarischen Mitspracherechte ausgerichtetes Widerstandskonzept, das sehr „sophisticated" war. Damit befanden sie sich durchaus in kontinentaleuropäischer Gesellschaft, nämlich in der von Landständen im Reich, die sich gegen die konfessionell-politische Integration in den Territorialstaat wehrten. (Vgl. NISCHAN, Prince, People and Confession; SCHILLING, Konfessionskonflikt).

[117] Vgl. Document, hg. v. JACKSON, S. 51, 54, 55.

[118] Vgl. CLARKE, Pacification, S. 215.

[119] Der König hatte sie mit dem altenglischen Loyalitätsdilemma ‚König oder Papst‘ konfrontiert und keine für ihn befriedigenden Antworten erhalten. Siehe dazu unten C.I.1.b.

grundsätzlichen Streitfragen. Während James einerseits die Abgeordneten aus *boroughs*, die ihre *charters* erst erhalten hatten, nachdem das Parlament bereits einberufen worden war, vom Parlament ausschloss, sicherte er andererseits eine protestantische Mehrheit in zukünftigen Parlamenten, indem er die neuen *boroughs* und die Möglichkeit der Wahl von *non-residents* aufrechterhielt. Im Parlament von 1613–15 war damit die protestantische Parlamentsmehrheit auf nur sechs Stimmen reduziert.[120] Zudem nahm James sämtliche anti-katholischen Gesetzesvorschläge zurück.[121] Die Regierung machte jedoch durch eine vergleichsweise intensive Konfessionalisierungspolitik, d.h. die Durchsetzung des Suprematseides gegenüber katholischen Juristen und lokalen Amtsträgern und die Erhebung von *recusancy fines*, deutlich, dass sie nicht gewillt war, auf konfessionellem Gebiet Konzessionen zu machen oder sogar eine offizielle Tolerierung auszusprechen. Als das Parlament wieder zusammentrat, richtete sich das hauptsächliche Interesse der Regierung auf die Gewährung von Subsidien. Da die altenglischen Parlamentarier nun bemüht waren, ihre Loyalität zur Krone zu beweisen, wurden diese ohne Probleme verabschiedet. Und als die Altengländer erneut versuchten, über Konzessionen zu verhandeln, löste der Vizekönig das Parlament auf.[122]

Das Parlament von 1613–15 hatte erneut die politischen Verhaltensmuster im Kräftedreieck Altengländer – Dubliner Regierung – Londoner Hof verfestigt. Durch eine Delegation zum König konnten die Altengländer zumindest für das aktuelle Parlament ihre eigene Position so weit stärken, dass sie ihre Fundamentalopposition aufgaben. Immerhin hatten sie verhindert, dass die Dubliner Regierung ihre Konfessionalisierungspolitik auf der Grundlage neuer Parlamentsgesetze ausbauen konnte. Obwohl der König durchaus deutlich machte, dass er keine offizielle Tolerierung einführen wollte, so zeigen die Ereignisse im frühen 17. Jahrhundert insgesamt doch, dass die Krone zu Konzessionen an die katholischen Altengländern bereit war, wenn es ihr politisch opportun erschien. Die Bedeutung dessen sollte allerdings erst hervortreten, als die außenpolitische Ebene für die Entwicklung in Irland in den 1620er Jahren wieder zu einem wichtigen Faktor wurde.

---

[120] Vgl. CLARKE, Pacification, S. 212–216.
[121] Daraus entstand ein erhebliches Missverständnis zwischen James I. und der altenglischen Delegation. Eines der Mitglieder der Delegation, Sir James Gough, verbreitete nach seiner Rückkehr nach Irland die Nachricht, der König wolle die Durchsetzung der *recusancy laws* ein für alle Mal beenden. Daraufhin musste Gough vor Lord Deputy Chichester erscheinen und seine Aussagen widerrufen. (Vgl. TCD MS 567: Sir James Gough's Speech and Recantation, 1613, fol. 27r–30r).
[122] Vgl. CLARKE, Pacification, S. 217–219.

c) Die Graces: Das Scheitern eines konfessionellen Ausgleichs
vor dem Hintergrund der doppelt konfessionalisierten Gesellschaft

Gegen Ende der Regierungszeit James I. gewann die englische Außenpolitik erstmals wieder direkte Bedeutung für die politisch-konfessionelle Entwicklung in Irland. Dabei brach der seit 1603 immer wieder angedeutete Interessenkonflikt zwischen der Dubliner Regierung und der Krone erstmals deutlich auf. Als James begann, mit Spanien Verhandlungen zu führen und eine spanische Heirat des Thronfolgers Charles ins Auge zu fassen, empfanden die Neuengländer in Irland die möglichen Konsequenzen dieser Politik als noch traumatischer als das in England, besonders unter den Puritanern, der Fall war. Denn im Fall einer Aussöhnung mit Spanien wäre den irischen Katholiken eine offizielle Tolerierung zuteil geworden. Um die diplomatischen Verhandlungen zu ermöglichen, hatte James das Vorgehen gegen den Katholizismus in Irland im Jahr 1621 erneut gestoppt. Bereits dies ging den protestantischen Klerikern und Amtsträgern in Irland zu weit. Bezeichnend für die Stimmung unter den Neuengländern ist die Predigt James Usshers, des protestantischen Bischofs von Meath, beim Amtsantritt Vizekönig Falklands 1622 über Römer 13, 4: „He beareth not the sword in vain" – das Schwert sollte gegen die *recusants* gerichtet werden.[123] Die Abwehr und Unterdrückung des Katholizismus war ein essentieller Bestandteil der protestantischen Identität in Irland, eine offizielle Tolerierung des Katholizismus undenkbar.[124]

Umso größer war die Erleichterung, als die Verhandlungen der Krone mit Spanien im Jahr 1623 scheiterten und stattdessen ein Krieg mit Spanien drohte. Erneut fand die Haltung der Neuengländer in einer Predigt Ausdruck, in Stephen Jeromes *Irelands jubilee or joyes io-pœan, for prince Charles his welcome home* (Dublin 1624). Darin wird der König aufgefordert, den Katholizismus in Irland systematisch zu unterdrücken.[125] Doch die Interessen der protestantischen Neuengländer und der Krone verliefen nicht parallel: Während die protestantischen Neuengländer die Gefahr in der öffentlichen Ausübung des Katholizismus direkt unter ihren Augen in Irland sahen, wurde sich die Krone durch den drohenden Krieg mit Spanien erneut der Verletzlichkeit ihrer irischen ‚Hintertür' bewusst und wollte diese nicht durch entschiedene Konfessionalisierungspolitik gefährden.[126]

---

[123] Vgl. JOURDAN, Rise of the Puritans, S. 576; siehe dazu auch unten C.II.2.c. Das Entsetzen der altenglischen Bevölkerung über diese Predigt war groß und der Archbishop von Armagh, Hampton, sah sich veranlasst, Ussher wegen seiner Härte zu ermahnen. (Hampton, Archbishop of Armagh, to the Lord Bishop of Meath, 17. Okt. 1622, in: Works of Ussher, hg. v. ELRINGTON u. TODD, Bd. XV, S. 183–184).

[124] Siehe dazu genauer unten C.I.1.c.

[125] Vgl. ASCH, Antipopery, S. 281–283.

[126] Als James I. in den Jahren 1623/24 erneut auf einen Krieg mit Spanien zusteuerte, warnte ein englischer Amtsträger in Irland, Spanien wünsche sich „to have the

Gemäß dem bekannten Verhaltensmuster der Londoner Regierung war es deshalb unter James' Sohn, Charles I. (1625–49), der Krieg mit Spanien, der zu Verhandlungen der Krone mit den katholischen Altengländern führte. Da das englische Parlament keine ausreichenden Geldmittel zur Verteidigung Irlands bewilligte, sollten die Kosten dafür in Irland selbst aufgebracht werden. Die Altengländer sahen eine Chance, die Vereinbarkeit ihrer konfessionellen mit ihrer politischen Identität unter Beweis zu stellen und schlugen vor, aus ihren eigenen Reihen Truppen aufzustellen, um Irland gegen Spanien zu verteidigen.[127] Der König war bereit, auf das Angebot einzugehen. Doch der Widerstand der Dubliner Regierung gegen den altenglischen Vorschlag war groß, und sie warnte davor, „to ‚put arms into their hands of whose hearts we rest not well assured'".[128] So wurden die Pläne, katholische Regimenter aufzustellen, 1626 fallen gelassen.[129]

Die letzte Möglichkeit war nun die Vergrößerung der Truppen durch Söldner, wofür es wiederum an finanziellen Mitteln fehlte. Für die Altengländer war dies eine erneute Gelegenheit, ihre Loyalität zur Krone zu beweisen, und es kam zu einem Angebot von Repräsentanten der Altengländer an den König.[130] Sie erklärten sich bereit, gegen konfessionelle Zugeständnisse die Kosten für die Erweiterung der Armee zu tragen. Ihr Vorschlag für die so genannten „matters of grace and bounty",[131] kurz *Graces* (Gnadenerweise) genannt, enthielt als wichtigste konfessionelle Zugeständnisse die Aufhebung der Geldstrafen für *recusancy* und die Abschaffung des *oath of supremacy* für Erben, Amtsträger und für die Zulassung als Jurist. Außerdem sahen die *Graces* eine Beschränkung der Einquartierungen vor – eine alte Forderung der Altengländer, um die Belastungen durch das stehende Heer in Irland zu senken.[132] Doch die geplante

---

back door of Ireland kept open as a bridle upon England". (Memorandum on the present state of Ireland, 11. Nov. 1625, in: CSPI 1625–1632, S. 46–48, hier S. 47).

[127] Hier besteht eine offensichtliche Parallelität zur *English Catholic community* im Jahr 1588, als die katholische Gentry und einige Adelige mit einem Heer bereitstanden, um England und die Königin gegen die spanische Armada zu verteidigen. (Vgl. BOSSY, Character).

[128] Zitiert in: CLARKE, Selling Royal Favours, S. 234.

[129] Vgl. CLARKE, Graces, S. 8.

[130] Die wichtigste Person in diesen Verhandlungen zwischen der Krone und den Altengländern war Sir John Bath, „a catholic palesman whose family had, before times changed, traditionally combined public office with their landholding interests, and who had himself influential friends at King Charles's court". (CLARKE, Graces, S. 8). Zudem hatte man für die Verhandlungen eine altenglische „Great Assembly" einberufen, die „after a parliamentary way" tagen sollte. Die Regierung versuchte, die Einberufung eines ordentlichen Parlaments auf jeden Fall zu verhindern, was bei den Altengländern auf Misstrauen stieß (CLARKE, Graces, S. 12, vgl. S. 11–13).

[131] CLARKE, Selling Royal Favours, S. 235.

[132] Vgl. ebd.; CLARKE, Graces, S. 10, 17.

Vereinbarung stieß sowohl auf das Misstrauen der Altengländer, die vom König forderten, er solle als Vertrauensbeweis zusätzlich der Aufstellung altenglischer Truppen zustimmen,[133] als auch auf den entschiedenen Widerstand der Neuengländer.

Dieser Widerstand wurde von den Bischöfen der Church of Ireland initiiert, doch die Ereignisse machen deutlich, dass die protestantischen Neuengländer in Irland als konfessionell formierte Gruppe dahinter standen. Die protestantischen Bischöfe trafen sich im November 1626 zu einer privaten Versammlung und verfassten eine Stellungnahme, in der sie die königliche Bereitschaft zu Kompromissen mit den Altengländern scharf kritisierten. Der Text der Stellungnahme lautet: „The Religion of the Papists is superstitious and idolatrous, their faith and doctrine erroneous and heretical, their Church in respect of both apostatical. To give them therefore a toleration or to consent that they may freely exercise their faith and doctrine is a grievous sin, and that in 2 respects: For I. it is to make ourselves accessary not only to their superstitions, idolatries, heresies and, in a word, to all the abominations of Popery, but also (which is a consequent of the former) to the perdition of the seduced people which perish in the deluge of the Catholic apostasy. 2. to grant them toleration in respect of any money to be given or contribution to be made by them is to set religion to sale and with it the souls of the people whom Christ our Saviour hath redeemed with his most precious blood. And as it is a great sin, so also a matter of most dangerous consequence, the consideration whereof we commend to the wise and judicious. Beseeching the zealous God of truth to make them who are in authority zealous of God's glory and of the advancement of true religion, zealous, resolute and courageous against all Popery, superstition and idolatry. Amen."[134]

Der Bischof von Derry, George Downham, las dieses Statement im Rahmen einer Predigt in Christ Church Cathedral, Dublin, im April 1627 vor. Von der anwesenden Gemeinde wurde die Erklärung mit entschiedener Zustimmung aufgenommen: „suddenly the whole church almost shaked with

---

[133] Clarke beschreibt die Problematik der Situation so: „... the form in which the concessions were offered inevitably cast doubt upon their content, for they were linked with a request for money which was only needed because the government was unwilling to trust a share in the defence of Ireland to catholics." (CLARKE, Selling Royal Favours, S. 235).

[134] The judgement of the Archbishops and Bishops of Ireland concerning toleration of religion, 26. Nov. 1626, in: Tanner Letters, hg. v. McNEILL, S. 72–73; vgl. CLARKE, Graces, S. 12–13. Ussher berichtete in einem Brief an den Erzbischof von Canterbury von dieser Versammlung der Bischöfe: „I procured a meeting of all the prelates at my house, who with one voice protested against these courses, and subscribed this protestation of theirs with their hands." (The Archbishop of Armagh to George Abbot, Archbishop of Canterbury, 9. Feb. 1626 [1627], in: Works of Usshher, hg. v. ELRINGTON u. TODD, Bd. XV, S. 365–367, hier S. 366).

the great sound their loud Amens made."[135] Am darauf folgenden Sonntag predigten der Erzbischof von Armagh, James Ussher, und der Erzbischof von Cashel, Malcolm Hamilton, im gleichen Sinne. Dass die Bischöfe auch für das irische Privy Council sprachen, wurde schnell deutlich, als die Dubliner Regierung kurze Zeit später offiziell empfahl, die Kosten für die Verteidigung Irlands durch die systematische Erhebung der *recusancy fines* zu decken.[136] Protestantische Kleriker, Dubliner Amtsträger und die neuenglisch-protestantische Elite waren sich offensichtlich einig in ihrer ablehnenden Haltung gegenüber Kompromissen mit den katholischen Altengländern.

Auf Grund dieses Widerstandes der Neuengländer und ihrer Regierung wurden an den Verhandlungen, die ab 1627 in London weitergeführt wurden, beide Bevölkerungsgruppen beteiligt. So kam es zwar im Jahr 1628 zu einer Übereinkunft zwischen der Krone und den Altengländern, und der König erließ 51 *Graces*,[137] die vor allem den Landbesitz der Altengländer vor Konfiszierungen und *plantations* schützen sollten und auch auf konfessionellem Gebiet Konzessionen beinhalteten. Allerdings waren diese Konzessionen nicht mehr so weit reichend. Die Geldstrafen für *recusancy* blieben in Kraft, und den Katholiken wurde nicht das Recht auf die Bekleidung öffentlicher Ämter zugestanden.[138] Die Neuengländer hatten wesentliche Forderungen durchgesetzt und damit sowohl ihre konfessionelle und politische Stellung in Irland als auch die entscheidende Bedeutung des Protestantismus in diesem Rahmen bewahrt.[139]

Es war vorgesehen, die Gnadenerweise umgehend von einem irischen Parlament billigen zu lassen. Dieses Parlament kam jedoch nicht zu Stande,[140] und so waren die Altengländer bei der Durchsetzung der *Graces* allein vom Willen des Königs abhängig. Die Gnadenerweise wurden in Irland nur sehr langsam verwirklicht, und die wichtigsten Bestimmungen wurden nie in die Realität umgesetzt. Als sich die Wogen des Krieges mit Spanien und Frankreich 1629/30 geglättet hatten, kam es wieder zu einem

---

[135] Judgment of the Archbishops and Bishops of Ireland concerning toleration of Popish religion by public protestation, 1627, in: CSPI 1625–1632, S. 239–240, hier S. 240; vgl. CLARKE, Old English, S. 39.

[136] Vgl. CLARKE, Graces, S. 13; CLARKE, Selling Royal Favours, S. 236.

[137] Vgl. den Text der endgültigen *Graces* in: Irish Historical Documents, hg. v. CURTIS u. McDOWELL, S. 136–138; auch abgedruckt in: CLARKE, Old English, S. 238–254.

[138] Im Einzelnen wurde die Situation katholischer Erben und Juristen verbessert, indem diese nur einen *oath of allegiance* statt des *oath of supremacy* ablegen mussten. (Siehe dazu unten C.II.1.a). Außerdem wurde den Old English indirekt das Recht zugestanden, Irland mit der Waffe zu verteidigen, indem Charles einige der neuen Kompanien unter das Kommando von Altengländern stellte.

[139] Vgl. CLARKE, Selling Royal Favours, S. 238.

[140] Erst unter Wentworth wurde wieder über ein Parlamentsgesetz zu den *Graces* verhandelt. Siehe unten B.V.2.b.

härteren Vorgehen gegen die Katholiken. Die Gnadenerweise hatten sich damit als falsche Hoffnung für die Altengländer erwiesen, denn am Ende setzte sich der Wille der protestantischen Neuengländer durch. Doch auch diese waren in ihrem Status und ihrer Identität angegriffen worden. Bald sollte die Situation für beide Bevölkerungsgruppen noch problematischer werden.

3. Konfessionsbildung

a) Die Church of Ireland: Von der vorkonfessionellen Staats- zur protestantischen Minderheitskirche

Nach dem Umbruch des späten 16. Jahrhunderts, als durch das rasche Voranschreiten der katholischen Mission die vorkonfessionelle Situation zerbrach, stellte das frühe 17. Jahrhundert die Phase der Konfessionsbildung in Irland dar, und zwar auf protestantischer wie auf katholischer Seite. Die Konfessionsbildung der Church of Ireland wurde nun auch aktiv von staatlicher Seite unterstützt, indem in den Jahren 1615 und 1622 zwei große *regal visitations* durchgeführt wurden, in denen vor allem die personelle Struktur der Staatskirche intensiv unter die Lupe genommen wurde. Hier zeigte sich, dass sich die Personalstruktur der Church of Ireland seit den 1590er Jahren grundlegend gewandelt hatte. Vor allem durch die zunehmende Zahl englischer und schottischer Pfarrer und mit der kleineren Gruppe von Absolventen des Trinity College[141] wurde die Kirche erstmals mit einer bewusst protestantischen Geistlichkeit ausgerüstet.

Diese Erneuerung der Personalstruktur brachte auch eine Verstärkung der ohnehin in der Church of Ireland vorhandenen Anglisierungstendenz mit sich. Die neuen Pfarrer hatten zwar zunehmend eine Universitätsausbildung und entsprachen somit den Vorstellungen für das Personal einer formierten Konfessionskirche, doch waren die meisten der gälischen Sprache nicht mächtig, so dass keine umfassende Predigttätigkeit in der Muttersprache der Gälen erfolgen und die Staatskirche weiterhin nicht im gesamten Land tätig werden konnte. Zudem hatte sich nichts an den finanziellen Problemen der Staatskirche geändert, so dass eine einzelne Pfründe im Allgemeinen nicht zur Versorgung eines Klerikers mit Universitätsausbildung ausreichte. Pfründenhäufung war deshalb in der Church of Ireland gang und gäbe.[142]

Zu demselben Ergebnis führte auch die Entwicklung in Ulster, wo die Ausgangssituation zu Beginn des 17. Jahrhunderts im Sinne der Church of

---

[141] Zum betont protestantisch-puritanischen und neuenglischen Charakter des Trinity College, siehe unten C.III.2.b.
[142] Vgl. FORD, Protestant Reformation in Ireland, S. 59–61; FORD, Protestant Reformation in Ireland, 1590–1641, S. 71–72. Siehe dazu auch unten C.IV.1.a.

Ireland an sich erfolgversprechender war. Bis 1603 hatte die Staatskirche keinen Einfluss auf die kirchliche und religiöse Entwicklung: „... the Ulster clergy continued to owe their allegiance to the Pope. Consequently, the province was, with the exception of some few areas ... largely terra incognita for the Church of Ireland during the latter part of the sixteenth century."[143] Ähnlich wie bei der Staatsbildungs- und Konfessionalisierungspolitik im Allgemeinen sah die Dubliner Regierung auch in Ulster im frühen 17. Jahrhundert die Möglichkeit eines vollkommenen Neuanfangs und eines systematischen Kirchenaufbaus.[144] Sir John Davies zeigte sich 1606 davon überzeugt, dass „all the people of that province, at least the multitude, are apt to receive any faith ..."[145] Im Gegensatz zur Pale und anderen altenglischen Gebieten meinte man sich in Ulster noch keinem formierten Katholizismus gegenüberzusehen, sondern einer vor- bzw. unkonfessionellen gälischen *popular religion*.

Im Zuge der *plantation of Ulster* war die Church of Ireland zudem hinlänglich mit Pfründen ausgestattet worden. So besaß die Staatskirche in Ulster eigentlich eine bessere finanzielle Grundlage als in anderen Teilen Irlands. Trotzdem entwickelte sich dasselbe ‚pattern‘ wie im Rest des Landes: Zum einen geriet das Kirchenland teilweise in den Besitz von Laien.[146] Zum anderen wurde auch in Ulster Pluralismus gang und gäbe. Die ‚Lowland‘-Pfarreien wurden mit englischen und schottischen Pfarrern besetzt, die sich auf die seelsorgerliche Versorgung der Siedler konzentrierten, und die ‚Highland‘-Pfarreien „were generally either held by pluralist settler clergy ... or left in the care of Irish curates ..."[147]

Am Ende waren in der Staatskirche fast ausschließlich englischsprachige Pfarrer für die neuenglische und ‚neuschottische‘ Bevölkerungsgruppe tätig. Diese distanzierten sich von der gälischen Bevölkerung und hatten keinen missionarischen Impetus mehr.[148] So entwickelte sich die Church of Ireland sowohl auf Grund ihrer Personalstruktur als auch der Zusammen-

---

[143] FORD, Protestant Reformation in Ireland, 1590–1641, S. 153. Vgl. auch TCD MS 580: Out of Sir John Davy's Letter to Lord Chancellor Egerton in 1606 concerning the Counties of Monaghan and Fermanagh and the Church Lands in those Counties, fol. 14r–15v: Hier wird deutlich, dass Ulster für die Amtsträger der englischen Krone zu Beginn des 17. Jahrhunderts ein fremdes Land war. Davies erläutert Eggerton die Charakteristika der Ecclesia inter Hibernicos, die er offensichtlich erst durch intensive Recherchen klären konnte.

[144] Vgl. FORD, Protestant Reformation in Ireland, 1590–1641, S. 153–192.

[145] Observations made by Sir John Davys, Attorney of Ireland, ..., 4. Mai 1606, in: CSPI 1603–1606, S. 463–477, hier S. 468; vgl. FORD, Protestant Reformation in Ireland, 1590–1641, S. 158–159.

[146] Siehe dazu auch unten B.V.3.b.

[147] FORD, Protestant Reformation in Ireland, 1590–1641, S. 172.

[148] Siehe dazu auch unten C.IV.1.a.

setzung ihrer Gemeinden zur „elitären Minderheitenkirche".[149] Ihren Anspruch, die Kirche des gesamten Irland sein zu wollen, gab die Church of Ireland zwar nie auf,[150] doch war dieser Anspruch faktisch auf Grund der Präsenz der katholischen Konfessionskirche seit dem frühen 17. Jahrhundert nicht mehr durchsetzbar.

Die Veränderung der Personalstruktur der Church of Ireland hatte zur Folge, dass sich die Staatskirche auch im Hinblick auf ihr Bekenntnis formierte. Diese Neuorientierung wurde im Jahr 1615 auf einer Convocation der Church of Ireland, der parallel zum Parlament tagenden Versammlung der Geistlichkeit, in den so genannten *104 Artikeln* fixiert.[151] Im Vergleich zur englischen Staatskirche war dabei das protestantische Spektrum innerhalb der Church of Ireland breiter, gleichzeitig jedoch auch ‚radikaler', d.h. stärker puritanisch-calvinistisch geprägt. Dies war gekoppelt mit einer deutlich anti-katholischen Ausrichtung. Durch die Annahme der *104 Artikel* war ein klarer Schritt von einer vorkonfessionellen ‚inklusiven' Kirche zu einer ‚exklusiven' Konfessionskirche getan. Zudem stellten die *104 Artikel* den ersten Ausdruck der Eigenständigkeit und der Abkopplung der Church of Ireland von ihrer englischen ‚Mutterkirche' dar, was in der Folgezeit entscheidende Konsequenzen haben sollte.

Insgesamt hat die Entwicklung der irischen Staatskirche von vorkonfessioneller Offenheit zu formierter Konfessionskirche im frühen 17. Jahrhundert viele Parallelen mit den ‚Zweiten Reformationen' im Reich, dem Übergang von lutherischen Territorien zum Calvinismus.[152] Sie stellte – wie die calvinistischen Konfessionalisierungen – eine „obrigkeitlich verordnete Reform der Kirche ohne auch nur die Spur einer Volksbewegung"[153] dar, eine reine *Reformation from above*. Genauso wie auf dem Kontinent war die Trägergruppe der irischen ‚Zweiten Reformation' eine kleine – in diesem Fall die neuenglische koloniale – Elite in Staat und Kirche.[154]

b) Der Katholizismus: Von der Mission zur ‚sichtbaren Untergrundkirche'

Wie wir bereits gesehen haben, erfolgte die Einführung des tridentinischen Katholizismus unter den Altengländern seit dem späten 16. Jahrhundert auf den Grundlagen einer Mission durch Regular- und Säkularkleriker altenglischer Herkunft, die auf dem Kontinent studiert hatten. Diese *seminary*

---

[149] SCHILLING, Literaturbericht „Konfessionsbildung", S. 456.
[150] Vgl. CLARKE, Varieties of Uniformity, S. 118.
[151] Siehe dazu unten C.IV.1.a.
[152] Auch Alan Ford verwendet in seiner Arbeit über die Church of Ireland den Begriff „second reformation". (FORD, Protestant Reformation in Ireland, 1590–1641, S. 16, 287). Der Begriff ist bei Ford jedoch offenbar vor allem im chronologischen Sinn gemeint und nicht im Sinn einer Parallelität zur kontinentalen ‚Zweiten Reformation'.
[153] SCHILLING, Literaturbericht „Konfessionsbildung", S. 455.
[154] Vgl. SCHILLING, Zweite Reformation, S. 415–422.

priests stellten zunächst weitgehend alleine und ohne den institutionellen Rückhalt einer kirchlichen Hierarchie die seelsorgerliche Versorgung der Bevölkerung sicher. Das gälische Irland, vor allem Ulster, blieb von dieser Entwicklung zunächst unberührt. Im frühen 17. Jahrhundert begann dann – ausgelöst durch die englische Eroberung und die darauf folgende *plantation of Ulster* – auch von Seiten der Ecclesia inter Hibernicos eine deutliche Bewegung in Richtung Kontinent.[155]

Im Hinblick auf die Bischofshierarchie griff das Papsttum weiterhin häufig zu ‚Notbehelfen‘, wie der Einsetzung von Vicars Apostolic. Und die wenigen vom Papst ernannten Bischöfe lebten meist nicht in Irland. Mit der Ernennung des Altengländers David Rothe zum Bischof von Ossory im Jahr 1618 begann jedoch eine neue und entscheidende Phase für den Katholizismus in Irland, die – ähnlich wie im Fall der Church of Ireland – mit einer Veränderung der Personalstruktur einherging. Die Kurie begann nun mit dem systematischen Wiederaufbau des Episkopalsystems und etablierte rasch eine nun in Irland ansässige Bischofshierarchie. Während vor der Ernennung Rothes kein einziger katholischer Bischof in Irland residiert hatte, taten dies im Jahr 1630 bereits siebzehn Bischöfe.[156] Auf diesen Prozess nahm die 1622 gegründete Congregatio de Propaganda Fide entscheidenden Einfluss.[157] Der Katholizismus in Irland entwickelte sich damit von einer Mission zu einer Konfessionskirche.[158]

Der Aufbau der katholischen Konfessionskirche in Irland wurde neben der institutionellen und personellen Erneuerung auch durch die Annahme der tridentinischen Normen manifest. Im Jahr 1614 berief der Vertreter Erzbischof Lombards und spätere Bischof von Ossory, David Rothe, die erste einer Reihe von Provinzialsynoden ein, deren Ziel die Verkündigung und Durchsetzung des Tridentinums in ganz Irland war.[159]

Die durch die Etablierung einer residierenden Hierarchie, die Abhaltung von Synoden zur Verbreitung der tridentinischen Beschlüsse und den Aufbau eines Parochialsystems herbeigeführte katholische Konfessionsbildung spiegelt sich erneut in den Aussagen der konfessionellen Gegner wider. Die Verantwortlichen in Irland sahen sich offensichtlich jedes Mal, wenn die Konfessionalisierungsmaßnahmen der Dubliner Regierung im frühen 17. Jahrhundert durch London gebremst wurden, einer für ihren Geschmack allzu ‚sichtbaren Untergrundkirche‘ gegenüber, deren Aktivitäten einen so

---

[155] Zu den gälisch dominierten Colleges siehe unten C.III.2.c.

[156] Vgl. CREGAN, Background, S. 85.

[157] Vgl. CLARKE, Colonial Identity, S. 65; KEARNEY, Ecclesiastical Politics, S. 203–204.

[158] „Not a mission, but a church" – das ist die Kurzformel Patrick Corishs für die Entwicklung des irischen Katholizismus im frühen 17. Jahrhundert. (Vgl. CORISH, Irish Catholic Experience, S. 96).

[159] Siehe dazu unten C.IV.1.b.

hohen Grad an Öffentlichkeit erreichten, dass sie mit dem konfessionellen Monopolanspruch der Staatskirche erheblich kollidierten.

Im Jahr 1622 notierten die Commissioners for Ireland: „... they have gotten a vicar general, as also titulary archbishops, bischops, archdeacons, deans, dignitaries and parish priests equivalent, are more in number than those that are established by your royal authority, and their names & persons here commonly known ..."[160] Dass dies durchaus keine protestantische Übertreibung war, zeigt sich daran, dass auch Propaganda Fide im Jahr 1633 feststellte, Irland sei gut mit Regular- und Säkularklerikern versorgt.[161] Aus vielen Städten wurde zudem von der Errichtung so genannter *mass houses* berichtet, ein deutliches Zeichen der neu gewonnenen Institutionalisierung des Katholizismus.[162]

Die Institutionalisierung der katholischen Untergrundkirche und die parallele Entwicklung der Church of Ireland zu einer elitären Minderheitskirche in einem politisch-gesellschaftlichen Raum führten, wie unten noch genauer zu beschreiben sein wird, zu zahlreichen Konflikten. Doch diese doppelte Konfessionalisierung im Innern der Gesellschaft wurde durch die Aktivitäten des neuen Vizekönigs Thomas Wentworth von einer anderen Variante der Konfessionalisierung abgelöst.

---

[160] BL Add. MS 4756: Entry Book of Reports of the Commissioners for Ireland, appointed by James I in 1622, fol. 22v.

[161] Vgl. CLARKE, Colonial Identity, S. 65.

[162] Vgl. z.B. BL Add. MS 4756: Entry Book of Reports of the Commissioners for Ireland, appointed by James I in 1622, fol. 22r–v; siehe dazu auch unten C.II.2.c.

V. Konfessionalisierung der Gesellschaft und der Church of Ireland ‚von außen‘: Wentworth' Experiment des absolutistischen Konfessionsstaates – 1632–1640

1. Wentworth' Programm: Absolutistisches Königreich Irland und Formierung der Church of Ireland

Die Phase der Konfessionalisierung ‚von außen‘ ist untrennbar verknüpft mit dem Namen Thomas Wentworth, später Earl of Strafford. Dieser enge Berater König Charles I. wurde 1632 zum Vizekönig von Irland ernannt und setzte umgehend einen Prozess in Gang, im Zuge dessen er das Königreich Irland stärker der zentralistischen Kontrolle des Lord Deputy als Repräsentanten der englischen Krone unterwerfen wollte.[1] Wentworth verfolgte dabei eindeutig absolutistische Ziele, indem er den Einfluss der im Parlament vertretenen Bevölkerungsgruppen auf die irische Politik zurückdrängte und ohne Rücksicht auf alt- oder neuenglische Interessen regierte. Dies stand nicht nur im Gegensatz zur Konzeption der altenglischen Bevölkerungsgruppe, die in Irland das Modell der Tudor-Monarchie mit der Souveränität des King-in-Parliament beibehalten wollte, sondern forderte auch die neuenglische Elite heraus, die großen Einfluss auf das irische Privy Council und die Dubliner Verwaltung hatte und es inzwischen gewohnt war, bevorrechtigte Bevölkerungsgruppe in Irland zu sein.[2]

Neben der Zurückdrängung aller ‚ständischen‘ Elemente zu Gunsten eines absolutistischen Staates strebte Wentworth durch konsequente und rücksichtslose Durchsetzung der Ansprüche der Krone auch die finanzielle

---

[1] Die Frage, ob Wentworth in Irland ein absolutistisches Modell erproben sollte, mit dem Charles I. dann später England regieren wollte, wurde in der Forschung heftig diskutiert und bleibt umstritten. (Vgl. RANGER, Strafford in Ireland). Auch Aidan Clarke vertritt die These: „Wentworth ... intended to rule in the manner in which he hoped eventually to govern England, absolutely, efficiently, and without regard to any interest but that of the crown; in his own word, ‚thoroughly‘." (CLARKE, Government, S. 243). – In gleicher Weise diskutiert die Forschung die These, Charles I. und Laud hätten *ecclesiastical imperialism* betrieben, um in den drei Königreichen ‚britische Uniformität‘ durchzusetzen. (Vgl. hierzu den dieser These widersprechenden Aufsatz von MORRILL, British Patriarchy). Um diese Fragen, die im Kontext des *multiple kingdom* interessant sind, soll es im Folgenden jedoch nicht gehen. Vielmehr werden hier die Auswirkungen von Wentworth' Regierungszeit auf die politisch-konfessionelle Struktur Irlands untersucht.

[2] Vgl. PERCEVAL-MAXWELL, Ireland and the Monarchy, S. 285, 288–289.

Konsolidierung des irischen Königreichs an.[3] Wentworth selbst bezeichnete dies als die Politik des „thorough".[4] Seine Amtszeit wurde für Irland zu einer entscheidenden Epoche, in der viele Konfliktpotentiale sichtbar wurden und an deren Ende die Zuspitzung zu einer der größten Krisen der irischen Geschichte stand.

Wentworth trat zunächst in eine Allianz mit den katholischen Altengländern ein, wobei er auch ein hohes Maß an konfessioneller Duldung zugestand. Für den Vizekönig war dies jedoch nur ein Zweckbündnis, tatsächlich war er nie bereit, den Altengländern auf Dauer konfessionelle Toleranz zu gewähren. Vielmehr wollte er auf diesem Weg die dominante Position der neuenglischen Amtsträger und Siedler unterminieren, um auf deren politische Interessen keine Rücksicht mehr nehmen zu müssen.[5] Nach einer kurzen Phase der Zusammenarbeit mit den Altengländern machte Wentworth deutlich, dass er allein die Interessen der Krone im Auge hatte: Der Vizekönig plante, die bislang noch nicht von Engländern besiedelten Gebiete Irlands durch neue *plantations* stärker unter die Kontrolle der Regierung zu bringen. Damit bedrohte Wentworth nicht nur die wenigen übrig gebliebenen gälischen Landbesitzer, sondern vor allem die Altengländer.

Im Gegensatz zu Charles I. noch wenige Jahre zuvor akzeptierte Wentworth nicht mehr den Anspruch der Altengländer, als ‚loyale Katholiken' von der Krone bevorzugt behandelt zu werden. Vielmehr benutzte er die Begriffe *papist* und *native* als Synonyme.[6] In Wentworth' Wahrnehmung waren die Altengländer genauso unzuverlässige Papisten wie die gälischen Iren, und er wollte die Macht der ‚irischen Katholiken' durch *plantations* brechen.[7] Um die altenglische Opposition zu unterdrücken, griff der Vizekönig zu rigorosen Mitteln. So unterband er zum Beispiel die einzige den Altengländern noch verbliebene Möglichkeit politischer Einflussnahme, die Entsendung von Delegationen an den Hof nach London.[8]

Gegen die Interessen der alt- und neuenglischen Eliten verfolgte Wentworth rigoros eine Politik der Vergrößerung der Macht des Staates. „... Wentworths Maßnahmen [tendierten] dahin, langfristig den Status Irlands innerhalb der Union der drei von den Stuarts beherrschten Reiche zu verändern. Aus der ausgebeuteten und abhängigen Kolonie wurde – auf der Basis der Gleichberechtigung mit England – die potentielle Keimzelle einer

---

[3] Vgl. ASCH, Englische Herrschaft, S. 390–391; PERCEVAL-MAXWELL, Ireland and the Monarchy, S. 288–289.

[4] KEARNEY, Strafford, S. 69.

[5] Vgl. ASCH, Englische Herrschaft, S. 394–395; ASCH, Antipopery, S. 287.

[6] Vgl. CLARKE, Graces, S. 33; Ó BUACHALLA, James Our True King, S. 15.

[7] Vgl. dazu grundlegend CANNY, Anglicization.

[8] Vgl. ASCH, Englische Herrschaft, S. 396–397; ASCH, Hof Karls I., S. 230.

gestärkten Monarchie."[9] Der neue Vizekönig wollte Irland also in ein gleichberechtigtes absolutistisches Königreich in Personalunion mit England umwandeln.

Wentworth machte außerdem die Reform und die Stärkung der Staatskirche zu einem festen Bestandteil seines politischen Programms. Die Church of Ireland sollte zu einer Stütze der Staatsgewalt werden, deren institutionelle Durchdringung des Landes die staatliche Verwaltung ergänzen sollte. Wie für protestantische Herrscher auf dem Kontinent war die Kontrolle über die Kirche für Wentworth ein „Schlüsselmonopol"[10] auf dem Weg zum Absolutismus.[11] Er hatte erkannt, dass, wie er selbst formulierte, unter den Bedingungen des konfessionellen Zeitalters Staat und Kirche „mutually prosper and decrease together".[12] Neben dem stehenden Heer sollte nun auch die Kirche in Irland zu einem entscheidenden Werkzeug für die absolutistische Staatsbildung werden.[13] Faktisch war die Church of Ireland jedoch viel zu schwach, um als institutionelle Stütze des Staates zu fungieren, denn in der entscheidenden Phase nach 1560 hatte ein ebenfalls schwacher Staat ihre Durchsetzung in Irland nicht ausreichend unterstützt.

Wentworth' Programm der Konfessionalisierung ,von außen' sah deshalb Folgendes vor: Zunächst wollte er erstens die eigenen, protestantischen Reihen durch dogmatisch-rituelle Festlegung schließen; zweitens wollte er die Kirche finanziell sanieren, damit diese dann drittens sowohl ihren konfessionellen Monopolanspruch in Irland durchsetzen als auch

---

[9] ASCH, Englische Herrschaft, 399. Wentworth sagte von sich, er vertrete in Irland „character and image" des Königs. Damit offenbarte er sein Verständnis von Irland als Königreich. (Zitiert in: PERCEVAL-MAXWELL, Ireland and the Monarchy, S. 289).

[10] ELIAS, Prozeß der Zivilisation, Bd. 2, S. 143.

[11] Vgl. SCHILLING, Konfessionskonflikt, S. 365–366. In der irischen Forschung werden Wentworth' Ziele durchaus genauso gesehen, aber nicht im europäischen Kontext interpretiert. So hat John McCafferty formuliert: „Ireland was to be reformed in order to spread the Protestant gospel and to secure the English crown. The starting-point would be to raise and repair the clerical estate to make it capable of acting as an effective servant of the crown with which it was in a near hypostatic union." (McCAFFERTY, John Bramhall, S. 101). Der Autor greift jedoch in seiner Analyse dieser Vorgänge als „anglicizing strategy" (ebd., S. 111) meines Erachtens entschieden zu kurz. Ähnlich hat Canny die Politik Wentworth' als „the Anglicization of Ireland through a process of colonization" (CANNY, Anglicization, S. 64) bezeichnet, obwohl seine darauf folgende Beschreibung von Wentworth' Politik deutlich macht, wie stark Wentworth die konfessionelle Vereinheitlichung Irlands als ,Schlüsselmonopol' der Staatsbildung ansah.

[12] Zitiert in: McCAFFERTY, John Bramhall, S. 100. Wentworth bestätigt damit die Analyse von Wolfgang Reinhard: „Wer machtpolitischen Ehrgeiz besitzt, kommt also gar nicht darum herum, Konfessionalisierungspolitik zu betreiben!" (REINHARD, Zwang, S. 268).

[13] Vgl. ASCH, Antipopery, S. 289. Zur Bedeutung der Kirchenhoheit für die staatliche Verdichtung vgl. SCHILLING, Konfessionskonflikt, S. 365–366; SCHILLING, Nation und Konfession, S. 92.

Stütze des Staates werden konnte. Der erste Schritt, die Festlegung neuer Normen für die Church of Ireland, sollte nach dem Willen Wentworth' und des englischen Erzbischofs von Canterbury, William Laud, in enger Übereinstimmung mit der englischen Staatskirche erfolgen. Der Laudsche Arminianismus, der in England und Schottland angesichts seiner Rückkehr zu katholischen Gottesdienstformen auf Widerstand stieß, stand auch in deutlichem Gegensatz zur puritanisch-calvinistischen Grundhaltung der Church of Ireland. Deshalb erwies sich die Konfessionalisierung der Staatskirche nach Laudschen Prinzipien ‚von außen' als sehr konfliktträchtig. Im zweiten Schritt strebte Wentworth die Rückführung von Kirchenbesitz an, den sich Laien, nämlich Altengländer und in hohem Maße protestantische Neuengländer, angeeignet hatten.[14] Auch dies berührte fundamentale Interessen der Eliten in Irland. Erst danach zielte Wentworth auf die Durchsetzung des konfessionellen Monopols der Staatskirche.

Wentworth' Toleranzpolitik beruhte daher nicht nur – wie meist in der Forschung betont wird – auf fiskalischen Erwägungen, sondern auch auf dem Bewusstsein, nicht ‚an zwei Fronten', nämlich sowohl in der Staatskirche als auch gegen die katholische Untergrundkirche, gleichzeitig kämpfen zu können. Solange die Church of Ireland nicht in eine konfessionell geschlossene und schlagkräftige Kirche umgewandelt war, wollte Wentworth nicht den Konflikt mit dem Katholizismus heraufbeschwören.[15] Deshalb verhielt er sich zunächst ‚politique' gegenüber den Katholiken und stellte fest: „It will be ever far forth of my Heart to conceive that a Conformity in Religion is not above all other Things principally to be intended. For, undoubtedly, till we be brought all under one Form of Divine Service, the Crown is never safe on this Side, but yet the Time and Circumstances may very well be discoursed, and sure I do not hold this a fit Season to disquiet or sting them in this Kind ..."[16]

---

[14] In diesem Zusammenhang kam es zum Konflikt zwischen Wentworth und dem Earl of Cork, dem bedeutendsten neuenglischen Grundbesitzer in Munster. (Siehe dazu unten B. V. 3. b).

[15] Dieser Tatbestand wird meines Erachtens in der Forschung bislang nicht ausreichend gewürdigt. Allein John Morrill hat festgestellt: „In the view of Laud and Wentworth, the Irish Protestant church was too weakened to undertake the work of evangelism. It was better not to attempt fruitless religious persecution until that church was recovered, properly endowed and resourced with an educated and effective clerical establishment backed by efficient ecclesiastical regiment. The reform programme of Laud and Wentworth was not primarily intended to bring the Irish church into conformity with England. It was to equip it for the deferred task of bringing the Irish nation to a saving knowledge of and obedience to the will of God." (MORRILL, British Patriarchy, S. 229).

[16] The Lord Deputy to Mr. Secretary Coke, 28. Nov. 1636, in: Strafforde's Letters, hg. v. KNOWLER, Bd. 2, S. 38–39, hier S. 39; vgl. KEARNEY, Strafford, S. 119.

2. *Fundamentalangriff auf die altenglisch-katholischen Interessen*

a) *Wentworth' Zweckbündnis mit den Altengländern 1632–34*

Zu Beginn der Amtszeit Wentworth', während dieser noch in England weilte, geriet die Politik des neuenglisch dominierten Privy Council in Konflikt mit den politischen Absichten des neuen Chief Governor. Zwar waren beide Programme ‚Konfessionalisierungspolitik', doch unterschieden sie sich in ihren kurzfristigen Konsequenzen radikal. Erneut verknüpfte sich, wie bei den *Graces*, die Frage der Finanzierung der Armee mit der Konfessionsfrage – ein Leitmotiv des Verhältnisses zwischen Altengländern und Regierung seit dem 16. Jahrhundert.

Konkret ging es Wentworth darum, die 1628 als Gegenleistung für die *Graces* gewährten Subsidien um ein weiteres Jahr zu verlängern, um ein Haushaltsdefizit zu vermeiden. Durch Wentworth' Abwesenheit entstanden jedoch Missverständnisse zwischen dem neuen Lord Deputy, den hauptsächlich betroffenen Altengländern und dem irischen Privy Council unter der Führung des Neuengländers Richard Boyle, Earl of Cork, die die unterschiedlichen Konfessionalisierungsstrategien der Dubliner Regierung einerseits und des neuen Vizekönigs andererseits offen legten.

Die Dubliner Regierung suchte die gegen den Katholizismus gerichtete Politik der protestantischen Konfessionalisierung ‚von oben', die in den Jahren 1603–1632 mit unterschiedlicher Intensität verfolgt worden war und die zu Ende der Amtszeit Falklands noch einmal einen Schub erlebt hatte,[17] weiterzuführen. Richard Boyle und das irische Privy Council vertraten zudem die Auffassung, dass die Konsolidierung des Staatshaushaltes mit den Konfessionalisierungsmaßnahmen verknüpft und deshalb die *recusancy fines* nun systematisch eingezogen werden sollten. Mit der Begründung, die Kosten des stehenden Heeres in Irland sollten von den Katholiken übernommen werden, da sie durch diese hauptsächlich entstünden, forderte Boyle die Eintreibung der vom Gesetz geforderten Strafgelder.[18]

Wentworth dagegen hatte während seiner Zeit als Lord President of the North wenig Erfolg mit der Eintreibung von *recusancy fines* gehabt, so dass seine Strategie eine andere war. Wie oben bereits beschrieben, verfolgte auch Wentworth eine Politik der Konfessionalisierung in Irland, die sich jedoch nicht mit der neuenglischen, von Boyle vertretenen Haltung deckte: Wentworth wollte Konfessionalisierung ‚von außen', nämlich die Durchsetzung eines absolutistischen Konfessionsstaates ohne Rücksichtnahme auf die Interessen der einzelnen Bevölkerungsgruppen. Die langfristige Lösung für Irlands finanzielle Probleme sah Wentworth in einer besseren Zollverwaltung und der gezielteren Eintreibung der Zölle, doch half

---

[17] Siehe dazu oben B.IV.1.c.

[18] Vgl. KEARNEY, Strafford, S. 36; ASCH, Hof Karls I., S. 225.

dieser langfristige Lösungsansatz nicht aus der aktuellen Misere, so dass die Restfinanzierung des ersten Jahres seiner Amtszeit weiterhin auf anderem Wege erfolgen musste.[19] Die Bereitschaft der Altengländer, die Hilfszahlungen zu verlängern, war jedoch nicht sehr groß, da ihre auf der Basis der *Graces* geleisteten Zahlungen bislang nicht mit den versprochenen konfessionellen Erleichterungen, sondern vielmehr mit größerem konfessionellen Druck beantwortet worden waren. Wentworth machte sich diese Situation zu Nutze und begann seine Politik der Konfessionalisierung und Staatsbildung ‚von außen‘, indem er die konfessionellen Gruppen in Irland zum Nutzen des Staates gegeneinander ausspielte.[20]

Wentworth fragte nach seiner Ernennung zum Lord Deputy (während er noch in England weilte) zunächst die Lord Justices, Boyle und Loftus, um Rat, mit welchen Mitteln das drohende finanzielle Defizit abzuwenden sei. Diese rieten ihm im Sinne ihrer oben beschriebenen politischen Gesamtkonzeption zur Einziehung der *recusancy fines*. Daraufhin sandte Charles I. einen Brief an die Dubliner Regierung, der diese zur Eintreibung der Strafgelder autorisierte, jedoch auch deutlich machte, dass der Vorschlag seinen Ursprung in Dublin hatte. Zugleich wies der König die Dubliner Regierung an, seinen Brief zu veröffentlichen. Dadurch wollten König und Vizekönig nicht primär eine Eintreibung der *recusancy fines* in Gang setzen, sondern vielmehr die Altengländer durch die entsprechende Drohung zur freiwilligen Weiterzahlung der finanziellen Hilfe bewegen. Wentworth fasste seine Strategie mit den Worten zusammen: „... it is more safe by much, for the present, considering the Inequalities of the Numbers, and the ill Provision of the Army, to take the Contribution against the Will of the Protestant, than the other [d.h. die *recusancy fines*] against the liking of the Recusant.“[21] Damit machte Wentworth deutlich, dass ihm die politisch-wirtschaftliche Macht der Altengländer sehr bewusst war, und dass er deshalb gedachte, nach politischen Nützlichkeitserwägungen zu handeln und einen Kompromiss mit der altenglischen Bevölkerungsgruppe zu suchen.

Der Brief des Königs löste einen Konflikt zwischen Wentworth und der Dubliner Regierung aus. Richard Boyle veröffentlichte den Brief nicht, sondern traf Vorbereitungen, um die *recusancy fines* einzuziehen, und zwar unter Berufung auf die Autorisierung dieser Maßnahme durch König und Vizekönig.[22] Als Reaktion auf das Vorgehen Boyles und des irischen

---

[19] Vgl. KEARNEY, Strafford, S. 37.

[20] Dies war dann vor allem seine Strategie für das Parlament von 1634/35; siehe dazu unten B.V.2.b.

[21] The Lord Deputy to the Lord Cottington, 15. Okt. 1632, in: Strafforde's Letters, hg. v. KNOWLER, Bd. 1, S. 74–77, hier S. 76; vgl. KEARNEY, Strafford, S. 38.

[22] Der ‚Erfolg‘, auf den Boyle abzielte, stellte sich rasch ein: „... the popish recusants are more afraid of your coming than of any of your predecessors“, schrieb Lord

Privy Council sandte Wentworth einen katholischen Unterhändler names Michael Hopwood nach Irland, um mit den führenden Vertretern der Altengländer geheime Verhandlungen aufzunehmen. Dabei nutzte er die von der irischen Regierung angekündigte Einziehung der Strafgelder geschickt als Verhandlungsmasse. Während er sich selbst zu nichts verpflichtete, drohte er an, sich der Politik der Dubliner Regierung anzuschließen und die Einziehung der *recusancy fines* mitzutragen, falls die Altengländer die Subsidien nicht freiwillig um ein Jahr verlängerten.[23]

Zur selben Zeit schritt die Dubliner Regierung auf ihrem Konfessionalisierungskurs voran, indem sie im Namen Wentworth' verkündete, dass die im darauf folgenden Jahr zu wählenden Amtsträger der Städte zum Schwören des Suprematseides verpflichtet werden sollten. Außerdem begann man gegen Ende des Jahres 1632 tatsächlich mit der Eintreibung von *recusancy fines*. Und schließlich folgte noch ein hochgradig symbolischer Schlag: St. Patrick's Purgatory, eine der wichtigsten Wallfahrtsstätten in Irland, wurde zerstört.

St. Patrick's Purgatory, eine Insel im Lough Derg, war seit dem Mittelalter ein stark frequentierter Wallfahrtsort. St. Patrick's Purgatory gehörte als *termon land* zum Besitz der Magraths, so dass es, als Donough Magrath im Jahr 1596 mit Königin Elisabeth eine *surrender-and-regrant*-Vereinbarung einging, an die Magraths fiel.[24] Peter Lombard berichtete in seinem *Commentarius* aus dem Jahr 1600 von der großen Beliebtheit der Pilgerfahrten, die solche Menschenmengen anzögen, dass der englische Lord Deputy es nicht wage, die Aktivitäten zu verhindern oder die Gebäude auf der Insel zu zerstören.[25] Doch sind die Nachrichten über den tatsächlichen Zustand der Insel, seiner Gebäude und des dazugehörigen Augustinerklosters widersprüchlich. In der *Ulster Inquisition* von 1603 wird von der „dissolution and abandonment" des Klosters gesprochen und seine Kirche als verfallen bezeichnet.[26] Die Augustiner scheinen jedoch ihre Präsenz, wenn auch mit Schwierigkeiten, aufrechterhalten zu haben. Jedenfalls ersuchte der katholische Erzbischof von Armagh, Hugh O'Reilly, den Papst um die Erlaubnis,

---

Augier an Wentworth im Juni 1632. (Zitiert in: CLARKE, Old English, S. 66; vgl. KEARNEY, Strafford, S. 39).

[23] Vgl. CLARKE, Old English, S. 66–67; KEARNEY, Strafford, S. 39–40.

[24] Vgl. The Surrender and Regrant by Queen Elizabeth, of Termon Magrath, 5. Mai 1596, in: Saint Patrick's Purgatory, hg. v. LESLIE, S. 67–68. – Diese noch 1596 geschlossene *surrender-and-regrant*-Vereinbarung macht deutlich, dass es in Irland nie zu einem ‚Umbruch‘ von konzilianter zu Eroberungspolitik gekommen war.

[25] Vgl. O'CONNOR, St. Patrick's Purgatory, S. 120–122.

[26] „... is much in decay and for many years has been totally abandoned and dissolved." (Inquisition of Saints' Island, 1603, in: Saint Patrick's Purgatory, hg. v. LESLIE, S. 70–71, hier S. 70).

die Augustiner am Lough Derg durch Franziskaner ablösen zu lassen. Er begründete dies mit der zahlenmäßigen Reduktion der Augustiner sowohl am St. Patrick's Purgatory wie auch im gesamten Land. Im Gegensatz dazu gäbe es viele Franziskanerobservanten, die zudem für den dortigen Dienst besser geeignet seien. Auch der Prior der Augustiner und der ‚weltliche Herr', also Magrath, hätten sich dafür ausgesprochen. O'Reilly berichtete auch, dass, nachdem die Verfolgungen durch die Regierung nachgelassen hätten, nun wieder viele Pilger nach St. Patrick's Purgatory strömten und der geistlichen Versorgung bedürften.[27]

Dieser Pilgerstrom war es wohl auch, der kurze Zeit danach die Dubliner Regierung veranlasste, ihrer Konfessionalisierungspolitik in der Unterdrückung von St. Patrick's Purgatory handgreiflichen Ausdruck zu verleihen. Im Juni 1632 entfernte Sir William Stewart zunächst nur die Pilger von der Insel und übergab das Boot an Magrath mit der Maßgabe, dass die Insel nicht mehr zu betreten sei.[28] „The Abbot, Priests and Friers",[29] die offenbar gewarnt worden waren, hatten die Insel bereits vor der Ankunft Stewarts verlassen. Da sich die Mission Stewarts als unwirksam erwies, ordnete die Dubliner Regierung – angesichts der fortgesetzten Aktivitäten der Pilger – im September desselben Jahres die vollständige Zerstörung von St. Patrick's Purgatory an. Die Ausführung wurde vom protestantischen Bischof von Clogher, James Spottiswood, übernommen.[30] Dieser ließ die Gebäude auf der Insel systematisch zerstören, eine ikonoklastische Maßnahme, der offensichtlich auch der protestantische Erzbischof von Armagh, James Ussher, zustimmte.

Wie stark diese Maßnahme eingebunden war in den Rahmen der doppelten Konfessionalisierung der irischen Gesellschaft zeigt die Tatsache, dass die katholischen Bewohner der Gegend um Lough Derg das Eingreifen St. Patricks gegen das protestantische Vorgehen erwarteten. Spottiswood berichtete dazu: „The country people expected that St Patrick would have wrought some miracle but thanks be to God none of my Company received any other harm but the bad ways, broken cawsies and the dangerous going in a little boat …"[31] Gleichzeitig greifen wir in der Aussage Spottiswoods auch ‚das Konfessionelle' in der Konfessionalisierung, denn Spottiswood stellte der Hoffnung der ländlichen Bevölkerung auf das Eingreifen des heiligen Patrick, also einer spezifisch katholischen Frömmigkeit, dezidiert

---

[27] Vgl. Hugh O'Reilly, Archbishop of Armagh, and Thomas M'Kearnan, to the Cardinal Protector, 11. März 1631, in: Wadding Papers, hg. v. JENNINGS, S. 485–486.

[28] Vgl. dazu auch unten C.II.2.a.

[29] Sir William Stewart to the Privy Council, 8. Juni 1632, in: Saint Patrick's Purgatory, hg. v. LESLIE, S. 77–78, hier S. 77.

[30] Vgl. Bishop James Spottiswoode to the Protestant Archbishop of Armagh, 31. Okt. 1632, in: Saint Patrick's Purgatory, hg. v. LESLIE, S. 79–80, hier S. 79.

[31] Ebd., S. 80.

die Vorstellung von Gottes Wirken entgegen, worauf er seine eigene Bewahrung zurückführte.

Mit der Zerstörung von St. Patrick's Purgatory hatten die Lord Justices Boyle und Loftus nochmals durch einen ikonoklastischen Akt ihre auf Konfessionalisierung und Polarisierung gerichtete Haltung gegenüber dem Katholizismus deutlich gemacht. Währenddessen gingen die geheimen Verhandlungen zwischen Wentworth und den Altengländern weiter, woraufhin diese vom Privy Council die öffentliche Bekanntmachung des königlichen Briefes forderten. Zugleich wurde deutlich, dass die Haltung der Dubliner Regierung auf breiten Rückhalt innerhalb der protestantisch-neuenglischen Bevölkerung stieß.[32] Denn die Neuengländer hielten nun selbst Versammlungen ab, in denen sie die Fortzahlung der Subsidien für ein weiteres Jahr ebenfalls verweigerten und – in Übereinstimmung mit der Dubliner Regierung – statt einer allgemeinen finanziellen Hilfe die Steuererhebung allein bei den Katholiken forderten.[33]

Wentworth versprach daraufhin den Altengländern die Einhaltung der ausgehandelten *Graces*.[34] Als sich das irische Privy Council zudem nach wiederholten Forderungen der Altengländer zur Verlesung des königlichen Briefes bereitfinden musste, stand einer Allianz zwischen Wentworth und den Altengländern nichts mehr im Wege: Der Brief machte deutlich, dass die harten Konfessionalisierungsmaßnahmen der Dubliner Regierung nicht auf die Initiative des neuen Lord Deputy zurückgingen.[35]

Nun begann die Zeit des ‚Wartens auf Wentworth', in der die Dubliner Regierung gezwungen war, die Einziehung der *recusancy fines* zu beenden und stattdessen die neuen Subsidien zu erheben. Auch in dieser Phase traten die Konfliktlinien der doppelten Konfessionalisierung in der irischen Gesellschaft nochmals deutlich hervor. Während nämlich die katholischen Altengländer in der Hoffnung, dass die *Graces* nun in die Praxis umgesetzt würden, auf die baldige Ankunft des Lord Deputy warteten, wähnten die Protestanten sich bereits einer offiziell tolerierten katholischen Konfessionskirche gegenüber – toleriert durch den Staat, von dem sie eigentlich

---

[32] Dies kann durchaus mit der Situation im Jahr 1626/27 verglichen werden. Damals stellten sich zwar die Bischöfe an die Spitze des Protestes gegen die *Graces*, doch stand hinter deren Intervention offensichtlich ein breiter neuenglisch-protestantischer Konsens. Siehe dazu oben B.IV. 2.c.
[33] Vgl. CLARKE, Old English, S. 70; KEARNEY, Strafford, S. 40.
[34] „... that they yielding to the present continuing of the contribution, I will be a means that the benefit offered them by his Majesty's Graces shall be honourably and justly complied with ..." (Zitiert in: CLARKE, Old English, S. 69–70).
[35] Vgl. ebd., S. 70–72.

ihre eigene konfessionelle und politische Interessenvertretung erwarteten.[36] Die entschiedene Vorgehensweise gegen protestantische Verweigerer der Subsidienzahlungen (Gefängnisstrafen und Entzug von Armeekommandos),[37] unterstützte diesen Eindruck der neuenglischen Protestanten, muss jedoch im Gesamtzusammenhang des Wentworthschen Programms als eine weitere Maßnahme gesehen werden, die darauf abzielte, die Regierung von den Interessen und Einflüssen der Bevölkerungsgruppen insgesamt unabhängig zu machen.

b) Das Parlament von 1634/35, das Schicksal der Graces und die plantation of Connacht

Dass das Wentworthsche Bündnis mit den Altengländern für den Lord Deputy ein reines Zweckbündnis war, mit dessen Hilfe der Einfluss der protestantischen Neuengländer zurückgedrängt werden sollte, wurde bereits bei den Vorbereitungen zum Parlament von 1634/35 deutlich. Wentworth wies die Forderung des Adels und der Gentry der Pale nach Beteiligung an seinen Gesetzesvorschlägen zurück und verbat sich jegliche Einmischung.[38] Dieser ‚Ausrutscher‘ wirkte zunächst nicht abschreckend auf die Altengländer, die von der konfessionellen Duldung durch Wentworth profitierten[39] und von dem einzuberufenden Parlament die Bestätigung der Graces erwarteten.

Doch die Absichten Wentworth' mit dem bevorstehenden Parlament lagen weit von den Vorstellungen der Altengländer entfernt. Der Lord Deputy wollte „[to] bow and govern the Native by the Planter, and the Planter by the Native",[40] d.h. er rechnete damit, dass sich die protestantischen Neuengländer und die katholischen Altengländer gegenseitig ‚zügeln‘ würden, so dass die Regierung entsprechenden Handlungsspielraum erlangen

---

[36] So gab es z.B. Gerüchte, die Katholiken hätten sich für 20.000 Pfund die konfessionelle Tolerierung erkauft und die Kirchengerichtsbarkeit der Church of Ireland werde bald eingeschränkt, so dass die katholischen Bischöfe ihre konkurrierenden Gerichte frei und öffentlich halten könnten. (Vgl. CLARKE, Old English, S. 75). Zu den konkurrierenden kirchlichen Gerichtsbarkeiten siehe unten C.IV.2.b.

[37] Vgl. CLARKE, Old English, S. 75–76; CLARKE, Government, S. 245; KEARNEY, Strafford, S. 40–41.

[38] Vgl. CLARKE, Old English, S. 76–77.

[39] Wentworth hatte z.B. den bischöflichen Kirchengerichten der Church of Ireland untersagt, Verfahren wegen heimlicher Taufen, Ehen und Beerdigungen zu eröffnen – eine Maßnahme die vor allem den Katholiken zugute kam, die sich an katholische Priester im ‚Untergrund‘ statt an Pfarrer der Church of Ireland wandten. (Vgl. CLARKE, Old English, S. 77). So kam auch das oben genannte Gerücht zu Stande, die katholische Kirchengerichtsbarkeit werde bald legalisiert. (Siehe oben Fußnote 36).

[40] The Lord Deputy to Mr. Secretary Coke, Jan. 1633 [1634], in: Strafforde's Letters, hg. v. KNOWLER, Bd. 1, S. 194–202, hier S. 199; vgl. KEARNEY, Strafford, S. 43–44.

würde. Er plante die Zusammenkunft des Parlaments in zwei Sitzungsperioden. In der ersten Sitzungsperiode sollten die Staatsfinanzen und die Steuer- und Abgabenforderungen der Krone im Vordergrund stehen, in der zweiten Periode sollten die Gravamina der Untertanen behandelt werden.

Da Wentworth sich des politischen Wohlwollens der Altengländer sicher sein konnte, rechnete er mit einer reibungslosen Bewilligung von Steuern und Kontributionen.[41] Dass der Vizekönig beabsichtigte, die politische und wirtschaftliche Potenz der Altengländer in Irland durch eine erneute *plantation*, dieses Mal in Connacht, zu brechen, sollten diese erst viel später gewahr werden. Wentworth sah auch keine Gefahr eines unabhängigen Vorgehens der Altengländer im Hinblick auf eine parlamentarische Anerkennung der *Graces*, denn er interpretierte *Poynings' Law* dezidiert zu seinen Gunsten: Nach seiner Auslegung gewährte das Gesetz der Regierung die alleinige Kontrolle über die im Parlament zu behandelnden Punkte – eine nicht ganz unproblematische Interpretation des Gesetzes.[42]

Das Ergebnis der Parlamentswahlen von 1634 stimmte im Großen und Ganzen mit dem der Wahlen von 1613 überein. Die sich weiterhin in altenglischer Hand befindenden Counties und Städte wählten katholische Parlamentsmitglieder, wogegen die *plantation counties*, die unter James I. neu errichteten *boroughs* und die Garnisonstädte protestantische Vertreter entsandten. Wie 1613 war auch nun eine protestantische Mehrheit im Parlament sichergestellt. Viele der protestantischen Parlamentsmitglieder waren Amtsträger der Krone in Irland, „whose connection with the area which they represented was merely an official one".[43] Wentworth war es durch aktive Beeinflussung der Wahlen gelungen, sich selbst eine sichere Basis im Parlament zu verschaffen. In Dublin hatte er direkt interveniert, indem er die Wahl ihm nicht genehmer Kandidaten verhinderte und seine eigenen Kandidaten durchsetzte. In vielen anderen Fällen suchte er durch Empfehlungsschreiben für seine Wunschkandidaten Druck auszuüben.[44]

Der Verlauf des Parlaments gestaltete sich im Wesentlichen so, wie Wentworth es geplant hatte. Zwar versuchten die Altengländer – analog zu ihrem Vorgehen im Parlament von 1613–15 – die Wahlen mit der Begründung anzufechten, dass zahlreiche der gewählten Amtsträger nicht in ihren Wahlkreisen ansässig seien, doch eine Mehrheit des Unterhauses sprach sich dafür aus, sogleich mit der Beratung von Gesetzesvorschlägen fortzufahren. Daraufhin wurden in kürzester Frist die finanziellen Forderungen

---

[41] Vgl. CLARKE, Government, S. 247; KEARNEY, Strafford, S. 54.

[42] Vgl. CLARKE, Poynings' Law, S. 210–214.

[43] KEARNEY, Strafford, S. 45; vgl. CLARKE, Government, S. 247.

[44] Vgl. KEARNEY, Strafford, S. 46–47. Im Oberhaus war die protestantische Mehrheit noch offensichtlicher, denn hier waren die altenglischen Adeligen durch die Schaffung neuer *peerages* unter James und Charles in den Hintergrund gedrängt worden. (Vgl. ebd., S. 49–50).

der Krone in Höhe von 120.000 Pfund bewilligt. Wentworth' Strategie ging auf: Alt- und Neuengländer kamen seinen Wünschen nach, da beide sich das Wohlwollen des Lord Deputy erhalten wollten. Aus Angst davor, dass Wentworth bei Verweigerung der einen Seite die Interessen der anderen Seite unterstützen werde, stimmte die Mehrheit des Parlaments den Gesetzesvorschlägen rasch und in vollem Umfang zu.[45]

In der zweiten Sitzungsperiode waren die Hoffnungen der Altengländer vor allem darauf gerichtet, die *Graces* nun endlich durch einen Parlamentsbeschluss in *statute law* umzuwandeln und damit ihre Abhängigkeit von der königlichen Prärogative zu beenden. Bis zu diesem Zeitpunkt waren die *Graces* mit den Religionsedikten der französischen Könige vergleichbar, die der hugenottischen Minderheit ihre Tolerierung auch nur per Erlass des Königs zusicherten. Der fehlende Bestandsschutz wurde in Frankreich vor allem mit der Revokation des Edikts von Nantes im Jahr 1685 deutlich. Man darf jedoch den grundlegenden Unterschied zwischen der politischen Struktur Frankreichs und der Englands/Irlands hier nicht übersehen: Während im absolutistischen Frankreich die Krone allein eine solche Tolerierung aussprechen und garantieren konnte, hatten England und Irland eine ganz andere Verfassungstradition, nämlich die des King-in-Parliament. Da die englischen Könige sowohl in England als auch in Irland ihre konfessionellen Entscheidungen durch das Parlament hatten bestätigen lassen, war es nur konsequent, dass die Altengländer nun die rechtliche Verankerung der *Graces* in einem Parlamentsgesetz forderten.

Genau dies suchte Wentworth jedoch zu verhindern. Nach seiner Auffassung sollten die Altengländer vor allem im Hinblick auf konfessionelle Zugeständnisse und Fragen des Landbesitzes[46] weiterhin auf die königliche Prärogative verwiesen sein. Durch *statute law* verbriefte Rechte der Altengländer hätten dagegen die Handlungsfähigkeit sowohl der Londoner als auch der Dubliner Regierung entscheidend eingeschränkt. Deshalb brachte die zweite Sitzungsperiode für die Altengländer den Hintergrund des mit ihnen geschlossenen Zweckbündnisses ans Licht, was dazu führte, dass sie sich dauerhaft von Wentworth abwandten. Zum Ende der ersten Sitzungsperiode hatte der zuständige Ausschuss des Parlaments[47] Wentworth die überarbeiteten *Graces* übergeben, damit dieser sie – entsprechend den Bestimmungen von *Poynings' Law* – nach England weiterleiten konnte.[48] Als

---

[45] So in der Interpretation Wentworth' selbst: „... one watching the other lest their Fellow shou'd rob them, and apply the whole Grace of his Majesty's Thanks to themselves from the other." (The Lord Deputy to the Lord Treasurer, 19. Juli 1634, in: Strafforde's Letters, hg. v. KNOWLER, Bd. 1, S. 274; vgl. KEARNEY, Strafford, S. 54).

[46] Dies vor allem im Hinblick auf seine Pläne für eine *plantation* in Connacht.

[47] Vgl. detailliert zur Arbeit dieses Ausschusses CLARKE, Old English, S. 83.

[48] Vgl. KEARNEY, Strafford, S. 57.

die zweite Sitzungsperiode begann, hielt Wentworth die altenglischen Parlamentsmitglieder zunächst mit unverbindlichen Aussagen hin.

Als er endlich auf die vorgeschlagenen *Graces* antwortete, stellte dies eine herbe Enttäuschung der altenglischen Hoffnungen dar. Um eine vollständige Aufnahme der Gnadenerweise in ein Parlamentsgesetz zu unterlaufen, definierte Wentworth die *Graces* nicht en bloc, sondern spaltete sie in die einzelnen Artikel auf. Zehn Artikel wollte er in Gesetze umwandeln, doch waren dies bezeichnenderweise diejenigen Artikel, die Zugeständnisse der Altengländer an die Krone darstellten und nicht umgekehrt.[49]

Als zweite Gruppe definierte Wentworth diejenigen Artikel, die weiterhin „at his Majesty's good pleasure"[50] gelten sollten, die also allein unter die Prärogative des Königs fielen. Dies betraf alle Artikel, die den katholischen Altengländern ihre Anerkennung als vollwertige Untertanen der Krone gesichert hätten, vor allem den *oath of allegiance*, der den Suprematseid für Katholiken ersetzen und es ihnen ermöglichen sollte, sowohl ein Erbe anzutreten als auch als Juristen an den staatlichen Gerichtshöfen zu praktizieren.[51] Auch die Besitztitel in Connacht wurden nicht bestätigt, Wentworth wollte sich hier eindeutig seine Pläne für eine weitere *plantation* offen halten. Denn „if the Plantation be hindered, then a principal Means of civilizing the People, and planting Religion will be taken away".[52]

Selbst angesichts dieser Täuschung durch Wentworth machten die Altengländer jedoch nur von ihrem traditionellen konstitutionellen Widerstand Gebrauch. Während der dritten und letzten Sitzungsperiode des Parlaments blockierten sie einige Gesetze, doch konnten sie insgesamt nichts mehr verändern. Denn das wichtigste Mittel frühneuzeitlicher Parlamente oder Stände, um Druck auf Herrscher auszuüben und Konzessionen zu erreichen, die Bewilligung von Steuern und Abgaben, hatten sie bereits zu Be-

---

[49] Dies betraf vor allem Artikel 41 der Gnadenerweise, der eine Untersuchung hinsichtlich der Zahl der im Laienbesitz befindlichen Pfründen (*lay impropriations*) vorsah und damit den Interessen der Church of Ireland entgegenkam. (Vgl. CLARKE, Old English, S. 251). Die Durchführung einer solchen Untersuchung war sowohl für die Altengländer als auch für die Neuengländer eine Bedrohung, denn beide Gruppen hatten Pfründen der Staatskirche in ihrem Besitz. Um die protestantischen Neuengländer zu besänftigen, schlug Wentworth zum Ausgleich auch die Bestätigung der Besitztitel der *planters* in Ulster zur Umsetzung in ein Parlamentsgesetz vor. (Vgl. KEARNEY, Strafford, S. 61–63; CLARKE, Old English, S. 86–87).

[50] KEARNEY, Strafford, S. 62.

[51] Siehe unten C.II.1.a.

[52] The Graces, the Requests of the House of Commons, and the Advice of the Lord Deputy and the Council of Ireland concerning the same, 6. Okt. 1634, in: Strafforde's Letters, hg. v. KNOWLER, Bd. 1, S. 312–328, hier S. 320. Eine dritte Gruppe von Artikeln, u.a. weitere Bestimmungen zum Court of Wards, wurde „referred to the care and integrity of his majesty's judges", was man wohl nur als ausweichende Floskel werten kann. (Zitiert in: KEARNEY, Strafford, S. 63).

ginn des Parlaments vergeben. Aus Wentworth' Sicht war das Parlament
von 1634/35 deshalb ein voller Erfolg. Er hatte dieses Verfassungsorgan
erfolgreich zu seinen Gunsten manipuliert und auch der sich regende Widerstand hatte sich in Grenzen gehalten.

Wentworth war sich jedoch auch der Tatsache bewusst, dass er im
nächsten Parlament auf massiven Widerstand der Altengländer stoßen
würde. Deshalb ging er in den folgenden Jahren daran, zahlreichen kleineren altenglischen Städten das Wahlrecht zum Parlament abzuerkennen.
Dies gelang ihm auch, da offensichtlich viele von ihnen das Wahlrecht nicht
in ihren Stadtrechtsurkunden verankert hatten.[53] Zudem nahm Wentworth
auf die Wahlen zum Parlament von 1640 erneut massiven Einfluss, so dass
die Altengländer stark zurückgedrängt wurden. Gegenüber dem Parlament
von 1634/35 verloren sie ein Drittel ihrer Sitze[54] und damit ihre Fähigkeit,
politischen Druck auf die Regierung und den Vizekönig auszuüben. Ohne
die gegen Wentworth gerichtete überraschende Allianz zwischen Alt- und
Neuengländern, die im Jahr 1641 zu seinem *impeachment* durch das englische Parlament führte, hätte er sein Ziel, die Ausschaltung der Altengländer
als politisch einflussreiche Elite, erreicht.[55]

Im Zuge seiner Politik des *thorough* begann Wentworth nach dem Parlament von 1634/35 einen weiteren Angriff auf die *vested interests* der altenglischen Eliten. Wentworth strebte die Durchführung einer weiteren
plantation an, und zwar in der einzigen bis zu diesem Zeitpunkt noch nicht
von Siedlungsprojekten betroffenen Provinz Irlands, in Connacht. Dabei
unterschied sich Wentworth' Konzept zur *plantation* Connachts von ähnlichen bereits vorher erwogenen Plänen[56] in einem wesentlichen Punkt:
Wentworth wollte nicht nur die weitgehend gälisch besiedelten Counties in
das Siedlungsprojekt einbeziehen, sondern auch County Galway.

Damit bedrohten seine Pläne sowohl die Stadt Galway und den Landbesitz altenglischer Kaufleute in County Galway[57] als auch den mächtigsten
verbliebenen katholischen Landbesitzer in Irland, den Earl of Clanricard,
der zwar gälischer Herkunft war, sich jedoch seit dem 16. Jahrhundert und
vor allem im Neunjährigen Krieg als treuer – und anglisierter – Untertan
der Krone erwiesen hatte.[58] Die *plantation of Connacht* war also ein weiterer deutlicher Ausdruck von Wentworth' Absicht, die Machtbasis der katholischen Altengländer, die auf ihrem Landbesitz beruhte, zu brechen.

---

[53] Vgl. KEARNEY, Strafford, S. 66–67.
[54] Sie hatten damit nur noch 74 von 240 Sitzen im Parlament. (Vgl. CLARKE, Graces, S. 30).
[55] Vgl. CLARKE, Graces, S. 30. Siehe unten B.V.4.
[56] Vgl. dazu ausführlich KEARNEY, Strafford, S. 85–89.
[57] Vgl. CUNNINGHAM, Warlords, S. 110–111, 117.
[58] Vgl. ebd., S. 105; KEARNEY, Strafford, S. 85.

Denn, wie Aidan Clarke bemerkt, „Protestants were exempted from for-
feiture. Old English proprietors were not. Abruptly, their long-standing
fears had been realized: so far as government policy was concerned, they
were simply so many papists, indistinguishable from the old Irish, their
claims to special consideration no longer recognized."[59]
    Wentworth nutzte für seine Kolonialisierungspläne vor allem die Tatsa-
che, dass die *composition of Connacht* von 1585 zwar die finanziellen Verhältnisse zwischen den *freeholders* als ehemaligen *lesser lords*, den *overlords* und der Krone, vertreten durch den Lord President, geregelt hatte,
jedoch keine endgültige Festschreibung der Besitztitel vorgenommen worden war.[60] Auf Grund dessen war der Grund und Boden der Landbesitzer
in Connacht im Sinne des *common law* nicht ihr verbrieftes Eigentum. Außerdem waren die *surrender-and-regrant*-Vereinbarungen, die der Earl of
Clanricard mehrfach im Laufe des 16. und 17. Jahrhunderts mit dem König
getroffen hatte, aus verschiedenen Gründen nicht in der königlichen Kanz-
lei registriert worden.[61] Deshalb waren alle gälischen Landbesitzer Connachts im Sinne des *common law* angreifbar.
    Wentworth' Ziel war es, durch *juries* in den einzelnen Counties von
Connacht den königlichen Besitztitel auf das Land feststellen zu lassen.[62]
Dies gelang in den mehrheitlich gälischen Counties Mayo, Roscommon,
Sligo und Leitrim. Doch in County Galway formierte sich Widerstand gegen die Pläne Wentworth'. Während der Earl of Clanricard und die altenglischen Landbesitzer des County sich mit Juristen berieten und umfassende
Beweise für die Rechtmäßigkeit ihres Besitzes zusammentrugen, wagte der
Sheriff von County Galway, Martin Darcy, eine erste Geste des Widerstandes gegen den Lord Deputy. Er ignorierte eine Liste von zu ernennenden
jury-Mitgliedern, die Wentworth ihm hatte zukommen lassen, und bestellte
stattdessen eine *jury* eigener Wahl. Diese *jury* kam zu dem Ergebnis, dass
ein königlicher Besitztitel nur für wenige Teile des County bestehe.[63]
    An sich waren Wentworth' Pläne damit durchkreuzt, denn eine *jury*
hatte im Rahmen eines rechtlich korrekten Verfahrens einen Beschluss gefasst. Für Wentworth war dies jedoch ein völlig unakzeptables Ergebnis,
und er fand Mittel und Wege, seinen Willen und seine Pläne durchzuset-

---

[59] CLARKE, Graces, S. 29.
[60] Vgl. CUNNINGHAM, Composition; siehe auch oben B.III.3.a.
[61] Vgl. CUNNINGHAM, Warlords, S. 119–121.
[62] Dies war nach dem *common law* die formal-rechtlich korrekte Vorgehensweise.
[63] Nämlich für die nach dem Tod von William de Burgo, Earl of Ulster, und von
Lional, Duke of Clarence, an die Krone zurückgefallenen Ländereien. (Vgl. KEARNEY,
Strafford, S. 95).

zen.[64] Die Mitglieder der *jury* wurden vor den Court of Castle Chamber zitiert, um sich für ihren Beschluss zu rechtfertigen, und Martin Darcy erhielt eine hohe Geldstrafe für seine Eigenmächtigkeit bei der Zusammenstellung der *jury*. Damit bestätigte Wentworth seine absolutistische Politik und stellte eindeutig klar, dass die Krone und er als ihr Vertreter in Irland über dem Gesetz standen, und dass die *plantation of Connacht* aus der Machtfülle des Staates und ohne Zustimmung der lokalen Eliten durchgeführt werden sollte.

Die Landbesitzer in County Galway reagierten darauf mit dem typischen Verhaltensmuster altenglischen Widerstands gegen die Dubliner Regierung: Sie wandten sich nach London an die Krone. Die Appellation an den König barg für Wentworth die Gefahr, dass seine Stellung als Vizekönig untergraben wurde. Für die Altengländer und den Earl of Clanricard dagegen eröffnete sie die Möglichkeit der Durchsetzung ihrer Interessen auf Grund von Meinungsverschiedenheiten zwischen Dublin und London.

Wentworth ersuchte deshalb den König um hartes Vorgehen. Er schlug vor, die Delegierten nicht als legitime Vertreter der Altengländer anzuerkennen, sondern wie Konspirateure zu behandeln, und sie nach einer formellen Audienz aufzufordern, ihr Gesuch schriftlich an den König zu richten. Zudem bat Wentworth um die Verhaftung der Delegierten, da diese Irland ohne Erlaubnis des Vizekönigs verlassen hätten. Nach ihrer Rückkehr nach Irland sollte ihnen deshalb dort der Prozess gemacht werden.

Charles I. ging tatsächlich so vor, wie Wentworth es erbeten hatte. Die Delegierten mussten erkennen, dass ihre Mission erfolglos war. Bei ihrer Rückkehr nach Irland wurden sie verhaftet. In der Folgezeit verschärfte der Lord Deputy massiv den Druck auf die katholischen Landbesitzer in County Galway, u.a. im Rahmen des Prozesses gegen die *jury* am Court of Castle Chamber. Im Jahr 1637 kapitulierten die Landbesitzer, und sowohl die alte als auch eine neue *jury* bestätigten den königlichen Besitztitel.

Wentworth' politischer Sieg war vor allem deshalb zu Stande gekommen, weil Charles I. die politischen Ziele und Handlungsweisen seines Vizekönigs uneingeschränkt unterstützt hatte. Doch bereits kurze Zeit später unterminierte Charles diese Interessengleichheit zwischen Dublin und London, indem er im Jahr 1639 dem jungen Earl of Clanricard, dessen Vater 1635 inmitten der Auseinandersetzung mit Wentworth gestorben war, den *common-law*-Besitztitel für seine sämtlichen Ländereien verlieh. Die *plantation of Connacht* kam in den darauf folgenden Jahren nur schleppend

---

[64] Für die im Folgenden beschriebenen Ereignisse um die Galway *jury* und die Delegation nach London vgl. KEARNEY, Strafford, S. 93–106; CLARKE, Old English, S. 90–98; CUNNINGHAM, Warlords, S. 121–122.

voran und am Ende der Regierungszeit Wentworth' in Irland war sie weiterhin vor allem ein Plan ohne Umsetzung.[65]

Die Vorgänge in Connacht machten den Altengländern endgültig deutlich, dass sie nun nicht mehr als die alte koloniale Elite Irlands mit herausgehobenem Status anerkannt wurden. In relativ kurzer Zeit seit dem Ende des Neunjährigen Krieges waren sie in der Wahrnehmung vor allem der Dubliner, aber auch der Londoner Regierung als ,unzuverlässige Katholiken' den gälischen Iren gleichgestellt worden. *Plantation* auf altenglischem Land war der ultimative Ausdruck dieser Haltung.

3. Fundamentalangriff auf die Interessen der Church of Ireland und der protestantischen Neuengländer

a) Die Convocation von 1634: Formierung der Church of Ireland ,von außen'

Wentworth richtete seine Religionspolitik zunächst auf die Schließung der ,eigenen Reihen', also auf die Church of Ireland. Er wollte die dogmatischen und rituellen Grundsätze der Staatskirche verändern und dann die Kleriker zur Einhaltung der neuen Ordnung verpflichten. Im Jahr 1634 wurde deshalb parallel zum Parlament die Convocation der Church of Ireland einberufen. Wie oben bereits erwähnt,[66] war es das Ziel von Wentworth und Laud, eine Übereinstimmung der englischen und irischen Staatskirchen in Dogma und Ritus unter arminianischen Vorzeichen herbeizuführen.[67]

Statt der *104 Artikel* der irischen Staatskirche sollten die *39 Artikel* der Church of England und die *canons* der englischen Kirche von 1604 verabschiedet werden. Während die *104 Artikel* der irischen Kirche eine eindeutig puritanisch-calvinistische Ausrichtung besaßen, waren die *39 Artikel* von 1562 bewusst unscharf formuliert, so dass sie nun sowohl für eine arminianische als auch für eine puritanische Interpretation offen waren. *Canons* erfüllten eine vergleichbare Funktion wie Kirchenordnungen auf dem Kontinent und dienten vor allem zur Regelung der Riten – der häufig umstrittenen Adiaphora. Die englischen *canons* von 1604 hatten eine eindeu-

---

[65] Vgl. KEARNEY, Strafford, S. 108.

[66] Siehe oben B.V.1.

[67] Die in der englischen Forschung lebhaft geführte Debatte um die Frage, ob es den Gegensatz zwischen Puritanern/Calvinisten und Arminianern im Vorfeld des Bürgerkrieges tatsächlich gab und wie er zu bewerten ist, kann hier nur konstatiert werden. (Vgl. z.B. WHITE, Rise of Arminianism; LAKE, Calvinism; TYACKE, WHITE, Rise of Arminianism – Rejoinder). Meines Erachtens hat in diesem Zusammenhang Nicholas Tyacke, der gegen Peter White die These vom „rise of arminianism" vertritt, die überzeugenderen Argumente geliefert, denn nur so lassen sich auch die von Laud und Wentworth im irischen Kontext heraufbeschworenen Konflikte erklären.

tig anti-puritanische Richtung, denn Erzbischof Bancroft von Canterbury hatte sie als Reaktion auf die *Millenary Petition* puritanischer Kleriker an James I. 1603 und die Hampton Court Conference von 1604 erlassen.[68]

In der Church of Ireland waren dagegen noch keine *canons* eingeführt worden. Die beabsichtigte Angleichung – und damit die Festschreibung der Adiaphora – stand in eindeutigem Gegensatz zur bisherigen konfessionellen Entwicklung der Church of Ireland, die gekennzeichnet war durch einen puritanisch-calvinistischen Konsens bei bewusster Offenheit gegenüber den verschiedenen Richtungen des Protestantismus und gleichzeitiger Konfessionalisierung gegenüber dem Katholizismus.[69] Ein Konflikt zwischen der Mehrheit der Geistlichen in der Convocation und den neuen arminianisch denkenden Klerikern, die mit Wentworth nach Irland gekommen waren, vor allem John Bramhall, Bischof von Derry, und James Croxton, Hofprediger des Lord Deputy, war unausweichlich.[70] Bramhall, der engen Kontakt zu seinem Mentor Laud in England pflegte, war Vertreter der Regierung im Oberhaus der Convocation, Croxton hatte diese Funktion im Unterhaus.[71]

Als Reaktion auf die Forderung, die *39 Artikel* und die *canons* der englischen Staatskirche unverändert anzunehmen, versuchte die irische Convocation eine Art ‚Coup'. Die Klerikerversammlung hatte sich offenbar bereits damit abgefunden, dass es Wentworth in jedem Fall gelingen würde, die englischen Artikel durchzusetzen und strebte deshalb die gleichberechtigte Anerkennung beider Bekenntnisse an. Am letzten Tag der ersten Sitzungsperiode wollte man die englischen und irischen Artikel ohne Rücksprache mit Wentworth gemeinsam innerhalb von zwei Stunden in die Versammlung einbringen und zusammen verabschieden.[72] Dies wurde jedoch von Bramhall verhindert.[73]

Nachdem dieser Versuch gescheitert war, bildete das Lower House der Convocation unter Führung des Dean of Limerick, George Andrews, eine Kommission,[74] die die Frage der Annahme des englischen Bekenntnisses

---

[68] Vgl. KEARNEY, Strafford, S. 115.

[69] Siehe dazu unten C.IV.1.a.

[70] Die beste derzeit vorliegende Darstellung der Ereignisse in der Convocation von 1634 ist MCCAFFERTY, God Bless.

[71] Vgl. TCD MS 1062, fol. 61; KEARNEY, Strafford, S. 115.

[72] Vgl. MCCAFFERTY, God Bless, S. 192–193.

[73] Vgl. Bishop Bramhall to Archbishop Laud, 20. Dez. 1634, in: Papers, hg. v. SHIRLEY, S. 41–45, hier S. 43.

[74] Vgl. TCD MS 1062, fol. 61–62. Wentworth vermutete, wohl nicht ohne Grund, dass dieser die Unterstützung Erzbischof Usshers hatte. (Vgl. KEARNEY, Strafford, S. 115).

und der *canons* diskutierte.[75] Die Kommission ‚zerpflückte' dabei die englischen *canons*, indem sie einige akzeptierte, andere ablehnte oder veränderte und wieder andere ausführlicher erörtern wollte.[76] Zudem beharrte
die irische Staatskirche auf ihrem 1615 durch Konsens gefundenen theologischen Fundament und war nicht bereit, eine Verpflichtung ihres Personals
auf eine andere konfessionelle Ausrichtung hinzunehmen.[77] Doch dieser
Versuch zur Erhaltung des Status quo stieß auf den unerbittlichen Widerstand Wentworth'.

Er machte der Convocation deutlich, dass die Kirche für ihn ein Teil der
Staatsgewalt war, ein ‚Schlüsselmonopol' auf dem Weg zu größerer staatlicher Verdichtung, und dass er nicht bereit war, sich im Zuge des ersten
und wichtigsten Schrittes der Konfessionalisierung der Church of Ireland
‚von außen', nämlich der Festlegung ihrer theoretischen Normen in Übereinstimmung mit der englischen Staatskirche, kompromissbereit zu zeigen.
Wentworth zitierte sowohl Dean Andrews als auch Erzbischof Ussher zu
sich. Er verglich die Kommission mit „all the Fraternities and Conventicles
of *Amsterdam*"[78] und machte seine Vorstellung von einer hierarchischen
Kirchenverfassung und staatlichem Kirchenregiment deutlich: „Then I
publickly told them, how unlike Clergymen, that ought Canonical Obedience to their Superiors, they had proceeded in their Committee; how un-
heard a Part it was for a few petty Clerks to presume to make Articles of
Faith, without the Privity or Consent of State or Bishop; what a Spirit of
Brownism[79] and Contradiction I observed in their *Deliberandums*, as if
indeed they purposed at once to take away all Government and Order forth
of the Church, and leave every Man to chuse his own high Place, where
liked him best."[80]

Wentworth gab Andrews und der gesamten Kommission zu verstehen,
dass er ihr Verhalten nicht zu tolerieren gedenke, verlangte die Herausgabe
des *Book of Canons* und verfügte – trotz erheblichen Widerstandes – konkrete Handlungsanweisungen.[81] Erzbischof Ussher wurde mit der Ausarbei-

---

[75] Die *39 Artikel* der englischen Kirche sollten dabei nicht nur getrennt von der
Convocation angenommen werden, sondern deren Annahme sollte im ersten irischen
canon festgeschrieben werden.

[76] Vgl. MCCAFFERTY, God Bless, S. 194.

[77] Siehe dazu auch unten C.IV.1.a.

[78] The Lord Deputy to the Archbishop of Canterbury, 16. Dez. 1634, in: Strafforde's
Letters, hg. v. KNOWLER, Bd. 1, S. 342–345, hier S. 343; vgl. REID, Presbyterian
Church, Bd. 1, S. 171–174.

[79] Anspielung auf Robert Browne, ein Anführer der Separatisten unter den englischen Puritanern der 1580er und 90er Jahre.

[80] The Lord Deputy to the Archbishop of Canterbury, 16. Dez. 1634, in: Strafforde's
Letters, hg. v. KNOWLER, Bd. 1, S. 342–345, hier S. 343.

[81] Vgl. KEARNEY, Strafford, S. 116; REID, Presbyterian Church, Bd. 1, S. 173;
FORD, Church of Ireland, S. 66; CAPERN, Caroline Church, S. 74. Capern betont, dass

tung des ersten *canon* zur Anerkennung der englischen Artikel beauftragt, der jedoch dem Lord Deputy auch nicht zusagte.[82] Im Ergebnis verfasste Wentworth den *canon* selbst und verlangte die Annahme seines *canon* und der englischen *39 Artikel* durch die Convocation, und zwar ohne dass darüber diskutiert werden durfte.[83] Die englischen Artikel wurden zwar einstimmig im Oberhaus und mit nur einer Gegenstimme im Unterhaus der Convocation angenommen,[84] doch hatte man stillschweigend die wichtigste Frage, nämlich die nach dem Status der irischen Artikel, offen gelassen.[85] Daran wird deutlich, dass Wentworth die geplante Konfessionalisierung der irischen Staatskirche ,von außen' nicht völlig durchsetzen konnte. Die Church of Ireland hatte in den 1630er Jahren bereits ein beträchtliches Eigenbewusstsein erlangt, so dass sie zwar weitgehend, aber nicht mehr willkürlich ,von außen' form- und konfessionalisierbar war.

Dies zeigte sich vor allem bei den Verhandlungen über die Annahme der englischen *canons* von 1604. Deren unveränderte Übernahme stieß sowohl im Ober- als auch im Unterhaus der Klerikerversammlung auf Widerstand. Erzbischof Ussher erklärte, dass er die Unabhängigkeit der irischen Staatskirche zu wahren gedenke und diese in Fragen der Riten und Zeremonien seiner Auffassung nach selbst entscheiden solle.[86] Im Rahmen des Konflikts

---

das Verhalten Wentworth' nicht rechtens gewesen sei, denn die Convocation war grundsätzlich eine unabhängige kirchliche Institution, der der Lord Deputy an sich nichts hätte vorschreiben dürfen. Doch gerade das Eingreifen von Wentworth – und dies sieht Capern nicht – macht deutlich, wie sehr er die Kirche als ein Instrument staatlicher Macht im Rahmen einer absolutistischen Staatsbildung ansah.

[82] Vgl. TCD MS 1062, fol. 62; siehe dazu ausführlicher unten C.IV.1.a.

[83] Wentworth sandte den folgenden Brief an Dean Andrews: „Mr. Prolocutor, I send you here enclosed the form of a canon to be passed by the votes of the Lower House of Convocation, which I require you to put to the question for their consent without admitting any debate or other discourse: for I hold it not fit, nor will suffer that the articles of the Church of England be disputed. Therefore I expect from you to take only the voices consenting or dissenting, and to give me a particular account how each man gives his vote. The time admits no delay, so I further require you to perform the contents of this letter forthwith ..." (TCD MS 1062, fol. 62–63).

[84] Vgl. REID, Presbyterian Church, Bd. 1, S. 174.

[85] Siehe dazu unten C.IV.1.a.

[86] Im Hinblick auf Usshers Widerstand schrieb Wentworth mit einem ironischen Unterton an Laud : „... it were fit the Canons of *England* were received here as well as the Articles; but the Primate is hugely against it; the Business is merely point of Honour ... lest *Ireland* might become subject to the Church of *England*, as the Province of *York* is to that of *Canterbury*: Needs forsooth, we must be a Church of ourselves, which is utterly lost unless the Canons here differ, albeit not in Substance, yet in some Form from yours in *England*; and this Crotchet put the good Man into such an Agony, as you cannot believe so learned a Man should be troubled withal ..." (The Lord Deputy to the Archbishop of Canterbury, 10. März 1634 [1635], in: Strafforde's Letters, hg. v. KNOWLER, Bd. 1, S. 378–382, hier S. 381; vgl. BOLTON, Caroline Tradition, S. 14–15).

um die *canons* brachten Ussher und die Kleriker der Church of Ireland insgesamt auch ihren Willen zum Ausdruck, den puritanisch-calvinistischen Grundkonsens der Staatskirche zu erhalten.[87] Hier konnten Wentworth und Bramhall ihre Forderung nach unveränderter Annahme der englischen *canons* nicht durchsetzen. Am Ende stand ein Kompromiss, im Zuge dessen 100 irische *canons* verabschiedet wurden, die sich zwar in für die irische Staatskirche wichtigen Details und Formulierungen von den englischen unterschieden, in den Hauptpunkten jedoch mit den englischen *canons* übereinstimmten.[88]

Hugh Kearney hat die Ergebnisse der Convocation von 1634 folgendermaßen zusammengefasst: „The general result of the Convocation was to create a new minimum of doctrine and of discipline which was now to be enforced upon a largely unwilling church."[89] Nach ihrer ersten Konfessionsbildung im frühen 17. Jahrhundert, die sich gegen den Katholizismus ‚nach außen' gerichtet hatte, erfuhr die Church of Ireland nun eine Konfessionalisierung ‚von außen', eine von staatlicher Seite an sie herangetragene Konfessionalisierung, die sich auf die ‚innere' Formierung der Staatskirche richtete, nicht auf den konfessionellen Gegner.

Dabei strebte Wentworth keine Spaltung der Church of Ireland an, sondern die Verpflichtung aller Kleriker der Staatskirche auf die neuen Normen. Die presbyterianisch gesinnten Pfarrer schottischer Herkunft waren jedoch nicht bereit, sich dem Formierungsdruck zu beugen. So wurde letztlich die Basis der Staatskirche verkleinert und ein weiterer konfessioneller Gegner geschaffen. Dies entsprach grundsätzlich den Vorgängen im konfessionellen Zeitalter – man denke nur an die Verdrängung der Philippisten aus dem Luthertum –, sie entsprach jedoch nicht der Situation der Church of Ireland. In der doppelt konfessionalisierten Gesellschaft des frühen 17. Jahrhunderts hatte sich die Staatskirche bewusst auf die Gegnerschaft zum Katholizismus konzentriert und versucht, ihm – auf calvinistischer Grundlage – ein möglichst breites protestantisches Bündnis entgegenzustellen. Das von außen erzwungene Aufbrechen dieses Konsenses stieß auf Widerstand innerhalb der Church of Ireland.[90]

---

[87] Vgl. McCafferty, God Bless, S. 197, 199; Ball, Church of Ireland, S. 120; Jourdan, Charles I, S. 21.

[88] Siehe dazu unten C.IV.1.a.

[89] Kearney, Strafford, S. 116.

[90] Aufschlussreich ist auch die Reaktion der Katholiken auf diese Entwicklung: Sir George Radcliffe schrieb am 22. September 1635 aus Dublin an Bischof Bramhall: „The Canons are published in print this week: and by occasion of speaking thereof, there is a panick fear risen in this town, as if a new persecution, so they call it, were instantly to be set on foot." (Zitiert in: Jourdan, Charles I, S. 22). Dies macht deutlich, dass sich die katholische Kirche in Irland bedroht fühlte, sobald die Staatskirche irgendeine Art von Aktivität zeigte. Es kann darüber hinaus bedeuten, dass man sich auf

Wir haben oben an zahlreichen Stellen gesehen, dass in Irland – sowohl bei
säkularen als auch kirchlichen Fragen – schriftliche Fixierungen im Allgemeinen Absichtserklärungen blieben und die Durchsetzbarkeit von Plänen
und Zielen immer höchst fragwürdig war. Die Krone und die Lord Deputies formulierten regelmäßig Maßnahmenkataloge für aktive Konfessionalisierungspolitik zur Verwirklichung des konfessionellen Monopols der
Staatskirche, aber deren Umsetzung scheiterte an vielfältigen Faktoren.
Auch dies unterschied Wentworth von seinen Vorgängern: Nicht nur, dass
er der Staatskirche in Dogma und Ritus neue Normen aufzwang, er schritt
auch zu deren aktiver Durchsetzung, unter anderem mit Hilfe des wieder
belebten Court of High Commission.[91]

Wie die Formierung der Staatskirche ‚von außen‘ erfolgte, kann man an
der ersten Visitation des Bischofs Leslie in Down and Connor im Jahr 1636
ablesen.[92] Im Zuge dieser Visitation verlangte Leslie von seinen Pfarrern
die ausdrückliche Verpflichtung auf die irischen *canons* von 1634, vor allem den *canon*, der das Niederknien beim Abendmahl vorschrieb. Auch
nach einer Predigt des Bischofs vor einer Versammlung seiner Kleriker in
Belfast[93] weigerten sich fünf presbyterianisch gesinnte Pfarrer, die *canons*

---

katholischer Seite durchaus der Bedeutung einer damit in Gang gesetzten Konfessionalisierung der Staatskirche bewusst war und deren Auswirkungen befürchtete.

[91] Siehe dazu unten C.II.1.b.

[92] Als Quellen für diese Visitation und die ihr folgende Kontroverse liegt ein puritanisch gesinntes Pamphlet vor, das in Manuskriptform zirkulierte und das das Religi-
onsgespräch zwischen Bischof Leslie und fünf Klerikern, vor allem Mr Hamilton, do-
kumentierte. (Conference between the Bishop of Down, Mr. Robert Cunningham and
other Scots ministers, 11. Aug. 1636, abgedruckt in: REID, Presbyterian Church, Bd. 1,
S. 523–542; vgl. auch MCCAFFERTY, John Bramhall, S. 103–104). Die Richtigkeit dieser Darstellung wurde sowohl von Leslie als auch von Bramhall bestritten. Als Antwort
auf das puritanische Pamphlet veröffentlichte Bischof Leslie: *A Treatise of the Authority of the Church, the summe whereof was delivered in a sermon preached at Belfast
at the visitation of the Diocese of Downe and Connor, the 10th of August, 1636. By
Henrie Leslie, bishop of the Diocese; together with an Answer to certain Objections
made against the Orders of our Church, especially kneeling at the Communion*, Dublin
1637. (Vgl. REID, Presbyterian Church, Bd. 1, S. 190–195).

[93] In dieser Predigt führte Leslie mit akribischer Genauigkeit die Streitpunkte zwischen den nun von der Church of Ireland übernommenen Normen der englischen
Staatskirche und den Vorstellungen der vom Calvinismus beeinflussten Puritaner und
Presbyterianer hinsichtlich Dogma und Ritus aus: „But you will say, the difference is
only about small matters, and it is a pitty to deprive ministers who are painful and la-
borious, for a ceremony. For answer, I shall desire you to consider, that they doe not
onely oppose the ceremonies, but the whole liturgie of the Church, wherein the soul of
God's publicke worship doth consist. Besides, their doctrine is not sound: for they have
taught that the order of bishops is antichristian, which we know to be apostolicke: that
our ceremonies are damnable, which we can prove to bee both lawful and decent: that
our service-book is a heap of errors, which we can justify to be the most absolute liturgie that any church in the world hath: that the signe of the cross in baptisme, and

anzunehmen. Daraufhin erklärte sich Leslie bereit, mit ihnen eine Disputation abzuhalten, während der er jedoch ebenfalls auf unbeugsamen Widerstand stieß. Bei dieser Disputation war offenbar auch John Bramhall zugegen, dem bereits die Tatsache missfiel, dass Leslie den Pfarrern die Möglichkeit zur Diskussion über bereits festgeschriebene Normen der Church of Ireland bot.[94] Leslie musste schließlich die fünf Pfarrer suspendieren. Daraufhin verließen im Jahr 1636 die führenden schottischen Kleriker aus der Diözese Down and Connor und ungefähr fünfzig Laien Irland in Richtung Nordamerika.[95]

---

kneeling in the act of receiving the communion, is plaine idolatry, then which, hell itself could not have devised a more shameless calumnie: that the Eucharist being a supper and a feast, no gesture should be used at it, but a table-gesture, to express our coheirship and equality with Christ, which if it smell not strong of Arianisme, I have lost my sent: that all festivall dayes, besides the Lord's day, and all set fasts, are Jewish, and contrary to our Christian liberty; which is the condemned heresie of Aerius. They have cryed downe the most wholesome orders of the Church as popish superstitions, namely, confirmation of children, absolution of penitents, private baptisme of children, in case of necessity, the communion of the sick, and almost whatsoever hath any conformity with the ancient Church. If I were not weary to dig in this dung-hill, I could shew you many such *portenta opinionum*, which these new masters have vented to the great scandal of the Church, and hindrance of religion, that I may complain with the prophet, *pastores multi*, yea, and *stulti* – many pastors have destroyed my vineyard." (Zitiert in: REID, Presbyterian Church, Bd. 1, S. 193–194).
[94] Vgl. BOLTON, Caroline Tradition, S. 20–21. Bramhall war offensichtlich allen aus Schottland stammenden Bischöfen misstrauisch gesonnen, was er in einem Brief an Laud im Jahr 1639 deutlich zum Ausdruck brachte: „How can the rule of Ecclesiastical Regiment be suddenly expected from men brought upp altogether among Hugonetts and disciplinarians? What is the reason that their owne countrimen here, even the most understandinge and those who incline to puritanisme, do desire with all their hearts to exchange the best of their own countrimen for an English Bishopp and would think themselves happy in it. ... But that which troubles me as much as all the rest is this, That never any Bishop of that nation preferres any man but his owne contrymen, yea and them many times with the extrusion of more deserving men, so as in a Bishoppes time all the whole Clergy of a Diocess shall become meerly Scottish, which how safe it is either for his Majestys service or the settlement of this Church and state I leave it to your Grace to apprehend (especially their fountaines of learninge being so poisoned) as I do with grief. This I can assure your Grace the English are the only planters for perpetuity, and English planters do not love to come under a Scotch Ministrie." (Bishop Bramhall to Archbishop Laud, 7. Aug. 1639, in: Papers, hg. v. SHIRLEY, S. 70–73, hier S. 72).
[95] Vgl. den Brief Bramhalls an Erzbischof Laud von 1637: „The ringleaders of our nonconformists were all imbarked for New England, but theire faith not being answerable to their zeal, they returned back and are now in Scottland. This Church will quickly purge herself from such peccant humours if there be not a supplie from thence." (Bishop Bramhall to Archbishop Laud, 7. Juni 1637, in: Papers, hg. v. SHIRLEY, S. 47–49, hier S. 47–48).

b) Angriff auf die Interessen der protestantisch-neuenglischen Elite

Wentworth' Angriff auf die Interessen der protestantisch-neuenglischen Elite soll im Folgenden am Beispiel seiner Auseinandersetzungen mit dem reichsten und mächtigsten Vertreter dieser Bevölkerungsgruppe, Richard Boyle, Earl of Cork, erläutert werden. Es handelt sich um zwei Fälle, bei denen es trotz unterschiedlicher Konfliktursachen letztlich um den großen Einfluss der neuenglisch-protestantischen Laien auf die Church of Ireland ging.[96]

Bereits 1633/34, noch bevor *canon* 94 der irischen Staatskirche verbindlich vorschrieb, dass der Altar „at the east-end of the Church, or Chancel" zu stehen habe,[97] kam es hinsichtlich dieser Frage zu einem Konflikt zwischen dem Earl of Cork und Wentworth. Der Earl hatte in der St. Patrick's Cathedral in Dublin ein großes Grabmal für seine Familie errichten lassen, das am Ostende des Chores stand.[98] Weder Ussher, der Erzbischof von Armagh und Primas, noch Bulkeley, der Erzbischof von Dublin, hatten daran Anstoß genommen. Dementsprechend schrieb Ussher an Laud: „I am ... intreated by our lord treasurer, the earl of Cork, to certify my knowledge touching the placing of his monument in the cathedral church of St. Patrick's, in the suburbs of Dublin. The place wherein it is erected was an ancient passage into a chapel within that church; which hath, time out of mind, been stopped up with a partition made of boards and lime. I remember I was present when the earl concluded with the dean to allow thirty pounds for the raising of another partition, betwixt this new monument and the choir, wherein the ten commandments might be fairly written: which if it were put up, I see not what offence could be taken at the monument; which otherwise cannot be denied to be a great ornament to the church."[99]

Da Wentworth den Earl of Cork jedoch wegen Inbesitznahme von Kirchengut belangen wollte, eröffnete er die Auseinandersetzung mit einem Angriff auf das Familiengrabmal Boyles,[100] das nach der Meinung von Wentworth und Laud „in the proper place of the Altar" stand.[101] Der Konflikt zwischen dem puritanisch gesinnten Earl of Cork und Wentworth hatte dann sowohl konfessionelle als auch politische Implikationen. Der Lord Deputy sah die Auseinandersetzung offensichtlich als ‚test case', um die privilegierte Stellung der Neuengländer in Kirche und Staat zu brechen und dann ohne Rücksicht auf deren Interessen sein absolutistisches Pro-

---

[96] Zum Laieneinfluss in der Church of Ireland siehe auch unten C.IV.1.a.

[97] Canons der Church of Ireland, 1634, in: Constitutions, S. 56; vgl. BOLTON, Caroline Tradition, S. 15.

[98] Vgl. BOLTON, Caroline Tradition, S. 9; KEARNEY, Strafford, S. 118.

[99] The Archbishop of Armagh to William Laud, Archbishop of Canterbury, in: Works of Ussher, hg. v. ELRINGTON u. TODD, Bd. XV, S. 571–573, hier S. 572–573.

[100] Vgl. CANNY, Upstart Earl, S. 12.

[101] So schrieb Bramhall an Laud. (Zitiert in: BOLTON, Caroline Tradition, S. 9).

gramm durchführen zu können. Ohne diese ‚höhere' Bedeutung des Streits hätte Wentworth wohl kaum Folgendes formuliert: „... if the Earl can by any meanes ... master this business, it will, I fear deterr all men from complaining. But if it come in against him, it opens every floodgate."[102] Cork verlor die Auseinandersetzung, und das Grabmal wurde von der Ostseite der Kirche entfernt.[103]

Das Hauptaugenmerk Wentworth' galt neben der dogmatisch-rituellen Formierung der Church of Ireland ihrer finanziellen Konsolidierung. Dabei konnte er im Sinne seines politischen Programms zwei Ziele miteinander verbinden: Erstens wollte er die Staatskirche so weit stärken, dass sie eine organisatorische Stütze des Staates werden und – damit einhergehend – die Konversion der Katholiken in Angriff nehmen konnte. Zweitens wollte er auch auf diesem Wege den Einfluss der neuenglischen Elite zurückdrängen.

Bereits im Dezember 1633 machte Wentworth deutlich, dass er den äußeren Aufbau der Staatskirche zu reformieren und auf solide Beine zu stellen gedachte, indem er die Renovierung sämtlicher Kirchengebäude in Irland forderte.[104] Im Parlament von 1634/35 schuf Wentworth dann wichtige gesetzliche Grundlagen für die finanzielle Konsolidierung der Church of Ireland. Darunter war vor allem der *Act for the Preservation of Inheritance ... of the Church*, in dem die Länge von Pachtverträgen für Kirchenland auf 21 Jahre beschränkt wurde.[105]

Die Umsetzung dieser Parlamentsakte erfolgte in mehreren Schritten. Zunächst ging es darum, dem Unternehmen einen überzeugenden Anstoß zu geben. Deshalb übergab Wentworth alle Ländereien der Kirche, die er kraft seines Amtes als Lord Deputy in Besitz hatte, an spezielle Treuhänder für die Kirche. Dann bewegte er durch Lauds Fürsprache die Krone dazu, das im Besitz des Königs und der Königin befindliche Kirchengut zu restituieren.[106] Damit war der erste nominelle Schritt getan, denn die Krone besaß einen großen Teil der *impropriations* in Irland. Diese waren jedoch fast vollständig und im Allgemeinen langfristig an Laien verpachtet.

---

[102] Zitiert in: KEARNEY, Strafford, S. 118.
[103] Vgl. KEARNEY, Strafford, S. 118.
[104] Vgl. JOURDAN, Charles I, S. 17. Dies wird man jedoch mehr als einen symbolischen Akt werten müssen, denn die Forderung nach einer Renovierung der in vielen Teilen Irlands verfallenen Kirchengebäude war so alt wie die Church of Ireland selbst, und die praktische Durchsetzung der Forderung erwies sich ‚on the ground' immer als schwierig, da hier eine Zusammenarbeit von Pfarrer, Laienpatron und Gemeinde erforderlich war, die sich in Irland unter den spezifischen Umständen der doppelten Konfessionalisierung nur schwer oder gar nicht verwirklichen ließ.
[105] Vgl. MCCAFFERTY, John Bramhall, S. 105; JOURDAN, Charles I, S. 22–23, 35.
[106] Vgl. Bishop Bramhall to Archbishop Laud, 1. April 1636, in: Papers, hg. v. SHIRLEY, S. 45–47, hier S. 45–46; JOURDAN, Charles I, S. 26.

Gemäß Wentworth' Konzeption sollten deshalb die *trustees* die Pachtverträge so lange verwalten, bis diese abgelaufen waren, um die Ländereien
dann dem jeweiligen Pfarrer zu übertragen. Dieser sollte nicht länger das
im 16. und frühen 17. Jahrhundert von Klerikern der Church of Ireland so
extensiv genutzte Recht der langfristigen Verpachtung und Veräußerung
(*alienation*) besitzen. Der Nachteil dieses Plans war jedoch, dass er auf
Grund der sehr langen Laufzeiten von Pachtverträgen in Irland kurzfristig
zu keiner Verbesserung der wirtschaftlichen Situation der Church of Ireland führte.

Im zweiten Schritt musste Wentworth also Mittel und Wege finden, um
den Prozess der ökonomischen Konsolidierung der Staatskirche zu be-
schleunigen. Deshalb sollten die Pächter von Kirchenland so rasch wie
möglich ausbezahlt werden.[107] Da die benötigten Summen nicht über freiwillige Spenden zu erlangen waren, bedienten sich Laud und Bramhall vor
allem der Erhöhung der Pacht für Diözesan-Ländereien.[108] Um im Laienbesitz befindliches Kirchengut zurückzugewinnen, ermunterte man aber auch
die Pfarrer der Church of Ireland, deshalb auf gerichtlichem Wege gegen
Laien vorzugehen.[109]

In einem Brief an Laud beschrieb Bramhall ausführlich die zur Zurück-
gewinnung des Kirchenbesitzes angewandten Druckmittel: „First I sett nott
downe onely such thinges as have beene gained by tryall at the Board. One
victory publickely obteined there by well husbandinge of it brought foorth
twenty private submissions. Butt also such as were the fruite of private
treatyes upon References from my Lord, for which wee are wholy indebted
to the good aspect and favourable influence of the virtuall State which is
my Lord Deputy."[110]

Um ein Exempel zu statuieren, griff Wentworth den Earl of Cork, der
unter anderem die Diözese Lismore und das Stift Youghal kontrollierte,[111]
wegen der Rückgabe von Kirchengut an. Im Jahr 1634 musste dieser vor
dem Court of Castle Chamber erscheinen, um sich gegen die Anklage der
unrechtmäßigen Aneignung von Kirchengut zu verteidigen. Boyles Versu-

---

[107] Damit bedienten sich Wentworth und Bramhall eines Mittels, das eigentlich ihre
Gegner – die Puritaner – erfunden hatten. „In 1625, a group of 12 puritan ‚feoffees‘
(lawyers, clergy and London citizens) began to buy up any lay impropriations which
became vacant. This then enabled them to appoint ‚godly‘ clergy to those livings with
salaries paid by the feoffees. ... The feofees were disbanded by Archbishop Laud in
1633." (WROUGHTON, Stuart Age, S. 163).

[108] Vgl. KEARNEY, Strafford, S. 122–123; JOURDAN, Charles I, S. 26.

[109] Vgl. Bishop Bramhall to Archbishop Laud, 12. Jan. 1638 [1639], in: Papers, hg.
v. SHIRLEY, S. 64–66, hier S. 64.

[110] Bishop Bramhall to Archbishop Laud, Jan. 1638 [1639], in: Papers, hg. v.
SHIRLEY, S. 5–25, hier S. 6.

[111] Siehe dazu im Einzelnen unten C.IV.1.a.

che, seine Interessen über Patronage am englischen Hof durchzusetzen, schlugen fehl.[112] Daraufhin zitierte Wentworth Boyle zu sich und bedrohte ihn mit einer öffentlichen Anhörung und einer Geldstrafe von 30.000 Pfund. Der Earl of Cork lenkte ein und bot 15.000 Pfund als Geldstrafe an. Dies akzeptierte Wentworth, wobei er bereit war, sich beim König für die erneute Verleihung des Stifts Youghal an Boyle einzusetzen, allerdings mit der Maßgabe, dass dieser die zum Stift gehörenden Pfarreien an die Staatskirche zurückzugeben hatte.[113]

Im Jahr 1639 meldete Bramhall an Laud über die „improouements in the diocess of Derry": „All the appropriated tythes in this Diocesse now left are nott worth above fifty or sixty pounds per annum. And I doubt nott butt to have them in within a yeare, either by suite or purchase or the most of them, which I thinke can be said of few Bishoprickes in Europe. Nor have I in my Diocesse a clergy man nonresident except the Bishopp of Ardagh who holds two benefices in Commendam. There are twenty Churches built from the ground in this Diocesse within fower yeares and an half, and many others repaired."[114]

Dies scheint, vor allem angesichts der Kürze der Zeit, in der es erreicht wurde, ein beachtliches Ergebnis von Wentworth' und Bramhalls Initiativen zur Restitution entfremdeten Kirchengutes zu sein. Allerdings wird man einschränkend festhalten müssen, dass „Bramhall's achievement ... was largely concentrated in only one province [nämlich Ulster] and that in which ... the Church was already well provided for. ... In the light of this, the comment may be made that Bramhall's success was achieved in an area where it was easiest and also where it was least needed."[115]

Die Tatsache aber, dass Wentworth' und Bramhalls Aktivitäten im Jahr 1641 in einer Petition „of some Protestant Inhabitants ... of the Province of Ulster" an das Lange Parlament in England als Beschwerdepunkt auftauchten,[116] beweist, wie sehr die Neuengländer ihre Interessen durch diese Maßnahmen bedroht sahen. Hätte er seine Politik systematisch fortsetzen können, wäre es Wentworth wahrscheinlich gelungen, die zwei oben ge-

---

[112] Vgl. Asch, Hof Karls I., S. 243.

[113] Vgl. Kearney, Strafford, S. 127; Jourdan, Charles I, S. 44–46.

[114] Bishop Bramhall to Archbishop Laud, Jan. 1638 [1639], in: Papers, hg. v. Shirley, S. 5–25, hier S. 12.

[115] Kearney, Strafford, S. 124.

[116] In der Petition hieß es: „The prelates, with their faction, have been injurious not only to the spiritual, but also to the temporal estates of most men: for, under the colour of church-lands, they have injuriously seized into their hands much of the best lands in every county, so that there is scarce a gentleman of any worth, whom they have not bereaved of some part of his inheritance; ..." (The humble Petition of some Protestant Inhabitants of the Counties of Antrim, Downe, Derry, Tyrone, &c., part of the Province of Ulster, in the Kingdom of Ireland, abgedruckt in: Reid, Presbyterian Church, Bd. 1, S. 283–291, hier S. 290–291; vgl. Kearney, Strafford, S. 124).

nannten Ziele seines politischen Programms zu verwirklichen: Wandel der
Staatskirche zu einer finanziell konsolidierten Institution und zu einer
Stütze des Staates einerseits und Zurückdrängung des neuenglischen Lai-
eneinflusses auf die Church of Ireland und Ausschaltung der neuenglischen
Elite als politische Kraft andererseits.

Unter den in der irischen Gesellschaft in der ersten Hälfte des 17. Jahrhunderts gegebenen politischen Umständen war die Umsetzung des Wentworthschen Programms erstaunlich erfolgreich.[117] Doch auch Wentworth
sollte, wie schon mehreren Vizekönigen vor ihm, letztlich die Anbindung
Irlands an das englische Königreich zum Verhängnis werden – nur dass die
politischen Eliten Irlands sich dieses Mal nicht an den König wandten, sondern auf der Grundlage einer überraschenden überkonfessionellen Allianz
mit dem englischen Parlament zusammenarbeiteten.

Wentworth hatte mit seiner Politik des *thorough* alle Bevölkerungsgruppen
Irlands antagonisiert und damit den Grundstein für seinen Untergang gelegt. Die beiden entscheidenden politisch-konfessionellen Einflussgruppen,
die katholischen Alt- und die protestantischen Neuengländer, konnten
letztlich nicht so rasch ausgeschaltet werden, wie Wentworth das beabsichtigte. Beide Gruppen stellten ein starkes ‚ständisches‘ Element in einem
Staat dar, in dem zentrale, auf Vereinheitlichung ausgerichtete Staatsbil-
dungs- und Konfessionalisierungstendenzen sich nie hatten effektiv durchsetzen lassen. Der Punkt, an dem Wentworth sich verschätzte, war sein
oben erwähntes Ziel, „[to] bow and govern the Native by the Planter and
the Planter by the Native".[118]

Durch die Einberufung eines Parlaments in Irland im Jahr 1640 wollte
Wentworth finanzielle Mittel für einen Krieg Charles' I. gegen die Schotten
bereitstellen. Dies schien zunächst auch zu gelingen, denn das Parlament
bewilligte Subsidien. Als jedoch der König und der inzwischen in England
weilende Wentworth durch die Niederlage gegen die Schotten bei Newburn
stark geschwächt waren und in England erneut ein Parlament – das so genannte Lange Parlament – einberufen werden musste, sah auch das irische
Parlament die Möglichkeit zu einer „Generalabrechnung"[119] mit dem Vize-

---

[117] John Morrill fasst dies prägnant zusammen: „Unusually for the seventeenth century, this was a reform programme that was realised by 1640: the canons and articles
were introduced as was the Court of High Commission; Laud had placed men who
thought like him in many key dioceses and was able to bypass the primate; a programme of sustained exhortation and intimidation had yielded spectacular results in the
restoration of diocesan funds. The earl of Cork's tomb *was* moved. The church was re-
furbished, redecorated, cleaned and polished, ready to evangelise the Catholic communities; and then in 1640 the roof caved in." (MORRILL, British Patriarchy, S. 230).

[118] Siehe oben Fußnote 40; siehe oben B.V.2.b.

[119] ELVERT, Geschichte Irlands, S. 212.

könig gekommen. Alt- und Neuengländer fanden sich zu einer überkonfessionellen ‚Zweckallianz' gegen Wentworth und den von ihm vorangetriebenen absolutistischen Konfessionsstaat zusammen.[120]
Auf Betreiben des irischen House of Commons wurde Wentworth im
Jahr 1641 vom englischen Parlament angeklagt, zum Tode verurteilt und
hingerichtet. Seine Amtszeit hatte die Verhältnisse in Irland letztlich nur
destabilisiert, und in dem von ihm hinterlassenen Machtvakuum brachen
„die alten Interessengegensätze zwischen Einheimischen und Siedlern, Katholiken und Protestanten um so heftiger" hervor. „Der im Oktober 1641
ausbrechende Aufstand in Ulster wäre ohne dieses Machtvakuum kaum
denkbar gewesen."[121]

4. Ausblick: Die Rebellion von 1641, die Konföderation von Kilkenny und die Eroberung Irlands durch Cromwell

Die Rebellion von 1641 war der einzige Volksaufstand, den Irland in der
Frühen Neuzeit erlebte. Er war zwar von den Nachkommen enteigneter
gälischer Adeliger, die ihre ehemalige soziale und ökonomische Stellung
wiedererlangen wollten, vorbereitet worden, doch entwickelte er sich rasch
zu einem Aufstand der gälischen Landbevölkerung in Ulster.[122] Owen Roe
O'Neill, der Neffe Hugh O'Neills, kehrte aus dem kontinentalen Exil zurück, um sich der Rebellion anzuschließen.[123] Der Zorn der Aufständischen
richtete sich gegen die protestantischen Neuengländer und ihren Besitz,
eine unbekannte Zahl von Protestanten fand den Tod und viele mussten aus
Irland fliehen. Der Aufstand wurde von beiden Seiten in konfessionell-na-
tionalen Kategorien gesehen,[124] und in England wurden die Nachrichten
von der Rebellion in Ulster als „Massaker an den Protestanten", begangen
von „barbarischen, blutrünstigen Iren", propagandistisch verwertet.[125]
Die Altengländer waren zu Beginn noch zurückhaltend gegenüber der
Rebellion – sie verhielten sich so, wie sie es immer getan hatten. Doch nach
kurzer Zeit forderte der „Zwang zur Konfessionalisierung"[126] auch den Altengländern eine Entscheidung ab, und sie entschlossen sich zum Zusammengehen mit den konfessionell gleich gesinnten Gälen. Der ‚Zwang zur

---

[120] Vgl. ELVERT, Geschichte Irlands, S. 211–212; CLARKE, Breakdown, S. 270–278.
[121] ASCH, Englische Herrschaft, S. 402; vgl. ASCH, Krone, Hof und Adel, S. 210;
CLARKE, Breakdown, S. 280–285; ELVERT, Geschichte Irlands, S. 212–213.
[122] Vgl. CANNY, Early Modern Ireland, c. 1500–1700, S. 144; METZ, A Tale of
Troy, S. 469.
[123] Vgl. CANNY, Early Modern Ireland, c. 1500–1700, S. 145.
[124] Vgl. CANNY, Religion.
[125] METZ, A Tale of Troy, S. 469; vgl. SHAGAN, Constructing Discord; CORISH, Rising, S. 292. Die Anzahl der Opfer konnte nie geklärt werden.
[126] REINHARD, Zwang.

Konfessionalisierung' wurde für die Altengländer auf verschiedenen Ebenen deutlich: Die gälischen Anführer des Aufstandes in Ulster hatten schon früh versucht, „ihrer Bewegung dadurch eine nationalirische Bedeutung zu verleihen, daß sie ihr Verlangen nach Rückgabe des verlorenen Landbesitzes mit der Forderung nach einem katholischen Königreich Irland verbunden hatten".[127] Auf diese Weise warben sie, ähnlich wie bereits O'Neill im Neunjährigen Krieg, um die Unterstützung der Altengländer. Zugleich verstärkte die Dubliner Regierung durch ihr Verhalten den ,Zwang zur Konfessionalisierung'. Denn als sich die Altengländer in Leinster noch von dem Aufstand fern hielten und sogar um Waffen baten, um diesen niederzuschlagen, hielt die Dubliner Regierung die Rebellion bereits für eine „„Massenerhebung' unter der katholischen Bevölkerung".[128] Obwohl das zu Beginn nicht stimmte, wurde es Anfang 1642 zur *self-fulfilling prophesy*.

Auch die Situation in England drängte die Altengländer zu einer Entscheidung. Der Machtkampf zwischen König und Parlament war dort bereits abzusehen, und im Falle eines Sieges des Parlaments musste die katholische Bevölkerung Irlands mit Unterdrückungsmaßnahmen durch das puritanisch geprägte englische Parlament rechnen.[129] Deshalb sah die altenglische Bevölkerungsgruppe ihre größte Chance in der Teilnahme an dem Aufstand, der sich als ein „vom König gebilligte[r] Kampf gegen die puritanischen Gegner der Krone"[130] ausgab. Um ihre Loyalität zu betonen, erklärten die Altengländer wiederholt, ihr Verhalten richte sich in keiner Weise gegen die Krone, sondern nur gegen deren puritanische Gegner, die sich durch ihr Vorgehen gegen den König „längst selbst außerhalb der Legalität gestellt"[131] hätten.

Im Jahr 1642 trafen sich, nachdem der irische Aufstand zuvor von einer Versammlung der katholischen Bischöfe für rechtmäßig erklärt worden war, Gälen und Altengländer in Kilkenny. Diese Confederation of Kilkenny errichtete eine Regierung und eine Legislative, die sich ,Assembly' nannte. Das war ein Zugeständnis an die Altengländer und ihr Bemühen, die Legalität zu wahren, denn die Einberufung eines Parlaments war Teil der Präro-

---

[127] METZ, A Tale of Troy, S. 469.
[128] BOTTIGHEIMER, Geschichte Irlands, S. 94.
[129] Vgl. METZ, A Tale of Troy, S. 472.
[130] ASCH, Englische Herrschaft, S. 403. Die Forschung geht mehrheitlich davon aus, dass Charles I. nichts mit dem Ausbruch des irischen Aufstands zu tun hatte. Allerdings hielt er sich zunächst bedeckt, wahrscheinlich weil er die irische Unterstützung erhalten wollte. Dies hatte jedoch zur Folge, dass die englischen Protestanten befürchteten, „die Rebellion sei Teil eines großangelegten ,Popish Plot', an dem auch der Monarch beteiligt sei". (ASCH, Englische Herrschaft, S. 404; vgl. BOTTIGHEIMER, Geschichte Irlands, S. 95).
[131] METZ, A Tale of Troy, S. 470.

gative des Königs.[132] Auch die Treueerklärung der Mitglieder der Konföderation gegenüber Charles I. war eine Konzession an die Altengländer.[133] Es war jedoch vor allem bedeutsam, dass in den Erklärungen der Konföderation von Kilkenny erstmals eine die ethnisch-kulturelle Schranke zwischen Gälen und Altengländern überwindende gesamtirische politische Identität auf der Basis der gemeinsamen katholischen Konfession ihren Ausdruck fand. Deshalb sollte die Confederation of Kilkenny zukunftsweisend sein für die Entwicklung des irischen Nationalbewusstseins.[134]

Allerdings war das Einverständnis zwischen Altengländern und Gälen nur von kurzer Dauer. Der Interessengegensatz zwischen den beiden Gruppen im Hinblick auf ihr Verhältnis zum englischen König wurde bald deutlich. Seit 1643 hatte James Butler, Earl of Ormond, ein Protestant anglo-irischer Abstammung,[135] im Namen des Königs mit der Konföderation von Kilkenny wegen eines Waffenstillstandes verhandelt. Dabei wurde schnell klar, dass die gälischen Mitglieder der Konföderation sich lieber einem katholischen König auf dem Kontinent zuwenden wollten als dem ,häretischen' englischen König. Die Altengländer dagegen hofften – gemäß ihrem üblichen Handlungsmuster – auf Versöhnung mit der Krone und konfessionelle Tolerierung.

Die Verhandlungen mit Ormond wurden von den gälischen Iren abgelehnt, und ihrer Auffassung schloss sich auch der 1645 in Irland eingetroffene päpstliche Nuntius Rinuccini, Erzbischof von Fermo, an. Er drohte allen, die sich auf einen Waffenstillstand mit dem König einließen, mit Exkommunikation.[136] „Coming from a Continental background, he had little sympathy with the arguments of Old English Catholics that they could hope for religious toleration from a Protestant monarch. Instead, he wanted all

---

[132] Vgl. BOTTIGHEIMER, Geschichte Irlands, S. 95; METZ, A Tale of Troy, S. 471.

[133] In der Erklärung der Confederaton of Kilkenny heißt es: „2. All the inhabitants of Ireland and each of them shall be most faithfull to our soveraigne lord the kinge, his heires and lawfull successors, and shall maintaine to the uttermost of their power, his royall prerogatives against his enemies." (Actes of the Generall Assemblie of the Confederated Catholickes of Ireland, 24. Okt. 1642, in: Spicilegium Ossoriense, hg. v. MORAN, Bd. 2, S. 9–16, hier S. 10).

[134] Vgl. dazu Artikel 24 und 26 der Erklärung der Konföderation von Kilkenny, wo diese gesamt-irische katholische Identität sozusagen als ,Programm' formuliert ist. (Ebd., S. 13).

[135] „Ormondes Beispiel zeigt, wie entscheidend es der Katholizismus war, der die Angloiren zu ,Iren' werden ließ, fühlte der Earl selber sich doch ganz als Engländer, wie er auch die Verbindung der Angloiren mit einem irisch-nationalen Programm für widersinnig hielt. Sein Bestreben ging daher dahin, den angloirischen Adel möglichst von Altiren und Klerus zu trennen und generell jede Legalisierung des Katholizismus zu vermeiden." (METZ, A Tale of Troy, S. 472).

[136] Vgl. BOTTIGHEIMER, Geschichte Irlands, S. 95; METZ, A Tale of Troy, S. 472–473.

Catholics in Ireland to combine their resources to achieve a political situation whereby Catholicism would be established as the exclusive religion in Ireland."[137] Diese Kontroverse erübrigte sich bald, denn das Parlament siegte im englischen Bürgerkrieg, und der König wurde 1649 hingerichtet.

Bereits im Jahr 1642 hatte das englische Parlament als Reaktion auf die Entwicklungen in Irland den *Act of Adventurers* verabschiedet, der „die gesetzliche Grundlage aller späteren Rückeroberungs- und Befriedungsmaßnahmen darstellte und die diskriminierende Gleichbehandlung von Altiren und Angloiren festschrieb. Dieses Gesetz entsprach voll der Zielsetzung, den irischen Krieg als Strafexpedition gegen die ‚Irish catholic rebels‘ zu führen".[138] Die Massaker an den Protestanten im Jahr 1641 erlaubten es dem englischen Lord Protector Oliver Cromwell, seinen Feldzug in Irland, den er 1649/50 durchführte, als „göttliche Vergeltung"[139] und als „protestantischen Kreuzzug gegen die papistischen Rebellen"[140] darzustellen. Als Cromwell die Stadt Drogheda einnahm, wurden deren Einwohner ohne Unterschied getötet, wobei man gegen katholische Kleriker besonders hart vorging.[141] Dabei wurde von englischer Seite nicht mehr zur Kenntnis genommen, dass die Bewohner Droghedas ausschließlich Altengländer waren, die mit den Morden an Protestanten während des Aufstandes in Ulster nichts zu tun hatten. In den Augen der radikalen englischen Protestanten gab es nur noch katholische Iren, der Unterschied zwischen Altengländern und Gälen spielte keine Rolle mehr.[142]

Canny vergleicht die Grausamkeiten der Cromwellschen Eroberung, die in der irischen Forschung ansonsten meist als beispiellos dargestellt werden, mit den Ereignissen im Reich während des Dreißigjährigen Krieges und betont somit, dass sie vor dem Hintergrund des konfessionellen Zeitalters gesehen werden müssen: „The atrocities ... can be likened to the excesses associated with the taking of fortified towns in Germany during the course of the Thirty Years War: the armies in both instances were imbued

---

[137] CANNY, Early Modern Ireland, c. 1500–1700, S. 145; vgl. Ó HANNRACHÁIN, Vatican Diplomacy.

[138] METZ, A Tale of Troy, S. 470.

[139] BOTTIGHEIMER, Geschichte Irlands, S. 96.

[140] BERBIG, Oliver Cromwells Irlandpolitik, S. 162.

[141] Vgl. BECKETT, Geschichte Irlands, S. 102. – In der Zeit des Commonwealth versuchte man, alle katholischen Geistlichen aus Irland zu vertreiben. Es gelang jedoch nicht, den irischen Katholizismus auszulöschen, vor allem weil der Priesternachschub aus den Irish Colleges auf dem Kontinent ungebrochen war. (Vgl. METZ, A Tale of Troy, S. 475–476).

[142] Vgl. METZ, A Tale of Troy, S. 475. Dass Cromwell in Irland ausschließlich nach konfessionellen Kriterien handelte, wird auch daran deutlich, dass er royalistische Protestanten nicht verfolgte, sondern sich um Verständigung mit ihnen bemühte. (Vgl. METZ, A Tale of Troy, S. 473).

with religious zeal which in a seventeenth-century context involved a de-
testation of opposing religions. Zeal also meant that individuals were ready
to invest enormous energy to achieve goals which they believed were determined by God, and the Cromwellian effort to eradicate Catholicism from
Ireland was one case in point."[143]

Nach Cromwells Eroberung wurden tief greifende Veränderungen in Irland eingeleitet. Nun verloren auch die Altengländer ihren Landbesitz. Weniger als ein Fünftel des irischen Grundbesitzes war fortan in katholischen
Händen. Katholiken, die nachweisen konnten, dass sie nicht an der Rebellion beteiligt waren, wurde als Ersatz unfruchtbares Land in Connacht zu-
gewiesen.[144] Damit wurde nach den gälischen Lords auch der altenglischen
Elite ihre ökonomische und politische Basis entzogen, sie wurden „artiku-
lations- bzw. politikunfähig"[145] gemacht. Fast die gesamte Insel wurde zur
plantation erklärt, besiedelt von Soldaten aus Cromwells Armee, jüngeren
Söhnen der puritanischen Gentry und Kaufleuten aus England.[146]

Cromwell machte durch seine Eroberungs- und Enteignungspolitik den
Altengländern deutlich, dass es für ihn nur noch ,rebellische katholische
Iren' gab und dass außer Protestanten niemand mehr einen Anspruch auf
eine ,englische' Identität und eine bevorrechtigte Stellung in Irland erheben
konnte. Das hatte langfristig die Verschmelzung von Gälen und Altengländern zu einer irischen Nation auf der Basis der gemeinsamen Konfession
zur Folge. Zusammen mit der Niederlage James II., auf den die irischen
Katholiken große Hoffnungen gesetzt hatten, und der Eroberung Irlands
durch einen weiteren protestantischen Herrscher Englands, nämlich Wilhelm III., im Jahr 1690 formte die Erfahrung von Niederlage und Unterdrückung das irisch-katholische Nationalbewusstsein. Die Entstehung dieses Nationalbewusstseins beruhte jedoch weniger auf katholischen Impul-
sen, sondern sie wurde, wenn auch unbeabsichtigt, maßgeblich vom
protestantischen England forciert: „The union of catholics in Ireland was,
from first to last, a protestant achievement, not a catholic one."[147]

Zugleich determinierten die Kriege des 17. Jahrhunderts die irische Geschichte der Neuzeit. Da alle militärischen Konflikte durch Siege der protestantischen Seite beendet wurden, sahen sich die englischen Protestanten
nie gezwungen, mit der katholischen Mehrheit in Irland Verhandlungen
über einen Frieden und einen konfessionellen Ausgleich aufzunehmen. Im
Gegensatz zu Mitteleuropa, wo dieser politisch-konfessionelle Ausgleich

---

[143] CANNY, Early Modern Ireland, c. 1500–1700, S. 146.
[144] Vgl. ebd., S. 146–147; METZ, A Tale of Troy, S. 475. Vgl. dagegen den katholischen Anteil am Landbesitz vor 1641 (Karte e).
[145] METZ, A Tale of Troy, S. 475.
[146] Vgl. HAMMERMAYER, Herrschaftlich-staatliche Gewalt, S. 200.
[147] CLARKE, Old English, S. 10–11.

im Westfälischen Frieden gefunden wurde, perpetuierte sich die Konfessionalisierung der irischen Gesellschaft so weit über das eigentliche konfessionelle Zeitalter hinaus.

C. Konfessionsbildung und gesellschaftliche Formierung: Spezifika der doppelten Konfessionalisierung in Irland

I. Identität, Sprache, Propaganda und Geschichtsschreibung

1. Konfessionelle, politische und ethnische Identitäten

a) Die gälischen Iren: Traditionelle Gegnerschaft zu England mit neuer konfessioneller Begründung

Die ältere Forschung vertrat die *faith-and-fatherland*-These, wonach in der zweiten Hälfte des 16. Jahrhunderts auf gälischer Seite ein ausgeprägtes irisch-katholisches Nationalgefühl entstand.[1] Diese Interpretation projizierte jedoch eindeutig spätere Entwicklungen in Irland auf das 16. Jahrhundert zurück. Daher ist sie von der neueren Forschung verworfen worden, ohne dass es bislang gelungen wäre, die Identität der gälischen Iren zuverlässig zu bestimmen. Dies scheitert vor allem an der Natur der zur Verfügung stehenden Quellen. Denn auf Grund der geringen Schriftlichkeit der gälischen Gesellschaft muss man sich auf die bardischen Gedichte als Quellen stützen, deren Interpretation jedoch große Schwierigkeiten aufwirft.[2]

Die Forschung ist hier erstens mit dem Problem der Aussagefähigkeit literarischer Texte für historische Sachverhalte konfrontiert: Es ist weiterhin umstritten, welche Aussagen in den in einer langen literarischen Tradition stehenden bardischen Gedichten als Topoi und welche als Ausdruck einer tatsächlichen bzw. neuen Entwicklung in der gälischen Gesellschaft anzusehen sind. Zweitens stellt sich die Frage, in welchem Maße die Aussagen der gälischen Dichter als repräsentativ gelten können: Geben sie die Mentalität der Mehrheit der gälischen Gesellschaft wider oder die der gälischen politischen und sozialen Führungsschichten, oder beschreiben sie möglicherweise nur ihr eigenes Selbstverständnis als Barden, d.h. die Identität nur eines kleinen Teils der gälischen sozialen Elite? Da die bardischen Gedichte jedoch das einzige größere Quellenkorpus zur Erforschung gälischer Identität und Mentalität im 16. und 17. Jahrhundert darstellen, hat die For-

---

[1] Die ‚klassische' Darstellung dieser *faith-and-fatherland*-Interpretation ist CORISH, Origins.
[2] Siehe auch oben A.II.3 mit Fußnote 116.

schung hier keine Kontrollquellen und somit keine Möglichkeit, diese Frage zufrieden stellend zu beantworten.

Vor dem Hintergrund dieser Forschungsprobleme wird in der irischen Historiographie unter Beteiligung von Literaturwissenschaftlern in den letzten Jahren eine Diskussion geführt, die sich vor allem auf die Frage der politisch-nationalen Identität in den gälischen Gedichten konzentriert. Zugespitzt lautet die Fragestellung: War den Barden als Repräsentanten der gälischen Elite im späten 16. und frühen 17. Jahrhundert bewusst, dass ihre Gesellschaft und Kultur im Untergang begriffen waren und, wenn ja, reagierten sie darauf mit der Konstruktion eines nationalen Bewusstseins? Und welche Rolle spielte dabei das konfessionelle Element?

Der derzeitige Stand der Diskussion lässt den Schluss zu, dass die gälische Wahrnehmung der englischen Eroberung im 16. und frühen 17. Jahrhundert vorherrschend regional begrenzt und keineswegs national war.[3] In den Gedichten fehlt ein Bewusstsein für die dem gälischen Irland durch die Eroberung drohende politische Katastrophe ‚nationalen‘ Ausmaßes. Angesichts der Tatsache, dass die wichtigste Funktion der bardischen Gedichte

---

[3] Als erster Forscher des ‚Revisionismus‘ hat Brendan Bradshaw versucht, aus den bardischen Gedichten Hinweise auf die gälische Identitätsentwicklung herauszuarbeiten. Er kam dabei zu dem Schluss, dass die Gedichte des 16. Jahrhunderts zwar in der Hauptsache die mittelalterliche politische Identität mit ihrer regionalen Begrenzung auf den Lord und seinen Herrschaftsbereich widerspiegeln: „... the ideological concept [the poems] reflect in the conventional medieval one in which the dynastic lord figured as the defender of the local patrimony." (BRADSHAW, Native Reaction, S. 73). Doch Bradshaw meinte, an einigen Stellen in Gedichten aus dem späten 16. Jahrhundert eindeutige Hinweise auf „a new ethos, the political nationality of Gaelic Ireland" zu entdecken. (BRADSHAW, Native Reaction, S. 76). Allerdings enthüllt Bradshaw selbst durch die Stärke und Ausführlichkeit seiner Quellenanalyse die Schwäche seiner Argumentation. Er kann seine Interpretation nur durch wenige Stellen in den Gedichten stützen und muss zugleich zugestehen, dass diese den Untergang der gälischen Kultur, nicht der ‚Nation‘ beklagen. (Vgl. DUNNE, Gaelic Response, S. 10). Seine Schlussfolgerung steht deshalb auf tönernen Füßen: „Even if they show a keener awareness of a national culture than of a national Gaelic polity, they implicitly identify both and draw attention to the attack being mounted against each." (BRADSHAW, Native Reaction, S. 74). Bradshaws These vom *Gaelic nationalism* wurde in der Forschung scharf kritisiert, und die Mehrheit der Historiker und Literaturwissenschaftler, die sich an der Diskussion beteiligen, betont die ‚Begrenztheit‘ der gälischen Gedichte. (Vgl. CANNY, Formation of the Irish Mind; CUNNINGHAM, Native Culture; DUNNE, Gaelic Response; O'RIORDAN, Gaelic Mind). Möglicherweise wird das ‚Pendel‘ der Interpretation jedoch in nächster Zeit wieder in die Bradshawsche Richtung ausschlagen, denn dessen Deutung ist jüngst von Marc Caball wieder aufgenommen worden. Caball spricht ausdrücklich davon, dass er Bradshaws These von einer „proactive and dynamic world-view" der bardischen Gedichte stützen wolle. (CABALL, Providence, S. 175). Caballs Interpretation ist meines Erachtens jedoch allein deshalb problematisch, weil er die Begriffe „territorial sovereignty" und „nationality" undifferenziert auf das frühneuzeitliche und sogar das spätmittelalterliche Irland anwendet. (CABALL, Faith, S. 113, 131).

die Legitimation der Macht der Lords war, spiegelten sie weiterhin die mittelalterliche, regional orientierte politische Identität wider. Cunningham weist ausdrücklich darauf hin, dass die in den Gedichten zum Teil vorhandenen Anspielungen auf das Ziel der Einheit Irlands Topoi darstellen, die bereits seit dem hohen Mittelalter in den Gedichten vorkamen: „References to unity should not be construed as indicating nationalist sentiment in any recognisably modern form."[4]

Die bardischen Gedichte geben also auch im 16. und frühen 17. Jahrhundert der oben bereits beschriebenen gälischen Identität des Spätmittelalters Ausdruck, die auf dem gemeinsamen Herkommen und dem das gälische Irland umspannenden gesellschaftlich-kulturellen System beruhte.[5] Dies war ein ethnisch-kulturell definiertes, d.h. auf die Gälen als ‚Volks- und Kulturgruppe' bezogenes Zusammengehörigkeitsgefühl, keine (früh-)neuzeitliche nationale Identität.[6] Es war orientiert auf den Widerstand gegen die englische Herrschaft als ‚Herrschaft der Fremden',[7] jedoch nicht auf das gälische Irland als politische Einheit, als ‚Nation'.[8]

Dagegen lässt sich bei den bardischen Dichtern ein deutliches Bewusstsein für die radikale Veränderung ihrer Gesellschaft und den Niedergang ihrer Kultur infolge der englischen Eroberung feststellen. Denn als zu Beginn des 17. Jahrhunderts das gälische politische System in Irland zerbrach, verloren die Barden weitgehend ihre Patrone, so dass sie häufig ihren eigenen drohenden Untergang beklagten und zudem ihrer Verachtung für soziale Emporkömmlinge Ausdruck gaben, die – im Gegensatz zu ihnen – durch Anpassung von der englischen Eroberung profitierten.[9]

---

[4] CUNNINGHAM, Native Culture, S. 150.

[5] Siehe oben A.III.1.

[6] So auch die Schlussfolgerung der Literaturwissenschaftlerin Bianca Ross, die in ihrer Habilitation unter anderem auch die bardischen Gedichte untersucht hat. (Vgl. ROSS, Britannia at Hibernia, S. 367–368). Leider lag mir diese Arbeit nicht mehr rechtzeitig vor, um ihre Ergebnisse im Einzelnen zu berücksichtigen.

[7] Dies hat bereits Erich Hassinger 1959 formuliert: „Die treibende Kraft bei den Kämpfen gegen die Engländer war streng genommen nicht ein irisches Nationalbewußtsein, sondern ein elementarer Fremdenhaß." (HASSINGER, Werden des neuzeitlichen Europa, S. 338).

[8] „Gaelic Ireland did have important unifying features – common social and economic systems, law-codes, literature and religion. ... Yet, while all this points to a collective sense of Gaelic identity, it was a sense which conspicuously lacked a political dimension ..." (DUNNE, Gaelic Response, S. 12). Von der Entstehung eines politischen Nationalbewusstseins im gälischen Irland des 16. Jahrhunderts ist also nicht auszugehen. Von englischer Seite fürchtete man dagegen immer wieder, dass die gemeinsame kulturelle Identität und die Aktivitäten der Barden zur politischen Vereinigung aller Gälen unter nationalen Vorzeichen führen könnten. (Vgl. CUNNINGHAM, Native Culture, S. 163–164).

[9] Vgl. CUNNINGHAM, Native Culture, S. 149, 159–160, 163; DUNNE, Gaelic Response, S. 15.

Fragt man nach der Entstehung einer konfessionellen Identität in den gälischen Gedichten, so wurde auch auf diesem Gebiet die *faith-and-fatherland*-These durch die neuere Forschung deutlich widerlegt. Bradshaw hat aufgezeigt, dass sich in den Gedichten des 16. Jahrhunderts keinerlei Hinweise auf die Bedeutung des konfessionellen Elements und das Thema eines Kreuzzugs zur Verteidigung des katholischen Glaubens finden lassen.[10] Dies fügt sich ein in die religiöse Situation des gälischen Irland in dieser Zeit, die noch weitgehend vom vorkonfessionellen Katholizismus geprägt war. Wie wir gesehen haben, wurde die Idee des religiösen Kreuzzuges zuerst von dem anglo-irischen Lord James Fitzmaurice in Irland verbreitet und zu einem Rechtfertigungselement seiner Rebellion gemacht.[11] Das konfessionelle Begründungsmuster wurde auch Ende des 16. Jahrhunderts zunächst nicht in die gälischen Gedichte aufgenommen, sondern in die auf die loyalen Anglo-Iren, also nach ‚außen‘ gerichtete und auf Englisch verfasste Propaganda Hugh O'Neills im Neunjährigen Krieg. Dort wurde mit dem *faith-and-fatherland*-Gedanken als propagandistischer Ideologie gearbeitet, um die Altengländer zur Beteiligung an der Rebellion zu bewegen.[12] O'Neill suchte dabei den konfessionellen Gedanken mit der Idee des *patria*, des Vaterlandes ohne politisch-ethnische Differenzierung, zu verbinden und für seine Zwecke nutzbar zu machen.[13]

Die Entstehung einer bewussten konfessionellen Identität im frühen 17. Jahrhundert,[14] die dann auch in den gälischen Gedichten ihren Ausdruck fand, ist auf die gälischen Exulanten auf dem Kontinent zurückzuführen, vor allem auf die Aktivitäten am Franziskaner-College in Löwen.[15] Hier formulierten gälische Kleriker mit bardischer Ausbildung eine neue katholisch-gälische Identität. Es gewannen neue literarische Motive an Bedeutung, das der Bestrafung für begangene Sünden und das des Neuen Israel: „... it is not just the ‚Foreigners‘ that are to be expelled, as in the earlier bardic tradition; the spiteful references to these Foreigners' Protestant religion indicate that a new attitude was at work in the political poetry of this period, namely a religous one. This new attitude becomes especially ob-

---

[10] Vgl. BRADSHAW, Native Reaction, S. 79.

[11] Siehe oben B.II.2.a.

[12] Siehe oben B.III.3.b.

[13] Vgl. MORGAN, Hugh O'Neill, S. 23–27.

[14] Jüngst hat Steven Ellis auf die besondere ‚Radikalität‘ dieser Veränderung der gälischen Identität aufmerksam gemacht, indem er gezeigt hat, dass es im Spätmittelalter und weit in das 16. Jahrhundert hinein eine ‚pan‘-gälische Identität gab, die die schottischen Highlands und das gälische Irland verband. Laut Ellis wurde diese gemeinsame Identität um das Jahr 1600 durch getrennte irisch-gälische und schottisch-gälische Identitäten abgelöst, die entscheidend durch die jeweilige Konfession – hier der Katholizismus, dort der Calvinismus – geprägt waren. (Vgl. ELLIS, Collapse).

[15] Siehe dazu auch unten C.III.2.c.

vious in the now popular motif that present distress must be seen as punishment for sins committed in the past ..."[16] Auf der Grundlage dieser konfessionellen Identität erfolgte in den gälischen Gedichten eine Verengung
des Feindbildes vom *foreigner* auf den ‚protestantischen Neuengländer‘.
Diese Vorstellung fand offensichtlich auch Eingang in das populäre Bewusstsein, wie das Selbstverständnis der Aufständischen von 1641 deutlich
macht.[17]

Doch näherte sich die gälisch-katholische Identität nicht vorbehaltlos
der altenglisch-katholischen Identität. So differenziert beispielsweise ein an
den spanischen König gerichtetes Memorandum von 1618, dessen Autorenschaft dem auf dem Kontinent lebenden gälischen Lord O'Sullivan
Beare zugeschrieben wird, weiterhin deutlich zwischen den gälischen Iren
und den Altengländern. Obwohl betont wird, dass beide Gruppen wahre
Katholiken und Kinder der römischen Kirche seien, wird zugleich ausdrücklich auf die unvereinbaren ethnisch-politischen Gegensätze zwischen
den beiden Bevölkerungsgruppen hingewiesen.[18]

b) Die ‚loyalen Anglo-Iren‘ werden ‚Altengländer‘: Identitätswandel
unter den Bedingungen des politischen Machtverlusts und
der konfessionellen Formierung

Die Identitätsentwicklung der loyalen Anglo-Iren war, wie in Teil B dieser
Arbeit aufgezeigt wurde, ein allmählicher Prozess, im Zuge dessen sich ihre
politische Unzufriedenheit mit dem Katholizismus verband. Sowohl das
politische als auch das konfessionelle Element galten den loyalen Anglo-
Iren als ‚traditionelle Freiheiten‘. Die Rechte und politischen Freiheiten der
loyalen Anglo-Iren wurden im Verlauf des 16. und dann verstärkt im frühen 17. Jahrhundert durch ihre Zurückdrängung aus der Dubliner Zentralverwaltung, die zunehmende Berufung der Vizekönige auf die königliche
Prärogative, vor allem bei der Erhebung der *cess*, und durch die Einschränkung der städtischen Privilegien massiv beschnitten. Auf politischer Ebene
suchten sie deshalb ihre Stellung als bevorrechtigte Einwohner Irlands, als
‚Vertretung des Landes‘ im Parlament und als Stadtbürger gegenüber der
staatlichen Expansion zu verteidigen.

---

[16] LEERSEN, Mere Irish, S. 242; vgl. CANNY, Formation of the Irish Mind; CABALL,
Faith, S. 135–137, der jedoch bereits für das 16. Jahrhundert eine katholische konfessionelle Identität erkennen will. Zu dem von gälischen Klerikern auf dem Kontinent
entwickelten neuen Verständnis von ‚religiöser Verfolgung‘ vgl. CUNNINGHAM,
GILLESPIE, Persecution. Zur Frage des gälischen konfessionellen Selbstverständnisses
als ‚Volk Israel‘ siehe unten C.I.2.a.
[17] Vgl. Ó BUACHALLA, James Our True King, S. 27; CANNY, Religion.
[18] Vgl. TCD MS 580: A Relation of Ireland and the Diversity of Irish in the same,
by Philip O'Sullivan Beare, fol. 95r–98r.

Auf konfessioneller Ebene ging es zunächst um die Verteidigung des ‚alten Glaubens‘, der jedoch durch kontinentale Einflüsse rasch zu einem neuen Glauben, dem tridentinischen Katholizismus, wurde. Die Vorstellung, dieser Glaube sei eine traditionelle ‚Freiheit‘, blieb in dem Verlangen nach *liberty of conscience*, das die loyalen Anglo-Iren regelmäßig vorbrachten, erhalten. Der konfessionelle Aspekt trat allmählich immer stärker in den Vordergrund und wurde zum Kristallisationspunkt, um den sich die Identität der loyalen Anglo-Iren formierte. „Thus ... recusancy was appropriated as the country cause, not simply as a cover for other underlying discontents, but as an essential element in the Palesmen's new and solidary sense of identity."[19]

Zu Beginn des 17. Jahrhunderts kam daraufhin der Begriff ‚Old English‘ als Selbstbezeichnung auf, der Ausdruck war für ihre besonders auf Abgrenzung gegenüber den protestantischen ‚New English‘ bedachte Identität. „The difference between the sixteenth century Anglo-Irish and the seventeenth century Old English was that the former lacked any active principle of self-determination, being simply ‚the English of Irish birth‘, whereas the latter possessed a dynamic coherence which derived from the unifying force of religion."[20]

Die Altengländer waren also – betrachtet man ihre Identitätsentwicklung im europäisch vergleichenden Kontext – eine typische ‚ständische‘ Opposition, die sich gegen Staatsbildung und Konfessionalisierung ‚von oben‘ mit ‚ständischem‘ – in diesem Fall parlamentarischen – Widerstand ‚von unten‘ wehrte. Im Reich finden wir dies beispielsweise in Brandenburg, wo die lutherischen Stände nach 1613 sowohl gegen den Calvinismus ihres Landesfürsten als auch gegen dessen politischen Aktionismus opponierten.[21] Vergleichbares hat Heinz Schilling für die autonome Landstadt Lemgo herausgearbeitet, die sich unter lutherischen Vorzeichen gegen ihre politische und konfessionelle Integration in das calvinistische Lippe wehrte[22] – genauso wie sich die altenglischen Städte sowohl gegen die Einschränkungen ihrer politischen und wirtschaftlichen Stadtfreiheiten als auch gegen die Durchsetzung der protestantischen Staatskirche wandten. In allen Fällen waren die politischen und konfessionellen Identitätsebenen eng verknüpft.

Wir greifen in der altenglischen Bevölkerungsgruppe also eine typische Ausformung von religiöser und politischer Opposition „gegen ... staatlich-

---

[19] BRADY, Conservative Subversives, S. 30; vgl. LENNON, Counter-Reformation, S. 82, 89; LENNON, Rise of Recusancy, S. 131.

[20] CLARKE, Colonial Identity, S. 58; vgl. BRADY, Chief Governors, S. 242; LENNON, Sixteenth-Century Ireland, S. 189.

[21] Vgl. NISCHAN, Prince.

[22] Vgl. SCHILLING, Konfessionskonflikt.

gesellschaftliche Integration"[23] im Zeichen der Konfessionalisierung ,von oben'. Doch im Gegensatz zum militärischen Widerstand der gälischen und anglo-irischen Adeligen blieb die Opposition der Altengländer im Rahmen der Verfassung, und es dauerte lange, bis der parlamentarische Widerstand im Jahr 1613 erstmals zu einer „Fundamentalopposition"[24] wurde. Der Prozess der Identitätsformierung des altenglischen Stadtbürgertums und der Gentry veränderte jedoch nicht ihre loyale Haltung zur englischen Krone, diese wurde vielmehr durch den speziellen Charakter Irlands als Teil eines *multiple kingdom* noch verstärkt. Denn die Appellationen an die Krone nach London erwiesen sich für die Altengländer als *checks and balances* gegenüber den Vizekönigen und der Dubliner Regierung.

Diese Mischung aus Treue zum englischen Königtum bei gleichzeitigem politischen Widerstand vor allem gegen die Regierung in Irland und konfessioneller Fundamentalopposition suchten die Altengländer in einem Zeitalter aufrechtzuerhalten, in dem Politik und Konfession eng verknüpft und politische und konfessionelle Identitäten in Europa fast überall untrennbar verbunden waren. Die Altengländer argumentierten immer wieder, ihre konfessionelle Loyalität zum Papst und ihre politische Loyalität zum englischen König seien für sie problemlos miteinander vereinbar.

So formulierte der Altengländer Francis Nugent, der die Kapuziner in Irland einführte: „... seeing I am bound a vassal to his Majesty though I differ from him in points of religion, I owe him all fidelity, and service, and I will spare no pains, in my ways to give true demonstrations of the due respect I bear ... to him and his royal issue."[25] Dieselbe Einstellung finden wir bei den englischen Katholiken, die ebenfalls mit der Trennung ihrer konfessionellen und ihrer politischen Loyalität argumentierten und dieser Behauptung praktischen Ausdruck verliehen, indem sie 1588 ein kleines Heer bereitstellten, um England gegen die spanische Armada zu verteidigen.[26] Doch macht die Aussage Nugents, er wolle seine Loyalität gegenüber der Krone „in my ways" ausdrücken, auch das grundsätzliche Problem der Altengländer deutlich, die nämlich nicht bereit waren, ihre Loyalität in den vom Königtum geforderten Formen, z.B. durch die Ablegung des *oath of supremacy*,[27] zu beweisen.

Für die Neuengländer, aber auch für die Krone, war die Spaltung der Loyalitäten, die die Altengländer für sich in Anspruch nahmen, unglaubwürdig. In der irischen Forschung wird dies häufig als ein Anzeichen für die besonderen Ansprüche und die mangelnde Flexibilität der Verantwortli-

---

[23] SCHILLING, Konfessionalisierung im Reich, S. 6.
[24] Ebd.
[25] Zitiert in: CLARKE, Old English, S. 21; vgl. MARTIN, Friar Nugent, S. 207.
[26] Vgl. BOSSY, Character, S. 43, 51; SMITH, Emergence, S. 151–152, 245.
[27] Vgl. dazu ausführlich unten C.II.1.a und C.II.2.a.

chen in Dublin und London interpretiert.[28] Ein europäisch vergleichender Blick macht dagegen deutlich, dass diese Haltung auf den Grundbedingungen der Vergesellschaftung im konfessionellen Zeitalter beruhte. Eine sich Staat und Kirche entgegensetzende konfessionelle Identität wurde sogleich mit mangelnder politischer Loyalität gleichgesetzt, denn für die Zeitgenossen waren Konfession und Politik untrennbar verknüpft. Der Kurfürst von Brandenburg, Johann Sigismund, stellte, wie Nischan schreibt, 1614 fest, der lutherische Widerstand gegen den Calvinismus „breeds contempt ... for the sovereign, which in turn leads to disobedience, rebellion, tumult, and ultimately total ruin and destruction".[29]

Durch die konfessionelle Entfremdung der Altengländer sah die englische Regierung das ‚königsnahe' Bevölkerungselement in Irland als verloren an. Die Pale und die anglo-irischen Städte hatten jahrhundertelang als Bastionen englischer Kultur und ‚geordneter' politischer Verhältnisse in einem Meer unsicherer anglo-irischer und gälischer Lordships gegolten. Diese Auffassung der Regierung über den Charakter des anglo-irischen Stadtbürgertums und der Gentry wandelte sich mit deren Bekenntnis zum Katholizismus grundlegend. Man sah politischen und konfessionellen Verrat, wo man vorher Loyalität gesehen hatte.

Katholische Untertanen mussten dem protestantischen englischen Königtum und seiner Regierung suspekt sein, weil man in ihnen immer potentielle Rebellen sah, zumal der Papst sie bereits von ihrem Treueid gegenüber Elisabeth I. entbunden hatte. So stellten die neuenglischen Amtsträger in Irland 1590 fest: „The sting of rebellion which in times past remained among the Irishry is transferred and removed into the hearts of the civil gentlemen, aldermen and burgesses, and rich merchants of Ireland, papistry being the original cause and ground thereof."[30] Und in seiner Proklamation von 1605 erklärte James I.: „... a great number of seminary priests, Jesuits, and other priests made by foreign authority, range up and down in that Kingdom, and not only seduce the people there to embrace their superstitious ceremonies, but maliciously endeavour to alienate the hearts of his subjects from himself by insinuating and breeding a distaste in them both for his religion and his civil government ..."[31]

Im Jahr 1614 konfrontierte James I. persönlich seine altenglischen Untertanen – nämlich die von der parlamentarischen Opposition entsandte Delegation – mit dem für das konfessionelle Zeitalter fundamentalen Widerspruch in ihrem Selbstverständnis. „The Pope is your father *in spiritua-*

---

[28] Vgl. CLARKE, Colonial Identity, S. 60–61; CLARKE, Pacification, S. 190.

[29] NISCHAN, Confessionalism, S. 196.

[30] Richard Whyte to Burghley, 8. Mai 1590, in: CSPI 1588–1592, S. 340–341, hier S. 340.

[31] Proclamation against Toleration in Ireland, 4. Juli 1605, in: Irish History, hg. v. MAXWELL, S. 143–144, hier S. 144; vgl. ASCH, Antipopery, S. 273.

libus, and I *in temporalibus* only, and so have your bodies turn one way, and your souls drawn another way; ... you that send your children to the seminaries of treason, strive henceforth to become full subjects, that you may have *cor unum et via una*, and then I shall respect you all alike."[32] Der König versuchte auch, die wahre Loyalität der Altengländer ans Licht zu bringen: „... at last he demanded their opinions concerning the pope, whether it were lawful for him to depose kings, and to give liberty to subjects to raise rebellion against their lawful princes, and to deprive princes of their lives in such cases of religion. Some of them answered, that they thought he might or that it was in his power; among whom William Talbot and Thomas Luttrell were noted to be the most peremptory and therefore they were committed to prison; ..."[33]

Der unter den Bedingungen des konfessionellen Zeitalters entstandene Widerspruch in der Identität der katholischen, aber loyalen Altengländer wurde also immer offensichtlicher. Trotzdem widersetzten sich die Altengländer dem sowohl von neuenglischer als auch von gälischer Seite ausgehenden Zwang zur Konfessionalisierung, d.h. zur Vereinigung der konfessionellen und der politischen Loyalität. Sie hielten an ihrer ‚gespaltenen' Identität fest und bewiesen ihre Loyalität zum englischen Königtum wiederholt in den Krisen des späten 16. und frühen 17. Jahrhunderts. Weder der katholische ‚Kreuzzug' des anglo-irischen Lord Fitzmaurice noch der Gäle O'Neill fanden ihre Unterstützung, und wie die englischen Katholiken 1588 wollten sie Mitte der 1620er Jahre mit einem Heer zur Verteidigung Irlands gegen Spanien beitragen.[34]

Gerade die Selbstbezeichnung ‚Old *English*' zeigt, dass die Altengländer – abgesehen von der Konfession – ihre kulturelle Identität als ‚englisch' in Abgrenzung zu den weiterhin von ihnen als ‚unzivilisiert' angesehenen gälischen Iren definierten. Ihre verfassungsrechtliche Auffassung von Irland als einem Königreich, in dem sie sich als alte, bevorrechtigte Elite und Vertreter englischer Kultur verstanden und ihre Aufgabe darin sahen, die gälischen Iren zu ‚zivilisieren' und in das Königreich Irland einzugliedern,[35] verband sich nun mit ihrem neuen konfessionellen Selbstverständ-

---

[32] Speech of King James the First in the Council Chamber at Whitehall, on Thursday before Easter, being the 20th of April, 1614, touching the miscarriage of the recusant Lords and gentlemen of Ireland in the Parliament begun in that realm, 18th May 1613, in: Carew, Bd. 5: 1603–1624, S. 288–292, hier S. 290–291; vgl. NL MS 643, fol. 50v.

[33] Zitiert in: CREGAN, Irish Recusant Lawyers, S. 317.

[34] Siehe oben B.II.2.a, B.III.3.b und B.IV.2.c.

[35] Vgl. BOTTIGHEIMER, Kingdom and Colony, S. 50.

nis: Sie strebten die ‚Zivilisierung'[36] der Gälen auf dem Wege der Durchsetzung des tridentinischen Reformkatholizismus an.[37]

Doch gab es bei einer Reihe von altenglischen Klerikern, die dauerhaft auf dem Kontinent lebten oder zusammen mit gälischen Iren auf dem Kontinent studiert hatten, eine andere bzw. schnellere Identitätsentwicklung. Diese konnten sich früher als ihre Verwandten in Irland ein politisches Zusammengehen mit den Gälen auf der Basis der gemeinsamen katholischen Konfession vorstellen. Auch kulturell näherten sie sich den gälischen Iren eher an.[38] Sie entfernten sich damit aber von den Altengländern in Irland, denn für diese war ein solches Verhalten lange Zeit undenkbar, sie wollten nichts mit ‚Rebellen' zu tun haben. Beispiele für das ‚fortgeschrittenere' Denken, das durch das Exil auf dem Kontinent bedingt war, sind Peter Lombard, der katholische Erzbischof von Armagh (1601–1625), der sich in Rom für die Sache O'Neills einsetzte, und Richard Stanihurst.[39] Lennon schreibt über Stanihurst: „His consciousness of his Old English identity seemed to last long after his departure from Ireland, but the campaign of Hugh O'Neill during the nine years' war captured his imagination and made him a firm supporter of Spanish intervention on the Catholic side. In this aspiration, the exile was in advance of the views of the Old English town-dwellers in Ireland whose bonding with the Gaelic Irish took place later in the seventeenth century."[40]

Es sollte aber noch lange dauern, bis sich die Altengländer in Irland auf Grund der konfessionellen Gleichheit zum gemeinsamen politischen Vorgehen mit den gälischen Iren entschlossen und sich zur Teilnahme an einer Rebellion bereitfanden. Aus dem Rückblick erscheint die Verbindung zwischen Altengländern und Gälen in der Konföderation von Kilkenny als Ausgangspunkt für die Entstehung eines umfassenden irisch-katholischen Nationalbewusstseins ohne ethnisch-kulturelle Gegensätze. Aber so er-

---

[36] Zur Problematik des Begriffs *civility*, der in diesem Kontext in den Quellen gebraucht wird, siehe unten C.III.1.a, Fußnote 3.

[37] Vgl. CLARKE, Colonial Identity, S. 70–71; siehe dazu ausführlich unten C.IV.2.a.

[38] Siehe dazu auch unten C.I.2.c.

[39] Zu Stanihurst siehe oben B.III.1.c; zu Stanihurst und Lombard siehe auch unten C.I.2.b.

[40] LENNON, Recusancy and the Dublin Stanyhursts, S. 108. – Auch an diesem Punkt gibt es eine Parallele zur Situation der englischen Katholiken: Die Auffassungen englischer Katholiken, die dauerhaft auf dem Kontinent lebten, entfernten sich so weit von denen ihrer ‚Konfessionsgenossen' in England, dass sie nicht mehr fähig waren, deren Selbstverständnis richtig einzuschätzen. Das zeigte sich 1588, als William Allen, der Gründer des English College in Douai, Philipp II. von Spanien versicherte, die englischen Katholiken würden nur auf die Armada und eine spanische Invasion warten und diese ohne Zögern unterstützen. Die englischen Katholiken stellten dagegen, wie oben bereits erwähnt, ein Heer zur Verteidigung Englands und der Königin auf. (Vgl. BOSSY, Character, S. 51).

scheint es eben nur im Rückblick: Erst der in der Folgezeit immer stärker werdende Druck von außen, der englisch-protestantische ‚Zwang zur Konfessionalisierung', machte 1642 zu diesem Ausgangspunkt. Die Altengländer verstanden ihren Beitritt zur Konföderation von Kilkenny nämlich keineswegs als Entscheidung zwischen ihrer politischen und ihrer konfessionellen Loyalität. Vielmehr betrachteten sie ihren Anschluss an die Rebellion ausschließlich im Kontext ihrer politischen Loyalität zur englischen Krone. Diese ‚gespaltene' Identität der Altengländer war für den in den Kategorien der kontinentalen Konfessionalisierung denkenden päpstlichen Legaten Rinuccini unverständlich.[41] Für die altenglische Bevölkerungsgruppe gab es hier jedoch keinen Bruch in ihrer Identität und keine Lösung eines angeblichen Loyalitätenkonflikts, sondern nur Kontinuität. Entsprechend suchten sie bei der erstmöglichen Gelegenheit wieder den Kompromiss mit dem englischen König und wiesen damit die Vorstellung von einem unabhängigen irisch-katholischen Nationalbewusstsein von sich.[42] Erst die irische Geschichte der zweiten Hälfte des 17. Jahrhunderts hatte die endgültige Verschmelzung von politischer und konfessioneller Identität zur Folge: Im 18. Jahrhundert gab es nur noch ‚katholische Iren' und die protestantische Ascendancy.[43]

c) Die Abgrenzungsidentität der protestantischen Neuengländer

Die konfessionelle, kulturelle und politische Identität dieser kolonialen Elite war durch ihre englische Herkunft determiniert. Die Neuengländer waren in ihrer großen Mehrzahl überzeugte Protestanten, als sie irischen Boden betraten. Sie waren die einzige Bevölkerungsgruppe in Irland, die die protestantische Church of Ireland als ‚ihre' Kirche ansahen. Auch auf politischer und kultureller Ebene brachten sie natürlich ihr ‚englisches' Selbstverständnis mit nach Irland. Die spezifische Identität der protestantischen Neuengländer hat sich in Irland dann als Abgrenzungsidentität gegenüber den anderen Bevölkerungsgruppen formiert.

Bei der Analyse der neuenglischen Identität ist man vor allem mit zwei Fragen konfrontiert. Erstens: Wie kam es zu Eroberung und zunehmendem militärischen Vorgehen in Irland und inwieweit lässt sich dies auf die Identität der Neuengländer zurückführen? Zweitens – und das steht in engem Zusammenhang mit der ersten Frage: Welche Rolle spielte die protestanti-

---

[41] Vgl. CANNY, Early Modern Ireland, c. 1500–1700, S. 145.

[42] Vgl. CLARKE, Old English, S. 9–11; METZ, A Tale of Troy, S. 472.

[43] In der Forschung wird die protestantische Ascendancy des 18. Jahrhunderts auch als ‚Anglo-Iren' bezeichnet, so dass dieser Begriff zwei ganz unterschiedliche Bevölkerungsgruppen, nämlich die mittelalterlichen Anglo-Iren einerseits und die Nachkommen der Neuengländer andererseits, erfasst. Dieses Problem ist in der Forschung bislang nicht gelöst worden (Vgl. ELLIS, Representations, S. 299; CANNY, Identity Formation).

sche Konfession bei der Identitätsformierung der Neuengländer? In der irischen Forschung sind diese Fragen bislang entweder im Rahmen einer kolonialen Interpretation der irischen Geschichte[44] oder – so namentlich von Brendan Bradshaw – mit einer Art ‚umgekehrter' *faith-and-fatherland*-Interpretation[45] beantwortet worden: Bradshaw postuliert nämlich einen unmittelbaren Kausalzusammenhang zwischen dem unter den Neuengländern vorherrschenden Protestantismus calvinistischer Prägung und der englischen Eroberung Irlands.[46] Dass dies nicht unproblematisch ist, hat die in der historischen Forschung geführte Diskussion über die Weber-These deutlich gezeigt. Vor diesem Hintergrund soll im Folgenden die Forschung zur neuenglischen Identität kritisch analysiert werden.

---

[44] Nicholas Canny hat zahlreiche Studien vorgelegt, in denen er – gemäß seiner Anwendung des Paradigmas ‚Kolonialismus' auf Irland – die neuenglische Identität als ‚koloniale' Identität interpretiert. Er stellt die Abgrenzungsidentität der Neuengländer gegenüber den gälischen Iren ausschließlich in den vergleichenden Kontext überseeisch-kolonialer Expansion der Frühen Neuzeit, vor allem englischer Siedler in Nordamerika. Demnach entwickelten die Neuengländer in Irland im Laufe des 16. Jahrhunderts durch den systematischen Aufbau eines „catalogue of abuse" (CANNY, Conquest, S. 127) ein spezifisches Bild der gälischen Iren als – entsprechend der jüdisch-christlichen Denktradition – Ungläubige bzw. Heiden einerseits und – entsprechend der Denktradition des klassischen Altertums – Barbaren andererseits. Tragender Bestandteil dieser Abgrenzungsidentität war nach Canny der – von den Engländern postulierte – gleichermaßen niedrige Zivilisationsstand bei Iren und nordamerikanischen Indianern, der die Kolonialisierung Irlands legitimiert habe, da sie mit der Einführung von Zivilisation verbunden gewesen sei. Im Einzelnen kann dies hier nicht besprochen werden, so viel sei jedoch als Einwand gesagt: Bei seiner Analyse der neuenglischen Identität ignoriert Canny völlig die mittelalterliche Vorgeschichte Irlands, indem er nicht die in der Identität der loyalen Anglo-Iren bereits vorhandenen Elemente einer ethnisch-kulturellen Abwertung der gälischen Iren in seine Betrachtung einbezieht. So meint Canny, die wiederholten Warnungen an die neuenglischen Siedler, den engeren Kontakt mit den Gälen zu vermeiden, weil man von offizieller Seite in England fürchtete, die Neuankömmlinge könnten dem negativen kulturellen Einfluss erliegen, könne nur im überseeischen Kontext erklärt werden. (Vgl. CANNY, Dominant Minorities, S. 54–55). Dagegen zeigt ein Blick auf die mittelalterliche Vorgeschichte, dass diese Befürchtungen genauso bzw. noch plausibler aus den Erfahrungen der mittelalterlichen ‚Kolonisation' Irlands erwachsen konnten, nämlich aus der Tatsache der ‚Gälisierung' der anglo-irischen Lords. (Vgl. oben A.III.1 vor allem zu den Statuten von Kilkenny von 1366; vgl. auch Giraldus Cambrensis [Gerald of Wales], History). Das hier angesprochene Problem wird ausführlicher behandelt in: LOTZ-HEUMANN, Abgrenzungsidentitäten.
[45] Bezeichnend für diese Sicht der Dinge ist, dass Bradshaw von der englischen Eroberung Irlands unter Königin Elisabeth I. als „the Tudor final solution" spricht. (BRADSHAW, B., The Elizabethans and the Irish, Rezension von: CANNY, Conquest, in: Studies 66 [1977], S. 38–50, hier S. 42; vgl. BRADSHAW, Robe and Sword, S. 156).
[46] Vgl. BRADSHAW, The Elizabethans and the Irish: A Muddled Model; BRADSHAW, Robe and Sword; BRADSHAW, Sword, Word and Strategy.

Nach Bradshaws Interpretation unterschieden sich die loyalen Anglo-Iren in ihren Ansichten grundlegend von den Neuengländern, indem sie – vom Humanismus beeinflusst – die gälischen Iren auf friedlichem Wege und durch Erziehung in das neue Commonwealth integrieren wollten.[47] Dagegen hätten die Neuengländer die Anwendung von Gewalt und Zwang befürwortet und in diesem Kontext habe ihre calvinistische Weltsicht, vor allem „the pessimism of its anthropology" and „its emphasis on coercion",[48] eine entscheidende Rolle gespielt. Aus einer aggressiven Konfession resultierte, laut Bradshaw, eine aggressive Politik.

Diese Dichotomie ist sowohl auf realgeschichtlicher Ebene wie auf der Ebene der Identitäten schwerlich aufrechtzuerhalten. Zunächst haben wir auf realgeschichtlicher Ebene bereits gesehen, dass die von Neuengländern dominierte Regierung in Dublin das Ziel einer friedlichen Integration der gälischen und gälisierten Lords in das irische Königreich lange Zeit nicht grundsätzlich aufgab, wenn sie sich auch zunehmend militärischer Mittel bediente. Zudem beruhte, wie Brady herausgearbeitet hat, die Entfremdung der loyalen Anglo-Iren von der neuenglischen Regierung nicht auf dem von Bradshaw postulierten ideologischen Gegensatz zwischen den beiden Gruppen im Hinblick auf die Behandlung der gälischen Iren, sondern auf den wirtschaftlichen Belastungen der loyalen Anglo-Iren durch die *cess.*[49]

Aber vor allem stellt sich die Frage, ob die identitätsmäßigen Fronten so klar abgesteckt waren wie Bradshaw meint und welche Rolle die protestantische Konfession in diesem Zusammenhang spielte. Man wird zunächst nicht übersehen dürfen, dass die loyalen Anglo-Iren bereits im späten Mittelalter eine ausgeprägte Abgrenzungsidentität gegenüber den gälischen Iren entwickelt hatten. Auf der Grundlage dieser Identität propagierten sie immer wieder die kulturelle Inferiorität der Gälen und die Notwendigkeit ihrer ‚Zivilisierung‘, d.h. die Übernahme der ‚überlegenen‘ englischen Kultur. Daraus resultierte die Vorstellung einer Reform Irlands durch die umfassende politisch-kulturelle Anglisierung des neuen Königreichs, die loyale Anglo-Iren und Neuengländer verband.[50]

Doch konnte darüber hinaus auch auf der Grundlage der mittelalterlichen Abgrenzungsidentität der loyalen Anglo-Iren und ohne konfessionellen Hintergrund die Vorstellung formuliert werden, Irland sei nur durch militärisches Vorgehen und die Ansiedlung von Engländern vollständig in

---

[47] Vgl. BRADSHAW, Sword, Word and Strategy; ähnlich auch CANNY, Formation of the Old English Elite, insbes. S. 25.

[48] BRADSHAW, B., The Elizabethans and the Irish, Rezension von: CANNY, Conquest, in: Studies 66 (1977), S. 38–50, hier S. 46.

[49] Vgl. BRADY, Debate: Spenser's Irish Crisis, S. 213.

[50] Siehe oben A.III.1 und unten C.III.1.a. – Zur Lebendigkeit dieser Vorstellungen auch unter den altenglischen Klerikern des späten 16. und frühen 17. Jahrhunderts siehe unten C.IV.2.a.

den englischen Herrschaftsbereich einzugliedern. So meinte der anglo-irische Gentleman Edward Walshe in seinen *Coniectures ... tochinge the state
of yrlande* von 1552: „... eviry goode subiecte that knoweth the state of
yrlande shulde desyre not onely the plantinge of ynglishe men there but
also the comminge of more thither ...“[51]

Und der katholische Erzbischof von Armagh, George Dowdall, schrieb
an Königin Mary im Hinblick auf die *plantation* von Leix und Offaly: „The
second way [of thorough reformation of the civil government, that by consent of the Irish being impracticable] is to have a new conquest, whereby
all the said Irish rebels either must be subdued or banished out of the whole
realm, and English subjects to be planted in their lands thoroughly, ... And
truly, this is the most godly way of reformation and most profitable and
commodious for their Ma[jes]ties [Philip & Mary] ... And let no man find
fault that I call this a godly way of reformation to subdue or banish this
people that be there always disposed to all naughtiness, as murder, stealth,
robbery, and deceit, and do not obey God or man's laws; and therefore, as
it is written in the Civil Law quod Princeps debet purgare provinciam suam
a malis hominibus, I do call it godly to plant good men in the stead of evil;
and this was the occasion that moved the pope's holiness to give the king
licence at the time of the first conquest to take their lands from them ...“[52]

Vor diesem Hintergrund kann Bradshaws These vom ‚protestantischen
Kolonialismus‘ kaum aufrechterhalten werden. Trotzdem ist zu konstatieren, dass sich im Zuge des Scheiterns der friedlichen Staatsbildung einerseits und des zunehmenden Konfessionalisierungsprozesses andererseits
sowohl die politische als auch die konfessionelle Identität der Neuengländer
radikalisierte. Das resultierte jedoch aus den neuenglischen Erfahrungen in Irland[53] und nicht aus einer unmittelbaren Umsetzung einer bereits
radikalen Ideologie in ebensolche Politik.

Als die Staatsbildungsversuche auf dem Weg des *rule by programme*
immer wieder scheiterten, sahen die Neuengländer dies nicht als Problem
ihrer Politik, sondern als Beweis für die inhärente Unreformierbarkeit der
gälischen Gesellschaft. Auch hier erwies sich die im Kontext der Konfessionalisierung als Umbruchphase identifizierte Zeit des späten 16. Jahrhunderts als entscheidend. Jeder neue Fehlschlag englischer Politik und jede
neue Rebellion verstärkten das ‚Gedankengebäude‘ der Neuengländer, wonach sie es angesichts der ‚barbarischen‘ und ‚rebellischen‘ Natur der Iren
nicht mehr für möglich hielten, diese auf friedlichem Wege zu ‚zivilisieren‘.
Nun wurde auf neuenglischer Seite immer entschiedener die Meinung for-

---

[51] Walshe's „Conjectures", hg. v. QUINN, S. 315.
[52] The Archbishop of Armaghs Opinion touching Ireland, Juni 1558, in: Harris:
Collectanea, hg. v. McNEILL, S. 434–435, hier S. 434; vgl. auch QUINN, Ireland, S. 26.
[53] Vgl. BRADY, Chief Governors, S. 296–298.

muliert, nur durch eine vollständige militärische Eroberung Irlands könne die ‚Zivilisierung‘, d.h. ‚Anglisierung‘, des Landes erreicht werden. Erst nach der ‚Entmilitarisierung‘ der gälischen Gesellschaft war es vorstellbar, in den gälischen Gebieten englisches Recht und englische Kultur einzuführen. Auf der Ebene der identitätsmäßigen Abgrenzung ging damit eine deutliche Verstärkung neuenglischer kultureller Überheblichkeit gegenüber den gälischen Iren einher.

Ihren deutlichsten Ausdruck fand die neuenglische Abgrenzungsidentität gegenüber den gälischen Iren auf der Wende vom 16. zum 17. Jahrhundert in Edmund Spensers[54] *A View of the Present State of Ireland*.[55] Darin heißt es: „*Eudox:* It is then a very unseasonable time to plead law, when swords

[54] Der berühmte englische Dichter Edmund Spenser, Autor des Epos *The Faerie Queene*, kam 1580 als Sekretär des Vizekönigs Lord Grey de Wilton nach Irland. Im Jahr 1588 erhielt er Grundbesitz und Kilcolman Castle in der Provinz Munster. Als der Neunjährige Krieg 1598 Munster erreichte, wurde sein Gut niedergebrannt, und er musste mit seiner Familie in die Stadt Cork und danach nach London fliehen. (Vgl. den Klagebrief Spensers anlässlich dieser Ereignisse [A Brief Note of Ireland, 1598], in: Irish History, hg. v. MAXWELL, S. 250–252; vgl. auch Elizabethan Ireland, hg. v. MYERS, S. 60).

[55] Spensers *A View of the Present State of Ireland*, 1596 verfasst, aber erst 1633 publiziert, ist in der Form eines Dialoges geschrieben. (Vgl. SPENSER, A View, hg. v. RENWICK; auch erschienen in einer Taschenbuch-Ausgabe, hg. v. HADFIELD u. MALEY). In den letzten Jahren ist in der Forschung eine heftige Diskussion über das Spensersche Werk ausgebrochen. Dabei geht es vor allem um die Frage, ob Spensers Schrift die neuenglische Identität paradigmatisch verkörpert oder ob sein ausgeprägter Pessimismus letztlich nicht repräsentativ für die neuenglische Bevölkerung insgesamt ist. Brendan Bradshaw hat seine oben referierte allgemeine These im Hinblick auf Spenser wiederholt. Die ‚intellektuelle Quelle‘ des Werkes sei die ‚protestantische Weltsicht‘ des Autors: „Edmund Spenser's *A View of the Present State of Ireland* finds its intellectual source in his protestant world-view.“ (BRADSHAW, Edmund Spenser, S. 76). Nicholas Canny hat *A View* als eine repräsentative Synthese der neuenglischen Haltungen gegenüber dem gälischen Irland interpretiert. (Vgl. CANNY, Identity Formation, S. 169–170; CANNY, Edmund Spenser; CANNY, Spenser's Irish Crisis). Dagegen hat Ciaran Brady argumentiert, Spenser sei einmalig in seinem Pessimismus und damit nicht repräsentativ für die Identität der neuenglischen Bevölkerungsgruppe insgesamt. (Vgl. BRADY, Spenser's Irish Crisis; BRADY, Debate: Spenser's Irish Crisis). Die Literatur zu *A View* von Spenser ist mittlerweile stark angewachsen, vor allem, weil sich auch Literaturwissenschaftler rege an der Diskussion um die historische Bedeutung des Werkes beteiligen. (Vgl. z.B. COUGHLAN, Spenser and Ireland; HADFIELD, Spenser's Irish Experience; vgl. auch HIGHLEY, Shakespeare; MURPHY, Colonialism. In den literaturwissenschaftlichen Arbeiten von Highley und Murphy werden neben Spenser auch andere elisabethanische Schriftsteller, insbesondere Shakespeare, im Hinblick auf ihre Darstellung Irlands und der Iren analysiert). Meines Erachtens verkörpert die Schrift durchaus die neuenglischen Frustrationen und die daraus abgeleitete Abgrenzungsidentität gegenüber den Gälen am Ende des 16. Jahrhunderts, wenn auch teilweise in sehr extremer Form. Insgesamt scheint mir jedoch die Bedeutung von *A View* in der Forschung überbewertet.

are in the hands of the vulgar, or to think to retain them with fear of punishments, when they look after liberty and shake off all government. *Iren:* Then so it is with Ireland continually, for the sword was never yet out of their hand, but when they are weary with wars and brought down to extreme wretchedness; then they creep a little perhaps and sue for grace, till they have gotten new breath and recovered strength again: so as it is in vain to speak of planting laws and plotting of policies till they be altogether subdued."[56]

Die Abgrenzung der Neuengländer gegenüber den loyalen Anglo-Iren fand dagegen zuerst auf konfessioneller Ebene statt. Vor dem Einsetzen der konfessionellen Formierung der Anglo-Iren in den 1580er Jahren hatte es durchaus Beziehungen, z.B. über Heiratsverbindungen, zwischen der alten und der neuen kolonialen Elite gegeben.[57] Doch als sich die Anglo-Iren in der Umbruchphase des späten 16. Jahrhunderts dem tridentinischen Katholizismus zuwandten, grenzten sich die Neuengländer deutlich von ihnen ab.[58]

Der Grund für diese zunehmende Abgrenzung war eindeutig der konfessionelle Faktor, und nicht, wie teilweise in der irischen Forschung argumentiert wird, das Ziel, die Altengländer aus ihren angestammten Ämtern und Privilegien zu verdrängen.[59] Meines Erachtens verkennt man den Charakter des konfessionellen Zeitalters und unterstellt den protestantischen Neuengländern ein unglaubliches Maß an bewusster Heuchelei, wenn man annimmt, ihr Misstrauen gegenüber den Altengländern und ihre Forderung, diesen das königliche Vertrauen zu entziehen und sie von öffentlichen Ämtern auszuschließen, sei ein Vorwand für koloniale Bestrebungen gewesen.[60] Hinter der neuenglischen Abgrenzungsidentität gegenüber den Alt-

---

[56] SPENSER, A View, hg. v. RENWICK, S. 12. – Offensichtlich war man sich dabei der vergebenen Chance mit der Unterwerfungs- und Belehnungs-Politik aus der Regierungszeit Heinrichs VIII. durchaus bewusst. Denn Spenser beklagt in *A View*, dass die gälischen Lords nach ihrer Unterwerfung unter Heinrich VIII. nicht ausreichend kontrolliert worden seien, so dass sie weiterhin ihre eigenen Wege gehen konnten und ihren *surrender-and-regrant*-Verpflichtungen nicht nachkamen. (Vgl. SPENSER, A View, hg. v. RENWICK, S. 6–7).

[57] Vgl. BRADY, Decline, S. 109; CANNY, Identity Formation, S. 163.

[58] Die überragende Bedeutung des konfessionellen Faktors wird allein daran deutlich, dass die Neuengländer mit der kleinen Minderheit der loyalen Anglo-Iren, die sich zum Protestantimus bekannte, Heiratsverbindungen schlossen. (Siehe dazu auch unten C.II.2.c).

[59] Vgl. CANNY, Dominant Minorities, S. 61; CANNY, Identity Formation, S. 171.

[60] Dass die Neuengländer nicht bewusst um den Erhalt einer privilegierten Position, sondern gegen eine als Bedrohung empfundene Konfession kämpften, betont S.J. Connolly auch noch für die zweite Hälfte des 17. Jahrhunderts: „Why were Irish churchmen [of the Church of Ireland] ... so committed to the repression of heresy and irreligion?

engländern stand, wie wir oben schon mehrfach an zeitgenössischen Aussagen aufgezeigt haben, vielmehr die im konfessionellen Zeitalter übliche gedankliche Assoziation von gegnerischer Konfession und zumindest potentiellem Verrat.[61] Während die Krone auf Grund der vielfachen Beweise altenglischer politischer Loyalität und trotz ihres grundsätzlichen Misstrauens gegenüber den katholischen Altengländern häufig gewillt war, mit diesen Kompromisse zu schließen, empfanden die protestantischen Neuengländer dies als existentielle Bedrohung des irischen Königreichs – sowohl politisch als auch religiös, was im konfessionellen Zeitalter genauso schwer oder noch schwerer wog. Die scharfe Entgegnung Lord Deputy Chichesters auf die resignierende Feststellung des Katholiken Sir Patrick Barnewall, er müsse die Inhaftierung für seinen Glauben genauso ertragen wie die Altengländer den Neunjährigen Krieg ertragen hätten, spricht für sich: „You endured the misery of the late war? ... No Sir, we have endured the misery of the war, we have lost our blood and our friends, and have indeed endured extreme miseries to suppress the late rebellion, whereof your priests, for whom you make petition, and your wicked religion, was the principal cause."[62]

Daraus resultierten wiederum zwei neue Dimensionen neuenglischer Abgrenzungsidentität gegenüber den Altengländern, die zunehmend an Bedeutung gewannen. Dies war erstens die Degradierung der Altengländer als – infolge ihres Bekenntnisses für die katholische Konfession – ‚rebellisch' und kulturell ‚degeneriert'. Damit einher ging zweitens die auf der konfessionellen Gemeinsamkeit basierende Assoziation der Altengländer mit den ‚unzivilisierten' und ‚rebellischen' gälischen Iren.

Die Konsequenz war eine letztlich folgenschwere Ab- und Ausgrenzung der loyalen altenglischen Bevölkerungsgruppe. Denn durch ihren Versuch, die Altengländer und die Gälen wegen ihrer gemeinsamen Konfession miteinander zu identifizieren und ihnen die gleiche politische Unzuverlässigkeit und kulturelle Minderwertigkeit zuzuschreiben, förderten die Neuengländer den ‚Zwang zur Konfessionalisierung'. Es war paradox, dass die Neuengländer gerade durch ihr intensives Aus- und Abgrenzungsverhalten

---

One recent study argues that the defence of rigid doctrinal orthodoxy was necessary to uphold the privileges of the Anglican élite. ... Yet it is difficult to see by what psychological mechanism, other than an improbable level of conscious hypocrisy, this particular motive of shoring up the Anglican establishment behind barriers of deliberately created unreason could have operated. A simpler explanation would be that support for old ideas and intolerance of new ones lasted longer in a provincial society than in the metropolis." (CONNOLLY, Religion, S. 175).

[61] Siehe dazu auch die Aussagen von Neuengländern und James I. in C.I.1.b, die Aufschluss geben über deren Vorstellung vom Zusammenhang von Katholizismus und Illoyalität.

[62] Sir John Davys to Salisbury, 1605, in: CSPI 1603–1606, S. 370–373, hier S. 372.

gegenüber den Old English die politische Allianz zwischen Altengländern und gälischen Iren, die sie am meisten fürchteten, zumindest indirekt förderten.[63] Wie wir oben gesehen haben, richtete Vizekönig Wentworth, der *Catholic* und *native* undifferenziert gleichsetzte, auch seine politischen Maßnahmen erstmals nach dieser Maxime aus.[64]

Zugleich wirkte diese Abgrenzungsidentität gegenüber Altengländern und Gälen auch auf die konfessionelle Identität der Neuengländer zurück. Als sich die Church of Ireland zu einer protestantischen Minderheitskirche entwickelte, formierte sich auch die konfessionelle Identität der Neuengländer zu der einer auserwählten und auf allen Seiten von papistischen Feinden, den Werkzeugen des Antichristen, umgebenen protestantischen Minderheit. Die direkte und massive Konfrontation mit dem formierten Katholizismus in Irland förderte die Entstehung eines „militant Protestantism", dessen Hauptmerkmal *anti-popery* war.[65] In diesem Zusammenhang definierten sich die neuenglischen Protestanten auch über die Vorstellung vom ‚Neuen Israel'.

2. Sprache, Propaganda und Geschichtsschreibung

a) Die Identitäten im Spiegel konfessioneller Identifikationsmuster

Im Folgenden werden die konfessionellen Identitäten der drei Bevölkerungsgruppen vor dem Hintergrund von identitätsstiftenden Deutungsmustern untersucht. Dabei geht es vor allem um das Bild vom Neuen Israel.[66] Die Volk-Israel-Analogie war ein wichtiges Motiv im Rahmen der

---

[63] Vgl. CANNY, Dominant Minorities, S. 63.

[64] Siehe oben B.V.1 und B.V.2.b.

[65] ASCH, Antipopery, S. 267; vgl. FORD, Protestant Reformation in Ireland, S. 66, 74.

[66] Die irische Forschung hat sich dieser Frage erstmals in den 1980er Jahren angenommen, als das wissenschaftliche Interesse an den Identitäten insgesamt zunahm. Nicholas Canny beschrieb die Verwendung der Volk-Israel-Analogie in den gälischen Gedichten (vgl. CANNY, Formation of the Irish Mind) und Alan Ford in den Predigten der protestantischen Kleriker (vgl. FORD, Protestant Reformation in Ireland, 1590–1641). Marc Caball hat diese beiden Verwendungszusammenhänge jüngst vergleichend beschrieben und bewertet (vgl. CABALL, Providence). Die hier vorgelegte Analyse teilt jedoch an wichtigen Punkten nicht die Einschätzung von Caball. Dessen Erkenntnisinteresse färbt eindeutig seine vergleichende Bewertung, denn es geht ihm zunächst vor allem darum, die von Cunningham, Dunne und O'Riordan vorgetragenen Analysen der gälischen Gedichte als ‚statisch' und kaum auf die Umwälzungen der Zeit reagierend zu widerlegen. (Vgl. CABALL, Providence, S. 174–175). Vor diesem Hintergrund charakterisiert er die gälische Verwendung des Neu-Israel-Motivs als positiv bzw. dynamisch und die neuenglische als negativ bzw. statisch. Dagegen ist die Frage nach der eventuellen Bedeutung identitätsstiftender Motive und Analogien für die altenglische Bevölkerungsgruppe bislang von der Forschung nicht untersucht worden.

Selbstdarstellung und des Selbstverständnisses der europäischen Völker und Nationen im konfessionellen Zeitalter. Besondere Bedeutung erlangte dieses Identifikationsmuster in Kriegs- und Krisensituationen, wobei sich die Zeitgenossen auf diese Weise ihres besonderen Verhältnisses zu Gott versichern konnten, auch wenn man politisch-militärisch in der Defensive war. Diese Analogie diente auch dazu, das Volk zu religiöser und gesellschaftlicher Disziplin und Wohlverhalten aufzurufen, denn Krisensituationen wurden interpretiert als Strafe Gottes für begangene Sünden. Im Falle eines Sieges über den Gegner trat dann die Auserwähltheit der eigenen Gruppe umso mehr hervor. Aus diesem Grund hatte die Volk-Israel-Analogie in den Nördlichen Niederlanden zur Zeit des Unabhängigkeitskrieges und im England des späten 16. Jahrhunderts während des Kampfes gegen Spanien besondere Bedeutung in der öffentlichen Diskussion und für die Identitätsbildung erlangt.[67] England wurde dabei sowohl im Hinblick auf Sünde und Ungehorsam als auch hinsichtlich seiner Stellung als „God's people"[68] mit dem Volk Israel verglichen.

Es ist also nicht erstaunlich, dass die Volk-Israel-Analogie im Irland des 17. Jahrhunderts für die Identität sowohl der Neuengländer als auch der Gälen große Bedeutung gewann. Die offensichtlich aus einer ausschließlichen Konzentration auf die irischen Verhältnisse zurückgehende These Nicholas Cannys, die gleichzeitige Verwendung dieses Motivs bei Gälen und Neuengländern sei auf die Entstehung einer „hybrid culture" im Irland des frühen 17. Jahrhunderts zurückzuführen, wodurch, „to some degree, the two communities functioned within the same intellectual paradigm",[69] kann mit Blick auf die europaweite und interkonfessionelle Verbreitung dieses Motivs, das offensichtlich als Erklärungs- und Identifikationsmuster in konfessionellen Konflikt- und Krisensituationen Allgemeingut war, nicht aufrechterhalten werden.[70] Cannys „hybrid culture" wäre höchstens als eine Kultur der Konfessionalisierung zu definieren, wobei das gemeinsame intellektuelle Paradigma, da es jeweils entgegengesetzt interpretiert wurde, die Gesellschaft noch weiter spaltete.

Das konfessionelle Bewusstsein der Neuengländer wurde sowohl von der sich in der zweiten Hälfte des 16. Jahrhunderts formierenden Identität

---

[67] Vgl. z.B. WIENER, Beleaguered Isle; COLLINSON, Birthpangs; REGAN, Dutch Israel Thesis.

[68] COLLINSON, Birthpangs, S. 18.

[69] CANNY, Formation of the Irish Mind, S. 114.

[70] So hat auch Marc Caball erkannt, dass gälische und neuenglische „explication of social and political circumstance by reference to the providentialist topos, a universal unit of religious and secular thought in early modern Europe, derived from a common need to account for their fortunes within the context of Christian belief or more precisely within the confines of God's will". (CABALL, Providence, S. 187).

ihres Herkunftslandes England als *Protestant nation*[71] als auch der Entwicklung der Church of Ireland zu einer Minderheitskirche geprägt.[72] Die englische Nation unter Elisabeth verstand sich als ‚protestantisches Bollwerk' gegen die katholischen Mächte, vor allem Spanien, und interpretierte den Kampf zwischen dem Protestantismus und dem Papst als apokalyptisches Ringen zwischen Gott und dem Antichristen.[73] Bei den Neuengländern in Irland wurde dieser Aspekt der englischen Identität durch die unmittelbare Konfrontation mit dem Katholizismus noch wesentlich verstärkt: Sie sahen sich in einer Art ‚Belagerungszustand', der die permanente Verteidigung ihrer Konfession erforderte.

Wie für den *Protestant Englishman*, so wurde auch für die Neuengländer in Irland das „intellectual paradigm"[74] des Vergleichs mit den Israeliten zu einem wichtigen Schlüssel für das Verständnis der eigenen Situation: „If English Protestants saw themselves as the inhabitants of a beleaguered isle, a (potentially) elect nation among the heathens, the Irish Protestants saw their community as an island within an island. If they considered Ireland potentially the chosen land of God's faithful, then at the same time they had to perceive it as the Egypt of Israel's captivity, in which God's people were a small group still awaiting eventual freedom."[75]

Auch in den bardischen Gedichten der ersten Hälfte des 17. Jahrhunderts erlangte, wie wir oben gesehen haben, das konfessionelle Element, das vom Kontinent nach Irland getragen wurde, eine größere Bedeutung und trat als neuer Bestandteil der gälischen Identität deutlich hervor: „... the spread of Counter-Reformation ideas was the most potent influence in effecting the transformation in the outlook of Gaelic poets that occurred in the early decades of the seventeenth century."[76] In der Identifikation des gälischen Irland mit dem Volk Israel lag der Keim für die Entstehung eines Nationalbewusstseins in Verknüpfung mit der konfessionellen Identität. Bezeichnenderweise wurde dieses konfessionelle Identifikationsmuster von den Klerikern in beiden Bevölkerungsgruppen verbreitet: von neuenglisch-protestantischen Predigern einerseits und von gälischen katholischen Klerikern, die von Haus aus Barden waren, andererseits.

Die protestantischen Prediger benutzten das Interpretationsmuster des Neuen Israel zunächst in einem introspektiven Sinn. Sie sahen die Neuengländer als die Israeliten in der ägyptischen Gefangenschaft, als gläubige

---

[71] Vgl. FORD, Protestant Reformation in Ireland, 1590–1641, S. 217–218.
[72] Siehe oben B.IV.3.a.
[73] Vgl. COLLINSON, Birthpangs, S. 17.
[74] CANNY, Formation of the Irish Mind, S. 114.
[75] ASCH, Antipopery, S. 276; vgl. FORD, Protestant Reformation in Ireland, S. 69–70; FORD, Protestant Reformation in Ireland, 1590–1641, S. 244.
[76] CANNY, Formation of the Irish Mind, S. 103.

Minderheit umgeben von Ungläubigen. Stephen Jerome formulierte: „... in this our Ireland; in which we that are Protestants, are planted as some handfuls amongst such swarmes of Papists, as Israelites amongst Egyptians ..., it being popish darkenesse round about us, horrid and fearefull ...“[77] Dieser introspektive Aspekt der neuenglisch-protestantischen Verwendung des New-Israel-Motivs, der häufig gekoppelt war mit dem Hinweis auf das göttliche Verbot von *covenant* und *marriage* mit den Ungläubigen,[78] wird in der Forschung vor allem als ein Beitrag zur Intensivierung der Minderheits-Identität der neuenglischen Protestanten angesehen, indem die Idee des auserwählten Volkes in feindlicher Umgebung ihr kulturelles Überlegenheitsgefühl gegenüber den katholischen Bevölkerungsgruppen Irlands verstärkte.[79]

Doch zeigt der Vergleich mit England, dass dort das Motiv des Neuen Israel häufig auch im introspektiven Sinn verwendet wurde: „But if prophetic preaching intensified the nation's sense of its own identity, it also sought to subdue it and drive it inwards, ... the identification [between Israel and England] consisted in the scale and enormity of the nation's sins, for like Israel England had been faithless, careless and unthankful.“[80] Daraus folgte die Aufforderung zur Buße und zur Reinigung von den Sünden.

Ähnlich forderten die protestantischen Prediger in Irland die Neuengländer auf, sich von ihren Sünden zu reinigen. Das damit auch einhergehende Moment der Extraversion, der Ausrichtung auf den konfessionellen Gegner bzw. auf konkretes Handeln in der irischen Gesellschaft, sollte man jedoch nicht zu gering einschätzen.[81] Denn der Aufruf zur Reinigung von Sünden richtete sich nicht nur an die protestantischen Neuengländer als formierte

---

[77] JEROME, Irelands Jubilee, S. 41; zur Biographie Jeromes vgl. Dictionary, Bd. 29, 1892, S. 348.

[78] Vgl. FORD, Protestant Reformation in Ireland, S. 70; ASCH, Antipopery, S. 282.

[79] Vgl. CABALL, Providence, S. 187; FORD, Protestant Reformation in Ireland, 1590–1641, S. 245. – Vgl. dazu auch das folgende Zitat von Richard Olmstead: „For if monstrous, abominable, and odious profanenesse on the one side; & impious, wicked, and detestable Idolatry on the other side, with a high contempt of God and his sacred ordinances, may make a people immeasurably wicked, if sinne brings the curse of the most High (as sure it doth) then the condition of this Land is wofull and miserable, not only in respect of judgment already powred out, but also depending ...“ (OLMSTEAD, Sions Teares, S. 2–3; zur Biographie Olmsteads vgl. FORD, Protestant Reformation in Ireland, 1590–1641, S. 205–206).

[80] COLLINSON, Birthpangs, S. 18.

[81] Allerdings findet man in den Predigten, die ja immer die Absicht der Ermahnung der Gemeinde verfolgten, nie eine so positive und extravertierte Darstellung wie in Sir Thomas Smiths Pamphlet von 1572, das für seine geplante *plantation* in den Ards warb: „Let us, therefore, use the persuasions which Moses used to Israel, they will serve fitly in this place, and tell them that they shall goe to possesse a land that floweth with milke and hony, a fertile soile truly if there be any in Europe.“ (Zitiert in: CABALL, Providence, S. 186, Fußnote 72).

und abgeschlossene Gruppe, sondern auch an die katholische Bevölkerung Irlands. Oder die Prediger verwiesen auf den ‚göttlichen Auftrag‘, den Katholizismus in Irland zu unterdrücken und den ‚wahren Glauben‘ durchzusetzen. Richard Olmstead formulierte: „... you that are Magistrates ... labour to stay this wrath of God by the severe execution of justice upon malefactours, that keepe and maintain Faires and Markets upon the Sabaoth, upon drunkards, swearers, adulterers, ... Lastly, let all of us, ... turne from our evill wayes; ye natives from your Idolatry, superstition, theft, ignorance and oathes; and yee English from your prophanesse, drunkennesse, luke-warmnesse, and all other sinnes, and let all cry mightily to God, that he will be pleased to accept the bloud of his Sonne to pacifie his indignation towards us, that we may be delivered, as Jerusalem out of the captivity."[82] Und Henry Leslie verwies darauf, dass die Tolerierung katholischer Bräuche den Zorn Gottes auf Irland ziehe.[83] Es wird deutlich, wie die auf die eigene Gruppe fokussierten Disziplinierungs- und Formierungsabsichten der protestantischen Predigten ergänzt wurden durch ein extravertiertes Element, das direkt aus der Konfessionalisierung der irischen Gesellschaft erwuchs: Um Gottes Strafe von Irland abzuwenden, mussten die protestantischen Neuengländer – so ihre Prediger – nicht nur wie jede andere Nation die eigenen Sünden bereuen und Buße tun, sondern sie mussten auch den Katholizismus bekämpfen.

Hieran zeigt sich auch die grundsätzliche Geschlossenheit der Identität der neuenglischen Bevölkerungsgruppe: *Anti-popery* war ihr bestimmendes Element und die von den Predigern geforderte Unterdrückung des Katholizismus wurde von den neuenglischen Amtsträgern politisch umgesetzt, wenn London nicht Zurückhaltung verordnete. Die andauernde Hoffnung, die Krone werde sich der von der neuenglischen Elite geforderten Politik anschließen und einem systematischen Konfessionalisierungsprogramm zur Unterdrückung des Katholizismus zustimmen, wurde in den Predigten der protestantischen Kleriker thematisiert und in das Bild vom Neuen Israel integriert. So erklärte Steven Jerome König David zum Vorbild für König James I. und seinen Sohn Charles, denn während der Herrschaft Davids über Israel „1. There was not a Pagan amongst them, that worshipped any strange God ... 2. Neyther any Idolatrous Jew, to worship Baal ... 3. Neyther was there any Papist hatched in these dayes. ... There was not a Cananite, an Aegyptian in all this goodly godly Company, that offred to any God save Jehova: There was not a Papist in the whole Congregation, that offred any sacrifice to any Angell or Archangell ..."[84]

---

[82] OLMSTEAD, Sions Teares, S. 143–144.

[83] Vgl. LESLIE, A Warning; vgl. auch GILLESPIE, Devoted People, S. 49. Zur Biographie Leslies vgl. Dictionary, Bd. 33, 1893, S. 91–93.

[84] JEROME, Irelands Jubilee, S. 8. – Ähnlich interpretierte der anonyme Autor des Pamphlets *Advertisements for Ireland* aus den 1620er Jahren die Regierung James I. als Zeichen der Hoffnung. (Vgl. CABALL, Providence, S. 184).

Auch in den gälischen Gedichten finden wir die primär introvertierte Anwendung der Volk-Israel-Analogie, die durch eine extravertierte ‚Wendung' ergänzt wurde. Hier stand zunächst die Vorstellung im Vordergrund, das englische Vordringen in Irland sei eine Strafe Gottes für die Sünden der Gälen, die sie – wie Israel in der ägyptischen Gefangenschaft – nun auf sich zu nehmen hätten. Daraus folgte einerseits, dass die Gälen ihre Sünden bereuen müssten, damit Gott ihnen wieder wohlgesonnen sei, und andererseits, dass die Gälen ihre Situation zu akzeptieren hätten, bis Gott sie daraus befreie oder ihnen die Gelegenheit zur Selbstbefreiung gäbe.[85] Diese introspektive Haltung wurde ergänzt durch die Vorstellung von einem ‚zweiten Moses' – häufig dem im Exil lebenden Hugh O'Neill –, der kommen und die Iren aus ihrer Unterdrückung durch die Engländer befreien werde.[86]

In den gälischen Gedichten, die sich mit den Rebellionen und Kriegen im weiteren Verlauf des 17. Jahrhunderts beschäftigten, war das Volk-Israel-Motiv und die Vorstellung vom Eingreifen Gottes immer präsent. So wurde die Rebellion von 1641, solange ihr Ausgang noch nicht entschieden war, als gottgegebene Gelegenheit für die gälischen Katholiken interpretiert, um ihre Sünden wieder gutzumachen und sich von England zu befreien. "In these poems the Irish were frequently compared with the Israelites, whose hour of deliverance from the hands of their oppressors was finally at hand. This would come ... as a reward from God for having endured the punishments which he had permitted them to suffer as a test of their faith."[87] Die Niederlagen des gälischen Irland wurden dann als gottgebene Strafen für begangene Sünden der Iren interpretiert, nicht als Folgen der Übermacht des Gegners.[88]

Während die Iren dachten, die Chance zur Rebellion sei ihnen von Gott gegeben worden, interpretierten die Protestanten die gleiche Rebellion als von Gott gesandte Prüfung ihres Glaubens. Die Protestanten vertrauten je-

---

[85] Vgl. CANNY, Formation of the Irish Mind, S. 110; Ó BUACHALLA, James Our True King, S. 26; CUNNINGHAM, Native Culture, S. 159–161; vgl. auch CABALL, Providence, S. 179.

[86] Vgl. CABALL, Providence, S. 180–182; vgl. auch Ó BUACHALLA, James Our True King, S. 27.

[87] CANNY, Formation of the Irish Mind, S. 109; vgl. CUNNINGHAM, Native Culture, S. 161.

[88] „The explanation provided on each such occasion was that the Catholic Irish had squandered the opportunity provided them by God since instead of directing their energies to God's purpose they had allowed themselves to be distracted by the temptations of the world. Thus, the afflictions that followed in the form of military defeat, loss of property and religious persecution were seen as a divine retribution on the Catholic Irish for disunity and the sins committed by them in their brief moment of victory." (CANNY, Formation of the Irish Mind, S. 110; vgl. CUNNINGHAM, Native Culture, S. 159).

doch mit zunehmendem Fortschreiten der Rebellion auch darauf, dass Gott die Rebellen bestrafen werde. „The repeated outcome of rebellions in seventeenth-century Ireland thus satisfied the Protestants that their confidence had been well placed, and confirmed them in their belief that it was they, and not the Catholic Irish, who were the chosen people of God."[89] Diese neuenglisch-protestantische Überzeugung drückte Stephen Jerome folgendermaßen aus: „And since we have entred into this our Ireland, it's worth our animadversion, how the Lords hand, hath been ... just and heavie, even against Irish traytors, as English, in cutting off them and their bloudie hopes, and plots ever, by one meanes or another: Such is his mercie to us, his justice to our enemies ..."[90]

Nachdem wir nun die identitätsstiftende Wirkung des *New-Israel*-Motivs bei den beiden ethnisch, kulturell und konfessionell klar getrennten Gruppen der katholischen gälischen Iren und der protestantischen Neuengländer

---

[89] CANNY, Formation of the Irish Mind, S. 114; vgl. auch BARNARD, Uses of 23 October 1641.

[90] JEROME, Irelands Jubilee, S. 204. – Marc Caball, der die erste und bislang einzige vergleichende Analyse des *New-Israel*-Motivs in neuenglischen und gälischen Quellen vorgelegt hat, interpretiert dies in den Kategorien von (negativer) ‚Statik' und (positiver) ‚Dynamik'. (Siehe dazu auch oben Fußnote 66). Für ihn ist die Hoffnung auf das Erscheinen eines zweiten Moses in den gälischen Gedichten ein positives, dynamisches Element, es zeugt von politischem Aktivismus. Dagegen interpretiert er die Verwendung des *New-Israel*-Motivs in den neuenglischen Predigten als ‚negativ' und ‚statisch' und sieht darin eine Erklärung für die mangelnde Missionstätigkeit der Church of Ireland. (Vgl. CABALL, Providence, S. 187–188). Im Hinblick auf die Einseitigkeit von Caballs Wertung ist vor allem auffallend, dass er das Motiv der Aufforderung zur Sühne, das in gleicher Weise in den gälisch-katholischen und in den neuenglisch-protestantischen Texten vorkommt, vollkommen gegensätzlich beurteilt – einmal als ‚dynamisch' und einmal als ‚statisch'. (Vgl. CABALL, Providence, S. 182, 185–186). Dies ist meines Erachtens eine sehr problematische Schlussfolgerung. Will man mit den Caballschen Kategorien des ‚Statischen' und des ‚Dynamischen' oder ‚Negativen' und ‚Positiven' operieren, so war weder die neuenglische noch die gälische Verwendung des *New-Israel*-Motivs inhärent ‚statisch' oder ‚dynamisch', sondern beide Eigenschaften waren vorhanden und ergänzten sich. Aus der ‚statischen' Erklärung einer Krisen- und Unterdrückungs- bzw. Minderheitssituation erwuchs eine ‚dynamische' Reaktion, die zur Reinigung von Sünden und zum Kampf für den eigenen Glauben aufrief. – Zudem postuliert Caball die direkte Umsetzung von Identifikationsmustern in Handlungen. Alan Ford hat jedoch in seiner Analyse der neuenglisch-protestantischen Identität bereits darauf aufmerksam gemacht, dass Identifikationsmuster wie das Volk-Israel-Motiv als Reaktion auf die gesellschaftliche, konfessionelle und politische Lage einer Bevölkerungsgruppe entstanden und nicht umgekehrt: „... it would be erroneous to suggest that the theological and intellectual outlook of Irish preachers was the primary cause of the failure of their ministry in Ireland. ... Rather, the pessimism was a product of their experience in Ireland ..." (FORD, Protestant Reformation in Ireland, 1590–1641, S. 228).

beschrieben haben, bleibt die Frage, inwieweit dieses Identifikationsmuster auch für die altenglische Bevölkerungsgruppe von Bedeutung war. Hierzu finden sich aufschlussreiche Hinweise in den Werken des altenglischen Jesuiten Henry Fitzsimon.

Anlässlich der Konfessionalisierungspolitik der Regierung zwischen 1605 und 1607 verfasste Fitzsimon im Jahr 1607 die Schrift *An Answer to Sundry Complaintive Letters of Afflicted Catholics*, die an die betroffenen Altengländer gerichtet war. Fitzsimon passte seine Argumentation der spezifischen ethnischen, kulturellen und konfessionellen ‚Zwischenlage‘ der altenglischen Bevölkerungsgruppe an. Zwar verwendete er an einigen wenigen Stellen auch das Motiv des Neuen Israel, um die Lage der Altengländer biblisch zu verorten,[91] doch bezeichnenderweise nimmt ein anderes Identifikationsmuster wesentlich breiteren Raum ein: der Vergleich mit den frühen Christen im Römischen Reich.

Fitzsimon bezeichnet die „primitive and often persecuted Christians"[92] als „our predecessors"[93] und verwendet zahlreiche Beispiele aus der Geschichte der frühen Christenverfolgungen als Parallelen zur Situation der Altengländer.[94] Besonders bezeichnend ist die Verwendung dieses Bildes im Hinblick auf das Verhältnis der Altengländer zum englischen König. Denn so wie viele frühe Christen Bürger des römischen Reiches waren, so verstanden sich die Altengländer als Untertanen der englischen Krone. Und so wie die Christen durch ihren Glauben in Widerspruch zu dem das religiöse und das weltliche Moment verbindenden Kaiserkult kamen,[95] so stand auch die Identität der Altengländer im Widerspruch zu der im konfessionellen Zeitalter ‚normalen‘ Übereinstimmung zwischen konfessioneller und politischer Identität.

Fitzsimon bot der altenglischen Bevölkerungsgruppe also ein optimal auf sie zugeschnittenes Identifikationsmuster, das dazu geeignet war, einerseits die spezifische Kombination aus politischer und konfessioneller Identität aufrechtzuerhalten, und andererseits das konfessionelle Selbstverständnis der Altengländer als Katholiken zu stärken und zu formieren. Zu-

---

[91] Vgl. FITZSIMON, Answer, S. 2, 44.

[92] Ebd., S. 7.

[93] Ebd., S. 42, vgl. S. 2, 9, 22, 27 und S. 16: „A lamentable declaration, wherein the commissioners, marshals, searches, fines, violence, oppression and impoverishment of innocent subjects, do altogether make up a noble persecution, comparable to some of them of the primitive Christians."

[94] Vgl. auch den Brief des Jesuiten O'Kearney aus dem Jahr 1605: „Sane, si modo oculis faciem rerum nostrarum intueremini et crudelitatem tyrannorum, veram primitivae ecclesiae imaginem quasi expressam videretis ..." (Pater O'Kearney an Ordensgeneral Aquaviva, 20. Nov. 1605, in: Ibernia Ignatiana, hg. v. HOGAN, S. 171–172, hier S. 172).

[95] Vgl. FITZSIMON, Answer, S. 41.

dem enthielt der Vergleich mit den frühen Christen – wenn auch von
Fitzsimon nicht ausdrücklich thematisiert, aber im irischen Kontext offensichtlich – ein Moment der Hoffnung, nämlich auf einen Konfessionswechsel der englischen Krone, da die römischen Kaiser später auch den christlichen Glauben angenommen hatten.

Fitzsimon gelang es durch eine interessante Wendung in seiner Argumentation sogar, die Altengländer sowohl in ihrem katholischen Glauben
als auch in ihrer Loyalität gegenüber dem König zu bestärken. In der in
Form eines Briefwechsels gestalteten Schrift berichten zunächst die altenglischen Katholiken, dass diejenigen, die im Zuge der *mandates* dem staatlichen Druck nachgegeben und sich zur Konformität mit der Staatskirche
entschlossen hätten, dennoch von staatlicher Seite mit Misstrauen betrachtet und keineswegs mit offenen Armen empfangen worden seien. Fitzsimon
antwortet darauf mit dem Hinweis auf Kaiser Constantius Chlorus, der die
Christen, die ihren Glauben verleugneten, um an seinem Hof dienen zu
können, verstoßen habe, um stattdessen die ihrem Gott treuen Christen zu
seinen engsten Beratern zu machen. Fitzsimon weist ausdrücklich darauf
hin, dass der Staat und die Krone mit ihrem Misstrauen gegenüber Altengländern, die Konformität mit der Staatskirche übten, Recht hätten; denn
Menschen, die ihren Glauben und ihren Gott so leicht aufgäben, könnten
auch keine treuen Diener des Königs sein.[96]

Insgesamt wird deutlich, dass das Motiv des Neuen Israel, das Volk und
Religion als Einheit beschreibt, sich vor allem für die neuenglische und die
gälische Bevölkerungsgruppe als Identifikationsmuster eignete. Bei diesen
Gruppen verliefen die politischen, ethnischen und konfessionellen Identitäten parallel, es gab also keine Widersprüche oder Brüche in ihren Identitäten. Dagegen war die Identität der Altengländer gespalten und verlangte
deshalb nach einer anderen Interpretation, die Fitzsimon mit dem Vergleich
zur Situation der frühen Christen anbot.

b) Die Identitätsentwicklungen im Spiegel konfessioneller Geschichtsschreibung

Neben den oben beschriebenen drei ,Großgruppen' der irischen Bevölke-
rung im 16. und in der ersten Hälfte des 17. Jahrhunderts, deren Identitäten
klar abgegrenzt waren, gab es auch Individuen, die auf die eine oder andere
Weise zwischen den oben beschriebenen Gruppen standen. Durch einen
Vergleich der ,normalen' Identitäten mit dem jeweiligen individuellen
Selbstverständnis der ,Außenseiter' kann einerseits der allmähliche Wandel
der altenglischen Identität aufgezeigt werden, und andererseits können
Aufschlüsse über die Bedeutung politischer, ethnischer, kultureller und

---

[96] Vgl. ebd., S. 27.

konfessioneller Faktoren und ihre wechselseitige Beeinflussung in den Identitäten gewonnen werden.

Die unterschiedlichen frühneuzeitlichen Interpretationen der mittelalterlichen Geschichte Irlands stellen einen geeigneten ‚test case' für die Identitäten des 16. und 17. Jahrhunderts dar. Denn die normannische Eroberung des 12. Jahrhunderts mit päpstlicher Autorisierung durch die Bulle *Laudabiliter*[97] warf in der Frühen Neuzeit für alle Gruppen und Konfessionen in Irland Erklärungs- und Rechtfertigungsbedarf auf: Ein an Eroberung und *plantation* interessierter protestantischer Neuengländer konnte zwar die anglo-normannische Eroberung gutheißen, aber nicht die dazugehörige päpstliche Bulle; ein katholischer Gäle, der die Unabhängigkeit Irlands von England anstrebte, konnte zwar die anglo-normannische Eroberung verurteilen, musste aber mit der Tatsache zurechtkommen, dass es eine päpstliche Bulle gab, die diese Eroberung legitimierte.

Dazu kam ein weiterer Aspekt: Im Laufe des 12. Jahrhunderts hatte die irische Kirche eine tief greifende Reformbewegung erfahren. Im Zuge dieser Reform wurde in der von Klöstern dominierten gälischen Kirche das Diözesansystem eingeführt und die Kirche wurde allgemein stärker in Übereinstimmung mit Rom gebracht. Dieser Prozess war zwar zum Zeitpunkt der anglo-normannischen Eroberung bereits im Gang,[98] die päpstliche Bulle *Laudabiliter* enthielt jedoch den ausdrücklichen Auftrag des Papstes an den englischen König Heinrich II., die gälische Kirche zu reformieren.[99]

Im Folgenden werden ausgewählte Schriften des 16. und frühen 17. Jahrhunderts untersucht, die sich mit der politischen und religiösen Entwicklung Irlands im 12. Jahrhundert befassen. Die behandelten Werke sind als Propagandaschriften zu bezeichnen, weil sie alle mit dem Ziel verfasst wurden, die Präsenz bzw. die gesellschaftliche Position einer der drei Bevölkerungsgruppen in Irland zu rechtfertigen oder zu verteidigen. Sie wurden meist von Klerikern verfasst und erschienen zeitgenössisch entweder als Druckschriften oder fanden als Manuskripte nachweislich große Verbreitung.

Eine Ausnahme ist Sir John Davies. Er war kein Kleriker, sondern Attorney General in Irland unter James I. Davies war aber einer der wenigen Neuengländer, die sich mit der Bulle *Laudabiliter* auseinander setzten.[100]

---

[97] Siehe oben A.I.

[98] Siehe oben A.III.2; vgl. detaillierter zur Reform des 12. Jahrhunderts GWYNN, Twelfth-century Reform.

[99] Vgl. Laudabiliter, 1155, übers. in: Irish Historical Documents, hg. v. CURTIS u. MCDOWELL, S. 17–18.

[100] Bei den neuenglischen ‚Laien'-Autoren, so z.B. bei Spenser, stand die politische Geschichte Irlands und damit die Tatsache der mittelalterlichen Eroberung durch die Anglo-Normannen im Vordergrund. Dies war für die protestantischen Neuengländer

Davies verfasste im Jahr 1612 die Flugschrift *A Discovery of the True Causes Why Ireland Was Never Entirely Subdued ... Until the Beginning of His Majesty's Happy Reign*, in der die Geschichte Irlands aus der Sicht eines englischen Juristen, der das *common law* für die einzig wahre Rechtsform hielt, interpretiert wird. Im Zusammenhang mit der Expedition Heinrichs II. nach Irland im Jahr 1171, die auf die Eroberung von 1169 gefolgt war, erwähnt Davies auch die päpstliche Bulle *Laudabiliter*. Er stellt sie in einen Zusammenhang mit den kurzlebigen Unterwerfungen der irischen Lords unter den englischen König und betont, der Papst habe sich genauso wenig für Irland interessiert wie der Teufel, der Christus alle Königreiche der Welt anbot.[101] Durch die Identifizierung des Papstes mit dem Teufel verwirft Davies die päpstliche Verleihung Irlands an den englischen König als nutzlos, ja böse. Es wird deutlich, dass es für einen englischen Protestanten, der die päpstliche Autorität negierte, ein Leichtes war, auch *Laudabiliter* abzulehnen und die Herrschaft über Irland allein aus der Tatsache der Eroberung zu begründen.

In einem wesentlich komplexeren Identitätszusammenhang stand dagegen James Ussher, protestantischer Bischof von Meath und später Erzbischof von Armagh. Ussher war anglo-irischer Herkunft aus den Kreisen des Dubliner Stadtbürgertums. Er gehörte zu der kleinen Minderheit unter den loyalen Anglo-Iren, die zum Protestantismus konvertierten. Wie bereits ausgeführt, spaltete sich Usshers Familie konfessionell auf: Sein Onkel mütterlicherseits war der Katholik Richard Stanihurst.[102] In den Jahren 1622 und 1631 veröffentlichte Ussher die Flugschrift *A Discourse of the Religion Anciently Professed by the Irish and Brittish*.[103] In diesem Pamphlet wollte er – gegenüber Mitteleuropa fast ein Jahrhundert verspätet – für die irische Staatskirche das alle protestantischen Kirchen plagende historische Legitimationsproblem lösen.

---

eine ausreichende Rechtfertigung für die englische Herrschaft über Irland, so dass sie sich im Allgemeinen nicht mit der päpstlichen Bulle und der mittelalterlichen Religions- und Kirchengeschichte Irlands befassten.

[101] „But as the conquest was but slight and superficial, so the pope's donation and the Irish submissions were but weak and fickle assurances. ... the pope had no more interest in this kingdom than he which offered Christ all the kingdoms of the earth ..." (DAVIES, Discovery, S. 74–75). Zum Inhalt der Flugschrift siehe auch oben B.IV.1.a.

[102] Siehe oben B.III.1.c.

[103] Die Schrift erschien zunächst als Anhang zu Christopher Sibthorps Pamphlet *A Friendly Advertisement to the Pretended Catholickes of Ireland*, Dublin 1622. 1631 wurde *A Discourse* dann in London separat veröffentlicht. Sie ist im Zusammenhang mit Usshers Interesse an Kirchengeschichte zu sehen. So veröffentlichte er im Jahr 1613 eine allgemeine Kirchengeschichte bis zum Jahr 1371 mit dem Titel *Gravissimae Quaestionis, de Christianarum Ecclesiarum, Continua Successione Historica Explicatio*.

Dabei orientierte Ussher sich an der von Sleidan und von Flacius Illyricus in den *Magdeburger Centurien* entwickelten Chronologie, wonach die Reinheit der Kirche für sechshundert Jahre nach Christus unbefleckt war. Dann habe der Antichrist sich zu regen begonnen und allmählich habe sich das Verderben in die Kirche eingeschlichen, woraufhin der Antichrist im 11. Jahrhundert entfesselt worden sei. Dies habe zur Tyrannei des Papsttums und zum vollkommenen Verderben der Kirche geführt. Die wahre Kirche sei in den folgenden Jahrhunderten durch kleine Gruppen von Gläubigen aufrechterhalten worden, die von der Papstkirche verfolgt wurden, so z.B. den Waldensern. Die protestantische Kirche des 16. Jahrhunderts habe dann die Reinheit der frühen christlichen Kirche wiederhergestellt.

Vor dem Hintergrund dieser allgemeinen Interpretation suchte Ussher für Irland nachzuweisen, dass die Church of Ireland die Nachfolgerin der frühen keltischen Kirche sei.[104] Seine auf Englisch verfasste Flugschrift richtete sich eindeutig an die katholischen Altengländer, die er zum Protestantismus bekehren wollte.[105] Doch genau zwischen dieser Absicht und der protestantischen Chronologie der Weltgeschichte, die Usshers Interpretation der irischen Geschichte beeinflusste, wird ein Widerspruch sichtbar, der Usshers gespaltene Identität verdeutlicht. Denn als Protestant musste er die Zeit zwischen Hochmittelalter und Reformation, also auch das 12. Jahrhundert, als die Zeit des Antichristen ansehen. Dies war jedoch die Epoche der anglo-normannischen Eroberung Irlands, abgesegnet durch den ‚päpstlichen Antichristen‘, und die Zeit der Besiedelung durch seine „poor countrymen"[106] – darunter auch Usshers eigene Vorfahren.

Zudem stellte die Tatsache, dass der englische König Heinrich II. die Reform der irischen Kirche im Sinne Roms durch die Einberufung der zweiten Synode von Cashel 1171/72 aktiv unterstützt hatte, im Licht der protestantischen Geschichtsinterpretation einen Pakt mit dem Antichristen dar. Usshers Verlegenheit darüber wird deutlich, wenn er dies nur mit den Worten kommentiert: „And thus late was it, before the *Romane* use was fully settled in this Kingdome."[107] Ansonsten vermeidet er eine eingehendere Beschäftigung mit der Religions- und Kirchengeschichte Irlands im

---

[104] Diese Interpretation der Geschichte der Church of Ireland ist in den protestantischen Kreisen Irlands bis auf den heutigen Tag lebendig. Siehe oben A.II.1, Fußnote 32 zu MACCARTHY, A Short History of the Church of Ireland.

[105] „... if unto the authorities drawn out of Scriptures and Fathers ... a true discoverie were added of that Religion which anciently was professed in this Kingdome; it might prove a speciall motive to induce my poore country-men to consider a little better of the old and true way from whence they have hitherto been misledd." (USSHER, Discourse, The Epistle, S. A2 r–v).

[106] Ebd., The Epistle, S. A2 r.

[107] Ebd., S. 33.

12. Jahrhundert: „But our purpose is here only to deale with the doctrine and practice of the elder times [d.h. der frühen keltischen Kirche].“[108]

In Usshers Interpretation der mittelalterlichen Geschichte wird also ein fundamentaler Widerspruch zwischen dem konfessionellen und dem ethnisch-politischen Bestandteil seiner Identität deutlich. An vielen Stellen in seiner Flugschrift versucht Ussher, diesen Widerspruch in seiner Botschaft und seinem Selbstverständnis zu überdecken.[109] Um den katholischen Altenglländern überhaupt ein ‚passendes‘ Identifikationsangebot machen zu können, verlagert er seine Argumentation am Ende der Flugschrift von der konfessionellen auf die politisch-kulturelle Ebene: Erstens, er unterstreicht das Besitzrecht der englischen Krone (und damit inhärent der Altenglländer) auf Irland durch die mittelalterliche Eroberung, die Unterwerfung der gälischen Lords und „divers hundreds of yeares possession“.[110] In diesem Zusammenhang gibt er auch seiner Hoffnung Ausdruck, die säkular-politische Loyalität der Altenglländer zum englischen Königtum werde sie letztlich auch dem Protestantismus zuführen.[111] Zweitens, er spricht die politische Identität der Altenglländer an, indem er den Status Irlands als Königreich besonders hervorhebt.[112] Und drittens betont er im Zusammenhang mit der zweiten Synode von Cashel nicht die religiösen, sondern die politischen Beschlüsse. Dabei versucht er, das kulturelle Überlegenheitsgefühl der Altenglländer gegenüber den Gälen anzusprechen: „For it is fit and most meet, that as Ireland by Gods appointment hath gotten a Lord and a KING from England; so also they [d.h. die gälischen Iren] should from thence receive a better forme of living.“[113]

Im Gegensatz zu Ussher lassen sich bei dem katholischen Engländer Edmund Campion und dem katholischen Anglo-Iren Richard Stanihurst keinerlei Legitimationsprobleme hinsichtlich der mittelalterlichen Geschichte Irlands feststellen. Campion weilte 1570/71 in Irland, wo er im Haus der Stanihursts lebte. Die Forschung hat nachgewiesen, dass die Interpretation der irischen Geschichte in Campions Schrift *Two Bokes of the Histories of Ireland* das Selbstverständnis der Palesmen repräsentiert.[114] Deshalb wird Campions Werk, das erst 1633 veröffentlicht wurde, im Folgenden zusam-

---

[108] Ebd., S. 50.

[109] Usshers spezifische ‚protestantisch–anglo-irische‘ Identität wird anhand von *A Discourse* untersucht in: LOTZ-HEUMANN, Protestant Interpretation; der in diesem Aufsatz vertretenen Interpretation hat sich angeschlossen: FORD, James Ussher.

[110] USSHER, Discourse, S. 118.

[111] Vgl. ebd., S. 131–132.

[112] Vgl. ebd., S. 128.

[113] Ebd., S. 125.

[114] Vgl. MORGAN, H., Campion, Edmund, in: CONNOLLY, Oxford Companion, S. 67.

men mit der 1574 in Antwerpen publizierten Schrift *De Rebus in Hibernia Gestis* von Richard Stanihurst analysiert.[115]

In den Werken von Stanihurst und Campion wird deutlich, dass die spezifische Verknüpfung von konfessioneller und politisch-kultureller Identität bei den loyalen Anglo-Iren eine vollständige Akzeptanz der mittelalterlichen ‚Vor'geschichte Irlands zuließ. So spricht Stanihurst in seiner Einleitung davon, nichts Bemerkenswerteres sei aus allen Epochen der irischen Geschichte berichtet worden als seine ‚Öffnung' durch Männer aus Großbritannien und seine Eroberung durch ihre Siege und Triumphe[116] – ein überwältigender Ausdruck kulturell-ethnischen Selbstbewusstseins.

Campion nennt in seiner Darstellung zwei Gründe für den Erlass der päpstlichen Bulle *Laudabiliter*: Einerseits der angeblich unchristliche Zustand des Landes, den der Papst reformiert sehen wollte, andererseits das Interesse Heinrichs II. an einer Eroberung Irlands. Hier konvergieren das Überlegenheitsgefühl der Engländer und loyalen Anglo-Iren gegenüber der gälischen Kultur, das Streben nach der Herrschaft über Irland und die katholische Konfessionsidentität. Für ein gälisches Publikum wären solche Aussagen völlig unakzeptabel gewesen. Im Gegensatz zu Ussher, der die päpstliche Verleihung als Legitimationsgrundlage für den englischen Besitz Irlands mit keiner Silbe erwähnt, wird diese bei Campion in eine Liste der „claymes to the land of Irland" aufgenommen, die auch alle von Ussher aufgeführten säkularen Begründungen enthält.[117]

Im Hinblick auf die religiös-kirchlichen Reformen erwähnt Campion zwar, dass die Diözesanorganisation in Irland vor dem Eintreffen der Normannen eingeführt worden war, doch misst er dieser Tatsache offensichtlich recht geringe Bedeutung zu. Stattdessen hebt er auch hier wieder die Tätigkeit des englischen Königs hervor, der seinem Versprechen zur Reform Irlands gegenüber dem Papst nachgekommen sei und die zweite Synode von Cashel einberufen habe.[118]

Stanihursts und Campions Darstellungen sind Ausdruck der oben idealtypisch beschriebenen anglo-irischen (und später altenglischen) katholi-

---

[115] Hier verwendet in der Übersetzung von Lennon: On Ireland's Past. De rebus in Hibernia gestis, in: LENNON, Richard Stanihurst.

[116] „Nothing has been recorded in Ireland in any age which is more memorable than its being opened up by men from Britain and its conquest by their triumphs and victories." (STANIHURST, On Ireland's Past, S. 107). Stanihurst näherte sich dann jedoch im Verlauf seines Exils auf dem Kontinent den Gälen an und stand O'Neills Rebellion positiv gegenüber. (Siehe oben C.I.1.b).

[117] CAMPION, Two Bokes, S. [79]–[80].

[118] „The king, not unmyndfull of his charge enyoyned by the popes Adrian and Alexander, entred into a reformacion of the Church, and moved the famouse bushop of Lysmore, St. Christian, then legate, to call a synode at Casshell ..." (Ebd., S. [70]). Campion zählt dann die Beschlüsse der Synode im Einzelnen auf.

schen Identität. Nur diese Konstellation von religiöser und politischer Identität konnte sowohl die päpstliche Bulle *Laudabiliter* als auch die englische Eroberung Irlands und die Oberhoheit des englischen Königs über das Land problemlos akzeptieren.

Dagegen wird bei Geoffrey Keating, einem anderen Autor anglo-irischer Herkunft, deutlich, wie sich die altenglische Identität im 17. Jahrhundert im Zuge der Konfessionalisierung allmählich wandelte. Keating hatte auf dem Kontinent studiert und war als Weltgeistlicher in Munster tätig. Er schrieb um das Jahr 1634 eine Geschichte Irlands in gälischer Sprache.[119] Dieses Werk erschien im Druck erst zu Beginn des 20. Jahrhunderts. Es ist allerdings nachzuweisen, dass es als Manuskript und sogar in Übersetzungen schon im 17. Jahrhundert große Verbreitung fand.[120]

In der Einleitung zu Keatings irischer Geschichte heißt es, dass der Autor beabsichtige, die negativen Darstellungen des gälischen Irland von englischer und altenglischer Seite zu widerlegen.[121] Trotzdem wollte Keating aber mit seiner Interpretation der mittelalterlichen Geschichte Irlands nicht nur die gälischen Iren, sondern auch seine eigene altenglische Bevölkerungsgruppe ansprechen. Folglich ist seine Darstellung sehr vielschichtig und entwirft komplexe historische Konstruktionen.

In seinem Bemühen, die anglo-irische Präsenz in Irland der gälischen Bevölkerung akzeptabel zu machen und das Besitzrecht des englischen Königs zu untermauern, konstruierte Keating einen komplizierten Vorgang der *translatio imperii*. Demnach sei durch das formale Instrument der päpstlichen Bulle das ursprünglich durch Wahl vergebene gälische Hochkönigtum in ein erbliches Lehen der englischen Krone umgewandelt worden.[122] Indem er also die anglo-irische Präsenz in Irland nicht als Folge einer Eroberung, sondern als Erfüllung der päpstlichen Verleihung darstellte,

---

[119] KEATING, History of Ireland / Foras Feasa ar Éirinn. – Keating verfasste neben seiner Geschichte Irlands auch zahlreiche Gedichte auf Gälisch. (Vgl. CANNY, Formation of the Irish Mind, S. 100; DUNNE, Gaelic Response, S. 15). Keating wurde seit dem 19. Jahrhundert immer wieder als Gäle geführt – auch Dunne benutzt die gälisierte Version seines Namens. Bernadette Cunningham hat jedoch nachgewiesen, dass Keating in seinen Schriften keine gälische Identität zum Ausdruck brachte, sondern vor dem Hintergrund eines betont altenglischen Selbstverständnisses eine vermittelnde Position zwischen gälischer und altenglischer Identität einnahm. (Vgl. CUNNINGHAM, Interpretations, insbes. S. 118; CUNNIGHAM, Geoffrey Keating, insbes. S. 134).
[120] Vgl. CUNNINGHAM, Interpretations, S. 118, Fußnote 7.
[121] Vgl. KEATING, History of Ireland / Foras Feasa ar Éirinn, S. 2–73; Ó BUACHALLA, James Our True King, S. 17–18.
[122] Vgl. BRADSHAW, Geoffrey Keating, S. 174–176; Ó BUACHALLA, James Our True King, S. 19. – Keating hebt in diesem Zusammenhang – wie englische und andere altenglische Autoren auch – hervor, dass sich die politischen und kirchlichen Eliten des gälischen Irland Heinrich II. unterworfen hätten.

konnte Keating den Anglo-Iren einen legitimen Platz in der mittelalterlichen Geschichte Irlands zuweisen.

Demgemäß betonte Keating die positiven Aspekte der anglo-normannischen Eroberung, die seiner Meinung nach im Gegensatz zur englischen Kolonisation der Frühen Neuzeit standen. Das Eindringen der Anglo-Normannen sei eine christliche Eroberung gewesen, denn diese hätten nicht versucht, die gälische Sprache zu vernichten, anglo-normannische und gälische Adelige hätten häufig Heiratsverbindungen geschlossen und insgesamt hätten die Anglo-Normannen viel Gutes getan, indem sie z.B. Kirchen und Klöster gründeten.[123]

Der in der päpstlichen Bulle explizit erwähnte Auftrag an den englischen König, die irische Kirche zu reformieren, war aber – noch mehr als die politische Oberhoheit Englands[124] – unakzeptabel für die gälische Identität. Keating betonte deshalb nicht nur, die Iren seien lange vor der Ankunft der Anglo-Normannen ein ‚zivilisiertes‘ und christliches Volk gewesen, sondern behauptete auch, die vom Papst intendierte Reform der irischen Kirche sei vor der normannischen Eroberung bereits von gälischer Seite aus eigenem Antrieb in Gang gebracht worden. Keating vertrat also auch hier eine vermittelnde Position. Er wollte einerseits dem irisch-gälischen Anspruch gerecht werden, wonach die irische Kirche seit Jahrhunderten auf der Seite des wahren katholischen Glaubens stand, andererseits versuchte er, die Autorität des Papstes nicht zu stark zu beeinträchtigen: Dessen Einschätzung der Reformbedürftigkeit der gälischen Kirche sei korrekt gewesen, aber die Gälen seien ihm in der Umsetzung zuvorgekommen.[125]

Keatings altenglisches Bewusstsein wird auch daran deutlich, wie er die Reform der gälischen Kirche durch St. Malachy im 12. Jahrhundert beschreibt. Er betont vor allem die Einführung des Diözesansystems, dessen uneingeschränkte Gültigkeit in den Auseinandersetzungen zwischen altenglischen Weltgeistlichen und gälischen Bettelorden, vor allem den Franziskanern, im späten 16. und 17. Jahrhundert umstritten war.[126] Keating wollte als altenglischer Weltgeistlicher den gälischen Klerikern deutlich machen, dass das Diözesansystem auch in der gälischen Kirche eigentlich eine althergebrachte Institution war.[127]

---

[123] Vgl. BRADSHAW, Geoffrey Keating, S. 179; Ó BUACHALLA, James Our True King, S. 18–19.

[124] Zu gälischer politischer Loyalität gegenüber dem englischen König zu Beginn des 17. Jahrhunderts vgl. Ó BUACHALLA, James Our True King.

[125] Vgl. BRADSHAW, Geoffrey Keating, S. 174; CUNNINGHAM, Interpretations, S. 125.

[126] Siehe dazu unten C.IV.1.b.

[127] Vgl. CUNNINGHAM, Interpretations, S. 125; CUNNINGHAM, Geoffrey Keating, S. 134.

Keating kann auf Grund seiner *Geschichte Irlands* als Repräsentant für die allmähliche Identitätsveränderung vor allem der auf dem Kontinent ausgebildeten Altengländer angesehen werden. Durch die doppelte Konfessionalisierung der irischen Gesellschaft und die Entfremdung der Altengländer vom englischen Staat und seiner Kirche wurde der konfessionelle Faktor in der altenglischen Identität bestimmend, und es erfolgte eine allmähliche Annäherung an die gälischen Iren. Um diesen Prozess zu fördern, versuchte Keating, eine zwischen gälischer und altenglischer Identität vermittelnde Interpretation der mittelalterlichen Geschichte Irlands vorzulegen.

Vereinzelt gab es jedoch bereits im späten 16. Jahrhundert auf dem Kontinent lebende Anglo-Iren, die sich völlig auf die Seite der gälischen Iren stellten. Peter Lombard, der katholische Erzbischof von Armagh, ist hierfür ein Beispiel. Lombard kam zu der Überzeugung, dass dem Katholizismus in Irland nur mit dem Mittel der militärischen Gegenreformation zu helfen sei. Aus diesem Grund unterstützte er Hugh O'Neill im Neunjährigen Krieg und wurde dessen Vertreter in Rom. Damit war er wesentlich früher als seine Verwandten in Irland zur Annäherung an das gälische Irland bereit.[128]

Um Papst Clemens VIII. zur Unterstützung O'Neills zu bewegen, verfasste Lombard im Jahr 1600 die Schrift *De Regno Hiberniae, Sanctorum Insula, Commentarius*. Im Gegensatz zu dem gälischen Autor O'Sullivan Beare, der – wie wir später noch sehen werden – den Inhalt der päpstlichen Bulle *Laudabiliter* uminterpretierte, akzeptierte Lombard die Tatsache, dass Papst Hadrian IV. dem englischen König Irland durch *Laudabiliter* übertragen hatte. Daran schloss er jedoch die Behauptung an, das englische Königtum sei dem Auftrag des Papstes zur religiösen Reform Irlands nicht nachgekommen – im Gegenteil, es hätte die Iren in den Zustand der Barbarei herabgesetzt und am Ende sogar versucht, sie in die Häresie zu zwingen.[129]

Diese Argumentationslinie war geeignet, die päpstliche Bulle als Tatsache zu akzeptieren, ohne den Papst für ihre Folgen verantwortlich zu machen, und gleichzeitig den Papst davon zu überzeugen, dass er Irland nun helfen müsse.[130] Deshalb betonte Lombard auch, dass St. Malachy vor dem Eintreffen der Anglo-Normannen in der gälischen Kirche Reformen durch-

---

[128] Allerdings änderte Lombard nach der Niederlage O'Neills seine Meinung völlig und vertrat fortan die Ansicht, auf der Grundlage der Loyalität zur englischen Krone und der politischen Enthaltsamkeit der in Irland tätigen Kleriker könne die katholische Konfessionskirche aufgebaut werden und auf Tolerierung durch den englischen Staat hoffen. (Vgl. SILKE, Primate Lombard; SILKE, Later Relations).

[129] Vgl. LOMBARD, Commentarius, S. 102–118.

[130] Vgl. MORGAN, Hugh O'Neill, S. 29–31.

geführt habe und hob die an Rom orientierten Elemente dieser Reform hervor.

Zum Abschluss sollen zwei Autoren gälischer Herkunft vorgestellt werden: Philip O'Sullivan Beare und John Colgan. Philip O'Sullivan Beare war ein gälischer Lord, der in Spanien im Exil lebte.[131] Im Jahr 1621 veröffentlichte er in Lissabon *Historiae Catholicae Iberniae Compendium*. Im Gegensatz zu Geoffrey Keating wollte O'Sullivan Beare mit seiner Darstellung ausschließlich die gälischen Iren rechtfertigen, die sich im politischen Widerstand gegen die englische Krone befanden und den englischen Anspruch auf Souveränität über Irland zurückwiesen.

Infolgedessen war die päpstliche Verleihung Irlands an den englischen König für O'Sullivan Beare genauso unakzeptabel wie für Davies und Ussher, aber aus entgegengesetzten Gründen. O'Sullivan Beare war sogar in einer noch schwierigeren Situation. Er konnte als Katholik nicht das Papsttum für den Erlass der Bulle *Laudabiliter* kritisieren, auch wenn er die Bulle an sich und ihre Folgen zutiefst ablehnte. Seine Lösung für dieses Problem bestand darin, dass er zum einen behauptete, Heinrich II. habe Papst Hadrian IV. durch falsche Behauptungen über Irland zum Erlass der Bulle bewegt.[132] Zum anderen definierte er den Bedeutungskern der Bulle um. Für ihn verkörperte der Satz „saving to the blessed Peter and the Holy Roman Church the annual tribute of one penny from every house"[133] den alleinigen Auftrag der Bulle *Laudabiliter* an den englischen König. Deshalb kommentierte er die päpstliche Verleihung des Titels ‚Lord of Ireland' an den englischen König mit der Bemerkung: „Sicut Dominum venerentur, id est, ut principem dignum magno honore, non Dominum Iberniae, sed praefectum causa colligendi tributi ecclesiastici."[134] Eine Einsetzung des englischen Königs als ‚Herr' über Irland durch die päpstliche Bulle konnte O'Sullivan Beare beim besten Willen nicht akzeptieren.

John Colgan war Franziskaner am St. Anthony's College in Löwen. Im Jahr 1645 erschienen seine *Acta Sanctorum*. Bernadette Cunningham hat in ihrer Analyse dieses Werks herausgearbeitet, dass Colgan eine historische Argumentationslinie entwickelte, die anglo-irischen Autoren nicht zugänglich war: Er erklärte die Probleme und Unzulänglichkeiten der irischen Kir-

---

[131] Vgl. MORGAN, H., O'Sullivan Beare, Philip, in: CONNOLLY, Oxford Companion, S. 420.
[132] Vgl. O'SULLIVAN BEARE, Compendium, S. 63.
[133] Laudabiliter, 1155, übers. in: Irish Historical Documents, hg. v. CURTIS u. McDOWELL, S. 17–18, hier S. 17.
[134] O'SULLIVAN BEARE, Compendium, S. 64.

che ausschließlich mit Fremdeinwirkung, die daraufhin durch das Wirken gälischer Heiliger wieder beseitigt wurden.[135] So wurde in Colgans Version der irischen Kirchen- und Religionsgeschichte das frühe christliche Irland, die Insel der Heiligen, durch die Wikingereinfälle gestört, woraufhin es im 12. Jahrhundert durch Heilige wie St. Malachy wieder seinen ursprünglichen religiösen Glanz erhielt. In dieser Version der Ereignisse werden die anglo-normannische Eroberung und die Einflussnahme des englischen Königs auf die irische Kirche im 12. Jahrhundert schlichtweg ignoriert, um dann die englische Krone umso deutlicher für die ‚Häresie' des 16. Jahrhunderts verantwortlich zu machen.

Zusammenfassend lässt sich festhalten, dass die frühneuzeitlichen Interpretationen der irischen Geschichte des 12. Jahrhunderts den Einfluss, den die doppelte Konfessionalisierung auf die Identitäten hatte, deutlich widerspiegeln. Denn sobald sich ein Autor mit der anglo-normannischen Eroberung Irlands, der päpstlichen Bulle oder der Kirchenreform des 12. Jahrhunderts beschäftigte, musste er dies nicht mehr nur mit seiner politisch-ethnischen Identität, sondern auch mit seiner konfessionellen Identität vereinbaren. Hier traten dann Brüche und Widersprüche auf, die Rückschlüsse auf das Selbstverständnis des jeweiligen Verfassers zulassen.

Der Versuch Erzbischof Usshers, die katholischen Altengländer durch die Konstruktion einer protestantischen Interpretation der irischen Geschichte zu bekehren, konnte angesichts der offensichtlichen Widersprüche und seiner eigenen zwiespältigen Identität nicht erfolgreich sein. Dies bestätigt Ciaran Bradys Einschätzung der kleinen protestantischen Minderheit unter den loyalen Anglo-Iren: „... [they] found themselves ... increasingly isolated and without influence in their own community."[136]

In der Geschichtsinterpretation Richard Stanihursts und Edmund Campions zeigte sich die spezifische Identität der loyalen Anglo-Iren des späten 16. Jahrhunderts, die den Katholizismus mit einem dezidiert ‚englischen' politisch-kulturellen Selbstverständnis verband. Es ist bemerkenswert, wie diese Elemente in der Geschichtsschreibung problemlos, ja bequem nebeneinander stehen konnten, wogegen das Selbstverständnis der loyalen Anglo-Iren realhistorisch zu Legitimationskrisen führte, und der Druck zu einer vom konfessionellen Aspekt determinierten Identität ständig wuchs.

Die Geschichtsschreibung spiegelt aber auch den identitätsmäßigen Annäherungsprozess zwischen der altenglischen und der gälischen Bevölkerungsgruppe. Dieser wurde bezeichnenderweise von Autoren, die auf dem

---

[135] „Using a line of argument not available to Irish writers of Anglo-Norman descent, past imperfections were accounted for as resulting from external influences which were ironed out by the efforts of saints." (CUNNINGHAM, Culture, S. 13).

[136] BRADY, Decline, S. 109.

Kontinent lebten, stärker vorangetrieben. Das ‚Extrembeispiel' war Peter Lombard, der in seiner politisch-konfessionellen Identität bereits Ende des 16. Jahrhunderts völlig auf der Seite der gälischen Iren stand. An Geoffrey Keating, dem Altengländer, der durch seine Interpretation des irischen Mittelalters eine identitätsmäßige Brücke zwischen den beiden Gruppen schlagen wollte, wird jedoch deutlich, dass es im frühen 17. Jahrhundert noch ein weiter Weg war bis zu einer gemeinsamen altenglischen und gälischen Identität als ‚irische Katholiken' – zu unterschiedlich waren die historischen Ursprünge und die mittelalterliche Erfahrung, die die frühneuzeitlichen Identitäten beeinflussten.

c) Die Bedeutung von Sprache, Druckschriften und konfessioneller Propaganda für Identitätsentwicklungen und doppelte Konfessionalisierung

Im Kontext der kontinentalen Reformation wird die Verbreitung von Druckschriften, vor allem der muttersprachlichen Bibel und des Katechismus einerseits und der Massenflugschriften andererseits, als entscheidendes Moment angesehen.[137] Dies wird in besonderem Maße für die auf das ‚Wort' ausgerichteten protestantischen Konfessionen und insbesondere den Calvinismus angenommen. Grundsätzlich bestätigt die europäische Geschichte der Reformation und Konfessionalisierung diese Annahme, denn die protestantischen Bewegungen waren im städtischen Milieu, d.h. in dem Milieu mit dem höchsten Alphabetisierungsgrad in der frühmodernen Gesellschaft, am erfolgreichsten.

Irland war dagegen insgesamt ein sehr ländlich geprägtes Land, in dem die wenigen anglo-irischen Städte fast wie Fremdkörper wirkten. Zudem war die sprachliche Situation in Irland nicht einheitlich: In den gälischen Gebieten und teilweise auch in den anglo-irischen Lordships wurde Gälisch gesprochen, in den Städten und in der Pale Englisch. Hinzu kommt die Tatsache, dass die gälische Kultur in hohem Maß auf Mündlichkeit beruhte. Innerhalb der gälischen ‚Berufsstände', den *aes dána*, war die schriftliche Aufzeichnung von Gedichten, Annalen und Rechtskodizes zwar üblich, doch wurden insbesondere die bardischen Gedichte durch mündlichen Vortrag verbreitet.[138] Der Alphabetisierungsgrad der irischen ländlichen Gesellschaft war insgesamt sehr niedrig.

In der Forschung zur irischen Reformation wird die Tatsache, dass die Church of Ireland ihre Glaubenstexte erst vergleichsweise spät ins Gälische übersetzte und keine anderweitigen Erbauungs- oder Propagandatexte in dieser Sprache hervorbrachte, als ein wesentlicher Teil der so genannten ‚praktischen Schwierigkeiten' angesehen, die für das Scheitern der protes-

---

[137] Vgl. z.B. MOELLER, Stadt und Buch.
[138] Vgl. Ó CUÍV, Irish Language, S. 513–523.

tantischen Reformation verantwortlich gemacht werden.[139] Dies ist jedoch meines Erachtens wesentlich differenzierter zu beurteilen, als es bislang in der Forschung geschehen ist. Denn die Bedeutung von Sprache und Druckschriften im Prozess der Konfessionalisierung in Irland kann auf Grund der oben beschriebenen ‚Zweiteilung' Irlands in eine große ländlich und gälisch geprägte Zone und eine kleine städtisch und englisch geprägte Zone nicht generell bestimmt werden. Vielmehr müssen die beiden ‚Zonen' getrennt betrachtet werden.

Im Vergleich zu den Entwicklungen auf dem Kontinent trifft es zu, dass Übersetzungen wichtiger protestantischer Schriften ins Gälische ungebührlich lange auf sich warten ließen. Elisabeth I. stellte zwar finanzielle Mittel bereit, um das Neue Testament übersetzen zu lassen, doch blieben ihre Bischöfe in Irland untätig und mussten im Jahr 1567 ermahnt werden, die Übersetzung endlich voranzutreiben oder das Geld zurückzugeben.[140] Trotzdem lag das erste in Irland in gälischer Sprache gedruckte Buch, ein Katechismus, erst im Jahr 1571 vor.[141] Die Bibelübersetzung wurde im 16. Jahrhundert nicht mehr vollendet, und im Jahr 1603 erschien zunächst nur das Neue Testament.[142] 1608 lag schließlich auch das für den Gottesdienst unentbehrliche *Book of Common Prayer* in gälischer Sprache vor.[143] Der Veröffentlichungszeitpunkt dieser beiden Werke ist durchaus bezeichnend, denn er macht wiederum den oben konstatierten ‚Aufbruch' im frühen 17. Jahrhundert nach der Eroberung der gesamten Insel durch England deutlich. Die Staatskirche sollte nun in alle Gegenden des irischen Königreichs ausgreifen, auch jene, die ihr bislang völlig unzugänglich waren. Der für seinen *persuasive approach* gegenüber dem gälischen Irland bekannte Bischof Bedell von Kilmore (1629–1642)[144] förderte aktiv die Übersetzung des Alten Testaments ins Gälische, die jedoch erst im Jahr 1686 im Druck erschien.[145] Daneben verfassten die Kleriker der Church of Ireland keine Erbauungs- oder Propagandaschriften in gälischer Sprache.

Vergleicht man die irische Entwicklung mit der in Wales, so scheint hier tatsächlich ein entscheidendes Versäumnis der Church of Ireland vorzuliegen. Denn die Staatskirche in Wales hatte bereits im Jahr 1567 sowohl das

---

[139] Vgl. FORD, Protestant Reformation in Ireland; CLARKE, Varieties of Uniformity.

[140] Vgl. Remembrances taken upon the accompt of Sir William Fythwylliams, 1567, in: CSPI 1509–1573, S. 356.

[141] Vgl. Ó CUÍV, Irish Language, S. 511; MOODY, MARTIN, BYRNE, Chronology of Irish History, S. 210.

[142] Vgl. Ó CUÍV, Irish Language, S. 512; MOODY, MARTIN, BYRNE, Chronology of Irish History, S. 222.

[143] Vgl. MOODY, MARTIN, BYRNE, Chronology of Irish History, S. 224.

[144] Vgl. BOTTIGHEIMER, Hagiography.

[145] Vgl. MOODY, MARTIN, BYRNE, Chronology of Irish History, S. 249.

Prayer Book als auch das Neue Testament in walisischer Sprache herausgebracht, und 1588 lag die gesamte Bibel in der Volkssprache vor. Zudem wurde religiöse Literatur in walisischer Sprache publiziert.[146]

Doch die Bedeutung von Druckschriften in der Muttersprache für die erfolgreiche Durchsetzung des Protestantismus in einer ländlichen gälischen Gesellschaft reduziert sich, wenn man auf die Verbreitung des Calvinismus in den schottischen Highlands blickt. Hier hat die jüngere Forschung aufgezeigt, dass zwar die Bereitstellung von Druckschriften in gälischer Sprache in den Highlands ähnlich ‚verspätet‘ wie in Irland erfolgte,[147] der calvinistische Glaube dort im späten 16. Jahrhundert aber dennoch erfolgreich verbreitet wurde. Der Erfolg bei der Durchsetzung des Calvinismus im gälischen Schottland beruhte nicht auf muttersprachlichen Druckschriften, sondern auf den „Multiplikatoren".[148] Von besonderer Bedeutung waren hierbei die gälischen *learned orders*, vor allem die traditionellen Klerikerfamilien und die Barden, die in Schottland für die Reformation gewonnen werden konnten. Sie passten den neuen calvinistischen Glauben der Gesellschaft und Kultur des gälischen Schottland an und vermittelten ihn so in dieser ländlichen Gegend.[149]

Da sich die schottische und die irische gälische Gesellschaft in ihren Strukturen sehr ähnelten, wird man auch in Irland den Grund für das Scheitern der Reformation in der gälischen Gesellschaft nicht in den fehlenden Druckschriften suchen dürfen. Ein ‚negativer‘ Beweis dafür ist zum Beispiel die Äußerung des gälischen Franziskaners Hugh MacCaghwell aus dem Jahr 1618, der sich über das Analphabetentum der gälischen Laien freute, da diese so nicht mit der Häresie in Kontakt kämen.[150] Druckschriften können also für die Durchsetzung einer Konfession in einer gälischen Gesellschaft nur als mittelbar wichtig angesehen werden, d.h. als Hilfsmittel für die Kleriker. Deshalb ist es nicht verwunderlich, dass Druckschriften in gälischer Sprache auch auf Seiten der katholischen Konfessionskirche in Irland nur eine sehr geringe und zudem erst verhältnismäßig spät einset-

---

[146] Vgl. JENKINS, Anglican Church, S. 118–120.

[147] In Schottland lag im Jahr 1567 das *Book of Common Order* in Classical Gaelic vor, also in der Schrift- und Hochsprache, aber nicht in der Volkssprache, dem Scottish Gaelic. Bibelübersetzungen in Scottish Gaelic wurden sogar erst im Jahr 1767 (Neues Testament) und 1801 (Altes Testament) veröffentlicht. In Classical Gaelic lagen diese 1603 und 1701 vor, also etwa zur gleichen Zeit wie die Übersetzungen ins Gälische in Irland. (Vgl. DAWSON, Calvinism, S. 238).

[148] REINHARD, Katholische Konfessionalisierung, S. 426.

[149] Vgl. DAWSON, Calvinism, S. 237–242. Insofern ist auch die Rekrutierung der Barden und der traditionellen Kleriker, wie z.B. der Franziskaner, für den Katholizismus im gälischen Irland als wesentlicher Faktor im Prozess der katholischen Konfessionsbildung und der doppelten Konfessionalisierung anzusehen. Siehe dazu auch unten C.IV.1.b.

[150] Vgl. CUNNINGHAM, Geoffrey Keating, S. 143.

zende Rolle spielten: 1611 veröffentlichte Bonaventure O'Hussey in Antwerpen den ersten katholischen Katechismus in gälischer Sprache.[151]

Im katholischen Bereich waren es die auf dem Kontinent lebenden gälischen und altenglischen Kleriker, die seit Beginn des 17. Jahrhunderts zunehmend Erbauungs-, aber vor allem Propagandawerke veröffentlichten. Diese wurden jedoch in ihrer großen Mehrzahl keineswegs für die unmittelbare Verwendung in der katholischen Kirche in Irland geschrieben, sondern waren vornehmlich für das kontinentale Publikum bestimmt und damit sozusagen Teil einer ,Propaganda für das katholische Irland' auf dem Kontinent. Dies wird durch die Tatsache unterstrichen, dass die betreffenden Werke vorwiegend in lateinischer Sprache verfasst wurden.

Hierzu zählt zum Beispiel die oben genannte Schrift *De Regno Hiberniae, Sanctorum Insula, Commentarius* von Peter Lombard, die an Papst Clemens VIII. gerichtet war. Ähnlich verhielt es sich mit den Werken des gälischen Franziskaner John Colgan, *Acta Sanctorum* und *Triadis Thaumaturgae*,[152] Henry Fitzsimons *Catalogus Aliquorum Sanctorum Hiberniae*,[153] David Rothes *Hibernia Resurgens*[154] und auch der von Michael O'Clerigh und den anderen Autoren der *Annals of the Four Masters* zusammengestellten Genealogie irischer Heiliger.[155] Alle diese Werke sind einzuordnen in die zwischen katholischen Gelehrten irischer und schottischer Herkunft auf dem Kontinent geführte Kontroverse um die „Irishness or Scottishness of saints".[156] Schottische Gelehrte, vor allem Thomas Dempster, hatten zahlreiche Heilige für ihr Heimatland reklamiert, wogegen gälische und altenglische Gelehrte gleichermaßen die irische Herkunft der umstrittenen Heiligen verteidigten.[157]

Doch war die Bedeutung dieser Werke langfristig nicht auf einen kontinentalen Gelehrtenstreit beschränkt. Vielmehr ist ihre Rolle im Rahmen der Schaffung einer einheitlichen katholischen Identität, zunächst natürlich unter den auf dem Kontinent ausgebildeten Klerikern, nicht zu unterschätzen.[158] Im Gegensatz zu der die Unterschiede zwischen der altenglischen

---

[151] Vgl. MOODY, MARTIN, BYRNE, Chronology of Irish History, S. 224.

[152] COLGAN, John, Acta Sanctorum Veteris et Majoris Scotiae, seu Hiberniae Sanctorum Insulae ..., Louvain 1645; COLGAN, John, Triadis Thaumaturgae, seu Divorum Patricii, Columbae, et Brigidae ... Acta, Louvain 1647; vgl. CUNNINGHAM, Culture, S. 222–223; MOODY, MARTIN, BYRNE, Chronology of Irish History, S. 235–236.

[153] FITZSIMON, Henry, Catalogus Aliquorum Sanctorum Hiberniae, Douai 1615; vgl. CUNNINGHAM, Culture, S. 225.

[154] ROTHE, David, Hibernia Resurgens, Rouen 1621; vgl. CUNNINGHAM, Culture, S. 225.

[155] Vgl. CUNNIGHAM, Culture, S. 21–22. Die *Annals of the Four Masters* wurden im 17. Jahrhundert nicht im Druck veröffentlicht.

[156] CUNNINGHAM, Culture, S. 23.

[157] Vgl. Ó BRIAIN, Irish Hagiography; CUNNINGHAM, Culture, S. 21–24.

[158] Vgl. z.B. CUNNIGHAM, GILLESPIE, Saints.

und der gälischen Identität noch länger widerspiegelnden Geschichtsschreibung[159] vereinte die Verteidigung irischer Heiliger gälische und altenglische Gelehrte zu einem ‚common cause‘.

Zudem veränderten diese Schriften auch die Identität der irischen Heiligen: Die regional unterschiedlichen und mit ‚Lokalkolorit‘ versehenen mannigfaltigen Versionen der Heiligen wurden nämlich vereinheitlicht und damit im tridentinischen Sinne ‚modernisiert‘.[160] Wenn diese ‚standardisierten‘ „nationally representative saints“ auch zunächst vor allem dazu dienten, Irland auf dem Kontinent als „the island of saints and scholars“[161] zu repräsentieren, wurden sie längerfristig doch auch in Irland verbreitet und trugen zur identitätsmäßigen Annäherung von Gälen und Altengländern im Zeichen des gemeinsamen Katholizismus bei. Eine ähnliche ‚brückenschlagende‘ Wirkung hatte auch die Aufzeichnung von katholischen Märtyrern und die Entstehung von Martyrologien.[162] Denn obwohl die Verfasser der Märtyrerlisten und Martyrologien tendenziell die Angehörigen der eigenen Bevölkerungsgruppe in den Vordergrund stellten,[163] lässt sich doch vor allem im Hinblick auf Kleriker wie den im Jahr 1584 in Dublin hingerichteten Erzbischof O'Hurley feststellen, dass ihr Märtyrertum uneingeschränkt und gleichermaßen von Autoren beider katholischer Bevölkerungsgruppen anerkannt wurde.[164]

Zwei Dinge sind deutlich geworden: Erstens wird man den Erfolg der katholischen Konfessionskirche im gälischen Irland vor allem darauf zurückführen müssen, dass es dieser Kirche im Gegensatz zur Church of Ireland gelang, die muttersprachlichen Multiplikatoren für sich zu rekrutieren. Gälische Druckschriften waren dagegen ein vergleichsweise unbedeutender Faktor im Prozess der doppelten Konfessionalisierung in Irland. Zweitens waren die von Klerikern auf dem Kontinent verfassten Schriften zunächst vor allem auf ein kontinentales Publikum gerichtet, sie sollten für das katholische Irland ‚werben‘ und vereinigten deshalb Gälen und Anglo-Iren zu einem gemeinsamen Ziel. Dies trug langfristig zur identitätsmäßigen Annäherung bei.

---

[159] Siehe oben C.I.2.b.

[160] So zählte man in Irland im frühen 17. Jahrhundert zwölf St. Brigids, vierzehn St. Brendans und 120 St. Colmans. (Vgl. CUNNINGHAM, Culture, S. 23; vgl. auch BURKE, Counter-Reformation Saint).

[161] CUNNINGHAM, Culture, S. 23.

[162] Vgl. z.B. O'SULLIVAN BEARE, Compendium; HOLINGUS, Compendium; vgl. auch CORISH, Irish Martyrs.

[163] So berichtete der Jesuit John Howlin von Märtyrern aus altenglischen Städten, z.B. der von ihrem eigenen Sohn ins Gefängnis geworfenen Margaret Ball. (Vgl. HOLINGUS, Compendium, S. 105–106). Dagegen sah O'Sullivan Beare vorzugsweise gälische Kleriker als Märtyrer. (Vgl. O'SULLIVAN BEARE, Compendium, S. 126–127).

[164] Vgl. HOLINGUS, Compendium, S. 87–88; O'SULLIVAN BEARE, Compendium, S. 123–126.

Im Gegensatz zum ländlichen gälischen Irland gab es für die in englischer Sprache an Irland herangetragene Reformation in den anglo-irischen Städten keine Sprachbarriere. Vielmehr kann man sogar feststellen, dass die loyalen Anglo-Iren die Anglisierungsstrategie der 1536 etablierten Staatskirche mittrugen. Dies fand seinen Ausdruck vor allem im *Act for the English Order, Habit and Language* von 1537,[165] der in der Forschung als programmatische Formulierung des ‚kulturellen Imperialismus' der Church of Ireland angesehen wird.[166] In diesem Parlamentsgesetz wurde das bereits in den Statuten von Kilkenny von den loyalen Anglo-Iren formulierte Anglisierungsprogramm für das gälische und gälisierte Irland[167] verknüpft mit dem Programm Heinrichs VIII. zur Vereinheitlichung des irischen Königreichs zu einem „bodie".[168] Die Parlamentsakte enthielt – und dies wird man auch als einen Reflex anglo-irischer Vorstellungen werten können – die Aufforderung zur eidlichen Verpflichtung der Kleriker, „[to] bid the beades in the English tongue, and preach the word of God in English".[169] Dieser Passus wurde dann erneut in die *Uniformitätsakte* von 1560 eingefügt.[170]

Aus dieser Interessengleichheit zwischen den loyalen Anglo-Iren und der englischen Regierung im Hinblick auf die Anglisierung des irischen Königreichs, die bereits seit dem Mittelalter bestand und in der vorkonfessionellen Phase noch verstärkt wurde, resultierte auch die Reformationsstrategie der Church of Ireland. Diese konzentrierte sich nämlich auf die Pale und die Städte als die nicht nur politisch, sondern auch sprachlich ‚zugänglichen' Gebiete, die dann später als Zentren des Protestantismus auf das Land hinauswirken sollten.[171]

Betrachtet man die Produktion von religiösen Druckschriften in Irland unter diesem Blickwinkel, so stellt sich die Situation durchaus anders dar. Denn im Unterschied zur gälischen, weitgehend analphabetischen Bevölke-

---

[165] Vgl. An Act for the English order habite and language, 1537, in: State Policy, hg. v. CORCORAN, S. 42–43.

[166] Ford bezeichnet die Parlamentsakte Heinrichs VIII. als „the original, definite statement of the necessary link between anglicization and reformation". (FORD, Protestant Reformation in Ireland, 1590–1640, S. 12–13).

[167] Vgl. The Statutes of Kilkenny, 1366, in: Irish Historical Documents, hg. v. CURTIS u. MCDOWELL, S. 52–59; vgl. auch oben A.III.1.

[168] An Act for the English order habite and language, 1537, in: State Policy, hg. v. CORCORAN, S. 42–43, hier S. 42. Siehe dazu auch unten C.III.1.a.

[169] An Act for the English order habite and language, 1537, in: State Policy, hg. v. CORCORAN, S. 42–43, hier S. 43.

[170] Jefferies vertritt gegen die Mehrheitsmeinung in der irischen Forschung die Auffassung, diese Bestimmung in der *Uniformitätsakte* von 1560 sei kein Ausdruck neuenglischer Interessen, sondern reflektiere allein die Antipathie der loyalen Anglo-Iren gegen die gälische Sprache. (Vgl. JEFFERIES, Irish Parliament, S. 133).

[171] Vgl. FORD, Protestant Reformation in Ireland, 1590–1641, S. 48.

rung konnte die protestantische Staatskirche die loyalen Anglo-Iren auch
über konfessionelle Propanda in Form von Druckschriften erreichen. Die
Staatskirche griff hier jedoch zunächst nur auf die aus England eingeführten Glaubenstexte (*Book of Common Prayer*, Bibel) zurück.

Dies änderte sich im Zuge der doppelten Konfessionalisierung auf der
Wende zum 17. Jahrhundert schlagartig. Nun standen sich auf beiden Seiten Kleriker gegenüber, die auf Grund ihrer Ausbildung in kontrovers-
theologische Auseinandersetzungen eintreten konnten. So fand in der
Phase zwischen 1600 und 1632 ein ,Propagandakrieg' statt, dessen Adressat eindeutig die Altengländer der Pale waren. Das wird sowohl an der von
allen Teilnehmern verwendeten englischen Sprache als auch am Inhalt der
Texte deutlich, die häufig die altenglische Bevölkerungsgruppe explizit als
Adressat benannten oder sich mit deren spezifischen Problemen (z.B. Loyalität zum König) auseinander setzten.[172] Diese konfessionelle Kontroverse wurde zudem nicht nur in Druckschriften, sondern auch in Disputationen und durch die Verbreitung von Manuskripten geführt.[173] Auf katholischer Seite waren dabei bezeichnenderweise die Jesuiten, vor allem Henry
Fitzsimon und William Maloney, führend. Auf protestantischer Seite engagierten sich die Inhaber des Lehrstuhls für Kontroverstheologie am Trinity
College, Dublin: James Ussher ab 1607 und danach Josua Hoyle ab
1622.[174]

Auch wenn Alan Ford darauf hingewiesen hat, dass diese Kontrovers-
schriften auf protestantischer Seite letztlich nur die Formierung der neuenglischen Identität vorantrieben,[175] so wird man doch nicht davon ausgehen dürfen, die protestantischen Bemühungen seien angesichts eines bereits
formierten altenglischen Katholizismus von vornherein ins Leere gegangen.
Dagegen spricht die Sorge der von dem Altengländer David Rothe gelei-
teten Synode von Dublin im Jahr 1614, die ausdrücklich den Laien das Lesen von sowohl protestantischen Schriften als auch Werken der Kontro-

---

[172] Vgl. u.a. auf protestantischer Seite: PUTTOCK, Roger, A Rejoinder unto W. Ma-
lone's Reply to the First Article, Dublin 1632; USSHER, Discourse; USSHER, James, An
Answer to a Challenge Made by a Jesuite in Ireland, Dublin 1624; SIBTHORP, Christo-
pher, A Friendly Advertisement to the Pretended Catholickes of Ireland, Dublin 1622;
SYNGE, George, A Rejoinder to the Reply Published by the Jesuites ..., Dublin 1632. –
Auf katholischer Seite: ANONYMOUS, Private Instructions Lately Sent from a Cath.
Gentleman beyond Sea's, unto his Protestant Friend in Ireland, for his Search into
Matters of Religion, 1634; COPINGER, A Mnemosynum; COPINGER, John, The Theatre
of Catholique and Protestant Religion, 1620; FITZSIMON, Catholike Confutation;
FITZSIMON, Iustification; MALONE, William, A Reply to Mr. James Ussher his Answere,
1627. – Die Verfasserin beabsichtigt, diese in der Forschung kaum beachtete Flug-
schriftenkontroverse in einem Aufsatz aufzuarbeiten.
[173] Vgl. GAFFNEY, Religious Controversy, S. 151.
[174] Vgl. ebd., S. 145–147.
[175] Vgl. FORD, Protestant Reformation in Ireland, S. 64.

verstheologie beider Konfessionen in der Muttersprache verbot. Zudem wurde den Laien die Beteiligung an Disputationen über Glaubensfragen untersagt.[176] An den eindringlichen Bestimmungen der Synode wird deutlich, dass die katholischen Kleriker die Propagandaaktivitäten der Protestanten auch noch im 17. Jahrhundert nicht nur als ‚leeres Getöse‘, sondern als eine reelle Gefahr ansahen.

---

[176] Vgl. MORAN, Catholic Archbishops, S. 456–457.

II. Multiplikatoren und soziale Netzwerke

1. Der formal-institutionelle Aspekt

a) Eides- und Unterschriftsleistungen

Der Eid war in der auf ‚Eintracht' (*concordia*) beruhenden Gesellschaft des Mittelalters und der Frühen Neuzeit ein wichtiges Mittel, mit dem der Einzelne auf die Normen des Gemeinwesens verpflichtet wurde – man denke nur an die Stadt als *coniuratio*, als Schwurgemeinschaft.[1] Im konfessionellen Zeitalter wurde dann die Konfession – die „Rechtgläubigkeit" – als wichtiges „Bindemittel der Gesellschaft (vinculum societatis)"[2] angesehen. Deshalb erhielt der Konfessionseid, im Allgemeinen in Form von Eid- und Unterschriftsleistung unter ein Glaubensbekenntnis, entscheidende Bedeutung für die „Konsenssicherung" im „Konfessionsstaat".[3] Die Verpflichtung auf das Glaubensbekenntnis sollte in einer Situation konfessioneller Spaltung wenigstens innerhalb des jeweiligen Territoriums ein einheitliches Bekenntnis sicherstellen und damit die potentielle Spaltung der Gesellschaft verhindern und ein möglichst hohes Maß an Integration herbeiführen.[4]

Der Konfessionseid wurde so zu einem wichtigen und auf breiter Basis angewandten Verfahren der Konfessionalisierung, und zwar im Rahmen des Ausschlusses „von ungeeigneten oder gar gefährlichen und unzuverlässigen Multiplikatoren"[5] der jeweiligen Konfession. Die eidliche Verpflichtung auf das rechte Bekenntnis betraf im Zuge der Konfessionalisierung nicht nur die unmittelbaren Angehörigen der Konfessionskirchen, die Theologen und Pfarrer, sondern auch Personen, die auf andere Weise im frühmodernen Staat als Multiplikatoren ihrer konfessionellen Überzeugung wirken konnten: Lehrer, Ärzte, Hebammen, Juristen, weltliche Beamte. In den deutschen Territorialstaaten wurden diese Multiplikatoren meist systematisch auf ein Bekenntnis, z.B. die *Professio Fidei Tridentina* oder die lutherische *Konkordienformel*, verpflichtet.

Sowohl in Irland als auch in England gab es im Gegensatz zum Kontinent keinen Konfessionseid im Sinne einer Verpflichtung auf ein konfessionelles ‚Bekenntnis'. Den Platz des kontinentalen Konfessionseides nahm hier der so genannte Suprematseid ein, der in den 1560 vom irischen Par-

---

[1] Zum ‚Eid' im konfessionellen Zeitalter und in der ständischen Gesellschaft allg. vgl. SCHREINER, Rechtgläubigkeit; SCHREINER, Iuramentum religionis; HOLENSTEIN, Seelenheil; PRODI, Sakrament.
[2] SCHREINER, Rechtgläubigkeit, S. 354.
[3] Ebd., S. 355.
[4] Vgl. hierzu ausführlich ebd., S. 351–355.
[5] REINHARD, Katholische Konfessionalisierung, S. 429.

lament angenommenen *Act of Supremacy* inkorporiert war.[6] Der *oath of supremacy* hatte folgenden Wortlaut: „I. [sic] A.B. do utterly testify and declare in my conscience that the queen's highness is the only supreme governor of this realm, and of all other her highness's dominions and countries, as well as in all spiritual or ecclesiastical things or causes, as temporal, and that no foreign prince, person, prelate, state or potentate, hath or ought to have any jurisdiction, power, superiority, pre-eminence or authority, ecclesiastical or spiritual within this realm, and therefore I do utterly renounce and forsake all foreign jurisdictions, power, superiorities and authorities, and do promise that from henceforth I shall bear faith and true allegiance to the queen's highness, her heirs and successors, and to my power shall assist and defend all jurisdictions, privileges, pre-eminences and authorities granted or belonging to the queen's highness, her heirs or successors, or united and annexed to the imperial crown of this realm, so help me God, and by the contents of this book."[7]

Der *oath of supremacy* kann als eine Art ‚Mindestverpflichtung' auf die Rolle der Krone in der neuen irischen Staatskirche angesehen werden. Der Eid war kein Glaubenseid im strengen Sinne, denn er enthielt kein konfessionelles Bekenntnis, sondern eine Anerkennung der Königin als geistliches und weltliches Oberhaupt in ihrem irischen Herrschaftsbereich. Damit entsprach er einerseits den politisch-konfessionellen Bedingungen in Irland wie auch in England zu Beginn der Regierungszeit Elisabeths. Der Suprematseid sollte die Anerkennung Elisabeths als Oberhaupt der Kirche sicherstellen, die genaue konfessionelle Ausrichtung der neuen Staatskirche jedoch offen lassen. Andererseits war der Eid aber auch ein ‚versteckter'

---

[6] Auch im Parlament Heinrichs VIII. von 1536/37 war bereits ein *oath of supremacy* beschlossen worden. Der Versuch des Vizekönigs Lord Leonard Grey Ende der 1530er Jahre, in den anglo-irischen Städten den *oath of supremacy* für die weltlichen und kirchlichen Amtsträger einzuführen, blieb jedoch in Ansätzen stecken. (Vgl. Bradshaw, Reformation, S. 452–453; Hayes-McCoy, Royal Supremacy, S. 66; Lennon, Sixteenth-Century Ireland, S. 136; Kenny, Exclusion, S. 338).

[7] The Act of Supremacy, 1560, in: Irish Historical Documents, hg. v. Curtis u. McDowell, S. 121–123, hier S. 123. In der *Suprematsakte* war auch festgeschrieben, wer den neuen Eid ablegen sollte, wobei hier auf den gleichen Personenkreis gezielt wurde wie mit ‚echten' Bekenntniseiden auf dem Kontinent. Ausdrücklich benannt wurden: kirchliches Personal (Erzbischöfe, Bischöfe und „every other ecclesiastical person"), Juristen, Bürgermeister und andere weltliche Amtsträger sowie alle im Dienst der Krone Tätigen; alle Erben und alle Kandidaten für einen akademischen Grad an einer in Irland noch zu gründenden Universität. (Vgl. ebd., S. 122–123; siehe zur Frage der Abnahme des *oath of supremacy* unten C.II.2.a). – Der irische Eid entsprach seinem englischen Vorbild von 1559. (Vgl. An Act restoring to the Crown the ancient jurisdiction over the state ecclesiastical and spiritual, and abolishing all foreign power repugnant to the same [Act of Supremacy, 1559], in: Tudor Constitution, hg. v. Elton, S. 363–368, hier S. 366).

Konfessionseid, denn er wies die geistlich-kirchliche Oberherrschaft des Papstes zurück und schrieb die Lösung der irischen Staatskirche von Rom fest. Damit schloss er implizit die Zugehörigkeit des Schwörenden zur katholischen Kirche aus.

Trotzdem wird man seine Bedeutung in der Dekade zwischen 1560 und 1570 anders einschätzen müssen als danach. Denn es wird einem *church papist* vor 1570, als sich der Papst noch nicht ausdrücklich zur neuen konfessionellen Situation in den Ländern der englischen Krone geäußert hatte, leichter gefallen sein, den Eid zu schwören, als nach 1570, als der Papst Elisabeth durch die Bulle *Regnans in Excelsis* exkommuniziert hatte.[8] Die Bulle machte unmissverständlich klar, dass Elisabeth und ihre Staatskirchen von katholischer Seite als häretisch angesehen wurden, und dies hatte entscheidende Konsequenzen für die Bedeutung des Suprematseides. Er wurde in der Folge zu einem Kristallisationspunkt der doppelten Konfessionalisierung in Irland.

Indem nämlich die päpstliche Bulle die Königin ihres Amtes enthob und ihre katholischen Untertanen von ihrem Treueid entband, fokussierte sie sozusagen für die Krone und die protestantischen Neuengländer das im konfessionellen Zeitalter universelle Denkmuster, wonach der ‚rechte Glaube' und die säkulare Loyalität gegenüber dem Monarchen nicht voneinander zu trennen seien. Im anderen Fall war die Eintracht der Gesellschaft zerstört und der sich zu einer anderen Konfession bekennende Untertan wurde automatisch als Verräter und potentieller Rebell angesehen.[9]

Auch auf Seiten der katholischen Anglo-Iren warf der Eid zunehmend Probleme auf. Denn der Suprematseid stellte ihre Trennung von konfessioneller und politischer Identität[10] permanent auf die Probe, und es wurde für den Einzelnen zu einer häufig schwer zu entscheidenden Gewissensfrage, ob er den Eid leistete oder nicht. Die spezifische Vermischung von politischer und konfessioneller Loyalität, die den Suprematseid auszeichnete, machte es den katholischen Anglo-Iren, die sich am Ende des 16. Jahrhunderts den Anforderungen katholischer Rechtgläubigkeit im Sinne des Tridentinums zunehmend bewusst wurden und damit aus der Position der *church papists* heraustraten, immer schwerer, den *oath of supremacy* abzulegen.

Folgerichtig fielen sowohl der zunehmende Druck der Dubliner Regierung auf Ablegung des Suprematseides durch die lokalen Amtsträger als auch deren sich schärfendes Bewusstsein für die Problematik des Eides in die Phase der Konfessionalisierung im Innern der Gesellschaft im frühen 17. Jahrhundert. Der Eid wurde, obwohl er ursprünglich kein Konfessions-

---

[8] Vgl. SMITH, Emergence, S. 151, 422.
[9] Siehe oben C.I.1.b und c.
[10] Siehe oben C.I.1.b.

eid im kontinentalen Sinne war, aus der Sicht der Regierung zu einem Prüf-
stein politischer und konfessioneller Loyalität und aus der Sicht der Altengländer zu einem Instrument der Konfessionalisierung ‚von oben‘.[11]
	Während die Dubliner Regierung gerade im frühen 17. Jahrhundert im
Zuge des konfessionell-staatlichen ‚Aufbruchs‘ ihren Konformitätsdruck
auf die katholische Elite auch mit Hilfe des *oath of supremacy* verstärkte,[12]
finden wir zur gleichen Zeit in England einen Lösungsversuch der Eidfrage.
Im Jahr 1606 schlug James I. einen *oath of allegiance* für die englischen
Katholiken vor.[13] Dass dies in Reaktion auf den Gunpowder Plot von
1605[14] geschah, mag auf den ersten Blick überraschen, ist jedoch aus Sicht
des Königs nur konsequent: Durch den Eid wollte James seine politisch
loyalen Untertanen innerhalb der *English Catholic community* von den ihm
nach dem Leben trachtenden radikalen Katholiken trennen.[15] Während der

---

[11] Siehe dazu die Ansprache James’ I. an die altenglische Delegation von 1614 oben
C.I.1.b.
[12] Siehe dazu unten C.II.2.a.
[13] Die Anfangspassagen des *oath of allegiance* James’ I. lauteten: „I, A.B., doe
trewly and sincerely acknowledge, professe, testifie and declare in my conscience before God and the world, that our Soueraigne Lord King Iames, is lawfull King of this
Realme, and of all other his Maiesties Dominions, and Countreyes: And that the Pope
neither of himselfe, nor by any authority of the Church, or Sea of Rome, or by any other
meanes with any other, hath any power or authoritie to depose the King, or to dispose
of any of his Maiesties Kingdomes or Dominions, or to authorize any forreigne Prince
to inuade or annoy him or his Countreys, or to discharge any of his Subiects of their
Allegiance and obedience to his Maiestie, or to give Licence or leaue to any of them to
beare Armes, raise tumults, or to offer any violence or hurt to his Maiesties Royall Person, State or Gouernment, or to any of his Maiesties subiects within his Maiesties Dominions." (Oath of Allegiance, abgedruckt in: PHILLIPS, History, Bd. 2, S. 627–628,
hier S. 627).
[14] Bei dem bekannten Gunpowder Plot (Pulververschwörung) im Jahr 1605 hatten
einige radikale Katholiken, darunter Guy Fawkes, versucht, den König mit dem gesamten Parlament in die Luft zu sprengen. (Vgl. WROUGHTON, Stuart Age, S. 166).
[15] Vgl. ASCH, No Bishop, S. 96; FINCHAM, LAKE, Ecclesiastical Policy, S. 185–
186. – In der englischen Historiographie gibt es eine lebhafte Diskussion um die Frage,
inwieweit James I. den Katholiken – u.a. durch das Angebot des *oath of allegiance* –
Toleranz gewähren wollte. Die Positionen schwanken zwischen der These, James habe
den Katholiken eindeutig Toleranz angeboten, dies sei jedoch von päpstlicher Seite mit
der Zurückweisung des *oath of allegiance* abgelehnt worden (vgl. LaRocca, Toleration; ähnlich auch FINCHAM, LAKE, Ecclesiastical Policy), und der von Michael
Questier vertretenen Meinung, der *oath of allegiance* sei ein subtiles Mittel gegen den
Katholizismus in England gewesen (vgl. QUESTIER, Loyalty). Meines Erachtens argumentiert nur Questier im Rahmen frühneuzeitlicher Vergesellschaftung und Religion.
Denn er arbeitet erstens heraus, dass der Eid keineswegs ein rein weltlicher Loyalitäts-
eid war, sondern eindeutig die geistliche Macht des Papstes angriff. Denn eine Passage
des Eides lautete: „... I doe from my heart abhorre, detest and abiure as impious and
Hereticall, this damnable doctrine and position, That Princes which be excommunicated or depriued by the Pope, may be deposed or murthered by their Subiects or any other

englische Archpriest George Blackwell im Jahr 1607 den *oath of allegiance* schwor, wandte sich der Papst in zwei Breven gegen den vorgeschlagenen Eid, verbot den englischen Katholiken den Schwur und setzte den Erzpriester ab.

Obwohl dieser *oath of allegiance* in Irland nie vorgeschlagen, geschweige denn angewandt wurde, ist er im irischen Kontext von Bedeutung, denn er beschäftigte offensichtlich die Gemüter – vor allem in der altenglischen Elite stieß er auf Interesse. Die katholischen Kleriker in Irland versuchten dagegen, ihren Laien deutlich zu machen, dass James' *oath of allegiance* nicht mit dem katholischen Glauben vereinbar sei.[16] Folglich verurteilte die Provinzialsynode von Armagh im Jahr 1614 den *oath of allegiance*, der sich nicht von dem vorhergehenden *oath of supremacy* unterscheide. Einen dieser Eide zu schwören, bedeute, den katholischen Glauben und das Seelenheil aufzugeben. Zudem wandten sich die Kleriker gegen jede Art der *reservatio mentalis*, die Katholiken anwenden könnten, um den Suprematseid doch noch zu schwören. Vielmehr müssten sie den Eid ohne Zögern und deutlich zurückweisen.[17] In einem weiteren Beschluss betonten die katholischen Kleriker zudem, dass die Teilnahme am Gottesdienst der Staatskirche – wenn sie auch nur als Zeichen des staatsbürgerlichen Gehorsams gegenüber dem König verstanden werde – ausdrücklich verboten sei.[18]

---

whatsoeuer." (Oath of Allegiance, abgedruckt in: PHILLIPS, History, Bd. 2, S. 627–628, hier S. 628). Damit wurden „central aspects of Roman doctrine" als „impious and heretical" (QUESTIER, Loyalty, S. 319) bezeichnet, was natürlich weit über einen säkularen Eid der Loyalität zum König hinausging. Zweitens zeigt Questier auf, wie tief greifend der Eid die *Catholic community* in England spaltete und damit im Endeffekt natürlich auch schwächte. Dass eine solche Schwächung – und folglich das langfristige Aussterben – des Katholizismus Ziel James I. war, geht meines Erachtens noch wesentlich deutlicher aus seiner immer aufrechterhaltenen Differenzierung zwischen Klerikern und Laien hervor. Während James die Kleriker insgesamt für *treasonous* hielt, auch wenn sie sich nicht direkt an Anschlägen beteiligten, betrachtete er die Mehrheit der Laien als politisch loyal. Deshalb wurden katholische Kleriker regelmäßig aus den Königreichen James I. ausgewiesen, zudem wurde den Laien mitgeteilt, dass „he would not allow them to live in peace if they continued to grow in numbers and make converts". (LAROCCA, Toleration, S. 31). Daraus spricht die Absicht, dem englischen Katholizismus durch die Ausweisung der Kleriker und das Verbot der Missionierung auf die Dauer die Überlebenschance zu nehmen.

[16] Vgl. z.B. die deutliche Ablehnung des Eides durch den Jesuiten Henry Fitzsimon in: FITZSIMON, Answer, S. 39–41.

[17] Vgl. Dekrete der Provinzialsynode von Armagh, 1614, in: Renehan: Collections, hg. v. MCCARTHY, S. 116–146, hier S. 119–120. In diesem Beschluss wird aber auch dargelegt, dass sich die Kleriker jeglicher politischer Betätigung, vor allem „proditiones et impias rebellium machinationes", enthalten sollten und dass die katholische Kirche Verrat am weltlichen Herrscher verurteilt. (Ebd., S. 119).

[18] Vgl. ebd., S. 120.

Diese deutliche Zurückweisung eines Kompromisses mit der Krone und ihrer Staatskirche im Hinblick sowohl auf den Eid als auch auf das Verhalten der *church papistry* macht deutlich, dass es innerhalb der katholischen Laienschaft auch noch im frühen 17. Jahrhundert die Bereitschaft gab, entsprechende Kompromisse mit der Staatskirche zu schließen. Doch auch von Seiten der Staatskirche wurden solche Kompromisse im Zeitalter der Konfessionalisierung mit Misstrauen gesehen. Bezeichnend dafür ist Artikel 67 der *104 Artikel* der irischen Staatskirche von 1615, in dem Ausflüchte, Zweideutigkeiten und *reservatio mentalis* durch Katholiken ebenso verurteilt werden wie in den katholischen Synodalbeschlüssen.[19]

Während die katholischen Kleriker in Irland auf anderen Ebenen durchaus bereit waren, Kompromisse mit ihrer protestantischen Umwelt zu schließen,[20] wollten sie bei der Frage des Eides offensichtlich den Abgrenzungs- und Verweigerungsprozess gegenüber der Staatskirche vorantreiben. Zu diesem Zweck ging die katholische Hierarchie sogar noch einen Schritt weiter und schuf eine Art ‚Gegeneid', um die Laien zu ‚disziplinieren' und zum offenen Bekenntnis zum katholischen Glauben zu verpflichten. Im Jahr 1596 schrieb William Lyon, der protestantische Bischof von Cork und Ross: „In Waterford the Mayor and Sheriff of the city come not to church, neither will they take the oath of supremacy, and in this city of Cork the bailiffs refuse the oath, neither come they to the church. And I, questioning with one of the last year's bailiffs, ... for whom I sent to know the cause why he would not come to the church nor obey any of Her Majesty's ecclesiastical laws, he made me answer, that he was sworn to the league that he should never come to the church, nor obey any of her Majesty's ecclesiastical laws concerning the same."[21]

In der Phase der Konfessionalisierung im Innern der Gesellschaft im frühen 17. Jahrhundert erwies sich der Suprematseid zunehmend als Hindernis vor allem für drei Personenkreise: erstens, die städtischen Amtsträger, die den Eid beim Amtsantritt schwören sollten; zweitens, die Juristen, die den Eid schwören mussten, um bei Gericht zugelassen zu werden; und drittens, Erben, die den Eid vor Antritt ihres Erbes ablegen mussten.[22] Infolgedessen hatten die Altengländer im Zuge der Verhandlungen um die *Graces* großes Interesse daran, den *oath of supremacy* durch einen rein säkularen Eid abzulösen.

---

[19] Vgl. Articles of Religion, S. xliv; FORD, Protestant Reformation in Ireland, 1590–1641, S. 201.

[20] Dies betraf z.B. den Kalender. (Vgl. dazu unten C.II.2.c).

[21] William [Lyon], Bishop of Cork and Ross, to Lord Hunsdon, 6. Juli 1596, in: CSPI 1596–1597, S. 13–17, hier S. 15–16, vgl. S. 13.

[22] Vgl. CLARKE, Graces, S. 17. Siehe dazu im Einzelnen unten C.II.2.a.

Es wurde schließlich ein irischer *oath of allegiance* in die *Graces* integriert, der von Erben vor dem Court of Wards,[23] von Juristen für die Zulassung und von Studenten an den Inns of Court in London geleistet werden sollte. Für die städtischen Amtsträger wurde die Aufhebung des Suprematseides nicht erreicht. Der irische *oath of allegiance* lautete: „I A.B. do truely acknowledge, profess, testify and declare in my conscience, before God and the world, that our sovereign lord King Charles is lawful and rightful king of this realm, and other his majesty's dominions and countries. And I will bear faithful and true allegiance to his majesty, his heirs and successors, and him and them will defend to the uttermost of my power against all conspiracies and attempts whatsoever, which shall be made against his or their crown or dignity, and to do my best endeavour to disclose and make known unto his majesty, his heirs and successors, or to the lord deputy or other governors for the time being, all treasons and traiterous conspiracies, which I shall know or hear to be intended against his majesty or any of them. And I do make this recognition and acknowledgement, heartily, willingly and truely upon the true faith of a Christian. So help me God."[24]

Der irische *oath of allegiance* der *Graces* unterschied sich erheblich von dem gleichnamigen Eid, den James I. in England vorgeschlagen hatte, denn er enthielt sich tatsächlich jeder konfessionellen oder konfessionell interpretierbaren Äußerung. Trotzdem verpflichtete er den Schwörenden dazu, mögliche Verschwörungen gegen die Krone, die sich auf den katholischen Glauben oder die Autorität des Papstes beriefen, zu verhindern und gegebenenfalls zu verraten.

Meines Erachtens stellt der *oath of allegiance* der *Graces* im Vergleich zu den Konfessionseiden des Kontinents und zum *oath of supremacy* tatsächlich einen säkularisierten oder, besser gesagt, entkonfessionalisierten Eid dar und ist damit für seine Entstehungszeit ausgesprochen bemerkenswert. An der Formulierung des Eides, die von Charles I. im Wesentlichen so in die *Graces* übernommen wurde, wie sie vorher von den Altengländern vorgeschlagen worden war,[25] wird deutlich, dass die Altengländer fähig waren, ihre politische Loyalität zum englischen König unabhängig von ihrer konfessionellen Loyalität gegenüber dem Papst und der katholischen Kirche zu sehen und zu formulieren. Der Eid operiert im Gegensatz zu den von englisch-protestantischer Seite vorgeschlagenen Eiden nur mit politischen und allgemein-christlichen Kategorien („... upon the true faith of a Christian. So help me God.").

---

[23] Siehe dazu genauer unten C.III.1.a.

[24] Instructions from the King to the Deputy and Council of Ireland, 1628, in: Irish Historical Documents, hg. v. CURTIS u. McDOWELL, S. 136–138, hier S. 136–137; vgl. CLARKE, Old English, S. 242–243.

[25] Vgl. CLARKE, Old English, S. 48.

Zugleich macht der Eid jedoch auch die ‚Tücken' des konfessionellen Zeitalters deutlich. Denn im Gegensatz zum englischen *oath of allegiance* James' I. thematisiert er strittige Fragen wie konfessionell motivierte Aufstände und das Recht des Papstes auf Exkommunikation eines weltlichen Herrschers[26] nur indirekt. Gerade deshalb konnte er von protestantischer Seite auch als Akt des Dissimulierens[27] aufgefasst werden, denn er stellte sich nicht dem für die Engländer und Neuengländer virulenten Problem, dass der Papst für sich in Anspruch nahm, weltliche Häupter abzusetzen.

Für die Kleriker der irischen Staatskirche galt zunächst wie für alle anderen Amtsträger der *oath of supremacy*. Daneben wurde in England bereits im Jahr 1571 durch den so genannten *Subscription Act* die Unterschriftsleistung der Kleriker unter die *39 Artikel* der englischen Staatskirche verfügt.[28] Und im Jahr 1583/84 verlangte Erzbischof Whitgift auch die Unterschriftsleistung unter seine gegen die Puritaner gerichteten *Three Articles*.[29] Ganz im Gegensatz dazu entwickelte sich die Church of Ireland. Aus eigenem Antrieb schuf die irische Staatskirche auch in der Hochphase der Abgrenzung gegenüber dem Katholizismus im frühen 17. Jahrhundert keine zusätzliche Konfessionsverpflichtung ihrer Kleriker.

Diese Tatsache steht in engem Zusammenhang mit den Bekenntnissen und Glaubensartikeln der Church of Ireland. Zwischen 1566 und 1615 galten in der Church of Ireland die so genannten *12 Artikel*. Dies war eine erste knappe Formulierung der protestantischen Normen der neuen irischen Staatskirche.[30] Deren Durchsetzung wurde jedoch nicht durch Eid oder Unterschriftsleistung sichergestellt. Stattdessen wurden die Pfarrer angewiesen, die Artikel beim Antritt ihrer Pfarrstelle der Gemeinde vorzulesen und diese Lesung danach jeweils zweimal im Jahr zu wiederholen. Für die Nichteinhaltung dieser Anweisung wurde der Verlust der Pfarrstelle angedroht.[31] Angesichts der zu diesem Zeitpunkt kaum gegebenen Möglichkeiten der Kontrolle dieser Maßnahme wird man davon ausgehen können, dass eine effektive Verpflichtung des kirchlichen Personals auf die *12 Artikel* nicht

---

[26] Siehe oben Fußnoten 13 und 15.

[27] Vgl. HECKEL, Deutschland im konfessionellen Zeitalter, S. 43–44.

[28] Vgl. O'DAY, Tudor Age, S. 61. Der *Subscription Act* verfügte, dass alle unter Heinrich VIII. oder Mary berufenen und alle zukünftig neu zu berufenden Kleriker die Artikel der Staatskirche zu unterschreiben hatten. Dies ist ein deutlicher Hinweis auf das Misstrauen gegenüber den potentiell als ‚fünfte Kolonne' wirkenden Klerikern, die unter Heinrich VIII. und Mary ins Amt gekommen waren.

[29] Vgl. SMITH, Emergence, S. 105, 242, 423; COLLINSON, Puritan Movement, S. 291–332; O'DAY, Tudor Age, S. 63.

[30] Zu den *12 Artikeln* siehe ausführlicher unten C.IV.1.a.

[31] Vgl. Brefe Declaration, S. xxv.

durchgesetzt werden konnte. Während also das englische Verfahren zur ‚dogmatisch-rituellen Disziplinierung' der Kleriker als Äquivalent zu den kontinentalen Eides- und Unterschriftsleistungen angesehen werden kann – nicht zuletzt deshalb, weil dadurch Teile der puritanischen Bewegung aus der englischen Staatskirche gedrängt wurden –,[32] wurde in Irland weder durch den *oath of supremacy* noch durch die Verpflichtung der Kleriker auf die Glaubensartikel eine Kontrolle der Multiplikatoren der Church of Ireland sichergestellt.

Im Jahr 1615 erließ dann die Convocation der Church of Ireland die so genannten *104 Artikel* als Glaubensbekenntnis der irischen Staatskirche. Die theologisch-dogmatische Fixierung der Church of Ireland erfolgte auf einem breiten puritanisch-calvinistischen Konsens.[33] Um diese breite protestantische Basis der Staatskirche nicht zu gefährden, verzichteten die *104 Artikel* auf ein wesentliches Merkmal der kontinentalen Bekenntnisse: Eid oder Unterschrift durch das kirchliche Personal waren erneut nicht vorgesehen.

Im Hinblick auf die Verpflichtung der Kleriker auf das Bekenntnis waren die *104 Artikel* in gewisser Weise sogar ein ‚Rückschritt' hinter die *12 Artikel*. Denn in den *12 Artikeln* wurde von den Klerikern zumindest die regelmäßige öffentliche Verlesung verlangt. Am Ende der *104 Artikel* heißt es in „The Decree of the Synod" dagegen lediglich: „If any Minister, of what degree or qualitie soeuer he be, shall publikely teach any doctrine co[n]trary to these Articles agreed upon, If, after due admonition, he doe not conforme himselfe, and cease to disturbe the peace of the Church, let him bee silenced, and depriued of all spirituall promotions he doth enjoy."[34] Ob allerdings angesichts der in Irland immer wieder schwierigen politisch-konfessionellen Verhältnisse ohne die individuelle Verpflichtung der Geistlichen auf die *104 Artikel* Abweichungen von diesen aufgedeckt werden konnten, ist fragwürdig.[35]

Ein massiver Wandel hinsichtlich der Verpflichtung der Kleriker der Staatskirche auf ein Bekenntnis trat in der Phase der Konfessionalisierung durch Wentworth ein.[36] Im Zuge dieser ‚von außen' an die Staatskirche herangetragenen Konfessionsbildung sollte das vorhandene Personal auf ein verändertes Bekenntnis festgelegt werden. Es kam, wie wir oben bereits gesehen haben, zum Konflikt, und der Konfessionalisierungsdruck ‚von au-

---

[32] Vgl. COLLINSON, Puritan Movement, S. 385–467; SMITH, Emergence, S. 243–244.
[33] Siehe dazu unten C.IV.1.a.
[34] Articles of Religion, S. 1.
[35] Diese Zweifel scheinen sich durch die weite Auslegung der Glaubensartikel vor allem in Ulster zu bestätigen. Siehe dazu unten C.II.2.a.
[36] Zur Convocation von 1634 und den Konflikten zwischen Wentworth und der Klerikerversammlung siehe oben B.V.3.a und C.IV.1.a.

ßen' löste innerhalb der irischen Staatskirche einen Formierungsprozess
aus: Da sie die englischen *39 Artikel* nicht übernehmen wollte, entwarf die
Kommission unter Führung Dean Andrews' einen *canon*, der die ausdrückliche Annahme der *104 Artikel* beinhaltete und die Pfarrer der Church of
Ireland durch Androhung der Exkommunikation auf dieses Bekenntnis verpflichtet hätte.[37]

Als dieser Plan an Wentworth' Widerstand scheiterte und die Annahme
der englischen *39 Artikel* durch die irische Staatskirche nicht mehr zu verhindern war, versuchte Erzbischof Ussher im Gegenzug, die Verpflichtung
auf das englische Bekenntnis im ersten irischen *canon* abzumildern. Im Gegensatz zu der in den englischen *canons* vorgesehenen Exkommunikation
mit öffentlichem Widerruf bei Verstoß gegen das Bekenntnis brachte Ussher die in dem „Decree of the Synod" von 1615 enthaltene Strafe durch Entzug der Pfründe ein, eine – vor allem in Ulster – wesentlich schwieriger
durchzusetzende Zwangsmaßnahme.[38]

Wentworth war jedoch mit dem Ussherschen Vorschlag nicht einverstanden und verfasste einen neuen ersten *canon* für die irische Staatskirche.
Danach hatte jeder Pfarrer die *39 Artikel* mit seiner Unterschrift zu bestätigen.[39] Doch auch dabei ließen Wentworth und Bramhall es nicht bewenden.
Um die Bekenntnisverpflichtung doppelt abzusichern, wurde im irischen
canon 32 verfügt, dass jeder Pfarrer in Zukunft die ersten vier irischen
canons zu unterschreiben habe. Damit verpflichtete er sich auf die folgenden vier Punkte:[40] Erstens, die Annahme der englischen *39 Artikel*; zweitens, die Anerkennung des königlichen Supremats inklusive der Verpflichtung, diesen vier Mal im Jahr in der Kirche zu verkünden; drittens, die
Verwendung des *Book of Common Prayer*; und viertens, die Anerkennung

---

[37] Vgl. KEARNEY, Strafford, S. 115–116; MCCAFFERTY, God Bless, S. 194, 198.
Wentworth schrieb diesbezüglich an Laud: „... they had brought the Articles of *Ireland*
to be allowed and received under the Pain of Excommunication." (The Lord Deputy to
the Archbishop of Canterbury, 16. Dez. 1634, in: Strafforde's Letters, hg. v. KNOWLER,
Bd. 1, S. 342–345, hier S. 343; vgl. CAPERN, Caroline Church, S. 74; REID, Presbyterian Church, Bd. 1, S. 171).

[38] Vgl. MCCAFFERTY, God Bless, S. 195; FORD, Church of Ireland, S. 67.

[39] „For the manifestation of our agreement with the Church of England, in the confession of the same Christian Faith and the Doctrine of the Sacraments: we do receive
and approve the Book of Articles of Religion agreed upon by the Archbishops and
Bishops, and the whole Clergy, in the Convocation holden at London, in the year of our
Lord God, 1562, for the Avoiding of Diversities of Opinions, and for the establishing of
Consent touching true Religion. And therefore if any hereafter shall affirm that any of
those Articles are in any part Superstitious or Erroneous, or such as he may not with a
good conscience subscribe unto, let him be excommunicated, and not absolved before
he make a public Revocation of his Error." (Canons der Church of Ireland, 1634, in:
Constitutions, S. 6–7).

[40] Vgl. MCCAFFERTY, God Bless, S. 203; REID, Presbyterian Church, Bd. 1, S. 175.

der hierarchischen Bischofskirche – ein nicht gerade unwichtiger Punkt für presbyterianisch denkende Kleriker.[41] Damit hatte Wentworth die Bekenntnisverpflichtung in der Staatskirche grundlegend verändert. Während in der Church of Ireland bis 1634 keine Verpflichtung auf die *104 Artikel* vorgesehen war, setzte Wentworth mit den englischen *39 Artikeln* zugleich die Unterschriftsleistung durch. Auch in diesem Punkt verfuhr Wentworth also gemäß den Normen der europäischen Konfessionalisierung.

Für die katholische Konfessionskirche als internationaler Organisation war mit dem Abschluss des Konzils von Trient die *Professio Fidei Tridentina* als Glaubensbekenntnis verbindlich festgelegt. In den deutschen katholischen Territorialstaaten wurde die *Professio Fidei Tridentina* im Zuge der Konfessionalisierung von den Landesherren als „eidliche Bekenntnisverpflichtung" gegenüber Priestern, Lehrern und Professoren durchgesetzt.[42] Die katholische Kirche in Irland konnte bei der Durchsetzung des rechten Bekenntnisses natürlich nicht auf staatliche Unterstützung zurückgreifen. Zudem ist die Quellenlage auf Grund ihres Status als Untergrundkirche recht eingeschränkt, weshalb man über die Durchsetzung der *Professio Fidei Tridentina* unter den katholischen Klerikern in Irland nur beschränkte Aussagen machen kann.

Im Vergleich zur Church of Ireland, die keine Eidesverpflichtung für ihre Amtsträger einführte und dazu erst 1634 auf dem Wege der Zwangskonfessionalisierung ‚von außen' gezwungen wurde, ist es durchaus bemerkenswert, dass die Eidesleistung auf katholischer Seite bereits wesentlich früher gefordert wurde. Die Provinzialsynode von Armagh 1614 legte fest, dass alle in der Seelsorge tätigen Geistlichen dem Bischof einen Eid des Gehorsams zu schwören hätten. Damit sollten die hierarchische Ordnung und das Parochialsystem der katholischen Konfessionskirche untermauert werden, denn es wurde außerdem verfügt, dass der Bischof das Recht zur Bestrafung und Amtsenthebung der Priester habe.[43]

Diese Eidesverpflichtung ist deutlicher Ausdruck der Situation der katholischen Untergrundkirche in Irland im frühen 17. Jahrhundert. Hier bestand noch vor der Verpflichtung der Priester auf das neue tridentinische Glaubensbekenntnis die Notwendigkeit, das Personal der Kirche auf die im Wiederaufbau befindlichen hierarchischen Strukturen festzulegen. Diesem

---

[41] Zugleich resultierte das zwischen Wentworth/Bramhall und den Klerikern der Church of Ireland notwendig gewordene ‚Aushandeln' jedoch im Hinblick auf die theologisch-dogmatische Fixierung der Church of Ireland in dissimulierenden Formulierungen, so dass das irische Bekenntnis nie offiziell außer Kraft gesetzt wurde. Siehe dazu unten C.IV.1.a.

[42] SCHREINER, Iuramentum Religionis, S. 218.

[43] Vgl. Dekrete der Provinzialsynode von Armagh, 1614, in: Renehan: Collections, hg. v. McCARTHY, S. 116–146, hier S. 121.

kirchenverfassungsmäßigen Aspekt der Personalkontrolle folgte erst auf
der Provinzialsynode von Tuam im Jahr 1632 das Bekenntnis. Diese Synode forderte die Ablegung der *Professio Fidei Tridentina* durch alle
‚Amtsträger' und durch Konvertiten vor dem Bischof oder seinem Generalvikar.[44]

b) Institutionen der Church of Ireland zur Kontrolle des kirchlichen Personals und anderer Multiplikatoren: High Commission of Ecclesiastical Causes und Commission of Faculties

Die Entwicklung der beiden zentralen Kommissionen zur Reform der
Church of Ireland, der High Commission of Ecclesiastical Causes (auch
Court of High Commission oder Ecclesiastical Commission genannt) und
der Commission of Faculties (auch Court of Faculties genannt), spiegelt
weitgehend den Prozess der protestantischen Konfessionsbildung und der
Konfessionalisierung der irischen Gesellschaft. Während die Ecclesiastical
Commission sich allgemein um die Durchführung der Reformationsgesetz-
gebung und die Durchsetzung des Protestantismus unter Klerikern und
Laien kümmern sollte, war die Commission of Faculties speziell für „abuses
in the ministry",[45] für die Disziplinierung der Kleriker, zuständig.[46]

Nachdem es in den frühen 1560er Jahren einzelne lokale Kommissionen,
vor allem für die Abnahme des Suprematseides, gegeben hatte,[47] strebte
das englische Privy Council seit 1563 eine zentralistischere Organisation
an. Sir Thomas Wroth und Sir Nicholas Arnold wurden im selben Jahr als

---

[44] „1. ... hoc Tuamense concilium legitime congregatum statuit et decernit, ut om-
nes professores, confessarii, concionatores ac haeretici ad ecclesiam redeuntes praeter
abjurationem, ad quam hi tenentur, coram Ordinario suo, vel ejus gnli. Vicario, vel alio
ab eorum altero ad id nominando emittant professionem fidei juxta bullam Pii IV., et in
Rom. Eccliae. obedientia se spondeant permansuros. 2. Eandem fidei professionem om-
nes sive in praesenti, sive in futuro dignitates et beneficia ecclica. habituri emittere
omnino teneantur, ad praescriptum S. Conc. Tridentini." (Dekrete der Provinzialsynode
von Tuam, 1632, in: Memoirs of Oliver Plunket, hg. v. MORAN, S. 386–389, hier
S. 386).

[45] FORD, Protestant Reformation in Ireland, 1590–1641, S. 21.

[46] Die High Commission of Ecclesiastical Causes und die Commission of Faculties
sind bislang noch nicht systematisch erforscht worden, was möglicherweise darauf zurückzuführen ist, dass für sie kein geschlossenes Quellenkorpus vorliegt, sondern ihre
Tätigkeit aus einzelnen Briefen ihrer Mitglieder erschlossen werden muss. Die bislang
einzige ausführlichere Darstellung für die Entwicklung der beiden Gremien im 16.
Jahrhundert ist: ROBINSON-HAMMERSTEIN, Erzbischof, S. 93–148. Robinson-Hammerstein zeigt zudem die Parallelen und Unterschiede zu den gleichnamigen englischen
Einrichtungen auf (vgl. ROBINSON-HAMMERSTEIN, Erzbischof, insbes. S. 93–98). Vgl.
auch den kurzen Artikel von FORD, A., High Commission, court of, in: CONNOLLY,
Oxford Companion, S. 240.

[47] Siehe unten C.II.2.a.

‚Oberaufseher' der verschiedenen Kommissionen in Irland bestellt. Neben Nachforschungen über die Verwendung von ehemaligem Klosterbesitz und über die Möglichkeiten zur Umwandlung von St. Patrick's Cathedral in eine Universität[48] sollten die beiden Commissioners auch die bischöfliche Reformpolitik unter die Lupe nehmen.[49] Wie aus dem Bericht der Kommissare von 1564 hervorgeht, zeigten sich auf dieser Ebene gravierende Probleme für die beabsichtigte Konfessionsbildung: Wroth und Arnold beschrieben die Bischöfe der Staatskirche – abgesehen von den Protestanten Loftus von Armagh und Brady von Meath – als „all Irishe, we nede say no more".[50]

Die Commission of Ecclesiastical Causes entstand als erste der beiden zentralen Institutionen zur Reform und Kontrolle der Staatskirche. Sie wurde im Jahr 1564 nach dem Muster der englischen Ecclesiastical Commission eingerichtet, und auch ihre Instruktionen folgten dem englischen Vorbild: Es sollten „alle Varianten der Abweichung von den beiden Statuten der Suprematie und Uniformität"[51] aufgespürt und geahndet werden. Die Befugnisse der Commission gingen weit über die Möglichkeiten der Bischöfe hinaus, indem sie nämlich außer den traditionellen Kirchenstrafen nach Gutdünken auch Geld- und Gefängnisstrafen verhängen, selbst Anklage erheben und mit Hilfe eigener Beamter die Konformität des kirchlichen Personals überprüfen konnte. Die Ecclesiastical Commission war sowohl als zentrale Institution als auch durch delegierte Unterkommissionen auf Provinzialebene tätig. Sie bestand aus geistlichen und weltlichen Amtsträgern unter Vorsitz des protestantischen Erzbischofs von Armagh, Adam Loftus.[52]

Die Einschränkungen, denen die Ecclesiastical Commission in ihrer praktischen Arbeit unterlag, werden anhand eines Briefes von Loftus an die Königin aus dem Jahr 1565 deutlich. Hier werden zwei Faktoren angesprochen, deren Zusammenwirken die Fortdauer eines konfessionellen Vakuums in Irland begünstigten und die dann seit den 1580er Jahren entscheidend dazu beitrugen, dass sich die protestantische Konfessionalisierung

---

[48] Siehe unten C.III.2.a.

[49] Vgl. ROBINSON-HAMMERSTEIN, Erzbischof, S. 102.

[50] Sir Thomas Wroth and Sir Nicholas Arnold, two of the Commissioners for Ecclesiastical Causes, to the Lords of the Privy Council, 16. März 1563 [1564], in: Original Letters, hg. v. SHIRLEY, S. 139–141, hier S. 140. Ihr Misstrauen gegenüber den Bischöfen machte die Krone in einer geheimen Nebeninstruktion für Wroth und Arnold deutlich, wonach „alle schon auf dem normalen Wege durch die Bischöfe eingeleiteten Reformmaßnahmen überprüft werden sollten". (ROBINSON-HAMMERSTEIN, Erzbischof, S. 102). – Zur Frage der Kontinuität in der Bischofshierarchie siehe unten C.II.2.a.

[51] ROBINSON-HAMMERSTEIN, Erzbischof, S. 105; vgl. ELLIS, Tudor Ireland, S. 215; LENNON, Sixteenth-Century Ireland, S. 308.

[52] Vgl. ROBINSON-HAMMERSTEIN, Erzbischof, S. 105–107; EDWARDS, Church and State, S. 194.

nicht und die katholische Konfessionalisierung erfolgreich durchsetzen konnte. Loftus betonte zunächst, dass sich die Arbeit der Kommission auf die Pale beschränken müsse. Hiermit werden wir erneut auf den bereits mehrfach angesprochenen Zusammenhang zwischen Staats- und Konfessionsbildung verwiesen. Denn da es im 16. Jahrhundert letztlich keine englische Staatsbildung in Irland gab und die Macht der Krone sich nur auf das kleine Gebiet um Dublin beschränkte, konnte auch die Church of Ireland nur in diesem Gebiet eine Durchsetzung ihres konfessionellen Monopolanspruchs anstreben.

Die zweite Klage von Loftus verweist bereits auf die späteren Vorgänge am Ende des 16. Jahrhunderts, als die verwandtschaftlich eng verbundenen Eliten der Pale und der anglo-irischen Städte ihre Reihen zur Verteidigung des Katholizismus schlossen.[53] Loftus beschwert sich nämlich, dass die Beauftragten der Kommission in den Pfarreien der Pale zwar durchaus Missstände und Missachtungen der königlichen Gesetze gemeldet hätten, dass sie jedoch „the nobilitie and chiefe gentlemen" unbehelligt gelassen hätten. Daraufhin nahm sich die Kommission der sozialen Eliten direkt an, nur um festzustellen, dass „the most parte of theym had continuallye, since the last parliament, frequented the masse, and other seruice and ceremonies inhibited by youre Ma[jes]ties lawes and iniunctions, and that verie few of theym euer receaued the holye communion, or used suche kinde of publike prayer and seruice as is presentlye established by law".[54] Loftus schlägt aus zwei Gründen ein härteres Vorgehen gegen die sozialen Eliten vor: Erstens, da deren enge soziale Netzwerke nur schwer zu disziplinieren seien; und zweitens, weil die Eliten als Vorbilder für „the rest and meaner sorte" rasch zur Konformität gezwungen werden müssten.[55]

Doch bereits in dieser ‚Vorlaufphase' der Konfessionalisierung wurde deutlich, dass die Frage des Bestandes und der Machtbefugnisse der Ecclesiastical Commission eng verknüpft war mit den Diskussionen um die Konfessionalisierungspolitik in Irland. Denn die schwankende Religionspolitik der Krone und der Amtsträger in Irland ging immer auf die Frage zurück, ob die Konformität mit der Staatskirche durch eine konsequent durchgeführte und mit Zwangsmaßnahmen einhergehende Konfessionalisierungspolitik durchgesetzt werden könnte oder ob solche Maßnahmen das Gegenteil, nämlich den Unwillen der anglo-irischen Eliten, hervorrufen würden. Der protestantische Bischof Brady von Meath formulierte 1566 seinen Gegensatz zu Erzbischof Loftus in Bezug auf die Rolle der Ecclesi-

---

[53] Siehe dazu unten C.II.2.b.
[54] Adam Loftus, Archbishop of Armagh, to Queen Elizabeth, 17. Mai 1565, in: Original Letters, hg. v. SHIRLEY, S. 194–197, hier S. 196.
[55] Ebd., S. 197; vgl. ROBINSON-HAMMERSTEIN, Erzbischof, S. 109–110.

astical Commission so: „... if he saie I haue drawen backward, I onlie saie ... he hathe drawen to fast forward ..."[56]

Bezeichnenderweise spiegelt die Entwicklung der Ecclesiastical Commission auch in den darauf folgenden Dekaden sowohl den Verlauf des Staatsbildungsprozesses als auch der Konfessionalisierung in Irland. Während die 1560er und 70er Jahre davon geprägt waren, dass Reform- und Disziplinierungsziele zwar formuliert und diskutiert, aber nur mangelhaft oder gar nicht umgesetzt wurden – und meist auch gar nicht umgesetzt werden konnten –, trat auf der Wende zu den 1580er Jahren ein deutlicher Wandel hin zu einer aktiven Konfessionalisierungspolitik zumindest im anglo-irischen Teil der Insel ein.[57]

Die Commission of Faculties war im Jahr 1576 gegründet worden mit dem Ziel, die Pfründeninhaber der Church of Ireland zu überprüfen, Missbräuche abzustellen, freie Pfründen zu besetzen usw. Diese Aufgabe wurde von den Engländern Robert Garvey und George Acworth übernommen, die auch in die Ecclesiastical Commission entsandt worden waren.[58] Doch deren Arbeit wurde von Erzbischof Loftus scharf kritisiert, der auch das Recht des Vizekönigs in Zweifel zog, den Court of Faculties einzurichten. Loftus beschwerte sich zudem über das vom Lord Deputy an die Commissioners verliehene Befugnis, nicht nur den niederen Klerus, sondern auch die Bischöfe und Erzbischöfe zu visitieren. Er beschuldigte die Commissioners unter anderem, Dispense für Simonie und Pfründenbesitz durch Kinder erteilt zu haben.[59]

Garvey verteidigte sich auf verschiedenen Ebenen: Einmal hob er hervor, dass es zahlreiche Bischöfe in Irland gäbe, die im Gegensatz zu Loftus und Brady ihr Amt auf vielfältigste Weise missbrauchten, also durch eine Kommission kontrolliert werden müssten. Zum anderen lieferte er plausible Erklärungen für alle kritisierten Einzelfälle.[60] Insofern ist auf Grund der Quellenlage nur schwer zu entscheiden, ob der Court of Faculties, wie seine Kritiker behaupteten, Missbräuche nicht reformierte, sondern nur legalisierte, oder ob die kritisierten Maßnahmen eine pragmatische Anpassung an die in der irischen Kirche herrschenden Verhältnisse darstellten.

---

[56] Hugh Brady, Bishop of Meath, to Sir William Cecil, 14. Sept. 1566, in: Original Letters, hg. v. SHIRLEY, S. 272–273; vgl. Adam Loftus, Archbishop of Armagh, to Sir William Cecil, 5. Okt. 1566, in: Original Letters, hg. v. SHIRLEY, S. 269–271.

[57] Vgl. EDWARDS, Church and State, S. 201, 247.

[58] Vgl. ROBINSON-HAMMERSTEIN, Erzbischof, S. 114.

[59] Vgl. The objections and complaints which Archbishop Loftus and the Irish bishops forwarded to England against Ackworth and Garvey, the Commissioners for Ecclesiastical matters, and against the Commission itself, 1578, in: State Papers, hg. v. BRADY, S. 26–29, hier S. 27–29.

[60] Vgl. Commissioner Garvey's reply to the complaints of Loftus, 2. Jan. 1579, in: State Papers, hg. v. BRADY, S. 29–33.

Tatsache ist jedoch, dass die beiden zentralen Kommissionen und die Bischöfe, deren Zusammenarbeit für eine erfolgreiche Disziplinierung des Personals der Church of Ireland unabdingbar gewesen wäre, sich gegenseitig im Weg standen. Helga Robinson-Hammerstein geht sogar so weit, die Bedeutung dieser Konflikte als wesentlichen Faktor in der konfessionellen Entwicklung Irlands zu sehen. Ihrer Meinung nach hätte eine Zusammenarbeit der Gremien in der vorkonfessionellen Phase der 1560er und 70er Jahre Konformität mit der Staatskirche durchsetzen und damit das Eindringen der katholischen Konfessionalisierung verhindern können.[61]

Im Jahr 1579 erreichte Erzbischof Loftus, dass auch die Commission of Faculties unter seinen Vorsitz kam. Dieser Schritt beendete zwar die andauernden Konflikte zwischen den beiden Institutionen, legte aber die Commission of Faculties zunächst weitgehend lahm, wogegen die Ecclesiastical Commission bis etwa 1585 in eine Phase der Aktivität eintrat. Wiederum konzentrierten sich die Maßnahmen auf die loyalen Anglo-Iren in der Pale und in den Städten. Bereits 1579 wurde aus Dublin ein ‚Erfolgsbericht‘ geliefert, wonach das Patriziat der Stadt und die Juristen die Gottesdienste der Staatskirche nun regelmäßig besuchten.[62] Eine andere Situation bestand in Waterford, der Stadt, die sich als erste von der Staatskirche abwandte.[63] Als die Commissioners 1583 in die Stadt kamen, hatte Marmaduke Middleton, der protestantische Bischof von Waterford, die Stadt bereits für hoffnungslos ‚papistisch‘ erklärt.[64] Trotzdem gelang es den Mitgliedern der Kommission, die Kooperation des Bürgermeisters und Stadtrates zu gewinnen, so dass die Stadt einen Prediger aus England beantragte. Dieser Prediger konnte jedoch nicht gefunden werden,[65] so dass das konfessionelle Vakuum, das die Staatskirche hier nicht füllte, durch den tridentinischen Katholizismus genutzt wurde. Ähnliche Folgen hatten auch die von den Kommissionen vorgenommenen Amtsenthebungen, da die Staatskirche in den meisten Fällen nicht in der Lage war, die Pfründe mit einem gut ausgebildeten protestantischen Pfarrer zu besetzen.[66]

Im Zuge des zunehmenden Widerstands der loyalen Anglo-Iren gegen die Dubliner Regierung[67] wurde die Arbeit der Kommission eingeschränkt und „von diesem Zeitpunkt an ist die Wirksamkeit der Ecclesiastical Commission von politischer Rücksichtnahme in permanenter Krisenzeit be-

---

[61] Vgl. ROBINSON-HAMMERSTEIN, Erzbischof, S. 136.
[62] Vgl. ebd., S. 138–140.
[63] Siehe oben B.III.1.c.
[64] Vgl. Marmaduke Middleton, bishop of Waterford and Lismore, to Walsingham, 29. Juni 1580, in: State Papers, hg. v. BRADY, S. 39–42.
[65] Vgl. ROBINSON-HAMMERSTEIN, Erzbischof, S. 142–143.
[66] Vgl. ebd., S. 144.
[67] Siehe oben B.III.1.b und c.

stimmt".[68] Doch die Politik der Regierung gegenüber den loyalen Anglo-Iren war keine Toleranzpolitik aus Überzeugung, sondern eine schwankende Politik, und die Konfessionalisierung der Gegenseite, die Verknüpfung von konstitutionellem Widerstand und tridentinischem Katholizismus bei den loyalen Anglo-Iren, schritt dabei unaufhörlich voran.

Loftus, der eine Reaktivierung der Ecclesiastical Commission anstrebte, sah deren Untätigkeit seit Mitte der 1580er Jahre denn auch als Grund für die zunehmende *recusancy* der loyalen Anglo-Iren: „Before that time [1585] they were restrained by the Ecclesiastical Commission, and – howsoever they were affected inwardly in their consciences – yet outwardly they shewed great duty and obedience, in resorting to service, sermons and in receiving of the communion."[69] Und er empfahl dem englischen Privy Council: „... the people are grown to so general a revolt [er meint damit *recusancy*] – which thing, notwithstanding, is not so far gone but in mine opinion it may be easily remedied without any danger and with great gain to her Majesty, if the Ecclesiastical Commission be restored and put in use, for this people are are but poor and fear to be fined. If liberty be left to myself and such Commissioners as are well affected in religion to imprison and fine all such as are obstinate and disobedient, and if they persist – being men of ability to bear their own charges – to send them into England for example sake, I have no doubt but within a short time they will be reduced to good conformity."[70]

Im Zuge einer erneuten Bereitschaft auf Seiten der englischen Regierung, Konfessionalisierungspolitik zu betreiben, wurde die Ecclesiastical Commission im Jahr 1593 mit weitgehenden Vollmachten reaktiviert.[71] Auch die Commission of Faculties nahm unter den englischen Richtern Ambrose Forth und Justinian Johnson in den 1590er Jahren ihre Tätigkeit wieder auf. Die Kommissionen gingen jetzt aktiv gegen ungeeignete Kleriker und Missbräuche vor und sprachen häufig Amtsenthebungen aus, zum Beispiel wegen Verstößen wie Pluralismus, „defectum sacrorum ordinis" oder der Weigerung, Konformität mit der Staatskirche zu üben.[72]

---

[68] Robinson-Hammerstein, Erzbischof, S. 144.

[69] Archbishop Loftus to Burghley, 22. Sept. 1590, in: State Papers, hg. v. Brady, S. 124–128, hier S. 125.

[70] Ebd., S. 128. Um der Auffassung der englischen Regierung, unnachgiebige Konfessionalisierungspolitik könne möglicherweise Rebellionen heraufbeschwören, den Wind aus den Segeln zu nehmen, argumentierte Loftus: „And this course of reformation, the sooner it is begun the better it will prosper – and the longer it is deferred the more dangerous it will be." (Ebd.)

[71] Vgl. Abstract of the High Commission for Ecclesiastical Causes, 27. Nov. 1593, in: Harris: Collectanea, hg. v. McNeill, S. 424–428; Ford, Protestant Reformation in Ireland, 1590–1641, S. 21.

[72] Vgl. TCD MS 566: Names of Clergy deprived by Royal Commissioners c. 1591, fol. 194ff.; vgl. auch Ford, Protestant Reformation in Ireland, 1590–1641, S. 22.

Die Aktivitäten beider Gremien in den darauf folgenden Jahren waren zwar von ihrem Anspruch her weiterhin auf die Unterdrückung von *recusancy* und die Durchsetzung von Konformität mit der Staatskirche gerichtet, faktisch wurden sie jedoch zu Instrumenten der protestantischen Konfessionsbildung in Irland. Bereits die königliche Weisung zur Reaktivierung der Ecclesiastical Commission verwies auf den henrizianischen *Act of the English Order, Habit and Language*, in dem die Anglisierung Irlands zur unabdingbaren Voraussetzung für die Reform des irischen Königreichs erklärt wurde. Die Commission wurde aufgefordert, diese Parlamentsakte unter den Klerikern durchzusetzen.[73] Die Umsetzung dieser Maßgabe resultierte langfristig in der Umwandlung der Church of Ireland von einer allumfassenden Staatskirche in eine konfessionelle Minderheitskirche. Denn die neuen Pfarrer, die an Stelle der ihren Ämtern enthobenen Kleriker eingesetzt wurden, waren meist Engländer, so dass der Klerus der Church of Ireland allmählich anglisiert wurde.[74] So trugen die Kommissionen einerseits und die Rückkehr von katholischen Missionaren nach Irland andererseits zu dem Umbruch der 1590er Jahre bei, der die Möglichkeit des vorkonfessionellen ‚Lavierens‘ innerhalb der Staatskirche beendete, den *middle ground* zerstörte und sowohl Kleriker als auch Laien zu einer bewussten konfessionellen Entscheidung zwang.[75]

In den 1630er Jahren wurde die Funktion der Ecclesiastical Commission – entsprechend dem Wentworthschen Programm einer Konfessionalisierung der Church of Ireland ‚von außen‘ – neu definiert. Wie im 16. Jahrhundert sollte die Kommission zwar nun auch als zentrales Reforminstrument fungieren, das unabhängig von den Bischöfen agierte. Die Aktivitäten der Ecclesiastical Commission richteten sich jedoch nicht mehr gegen vorkonfessionell-katholisches Personal oder gegen Laien, die die Konformitätsgesetze missachteten, sondern die Kommission wurde zu einem Instrument der Konfessionalisierung der Church of Ireland ‚von außen‘ und vor allem der Disziplinierung puritanisch-presbyterianisch gesinnter Kleriker.

Zwar hatte Wentworth 1634 an Erzbischof Laud geschrieben: „... I hold it fit there were a high Commission settled here in *Dublin*, conceiving the Use of it might be very great, to countenance the despised State of the Clergy; to support Ecclesiastical Courts and Officers, much suffering by Means of the over-growth of Popery in this Kingdom; to restrain the extream Extortions of Officials, Registers and such like; to annul all for-

---

[73] Vgl. Abstract of the High Commission for Ecclesiastical Causes, 27. Nov. 1593, in: Harris: Collectanea, hg. v. McNeill, S. 424–428, hier S. 426; zu dieser Parlamentsakte siehe auch oben C.I.2.c und unten C.III.1.a.

[74] Vgl. Ford, Protestant Reformation in Ireland, 1590–1641, S. 22; siehe auch oben B.IV.3.a.

[75] Vgl. Ford, Protestant Reformation in Ireland, 1590–1641, S. 27.

eign Jurisdiction, which daily grow more insolent than other; to punish the abominable Polygamies, Incests, and Adulteries, which ... in Respect of the Exercise of foreign Jurisdiction ... are here too, too frequent; to provide for the Maintenance of the Clergy, and for their residence, either by themselves or able Curates; to take an Account how Monies given to pious Uses are bestow'd; to bring the People here to a Conformity in Religion; and, in the Way to all these, raise perhaps a good Revenue to the Crown."[76] Doch im Gegensatz zu dieser weiterhin, wenn auch nicht ausschließlich, auf die Zurückdrängung des Katholizismus ausgerichteten ,Aufgabenbeschreibung' des Court of High Commission[77] wurde die Kommission unter Wentworth eindeutig zur innerkirchlichen Disziplinierung und Uniformierung eingesetzt.[78]

Die Durchsetzung der in der Convocation von 1634 festgelegten neuen theologischen und liturgischen Richtlinien wollten Wentworth und Laud nicht den einzelnen Bischöfen überlassen, da darunter zahlreiche puritanisch Gesinnte waren, die auch presbyterianisch denkende Pfarrer aus Schottland in die Church of Ireland integriert hatten.[79] Zudem hätten es auch die der Regierung und Laud treu ergebenen Bischöfe, z.B. Bramhall in Derry und Leslie in Down and Connor, schwer gehabt, sich allein mit Hilfe ihrer bischöflichen Gerichte in den stark von Schotten besiedelten Diözesen durchzusetzen. Außerdem sollte die Ecclesiastical Commission auch gegen die Entfremdung von Kirchengütern vorgehen.

Die offizielle ,Wiederbelebung' des Court of High Commission als zentrales Disziplinierungsinstrument erfolgte im Jahr 1635 nach der Auflösung von Parlament und Convocation. Die Kommission bestand jetzt aus einer Gruppe von *Laudian bishops* mit Bramhall an der Spitze, die das Recht hatten, Verfahren anzustrengen, Zeugen zu laden und Geld- oder Gefängnisstrafen zu verhängen.[80] Sein Desinteresse an der Institution machte Erzbischof Ussher deutlich, indem er darauf drang, dass die Kommission auch

---

[76] The Lord Deputy to the Archbishop of Canterbury, Jan. 1633 [1634], in: Strafforde's Letters, hg. v. KNOWLER, Bd. 1, S. 187–189, hier S. 188.

[77] Vergleichbare Pläne hatte Falkland im Jahr 1629. (Vgl. The Lord Deputy [to the Privy Council], 5. April 1629, in: CSPI 1625–1632, S. 446; vgl. auch KEARNEY, Strafford, S. 116).

[78] Vgl. KEARNEY, Strafford, S. 116–117.

[79] Siehe nachfolgend C.II.2.a.

[80] Vgl. KEARNEY, Strafford, S. 116–117; MCCAFFERTY, John Bramhall, S. 103. – Zudem wurde auch im Hinblick auf die irische High Commission die Anbindung an die englische Staatskirche verstärkt, denn die englische High Commission of Ecclesiastical Causes unter der Führung Lauds behielt sich das Recht vor, Fälle aus Irland an sich zu ziehen. (Vgl. MCCAFFERTY, God Bless, S. 192; siehe zur Frage der Church of Ireland als *dependency* der Church of England auch unten C.IV.1.a).

in seiner Abwesenheit, d.h. ohne den Primas der Church of Ireland, handlungs- und beschlussfähig war.[81]

In den wenigen Jahren ihres Bestehens bis 1641 war die High Commission sehr aktiv. Sie nahm sich intensiv der Frage des Kirchengutes an.[82] Und sie erwies sich als „the present scourge of puritan and the future fear of the papist", wie Bramhall meinte.[83] An dieser Aussage wird deutlich, dass die Kommission zwar zunächst die durch die englischen *39 Artikel* und die *canons* neu definierte Konformität gegenüber puritanisch und presbyterianisch denkenden Pfarrern durchsetzen,[84] danach jedoch auch die Katholiken ins Visier nehmen sollte. Bramhall jedenfalls schien mit den Fortschritten und den zukünftigen Aussichten der High Commission sehr zufrieden, als er 1639 an Laud schrieb: „I hope his Majestye and your Grace will find now the benefit of an High Commission in Ireland that we shall speedily purge the kingdome of all our separatists, the greatest part of them by conformity, the most factious by runninge over to their own mates and better in their proper ubi then dispersed abroad among the purer parts, and yet done with that moderation that there shall be no clamour against it but an opinion of Justice."[85]

2. Der personelle Aspekt

a) Kontrolle des kirchlichen Personals und anderer Multiplikatoren

In seinen „Verfahren der Konfessionalisierung" hat Wolfgang Reinhard die „Versorgung mit geeigneten Multiplikatoren" und die „Sicherung gegen ungeeignete"[86] als zentrales Moment eines erfolgreichen Konfessionalisierungsprozesses herausgearbeitet. Für Reinhard steht dieser Gesichtspunkt an zweiter Stelle direkt hinter der Einführung eines klaren Glaubensbekenntnisses. Im Folgenden soll untersucht werden, welche Rolle die Multiplikatoren in der irischen Gesellschaft des 16. Jahrhunderts für das Scheitern des Monopolanspruchs der Staatskirche und für die konkurrierenden Konfessionsbildungen gespielt haben.

Dabei werden folgende Personengruppen analysiert: Erstens, die weltlichen Amtsträger, vor allem in der lokalen Verwaltung, z.B. Bürgermeister, Sheriffs und Justices of the Peace; zweitens, die Juristen als wichtige

---

[81] Vgl. KEARNEY, Strafford, S. 117.

[82] Vgl. z.B. Bishop Bramhall to Archbishop Laud, Jan. 1638 [1639], in: Papers, hg. v. SHIRLEY, S. 5–25.

[83] Zitiert in: McCAFFERTY, John Bramhall, S. 103.

[84] Vgl. Bishop Bramhall to Archbishop Laud, 23. Feb. 1637 [1638], in: Papers, hg. v. SHIRLEY, S. 52–55, hier S. 54.

[85] Bishop Bramhall to Archbishop Laud, 12. Jan. 1638 [1639], in: Papers, hg. v. SHIRLEY, S. 64–66, hier S. 64–65.

[86] REINHARD, Katholische Konfessionalisierung, S. 426.

Gruppe innerhalb der altenglischen Elite, die traditionell in der englischen Verwaltung und Gerichtsbarkeit in Irland tätig waren; und drittens, die Multiplikatoren der Konfessionskirchen im engeren Sinn, also Bischöfe und Kleriker. Zu den wichtigen Multiplikatoren im Konfessionalisierungsprozess zählten außerdem Lehrer auf allen Ebenen, vom Hauslehrer bis zum Universitätslehrer. Deren Rolle in der doppelten Konfessionalisierung in Irland wird unten im Abschnitt über Bildung und Erziehung untersucht.[87]

Das zunächst wichtigste Mittel, das Staat und Kirche in Irland zur Verfügung stand, um in den 1560er Jahren die Verpflichtung des vorhandenen Personals auf die neuen Normen sicherzustellen, war der oben besprochene Suprematseid. In der *Suprematsakte* wurde verfügt, dass „all and every archbishop, bishop, and all and every other ecclesiastical person, and other ecclesiastical officer and minister ... and all and every temporal judge, justicer, mayor, and other lay or temporal officer and minister and every person having your highness's fee or wages within this realm, shall make, take and receive a corporal oath ...“[88] Zudem sollten Erben und alle Kandidaten für einen akademischen Grad an einer in Irland noch zu gründenden Universität den Eid schwören.[89]

Der Vizekönig setzte sogleich nach Beendigung des Parlaments von 1560 Kommissionen ein, die den weltlichen und kirchlichen Amtsträgern in Irland den *oath of supremacy* abnehmen sollten.[90] Als Erstes wurden die wichtigsten Kronbeamten, d.h. das irische Privy Council, dessen Mitglieder fast alle englischer Herkunft waren,[91] und die anderen königlichen Beamten in Dublin Castle, vereidigt. Diese Phase verlief reibungslos. Hier gab es eine kleine Kerngruppe loyaler Amtsträger, die den Suprematseid als Form der Loyalitätserklärung gegenüber der neuen Königin akzeptierten.

Die vollständige Durchsetzung des *oath of supremacy* gelang jedoch nur in diesem engeren Kreis von Kronbeamten. Dagegen wurden die Bürgermeister in den anglo-irischen Städten – selbst in Dublin – und andere lokale Amtsträger wie die Sheriffs nie konsequent zur Leistung des Suprematseides herangezogen.[92] Dies sollte sich im Verlauf des gesamten 16. Jahrhun-

---

[87] Siehe unten C.III.1.b, C.III.2.b und c.

[88] The Act of Supremacy, 1560, in: Irish Historical Documents, hg. v. CURTIS u. McDOWELL, S. 121–123, hier S. 122–123.

[89] Zum Eid im Zusammenhang mit Erbschaft und Universitätszugang siehe unten C.III.1.a und C.III.2.b.

[90] Vgl. ROBINSON-HAMMERSTEIN, Erzbischof, S. 46–50. Die irische Regierung versuchte nie, den Adel systematisch zur Eidesleistung zu verpflichten: „Das geschah höchstens in Einzelfällen anläßlich einer Unterwerfung im Anschluß an eine niedergeschlagene Rebellion, etwa 1569 oder in den achtziger und neunziger Jahren.“ (Ebd., S. 49).

[91] Vgl. ebd., S. 48.

[92] Vgl. ASCH, Antipopery, S. 265; BRADSHAW, Reformation, S. 465; KENNY, Exclusion, S. 338–339.

derts nicht ändern, auch wenn es nach 1580, als die *recusancy* anglo-irischer Amtsträger zunehmend zu Tage trat, von den Verantwortlichen in
Staat und Kirche verstärkt beklagt und eingefordert wurde. Miler Magrath,
der Erzbischof von Cashel, schrieb im Jahr 1582: „... many now within the
realm of Ireland, and especially in the province of Munster, as well officers
and ministers of the law, head officers of towns and cities, principal lords
and gentlemen, as justices of the peace and assizes, and *prelates of the
Church*, are appointed and elected in their several offices and callings
there, *being never sworn to the oath of her Majesty's supremacy* ..., a
thing very dangerous and worthy to be looked unto ..."[93]
Bezeichnenderweise kam der erste Vorstoß, um das weltliche Personal
außerhalb Dublin Castles als Multiplikatoren des königlichen Supremats
und damit der Staatskirche zu sichern, von Sir John Perrot, dem ersten
Lord Deputy, der in Irland Konfessionalisierungspolitik betrieb.[94] Im Jahr
1584 verlangte Perrot von allen Justices of the Peace und anderen lokalen
Beamten die Ablegung des *oath of supremacy* und drohte bei Verweigerung mit Prozessen am Court of Castle Chamber.[95] Das Resultat war, dass
zahlreiche Gentlemen in der Pale sich im Jahr 1585 weigerten, als Friedens-
richter zu fungieren, „pretending their disability, but in deed refusing the
oath of her Majesty's supremacy", wie der Erzbischof von Armagh, John
Long, an Sir Francis Walsingham, Elisabeths Secretary of State, schrieb.[96]

---

[93] Petition of the archbishop (Magrath) of Cashel, Okt. 1582, in: State Papers, hg. v.
BRADY, S. 61–63, hier S. 61–62 (Unterstreichungen und Kursivsetzungen im Original).
Miler Magrath hatte einen schlechten Ruf, da er in seiner langen Amtszeit als Erzbischof von Cashel Einkommen und Kirchengut der Diözese stark dezimierte, indem er
Land günstig an Laien verpachtete. (Vgl. FORD, A., Magrath, Miler, in: CONNOLLY,
Oxford Companion, S. 341). Meines Erachtens ändert dies jedoch nichts an der Tatsache, dass er sich als loyaler Diener der Krone verstand und seine Empörung über die
mangelnde Durchsetzung des Suprematseides hier ehrlich gemeint war. Zu Magrath
siehe auch weiter unten in diesem Abschnitt.
[94] Siehe oben B.III.1.b.
[95] Vgl. TREADWELL, Sir John Perrot, S. 274, 278; EDWARDS, Church and State,
S. 270–271. Möglicherweise hatte Perrot zunächst ein Ablegen des *oath of supremacy*
durch alle Einwohner des Landes über sechzehn Jahre vorgesehen, zumindest scheint
das als Gerücht nach England gedrungen zu sein. Perrot antwortete Burghley darauf:
„[The oath of supremacy] hath not been universally tendered, as it seemeth hath been
there [in England] informed, but only to justices of the peace and other officers, as the
law in that case doth necessarily exact." (Sir John Perrott [sic], Lord Deputy, to
Burghley, 24. Sept. 1585, in: State Papers, hg. v. BRADY, S. 100–102, hier S. 101).
[96] The archbishop of Armagh to Walsingham, 8. Juli 1585, in: State Papers, hg. v.
BRADY, S. 98. Auch Longs weitere Ausführungen sind aufschlussreich über die Stimmung unter den neuenglischen Amtsträgern und Klerikern zu dieser Zeit: „It is a hard
thing to be thought of that the land is not able to afford, of the birth of the land, forty
Christians, which have the taste of the true service of God, and how then can they be
true-hearted to her Majesty! ... I assure your Honour, the Deputy now placed [Perrot]

Der Lord Deputy ging gegen die Verweigerer am Court of Castle Chamber vor, doch wurden seine Maßnahmen aus London gestoppt. Perrot musste für die Zukunft auf die Durchsetzung des *oath of supremacy* verzichten.[97] Zur konfessionellen Frage schrieb Walsingham an den Erzbischof von Armagh, John Long: „Touching the refusal of the oath of supremacy by the gentlemen of the Pale, which your Lordship thinketh it meet to be punished with severity, the matter hath been considered here. And in respect of their rawness in religion, making the said oath a matter of conscience, it is thought not convenient they should be brought unto it by compulsion against their conscience, but even with time by instruction and labour of those to whose charge it doth belong."[98]

Die Ablehnung des Suprematseids durch die lokalen Amtsträger und die Juristen, die sich in dieser Zeit fast ausschließlich aus den jüngeren Söhnen der loyalen anglo-irischen Gentry und Bürger rekrutierten,[99] blieb bis zum Beginn des 17. Jahrhunderts folgenlos.[100] Doch die – aus der Sicht der Regierung – Phase des Aufbruchs nach 1603 brachte einen entscheidenden Wandel. Nun forderte die Dubliner Regierung den Eid immer öfter ein, so dass katholische Juristen und lokale Amtsträger in massive Bedrängnis gerieten.

Bei den königlichen Richtern und anderen Juristen im Krondienst wurde die Konformität rasch durchgesetzt, da Juristen, die ein entsprechendes Amt neu antraten, nach 1603 zum Suprematseid verpflichtet waren. Der letzte königliche Richter katholischen Glaubens, John Everard, musste im Jahr 1607 sein Amt niederlegen, weil er den Eid nicht leistete. Danach waren alle Richter der zentralen königlichen Gerichtshöfe Protestanten.[101] Die von der Regierung ebenfalls beabsichtigte Verdrängung anderer katholischer Juristen, z.B. *barristers* (Rechtsanwälte) und *recorders* (Stadtschreiber), stieß schon allein deshalb auf Probleme, weil nicht genügend protestantische Juristen zur Verfügung standen, um die frei werdenden Ämter einzunehmen.[102] Doch die Regierung war im frühen 17. Jahrhundert entschlossen, die Konformität dieser wichtigen Multiplikatoren sicherzustel-

---

runneth the right course towards this Reformation, and, if he be not cross beaten, will deliver you a new proportioned Ireland both to God's glory and her Majesty's safety." (Ebd.)

[97] Vgl. EDWARDS, Church and State, S. 271.

[98] Walsingham to the archbishop of Armagh, Dez. 1585, in: State Papers, hg. v. BRADY, S. 102–103; vgl. auch die Zitate aus zahlreichen Briefen Walsinghams und der Königin an Perrot in: TREADWELL, Sir John Perrot, S. 292–293.

[99] Vgl. CREGAN, Admissions, S. 96.

[100] Vgl. KENNY, Exclusion, S. 339; PAWLISCH, Sir John Davies, S. 40–42.

[101] Vgl. KENNY, Exclusion, S. 339; TREADWELL, Establishment, S. 595; CLARKE, Colonial Identity, S. 59.

[102] Vgl. KENNY, Exclusion, S. 343.

len. Deshalb wurde im Jahr 1606 eine Anordnung erlassen, wonach „all barristers at law, atturnies, officers in the Four Courts, clerks of the (crown), etc., admitted since 5 November 1605, shall be debarred from practice and from exercise of their places or offices until they take the oath of supremacy and conform by going to church".[103] Diese Anordnung wurde offenbar nur teilweise durchgesetzt.

Als der Druck der Dubliner Regierung auf die Altengländer im frühen 17. Jahrhundert zunahm, wurden die *recusant lawyers* als Verteidiger der altenglischen Interessen aktiv. Bereits im Rahmen der *mandates* von 1605 hatten katholische Juristen, allen voran Sir Patrick Barnewall, die Verteidigung der betroffenen Ratsherren übernommen. Im Parlament von 1613–15, als es um die von James I. neu geschaffenen *parliamentary boroughs* ging, standen dann zahlreiche *recusant lawyers* in vorderster Front der Opposition gegen die Regierung. Die katholischen Juristen nahmen auch an der altenglischen Delegation an den Hof in London teil.[104] Daraufhin schlug die Dubliner Regierung Alarm und proklamierte: „... counsellors at law, officers of the courts, advocates and other pleaders to take the oath set down in the statute [of 1560] before they be allowed to practise ..."[105]

Binnen weniger Jahre führte dies zur Beendigung der öffentlichen Tätigkeit katholischer Juristen an den Gerichten. Scheinbar hatte die Regierung damit wichtige Multiplikatoren des Katholizismus erfolgreich unterdrückt. Tatsächlich wurden die katholischen Juristen jedoch nur noch stärker in die sich immer enger knüpfenden sozialen Netzwerke von Gentry und Bürgertum integriert. Denn sie wurden als private Rechtsberater und als Vermittler bei Konflikten tätig, die die Altengländer nun nicht mehr vor staatlichen Gerichten, sondern auf dem Wege des Vergleichs austrugen. Auch hier zeigt sich erneut, dass die altenglische katholische Elite in Irland im frühen 17. Jahrhundert in ihrer Identität und ihrem Zusammenhalt so stark gefestigt war, dass sie Zwangsmaßnahmen der Regierung kompensieren konnte. Der Protestant Fynes Moryson schrieb deshalb im Jahr 1617 frustriert: „... many thought in those tymes it were fitt to exclude them from practise at the barrs of Iustice, but since experience hath taught vs how weake this remedy is, while the Priests swarme there, Combining the people, according to the rule of St Paule not to goe to lawe vnder heathen magistrates, for such or no better they esteemed ours, and so reducing all suites of lawe, and the profitt thereby arisinge, to the hands of the same lawyers in

---

[103] Zitiert in: Ebd.
[104] Vgl. CREGAN, Irish Recusant Lawyers, S. 311–319.
[105] Zitiert in: KENNY, Exclusion, S. 344.

priuate determinations, whome the State excluded from publike pleading at our barrs."[106]

Dieses ,Untergrunddasein' der katholischen Juristen dauerte bis zur Gewährung der *Graces* im Jahr 1628. Wie bereits erwähnt, wurde es den Juristen durch die Einführung des *oath of allegiance* möglich, ihren Beruf wieder öffentlich und *at the bar* auszuüben. Auch wenn Wentworth dies später keineswegs als verbrieftes Recht der Altengländer anerkannte, sondern in des Königs und sein eigenes Belieben stellte, so wurde doch durch die *Graces* auf dieser Ebene ein Modus Vivendi geschaffen: Die katholischen Juristen erhielten die Möglichkeit, ihre Loyalität zur Krone unter Beweis zu stellen, ohne dass sie Multiplikatoren des königlichen Supremats und der protestantischen Staatskirche waren.

Zu Beginn des 17. Jahrhunderts sollte nach dem Willen der Dubliner Regierung der Suprematseid auch unter den lokalen Amtsträgern durchgesetzt werden. Im Jahr 1612 stellte Barnaby Rich die Situation aus der Sicht eines protestantischen Neuengländers dar: „Ther is not a Cytty in Irelande (no not Dublyne itself) that is able yeare after yeare, for two yeares togyther to make choyce of a mayore & two sheryves that wyll take the oathe of obedyence to hys ma[jes]ti; but to speake of inferyor offycers as notaryes, sargantes, cunstables, jaylers & such other lyke in Dublyne wher they are most conformed, I knowe not any of thes but is a papyst that on suneday mornynges wyll fyrst heare a masse then after that they wyll brynge the mayor to Christchurch & havyng put hym into hys pew they convey themselves to a taverne tyl the sermon be done, that they brynge the mayor back agayne to hys house. ... but they will say a papyst may be a good subiecte, yet I would knowe but what they do thynke whyther at Rome or at Remes ... wher popery beareth sway, whyther they would put a knowne protestant in comyssyon or in any man[ner] of authority for the servyce of the pope."[107]

Zu diesem Zeitpunkt hatte die Dubliner Regierung im Rahmen ihres allgemein auf Eindämmung der Stadtfreiheiten ausgerichteten Staatsbildungsprogramms nach 1603[108] bereits massiv mit der Einforderung des Suprematseides gegenüber städtischen Amtsträgern begonnen. In Dublin kristallisierte sich der Konflikt im Jahr 1604 um den neu gewählten

---

[106] Fynes Moryson's Unpublished Itinerary, hg. v. KEW, S. 63; vgl. auch TCD MS 4756: Entry Book of Reports of the Commissioners for Ireland, appointed by James I in 1622, fol. 63v; Discourse, hg. v. CLARKE, S. 163.

[107] Rich's Remembrances, hg. v. FALKINER, S. 138–139. Hier formuliert Rich deutlich den bereits besprochenen Zusammenhang zwischen politischer und konfessioneller Loyalität in der europäischen Konfessionalisierung. (Siehe oben C.I.1.b und c; vgl. Rych's Anothomy, hg. v. HINTON, S. 85; BL Add. MS 4756: Entry Book of Reports of the Commissioners for Ireland, appointed by James I in 1622, fol. 23r).

[108] Siehe oben B.IV.1.b.

Bürgermeister John Shelton, der sein Amt antrat, ohne dass er den Suprematseid geschworen hatte. Während Shelton zunächst von dem protestantischen Kleriker Luke Challoner davon überzeugt wurde, dass er den Suprematseid mit seinem Gewissen vereinbaren könne, verweigerte er diesen wenige Tage später vor einer Kommission, die dafür eingesetzt worden war, ihm den Eid abzunehmen. Dies war auf den zwischenzeitlichen Einfluss der Jesuiten, besonders Christopher Holywoods, zurückzuführen.[109] Die Kommission ließ sich mit Sheldon auf keine Argumentation ein, sondern ging hart vor: Sheldon wurde vom Bürgermeisteramt ausgeschlossen und musste eine Strafe von 300 Pfund bezahlen.[110] Daraufhin wies der Lord Deputy den Rat der Stadt (*the twenty-four*) an, eine weitere Bürgermeisterwahl abzuhalten. Dies sahen die Dubliner Bürger als massiven Eingriff in die Selbstverwaltung der Stadt, zumal etwas Vergleichbares bislang nicht vorgekommen war.

Die Regierung beharrte aber weiterhin auf der Ableistung des Eides durch den Bürgermeister. Deshalb entstand in der Folgezeit ein Bruch in der normalen Abfolge der Ratsherren im Bürgermeisteramt, denn nach Shelton wurde der noch vergleichsweise junge Ratsherr Robert Ball gewählt, da er bereit war, den Suprematseid zu schwören. In Dublin, wo es einen relativ hohen Anteil an Ratsherren protestantischen Glaubens gab, wurden jüngere protestantische Ratsherren zu Bürgermeistern gewählt, wobei katholische Ratsherren entweder nicht gewählt wurden oder nach ihrer Wahl die Übernahme des Amtes ablehnten.[111] In anderen Städten, namentlich in Waterford, kam es dagegen zu schwerwiegenderen Problemen.[112]

Obwohl die Vorgänge in Dublin und anderen altenglischen Städten in diesen Jahren markante Beispiele für die hartnäckige Haltung der Regierung sind, gelang es trotzdem nicht, die lokalen Amtsträger niederer Ränge in den Städten und die Amtsträger in den Grafschaften systematisch zum Suprematseid heranzuziehen. Dies hatte zunehmend negative Auswirkungen auf die Durchsetzungsmöglichkeiten der Staatsbildungs- und Konfessionalisierungspolitik der Dubliner Regierung. Denn die lokalen Amtsträger verweigerten die Umsetzung von Regierungsmaßnahmen vor Ort, vor allem, wenn sich diese gegen die katholische Konfession und katholische Kleriker richteten.

---

[109] Auch hier offenbaren sich die engen Beziehungen zwischen den Jesuiten und der stadtbürgerlichen Elite Dublins, die beispielsweise im Rahmen der *mandates* von 1605 zum Tragen gekommen waren. (Siehe oben B.IV.2.a).

[110] Vgl. LENNON, Lords, S. 176–177.

[111] Vgl. ebd., S. 175–184.

[112] Siehe dazu oben B.IV.1.b.

Dies wurde im Jahr 1632 bei dem Versuch der Dubliner Regierung, St. Patrick's Purgatory zu unterdrücken, deutlich.[113] Mit der endgültigen Zerstörung des Pilgerortes waren neben Bischof Spottiswood auch Sir John Dundarre, der High Sheriff des County Donegal, und andere Amtsträger beauftragt worden. Spottiswood berichtete: „... I sent the copy of the Lords Justices' letter to everyone of my fellow-Commissioners and appointed our Rendez-vous ... From them I received answer that they might well come alone but could get none to accompany them or any labourer or tools upon any terms: ... the High Sheriff of Donegal came not the day. The High Sheriff of Fermanagh on the other side came no better accompanied than with one serving man and showed himself altogether unwilling and refused to enter the Island."[114]

Damit wurden die Befürchtungen der protestantischen Zeitgenossen bestätigt: Die Tatsache, dass das weltliche Personal in Irland nicht gleichzeitig als Multiplikator der Staatskirche auftrat, sondern der konkurrierenden katholischen Konfessionskirche angehörte, hatte zur Folge, dass auch die Möglichkeiten des englischen Staates, Irland politisch zu kontrollieren, eingeschränkt waren. Dies verweist zurück auf die Feststellung am Beginn dieses Abschnitts: Im konfessionellen Zeitalter musste die Versorgung mit geeigneten Multiplikatoren nicht nur die geistlichen, sondern auch die weltlichen Amtsträger meinen. Und umgekehrt konnten diese Amtsträger nur als geeignet gelten, wenn sich ihre Loyalität auf Staat und Kirche erstreckte.

Ähnliche Erfahrungen machte man auch in den Gemeinden der Church of Ireland. Theoretisch sollten hier die *churchwardens*, die Kirchenvorsteher, dafür verantwortlich sein, *recusants* anzuzeigen. Faktisch standen jedoch in den meisten Pfarreien der Staatskirche kaum protestantische Laien zur Verfügung, um das Amt des *churchwarden* zu versehen. Dementsprechend klagten die Commissioners der *regal visitation* von 1622: „Churchwardens in most places there are none, but such as are recusants themselves, and being parties in the cause [d.h. *recusancy*], the service [of pre-

---

[113] Siehe dazu auch oben B.V.2.a.

[114] Bishop James Spottiswoode to the Protestant Archbishop of Armagh, 31. Okt. 1632, in: Saint Patrick's Purgatory, hg. v. LESLIE, S. 79–80, hier S. 79. – Vergleichbares hatte vor Spottiswood bereits William Stewart erlebt. Lord Balfour und namentlich nicht genannte andere, die mit der Unterdrückung der Pilgerstätte beauftragt worden waren, erschienen nicht zum vereinbarten Termin am Lough Derg: ein eindeutiger Fall von Kooperationsverweigerung. Ähnlich ist wohl auch die Rolle der Magraths zu sehen, die die Pilgerfahrten tolerierten oder – denkt man an ihre Erwähnung in dem Schreiben des Erzbischofs O'Reilly an den Papst – sogar förderten, und die das Boot, das sie nach Anweisung Stewarts unter Verschluss halten sollten, offenbar den Pilgern zur Verfügung stellten, so dass St. Patrick's Purgatory wieder zugänglich wurde. (Vgl. Sir William Stewart to the Privy Council, 8. Juni 1632, in: Saint Patrick's Purgatory, hg. v. LESLIE, S. 77–78, hier S. 77).

senting recusants] is not well performed by them ...“[115] Folglich empfahlen
die Commissioners, die Anzeige von *recusants* nicht mehr den – aus Sicht
des Staates und seiner Kirche – unzuverlässigen, da katholischen Laien zu
überlassen, sondern diese Aufgabe den Pfarrern zu übertragen.[116]

Auch die Sicherung des Personals der Church of Ireland als Multiplikator der Konformität und des Protestantismus verlief im 16. Jahrhundert
weitgehend ergebnislos. Die nach 1560 eingesetzten Kommissionen zur
Abnahme des Suprematseides wandten sich in einer zweiten Phase den
kirchlichen Amtsträgern zu. Hier gestaltete sich die Durchsetzung des Eides selbst im hohen Klerus schwierig. Zahlreiche Bischöfe weigerten sich,
den *oath of supremacy* abzulegen, und machten dadurch deutlich, dass sie
den Anspruch der Krone auf die Kirchenhoheit nicht anerkannten. „Allerdings wurde diese Haltung der Bischöfe nicht immer gleich mit der Amtsenthebung quittiert, und das geschah nicht aus Langmut mit den ‚Schwa-
chen im Glauben‘, sondern weil die Landesherrschaft einfach nicht die
Mittel besaß, die Amtsenthebungen wirksam durchzuführen.“[117]

Nur zwei Bischöfe im direkten Einflussbereich der Dubliner Regierung,
William Walsh, Bischof von Meath, und Thomas Leverous, Bischof von
Kildare, wurden wegen ihrer Verweigerung des Suprematseides entlassen.[118] Die Erzbischöfe Bodkin von Tuam und Curwin von Dublin schwo-
ren den Eid und verblieben in ihren Ämtern.[119] Hugh Curwin, der Heinrich VIII., Mary und Elisabeth diente, fällt, wie Sussex, unter die Amtsträger in Irland, deren Handeln als treue Diener der Krone von den
„Gebote[n] der königlichen Politik“[120] bestimmt wurde.[121] Der Bischof von
Leighlin, Thomas O'Fihely, hatte sich bereits 1559 der Königin unterwor-

---

[115] TCD MS 4756: Entry Book of Reports of the Commissioners for Ireland, appointed by James I in 1622, fol. 62v.

[116] Vgl. ebd.

[117] ROBINSON-HAMMERSTEIN, Erzbischof, S. 50; vgl. EDWARDS, Church and State,
S. 187–188.

[118] Vgl. ROBINSON-HAMMERSTEIN, Erzbischof, S. 49–52. Zu Walsh' Verweigerung
des Suprematseides vgl. ausführlich RONAN, Reformation in Ireland, S. 36–37.

[119] Vgl. LENNON, Sixteenth-Century Ireland, S. 308; RONAN, Reformation in Ireland, S. 35.

[120] ROBINSON-HAMMERSTEIN, Erzbischof, S. 53.

[121] Über den ‚Glaubenseifer‘ Curwins und seiner Domherren an der St. Patricks Kathedrale urteilte dagegen sein Kollege Brady von Meath 1565: „... therbe a sort of dume
[dumn] dogges mainteined, of the liuing enemies to the truth, and all setters furth therof, nether teaching nor feding saue themselues; I speak generalli of them from bushop
to pitie Chanon, none but disguised dissemblers, thei sai them selues thei be old bot-
teles, and can not a wai with this neue wine; ...“ (Hugh Brady, Bishop of Meath, to Sir
William Cecil, 10. Jan. 1564 [1565], in: Original Letters, hg. v. SHIRLEY, S. 160–163,
hier S. 162).

fen und die Autorität des Papstes negiert.[122] Eine schillernde und häufig kritisierte Persönlichkeit war Miler Magrath,[123] der vom Papst 1565 zum Bischof von Down und Connor ernannt worden war, im Jahr 1570 die königliche Suprematie anerkannte und zunächst auf den Bischofsstuhl von Clogher und 1571 sogar auf den Erzbischofsstuhl von Cashel gelangte. Magrath, dem zahlreiche Amtsmissbräuche – vor allem finanzieller Art – vorgeworfen wurden,[124] hatte wohl ein ähnliches Selbst- und Amtsverständnis wie Curwin, wobei er den Dienst für die Krone in den Vordergrund stellte. In seinem Epitaph heißt es: „... I serv'd thee, England, fifty years in Jars / and pleased thy Princes in the midst of Wars; ..."[125]

Die Bedeutung dieser personellen Kontinuität in der Church of Ireland ist schwierig zu beurteilen. In England hatten die marianischen Bischöfe beim Amtsantritt Elisabeths ihre Ämter fast geschlossen niedergelegt und damit ihre Plätze für überzeugte Protestanten, vor allem ehemalige Exulanten, freigemacht.[126] Damit war zwar die personelle Kontinuität, die sich angesichts eines mehrheitlich noch nicht protestantisierten Volkes durchaus positiv auswirken konnte, völlig gebrochen. Aber den neuen Bischöfen gelang es, mit viel Glaubenseifer als ‚Zugpferde' für die niedere Geistlichkeit und die Gemeinden zu fungieren.[127] In Irland bestand dagegen die erste Generation der Bischöfe der Staatskirche aus einer Mischung von treuen Dienern der Krone und – aus Sicht der Staatskirche am problematischsten – Opportunisten, die letztlich als ‚fünfte Kolonne' wirken konnten. Von beiden Gruppen war nicht zu erwarten, dass sie als aktive Multiplikatoren des Protestantismus wirken würden – vor allem nicht ohne effektive Kontroll- und Disziplinierungsmaßnahmen von Seiten des Staates und der Church of Ireland.[128] Insofern könnte man das spätere Scheitern der Church of Ireland auch mit der personellen Kontinuität in Verbindung bringen, durch die die Staatskirche in ihrer Anfangsphase wenig protestantische Impulse erhielt.

Dabei ist erneut der wesentliche Unterschied zu bedenken, der im Hinblick auf die Staatsbildung zwischen Irland einerseits und England und anderen europäischen Ländern mit einer Reformation ‚von oben' andererseits bestand: In der Mitte des 16. Jahrhunderts reichte der Arm des englischen Staates und damit seiner Kirche nicht weit über die Pale hinaus, so dass

---

[122] Vgl. JOURDAN, Transitional Stage, S. 297; RONAN, Reformation in Ireland, S. 6–7.

[123] Vgl. CORISH, Irish Catholic Experience, S. 69.

[124] Vgl. FORD, A., Magrath, Miler, in: CONNOLLY, Oxford Companion, S. 341.

[125] STATIONARY OFFICE FOR NATIONAL PARKS AND MONUMENTS SERVICE, Hg., St. Patrick's Rock, Cashel, ohne Ort und Jahr, S. 16.

[126] Vgl. SMITH, Emergence, S. 141.

[127] Vgl. z.B. HAIGH, Recent Historiography, S. 26.

[128] Auch die Ecclesiastical Commission und der Court of Faculties können nicht als wirksame Überwachungsinstrumente gelten. (Siehe oben C.II.1.b).

jenseits der Pale keine direkte Überwachung und Disziplinierung des Personals möglich war. Die mangelnde staatliche Durchdringung Irlands hätte zwar wiederum kompensiert werden können, wenn es in Irland oder zumindest in Teilen Irlands im 16. Jahrhundert protestantische Adelige gegeben hätte, die in ihrem Herrschaftsgebiet die Verpflichtung des kirchlichen Personals und der Amtsträger auf die neuen Normen vorgenommen und kontrolliert hätten.[129]

Stattdessen wirkten sowohl anglo-irische Magnaten als auch gälische Lords häufig im entgegengesetzten Sinn. Zwei Beispiele dafür sind der oben erwähnte Thomas Leverous, der nach seiner Amtsenthebung unter dem Schutz des Earl of Desmond in der Nähe von Limerick eine Lateinschule unterhielt, und Hugh Lacy, der 1562 abgesetzte Bischof von Limerick, der sich, ebenfalls unter dem Schutz Desmonds, bis zu seinem Tod 1580 neben dem erst 1571 berufenen Bischof der Staatskirche William Casey halten konnte.[130] Darüber hinaus drang die Staatskirche überhaupt nicht nach Ulster vor, wo bis 1603 die Strukturen der mittelalterlichen Ecclesia inter Hibernicos weiterbestanden. Erst allmählich konnten überzeugte Protestanten auf wichtige Bischofsstühle in der Ecclesia inter Anglicos berufen werden: Bischof Alexander Craik von Kildare (1560) und sein Nachfolger Robert Daly (1564), Bischof Hugh Brady von Meath (1563), Erzbischof Adam Loftus (zunächst ab 1562 Armagh, dann ab 1567 Dublin).[131] Aus der Sicht der Church of Ireland bedeutete das eine beachtliche Schwächung ihrer Position, denn selbst bei den hohen Klerikern, den wesentlichen Multiplikatoren einer hierarchisch organisierten Staatskirche, konnte das angestrebte Monopol nicht verwirklicht werden.

Insgesamt ergibt sich für die Frage der Bischöfe als Multiplikatoren das folgende Bild, das die politisch-konfessionelle Entwicklung des irischen Königreiches sehr plastisch widerspiegelt.[132] Einige Bischofs- bzw. Erzbi-

---

[129] Entsprechendes Wirken im Sinne des Protestantismus ist bei verschiedenen Magnaten in England und Schottland nachweisbar, z.B. auch bei dem calvinistisch denkenden Earl of Argyll in den schottischen Highlands oder dem puritanischen Earl of Huntingdon im Norden Englands. (Vgl. DAWSON, Calvinism; ROBINSON-HAMMERSTEIN, Erzbischof, S. 96).

[130] Vgl. ROBINSON-HAMMERSTEIN, Erzbischof, S. 51–53.

[131] Vgl. CLARKE, Varieties of Uniformity, S. 109; LENNON, Sixteenth-Century Ireland, S. 308.

[132] Das für die Bischöfe und den niederen Klerus Gesagte gilt auch für das Ordenspersonal. An die Klosterauflösungen unter Heinrich VIII., die zunächst nur den Einflussbereich der englischen Regierung betroffen hatten, konnte in anderen Regionen des irischen Königreichs, z.B. in Connacht, erst in den 1570er Jahren angeknüpft werden. So bemühte sich der Lord President von Connacht, Sir Edward Fitton, um die Auflösung von Klöstern. (Vgl. LENNON, Sixteenth-Century Ireland, S. 242). Aber auch diese Maßnahmen waren nicht durchgreifend oder dauerhaft, so dass es zu Beginn des 17. Jahrhunderts in zahlreichen Gegenden Irlands, vor allem natürlich in Ulster, noch

schofsstühle, die im Einflussbereich der Dubliner Regierung lagen, wurden früh mit protestantischen Bischöfen besetzt, erhielten dagegen erst wieder zu Beginn des 17. Jahrhunderts im Zuge des erneuten Aufbaus einer katholischen Hierarchie einen vom Papst ernannten Bischof. Dies betraf z.B. den Erzbischofsstuhl von Dublin, auf den nach der Annahme des königlichen Supremats durch Curwin erst im Jahr 1600 ein katholischer Bischof, Mateo de Oviedo, bestellt wurde. Bei Bischofsstühlen außerhalb des Machtbereichs der Dubliner Regierung war das genau umgekehrt: Die Diözese Derry erhielt erst 1605 mit George Montgomery einen Bischof der Staatskirche. Und in der Erzdiözese von Armagh gab es – entsprechend ihrer Lage – durchgehend seit 1558/60 eine katholisch-protestantische Doppelbesetzung des Bischofsstuhls.[133]

Die Situation im niederen Klerus war noch stärker als bei den Bischöfen von Kontinuität geprägt. Im Gebiet der Pale schwörte zwar die Mehrheit des niederen Klerus in den ersten Jahren der elisabethanischen Regierungszeit den Suprematseid, doch „kam dem bestenfalls die Bedeutung eines Stillhalteabkommens zu. Ihre Absage an die katholische Kirche war reine Formalität und leitete in keinem Fall eine Entwicklung in Richtung auf die protestantische Reformation ein."[134] Lord Deputy Sidney beschrieb die Situation in der Diözese Meath im Jahr 1576: „No Parson or Vicar resident upon any of them, and a very simple or sorry curate, for the most part, appointed to serve therein. Among which number of curates, only eighteen were found able to speak English – the rest Irish priests or rather Irish rogues, having very little Latin, less learning and civility."[135] Da die Staatskirche, wie es bereits in der Parlamentsakte von 1560 hieß, einen Mangel an protestantischen „English ministers"[136] hatte, konnte das Ziel nur eine Kombination aus Umerziehung und allmählicher Ablösung des vorkonfessionell-mittelalterlichen Klerus sein.

Im europäischen Vergleich war die Kontinuität im niederen Klerus wahrlich keine Ausnahme, sondern die Regel, denn auch in anderen Ländern standen mit der Einführung der Reformation kaum protestantisch denkende Pfarrer zur Verfügung, geschweige denn Pfarrer mit Universi-

---

aktive Klöster gab, während in den Gebieten unter der Kontrolle der Dubliner Regierung bereits seit den 1580er Jahren die Regularkleriker wieder ‚auflebten'. (Siehe oben B.III.2.a).

[133] Vgl. die entsprechenden „succession lists" in: MOODY, MARTIN, BYRNE, Maps, Genealogies, Lists, S. 333–438.

[134] ROBINSON-HAMMERSTEIN, Erzbischof, S. 54–55.

[135] Sir H. Sydney to the Queen, 28. April 1576, in: State Papers, hg. v. BRADY, S. 14–19, hier S. 16, vgl. Marmaduke Middleton, bishop of Waterford and Lismore, to Walsingham, 29. Juni 1580, in: State Papers, hg. v. BRADY, S. 39–42, hier S. 41.

[136] The Act of Uniformity, 1560, in: Irish Historical Documents, hg. v. CURTIS u. MCDOWELL, S. 125.

tätsausbildung, die das Ideal der neuen protestantischen Konfessionskirchen waren.[137] In Irland wurde die Kontinuität im vorkonfessionell-mittelalterlichen Klerus deshalb relevant, weil diese Kleriker angesichts des konfessionellen Vakuums so lange die mittelalterlichen katholischen Riten aufrechterhalten konnten, bis die tridentinische Mission und später die katholische Konfessionskirche diese Traditionen aufnahmen und im ‚neuen Glauben‘ fortsetzten. Nur vor diesem Hintergrund konnten die „old-style Irish Catholic priests" letztlich zur „fifth column within the established church" werden.[138] Hätte die Staatskirche ihren Anspruch auf das konfessionelle Monopol in Irland zumindest insoweit durchsetzen können, dass sie, wie etwa in England und Wales, das massive Eindringen tridentinischer Missionare verhindert hätte, so wären die vorkonfessionellen Kleriker im Rahmen eines allmählichen Wandels entweder ‚umerzogen‘ oder durch protestantische Pfarrer ersetzt worden.[139]

Seit den 1580er und vor allem in den 1590er Jahren wandelte sich die Frage der Kontrolle des Personals grundlegend. Durch das Entstehen von zwei klar abgegrenzten Konfessionskirchen und die sich dementsprechend durchsetzende Trennung zwischen katholischem und protestantischem Klerus wurde auch die Kontrolle des Personals zur alleinigen Aufgabe der jeweiligen Konfessionskirche. Die Kirchen wurden dabei auf Grund ihrer unterschiedlichen Entwicklung auch mit unterschiedlichen Problemen konfrontiert.

Das Tridentinum hatte für die katholische Konfessionskirche bekanntlich auch das Ziel eines gut ausgebildeten Klerus formuliert – ein Ziel, das sich angesichts der politischen Situation in Irland für die Geistlichen dort nur langsam und durch kontinentale Ausbildung verwirklichen ließ.[140] Insofern erwies es sich als problematisch, dass die katholische Konfessionskirche in den 1590er Jahren zahlreiche Kleriker übernahm, die vorher in der Staatskirche tätig gewesen waren und nicht die gewünschte Ausbildung hatten. Auch in der ersten Hälfte des 17. Jahrhunderts änderte sich diese Situation nicht grundsätzlich, denn nur eine Minderheit der katholischen Kleriker konnte auf dem Kontinent ausgebildet werden. An den Klagen der Bischöfe wird deutlich, dass es auch weiterhin eine Mehrheit vergleichsweise

---

[137] Vgl. O'DAY, English Clergy, S. 31–48, 126–143; PARKER, Success, S. 57.

[138] FORD, Protestant Reformation in Ireland, S. 54.

[139] Wie die neuere Forschung gezeigt hat, waren auch in England weite Kreise des niederen Klerus und der Bevölkerung zu Beginn der Regierungszeit Elisabeths religiös konservativ eingestellt und keineswegs bereits protestantisch. Dort wirkte sich die Kontinuität in der niederen Geistlichkeit letztlich positiv aus, indem der mittelalterlich-vorkonfessionelle Klerus den reibungslosen Übergang des Landes zum Protestantismus ebnete. (Vgl. DUFFY, Stripping of the Altars, S. 565–593; siehe auch oben B.II.1.a zu Norwegen).

[140] Siehe dazu oben B.III.2.b.

schlecht ausgebildeter Kleriker gab, die nicht als ideale Multiplikatoren ihres Glaubens angesehen wurden.[141] Noch im Jahr 1631 beklagte sich der katholische Bischof von Waterford, Patrick Comerford: „... moste of our clergie are idle, contentinge themselves to say masse in the morninge, and untill midnight to continue either playinge or drinkinge or vagabondinge; and as moste of them are unlearned, they make a trade of beinge ecclesiasticalls, thereby to live idle, sitt amonge the best, goe well cladd, and if I would say it, swager. ... and a lass, very few spend one hour in a twelve-month to teach the Christian doctrine, or instruct yonge childer."[142] Doch wirkte sich hier letztlich ein „Wettbewerbsvorteil" der katholischen Kirche aus, denn durch die „Bindung des Glaubens und des religiösen Lebens an die Tradition"[143] konnte an die von den *traditional priests* aufrechterhaltenen Riten angeknüpft werden und über das ,Vehikel' der im Volksglauben verankerten Frömmigkeitspraxis konnten allmählich durch die tridentinischen Missionare auch neue, tridentinische Formen der Frömmigkeit eingeführt werden.[144]

Die Church of Ireland verfügte zwar zunehmend über protestantisches Personal mit Universitätsausbildung,[145] musste hierbei jedoch auch Kompromisse eingehen, um Kleriker in ausreichender Zahl rekrutieren zu können. Bereits im Jahr 1576 hatte Lord Deputy Sidney die Königin gebeten, sich um die Überstellung von protestantischen Geistlichen mit Kenntnissen der gälischen Sprache aus dem presbyterianischen Schottland zu bemühen: „... then do I wish ... that you would write unto the Regent of Scotland, where, as I learn, there are many of the reformed Church that are of this language, that he would prefer to your Highness so many as shall seem

---

[141] Vgl. CLARKE, Colonial Identity, S. 67–68; CORISH, Catholic Community, S. 28–29. Es ist angesichts der Situation der katholischen Kirche als Untergrundkirche nicht möglich, für das Verhältnis zwischen *seminary priests* und *traditional priests* Zahlenangaben zu machen, doch wird man insgesamt davon ausgehen können, dass in den altenglischen Gebieten viele, möglicherweise auch die Mehrzahl der Kleriker eine Ausbildung auf dem Kontinent erhalten hatten, wogegen die *traditional priests* im gälischen Irland überwogen haben dürften.

[142] William Browne [Patrick Comerford] an Wadding, 30. Okt. 1631, in: Wadding Papers, hg. v. JENNINGS, S. 607–611, hier S. 609; vgl. CORISH, Catholic Community, S. 36.

[143] Diese Begriffe verwendet Reinhard, um die Spezifika der katholischen Konfessionalisierung zu benennen. (Vgl. REINHARD, Katholische Konfessionalisierung, S. 439).

[144] Zum Beispiel Agnus Dei (vgl. Henry Fitzsimon an Ordensgeneral Aquaviva, 5. April 1604, in: Ibernia Ignatiana, hg. v. HOGAN, S. 124–127, hier S. 126; vgl. allgemein BRÜCKNER, Amulett-Gebrauch) und die Marianischen Kongregationen (vgl. MACERLEAN, Sodality).

[145] Wobei dies natürlich auch nicht durchgängig galt. Vgl. die Klagen protestantischer Bischöfe in: FORD, Protestant Reformation in Ireland, 1590–1641, S. 74; FORD, Protestant Reformation in Ireland, S. 60–61.

good to you to demand of honest, zealous and learned men, and that could speak this language."[146] Diese Flexibilität blieb auch in der Folgezeit erhalten: Sobald die grundsätzliche protestantische Gesinnung eines Klerikers feststand, war die Church of Ireland bereit, ihn in ihre Hierarchie aufzunehmen – ohne das Misstrauen gegenüber puritanischen oder gar presbyterianischen Ideen, das seit den 1580er Jahren in der englischen Staatskirche immer mehr in den Vordergrund trat. Vor allem als Erzbischof Whitgift ab 1583 den Konformitätsdruck auf die Puritaner innerhalb der Church of England massiv erhöhte,[147] gingen zahlreiche dieser „hotter sort of protestants"[148] nach Irland. Ihre Anwesenheit dort sah auch die englische Regierung durchaus positiv, denn die puritanisch gesinnten Kleriker sollten sich an den ‚Papisten' in Irland ruhig die Hörner abstoßen.

Es entstand ein breiter protestantischer Konsens innerhalb der Church of Ireland, so dass man puritanische oder presbyterianische Geistliche weder kontrollierte noch unterdrückte, sondern diesen sogar entgegenkam, um ihre Tätigkeit innerhalb der Staatskirche zu ermöglichen.[149] Dies wird an den Kompromissen deutlich, die die Bischöfe der Church of Ireland in Ulster mit presbyterianischen Klerikern aus Schottland machten. So fand sich beispielsweise der protestantische Bischof von Down und Connor, Robert Echlin, bereit, den Schotten Robert Blair ohne bischöfliche Ordination in sein Amt zu bestellen. Der Bischof war bei der Ordination Blairs durch andere presbyterianische Pfarrer nur anwesend.[150]

b) Die Bedeutung sozialer Netzwerke und die Rolle der Frauen

Grundsätzlich gehen die Vertreter des Konfessionalisierungsparadigmas davon aus, dass enge konfessionell definierte soziale Netzwerke durch den Prozess der Konfessionalisierung entstanden sind, vor allem durch konfessionell bedingte Heiratsmuster.[151] Im Folgenden soll dagegen die Rolle sozialer Netzwerke als Voraussetzung *und* als Folge der doppelten Konfessi-

---

[146] Sir H. Sydney to the Queen, 28. April 1576, in: State Papers, hg. v. BRADY, S. 14-19, hier S. 18.

[147] Siehe oben C.II.1.a.

[148] ROBINSON-HAMMERSTEIN, Erzbischof, S. 71, vgl. S. 70–92. Der bekannteste ist wohl Walter Travers, eine wichtige Persönlichkeit in der presbyterianischen Bewegung in England, der im Jahr 1594 Provost von Trinity College, Dublin, wurde. Siehe dazu unten C.III.2.b. Auch der langjährige Erzbischof von Dublin, Adam Loftus, neigte deutlich dem Puritanismus zu, wenn er dies auch heftig negierte, um nicht in Konflikte mit der Krone zu kommen.

[149] Vgl. FORD, Protestant Reformation in Ireland, 1590–1641, S. 75.

[150] Vgl. REID, Presbyterian Church, Bd. 1, S. 102–103; JOURDAN, Charles I, S. 14–15.

[151] Vgl. WARMBRUNN, Zwei Konfessionen, S. 358; FRANÇOIS, Unsichtbare Grenze, S. 190–203.

onalisierung in Irland untersucht werden. Dabei werden die beiden Bevölkerungsgruppen in den Blick genommen, um deren konfessionelle Zugehörigkeit die beiden Konfessionskirchen gerungen haben: die loyalen Anglo-Iren und die Gälen. Insgesamt wird dabei sehr deutlich, dass die Durchsetzung der Reformation in Irland keine Frage der Konversion von Individuen war, sondern eine des erfolgreichen Zugriffs auf soziale Netzwerke.

Wie wir oben bereits gesehen haben, zeichneten sich die anglo-irischen Städte und ihre Kaufmanns-Oligarchien seit dem späten Mittelalter durch einen hohen Grad an wirtschaftlicher und politischer Autonomie aus. Zudem hatten die loyalen Anglo-Iren, vor allem die Gentry der Pale, in hohem Maße Zugriff auf Patronat und Landbesitz der Church of Ireland.[152] Diese anglo-irischen Eliten wiesen bereits seit dem späten Mittelalter eine große soziale Kohäsion auf. Dass es für ‚Außenseiter‘ schwierig war, in das geschlossene soziale System aufgenommen zu werden, beweisen die Bemühungen des neuenglisch-protestantischen Erzbischofs Loftus, der seit den 1570er Jahren versuchte, in der Pale ein „Verschwägerungssystem" aufzubauen, um „die Nachteile seiner englischen Herkunft und des Mangels einer traditionellen Verbundenheit mit der anglo-irischen Gesellschaft zu überwinden".[153] Auf Grund seines Kinderreichtums (vier Söhne und sieben Töchter) gelang es ihm zwar auf die Dauer, durch die Heiratsverbindungen seiner Kinder in dieses soziale Netzwerk einzudringen.[154] Doch war ihm offenbar sehr bewusst, wie eng die alteingesessenen Familien der Pale im Ernstfall zusammenrücken konnten, denn zu Beginn seiner Karriere in Irland, als Erzbischof von Armagh, hatte er 1565 im Hinblick auf die Durchsetzung der Konformität mit der Staatskirche unter der Gentry der Pale frustriert festgestellt: „... they [are] so lincked together in frendship and alliaunce one with an other, that wee shal neuer be able to correct theym by th'ordinarye course of the statute."[155]

Diese Einschätzung Loftus' sollte sich sehr bewahrheiten, doch man wird das Scheitern der protestantischen Reformation in Irland nicht vereinfachend auf den Familienzusammenhalt der Eliten der Pale zurückführen können – genauso wenig wie man das Scheitern des Protestantismus auf eine ‚natürliche Katholizität‘ der Bewohner Irlands zurückführen kann. Wie oben ausgeführt, muss die Entscheidung der loyalen Anglo-Iren für den Katholizismus im Rahmen der Verknüpfung von Politik und Konfession gesehen werden, so dass ihre seit den 1560er Jahren wachsende politi-

---

[152] Siehe oben A.III.1 und unten C.IV.1.a.

[153] ROBINSON-HAMMERSTEIN, Erzbischof, S. 143.

[154] Vgl. ROBINSON-HAMMERSTEIN, Erzbischof, S. 7, 143; ROBINSON-HAMMERSTEIN, Archbishop, S. 40.

[155] Adam Loftus, Archbishop of Armagh, to Queen Elizabeth, 17. Mai 1565, in: Original Letters, hg. v. SHIRLEY, S. 194–197, hier S. 196.

sche Unzufriedenheit eine wesentliche Bedeutung im Rahmen ihrer späteren konfessionellen Entscheidung erhält. Insofern können die engen sozialen Netzwerke der loyalen Anglo-Iren nicht als determinierender, sondern nur als ‚unterstützender' Faktor im Zusammenhang mit ihrer konfessionellen Entwicklung angesehen werden. Hätte die Regierung die anglo-irischen Eliten nicht politisch-konfessionell antagonisiert, sondern für die dauerhafte Konformität mit der Staatskirche gewinnen können, so hätten deren soziale Netzwerke für den Einzelnen eine ähnlich ‚mitziehende' Wirkung in Richtung Protestantismus gehabt wie es faktisch für den Katholizismus der Fall war.

Die Bedeutung der sozialen Netzwerke der loyalen anglo-irischen Eliten wird an den Beschwerden protestantischer Kleriker über *recusancy* deutlich. Dabei fiel den Protestanten auf, dass der Prozess der Abwendung von der Staatskirche zunächst in der ‚privaten' und dann in der ‚öffentlichen' Sphäre erfolgte, so dass zwei unterschiedliche Phasen mit unterschiedlichen ‚Trägergruppen' erkennbar werden. Die Phase des Umschwungs zu einem bewusst tridentinischen Katholizismus begann nämlich in den 1570er Jahren zunächst unter den Frauen der loyalen anglo-irischen Eliten, die sich als Personen, deren Verhalten nicht im öffentlichen Blickfeld stand, als Erste vom Gottesdienst der Staatskirche fern hielten, „thus setting a trend for their menfolk to follow".[156] Im Jahr 1580 klagte der protestantische Bischof von Waterford, Marmaduke Middleton: „None of the women do come either to service or sermons."[157]

In der Folge wurden Frauen zu den wichtigsten Multiplikatoren des Katholizismus in den privaten Sphären der loyalen anglo-irischen Eliten, also in den städtischen Haushalten und den *manor houses*. Vor allem schützten sie Priester und öffneten ihre Häuser für das Feiern der Messe.[158] Im Jahr 1606 schrieb ein neuenglischer Amtsträger, wahrscheinlich Sir Henry Brouncker, der President von Munster, frustriert: „The priests prevail mightily throughout all Ireland with the women, and they with their husbands."[159] Dies hatte natürlich auch funktionale Vorteile für die katholische

---

[156] LENNON, Lords, S. 213.

[157] Marmaduke Middleton, bishop of Waterford and Lismore, to Walsingham, 29. Juni 1580, in: State Papers, hg. v. BRADY, S. 39–42, hier S. 40; vgl. GILLESPIE, Devoted People, S. 13.

[158] Beispielsweise wurde von Joan Roche, der Mutter des späteren katholischen Bischofs von Ferns, John Roche, berichtet, sie sei eine gute Katholikin gewesen, die Priester beherbergte. Ähnliches wurde über die Eltern des katholischen Bischofs von Cashel, Thomas Walsh, berichtet, wobei seine Mutter auch als Witwe ihren Haushalt in diesem Sinne weiterführte. (Vgl. CORISH, Women, S. 214–215; LENNON, Lords, S. 213–214).

[159] Concerning Reformation of Religion in Ireland (wahrscheinlich von Sir Henry Brouncker verfasst), 1606, in: CSPI 1603–1606, S. 543–545, hier S. 544.

Mission, besonders in ihrer Anfangsphase, denn durch den im Privaten gewährten Schutz waren die Missionare viel weniger angreifbar und konnten
ihre seelsorgerlichen Aufgaben leichter erfüllen.[160]

Damit übernahmen Frauen in der katholischen Konfessionskirche in Irland eine herausragende Rolle, die für Frauen in „religiösen Erneuerungs-
bewegungen" sowie Minderheiten- und Untergrundkirchen in ganz Europa
nachgewiesen werden kann.[161] Die Entwicklung in Irland war vergleichbar
mit den von Bossy beschriebenen Vorgängen innerhalb der *English Catholic community*: „On few points in the early history of English Catholicism
is there such a unanimous convergence of evidence as on the importance of
the part played in it by women, and specifically by wives. ... As early as
1580, ... the Privy Council and the bishop of Winchester were struggling
with the legal and psychological problems thrown up among the Hampshire
gentry by a high incidence of conformable husbands with recusant
wives; ..."[162]

Vor diesem Hintergrund wird man weniger danach fragen, welche Konfession auf Grund bestimmter theologischer Merkmale Frauen möglicherweise ein besseres „Chancenangebot" machte.[163] Die konfessionelle Option
der anglo-irischen Frauen erklärt sich vielmehr aus dem erweiterten „religiösen Handlungsraum",[164] der sich ihnen in der katholischen Untergrundkirche bot: In dieser illegalen, nicht-staatlichen Kirche konnten sie nämlich im
Rahmen des ganzen Hauses für sich Freiräume und Kontaktmöglichkeiten
schaffen, die sie bei einer Entscheidung für die offizielle Konfession nicht
gehabt hätten. Frauen wurden in Irland im Allgemeinen nicht für ihre Zugehörigkeit zur katholischen Konfessionskirche zur Verantwortung gezo-

---

[160] Dies wird bei einem Vergleich mit der Mission der Franziskaner im gälischen
Schottland im frühen 17. Jahrhundert sehr deutlich. Diese versuchten, sich – als Barden getarnt – Zugang zu den Haushalten gälischer Lords zu verschaffen, fühlten sich
jedoch in hohem Maße unsicher und bedroht, da sie über ihre Aufnahme nie sicher sein
konnten. (Vgl. DAWSON, Calvinism, S. 248; GIBLIN, Irish Franciscan Mission). – Wie
in Irland gewährte auch im Norden Englands ein Geflecht von katholischen Gentry-
Haushalten den Missionaren Schutz und unterstützte sie bei ihrer Tätigkeit. (Vgl.
BOSSY, Character, S. 47; SMITH, Emergence, S. 153). Haigh meint sogar, dies habe die
geographische Konzentration der katholischen Mission in England so weitgehend determiniert, dass sie viele Landstriche, in denen das Volk für die katholische Mission
offen gewesen sei, nicht abdeckte. (Vgl. HAIGH, Church of England; HAIGH, Monopoly).

[161] Vgl. WUNDER, Frauen, S. 238–239.

[162] BOSSY, English Catholic Community, S. 153–154, vgl. S. 153–158. Bossys
Wortschöpfung „matriarchal era" (S. 158) wird man jedoch kritisch betrachten müssen.
Vgl. auch VENARD, Geschichte des Christentums, S. 543.

[163] REINHARD, Katholische Konfessionalisierung, S. 443. Zur Rolle der Frauen in
den einzelnen Konfessionen vgl. CONRAD, Zwischen Kloster und Welt; ROPER, Holy
Household; WESTPHAL, Frau und lutherische Konfessionalisierung.

[164] WUNDER, Frauen, S. 239.

gen,[165] so dass für sie die Gefahren wesentlich geringer waren als für Männer. Durch ihr Engagement im Rahmen des ganzen Hauses hatten die Frauen der loyalen anglo-irischen Eliten aber Zugang zu Bereichen der katholischen Konfessionskirche, auf die sie in einer Staatskirche gleich welcher Konfession keinen Einfluss hätten gewinnen können.[166]

Auch wenn sich die Möglichkeit bot, ihren Glauben in der Öffentlichkeit zu bekunden, nutzten die katholischen Frauen diese Gelegenheit wesentlich früher als ihre Männer, die „more circumspect in their public religious practice"[167] sein mussten. Bezeichnendes Beispiel dafür ist die Tatsache, dass Dubliner Frauen den Kopf des im Jahr 1584 hingerichteten Erzbischofs O'Hurley an sich nahmen und als Reliquie verehrten, wogegen ein öffentliches Auftreten dieser Art von männlicher Seite erst im Jahr 1612, anlässlich der Hinrichtung des Bischofs O'Devany, erfolgte.[168] Die Frauen der führenden anglo-irischen Familien waren somit entscheidende Multiplikatoren in der Transformation des *Catholic survivalism* zu einem bewussten, tridentinisch formierten Katholizismus, der nicht nur in *recusancy*, sondern auch in öffentlichen Glaubensbezeugungen seinen Ausdruck fand.

Im frühen 17. Jahrhundert rückten die sozialen Netzwerke der altenglischen Eliten dann zum Schutz des tridentinischen Katholizismus enger zusammen und schlossen sich nach außen ab. Dies kann an zahlreichen Indizien deutlich gemacht werden. Die mit dem Kontinent Handel treibenden Kaufleute transportierten nicht nur Waren auf ihren Schiffen, sondern entwickelten ein regelrechtes System, um katholische Kleriker, Erbauungs- und Messbücher, Kreuze, Agnus Dei u.a. nach Irland zu schmuggeln.[169] Die tridentinisch formierten Laien, die als *lay impropriators* Pfründen der Staatskirche kontrollierten oder unter Heinrich VIII. von den Klosterauflösungen profitiert hatten, nutzten diesen Besitz nun, um die katholische Mission und dann die Untergrundkirche zu unterstützen.[170]

Die Keimzelle des altenglischen Katholizismus in Irland war – ähnlich wie für den von Bossy beschriebenen englischen Katholizismus – der stadtbürgerliche oder „seigneurial household",[171] der nicht nur die engere Familie, sondern auch das Gesinde einschloss. Zudem gelang es den Eliten auch,

---

[165] Die Inhaftierung Margaret Balls in Dublin muss dabei als Ausnahmefall gelten. Siehe unten C.II.2.c.

[166] In diesem Zusammenhang ist es auch durchaus bezeichnend, dass die Frauen in der Church of Ireland, beispielsweise die Ehefrauen der protestantischen Bischöfe, in den Quellen mit keinem vergleichbaren eigenständigen Wirkungskreis auftauchen.

[167] LENNON, Lords, S. 214.

[168] Vgl. ebd., S. 149, 208, 214.

[169] Vgl. ebd., S. 149; LENNON, Sixteenth-Century Ireland, S. 321.

[170] Vgl. LENNON, Counter-Reformation, S. 84; LENNON, Rise of Recusancy, S. 128; LENNON, Sixteenth-Century Ireland, S. 318, 321.

[171] BOSSY, Character, S. 41.

im Sinne des Katholizismus auf die *lower orders* einzuwirken. Im Jahr 1612 berichtete der protestantische Bischof Ram von Ferns und Leighlin, dass „the poorer sort" sich mit der Begründung von den Gottesdiensten der Staatskirche fern hielten, „that if they shuld be of our religion, no popish marchant wold employ them being sailors; – no popish landlord wold lett them any lands being husbandmen, nor sett them houses in tenantry being artificers, and therefore they must either starve or doe as they doe".[172] Ähnliches geht bereits aus einem Bericht der Jesuiten von 1606 hervor: „Dungarvani turbam rusticorum ad templum compulit Praeses, quos eorum Dominus recusavit sub se diutius permittere, nisi se reconciliassent Ecclesiae."[173]

Die Angehörigen beider Konfessionskirchen waren sich also des Einflusses der altenglischen sozialen Netzwerke auf die konfessionelle Entscheidung des Einzelnen – sowohl innerhalb der Eliten als auch im Verhältnis der Eliten zu den *lower orders* – sehr bewusst. Folglich richteten Staat und Kirche ihre Bemühungen, Konformität mit der Church of Ireland durchzusetzen, auf die altenglischen Eliten aus – in der Annahme, dass „the rest would follow".[174] Der protestantische Bischof Lyon von Cork und Ross stellte dazu 1596 fest: „... none will come to the church at all, not so much as the country churls; they follow their seducers the priests and their superiors."[175]

Und die Vertreter der katholischen Konfessionskirche, allen voran die Jesuiten, erkannten, dass sich die altenglischen sozialen Netzwerke zum Vorteil des Katholizismus auswirken konnten. Im Zuge der *mandates* und anderer Zwangsmaßnahmen der Dubliner Regierung im frühen 17. Jahrhundert sahen sie es als entscheidend an, dass die Dubliner Ratsherren standhaft blieben, um der altenglischen Elite der gesamten Pale als leuch-

---

[172] Brief von Bischof Ram von Ferns und Leighlin aus dem Jahr 1612, zitiert in: BRADY, Essays, S. 15.

[173] Christopher Holywood an Ordensgeneral Aquaviva, 31. Dez. 1606, in: Ibernia Ignatiana, hg. v. HOGAN, S. 194–202, hier S. 201. Der protestantische Bischof Ram kommentierte seine eigene Feststellung kritisch mit der Anmerkung „which I know to be true in some". (Brief von Bischof Ram von Ferns und Leighlin aus dem Jahr 1612, zitiert in: BRADY, Essays, S. 15). Er vermutete also bei einigen Leuten eine Ausrede, möglicherweise, um nicht behelligt zu werden. Die jesuitische Quelle gibt dagegen einen deutlichen Hinweis darauf, dass die katholische Elite tatsächlich sozialen Druck anwandte, um die *lower orders* in der katholischen Konfessionskirche zu halten.

[174] Sir John Davys to Salisbury, 1605, in: CSPI 1603–1606, S. 370–373, hier S. 372; vgl. auch Lord Deputy [Chichester] and Council to the Lords, 5. Dez. 1605, in: CSPI 1603–1606, S. 355–358.

[175] William [Lyon], Bishop of Cork and Ross, to Lord Hunsdon, 6. Juli 1596, in: CSPI 1596–1597, S. 13–17, hier S. 15.

tendes Beispiel voranzugehen.[176] Einen positiven Einfluss der Frömmigkeitspraxis der Eliten auf die des Volkes erhofften sich die Jesuiten auch
von den in zahlreichen altenglischen Städten neu gegründeten Marianischen
Kongregationen, die entweder auf die „prelates, priests, and the more honourable citizens" beschränkt oder in „groups according to rank and profession"[177] aufgeteilt waren. Zudem sollten die Marianischen Sodalitäten
durch finanzielle Hilfen der Gemeinschaft dazu beitragen, dass ein Mitglied, das unter den Zwangsmaßnahmen der Regierung litt, nicht aus Angst
vor dem finanziellen Ruin vom Katholizismus abfiel.[178]

Auch die älteren mittelalterlichen Bruderschaften, besonders gut belegt
im Fall der religiösen Gilde von St. Anne in St. Audoen's Church, Dublin,
spielten als soziale Netzwerke im Verborgenen eine wichtige Rolle im Zuge
der Konfessionalisierung der altenglischen städtischen Elite.[179] Die Entwicklung der Bruderschaft spiegelt deutlich den Verlauf des Konfessionalisierungsprozesses in der Dubliner Gesellschaft.

Unter Edward VI. waren in England alle mittelalterlichen Bruderschaften aufgelöst worden. In Irland fanden dagegen keine Auflösungen statt,
und dies wurde unter Elisabeth I. auch nicht nachgeholt. So bestanden die
religiösen Gilden weiter, ohne dass sie ihre ursprünglichen Aufgaben, vor
allem das Totengedächtnis, noch erfüllen konnten oder durften.[180] Nachdem die Bruderschaft von St. Anne ihre religiöse Funktion seit der Mitte
des 16. Jahrhunderts nicht mehr öffentlich ausüben konnte, konzentrierten
sich ihre *masters*, die sich ausschließlich aus der kaufmännischen Elite
Dublins rekrutierten und zumeist auch Ratsherren waren, nach außen auf
die Verwaltung des gemeinschaftlichen Besitzes.[181] Bis in das späte 16.
Jahrhundert hinein zeigte sich die Bruderschaft nach außen vorkonfessio-
nell-offen, indem sie mit den Vertretern der Church-of-Ireland-Pfarrei von
St. Audoen zusammenarbeitete und Geld für die Renovierung der Pfarrkirche und für die Armenfürsorge spendete.[182]

Doch seit 1593 wurde die Bruderschaft von den Verantwortlichen in
Staat und Kirche zunehmend angegriffen. Denn die Gilde stellte allein auf
Grund ihrer ursprünglichen religiösen Funktion eine potentielle Gefahr für

---

[176] Vgl. Richard [de la] Field an Ordensgeneral Aquaviva, 25. Feb. 1603, in: Ibernia Ignatiana, hg. v. HOGAN, S. 108–111, hier S. 109–110.
[177] MACERLEAN, Sodality, S. 15. Zu den Marianischen Kongregationen der Jesuiten
vgl. allg. CHÂTELLIER, Europe of the Devout; vgl. auch SCHNEIDER, Wandel.
[178] Vgl. MACERLEAN, Sodality, S. 15–16.
[179] Auf Grund ihrer vergleichsweise guten Quellenlage ist St. Anne die bisher einzige untersuchte Bruderschaft. (Vgl. LENNON, Chantries; LENNON, Survival). Die Urkunden der Bruderschaft sind abgedruckt in: History, hg. v. BERRY.
[180] Vgl. LENNON, Chantries, S. 6–9.
[181] Vgl. ebd., S. 13.
[182] Vgl. ebd., S. 14–15.

die Konformität mit der Staatskirche dar. Die Pfarrei von St. Audoen erhob Anspruch auf einen wesentlichen Teil der Einkünfte der Bruderschaft. In den Jahren 1593 und 1603 erfolgten Überprüfungen der Gilde durch die High Commission of Ecclesiastical Causes. Auch das neu gegründete Trinity College erkannte den Wert des bruderschaftlichen Besitzes und Luke Challoner erreichte, dass James I. den Besitz der Gilde dem College überschrieb, „... but legal proceedings in pursuance of this grant failed to alienate the properties".[183] Im Zuge ihres Angriffs auf die Privilegien und Freiheiten der altenglischen Städte ging der Staat, angeführt vom Attorney General Sir John Davies, im frühen 17. Jahrhundert wiederum gegen die Bruderschaft vor. Die Gilde entwickelte eine Abwehrstrategie gegen diese Angriffe, die das Verstecken von Akten und Aufzeichnungen und die Hinzuziehung von Rechtsberatern umfasste.[184]

Das protestantische Vorgehen beruhte allem Anschein nach jedoch nicht nur auf der Absicht, mit der Bruderschaft von St. Anne eine Organisationsform des mittelalterlichen Katholizismus endgültig zu beseitigen. Vielmehr gibt es deutliche Hinweise, dass die Bruderschaft spätestens seit Beginn des 17. Jahrhunderts, aber wahrscheinlich bereits vor dieser Zeit, ihre Mittel zur Unterstützung katholischer Kleriker verwendete. So befand sich unter den Papieren der Bruderschaft auch eine Bulle Papst Pius V. aus dem Jahr 1569, worin die Mitglieder von religiösen Gilden aufgefordert wurden, ihren Besitz nur an Katholiken zu verpachten und mit dem erwirtschafteten Geld Priester zu unterstützen. Nach 1605 hörte die Gilde bezeichnenderweise auf, die Ausgaben für angebliche „pious uses" in ihren Büchern aufzuschlüsseln. Zudem scheint eine erhebliche Diskrepanz zwischen den tatsächlichen und den in den Büchern verzeichneten Einnahmen der Gilde bestanden zu haben. Die überschüssigen Einnahmen wurden, so vermuteten die Protestanten, katholischen Priestern zur Verfügung gestellt.[185] Nach 1619 tauchten sechs „singing men" – offenbar katholische Kleriker – wieder in den Büchern der Bruderschaft auf, die damit die Tradition der Bestellung von *chantry priests* – immerhin war der letzte noch 1564 eingesetzt worden[186] – anscheinend wieder aufnahm.[187] Als verdeckte Wahrnehmung katholischer Interessen ist möglicherweise auch die Entscheidung der Bruderschaft im Jahr 1597 zu deuten, die Kapelle und den Altar der Heiligen Anna in der Pfarrkirche von St. Audoen zu renovieren – diese waren im Mittelalter das Zentrum der Religionsausübung der Bruderschaft gewesen. Zwar konnte man dort keine katholischen Gottesdienste mehr abhal-

---

[183] Ebd., S. 20.
[184] Vgl. ebd., S. 19–21; History, hg. v. BERRY, S. 33.
[185] Vgl. LENNON, Chantries, S. 22; History, hg. v. BERRY, S. 34.
[186] Vgl. History, hg. v. BERRY, S. 46–47.
[187] Vgl. LENNON, Chantries, S. 15–16, 24; History, hg. v. BERRY, S. 34.

ten, aber im Gildenhaus neben der Kirche und in einigen Privathäusern der Mitglieder der Bruderschaft wurden katholische Messen gelesen.[188]

Doch der wichtigste Indikator für die Rolle der Bruderschaft von St. Anne als soziales Netzwerk in der katholischen Konfessionalisierung sind die personellen Verknüpfungen. Die *masters* und führenden Mitglieder der Gilde waren als *recusants* bekannte Ratsherren, und die zur Verteidigung des Besitzes der Bruderschaft beschäftigten Juristen waren auch als Katholiken bekannt.[189] Zahlreiche Mitglieder der Bruderschaft waren zudem mit Priestern und Jesuiten verwandt, die im frühen 17. Jahrhundert in Dublin wirkten.[190] Und last but not least entschloss sich die Gilde im frühen 17. Jahrhundert zur Aufnahme von Frauen – ein Schritt, der auch deutlich auf deren wichtige Rolle in der katholischen Konfessionalisierung hinweist.[191] Die Bruderschaft von St. Anne belegt somit im kleineren Rahmen die engen verwandt- und freundschaftlichen Netzwerke der katholischen Dubliner Elite. Ergänzend zur oben beschriebenen Rolle der Frauen im Rahmen des ganzen Hauses war die religiöse Gilde damit ein wichtiger Faktor, „[which] helped to facilitate the transition from pre-Reformation Christianity to Counter-Reformation Catholicism".[192]

Auch im gälischen Irland kann man die Bedeutung von sozialen Netzwerken für die konfessionelle Entscheidung des Einzelnen nachweisen. Dies kann vor allem an den wenigen für den Protestantismus gewonnenen gälischen Klerikern aufgezeigt werden, die im 16. Jahrhundert an den englischen Universitäten Theologie studierten und dann in ihrer Heimat, vor allem in Connacht, Bischöfe der Church of Ireland wurden. Sie hätten der Kern einer protestantischen Reformation im gälischen Irland werden können. Es gelang ihnen jedoch nicht, in die gälische Gesellschaft hineinzuwirken und den protestantischen Glauben zu verbreiten. Ihre Karrieren waren deshalb alle gekennzeichnet von „early promise unfulfilled".[193] Alan Ford analysiert das Problem so: „... though the bishops themselves were protestant, they were working in a wholly Catholic environment; not just their fellow countrymen, but their kinsmen and family were often Catholic. ...

---

[188] Vgl. LENNON, Lords, S. 23–24.

[189] Zwar waren auch einige Protestanten Mitglieder und Pächter der Bruderschaft, doch wird man die im frühen 17. Jahrhundert immer deutlicher hervortretende konfessionelle Ausrichtung der Bruderschaft auf ihre *masters* zurückführen können, die alle der *Catholic community* angehörten. (Vgl. LENNON, Chantries, S. 22–23).

[190] Vgl. LENNON, Survival, S. 9.

[191] Vgl. LENNON, Chantries, S. 17.

[192] LENNON, Survival, S. 12.

[193] FORD, Protestant Reformation in Ireland, S. 56.

Familial pressure could be accentuated by the lack of support, or active discouragement, of local lords and chiefs."[194]

Man wird jedoch vorsichtig sein müssen, hier von einer ‚natürlichen' Tendenz der gälischen Iren zum Katholizismus auszugehen. Vielmehr handelte es sich um eine Konstellation von ungünstigen Umständen, in denen ein protestantischer Kleriker alleine dastand und auch keinerlei institutionelle Unterstützung von Staat und Kirche erhielt.[195] In einer solchen Konstellation musste das auf die traditionelle Religiosität ausgerichtete soziale und familiäre Netzwerk um ihn herum zu einem übermächtigen Faktor werden.[196] Alle *native bishops* im gälischen Irland wurden spätestens in den 1620er Jahren von Engländern und Schotten abgelöst, aber es steht zu fragen, inwieweit nicht eine zweite Generation gälischer protestantischer Bischöfe die sozialen Netzwerke des gälischen Irland für die Staatskirche hätte gewinnen können.

Dass diese sozialen Netzwerke unter anderen Umständen, beispielsweise bei mehr institutionellem Rückhalt für die gälischen Bischöfe der Staatskirche, auch für den Protestantismus hätten arbeiten können, beweist der entsetzte Bericht des Jesuiten Christopher Holywood von 1605, der schildert, dass Priester in Connacht an den Versammlungen und Convocations der protestantischen Bischöfe der Church of Ireland, nämlich John Lynch, Bischof von Elphin (1583–1611), Nehemiah Donnellan, Erzbischof von Tuam (1595–1609), und Owen O'Connor, Bischof von Killala (1591–1607), teilnahmen. Der Jesuit wollte die Priester für die katholische Konfessionskirche reklamieren, doch diese dachten eindeutig nicht konfessionell und hielten es zudem für selbstverständlich, Bischöfen zu folgen, die dem sozial-ethnischen Netzwerk des gälischen Irland angehörten. Holywood schreibt: „The Jesuits assembled as many of them as they could, and told them such practices were unlawful. The clergy marvelled at this, but promised amendment."[197]

---

[194] FORD, Protestant Reformation in Ireland, 1590–1641, S. 32, vgl. S. 28–33, 123–137; vgl. FORD, Protestant Reformation in Ireland, S. 56–57.

[195] „The pressures exerted by the local laity and kinsmen, the difficulties of preaching the gospel in a hostile environment, without support from the state, without adequate income, and without fellow preachers, all sapped the enthusiasm of Irish bishops." (FORD, Protestant Reformation in Ireland, S. 56).

[196] Ähnlich war die Situation offensichtlich bei den oben genannten frühen protestantischen Bischöfen gälischer Herkunft, denen es nicht gelang, ihre Familien – einschließlich ihrer Frauen und Kinder – zum Protestantismus zu bekehren. Die protestantischen Bischöfe Murtagh O'Brien, Roland Lynch und Miler Magrath hatten alle Frauen und Kinder, die katholisch waren und sie nicht in die protestantische Kirche begleiteten. (Vgl. FORD, Protestant Reformation in Ireland, 1590–1641, S. 32).

[197] Brief von Christopher Holywood aus dem Jahr 1605, übers. in: HOGAN, Distinguished Irishmen, S. 423–434, hier S. 430.

In weiten Teilen des gälischen Schottland verlief die Entwicklung im
späten 16. und frühen 17. Jahrhundert zu Gunsten des Protestantismus.
Hier wurden entscheidende soziale Gruppen innerhalb der *clan*-Gesell-
schaft, die noch stärker als die irisch-gälische von Verwandtschaftsbeziehungen geprägt war, für den Calvinismus gewonnen. Ausgehend von den
Lords, allen voran dem mächtigen Earl of Argyll, betraf dies insbesondere
die Klerikerfamilien und die Barden.[198] In den schottischen Highlands wirkten sich die engen sozialen Netzwerke also genau gegenteilig aus wie im
gälischen Irland, wo alle ‚Berufsgruppen', nicht zuletzt die Barden, für den
Katholizismus gewonnen wurden. Dies führt uns zurück zu der zu Beginn
dieses Abschnittes formulierten These, dass soziale Netzwerke in Irland
nicht als Auslöser oder determinierender Faktor im Konfessionalisierungsprozess angesehen werden können, dass sie aber im Zuge eines bereits be-
gonnenen Konfessionalisierungsprozesses eine unterstützende Wirkung haben konnten, indem sie nämlich den Einzelnen in seiner konfessionellen
Entscheidung beeinflussten.

c) Konfessionalisierung als gesellschaftlicher Fundamentalprozess?

Der für Irland beschriebene Prozess der doppelten Konfessionalisierung in
einem politisch-gesellschaftlichen Raum wirft die Frage auf, inwieweit
Konfessionalisierung hier als „gesellschaftlicher Fundamentalvorgang"[199]
wirksam wurde. Es wird deshalb im Folgenden untersucht, ob es in der irischen Gesellschaft des späten 16. und vor allem der ersten Hälfte des 17.
Jahrhunderts nicht- oder teilkonfessionalisierte Strukturen gegeben hat, die
das Zusammenleben der konfessionellen Gruppen ermöglichten.

Ähnlich wie bei den sozialen Netzwerken lässt sich die Frage nach Konfessionalisierung als gesellschaftlichem Fundamentalprozess vor allem dort
untersuchen, wo die beiden Konfessionen in einem gesellschaftlich, aber
auch topographisch besonders ‚engen' Raum aufeinander trafen, nämlich in
der Gesellschaft Dublins und der Pale. Es gibt jedoch auch für andere Regionen Irlands deutliche Hinweise auf die Bedeutung der Konfessionalisierung im Alltagsleben der Menschen. Aus diesen Quellen lässt sich aber kein
statistisch quantifizierbares Bild über Konfessionalisierung als Fundamentalprozess ableiten. Die vorliegende Analyse will deshalb von Themenaspekten ausgehen, in denen sich Konfessionalisierung als Fundamentalprozess entweder manifestieren konnte oder nicht: das Konnubium und die
Familien insgesamt, der Kalender, die potentiell konfliktträchtigen ‚Räume', insbesondere Kirchen, und die Frage, ob es intellektuellen Austausch
über die Konfessionsgrenzen hinweg nur in Form konfessioneller Kontroversen und Propaganda gab.

---

[198] Vgl. DAWSON, Calvinism, insbes. S. 237.
[199] SCHILLING, Konfessionalisierung im Reich, S. 6.

Für die sozialen Eliten Dublins und seiner Umgebung hat Colm Lennon nachgewiesen, dass das Konnubium eindeutig konfessionalisiert war.[200] Die Kerngruppe anglo-irischer Bürgerfamilien Dublins, die zum Protestantismus konvertierten, bestand aus den Familien Ussher, Ball und Challoner. Auf diesen Familien beruhte in der zweiten Hälfte des 16. Jahrhunderts die Hoffnung der Regierung, dass sich der protestantische Glaube unter den loyalen Anglo-Iren durchsetzen werde. Die Mitglieder dieser Familien waren enthusiastische Protestanten, die auch in der High Commission of Ecclesiastical Causes tätig waren.[201] Diese Gruppe schloss in der zweiten Hälfte des 16. Jahrhunderts überdurchschnittlich viele Heiratsverbindungen sowohl untereinander als auch mit den neu angesiedelten protestantischen Engländern.[202]

Am anderen Ende des konfessionellen Spektrums begannen zur gleichen Zeit Familien, die bereits in der Mitte der Regierungszeit Elisabeths deutlicher dem Katholizismus zuneigten, untereinander ebenfalls verstärkt Heiratsverbindungen zu knüpfen.[203] Zwischen diesen beiden Gruppen stand zunächst die „broad mass of uncommitted patricians".[204] Dies änderte sich mit der zunehmenden katholischen Formierung dieser ‚Mittelgruppe' nach 1585. Auch für diese Gruppe – und damit die Mehrheit der bürgerlichen Elite Dublins – ist eindeutig nachweisbar, dass seit dem späten 16. Jahrhundert das Konnubium konfessionell determiniert war.[205] Infolgedessen gab es innerhalb der Dubliner Elite seit der Jahrhundertwende scharf voneinander getrennte katholische und protestantische Heiratskreise.[206]

Die Bildung von Heiratskreisen führte dazu, dass sich einige anglo-irische Familien auf Dauer in katholische und protestantische Linien spalteten und dass es innerhalb der Familien und zwischen den Generationen zu massiven konfessionellen Konflikten kam. Als Beispiel für eine sich in konfessionelle Linien aufspaltende Familie wurden oben bereits die Stanihursts

---

[200] Lennon hat in seinem Buch eine ausführliche Prosopographie der Dubliner Ratsherren vorgelegt und deren Heiratsverbindungen sowohl innerhalb der Dubliner Elite als auch mit der Gentry der Pale analysiert. (Vgl. LENNON, Lords, S. 223–276). Dies ist die bislang einzige Untersuchung in der irischen Historiographie, die sich für die Frage der Herausbildung konfessioneller Heiratsmuster interessiert. Dagegen beschäftigt sich das Buch von Jackson, Intermarriage, nicht – wie man für die behandelte Zeit zwischen 1550 und 1650 vermuten würde – mit konfessioneller *intermarriage*, sondern mit Heiraten zwischen den beiden ethnischen Gruppen Anglo-Iren und Gälen.

[201] Vgl. LENNON, Lords, S. 135–137.

[202] Am bekanntesten ist wohl die Ehe zwischen Phoebe Challoner, der Tochter von Luke Challoner, und James Ussher, dem späteren Erzbischof von Armagh. (Vgl. LENNON, Lords, S. 137).

[203] Vgl. LENNON, Counter-Reformation, S. 85.

[204] LENNON, Rise of Recusancy, S. 125.

[205] Vgl. die Tabelle in LENNON, Lords, S. 160.

[206] Siehe auch oben B.III.1.c.

genannt, wobei die konfessionelle Spaltung hier über die weibliche Linie, nämlich die Heirat der Tochter James Stanihursts, Margaret Stanihurst, mit Arland Ussher erfolgte.[207]

Noch wesentlich größer war der konfessionelle Bruch innerhalb der Familie Ball. In dieser Familie fand die Spaltung zwischen zwei Brüdern statt, den Söhnen Walter und Nicholas des Ratsherrn Bartholomew Ball, der 1567 starb. Walter Ball war ein überzeugter Protestant. Er wurde 1580/81, also in der Zeit der Baltinglass-Rebellion, Bürgermeister von Dublin und war in der High Commission of Ecclesiastical Causes aktiv. Seine Mutter Margaret Ball machte nach dem Tod ihres Mannes ihren Haushalt zu einem Zentrum des Katholizismus in Dublin. Zudem versuchte sie wiederholt, ihren Sohn durch mit katholischen Klerikern arrangierte Disputationen vom protestantischen Glauben abzubringen. Walter ließ seine Mutter daraufhin im Jahr seiner Übernahme des Bürgermeisteramtes ins Gefängnis werfen, wo sie 1584 starb.[208] Die beiden Söhne Walters wurden protestantisch erzogen und verblieben in dieser Konfession, während der Bruder Walters, Nicholas, als bekennender Katholik lebte.[209]

Ein letztes Beispiel für Konfessionalisierung als Spaltungsprozess, der bis in die Familien reichte, ist den Berichten des Dubliner Jesuiten Fitzsimon entnommen. Dieser schilderte im Jahr 1634 die Erfahrungen des Jesuiten Francis Slingesby, der seine Mutter, seinen Bruder und seine Schwester zum Katholizismus bekehrte, jedoch von seinem protestantischen Vater Sir Charles Slingesby angeklagt und an die Behörden ausgeliefert wurde.[210] Dieser Fall ist insofern bemerkenswert, als er nicht nur einen schweren konfessionellen Bruch innerhalb einer Familie aufzeigt, sondern auch das sonst weitgehend übliche Muster durchbricht, wonach die Kinder in der Konfession ihrer Eltern lebten.

Während Ehe und Familie innerhalb der abgegrenzten Gesellschaft der sozialen Eliten Dublins und der Pale eindeutig konfessionalisiert waren, traf dies in anderen Teilen Irlands nicht zu. In diesem Zusammenhang fällt besonders auf, dass die General Assembly der Konföderation von Kilkenny in ihr Regierungsprogramm von 1642 auch einen Paragraphen einfügte, der sich mit der Situation von katholischen Frauen befasste, die mit Protestan-

---

[207] Margaret war die Mutter des späteren protestantischen Erzbischofs von Armagh James Ussher. Vermutlich war Margaret selbst jedoch keine überzeugte Protestantin, denn ihr wird nachgesagt, dass sie kurz vor ihrem Tod im Jahr 1629 zum Katholizismus konvertierte. (Vgl. LENNON, Lords, S. 135).

[208] Margaret Ball ist in dem Verzeichnis irischer Märtyrer des Jesuiten John Howlin in der Rubrik „mulieres" als Märtyrerin für den katholischen Glauben verzeichnet. (Vgl. HOLINGUS, Compendium, S. 106–107).

[209] Vgl. LENNON, Lords, S. 137, 143, 156–157.

[210] Vgl. Henry Fitzsimon an Pater Gerard, 29. Aug. 1634, übers. in: Words of Comfort, hg. v. HOGAN, S. 82.

ten verheiratet waren. Diesen sollte trotz der Enteignung ihrer Männer ein Drittel des Besitzes zustehen, „noe more nor noe lesse than as her husband weare dead or banished out of the kingdome".[211] Dass ein solcher Artikel in einem Programm nötig schien, das sich ansonsten mit den Grundlagen der Regierung und Verwaltung in den von der Konföderation beherrschten Gebieten befasste, macht deutlich, dass es viele konfessionelle Mischehen gegeben haben muss und somit auch viele katholische Frauen, die von der Enteignung ihrer protestantischen Männer betroffen waren.

Dies wird umso wahrscheinlicher, wenn wir uns das Eheverhalten der Kleriker der Church of Ireland ansehen. Die Bischöfe und andere Verantwortliche in Staat und Kirche beschwerten sich häufig über die Tatsache, dass zahlreiche Pfarrkleriker katholische Ehefrauen hatten, die ihre Ehemänner nicht in die Kirche begleiteten. So gab es zum Beispiel in der Diözese Kilmore im Jahr 1630 Pfarrer der Staatskirche, „[who] had married Irish women, their wives and children went to mass".[212] Der protestantische Bischof Bedell versammelte deshalb seine Pfarrer und hielt ihnen eine Predigt über „the necessity of the reformation of these intolerable abuses, tending to the scandal of the reformed religion amongst the natives, and destruction of themselves as well as their flocks".[213]

Wenn es noch nicht einmal gelang, auf dieser Ebene das Personal der Staatskirche zu disziplinieren, liegt die Vermutung sehr nahe, dass gemischtkonfessionelle Ehen in der irischen Gesellschaft des späten 16. und frühen 17. Jahrhunderts keine Seltenheit waren. Betrachtet man also die irische Gesellschaft insgesamt und nicht nur die Eliten Dublins und der Pale, so war das Konnubium offensichtlich nicht oder nur teilweise konfessionalisiert.

Die entschieden konfessionalisierten Kleriker sowohl auf protestantischer als auch auf katholischer Seite verurteilten konfessionelle Mischehen aufs Schärfste und verfolgten das Ziel, diese Mischehen zu verhindern und damit Konfessionalisierung als gesellschaftlichen Fundamentalprozess durchzusetzen.[214] Dass dies im Laufe des frühen 17. Jahrhunderts trotz zu-

---

[211] Actes of the Generall Assemblie of the Confederated Catholickes of Ireland, 24. Okt. 1642, in: Spicilegium Ossoriense, hg. v. MORAN, Bd. 2, S. 9–16, hier S. 14.

[212] Clogie, A., Speculum Episcoporum; or The Apostolick Bishop: Being a Brief Account of the Life and Death of ... William Bedell, in: Two Biographies, hg. v. SHUCKBURGH, S. 77–213, hier S. 101.

[213] Ebd.

[214] Vgl. z.B. den protestantischen Prediger Andrewes: „Hope of commodity makes many a man to marry his children unto Papists, yea and himself to, a thing forbidden by God in the seventh of Deuteronomie ..." (ANDREWE, Sermons, S. 36; vgl. FORD, Protestant Reformation in Ireland, S. 70; KILROY, Sermon, S. 116). Vgl. ebenso den Jesuiten Henry Fitzsimon: „I have very often laboured to prevent Catholic women from marrying sectaries, and from thus being used as spies against ourselves; and in my ef-

nehmender konfessioneller Spannungen in Irland nicht gelang, zeigt die oben genannte Bestimmung der Konföderation von Kilkenny.

Insgesamt wird deutlich – und das wird man wahrscheinlich auf die europäische Konfessionalisierung insgesamt verallgemeinern können[215] –, dass Ehe und Familie vor allem im städtischen Bereich und unter Eliten konfessionalisiert wurden. Denn hier konnten sich durch den hohen Alphabetisierungsgrad und das städtische ‚Milieu‘ konfessionelle Identitäten auf der Basis fundierten Wissens über die konfessionellen Unterschiede etablieren und festigen. Diese konfessionellen Identitäten wurden dann – wie wir am Beispiel Dublins gesehen haben – durch die ständige Konfrontation auf topographisch und gesellschaftlich kleinem Raum noch verstärkt und förderten eine deutliche Abgrenzung von der anderen Konfession.

Dass dies auch bereits den Zeitgenossen sehr deutlich war, zeigt das Verhältnis zwischen dem späteren protestantischen Erzbischof von Armagh, James Ussher, und seinem katholischen Onkel Richard Stanihurst. Ussher und Stanihurst wurden im Zuge der doppelten Konfessionalisierung zu Gegnern, vor allem weil sie beide Propagandaschriften für ihre jeweilige Konfession verfassten. Die Konsequenz der doppelten Konfessionalisierung für die eng geknüpften sozialen Netzwerke der Pale formulierte Stanihurst in einer seiner Flugschriften eindringlich: „I take my stand in defence of the Catholic faith in this spiritual duel which sees an Irishman contending with an Irishman, a Dubliner with a Dubliner and, saddest of all, an uncle with his nephew.“[216]

Das Leben und Wirken Erzbischof Usshers zeigen auf, dass bei der Frage nach Konfessionalisierung als gesellschaftlichem Fundamentalprozess nicht unbedingt eindeutige Antworten möglich sind. Erzbischof Ussher war ein überzeugter Protestant, der fest auf dem Boden des calvinistischen Konsenses der Staatskirche stand[217] und der mit Flugschriften für seine konfessionelle Haltung eintrat – auch gegen seinen Onkel. Das konfessionalisierte Weltbild Usshers wird zudem durch seine Haltung gegenüber einer möglichen Tolerierung des Katholizismus in Irland bestätigt: Wie wir oben gesehen haben, predigte er anlässlich des Regierungsantritts Lord Deputy Falklands im Jahr 1622 als damaliger Bischof von Meath in Christ Church Cathedral, Dublin, über eine Bibelstelle aus Römer 13 – „he beareth not the sword in vain“.[218] In dieser Predigt, die den konfessionalisierten Geist innerhalb der Staatskirche im frühen 17. Jahrhundert widerspiegelt, rief Ussher Falkland zu einer effektiven Unterdrückung des Katholi-

---

forts I have been generally successful.“ (Henry Fitzsimon an Ordensgeneral Aquaviva, 10. April 1603, übers. in: Words of Comfort, hg. v. HOGAN, S. 52–58, hier S. 56).

[215] Vgl. die Arbeit von SIBETH, Eherecht und Staatsbildung.

[216] Zitiert in: LENNON, Lords, S. 218.

[217] Siehe unten C.IV.1.a.

[218] Siehe auch oben B.IV.2.c.

zismus in Irland auf, denn dieser war nach Meinung Usshers allzu ,sichtbar' geworden.[219] Der Erzbischof von Armagh, Christopher Hampton, schrieb Ussher im Anschluss daran einen tadelnden Brief, in dem er ihn darauf hinwies, dass Ussher sich hier für die Verfolgung seiner eigenen Verwandten ausgesprochen hatte.[220] Hampton forderte ihn auf, den Geist der Konfessionalisierung durch den des Ausgleichs und der „spiritual weapons" zu ersetzen.[221] Aber auch einige Jahre später, als Ussher mittlerweile selbst Erzbischof von Armagh geworden war, sollte er sich als Vorkämpfer der Konfessionalisierung der irischen Gesellschaft erweisen, indem er die Gnadenerweise vehement zurückwies.[222]

Zugleich operierte Ussher, der Gelehrte, der die Geschichte Irlands seit dem frühen Mittelalter intensiv erforschte,[223] jedoch in einer über- und trans-konfessionellen *res publica litteraria*. Hier war von dem oben beschriebenen Geist der Konfessionalisierung nichts zu spüren. Ussher korrespondierte mit gleich gesinnten katholischen Gelehrten wie dem Bischof von Ossory, David Rothe, und dem Franziskaner Luke Wadding, Gründer des St. Isidor's College in Rom. Er half ihnen bei der Beschaffung von Manuskripten, er gewährte ihnen sogar, wie zum Beispiel dem Franziskaner Thomas Strange als Vertreter Waddings in Irland, Zugang zu seiner reichhaltigen Sammlung mittelalterlicher irischer Manuskripte.[224] Hier tritt uns ein anderer Ussher entgegen, ein Mitglied der humanistischen Gelehrtenrepublik, der angesichts des gemeinsamen Interesses an der Geschichte seines Heimatlandes mit gleich gesinnten katholischen Gelehrten kooperierte. Diese nicht-konfessionalisierte Gelehrtenrepublik ist auch für das übrige Europa im konfessionellen Zeitalter belegt.[225] Dies änderte jedoch nichts an der Tatsache, dass die Umsetzung der Ergebnisse ihrer Forschungen bei protestantischen und katholischen Gelehrten wiederum im Sinne und zur Verteidigung ihrer eigenen konfessionellen Position erfolgte. Die Interpretationen der mittelalterlichen irischen Geschichte, die Ussher und

---

[219] Vgl. KNOX, Ussher, S. 28–29; The Bishop of Meath to Lord Grandison, 16. Okt. 1622, in: Works of Ussher, hg. v. ELRINGTON u. TODD, Bd. XV, S. 180–182, hier S. 180–181.

[220] „... many of them [d.h. die katholischen Altenggländer] [are] near unto you in blood or alliance." (Hampton, Archbishop of Armagh, to the Lord Bishop of Meath, 17. Okt. 1622, in: Works of Ussher, hg. v. ELRINGTON u. TODD, Bd. XV, S. 183–184, hier S. 184).

[221] Ebd.

[222] Vgl. KNOX, Ussher, S. 35–36.

[223] Siehe oben C.I.2.b.

[224] Vgl. GWYNN, Archbishop Ussher; Correspondence of David Rothe and James Ussher, hg. v. O'SULLIVAN.

[225] Vgl. SCHINDLING, Konfessionalisierung, S. 16–17; SCHILLING, Konfessionalisierung von Kirche, Staat und Gesellschaft, S. 24.

seine katholischen Kollegen vorlegten, waren – wie wir oben gesehen haben – zutiefst von ihrer jeweiligen konfessionellen Identität geprägt.[226]

Wie an der Entwicklung im Reich, vor allem in den paritätischen Reichsstädten, deutlich wird, konnte der Streit um die Ablösung des julianischen durch den gregorianischen Kalender zu einer tief greifenden Konfessionalisierung des Alltags führen. Indem der von Papst Gregor XIII. 1582 eingeführte Kalender und damit die Zeitrechnung zum konfessionellen Streitobjekt wurde, ergaben sich, unter anderem durch die Doppelung der Feiertage, überall im Alltag Ansatzpunkte für Konflikte.[227] Im Prozess der doppelten Konfessionalisierung in Irland wurde der Kalender jedoch nicht zum Gegenstand konfessioneller Auseinandersetzungen.

Dies verwundert angesichts der Tatsache, dass im Jahr 1592 aus Ulster berichtet wurde: „... the clergy ... use all manner of service there now, as in that time [d.h. während der Regierungszeit Marys]; and not only that, but they have changed the time according to the Pope's new invention."[228] In dem im späten 16. Jahrhundert vom englischen Staat und seiner Kirche noch völlig unabhängigen Ulster war der gregorianische Kalender also einige Jahre nach seiner Einführung übernommen worden. Doch war dies offensichtlich nur in Ulster möglich, einem politischen Raum, in dem die weltlichen Lords, allen voran die O'Neills, katholisch waren und die katholische Kirche damit öffentlich agieren konnte. Nach 1603/07 passte sich die katholische Konfessionskirche als Untergrundkirche allerdings ihrer zwar nicht zahlen- aber machtmäßig dominanten protestantischen Umwelt an.[229] Die Provinzialsynode von Armagh im Jahr 1614 beschloss, dass das Kirchenvolk nach dem protestantischen Kalender leben dürfe, wobei ausdrücklich die zu erwartenden Probleme im Alltagsleben als Begründung angeführt wurden.[230] Die katholische Kirche verzichtete damit bewusst auf die Durchsetzung einer konfessionellen Forderung und erkannte an, dass im öffentlichen Raum die ‚Zeit' des englischen Staates und seiner Kirche galt.

Auch auf protestantischer Seite, und zwar vor allem unter den Laien, gab es Anpassungen an die konfessionelle Doppelsituation in Irland, so dass trotz konfessioneller Spannungen das alltägliche Zusammenleben möglich war. Das die irische Gesellschaft vor 1641 wohl am meisten prägende ‚Anpassungsverhalten' englischer Siedler war deren Bereitschaft,

---

[226] Siehe oben C.I.2.b.

[227] Vgl. SCHILLING, Aufbruch und Krise, S. 264–266.

[228] A memorial of sundry things commanded by her Majesty to be well considered by the Lord Deputy, 28. Juli 1592, abgedruckt in: Description, hg. v. HOGAN, S. 287.

[229] Zu weiteren Aspekten der funktionalen Anpassung siehe unten C.IV.1.b.

[230] Vgl. Dekrete der Provinzialsynode von Armagh, 1614, in: Renehan: Collections, hg. v. MCCARTHY, S. 116–146, hier S. 139–141.

katholische gälische Bauern weiterhin als Pächter auf ihrem Land zu behalten. Dies ergab sich aus dem Umstand, dass es sich als unmöglich erwies, englische Bauern in der vorgesehenen Anzahl für die *plantations* anzuwerben. Um die Bestellung ihres Landes zu sichern und die katholischen Pächter nicht zu vertreiben, waren die neuenglischen Siedler bereit, die Aktivitäten der katholischen Konfessionskirche zu tolerieren bzw. zu ignorieren.

Dabei handelte es sich um eine Anpassung aus wirtschaftlich-praktischen Gründen, die von Seiten des Staates und der Church of Ireland immer wieder massiv kritisiert wurde. Während der Staat auf die Einhaltung der Bedingungen der *plantations* pochte, wonach englische – d.h. loyale und protestantische – Bauern in Irland angesiedelt werden sollten, warfen die konfessionalisierten Kleriker der Church of Ireland den neuenglischen Siedlern vor, dass sie ihre wirtschaftlichen Interessen über ihre Glaubenspflichten – und damit die Wohlfahrt des Landes – stellten und dass es eigentlich ihre Aufgabe sei, ihre Pächter zur Teilnahme an den Gottesdiensten der Staatskirche zu zwingen.[231]

Dass das Zusammenleben von neuenglischen Siedlern und gälischen Pächtern trotzdem nicht frei war von konfessionellen Spannungen, beweist die Rebellion von 1641, vor allem ihr unkontrollierter, vom Volk ausgehender Teil. Hier entlud sich eine seit dem frühen 17. Jahrhundert zunehmende Konfessionalisierung der Gesellschaft, die sich auf gälischer Seite in der Verknüpfung der beiden Identitätsmerkmale *Protestant* und *Englishman* zu einem Feindbild manifestierte. Auch die Tatsache, dass protestantische Kleriker von den Angriffen der Rebellen besonders betroffen waren, spricht für eine sich in der Zeit des scheinbar friedlichen Zusammenlebens unterschwellig vertiefende konfessionelle Spaltung.[232]

Die wachsende konfessionelle Polarisierung wird vor allem an den Beschwerden der Kleriker und Bischöfe der Church of Ireland über den verstärkten ‚Öffentlichkeitscharakter‘ – man könnte auch sagen die ‚Sichtbarkeit‘ – der katholischen Konfessionskirche in der ersten Hälfte des 17. Jahrhunderts deutlich. Ähnlich wie bei den Konflikten um Simultankirchen in den paritätischen Reichsstädten vor dem Dreißigjährigen Krieg,[233] ging es hier häufig um Kirchenräume. Da es in Irland von Rechts wegen keine Simultankirchen oder katholischen Kapellen[234] und Klostergemeinschaften geben durfte, machte gerade deren rapides Anwachsen und das Vordringen der Katholiken in die öffentlichen Kirchenräume im frühen 17. Jahrhundert das Scheitern des konfessionellen Monopolanspruchs der Church of Ireland

---

[231] Vgl. FORD, Protestant Reformation in Ireland, 1590–1641, S. 178–179, 243, 251–252.

[232] Vgl. hierzu vor allem CANNY, Religion.

[233] Vgl. WARMBRUNN, Zwei Konfessionen, S. 222–237.

[234] Die Vokabel der Protestanten für katholische Kapellen war *mass houses*.

plastisch deutlich. Dies führte zu heftigen Abwehrreaktionen seitens der protestantischen Kleriker.

So berichtete Sir John Davies im Jahr 1606 aus der Stadt New Ross: „We found that albeit the greatest part of the townsmen be obstinate recusants, yet twice or thrice a year they all come into the church to make a superstitious offering at the place where the high altar stood. Last Christmas day the sovereign and inhabitants, to the number of 300, came into the church with extraordinary noise and tumult, and making their popish offering, then disturbed the poor minister from making a sermon which he had prepared for his small auditory. The same they did upon Easter day."[235] Und James Ussher war entsetzt darüber, dass die protestantischen Kleriker seiner Diözese Meath ihr Monopol auf die Nutzung der Kirchenräume nicht durchsetzen konnten. Er berichtete das folgende Erlebnis seines Pfarrers John Ankers: „That going to read prayers at Kilkenny, in Westmeath, he found an old priest, and about forty with him, in the church; who was so bold as to require him (the said Ankers) to depart, until he had done his business."[236] Daneben sorgten die Häufigkeit von *mass houses* und die Aktivitäten der katholischen Kleriker insgesamt für zunehmende Frustration und Aggressivität unter den Protestanten, vor allem den Klerikern.[237]

Zugleich kurbelten die Protestanten den konfessionellen Polarisierungsprozess auch selbst an, wobei für sie die katholische Messe häufig im Zentrum des Angriffs stand. Der Katholik O'Sullivan Beare berichtete von einem protestantischen Pfarrer in einer Kleinstadt in der Nähe von Drogheda, der sich anlässlich einer katholischen Beerdigung unter dem Behelfsaltar des Priesters versteckte, um während der Messe herauszuspringen und den Priester zu verhaften. Stattdessen stießen ihn jedoch die anwesenden katholischen Frauen in das offene Grab und begannen, ihn bei lebendigem Leib zu begraben. Nur die Intervention des Priesters rettete dem Protestanten das Leben.[238] Auch die Erfahrungen des Jesuiten Fitzsimon verdeutlichen die konfessionelle Polarisierung der Gesellschaft. Dieser berichtete aus seiner Haft in Dublin Castle, dass der Gefängnisvorsteher ständig ver-

---

[235] Brief von Sir John Davies aus dem Jahr 1606, in: Words of Comfort, hg. v. HOGAN, S. 146–147, hier S. 147. Vgl. auch Barnaby Richs Bericht von öffentlichen katholischen Begräbnissen in den Städten Wexford, Waterford und Dublin (in: Rych's Anothomy, hg. v. HINTON, S. 85).

[236] The Bishop of Meath to Lord Grandison, 16. Okt. 1622, in: Works of Ussher, hg. v. ELRINGTON u. TODD, Bd. XV, S. 180–182, hier S. 181.

[237] Vgl. z.B. Archbishop Bulkeley's Visitation of Dublin, hg. v. RONAN; The State of the Diocese of Killaloe, Presented to His Majesties Commissioners at Dublin ... per Johannem [John Rider] Laonensem Episcopum, 1622, abgedruckt in: DWYER, Diocese of Killaloe, S. 100–156, hier S. 142–145.

[238] Vgl. O'SULLIVAN BEARE, Compendium, S. 135–136.

suchte, ihm beim Abhalten der Messe aufzulauern. Eines Tages sei er dann während der Messe in Fitzsimons Zelle gestürmt und habe ihm den Kelch und die Messgewänder weggenommen, wobei die Hostie auf den Boden gefallen sei.[239]

Als Hinweis darauf, dass das Verhalten der altenglischen Eliten in Dublin und der Pale zu einem Vorbild für die unteren Schichten geworden war und sich eine katholische Konfessionalisierung auch in den *lower orders* durchgesetzt hatte, können die folgenden Ereignisse gelten: Im Jahr 1629 gingen der protestantische Bürgermeister und der Erzbischof von Dublin gemeinsam gegen eine Kapelle der Franziskaner in Dublin vor. Sie drangen während einer Messe in die Kapelle ein, zerstörten deren Innenausstattung und ließen die Anwesenden festnehmen. Daraufhin wurden der Erzbischof und der Bürgermeister auf dem Rückweg von der einfachen Bevölkerung tätlich angegriffen. Nach protestantischen Angaben waren die Angreifer „the mob",[240] nach katholischer Schilderung „the contry folke and some other childern and sarvants".[241] Auf jeden Fall handelte es sich eindeutig um die ansonsten in den Quellen so schwer zu fassenden unteren Schichten in der Stadt Dublin und der Pale, die katholisch konfessionalisiert waren und zur Verteidigung ihres Glaubens auch nicht davor zurückschreckten, mit Steinen zu werfen. Die Konsequenz dieses Vorfalls war eine allgemeine Ausgangssperre, durch die die Ruhe wiederhergestellt wurde.

Aus solchen Vorkommnissen ergibt sich ein deutliches Bild teilweise unterschwelliger, teilweise offen ausgetragener konfessioneller Spannungen in einer bi-konfessionellen Gesellschaft. Wie die jüngere Forschung deutlich gemacht hat, war Konfessionalisierung als ‚gesellschaftlicher Fundamentalprozess' auch im Reich vor dem Ausbruch des Dreißigjährigen Krieges nie ein alle Lebensbereiche erfassender Prozess, und es gab zahlreiche gesellschaftliche Bereiche und Strukturen, die nicht oder nur teilweise konfessionalisiert waren.[242] Ähnliches konnten wir für Irland feststellen, wo es für das Eheverhalten im städtischen und ländlichen Bereich unterschiedliche Befunde gab. Auch die Konfessionalisierung des Alltags erwies sich als ein durchaus januskôpfiger Vorgang. Einerseits gab es viele Bereiche des alltäglichen Zusammenlebens, auf die der Prozess der doppelten Konfessionalisierung keinen oder keinen wesentlichen Einfluss hatte. Andererseits gab es zahlreiche ‚Brennpunkte', an denen im Alltag Konfessionalisierung

---

[239] Vgl. Henry Fitzsimon an Ordensgeneral Aquaviva, 5. April 1604, in: Ibernia Ignatiana, hg. v. HOGAN, S. 124–127, hier S. 125.

[240] Sir Thomas Dutton to Lord Dorchester, 30. Dez. 1629, in: CSPI 1625–1632, S. 500–501, hier S. 500.

[241] Bericht eines unbekannten katholischen Laien über die Vorgänge in Dublin, in: Wadding Papers, hg. v. JENNINGS, S. 330–332, hier S. 330.

[242] Vgl. SCHILLING, Konfessionalisierung von Kirche, Staat und Gesellschaft, S. 22–24; SCHINDLING, Konfessionalisierung, S. 14–18.

zu einem gesellschaftlichen Fundamentalvorgang wurde. Dazu zählten vor
allem die zur Religionsausübung genutzten Räumlichkeiten[243] und die Zeremonien – für die Protestanten vor allem die katholische Messe. Die oben
angeführten Beispiele machen zudem deutlich, dass die doppelte Konfessionalisierung sich auch in den unteren gesellschaftlichen Schichten auswirkte. Obwohl es also in Irland in den ersten Dekaden des 17. Jahrhunderts nicht zum Ausbruch eines unkontrolllierten Konflikts zwischen den
Konfessionsparteien kam, hatten die beiden Konfessionalisierungsprozesse
mittlerweile tief in die Gesellschaft eingegriffen und sie in zwei voneinander abgegrenzte Lager gespalten.

---

[243] Die Frage des Kirchenraums wurde z.B. auch im Konflikt zwischen Hugenotten
und Katholiken in Frankreich zu einem zentralen Moment der Auseinandersetzungen.
(Vgl. dazu ROBERTS, Sites for Reformed Worship).

III. Erziehung, Bildung und Bildungsinstitutionen

1. Erziehung und Schulwesen

a) Erziehung, Anglisierung und Konfessionalisierung: Zusammenhänge

Wie auf dem Kontinent wurden Erziehung und Bildung in Irland im Verlauf des 16. Jahrhunderts zu Schlüsselfragen von Staatsbildung und Konfessionalisierung. Sowohl in den protestantischen als auch in den katholischen Ländern des Kontinents und in England wurde ein zentral kontrolliertes Bildungssystem, das sich vom niederen Schulwesen bis auf die Universitätsebene erstreckte, dazu genutzt, um die nachwachsende Generation konfessionell zu formen.[1] Auf Grund der politischen Zersplitterung und der geringen Macht des englischen Staates fehlte ein solches System in Irland fast völlig und musste erst allmählich aufgebaut werden.[2] Dadurch entstand auch auf diesem Gebiet ein entscheidendes Vakuum, dessen Bedeutung für die konfessionelle Entwicklung Irlands, aber vor allem für die konfessionelle Entscheidung der loyalen Anglo-Iren, nicht überschätzt werden kann. Man darf jedoch die Entwicklungen des späteren 16. Jahrhunderts, als sich die mittlerweile katholischen Anglo-Iren bewusst von den konfessionellen und bildungspolitischen Zielen der Regierung abwandten, nicht in die Zeit davor projizieren. Denn bis ca. 1570 gab es in der Bildungsfrage eine weitgehende Übereinstimmung zwischen der Haltung der loyalen Anglo-Iren und der Regierung.

Aus den Äußerungen und Schriften der loyalen Anglo-Iren der Pale und der Städte ergibt sich, dass diese Bevölkerungsgruppe ihre im Mittelalter entstandene Abgrenzungsidentität, die gälische Kultur mit Barbarei und englische Kultur mit *civility*[3] gleichsetzte, beibehielt und an die Neuenglän-

---

[1] Dies wird man, wie Gerald Strauss gezeigt hat, natürlich nicht zu optimistisch sehen dürfen: Die protestantischen Reformer auf dem Kontinent waren häufig mit den Ergebnissen ihrer Bildungsmaßnahmen ausgesprochen unzufrieden. (Vgl. STRAUSS, Luther's House of Learning; STRAUSS, Success and Failure).

[2] Die institutionelle ,Rückständigkeit' Irlands wird durch einen vergleichenden Blick auf den Kontinent und nach England sehr deutlich: In Irland gab es weder ein niederes Schulwesen noch eine Universität und nur sehr vereinzelte Bemühungen um den *grammar-school*-Sektor. Damit standen noch nicht einmal Bildungsinstitutionen zur Verfügung, geschweige denn, dass man diese hätte nutzen können, um die konfessionelle Durchdringung der Bevölkerung voranzutreiben.

[3] Die Bedeutung des Wortes *civility* in der Frühen Neuzeit wird meines Erachtens – auf Grund der Dominanz der kolonialistischen Interpretation Cannys in der irischen Geschichtsschreibung – zu einseitig als *civilization* (im Gegensatz zu *barbarism*) verstanden. Dabei wird vergessen, dass es vom lateinischen *civilitas* stammt und somit auch so viel wie ,gute Sitten', ,gutes Betragen' im Sinne einer bürgerlich-städtischen

der weitergab.[4] Zugleich verbanden die loyalen Anglo-Iren damit das humanistische Ideal einer Reform des gälischen Irland durch Erziehung und Bildung gepaart mit der Einführung einer stabilen Rechtsordnung im Sinne des *common law* – eine Strategie, die sich die Regierung mit *surrender-and-regrant* zu Eigen machte. Die loyalen Anglo-Iren und die Regierung strebten also gleichermaßen eine friedliche Reform des gälischen Irland durch Anglisierung an.[5]

Ihren ersten deutlichen Ausdruck fand die gemeinsame Haltung in dem oben bereits erwähnten *Act for the English Order, Habit and Language*[6] von 1537. Diese Parlamentsakte drückte in exemplarischer Weise die Vorstellung vom Zusammenhang zwischen der Reform des irischen Königreichs und der Erziehung zu bzw. ‚Unterweisung' in („instruction") englischer Kultur und Sprache aus: „The Kings majestie, ... perpending and waying by his great wisdom, learning, and experience, how much it doth more conferre to the induction of rude and ignorant people to ... the good and vertuous obedience which ... they owe to their princes and superiours, than a good instruction in his most blessed laws, with a conformity, concordance and familiarity in language, tongue, in maners, order, and apparael, with them that be civill people, and doe profess and knowledge Christs religion, and civill and politique orders, lawes, and directions, as his Graces subjects of this his land of Ireland, that is called the English pale, doth."[7]

Bis in die späten 1560er und frühen 1570er Jahre herrschte dieses vorkonfessionelle, humanistisch geprägte Reformklima in der Pale, und die Regierung konnte auf einen breiten und tragfähigen Konsens mit den loya-

---

Tugend bedeutet. Es wurde deshalb nicht vordringlich im kolonialen Zusammenhang benutzt, sondern auch, wenn es um periphere, konfessionell-staatlich noch nicht durchdrungene Regionen ging. Vgl. das Oxford English Dictionary, Bd. 3, Oxford 1989, S. 257: „civility" = „conformity to the principles of social order, behaviour befitting a citizen; good citizenship". Das Dictionary führt bezeichnenderweise für diese Wortverwendung drei Beispiele aus dem irischen Kontext an, jedoch keines für die Wortbedeutung „the state of being civilized; freedom from barbarity; ... = civilization". Zu *civilitas* vgl. auch KNOX, Erasmus' De Civilitate.

[4] Siehe oben C.I.1.c.
[5] Siehe oben B.I.1.d zur Differenzierung zwischen dem zunehmenden militärischen Vorgehen in Irland als ‚Notlösung' einerseits und dem grundsätzlichen Ziel einer friedlichen Reform Irlands andererseits.
[6] Vgl. An Act for the English order habite and language, 1537, in: State Policy, hg. v. CORCORAN, S. 42–43.
[7] Ebd., S. 42. – Die anglo-irische Gentry und das Bürgertum werden in dieser Parlamentsakte nicht nur als Vertreter englischer Kultur in Irland, sondern auch als „people [who] profess and knowledge Christs religion" (ebd., S. 42) bezeichnet. „Christs religion" ist für die Zeit Heinrichs VIII. natürlich noch als mittelalterliches (und nicht konfessionelles) Christentum zu verstehen. Damit drückt sich auch in dieser Formulierung das kulturelle Überheblichkeitsgefühl der loyalen Anglo-Iren gegenüber den Gälen aus. (Siehe dazu auch unten C.IV.2.a zu den Disziplinierungszielen der Jesuiten.)

len Anglo-Iren setzen.[8] Dies wird durch eine Gegenüberstellung der Äußerungen von vier Bewohnern der Pale, die unterschiedliche Glaubenshaltun-
gen bzw. -tendenzen hatten, bestätigt. Der protestantische Erzbischof von
Armagh, Adam Loftus, argumentierte im Jahr 1565 in einem Brief an Sir
William Cecil nach England: „... [the want of] a common place of learninge
in this rude and ignorant c[ountry] ... hathe browght a generall disordre in
this land, so the hauinge, will ... bringe godly quieatnes withe good
ordre ...“[9]

Roland White, ein dem Protestantismus zuneigender Anglo-Ire der Pale,
schrieb in seinem *Discors Touching Ireland*, einem unveröffentlichen
Pamphlet von etwa 1569, über die Reform der gälischen Iren: „Then for
the youthe and infancye whiche yet be flexible, to all facions, the olde saying is to be remembered ascrybynge the maner of the man rather to his
educacion then to his naturall disposicion, and that is moost true by prove-
able credit daily so as neither olde, nor yonge, wilfull nor ignorante ... but
maie be refourmed by theis appearances.“[10]

Auch James Stanihurst, der *conforming* Dubliner, zeigte sich in seiner
Abschlussrede im Parlament von 1569–71 davon überzeugt, dass die
Verbreitung von Erziehung und Bildung der Königsweg zur erfolgreichen
Sozialdisziplinierung der gälischen Iren sei: „Suerlye, might one generation
sip a little of this liquor [d.h. Erziehung und Bildung zu englischer Le-
bensweise und Kultur], and so be enduced to longe for more, both owre
cuntrymen that live obeysante woulde ensue with a corage the fruites of
peace, wherby good learninge is supported, and owre unquiett neighbores
would finde such swetnes in the taste therof as it should be a readie waye
to reclaime them. In mine owne experience, ... I am hable to saie that our
realme is at this daie in halfe deale more civill then it was, since noble and
worshipfull and other of habilitye have been used to sende their sonnes into
Englande to the lawe, to universities, or to schooles. Nowe when the same
schooles shall be brought home to their doares that all that will maie re-
paier unto them, I doubte not, ... this ... will forster a yonge frie likelie to
prove good members of this commonwealthe and desirous to trade their
childrein the same weye. Neither weare it a small helpe to the assurance of
the Crowne of Englande when babes from their cradells should be enured
under learned schoolemasters with a pure Englishe tonge, habite, fasshion,
discipline ...“[11]

Und sein Sohn Richard Stanihurst, der katholische Dubliner, der aus
Glaubensgründen auf den Kontinent auswanderte, schrieb in seiner *De-*

---

[8] Vgl. GILLESPIE, Church, State and Education, S. 44.
[9] Adam Loftus, Archbishop of Armagh, to Sir William Cecil, 8. Okt. 1565, in: Original Letters, hg. v. SHIRLEY, S. 225–228, hier S. 226.
[10] Roland White's Discors, hg. v. CANNY, S. 449.
[11] CAMPION, Two Bokes, S. [144].

scription of Ireland (zuerst veröffentlicht 1577): „So it fareth with the rude inhabitants of Ireland, they lacke vniuersities, they want instructors, they are desitute of teachers, ... they are deuoid of all such necessaries as apperteine to the training vp of youth: and notwithstanding all these wants, if anie would be so frowardlie set, as to require them, to vse such civilitie, as other regions, that are sufficientlie furnished with the like helps; he might be accounted as vnreasonable, as he that would force a créeple that lacketh both his legs to run, or one to pipe or whistle a galiard that wanteth his vpper lip."[12]

Auf der Grundlage dieses Konsenses bestand in der vorkonfessionellen Phase bis in die 1570er Jahre hinein die Möglichkeit, in der Pale und den anglo-irischen Städten mit dem Ziel des späteren Ausgreifens auf das gälische Irland ein einheitliches Schulsystem zu schaffen. Es ist anzunehmen, dass der Protestantismus sozusagen stillschweigend in dieses System hätte integriert werden können, wenn der vorkonfessionelle Konsens über die Notwendigkeit von Erziehung und Bildung zu einer praktischen Umsetzung geführt hätte. Doch obwohl die Amtsträger der Krone und die protestantischen Geistlichen der Church of Ireland diese ‚Bildungsinitiative' immer wieder von der Krone einforderten,[13] bestand auch auf dieser Ebene ein jahrzehntelanges ‚Vakuum', das Staat und Kirche nicht ausfüllten. Helga [Robinson-]Hammerstein hat „the failure ... to organise and control education" als entscheidenden Unterlassungsfehler der englischen Regierung im 16. Jahrhundert bezeichnet, der dazu geführt hat, dass es nicht gelang „to retain the religious allegiance of local officials, who in other respects were quite loyal".[14]

Stattdessen breitete sich bereits seit den 1560er Jahren ein informelles, zunächst noch mittelalterlich-katholisches Schulsystem an den entscheidenden Schnittstellen englischer Herrschaft, nämlich in den Städten, aus, dem der Staat keine institutionellen Alternativen entgegenzusetzen hatte. Gleichzeitig wurde auf Seiten des Staates und der Church of Ireland die Verbindung zwischen Bildung, Sozialdisziplinierung und Protestantismus immer enger geknüpft, so dass die vorkonfessionell-humanistische Verständigungsebene mit den Altengländern verloren ging. Zu Beginn des 17. Jahrhunderts waren Bildung und Erziehung bereits konfessionalisiert, sie dienten sowohl Protestantismus als auch Katholizismus als ‚Mechanismen', um die nachfolgende Generation auf ihre Linie einzuschwören und hatten damit auch Vorreiterfunktion für die doppelte Konfessionalisierung in der irischen Gesellschaft. Das konfessionelle Auseinanderdriften ist auf institu-

---

[12] STANIHURST, Treatise, S. 14.

[13] Vgl. z.B. Adam Loftus, Archbishop of Armagh, to the Lords of the Privy Council, 10. Juni 1566, in: Original Letters, hg. v. SHIRLEY, S. 255–257, hier S. 256; [ROBINSON-]HAMMERSTEIN, Continental Education, S. 137.

[14] [ROBINSON-]HAMMERSTEIN, Continental Education, S. 146.

tioneller und öffentlicher Ebene, auf dem Gebiet von Schule und Universität, während der Umbruchphase im späten 16. Jahrhundert deutlich nachweisbar und soll in den folgenden Abschnitten erläutert werden.[15] Hier soll es zunächst um die ‚informelle und private‘ Ebene gehen, um den Faktor ‚Erziehung in der Familie‘.

Auf dem Kontinent wurde sowohl in den protestantischen als auch in der katholischen Konfessionskirche die Bedeutung der religiös-konfessionellen Erziehung in der Familie groß geschrieben und besonders die Rolle des *pater familias* als ‚Bischof‘ in seiner Familie betont.[16] Im Zuge der Konfessionalisierung auf dem Kontinent wurden jedoch sowohl die lutherische als auch die katholische Kirche misstrauisch gegenüber der Wirksamkeit und Zuverlässigkeit der religiösen Unterweisung in der Familie und im ganzen Haus und suchten diese durch öffentliche Institutionen zu ersetzen.[17]

Vor diesem Hintergrund erscheint es umso wichtiger, die Frage nach der Bedeutung von Erziehung in der Familie im irischen Kontext zu stellen, denn auf Grund der gravierenden Lücken im Bildungssystem mussten die religiöse Erziehung und die konfessionelle Prägung in der Familie zwangsläufig einen großen Stellenwert erhalten. Auch hier verweisen die Quellen auf die entscheidende Rolle der Frauen im Prozess zunächst des Überlebens des mittelalterlichen Katholizismus und dann der katholischen Konfessionsbildung und Konfessionalisierung.[18] Allerdings ist einschränkend anzumerken, dass die Quellen nur einen ‚impressionistischen‘ Blick auf die Erziehung in den Familien zulassen. Eine systematische Untersuchung ist angesichts der stark begrenzten Quellenlage nicht möglich.

Für das gälische Irland haben wir bereits von der besonderen gesellschaftlichen und politischen Bedeutung sowohl der natürlichen als auch der durch *fosterage* geschaffenen Verwandtschaftssysteme gesprochen.[19] Sie erwiesen sich im Prozess der Konfessionalisierung als Orte der traditionellen Religiosität, in die der Protestantismus nur schwer oder überhaupt nicht eindringen konnte.[20] So wurde der alte Glaube über familiäre und verwandtschaftliche Bindungen auch an die Kinder weitergegeben, wobei offenbar vor allem den Frauen eine wichtige Rolle zufiel. Philip O'Sullivan Beare berichtete in seiner Geschichte Irlands, auf Grund der Kriege mit den ‚Häretikern‘ in der Regierungszeit Elisabeths gäbe es keine Schulen und

---

[15] Siehe unten C.III.1.b und C.III.2.a.
[16] Vgl. STRAUSS, Luther's House of Learning, S. 108–131, insbes. S. 125, 131; SMOLINSKY, Ehespiegel, insbes. S. 321.
[17] Vgl. STRAUSS, Luther's House of Learning, S. 130; BOSSY, Counter-Reformation and the People of Catholic Europe, S. 68–70.
[18] Siehe oben C.II.2.b.
[19] Siehe oben A.III.1.
[20] Siehe oben C.II.2.b.

keine Lehrer mehr und in vielen Gegenden Irlands wüssten die Kinder vom
Glauben nur noch, was ihnen ihre Mütter und Ammen beigebracht hätten.[21]
    In den altenglischen Gebieten ergab sich eine ähnliche Situation. Hier
waren es, wie wir oben bereits festgestellt haben, die Frauen, die zuerst den
Gottesdiensten der Staatskirche fern blieben. Diese Frauen nutzten ihre
Rolle als ‚Hausmutter‘ im ganzen Haus, um sowohl die nachfolgende Ge-
neration als auch das Gesinde im traditionellen Katholizismus zu unterwei-
sen und um andererseits tridentinische Missionare zu schützen, die auch als
Hauslehrer tätig waren. Von der oben bereits erwähnten Witwe Margaret
Ball wird berichtet, dass sie in ihrem Haushalt eine katholische Schule für
das Gesinde und die Kinder der Nachbarn unterhielt.[22]
    Die in den theoretischen Schriften beider Konfessionen hervorgehobene
Rolle des Hausvaters im Rahmen der religiösen Erziehung der Kinder und
des Gesindes trat hier eindeutig zurück, und die der Mutter trat in den
Vordergrund. Zumindest in der vorkonfessionellen Phase und in der des
Umbruchs waren Frauen die entscheidende Personengruppe für die Erziehung der Kinder im katholischen Glauben, bevor ihre zunächst *conforming
husbands* den Schritt in die *recusancy* wagten und dann auch die katholische Erziehung und Bildung ihrer Kinder bewusst förderten, indem sie vor
allem deren Ausbildung auf dem Kontinent finanzierten und organisierten.
Auch im Hinblick auf die Erziehung in der Familie verlief damit die Entwicklung der katholischen Untergrundkirche in Irland parallel mit der von
Bossy analysierten Entwicklung der *English Catholic community*, in der
der aktive Katholizismus von Müttern häufig die entscheidende formierende Wirkung auf die Kinder ausübte – und nicht die *conformity* des
Ehemannes.[23]

Seit den 1580er Jahren stellten die protestantischen Verantwortlichen in
Staat und Kirche zunehmend fest, dass immer mehr Erben dem Katholizismus angehörten. Es ist erneut bezeichnend für den Weg, den die doppelte
Konfessionalisierung in der irischen Gesellschaft nahm, dass Staat und Kirche versuchten, den ‚informell‘-familiären Strukturen in der anglo-irischen
und gälischen Gesellschaft, die ihnen nicht zugänglich waren, ein ‚offizielles‘, staatlich organisiertes System der Kontrolle entgegenzusetzen.
    Die Regierung griff zunächst in Einzelfällen ein, vor allem indem sie die
Kinder aufständischer Adeliger aus ihren Verwandtschaftsbeziehungen
entfernte und vorzugsweise in England erziehen ließ. Diese Maßnahmen
waren ursprünglich nicht konfessionell geprägt, sondern schlossen an die

---

[21] „... in locis compluribus juniores id tantum fidei callebant, quod a matribus nutri-
cibusque didicerant ...“ (O'SULLIVAN BEARE, Compendium, S. 133).
[22] Vgl. HOLINGUS, Compendium, S. 105.
[23] Vgl. BOSSY, English Catholic Community, S. 155–157.

oben erwähnte Vorstellung an, dass man durch Erziehung und Vorbild einen ‚rebellischen' und ‚barbarischen' Gälen oder gälisierten Anglo-Iren in einen anglisierten und loyalen Untertanen der englischen Krone verwandeln könne.[24]

Ein vergleichbares System wurde im frühen 17. Jahrhundert von König James I. auf die gälischen Highlands in Schottland angewandt. James strebte die Anglisierung der Highlands bzw. deren Anpassung an die anglo-schottische Kultur der Lowlands an. Im Jahr 1609 verpflichtete er in den so genannten *Statutes of Iona* die führenden Adeligen der Highlands und Islands dazu, ihre Söhne in den Lowlands in englischer Sprache ausbilden zu lassen und englische Schulen zu gründen.[25] Das erklärte Ziel der Regierung war es dabei – und die Parallelität zu der im irischen Kontext benutzten Sprache ist bezeichnend –, „the continewance of barbaritie and incivilitie amongis the inhabitantis of the Ilis and Heylandis" zu beenden und „civilitie, godlines, knowledge and learning" zu fördern.[26]

In Irland wurden die auf gälische und gälisierte anglo-irische Erben gerichteten Erziehungsmaßnahmen des Staates mit unterschiedlichem Erfolg durchgeführt. Der spektakulärste Misserfolg für die Regierung war der in der Pale und in England erzogene Hugh O'Neill, der spätere ‚Erzrebell'. Andererseits kann man durchaus einige Sprösslinge wichtiger Adelsfamilien Irlands benennen, die sich infolge ihrer Erziehung in die von der Regierung gewünschte Richtung entwickelten. Dazu zählte vor allem James, 12th Earl of Ormond (1610–88), der in England vom Erzbischof von Canterbury erzogen wurde und sein Leben lang Protestant und treuer Diener der Krone war. Ähnlich verhielt es sich mit Murrough O'Brien, 1st Earl of Inchiquin (1614–74), der als königliches Mündel zum Protestantismus konvertierte. Beide Earls standen im Bürgerkrieg auf Seiten des Königs respektive des Parlaments, aber nicht auf Seiten der katholischen Konföderation von Kilkenny.[27]

Die protestantische Erziehung der beiden Letztgenannten war bereits durch den 1622 gegründeten Court of Wards, den Gerichtshof für königliche Mündel, angeordnet worden. Damit wurde der Versuch institutionalisiert, die Erziehung Minderjähriger von Staats wegen zu beeinflussen bzw.

---

[24] Siehe das oben genannte Zitat aus James Stanihursts Parlamentsrede mit Fußnote 11.

[25] Vgl. KIRK, Jacobean Church, S. 46–47; WORMALD, Court, Kirk, and Community, S. 164.

[26] So heißt es in der ‚Wiederauflage' der *Statues of Iona* im Jahr 1616. (Zitiert in: WITHRINGTON, Education, S. 61).

[27] Vgl. Ó FEARGHAIL, Catholic Church, S. 208–209; MORGAN, H., Ormond, James Butler, 12th earl and 1st duke of, in: CONNOLLY, Oxford Companion, S. 418; MORGAN, H., Inchiquin, Murrough O'Brien, 1st earl of, in: CONNOLLY, Oxford Companion, S. 256.

katholischen Erben den Zugang zu ihrem Erbe zu erschweren. Der Etablierung des Court of Wards war eine lange Phase unterschiedlich intensiver Regierungstätigkeit auf diesem Gebiet vorausgegangen. Bereits nach den Bestimmungen des *Act of Supremacy* hatten die Erben aus Adel und Gentry vor dem Eintritt in ihr Erbe den Suprematseid zu schwören, Mündel sollten an Vormünder übergeben werden und bei Volljährigkeit den Eid ablegen, um ihr Erbe antreten zu können.[28] Für das Funktionieren dieses Systems im 16. Jahrhundert gibt es wenige Quellen, doch scheint seine geringe Durchsetzung durch die so genannten *ward officers* den politisch-gesellschaftlichen Verhältnissen im Irland dieser Zeit entsprochen zu haben. Als sich der Einflussbereich der Regierung unter Elisabeth ausweitete, nahmen gälische *wards* allmählich zu, andererseits resultierte der Krieg am Ende des 16. Jahrhunderts wiederum in abnehmenden Kontrollmöglichkeiten seitens der Regierung.[29] Die Gebiete unter direkter Kontrolle der Regierung, namentlich die Pale, waren von den Aktivitäten der *ward officers* zwar stärker betroffen als der Rest Irlands, doch ist insgesamt davon auszugehen – und dies wird durch die zahlreichen Beschwerden zu Beginn des 17. Jahrhunderts über zunehmende Kontrolle bestätigt –, dass das staatliche System der sowohl fiskalischen als auch konfessionellen Kontrolle von Erbfällen in der zweiten Hälfte des 16. Jahrhunderts kaum griff und katholische Erben in vielen Fällen ihr Erbe unbehelligt antraten.

Am Ende des 16. und im frühen 17. Jahrhundert setzte dann auch auf diesem Gebiet eine verstärkte Aktivität der Regierung ein. Bei den Versuchen der Regierung, die Erbschaft innerhalb der Eliten in Irland zu kontrollieren, trat das konfessionelle Element immer mehr in den Vordergrund. So wurde etwa ab 1595 den Mündeln auferlegt, sich am Trinity College, Dublin, „in English habits and religion" ausbilden zu lassen.[30] Während dies zunächst nur sehr bedingt durchgesetzt wurde, sind die Beschwerden der Altengländer im Parlament von 1613–15 über den *oath of supremacy* für Erben ein deutlicher Hinweis darauf, dass die Regierung im frühen 17. Jahrhundert in der Frage des Eides für Erben aktiv geworden war.[31]

Durch die Einrichtung des Court of Wards im Jahr 1622 sollte die Eidesleistung durch Erben und die Einsetzung von – nach Meinung der Regierung – geeigneten Vormündern für Minderjährige sichergestellt werden. Vor allem sollten keine *recusants* als Vormünder eingesetzt und die Mündel ausnahmslos zum Studium am Trinity College, Dublin, verpflichtet werden. In den Prozessen vor dem Court of Wards entwickelte sich ein enger Zusammenhang zwischen konfessionellen und wirtschaftlichen Interes-

---

[28] Vgl. TREADWELL, Court of Wards, S. 2–3.
[29] Vgl. ebd., S. 5–6.
[30] Ebd., S. 8; vgl. FORD, Who Went to Trinity, S. 64.
[31] Vgl. TREADWELL, Court of Wards, S. 10.

sen. Während der Minderjährigkeit eines Erben oder solange ein volljähriger Erbe den Suprematseid nicht schwor und damit sein Erbe nicht antreten konnte, verpachtete der Court of Wards die entsprechenden Ländereien. Zudem mussten die Erben Erbschaftssteuer bezahlen. Doch der Schwerpunkt der gerichtlichen Aufgaben lag eindeutig auf der Durchsetzung des Protestantismus, vor allem bei minderjährigen Erben.[32]

Wie viel Erfolg der Court of Wards damit hatte, ist durchaus fraglich. Denn es gibt ausreichende Belege dafür, dass die Katholiken Mittel und Wege fanden, das Verbot der Übernahme einer Vormundschaft zu umgehen. Und auch das vorgeschriebene Studium am Trinity College wurde offenbar häufig nicht absolviert.[33] Andererseits bereiteten die Aktivitäten des Court of Wards der *Catholic community* jedoch eindeutig Probleme, denn bereits 1624 beschwerten sie sich über dessen Vorgehen.[34] Auch die Tatsache, dass die Altengländer den Court of Wards und den durch die Erben zu schwörenden Eid zum Gegenstand der Verhandlungen über die *Graces* machten, spricht für diese These. Zudem hatte die Gewährung der *Graces* und die damit im Jahr 1628 eröffnete Möglichkeit, den *oath of allegiance* statt des *oath of supremacy* zu schwören, einen sofortigen Anstieg der Personen „suing out livery" zur Folge.[35]

Da dieser Teil der *Graces* auch unter Wentworth faktisch anerkannt wurde und es der *Catholic community* offensichtlich in den Folgejahren noch besser gelang, die Vorschriften für minderjährige Erben zu unterlaufen,[36] hatte die Einrichtung des Court of Wards keine dauerhafte Wirkung im Sinne der konfessionellen Erziehungsziele der Regierung. Der Gerichtshof erhöhte zwar den konfessionellen Druck auf die altenglischen und gälischen Landbesitzer, blieb aber bei der angestrebten Protestantisierung Irlands erfolglos. Da es der Regierung nicht gelungen war, die privaten, inoffiziellen Strukturen katholischer Erziehung aufzubrechen oder durch protestantische zu ersetzen, hatte sie ihnen eine offizielle, institutionalisierte Struktur entgegengesetzt, die jedoch im frühen 17. Jahrhundert nur noch zur Antagonisierung der betroffenen Katholiken beitrug.

---

[32] Vgl. CLARKE, Old English, S. 32; TREADWELL, Court of Wards, S. 12; KEARNEY, Court of Wards, S. 34.

[33] Das bestätigt vor allem die Untersuchung von Alan Ford zu den frühen Studenten am Trinity College, Dublin. (Vgl. FORD, Who Went to Trinity, S. 59; vgl. auch TREADWELL, Court of Wards, S. 12; KEARNEY, Court of Wards, S. 34).

[34] Vgl. KEARNEY, Court of Wards, S. 36.

[35] Ebd., S. 39; CLARKE, Old English, S. 57–59.

[36] Darauf weist auch die immer weiter sinkende Anzahl von Studenten anglo-irischer und gälischer Herkunft am Trinity College, Dublin, hin. Vgl. FORD, Who Went to Trinity.

b) Die Entwicklung des Schulwesens

Insgesamt hinkte Irland im frühen 16. Jahrhundert deutlich der englischen und kontinentaleuropäischen Entwicklung im Schulwesen hinterher. Es gab kein wie auch immer geartetes System von *parish schools* und auch nur wenige *grammar schools* in den anglo-irischen Gebieten. Von einem bildungsgeschichtlichen Aufbruch, wie er von der Forschung für die Reformation im Reich trotz aller spätmittelalterlich-humanistischen Grundlagen weiterhin anerkannt wird,[37] konnte im Zuge der politisch-rechtlichen Reformation in Irland keine Rede sein.

Allerdings ist es unklar, welche Anzahl und Arten von Schulen und anderen Bildungseinrichtungen in Irland am Ende des Mittelalters vorhanden waren. Es ist recht wahrscheinlich, aber nur indirekt nachweisbar, dass der Hauptteil spätmittelalterlicher Schulausbildung in der Pale von den Klöstern geleistet wurde.[38] Im Jahr 1539, als Heinrich VIII. daran ging, die größeren Klöster in Irland aufzulösen, richteten Lord Deputy Grey und das irische Privy Council eine Petition an Cromwell, sechs Klöster (darunter ein Nonnenkloster) nicht aufzulösen, da „in them yonge men and childer, bothe gentilmen childer and other, bothe man kynde and women kynd, be broght up in vertue, lernyng, and in the English tonge and behavior, to the grete charges of the said houses".[39] Hier wollte man offensichtlich Cromwell und den König davon überzeugen, dass die Klöster als säkulare Bildungsinstitutionen dem Land einen vorteilhaften Dienst erweisen könnten: „It was thought ... more for the comen wele of this land, and Kinges honor and profite, that the said six houses ... shuld stand, then the profit that shuld to the Kinges Grace growe by their suppression ..."[40] Dennoch wurden die Klöster aufgelöst.[41]

Doch hatte die oben erwähnte Parlamentsakte von 1537 bereits den ersten Vorstoß zur Schaffung eines das gesamte Land umspannenden niederen Schulwesens gemacht. In ihr wurde nämlich verfügt, dass jeder Pfarrer eine Schule „for to learne English" errichten solle, allerdings „if any children of

---

[37] Vgl. SCHILLING, Reformation, S. 22; HAMMERSTEIN, Handbuch, S. 68–70; HAMMERSTEIN, Universitäten.

[38] Vgl. ROBINSON-HAMMERSTEIN, Erzbischof, S. 158–159; vgl. BRADSHAW, Dissolution, S. 223.

[39] The Lord Deputy and Council to Crumwell [Cromwell], 21. Mai 1539, in: State Policy, hg. v. CORCORAN, S. 43–44, hier S. 44. Die sechs Klöster waren: Saint Mary's Abbey bei Dublin, Christ Church in Dublin, das Nonnenkloster Grace Dieu in County Dublin, Greatconnel in County Kildare und Kells und Jerpoint in County Kilkenny.

[40] Ebd.

[41] Die Gründe für die Ablehnung der Petition sind aus den Quellen nicht ersichtlich.

his paroch come to him to learne the same".[42] Bezeichnenderweise sollten diese Schulen ausschließlich in englischer Sprache unterrichten und sich nicht der Zweisprachigkeit des Landes anpassen – ein Hinweis darauf, dass die Schulen als Akkulturationsinstrument gegenüber der gälischen Bevölkerung angesehen wurden.[43] Allerdings war die praktische Umsetzung der Parlamentsakte von 1537 stark von freiwilligen Initiativen abhängig. Dies wird vor allem daran deutlich, dass die Schulen einzig und allein durch die von den Schülern zu erhebenden Gebühren getragen werden sollten. Bezeichnend ist auch, dass – im Gegensatz zu späteren Bildungsinitiativen der Regierung – kein Wort über die Frage der Bereitstellung eines Schulhauses gesagt wurde. Auf Grund des eingeschränkten Machtbereichs der englischen Regierung im Irland des frühen 16. Jahrhunderts waren der Durchsetzung des Gesetzes ohnehin enge Grenzen gesetzt.[44]

Die Einrichtung von *parish schools* blieb daher im Wesentlichen eine Absichtserklärung. Aus der Sicht der Regierung war eine systematische Bildungsinitiative in Irland unmöglich, solange man keine politische Kontrolle über das ganze Land besaß. Vorher beruhte alles auf Freiwilligkeit und Privatinitiativen, auf die man jedoch nur in den anglo-irischen Städten hoffen konnte. Dies sollte sich in den darauf folgenden Jahren vor allem zum Nachteil des Staates und der Church of Ireland bemerkbar machen.

Im Unterschied zur Frage der Gründung von *parish schools* hatten die anglo-irischen Stadtbürger, vor allem die städtische Elite, ein größeres Interesse an der Einrichtung städtischer *grammar schools* und einer Universität.[45] Doch wie so viele Vorhaben im Irland des 16. Jahrhunderts wurde

---

[42] An Act for the English order habite and language, 1537, in: State Policy, hg. v. CORCORAN, S. 42–43, hier S. 43.

[43] Gillespie vertritt dagegen die Auffassung, die Schulen seien ausschließlich für die anglo-irische Bevölkerungsgruppe gedacht gewesen: „The provision of parish schools in the act of 1537 did not envisage a nationwide system of schools, but a much more restricted operation intended to buttress the position of the Anglo-Irish community of the Pale against cultural Gaelicisation." (GILLESPIE, Church, State and Education, S. 42). Meines Erachtens kann dagegen aus dem oben zitierten Wortlaut und aus dem engen Zusammenhang der Parlamentsakte sowohl mit den Reformvorstellungen der loyalen Anglo-Iren als auch der Krone nur der Schluss gezogen werden, dass die Schulen als Akkulturationsinstrument dienen sollten.

[44] Während es in der Diözese Dublin infolge des Parlamentsbeschlusses offenbar zu zahlreichen Schulgründungen kam, dürfte die Situation in County Kildare, wo so gut wie keine Schulen gegründet wurden, eher die allgemeine Lage in Irland widerspiegeln. (Vgl. LYONS, County Kildare, S. 77).

[45] Es gibt Hinweise auf die Existenz städtischer *grammar schools* im frühen 16. Jahrhundert in Waterford, Kilkenny und Clonmel. Zudem ist die Existenz einer Lateinschule in Dublin im Jahr 1540 nachgewiesen. Im Jahr 1547 beendete diese städtische Schule ihre Tätigkeit, wahrscheinlich weil in demselben Jahr die St. Patricks Kathedrale zu einer Pfarrkirche herabgestuft und ihr eine *grammar school* angeschlossen wurde. Obwohl St. Patrick unter Mary Tudor wieder den Rang einer Kathedrale erhielt,

auch dieses Bildungsinteresse erst spät in eine von anglo-irischem Bürgertum und Regierung getragene Initiative umgesetzt.

Im Parlament von 1569–71 kam es schließlich zur Verabschiedung eines Gesetzes zur Gründung von *grammar schools* und zu einem Vorstoß auf dem Gebiet der höheren Bildung.[46] Die daran beteiligten anglo-irischen ‚Reformer‘ stimmten, wie oben bereits angesprochen, mit der Regierung und den Neuengländern in der Vorstellung von der anglisierenden und ‚disziplinierenden‘ Wirkung von Bildung überein und zielten damit auf die gälische Bevölkerung des Landes.[47] Sowohl die Präambel der Parlamentsakte zur Gründung von *grammar schools* als auch die Abschlussrede des Speaker James Stanihurst bringen diesen Konsens zum Ausdruck.

In der Parlamentsakte heißt es: „Forasmuch as the greatest number of the people of this Your Majesties realm, hath of long time lived in rude and barbarous states, not understanding that Almightie God hath by his divine laws forbidden the manifold and haynous offences, which they spare not daily and hourely to commit and perpetrate, nor that hee hath by his holy Scriptures commanded a due and humble obedience from the people to their princes and rulers, whose ignorance in these so high pointes touching their damnation proceedeth only of lack of good bringing up of youth of this realm, either in publique or private schooles, where through good discipline they might be taught to avoid these and other lothsome and horrible errors. It may therefore please your execellent Majestie, that it be enacted … That there shall be from henceforth a free schoole within every diocesse of this realm of Ireland, and that the schoolemaster shall be an Englishman, or of the English birth of this realm …“[48] In seiner Rede hob Stanihurst den Aspekt der Akkulturation durch Erziehung und Bildung nochmals hervor: „In particular the zeale which I have to the reformacion of this realme, and to breade in the rudeste of our people resolute Englishe heartes, moveth me to praye your Lordships helpinge hande for the prac-

---

wurden beide Schulen aufrechterhalten bzw. wieder gegründet. Genaueres ist über diese *grammar schools* leider nicht bekannt, sie wurden aber offensichtlich unter Elisabeth nicht als protestantische Schulen weitergeführt. (Vgl. Bradshaw, Dissolution, S. 223–224; Robinson-Hammerstein, Erzbischof, S. 159–161).

[46] Bedenkt man, dass in diesem Parlament, das mehrheitlich mit loyalen Anglo-Iren besetzt war, zum ersten Mal der anglo-irische Widerstand gegen die *cess* laut wurde und die Politik des Vizekönigs auf Misstrauen stieß, so beweist die zugleich ergriffene Bildungsinitiative, dass zu diesem Zeitpunkt das Verhältnis zwischen anglo-irischer Bevölkerungsgruppe und Regierung noch keineswegs unüberbrückbare Differenzen aufwies. (Siehe oben B.II.2.b).

[47] Siehe oben C.III.1.a.

[48] An Act for the erection of free Schools, 1570, in: State Policy, hg. v. Corcoran, S. 47–48.

tise namelie of one statute, which is for the erectinge of grammer schooles within everye diecesse ..."[49]

Das Gesetz zur Einführung von *grammar schools* belegt einerseits den seit dem ersten Schulgesetz Heinrichs VIII. deutlich gewachsenen Reformwillen, zeugt andererseits jedoch auch von Konflikten zwischen der Regierung und der Church of Ireland um Einflussnahme und Finanzierung.[50] Das Gesetz formulierte seine Ziele, wie an der oben zitierten Einleitung deutlich wird, wesentlich ‚universeller‘, denn es wollte nicht mehr auf freiwillige Initiativen bauen, sondern vertrat den Anspruch, alle Bewohner Irlands durch staatlich organisierte Bildung zu erfassen. Zudem wurden nun im Gegensatz zum henrizianischen *Act for the English Order, Habit and Language* genaue Vorgaben über die Einsetzung von Lehrern, deren Entlohnung und die Bereitstellung von Schulhäusern gemacht.[51] Hierbei kam es zum Streit zwischen Regierung und Staatskirche, bei dem es um das Recht zur Bestellung von Lehrern einerseits und um die Verantwortung für deren Entlohnung andererseits ging. Aus der Maximalforderung der Regierung nach alleinigem Ernennungsrecht bei Kostenübernahme durch die Geistlichkeit wurde nach erstmaliger Ablehnung des Gesetzentwurfes durch die Bischöfe ein Kompromiss, der vom Parlament akzeptiert wurde.[52]

Die flächendeckende Umsetzung des irischen *grammar-school*-Systems – selbst die Umsetzung in der Pale und den anglo-irischen Städten – kam in den darauf folgenden Jahren nur schleppend voran. So schrieb Bischof Hugh Brady noch im Jahr 1583 an Burghley: „We have had an Act of Parliament past for erection of schooles but so smalle hath it prevayled as at this day within the whole English Pale there is not as much as one free schoole, wher a chyld may learne the principles of the grammar, yet have the Deputie and Counsill here from time to time bothe by exhortation and commandment done ther best for execution of that statue yett such is the miserie of our state as no good can be done."[53]

---

[49] CAMPION, Two Bokes, S. [143]–[144].

[50] Dies ist vergleichbar mit dem Streit um die Auflösung von St. Patrick zum Zweck der Gründung einer Universität. (Siehe dazu unten C.III.2.a).

[51] Vgl. An Act for the erection of free Schools, 1570, in: State Policy, hg. v. CORCORAN, S. 47–48, hier S. 48.

[52] Der Kompromiss gestaltete sich so: In den Diözesen Armagh, Dublin, Meath und Kildare (d.h. in den Diözesen der Pale) ernannten die Bischöfe selbst die Lehrer, in den anderen der Lord Deputy, der aber für alle Lehrer das Gehalt festsetzte. Dieses sollte durch Abgaben der gesamten Diözese (Bischof, Pfarrer und *lay impropriators*) finanziert werden. (Vgl. ROBINSON-HAMMERSTEIN, Erzbischof, S. 152; TREADWELL, Irish Parliament of 1569–71, S. 78; GILLESPIE, Church, State and Education, S. 46).

[53] Zitiert in: QUANE, Meath Diocesan School, S. 43; vgl. ROBINSON-HAMMERSTEIN, Erzbischof, S. 212.

Genauso wie der Staat zu schwach war, um die irische Staatskirche durchzusetzen, so kam es auch nicht zu einer ‚konzertierten Aktion' im Bildungswesen. Neben staatlichen Aktivitäten fehlten in Irland Privatinitiativen, die in England entscheidend waren für die Förderung protestantischer Erziehung und Bildung.[54] Und selbst die wenigen privaten Unternehmungen, die um die Mithilfe der Krone baten, erhielten keine ausreichende Unterstützung.[55] Es grenzt insofern an Ironie, dass die einzige protestantische Lateinschule in Dublin, die im Jahr 1587 gegründet wurde, von zwei Agenten des schottischen Königs James I. namens James Fullerton und James Hamilton geleitet wurde, die zum reibungslosen Übergang der Thronfolge von Elisabeth auf James beitragen sollten.

Das von Staat und Kirche nach dem Parlamentsgesetz von 1570 für ein weiteres gutes Jahrzehnt belassene Vakuum wurde indes bereits seit den 1560er Jahren durch unabhängige Privatinitiativen der loyalen Anglo-Iren ausgefüllt, so dass entscheidende Weichen für die spätere Konfessionalisierung des Bildungssektors gestellt wurden. Priester und Mönche, die nicht bereit waren, sich der Staatskirche zu unterwerfen und nach einem neuen Wirkungsfeld suchten, gründeten seit Beginn der Regierungszeit Elisabeths in den anglo-irischen Städten Schulen oder waren als Hauslehrer bei Gentry und Stadtbürgertum tätig.[56] So wurde die nachfolgende Generation nicht im protestantischen Glauben, sondern in der *traditional religion* erzogen. Colm Lennon fasst die Situation folgendermaßen zusammen: „Even though parents may have displayed varying degrees of conformity to the state religion, their choice of schooling for their offspring bespoke a conservatism."[57]

Die berühmteste Schule dieser Art führte Peter White in Kilkenny, die er 1565 nach seiner Verweigerung des *oath of supremacy* eröffnet hatte. In seiner Schrift *De Rebus in Hibernia Gestis*[58] bezeichnete Richard Stanihurst, der Whites Schule besucht hatte, diese als ‚trojanisches Pferd', aus

---

[54] Vgl. FORD, Protestant Reformation in Ireland, 1590–1641, S. 11; [ROBINSON-]HAMMERSTEIN, Continental Education, S. 140.

[55] Für Beispiele von Privatinitiativen, die die englische Regierung nicht dazu nutzte, „ihren fördernden Einfluß geltend [zu] machen und gleichzeitig Kontrolle" auszuüben, vgl. ROBINSON-HAMMERSTEIN, Erzbischof, S. 164–165 (Zitat auf S. 164).

[56] Vgl. [ROBINSON-]HAMMERSTEIN, Continental Education, S. 139; LENNON, Sixteenth-Century Ireland, S. 314; LENNON, Rise of Recusancy, S. 124. So wurde z.B. der spätere Jesuit William Bathe in den 1560er Jahren zu Hause von einem katholischen Lehrer unterrichtet. (Vgl. LENNON, Counter-Reformation, S. 83.) Einige Namen dieser Lehrer werden in den Eiden der irischen Studenten in Salamanca genannt. (Vgl. Students of the Irish College Salamanca, hg. v. O'DOHERTY; [ROBINSON-]HAMMERSTEIN, Continental Education, S. 139; LENNON, Sixteenth-Century Ireland, S. 320–321).

[57] LENNON, Counter-Reformation, S. 83.

[58] Siehe dazu auch oben C.I.2.b.

dem die gebildetsten Männer des Landes hervorgegangen seien.[59] Das Bild
vom trojanischen Pferd sollte darauf hinweisen, dass in Whites Schule nicht
nur Grammatik gelehrt, sondern auch der katholische Glaube weitergegeben wurde. In der Tat gingen aus dieser Schule zahlreiche führende Missionare hervor, die um die Jahrhundertwende von den katholischen Universitäten des Kontinents nach Irland zurückkehrten.[60]

Die Versäumnisse der Regierung, gepaart mit dem hohen Grad politischer Unabhängigkeit der anglo-irischen Städte und ihres Bürgertums,
machte die Einrichtung solcher ,konservativer' *grammar schools* möglich.[61] Langfristig hatte dies die Abwanderung irischer Studenten an die katholischen Universitäten des Kontinents zur Folge, doch es wäre falsch,
diese Entwicklung als zwangsläufig anzusehen. Durch eine zügige Verwirklichung des beschlossenen *grammar-school*-Systems nach 1570 und
vor allem die Errichtung einer Universität hätten Staat und Kirche die Ausbildung der anglo-irischen Söhne noch an sich ziehen und die nachfolgende
Generation dem Protestantismus zuführen können. Doch angesichts der
politischen, finanziellen und militärischen Probleme kam es nicht zu einer
,bildungspolitischen Offensive', und die Periode zwischen 1580 und 1603
wurde auch für den Bildungssektor zu einer Umbruchphase in Richtung
konfessioneller Polarisierung: So wie sich Richard Stanihurst an seine frühe
katholische Schulausbildung und konfessionelle Formierung bei Peter
White in Kilkenny erinnerte, so gedachte James Ussher, der protestantische
Erzbischof von Armagh, der Schule von Fullerton und Hamilton – die ohne
deren Spionageauftrag nie bestanden hätte.[62]

Aus den Berichten von protestantischen Lehrern und aus Visitationen geht
deutlich hervor, welche Faktoren dafür verantwortlich waren, dass Staat
und Kirche in Irland auch auf dem Gebiet der Schulbildung kein Monopol
durchsetzen konnten und infolgedessen mit einem konkurrierenden katholischen Schulwesen konfrontiert waren: Erstens fällt auf, dass die unabhängigen anglo-irischen Städte außerhalb der Pale Vorreiter auf dem katholi-

---

[59] „From this school educated men have sprung as if from a Trojan horse." (STA-
NIHURST, On Ireland's Past, S. 142).

[60] Vgl. [ROBINSON-]HAMMERSTEIN, Continental Education, S. 140.

[61] Sir John Dowdall berichtete 1595 an Burghley: „Every town is established with
sundry schools where the noblemen and gentlemen's sons of the country do repair;
these schools have a superstitious or an idolatrous schoolmaster, and each school over-
seen by a Jesuit, [mit Sicherheit eine Übertreibung Dowdalls; die Jesuiten galten den
Protestanten eben als gefährlichste Vertreter der katholischen Kirche] whereby the
youth of the whole Kingdom are corrupted and poisoned with more gross superstition
and disobedience than all the rest of the Popish crew in all Europe." (Sir John Dowdall
to Lord Burghley, 9. März 1595, in: Irish History, hg. v. MAXWELL, S. 146–147).

[62] Vgl. ROBINSON-HAMMERSTEIN, Erzbischof, S. 170.

schen Bildungssektor waren – wie sie auch den tridentinischen Katholizismus zuerst aufnahmen.

Zweitens trugen die engen sozialen Netzwerke dieser anglo-irischen Städte maßgeblich dazu bei, entweder protestantische Lehrer zu verdrängen oder katholische zu beschützen. Dementsprechend berichtete im Jahr 1585 John Shearman, protestantischer Lehrer in Waterford, dem Erzbischof von Armagh, John Long, von seinen Erfahrungen: Zunächst hatte er dreißig Schüler, die jedoch bald nicht mehr kamen und stattdessen zu „a Papist teacher" geschickt wurden. „They said the children were not taught well: the true reason was I made them come to church."[63] Shearmans Beschreibung macht vor allem wieder die Bedeutung sozialer Kohäsion, aber auch sozialen Drucks, bei der Hinwendung der anglo-irischen Städte zum Katholizismus deutlich. Bürgermeister und Sheriff der Stadt isolierten ihn gesellschaftlich und verweigerten ihm einen Teil seines Gehaltes; er selbst und Personen, die den Gottesdienst der Staatskirche besuchten, wurden häufig beschimpft. Shearman verließ frustriert die Stadt: „... here I can have no comfort, because there is not one professor of the gospel to be found amongst them: no, not one."[64] Und Shearman war eindeutig kein Einzelfall. Im Jahr 1595 wurde Burghley informiert, Waterford sei die Stadt, die protestantische Lehrer immer wieder erfolgreich verdränge.[65]

Als der protestantische Bischof von Cork im Jahr 1596 einen Lehrer unter Androhung der Entlassung dazu bewegte, seine Schüler in den Gottesdienst der Staatskirche zu bringen, wurde auch er mit der Stärke des sozialen Zusammenhalts in den anglo-irischen Städten konfrontiert: Die Schüler kamen einfach nicht mehr in die Schule. Außerdem musste er bei einer Kontrolle der Schulbücher feststellen, dass die aus England importierten Grammatiken zwar benutzt wurden, in diesen jedoch die Seite, auf der Elisabeth als Oberhaupt der Kirche bezeichnet wurde, herausgerissen worden war.[66]

Und drittens gelang es Staat und Kirche nicht, eine effektive Kontrolle über die vorhandenen Schulen und die an diesen tätigen Lehrer durchzusetzen. Auch in der Bildungsfrage erwies sich damit das Problem der Multiplikatoren als entscheidender Faktor. Obwohl die Regierung im Jahr 1611 verfügt hatte, dass alle Lehrer vom jeweiligen Bischof der Church of Ire-

---

[63] John Shearman to the Primate of Armagh, 16. Juli 1585, in: State Policy, hg. v. CORCORAN, S. 51–52, hier S. 51.
[64] Ebd., S. 52.
[65] Vgl. CORCORAN, Early Irish Jesuit Educators, S. 550; ROBINSON-HAMMERSTEIN, Erzbischof, S. 170.
[66] Vgl. A view of certain enormities and abuses ..., Anlage zu: William [Lyon], Bishop of Cork and Ross, to Lord Hunsdon, 6. Juli 1596, in: CSPI 1596–1597, S. 17–20, hier S. 17; GILLESPIE, Church, State and Education, S. 44–45; POLLARD, Dublin's Trade, S. 35.

land lizenziert werden sollten,[67] war diese Forderung offensichtlich nicht durchsetzbar. In der *regal visitation* des Jahres 1615 wird aus den altenglischen Städten Kilkenny, Waterford, Limerick und Galway im Wesentlichen immer dasselbe berichtet: Die Visitatoren fanden einen Lehrer vor, der eine große Anzahl von Schülern unterrichtete. Als sie diesen vorluden, wurde deutlich, dass es sich um einen katholischen Lehrer handelte, der nicht an den Gottesdiensten der Staatskirche teilnahm.[68] Daraufhin suchten die Visitatoren sicherzustellen, dass die katholischen Lehrer ihre Tätigkeit aufgaben, doch diese Anordnung der Visitatoren wurde nach ihrem Abzug offensichtlich nicht oder nicht dauerhaft befolgt. Denn schon in der *regal visitation* von 1622 wurde das Problem erneut deutlich, so dass James I. in seinen als Reaktion auf die Visitation verfassten „orders and directions" schrieb: „... we ... strictly charge the Lord Deputy and bishops to take special care that good choice be made of schoolmasters and ushers and that none be admitted but such as will take the oath of supremacy, and bring up their scholars in true religion, and that popish schoolmasters and ushers be altogether suppressed."[69]

Die Wirkungslosigkeit protestantischer Versuche, den konfessionellen Monopolanspruch auf dem Gebiet des Bildungswesens durchzusetzen, geht vor allem aus Berichten über die Situation in Dublin hervor. Denn während in der *regal visitation* von 1615 zwar von Dubliner Studenten auf den katholischen Universitäten des Kontinents berichtet wurde, jedoch nicht von in der Stadt oder in der Diözese errichteten ‚öffentlichen' katholischen Schulen,[70] identifizierte der protestantische Erzbischof Bulkeley von Dublin in seiner Visitation aus dem Jahr 1630 gleich mehrere katholische Schulen in seiner Diözese.[71] Ebenfalls 1630 lösten Richard Boyle, der Earl of Cork, und Viscount Adam Loftus als Lord Justices – im Zuge einer Reihe anderer Konfessionalisierungsmaßnahmen[72] – auch eine Kirche mit angeschlossener Schule der Jesuiten auf.[73] Wie die katholische Untergrundkirche hatten offenbar auch die katholischen Schulen mittlerweile einen sehr ‚sichtbaren' und öffentlichen Charakter angenommen.

---

[67] Vgl. GILLESPIE, Church, State and Education, S. 46.

[68] Vgl. die Auszüge aus der *regal visitation*, 1615, in: Education Systems, hg. v. CORCORAN, S. 15–16.

[69] TCD MS 808: [King James'] orders and directions concerning the State of the Church of Ireland ..., 1623, fol. 28–40, hier fol. 36.

[70] Vgl. die Auszüge aus der *regal visitation* für Dublin, 1615, in: Education Systems, hg. v. CORCORAN, S. 15–17, hier S. 15.

[71] Vgl. Archbishop Bulkeley's Visitation of Dublin, hg. v. RONAN, S. 70, 85, 87.

[72] Siehe oben B.IV.1.c und B.V.2.a.

[73] Vgl. Travels of Sir William Brereton in Ireland, 1635, in: Illustrations, hg. v. FALKINER, S. 363–407, hier S. 382; vgl. auch MAHAFFY, Epoch, S. 213–215.

Viertens hatten Staat und Kirche in Irland auch noch im frühen 17. Jahrhundert massive Probleme mit der Finanzierung protestantischer Schulen.[74] Selbst in dem Gebiet der *plantation of Ulster*, wo die Krone ausdrücklich Ländereien „for the endowment of several free schools and maintenance of schoolmasters"[75] zur Verfügung gestellt hatte, wurde dies häufig nicht in die Realität umgesetzt.[76] Bezeichnend ist die Feststellung des Bischofs von Derry aus dem Jahr 1622: „As touching schools, it is well known that his Majesty intended a convenient proportion of lands, ... but the lands intended for the Schooles of Derry have been swallowed up, I know not by whom; ..."[77] Doch selbst wenn es gelang, protestantische Schulen einzurichten, entwickelten sich diese in gleicher Weise wie die Church of Ireland: Sie wurden ausschließlich von den Kindern der neuenglischen Siedler und Amtsträger besucht.[78] So hatte sich im Zuge der doppelten Konfessionsbildung und Konfessionalisierung auch ein doppeltes Schulsystem herausgebildet, das in der Folge auch auf der Ebene der Universitätsausbildung zu einer konfessionellen Spaltung führte.

2. Universitäten

a) Die Universitätsfrage in Irland im 16. Jahrhundert

Das Problem einer Universitätsgründung in Irland ist unmittelbar mit dem Status der St. Patrick's Cathedral verbunden, der zweiten Kathedrale der Erzdiözese Dublin neben Christ Church Cathedral. Alle Vorschläge zur Gründung einer irischen Universität scheiterten daran, dass sie die Auflösung der Kathedrale bzw. deren Umwandlung in eine Pfarrkirche und die Säkularisierung der Pfründen von St. Patrick's Cathedral anstrebten.[79] Die erste Initiative zur Universitätsgründung in Irland erfolgte im Jahr 1547 in der Regierungszeit Edwards VI., als St. Patrick zeitweise zu einer „einfachen Gemeindekirche" erklärt worden war.[80] Der Erzbischof von

---

[74] Vgl. GILLESPIE, Church, State and Education, S. 45.

[75] King James I to Chichester, Lord Deputy of Ireland, 30. Jan. 1612, in: Education Systems, hg. v. CORCORAN, S. 22.

[76] Vgl. GILLESPIE, Church, State and Education, S. 46–48.

[77] Auszug aus dem *visitation book* des Bischofs Downham von Derry, 1622, in: Education Systems, hg. v. CORCORAN, S. 22.

[78] Vgl. FORD, Protestant Reformation in Ireland, S. 55.

[79] Für diese Auflösungsbestrebungen wurden auf Seiten der englischen Amtsträger zwei Gründe angeführt: Erstens beriefen sie sich darauf, dass die Erzdiözese Dublin keine zwei Kathedralen benötige, und zweitens wiesen sie darauf hin, dass der Name von Christ Church Cathedral das reformatorische Programm der Church of Ireland sehr viel besser zum Ausdruck bringe als die dem Heiligen Patrick geweihte Kathedrale. (Vgl. ROBINSON-HAMMERSTEIN, Erzbischof, S. 172).

[80] ROBINSON-HAMMERSTEIN, Erzbischof, S. 174. Unter Mary Tudor wurde St. Patrick wieder zur Kathedrale erhoben und blieb dies auch unter Elisabeth.

Dublin, George Browne, schlug die Verwendung der Pfründen der St. Patricks Kathedrale zur Gründung eines College vor, das als Vorstufe einer späteren Universität Prediger für die irische Staatskirche ausbilden sollte: „... a faire and lardge colledge to be made, for the fyrst planting of an uniu[er]sitie there, and there to be placed a certaine nomb[e]r of felowes to be contynwall students (in all discipline necessarie) and so in tyme and by degrees convenient to growe to be prechers."[81] Hier wurde die geplante Universität bereits als eine direkt mit der Church of Ireland verknüpfte Institution zur Ausbildung von Pfarrern gesehen[82] – eine Funktion, die, wie wir noch sehen werden, das spätere Trinity College, Dublin, in hohem Maße auszeichnete. Doch der Plan Brownes wurde in der kurzen Regierungszeit Edwards nicht weiterverfolgt.

Die Frage einer Universitätsgründung gewann erst nach 1560 wieder an Bedeutung. Für diese Zeit kann man verschiedene ‚Typen‘ von Initiativen unterscheiden, die vor allem durch ihre Trägergruppen geprägt waren: Initiativen der Regierung, die auf die Auflösung der St. Patricks Kathedrale abzielten; Vorstöße von Seiten der katholischen Mission; Initiativen aus dem Kreis des – zunächst noch – vorkonfessionell-humanistisch denkenden, sich aber bald dem tridentinischen Katholizismus zuwendenden Dubliner Bürgertums; und Vorschläge aus dem Kreis des nach 1580 als eindeutig protestantisch zu charakterisierenden Dubliner Stadtbürgertums.[83]

Mit der Regierungszeit Elisabeths I. begann für die Auseinandersetzungen um die Gründung einer Universität in Irland eine Periode, in der der Streit um die St. Patricks Kathedrale das Projekt so lange verzögerte, dass die Gründung erst gegen Ende des 16. Jahrhunderts stattfand, d.h. am Ende der entscheidenden Umbruchphase und in einem bereits konfessionalisierten Klima. Damit wurde die Chance vergeben, in der vorkonfessionellen Phase Mitte des 16. Jahrhunderts eine höhere Bildungsinstitution in Irland zu schaffen, die im Sinne des Protestantismus entscheidenden Einfluss auf die konfessionelle Weichenstellung hätte nehmen können.[84]

Bis in die 1580er Jahre schwelte permanent der Konflikt um die Verwendung der Pfründen von St. Patrick für eine Universität, wobei der Gegensatz zwischen den Interessen des Staates auf der einen Seite und den Interessen des jeweiligen Erzbischofs von Dublin (Hugh Curwin und Adam Loftus) auf der anderen Seite die Entwicklung lähmte. Dabei kam es der

---

[81] A Scheme for the Endowment of a University to be erected in Dublin ... by George [Brown], Archbishop of Dublin, 1547, in: Original Letters, hg. v. SHIRLEY, S. 5–14, hier S. 6; vgl. ROBINSON-HAMMERSTEIN, Erzbischof, S. 173; [ROBINSON-]HAMMERSTEIN, Continental Education, S. 139; TREADWELL, Irish Parliament of 1569–71, S. 84.

[82] Vgl., BRADSHAW, George Browne, S. 317–318.

[83] Siehe oben B.III.1.c und C.II.2.c.

[84] Vgl. MURRAY, St Patrick's Cathedral, S. 33.

englischen Königin und ihrer Regierung, die durchaus ihr Interesse an einer irischen Universität bekundeten, darauf an, ihr eigenes finanzielles Engagement im Rahmen einer Universitätsgründung möglichst gering zu halten.[85] Dies ist vor allem vor dem Hintergrund der in dieser Phase wachsenden Ausgaben für das Heer zu sehen. Für den Erzbischof von Dublin waren die für irische Verhältnisse gut dotierten Pfründen der St. Patricks Kathedrale einerseits eine wichtige Grundlage seiner Autorität. Andererseits stellten sie die zumindest potentielle Basis einer *preaching ministry* in der Diözese Dublin dar.[86]

Aufschlussreich ist die Tatsache, dass Adam Loftus (als Erzbischof von Armagh) in der ersten Phase der Auseinandersetzung Mitte der 1560er Jahre zusammen mit Hugh Brady für eine Universitätsgründung unter Verwendung der Pfründen von St. Patrick und gegen die Einwände des Dubliner Erzbischofs Hugh Curwin votierte, wogegen er in der späteren Phase des Streits nach 1568, als er selbst das Amt des Dubliner Erzbischofs innehatte, sich vehement gegen solche Pläne wandte. Als sich jedoch 1592 die Möglichkeit eröffnete, das College auf anderem Wege zu gründen, war Loftus erneut dessen größter Befürworter.[87] Daran wird deutlich, dass aus der Sicht der Church of Ireland die Gründung des College auf Kosten der Kathedrale ein Phyrrus-Sieg gewesen wäre. Die Staatskirche hätte die wenigen Pfründen, die für Kleriker mit Universitätsausbildung geeignet waren, gegen eine höhere Bildungsanstalt eingetauscht, die solche Kleriker erst produzieren sollte, deren Versorgung nachher aber nicht gesichert gewesen wäre.[88]

Mitte der 1560er Jahre, als die Auseinandersetzungen um die Auflösung der St. Patricks Kathedrale begannen, fand auch der erste offizielle Vorstoß der katholischen Kirche auf dem Gebiet der höheren Bildung statt, „wobei jedoch der theoretische Ansatz bemerkenswerter ist als der tat-

---

[85] Helga Robinson-Hammerstein sieht hinter den Auflösungsplänen der Regierung vor allem den politischen Willen der Königin, die Macht des Dubliner Erzbischofs zu reduzieren. Trotzdem ist festzuhalten, dass in den entsprechenden Dokumenten der Regierung, wie auch Robinson-Hammerstein bemerkt, die Vorteile einer irischen Universität immer betont werden. (Vgl. ROBINSON-HAMMERSTEIN, Erzbischof, S. 174–175).

[86] Die Pfründen der St. Patricks Kathedrale waren eine Besonderheit, denn sie waren an Pfarrkirchen in der Diözese Dublin gebunden, in denen die Pfründeninhaber als Seelsorger tätig sein sollten. (Vgl. MURRAY, St Patrick's Cathedral, S. 19; ROBINSON-HAMMERSTEIN, Erzbischof, S. 178–179).

[87] Vgl. ROBINSON-HAMMERSTEIN, Archbishop, S. 44–45; ROBINSON-HAMMERSTEIN, Erzbischof, S. 180–189.

[88] Dieses Argument benutzten die beiden Dubliner Erzbischöfe dann auch hauptsächlich, um die Auflösung der St. Patricks Kathedrale zu verhindern. (Vgl. MURRAY, St Patrick's Cathedral, S. 19, 30; ROBINSON-HAMMERSTEIN, Erzbischof, S. 178–179 [Curwin], S. 189 [Loftus]).

sächliche Erfolg".[89] In einer Bulle von 1564, also kurz nach dem Abschluss des Konzils von Trient, gab Papst Pius IV. dem päpstlichen Legat, David Wolfe, und dem katholischen Erzbischof von Armagh, Richard Creagh, den Auftrag, in Irland Colleges zu gründen. Diese sollten sowohl im tridentinischen Sinne als Priesterseminare fungieren als auch den Söhnen von Adel, Gentry und Bürgertum andere Studienfächer anbieten.[90] Die Bulle stellte einen interessanten ersten Plan für die katholische Erneuerung Irlands durch Bildungsinitiativen dar. Zu einer Verwirklichung der päpstlichen Pläne kam es nicht, ihre Durchsetzung wäre wohl auch in der Mitte des 16. Jahrhunderts – trotz der Schwäche des englischen Staates in Irland – nicht möglich gewesen.

Das Parlament von 1569–71 erwies sich als wichtiges Forum für Bildungsinitiativen aus dem vorkonfessionellen Dubliner Stadtbürgertum, und zwar nicht nur zur Gründung von Diözesanschulen, sondern auch einer Universität. Aus dem Kreis um den Speaker des Parlaments, James Stanihurst, ging eine Initiative zur Universitätsgründung hervor, über deren Einzelheiten wir jedoch nicht viel wissen und die angesichts der finanziellen Nöte Irlands vom Parlament nur Lippenbekenntnisse erhielt. Man bat die Krone um die finanzielle Ausstattung eines College, was jedoch erwartungsgemäß angesichts deren finanzieller Belastungen kein Echo fand.[91]

Aufschlussreich ist aber die Zusammensetzung des Kreises derjenigen, die sich hier zu einer Parlamentsinitiative zusammenfanden. Unter ihnen waren neben James Stanihurst dessen Sohn Richard und Lord Deputy Sidney.[92] Dies zeigt erneut den zur Zeit des Parlaments von 1569–71 noch vorherrschenden vorkonfessionell-humanistischen Geist, der eine solche

---

[89] ROBINSON-HAMMERSTEIN, Erzbischof, S. 160.

[90] Vgl. Bulla qua datur facultas erigendi Universitates in Hibernia, 31. Mai 1564, in: Spicilegium Ossoriense, hg. v. MORAN, Bd. 1, S. 32–40.

[91] Vgl. CAMPION, Two Bokes, S. [94]–[95], [144]–[146]. Aus der Korrespondenz des Privy Council und des Lord Chancellor Weston geht hervor, dass die Dubliner Regierung die Bereitstellung der entscheidenden finanziellen Mittel von der Krone erwartete. (Vgl. ROBINSON-HAMMERSTEIN, Erzbischof, S. 209). Auch Mitte der 1570er Jahre wies Thomas Jones, Bischof von Meath, erneut in zwei am Hof gehaltenen Predigten die Königin auf eine notwendige politische und finanzielle Initiative ihrerseits hin und sagte für diesen Fall die Beteiligung der Geistlichen der Church of Ireland zu. (Vgl. ROBINSON-HAMMERSTEIN, Erzbischof, S. 212).

[92] Zu den Stanihursts siehe oben B.III.1.c. – Die Stanihursts hatten zu dieser Zeit Edmund Campion, der in Oxford Tutor von Richard Stanihurst gewesen war, zu Gast. (Siehe auch oben C.I.2.b). Ob Campion auch eine Verbindung zu dem Universitätsprojekt in Irland hatte, ist unklar. Vossen verneint dies (vgl. Introduction, in: CAMPION, Two Bokes, S. 14), Treadwell meint dagegen, die Stanihursts hätten Campion möglicherweise nach Dublin geholt, um „to advise on the academic organization of the college". (TREADWELL, Irish Parliament of 1569–71, S. 84).

Zusammenarbeit möglich machte.[93] Andererseits ist es jedoch signifikant, dass in den Argumenten der anglo-irischen Universitätsbefürworter „niemals von einem Zusammenhang zwischen religiöser Reformation und Universitätsgründung die Rede ist".[94] Trotz der Unterstützung durch den Lord Deputy und der einhellig vertretenen Meinung, dass eine Universität als Ausgangspunkt und Zentrum der Vereinheitlichung und Sozialdisziplinierung Irlands fungieren könne,[95] waren die Vorstellungen über die Funktion einer Universität nicht identisch: Im Gegensatz zu den Verantwortlichen in Staat und Kirche schwebte den konservativen Dubliner Stadtbürgern kein Zusammenhang zwischen höherer Bildung und Protestantismus vor, und sie sahen auch nicht die vorherrschende Aufgabe des College in der Pfarrerausbildung.[96]

Der nächste Schritt zu einer konfessionellen Polarisierung des höheren Bildungswesens war, dass die Söhne der loyalen anglo-irischen Familien sich zunehmend gegen die englischen Universitäten entschieden und zum Studium auf die katholischen Universitäten des Kontinents gingen. Zwar hatten die Handelsverbindungen der anglo-irischen Städte bereits während des gesamten 16. Jahrhunderts dazu geführt, dass Söhne anglo-irischer Bürgerfamilien auf dem Kontinent studierten.[97] Doch in den 1580er Jahren trat ein deutlicher quantitativer und qualitativer Wandel ein. Die englischen Universitäten (außer den Inns of Court) wurden jetzt mehr und mehr gemieden und die Anzahl der anglo-irischen Studenten auf dem Kontinent wuchs rapide an. Die loyale anglo-irische Bevölkerungsgruppe steckte tief in einem Bewusstseinswandel von vorkonfessioneller Offenheit zu konfessioneller Rigidität. Und man entschied sich bewusst für eine katholische Ausbildung des Nachwuchses: „The radical decision to divert their sons from English colleges to continental centres for their higher education was

---

[93] „A new foundation at that time could have tapped the reservoir of that Christian humanism which still characterised state and municipal leaders and brought them together in mutual tolerance and amity." (LENNON, Bowels, S. 10; vgl. MURRAY, St Patrick's Cathedral, S. 22–23).

[94] ROBINSON-HAMMERSTEIN, Erzbischof, S. 208.

[95] Vgl. TCD MS 580: A Letter from the Lords of the Council of Ireland to the Council of England, for founding an University, 4. März 1569 [1570], fol. 17v: „... the matter [d.h. der Vorschlag zur Universitätsgründung] so well liked as hath provoked many good men to offer very liberally to help it forward. And for our own part we think & judge the act to be so laudable to the glory of God, ... so necessary for reformation of the barbarism of this rude people, as no one thing can be desired whereby so many good things should follow, being as it were a well of all virtue from whence all goodness shall flow, in all states right commendable where civility is most plenteous, but here most necessary where ... rudeness is abundant."

[96] Vgl. MURRAY, St Patrick's Cathedral, S. 23–25.

[97] Vgl. [ROBINSON-]HAMMERSTEIN, Continental Education, S. 141, 143.

taken by the leading gentry and civic parents in the full knowledge that the character of that training would be Catholic."[98]

So bildeten die anglo-irischen Studenten an Universitäten wie Salamanca und Douai allmählich informelle Gruppen, um sich in den fremden Ländern besser zu orientieren und über Wasser zu halten. Einzelne Gelehrte, meist Mitglieder des Jesuitenordens, begannen, dieses Studentenleben zu organisieren und zu führen.[99] Zahlreiche Studenten traten auch in das berühmte English College William Allens in Douai ein, in dem sie einerseits mit den missionarischen Zielen der Institution vertraut wurden, andererseits aber kein eigenständiges missionarisches Projekt für Irland vorgesehen war.[100] Damit lief alles auf eine Institutionalisierung anglo-irischer katholischer Universitätsausbildung auf dem Kontinent hinaus: Die dortige Gründung eigener Irish Colleges zeichnete sich am Horizont ab.

Zu Beginn der konfessionellen Umbruchphase wurde auch der dem Protestantismus zuneigende Teil des Dubliner Stadtbürgertums für eine Universitätsgründung in Irland aktiv. Im Jahr 1581 folgte auf die oben beschriebene Initiative des Kreises um James Stanihurst der Vorstoß des Protestanten John Ussher.[101] Ussher, dessen einziger Sohn William mit einer der Töchter Erzbischof Adam Loftus' verheiratet war, gehörte zu der kleinen Gruppe Dubliner Bürger, die sich bereits früh dem Protestantismus zugewandt hatten und in der Folgezeit sowohl politisch als auch gesellschaftlich auf der Seite der protestantischen Neuengländer standen. Ussher wurde von seinen protestantischen Zeitgenossen als „a zealous man in Christ's religion" und „a rare man both for honesty and religion"[102] bezeichnet.

Sein Vorschlag zur Universitätsgründung spiegelt sowohl seine konfessionelle Identität als auch seine gesellschaftlichen Verbindungen: Indem er die Tatsache aufgriff, dass die soeben niedergeschlagene Desmond-Rebellion unter gegenreformatorischen Vorzeichen aufgetreten war, verwies er auf den Zusammenhang zwischen kontinentaler Ausbildung, Katholizismus und Rebellion – eine Verbindung, die eine einheimische Universität durch die Erziehung zu Protestantismus und ‚staatsbürgerlichem' Gehorsam auf-

---

[98] LENNON, Counter-Reformation, S. 83.
[99] Vgl. CORCORAN, Early Irish Jesuit Educators, S. 545–546.
[100] Vgl. [ROBINSON-]HAMMERSTEIN, Continental Education, S. 144–145.
[101] Ussher hatte bereits im Jahr 1568, also noch vor dem Parlament, ein Universitätsprojekt vorgelegt, das jedoch völlig in seinen Anfängen stecken geblieben war. Er hatte vorgeschlagen, die Universität durch das Ledermonopol zu finanzieren. (Vgl. ROBINSON-HAMMERSTEIN, Erzbischof, S. 210).
[102] Zitiert in: LENNON, Lords, S. 274; die erste Aussage ist von Sir Thomas Rothe, die zweite von Erzbischof Loftus.

brechen könne.[103] Hier wurde also nicht nur der Zusammenhang zwischen Bildung, englischer Kultur und Rechtsordnung postuliert, sondern auch der Protestantismus als wesentliche Komponente hinzugenommen.

Damit hatte sich die Situation seit dem Parlament von 1569–71 grundlegend gewandelt: Die vorkonfessionelle Verständigung war verloren gegangen und an ihre Stelle traten konfessionell determinierte Vorstellungen von höherer Bildung, die nicht kompatibel waren. Während die Protestanten die katholische Ausbildung auf dem Kontinent mit Illoyalität gleichsetzten, betonten sie im Gegenzug den protestantischen Charakter der in Irland geplanten Universität. Usshers Universitätsplan zeichnete sich außerdem dadurch aus, dass er auf Grund seiner verwandtschaftlichen Verbindung zu Adam Loftus auf die Forderung nach Verwendung der Pfründen von St. Patrick's Cathedral verzichtete und stattdessen die Dubliner Regierung zur Bereitstellung eines geeigneten Geländes verpflichten wollte.[104] Auch dieser Plan verlief, obwohl er von der Krone nicht eindeutig abgelehnt wurde, im Sande.

Mit dem Jahr 1584, als Sir John Perrot zum Lord Deputy ernannt wurde, begann erneut der Konflikt um die Auflösung der St. Patricks Kathedrale. In einer geheimen Zusatzinstruktion an Perrot wurde das Problem der finanziellen Ausstattung des College, das das Parlament von 1569–71 an die Krone verwiesen hatte, wieder nach Irland zurückverwiesen.[105] Eine erneute langwierige Auseinandersetzung zwischen Perrot und dem Erzbi-

---

[103] „The youth of this poor country, wherein does rest the special hope thereof is either trained up in idleness and ignorance both of God and her Majesty's laws and therefore addicts itself to all kind of wickedness, or else from hence they are sent to Louvain, Douai and other universities, wherein being misled in papistry and rooted therein returning home again they infect the ignorant ... The dangerous rebellions which hitherto from time to time have been attempted in Ireland have only been stirred up by students returning from foreign universities, which easily have seduced the ignorant and simple and drawn them to execute and put in practice their develish intent." (Zitiert in: ROBINSON-HAMMERSTEIN, Erzbischof, S. 210).

[104] Ussher dachte dabei an das ehemalige Haus der Hospitalbrüder in Kilmainham, das seit seiner Auflösung dem Lord Deputy als repräsentativer Wohnsitz dienen sollte. Es wurde jedoch kaum zu diesem Zweck genutzt. (Vgl. ROBINSON-HAMMERSTEIN, Erzbischof, S. 211).

[105] „For the better training up youth in that realm in the knowledge of God, and good learning, it were necessary that some college be erected, for which purpose consideration is to be had how St. Patrick's in Dublin, and the revenue belonging to the same, may be made to serve for that purpose, as it has been heretofore intended; as also to consider how by parliament some contribution may be given out of every diocese, to be charged upon the leases of impropriated parsonages; such also inclined to civility would be moved to yield voluntarily, and with good contentment some yearly contribution to be charged upon their lands, whereby readers and instructors of youth might have convenient salaries." (Zitiert in: ROBINSON-HAMMERSTEIN, Erzbischof, S. 192–193).

schof von Dublin, Adam Loftus,[106] mündete letztlich in das tatsächlich verwirklichte Universitätsprojekt ein, indem nämlich die protestantischen Befürworter einer Universitätsgründung in Irland erkannten, dass das Projekt ohne die Pfründen der Kathedrale und ohne die Unterstützung der Krone vorangetrieben werden müsse.[107]

Nachdem Henry Ussher, Archdeacon von St. Patrick und Vetter des oben erwähnten John Ussher, im Jahr 1584 eine recht erfolglose Reise nach London unternommen hatte, um einerseits im Namen aller Pfründeninhaber eine Petition gegen die Auflösungspläne einzureichen und andererseits einen alternativen Universitätsplan vorzulegen,[108] ergriff eine Gruppe von Protestanten aus der stadtbürgerlichen Elite Dublins, die alle in Verwandtschaftsverhältnissen zueinander standen, die Initiative zu Verhandlungen mit dem Bürgermeister und dem Rat der Stadt. Henry Ussher, Adam Loftus und Luke Challoner, Sohn einer neuenglischen Kaufmannsfamilie, waren wohl die maßgeblichen Akteure, die im Jahr 1590/91 die Stadt dazu bewegten, das aufgelöste Kloster All Hallows für die Errichtung der Universität zu stiften.[109]

Diese Entwicklung mag verwundern angesichts der Tatsache, dass – wie wir oben gesehen haben – anglo-irische Stadtbürger seit den 1580er Jahren ihre Söhne in zunehmender Zahl auf die katholischen Universitäten des Kontinents schickten. Die jüngere Forschung zur Entstehungsgeschichte von Trinity College hat aber herausgearbeitet, auf welcher Grundlage es zur städtischen Stiftung kam.[110] Die folgenden Punkte machen dabei deutlich, dass der Rat der Stadt nicht geschlossen hinter der protestantischen Bildungsinitiative stand.

Erstens: Der Eintrag in den *assembly rolls* der Stadt hält fest, dass „certain well disposed persons" die Versammlung der Stadtbürger zur Stiftung des Klosters überredet hätten. Diese Personen waren mit hoher Wahrscheinlichkeit die Protestanten im Rat, allen voran Luke Challoner. Weiterhin wird festgehalten, dass ein „college for the bringing up of youth in learning" gegründet werden solle. Der genaue Zweck des College wird hier nicht angeführt – im Gegensatz zu anderen Dokumenten der Zeit, in denen er im Allgemeinen genau bezeichnet ist.[111]

---

[106] Vgl. LENNON, Bowels, S. 10–11. Die Details dieses Streites werden beschrieben in: ROBINSON-HAMMERSTEIN, Erzbischof, S. 193–204.

[107] Vgl. ROBINSON-HAMMERSTEIN, Erzbischof, S. 212.

[108] Dieser Plan glich sehr stark dem einige Jahre vorher von John Ussher entworfenen. (Vgl. ebd., S. 196–198, 211).

[109] Vgl. ebd., S. 213–215; TCD MS 1774b, S. 6–7.

[110] Vgl. vor allem LENNON, Bowels; BORAN, Town and Gown.

[111] ROBINSON-HAMMERSTEIN, Erzbischof, S. 213; vgl. LENNON, Bowels, S. 13.

Zweitens: Aufschlussreich sind auch die beiden Reden, die Erzbischof Adam Loftus in Versammlungen der Stadtbürger hielt.[112] Darin wurde der mögliche konfessionelle Zweck des College nur am Rande erwähnt, indem die Stadt zu einer guten Tat aufgefordert wurde, die „consonant with Religion" sei.[113] Loftus hob stattdessen vor allem auf die wirtschaftlichen Vorteile ab, die die Universitätsgründung der Stadt und ihren Kaufleuten böte. Dabei stellte er die Schaffung des College als ‚Wiedergutmachung' für den wirtschaftlichen Schaden dar, den die Auflösung der Klöster Anfang des 16. Jahrhunderts der Stadt verursacht hatte. Außerdem benutzte Loftus die Gelegenheit, die Stadtväter an seine eigenen Dienste für die Stadt zu erinnern: „I have always held myself tied to the inviolable maintenance of your's and the City's liberty and privileges"[114] – um anzudeuten, dass eine Gegenleistung an der Zeit sei. Zudem drohte Loftus indirekt damit, dass möglicherweise ein anderer Ort in Irland von der Universitätsgründung profitieren könne, falls die Dubliner sich verweigerten.[115] Loftus rekurrierte auch auf die vorkonfessionelle Verständigungsebene zwischen loyalen Anglo-Iren und Neuengländern, indem er das College als „a means of civilizing the Nation" bezeichnete.[116] Und er appellierte an die Loyalität der Stadtbürger und ihre Dankbarkeit gegenüber der Königin.[117] In einer Zeit, in der – wie wir gesehen haben – die städtischen Privilegien in Irland genauer unter die Lupe genommen wurden, wollten die Dubliner offensichtlich ihre politische Treue zur Königin unter Beweis stellen und einen so wichtigen Mann wie den Chancellor und Erzbischof Loftus nicht antagonisieren.[118] Allerdings musste sich Loftus trotzdem der Mühe unterziehen, zwei Reden zum Thema Universität zu halten, bis die Stadt das Kloster All Hallows zur Verfügung stellte.[119]

So konnte im Jahr 1592 auf dem Gelände des ehemaligen Klosters bei Dublin das Trinity College gegründet werden. Es blieb der Gründungsurkunde der Königin überlassen, den Zweck des College im Sinne des Pro-

---

[112] The Speech of Adam Loftus to the Mayor and Aldermen of Dublin touching the erection of an University ..., abgedruckt in: STUBBS, History, S. 350–353. (Bei Stubbs sind die beiden Reden allerdings als eine abgedruckt; vgl. BORAN, Town and Gown, S. 62).

[113] The Speech of Adam Loftus to the Mayor and Aldermen of Dublin touching the erection of an University ..., abgedruckt in: STUBBS, History, S. 350–353, hier S. 352.

[114] Ebd., S. 353.

[115] Vgl. ebd., S. 350–351.

[116] Ebd., S. 353.

[117] „... it is my hearty desire that you would express yours and the City's thankfulness to her Majesty in an Act of so much piety as the free granting of a fitting place whereon to found a College ..." (Ebd., S. 351).

[118] Vgl. LENNON, Bowels, S. 13.

[119] Vgl. ebd., S. 11–13; ROBINSON-HAMMERSTEIN, Archbishop, S. 45–46; BORAN, Town and Gown, S. 62–63.

testantismus genau zu umreißen: „... a college for learning, whereby knowledge and civility might be increased by the instruction of our people there, whereof many have usually heretofore used to travel into France, Italy, and Spain, to get learning in such foreign universities, where they have been infected with popery and other ill qualities, and so become evil subjects."[120]

Vergleicht man die Vor- und Gründungsgeschichte von Trinity College, Dublin, mit den Gründungsgeschichten mitteleuropäischer Universitäten im konfessionellen Zeitalter, so fällt Folgendes auf: Erstens, die Initiative des Landesherrn, die in deutschen Territorien als herausragendes Merkmal der Universitätsgründungen im konfessionellen Zeitalter gelten kann und die vor allem die finanzielle Versorgung einer Neugründung einschloss, fehlte in Irland fast völlig.[121] Die Verzögerung der Universitätsgründung ist damit vor allem auf ein durchgehendes Handicap englischer Politik in Irland zurückzuführen: die angesichts hoher Kriegskosten problematische finanzielle Situation des Landes, die zur Folge hatte, dass die Krone nicht bereit war, Irland in noch höherem Maße aus der englischen Staatskasse zu bezuschussen. So gab es keine entschlossene staatliche Initiative und die Universitätsgründung musste letztendlich im Land selbst organisiert und finanziert werden. Der Status Irlands als zweites, nachgeordnetes Königreich, in dem der Staat sich auf die Einhegung militärischer Konflikte konzentrieren musste, hatte auch auf die Entwicklung des Bildungswesens entscheidenden Einfluss. Zweitens, die Gründung des College erfolgte unter dem Eindruck zunehmender Bildungsinitiativen des konfessionellen Gegners, ähnlich wie beispielsweise die Universität Gießen Anfang des 17. Jahrhunderts als lutherische Universität gegründet wurde, als die Universität Marburg sich nach dem Vorbild ihres Landesherrn dem Calvinismus zuwandte.[122] Auch wenn, wie wir noch sehen werden, das Trinity College, Dublin, zunächst das Ideal einer überkonfessionellen Bildungsinstitution für das gesamte Land aufrechterhielt, fand seine Gründung nicht mehr in einem vorkonfessionellen Klima statt, sondern markiert vielmehr das Ende der Umbruchphase hin zur doppelten Konfessionalisierung der irischen Gesellschaft.

---

[120] The Queen's Warrant for Incorporation of Trinity College, Dublin, 29. Dez. 1591, in: Irish History, hg. v. MAXWELL, S. 137–138, hier S. 138.
[121] Vgl. SCHINDLING, Schulen und Universitäten, S. 562–563. Die entscheidende Rolle staatlicher Initiative bei den frühneuzeitlichen Universitätsgründungen betont auch STICHWEH, Europäische Universität. Siehe nachfolgend C.III.2.b zur finanziellen Versorgung des Trinity College aus konfiszierten Ländereien.
[122] Vgl. SCHINDLING, Universität Gießen; vgl. zur katholischen Seite im Reich auch BAUMGART, Universitätsgründungen. Schindling und Baumgart identifizieren beide einen spezifischen Typ der Hochschulgründung im konfessionellen Zeitalter, der sich durch die bewusste Abgrenzung vom konfessionellen Gegner auszeichnete.

b) Die Entwicklung des Trinity College, Dublin, vor dem Hintergund der doppelten Konfessionalisierung in Irland [123]

Da das Trinity College, Dublin, als Institution der Sozialdisziplinierung und Protestantisierung des Landes fungieren sollte, wollte die Dubliner Regierung niemanden vom Besuch der Universität abschrecken, und es gab deshalb nach der Gründung im Jahr 1592 offenbar zunächst keinen Bekenntniseid bei der Immatrikulation.[124] Dies wird man im europäischen Vergleich aber nicht als ein Merkmal besonderer Offenheit einstufen dürfen, denn an den europäischen Universitäten des konfessionellen Zeitalters wurden „fremdkonfessionelle Studenten ... im allgemeinen und unter [der] Bedingung des Stillhaltens nicht nur geduldet, sondern aus fiskalischen Gründen und als potentielle Proselyten sogar umworben".[125]

Insofern ist die entscheidende Frage, inwieweit sich die *fellows* des College auf ein Glaubensbekenntnis verpflichten mussten. Dies ist zwar für die Zeit bis 1628 nicht belegt, doch wurde die protestantische Ausrichtung bereits in der Gründungsurkunde des College präfiguriert, indem dort nämlich ausdrücklich die ersten drei *fellows* mit Namen genannt wurden: Henry Ussher, Luke Challoner und Lancelot Mooney entstammten alle dem engen Kreis der protestantischen Bürgerfamilien Dublins. Zudem wurde der protestantische Erzbischof Adam Loftus zum Provost ernannt.[126] Damit stellten dieselben protestantischen Mitglieder des Dubliner Stadtbürgertums, die das Universitätsprojekt forciert hatten, auch das Gründungspersonal des Trinity College.

Trotz dieser durch die personellen Entscheidungen vorgegebenen protestantischen Ausrichtung versuchte man, eine konfessionsneutrale ‚Außenwirkung' des College zu erhalten. So wurde zum Beispiel in einem Rundbrief des Lord Deputy und des Kronrates aus dem Jahr 1592 zur finanziellen Unterstützung des College aufgerufen, da durch dessen Existenz

---

[123] In den beiden folgenden Abschnitten geht es nicht darum, die chronologische Entwicklung des Trinity College und der Irish Colleges auf dem Kontinent im Einzelnen zu beschreiben, sondern es soll exemplarisch an bestimmten Schnittpunkten der Entwicklung dieser höheren Bildungsinstitutionen aufgezeigt werden, wie sie Konfessionsbildung und Konfessionalisierung in Irland beeinflussten bzw. wie sie selbst von diesen Prozessen beeinflusst wurden.

[124] Vgl. DIXON, Trinity College, S. 26; ROBINSON-HAMMERSTEIN, Archbishop, S. 46. Man kann dies allerdings nur indirekt nachweisen, denn die frühen Statuten des College sind verloren und erst im Jahr 1628 wurden von Provost Bedell neue Statuten erlassen. (Vgl. MAHAFFY, Epoch, S. 327).

[125] SEIFERT, A., Das höhere Schulwesen: Universitäten und Gymnasien, in: HAMMERSTEIN, Handbuch, S. 197–374, hier S. 278; vgl. HAMMERSTEIN, N., Die Hochschulträger, in: RÜEGG, Geschichte, S. 105–137, hier S. 111.

[126] Lancelot Mooney war „ein Mitglied des engeren Ussherschen Familienkreises, [er] war Sohn von Rose Ussher und dem Dubliner Alderman John Mooney". (ROBINSON-HAMMERSTEIN, Erzbischof, S. 221).

„Knowledge, Learning, and Civility may be increased, to the banishment of barbarism, tumults, and disorderly living from among them, and whereby their children and children's children ... may have their learning and education given them with much more ease and lesser charges than in other Universities ..."[127]

Dennoch verlief die Entwicklung des Trinity College parallel zur Konfessionsbildung der Church of Ireland: Es wurde rasch zu einer Universität für die protestantische Minderheit in Irland und zu einer puritanisch-calvinistisch ausgerichteten Institution. Dies zeigte sich insbesondere an seinen leitenden Persönlichkeiten, die alle entweder puritanisch gesinnt waren oder sogar zu den führenden Mitgliedern der puritanischen Bewegung in England gehört hatten. Nach Loftus, der das Amt des Provost nur kurze Zeit innehatte, war Walter Travers von 1594 bis 1598 der zweite und der erste aktive Provost des College. Travers war eine eindeutige Wahl: Er war ein Verfechter des Presbyterianismus innerhalb der puritanischen Bewegung in England. Travers war ein Freund Thomas Cartwrights, und er erfreute sich der Patronage Sir William Cecils. In einem 1574 publizierten Buch hatte sich Travers ausdrücklich für eine presbyterianische Kirchenverfassung ausgesprochen. Trotzdem blieb er dank Cecils Patronage im Zuge von Whitgifts Zerschlagung der presbyterianischen Bewegung innerhalb der englischen Staatskirche 1583/84 unbehelligt. Doch in der Church of England konnte er danach kein Amt mehr ausüben und musste auch eine nachträgliche Untersuchung seiner Glaubensüberzeugung befürchten.[128] Lord Burghley war es auch, der Travers den *fellows* des College als Provost empfahl. Vor allem Erzbischof Loftus ermahnte Travers jedoch, dass das neue College kein Platz für theologische Kontroversen sei und dass er sich auf die Förderung der Institution und ihrer Studenten konzentrieren solle.[129]

Hieran wird deutlich, wie das Trinity College in Parallelität zur Church of Ireland bereit war, puritanisch und presbyterianisch gesinntes Personal zu verpflichten, um in Irland eine breite protestantische Basis als Gegengewicht zum erstarkenden Katholizismus zu schaffen. Auch die Nachfolger Travers' waren alle puritanisch, wenn auch nicht presbyterianisch, gesinnt. Nach einem längeren Interregnum wurde Henry Alvey (1601–1609) berufen, ein *fellow* von St. John's College, Cambridge. Ihm folgte William Temple (1609–1626), der erste Laie im Amt des Provost, jedoch auch ein eindeutiger Puritaner und zudem ein Vertreter des Ramismus. Nach der kurzen, aber durchaus einflussreichen Amtszeit William Bedells (1627–

---

[127] Zitiert in: STUBBS, History, S. 9–10; vgl. auch MAXWELL, Trinity College, S. 15.
[128] Vgl. MAHAFFY, Epoch, S. 83–86; ROBINSON-HAMMERSTEIN, Erzbischof, S. 233–235; ROBINSON-HAMMERSTEIN, Archbishop, S. 49–50.
[129] Vgl. ROBINSON-HAMMERSTEIN, Archbishop, S. 50–51.

1629), des späteren Bischofs von Kilmore, der am puritanischen Emanuel College in Cambridge ausgebildet worden war, erfolgte mit Robert Ussher (1630–1634), der seit 1611 *fellow* am Trinity College war, die erste ‚Hausberufung'.[130] Geht man von der konfessionellen Ausrichtung seines führenden Personals und dem Buchbestand seiner Bibliothek[131] aus, so wird deutlich, dass die Lehre am Trinity College am Ramismus und Calvinismus orientiert war.[132]

Durch einen Mangel an finanzieller Unterstützung war das College in seinen Anfangsjahren ständig von der Schließung bedroht und konnte seiner bildungspolitischen Aufgabe nur begrenzt nachkommen.[133] Die finanziellen Schwierigkeiten resultierten aus dem bereits genannten grundsätzlichen Problem, dass die Krone in Irland ihre Ressourcen in Kriegführung investieren musste und, wie schon bei der Gründung, nicht bereit war, das College materiell ausreichend zu unterstützen. Erst die spätere Übertragung von konfiszierten Ländereien in Ulster verbesserte die finanzielle Lage des College erheblich. Zunächst war man jedoch auf private Spenden aus Bürgertum, Gentry und Adel angewiesen. Allerdings sind die Spenden, die als Reaktion auf den oben genannten Brief des Lord Deputy eingingen, bezeichnend für die zumindest gleichgültige, wenn nicht ablehnende Haltung der verschiedenen Bevölkerungsgruppen Irlands gegenüber dem neuen College. Nur die Städte Dublin und Drogheda spendeten für das College, wogegen die Städte Waterford, Kilkenny, Cork, Galway und Limerick nicht als Spender auftraten. Selbst die Kleriker der Church of Ireland setzten sich nicht stark für das neue College ein: Nur die Bischöfe von Dublin, Armagh und Meath und die Parochialkleriker der Diözese Meath trugen Spenden bei, viele gaben ihre kleinen Pfründen als Erklärung dafür an, dass sie dem Aufruf des Lord Deputy nicht folgten. Neben einigen Spendern gälischer Herkunft, denen es offensichtlich um die politische Unterstützung der Dubliner Regierung ging – so Turlough Luineach O'Neill, der mit Hugh O'Neill in ständigem Konflikt stand –, fand sich nur

---

[130] Vgl. LUCE, Trinity College, S. 13–16.

[131] Ich verdanke diese Information Elizabethanne Boran, deren Dissertation über die frühen Buchbestände des Trinity College, das über eine der wenigen gekauften und nicht gestifteten College-Bibliotheken dieser Zeit verfügte, noch unveröffentlicht ist. Vgl. einstweilen BORAN, Libraries, über die privaten Bibliotheken der beiden Hauptverantwortlichen für die Ausstattung der Bibliothek des Trinity College, Luke Challoner und James Ussher.

[132] Vgl. MCDOWELL, WEBB, Trinity College, S. 7. Zum Ramismus vgl. SEIFERT, A., Das höhere Schulwesen: Universitäten und Gymnasien, in: HAMMERSTEIN, Handbuch, S. 197–374, hier S. 337–338.

[133] Vgl. BORAN, Town and Gown, S. 65.

ein Spender mit gälischem Namen, der ein überzeugter Protestant war: Francis Shane aus Connacht.[134]

Trotzdem gab es, so hat Alan Ford nachgewiesen, im frühen 17. Jahrhundert einen etwa dreißigprozentigen Anteil an Studenten gälischer und anglo-irischer Herkunft am Trinity College. Es wurde also nicht nur von Neuengländern frequentiert.[135] Dies wird durch einen Bericht des Jesuiten Henry Fitzsimon aus dem Jahr 1603 bestätigt: „A certain illustrious Baron, whose lady is my principal benefactress, sent his son to Trinity College. Notwithstanding my obligations to them for affording me support, I, with the utmost freedom, earnestness, and severity, informed and taught them, that it was a most impious thing, and a detestable scandal, to expose their child to such education. The boy was taken away at once, and so were others, after that good example. The college authorities are greatly enraged at this, as they had never before attracted any pupil of respectability, and do not now hope to get any for the future."[136]

Hier wird deutlich, dass katholische Laien der Pale – über ihre genaue Zahl kann man allerdings nur spekulieren – durchaus bereit waren, ihre Söhne in die neue Universität zu schicken. Damit eröffnete sich auch für den englischen Staat und seine protestantische Kirche die Möglichkeit, die zukünftige Generation in ihrem konfessionellen Sinn zu beeinflussen. Die katholischen Kleriker, allen voran die ‚bildungsbewussten‘ Jesuiten, erkannten diese Gefahr sofort und setzten alles daran, den Laien diesen Zusammenhang vor Augen zu führen und den Besuch des College zu unterbinden. Das Trinity College wurde also von den katholischen Klerikern bereits direkt nach seiner Gründung als konfessionelle Bedrohung und als Instrument protestantischer Konfessionalisierung begriffen und entsprechend bekämpft. Dies geht auch aus einer um das Jahr 1597 verfassten Petition irischer Exulanten an den Papst hervor: „... Anglia, quae se devovit haeresi, in eadem secum nassam Iberniam quoque trahat, atque ita illam arctius sibi reddat devinctam, nempe collegii cuiusdam ampli et magnifici extructione iuxta Dublinium, ... in quo a praeceptoribus Anglis haereticis Iuventus Ibernica in haeresi instituatur. Ex hoc collegio et institutione magnum imprimis periculum Ibernis imminet ..."[137]

Die entschiedene Ablehnung des Trinity College durch die katholischen Kleriker führte offensichtlich dazu, dass die Mehrheit der katholisch gesinnten Stadtbürger und Gentlemen dem College rasch den Rücken kehrte

---

[134] Vgl. ROBINSON-HAMMERSTEIN, Erzbischof, S. 223–224; TCD MS 1774b, S. 8–10; STUBBS, History, S. 10; MAHAFFY, Epoch, S. 67–69.

[135] Vgl. FORD, Who Went to Trinity.

[136] Henry Fitzsimon an Ordensgeneral Aquaviva, 10. April 1603, übers. in: Words of Comfort, hg. v. HOGAN, S. 52–58, hier S. 56.

[137] Petition irischer Exulanten an den Papst, ca. 1595–1597, in: Ibernia Ignatiana, hg. v. HOGAN, S. 35–37, hier S. 36–37.

und ihre Söhne – trotz der hohen Kosten – weiterhin auf Universitäten des Kontinents schickte. Unter den als ‚Anglo-Iren' geführten Studenten des Trinity College stammte bereits Anfang des 17. Jahrhunderts die Mehrzahl aus den protestantischen Familien des Dubliner Stadtbürgertums, z.B. den Usshers, Cusacks und Eustaces. „Trinity was a means of confirming such families in their existing religious faith rather than of converting Catholics to Protestantism."[138] Genauso gab es auch einzelne protestantische Familien gälischer Herkunft, die ihre Söhne in das neu gegründete College schickten. Das heisst, dass die meisten Studenten anglo-irischer und gälischer Herkunft an der Dubliner Universität schon zu Beginn des 17. Jahrhunderts nicht aus katholischen, sondern aus protestantischen Elternhäusern stammten.[139]

Dieser Prozess setzte sich fort: Eine Zählung Provost Temples aus dem Jahr 1619 ergab, dass nun eindeutig keine Söhne der katholischen altenglischen Eliten mehr am Trinity College studierten. In den 1630er Jahren wurden dann die Auswirkungen der doppelten Konfessionalisierung der irischen Gesellschaft auch am Trinity College überdeutlich: Der Anteil von Studenten neuenglisch-protestantischer Herkunft stieg auf 85 Prozent. Der Charakter des College als protestantische und kulturell ‚englische' Institution war damit endgültig festgeschrieben.[140]

Dem trug auch die Entwicklung der Aufnahmebedingungen des Trinity College Rechnung, denn mit den ersten bekannten Statuten des College aus dem Jahr 1628, die von Provost Bedell zusammengestellt wurden,[141] wurde ein einheitlicher Eid für *fellows* und *scholars* eingeführt. Dies war sowohl ein Eid auf den königlichen Supremat als auch ein Konfessionseid im engeren Sinn, indem er sich nämlich auf den allein aus der Heiligen Schrift hergeleiteten protestantischen Glauben berief und sich gegen die päpstlichen Lehren wandte.[142] Damit war nun auch für den Eintritt eines *scholar* in das College das Bekenntnis zum protestantischen Glauben verpflichtend. Das entsprach einem Trend des konfessionellen Zeitalters insgesamt, in dem die

---

[138] FORD, Who Went to Trinity, S. 66.

[139] Vgl. ebd., S. 64.

[140] Vgl. ebd., S. 65–68.

[141] Offenbar gab es bereits vor diesem Datum Statuten des College, die jedoch nicht erhalten sind. Bedell beschrieb sie als „being part Latin, part English, & in sheetes of paper some stich'd together, some loose, and a heape w[ith]out order, w[ith] long p[re]ambles, & sometyme unnecessary, and in many thinges defective ..." (Mr. Bedell to Sir Nathaniel Riche, 9. Okt. 1627, abgedruckt in: STUBBS, History, S. 395–397, hier S. 395). Leider erfahren wir nicht, welche Änderungen Bedell an den alten Statuten vorgenommen hat.

[142] Vgl. Statuta Collegii Sanctae et Individuae Trinitatis juxta Dublin a serenissima Regina Elizabetha fundati, 1628, abgedruckt in: MAHAFFY, Epoch, S. 327–375, hier S. 339–340; vgl. auch JOURDAN, Charles I, S. 11.

peregrinatio academica zwar weiterhin erhalten blieb, aber zunehmend durch Konfessionseide eingeschränkt wurde.[143]

Trinity College, Dublin, hatte zudem im frühen 17. Jahrhundert schon allein deshalb geringe Chancen, eine umfassende Wirkung auf alle Eliten der irischen Gesellschaft auszuüben, weil es nur, wie Bedell meinte, ein „poor college of divines"[144] war. Das heißt, dass sich das College – natürlich neben den *artes liberales* – nur auf das Fach Theologie und die Ausbildung von Klerikern für die Church of Ireland konzentrierte, eine Entwicklung, der Provost Bedell durch die Einrichtung der Studienfächer Recht und Medizin entgegenwirken wollte, was jedoch nicht gelang.[145]

Die theologische Schwerpunktsetzung des College hatte bereits im frühen 17. Jahrhundert Auswirkungen auf die doppelte Konfessionalisierung in der Dubliner Stadtgesellschaft. Im Jahr 1607 wurde am Trinity College ein Lehrstuhl für *theological controversies* eingerichtet, den zunächst James Ussher und dann ab 1622 Josua Hoyle innehatten. Mit diesem Lehrstuhl war eine regelmäßige öffentliche Vorlesung in Christ Church Cathedral verbunden.[146] Dies hatte zur Folge, dass der sich mit theologischen Kontroversen beschäftigende Professor über ein regelmäßiges Forum außerhalb der Universität verfügte und damit auch eine ‚Außenwirkung' auf die Dubliner Stadtgesellschaft hatte. Wie die Church of Ireland insgesamt waren auch die beiden Inhaber des Lehrstuhls im frühen 17. Jahrhundert nicht auf inner-protestantische Gegensätze ausgerichtet, sondern auf die Auseinandersetzung mit dem Katholizismus. Ussher und Hoyle waren zwei der führenden Kontroverstheologen ihrer Zeit, die sich intensiv – sowohl in Flugschriften als auch in Predigten und Disputationen – mit dem katholischen Gegner, vor allem den Jesuiten, auseinander setzten.[147]

---

[143] Vgl. HAMMERSTEIN, N., Die Hochschulträger, in: RÜEGG, Geschichte, S. 105–137, hier S. 109–111; HAMMERSTEIN, Universitäten, S. 351–352.

[144] Dr. Bedell to the Archbishop of Armagh, 15. April 1628, in: Works of Ussher, hg. v. ELRINGTON u. TODD, Bd. XV, S. 395–398, hier S. 395.

[145] Vgl. MURPHY, History, S. 77; MAHAFFY, Epoch, S. 206; ROBINSON-HAMMERSTEIN, Erzbischof, S. 239; McDOWELL, WEBB, Trinity College, S. 8. – Man wird diese Schwerpunktsetzung am Trinity College aber nicht überbewerten dürfen, denn auch die englischen Universitäten und deren Colleges konzentrierten sich im 16. und 17. Jahrhundert auf die Theologie und die Ausbildung des Klerikernachwuchses. (Vgl. MÜLLER, R.A., Studentenkultur und akademischer Alltag, in: RÜEGG, Geschichte, S. 263–286, hier S. 274). Für die Jurisprudenz waren ohnehin die Inns of Court in London zuständig, die von den Söhnen der anglo-irischen Stadtbürger und Gentry weiterhin frequentiert wurden.

[146] Vgl. GAFFNEY, Religious Controversy, S. 145; McDOWELL, WEBB, Trinity College, S. 12–13; STUBBS, History, S. 48–49.

[147] Siehe dazu oben C.I.2.c. – Diesen Aktivitäten der Professoren des Trinity College entsprachen auch ihre privaten Bibliotheken, die „works by Calvinist controversialists, coupled with the relatively large subsection of works by Roman Catholic apolo-

Auch andere Entwicklungen in der Geschichte des Trinity College im frühen 17. Jahrhundert förderten dessen Abgrenzung von der Mehrheit der irischen Bevölkerung und schrieben seinen Charakter als neuenglische und protestantische Einrichtung fest. Dazu zählte vor allem seine Rolle im Rahmen der *plantations*. Auf Grund der permanenten Finanzsorgen der Regierung in Irland wurde das College von der Krone auf die einzige Art und Weise bedacht, die in diesen Jahren zur Verfügung stand: mit konfiszierten Ländereien. Bereits unter Elisabeth I. erhielt das Trinity College im Jahr 1597 konfiszierte Ländereien des anglo-irischen Earl of Desmond und des gälischen Lord Brian O'Connor.[148] Diese Einkommensquelle des College vergrößerte sich erheblich, als James I. ihm zwischen 1610 und 1613 zahlreiche Ländereien im Rahmen der neuen *plantation of Ulster* übertrug.[149] Die wirtschaftliche Basis des College wurde damit jedoch untrennbar mit der Eroberungs- und Besiedelungspolitik der englischen Regierung verknüpft, so dass es nun zwei Gründe gab, die den angestrebten Status des Trinity College als gesamtirische Universität verhinderten: der Landbesitz und die Konfession – also die beiden für die konfliktträchtige Natur von Staats- und Konfessionsbildung in Irland entscheidenden Faktoren.

Eine weitere Maßnahme der Regierung, die durchaus den Status des College erhöhte und seine Möglichkeiten erweiterte, war die Verleihung von zwei Sitzen im Parlament durch James I. im Jahr 1613.[150] Hierbei handelte es sich jedoch nicht um einen ‚neutralen' Vorgang. Die Verleihung stand vielmehr im Zusammenhang mit dem Versuch, in dem bevorstehenden Parlament eine protestantisch-neuenglische Mehrheit zu sichern, so dass das College auch hier in die Staatsbildungs- und Konfessionalisierungspolitik der Regierung ‚hineingezogen' wurde.[151]

Ähnlich sind die Konfessionalisierungsmaßnahmen der Lord Justices Boyle und Loftus von 1629/30[152] zu sehen, aus denen das College materiellen Gewinn zog. Denn Trinity College erhielt zwei beschlagnahmte *mass houses*, eines in Back Lane, die oben erwähnte ehemalige jesuitische Kirche mit angeschlossener Schule, und eines namens St. Stephen's Hall, in dem zuvor Kapuziner gelebt und die Messe gelesen hatten.[153] Diese wurden

---

gists" enthielten. (BORAN, Libraries, S. 115). Boran stellt fest, dass dies sowohl ein Kennzeichen der privaten Bibliotheken Luke Challoners und James Usshers als auch ein Merkmal der von diesen beiden *fellows* eingekauften College-Bibliothek war.

[148] Vgl. MAHAFFY, Epoch, S. 91.
[149] Vgl. ebd., S. 157; MAXWELL, Trinity College, S. 24.
[150] Vgl. DIXON, Trinity College, S. 17.
[151] Siehe dazu oben B.IV.2.b.
[152] Siehe dazu oben B.IV.1.c.
[153] Vgl. Travels of Sir William Brereton in Ireland, 1635, in: Illustrations, hg. v. FALKINER, S. 363–407, hier S. 382; MAHAFFY, Epoch, S. 213–215; MURPHY, History, S. 85.

dem College zugesprochen, da es mittlerweile nicht mehr in der Lage war „to receive the number of students resorting thither".[154]

Im Zuge seiner Konfessionalisierungspolitik ‚von außen' übte Wentworth in den Jahren nach 1632 auch auf das Trinity College massiven Konfessionalisierungs- und Disziplinierungsdruck aus. Mit den Maßnahmen, die Wentworth und vor allem der englische Erzbischof Laud als neuer Chancellor von Trinity College seit 1633 durchsetzten, sollte der relativ hohe Grad ‚demokratisch' geprägter akademischer Selbstverwaltung eingeschränkt und das College stärker auf die arminianische High-Church-Linie Lauds gebracht werden. Zunächst zwang Wentworth dem College den „High Churchman and ... Arminian" William Chappell als neuen Provost auf, „by going down in person to the College, and telling them they must elect him, otherwise he would inhibit their choice, and refer the matter to the king".[155]

Bereits bei der ersten Wahl von *senior fellows* nach dem Amtsantritt Chapells kam es zum Konflikt zwischen dem neuen Provost, den Visitatoren des College und denjenigen *junior fellows*, die ein *senior fellowship* anstrebten. Diese Auseinandersetzung wurde zwar noch durch Kompromiss gelöst, doch gelang es dem Provost kurz danach, zwei Wunschkandidaten als *senior fellows* zu berufen, mit deren Hilfe dann das eigentliche Ziel Lauds erreicht werden konnte: eine Erneuerung der Statuten des College. In diesen Statuten wurde vor allem die Macht des Provost gestärkt, so dass dieser bei der Wahl neuer *fellows* die entscheidende Stimme hatte und Strafen ohne die Zustimmung der *senior fellows* verhängen konnte. Die Visitationskommission wurde von sieben auf zwei Personen reduziert, wobei Laud als Chancellor auch einer der beiden Visitatoren war. Zudem wurde der Provost in Zukunft nicht mehr durch die *fellows* gewählt, sondern von der Krone bestellt.[156]

Wichtige Hinweise auf die High-Church-Ausrichtung der neuen Statuten waren die Bestimmungen, dass erstens die Liturgie des Gottesdienstes nicht mehr die der Church of Ireland, sondern die der Church of England sein sollte, dass zweitens das Abendmahl nur noch vom Provost oder einem Doktor der Theologie gefeiert werden durfte, dass drittens das tägliche Gebet im College nur noch von Ordinierten zu lesen war und dass viertens in der Universitätskapelle das Chorhemd (*surplice*) getragen werden musste – im Gegensatz zu den bisherigen Gepflogenheiten im College, aber in Übereinstimmung mit den *39 Artikeln* und den neuen *canons*. Auch klei-

---

[154] The Earl of Cork to Lord Dorchester, 2. März 1630, in: CSPI 1625–1632, S. 521–522, hier S. 522.
[155] MAHAFFY, Epoch, S. 232.
[156] Vgl. ebd., S. 239–247; MURPHY, History, S. 92–97.

nere Änderungen, wie das Schwören des Eides mit Berühren des Evangeliums und die Festlegung von Heiligentagen für Beginn und Ende der *terms*, verweisen auf die High-Church-Ausrichtung der Statuten.[157]

Es wird deutlich, dass Wentworth, Laud und Chappell das Trinity College in gleicher Weise wie die Church of Ireland stärker unter die Kontrolle der Krone und auf eine konfessionelle Linie mit der arminianischen Kirchenpolitik Lauds bringen wollten. Um das College jedoch auch für die zukünftig angestrebte Bekehrung der Katholiken in Irland zu rüsten, wurde ein Eid für die *scholars* des College eingeführt, der sich von dem für die *fellows* dadurch unterschied, dass er zwar eine Anerkennung des königlichen Supremats erforderte, jedoch kein explizites konfessionelles Bekenntnis enthielt.[158] Zudem beabsichtigte Wentworth, die *fellows* und *scholars* regelmäßig durch von ihm selbst ausgesuchte Engländer zu ergänzen, um diesen nach ihrer Ausbildung als seine ‚Vertrauensleute‘ Positionen innerhalb der Church of Ireland zu beschaffen.[159]

Zusammenfassend lässt sich festhalten, dass die Entwicklung des Trinity College, Dublin, weitgehend mit dem Konfessionsbildungs- und Konfessionalisierungsprozess der Church of Ireland parallel verlief. Im frühen 17. Jahrhundert erhielt es durch sein Personal rasch eine puritanisch-calvinistische Ausrichtung und konzentrierte sich vor allem auf die konfessionelle Auseinandersetzung mit dem Katholizismus. Zudem war das College eng mit der Staatsbildungs- und Konfessionalisierungspolitik des englischen Staates in Irland verknüpft. Sein Charakter als neuenglisch-protestantische Institution war damit festgeschrieben, und es gelang dem College nicht mehr, Studenten außerhalb der kleinen, protestantischen Elite zu rekrutieren.[160] In den 1630er Jahren wurde das Trinity College – wie die Church of Ireland – mit einem Konfessionalisierungsdruck ‚von außen‘ konfrontiert, der zu einer stärkeren Kontrolle des College durch den Staat und dessen engere Anbindung an die theologisch-liturgischen Normen der englischen Staatskirche führen sollte.

---

[157] Vgl. MAHAFFY, Epoch, S. 255–263, 327–375. Zu den *canons* der Church of Ireland von 1634 und den theologisch-liturgischen Unterschieden zwischen den irischen *104 Artikeln* und den englischen *39 Artikeln* siehe unten C.IV.1.a.

[158] Vgl. MAHAFFY, Epoch, S. 257–258.

[159] Vgl. ebd., S. 234–235.

[160] Dies erinnert teilweise an die Vorgänge in Brandenburg im Zuge der calvinistischen Konfessionalisierung. Hier wurde zwar die bereits vorhandene lutherische Universität Frankfurt an der Oder durch die Initiative des Landesherrn in eine calvinistisch geprägte Institution umgewandelt, doch war das Ergebnis dieses Prozesses strukturell vergleichbar mit der Entwicklung von Trinity College: Frankfurt an der Oder bildete die neue calvinistische Elite Brandenburgs aus, während die traditionellen Eliten ihre Söhne an lutherische Universitäten in benachbarten Territorien schickten. (Vgl. NISCHAN, Schools; NISCHAN, Prince, People and Confession, S. 126–131, 221–223).

c) Die Irish Colleges auf dem Kontinent und die katholische Konfessionsbildung

Im gleichen Jahr wie Trinity College, Dublin, – 1592 – wurde in Salamanca mit finanzieller Unterstützung des spanischen Königs das erste katholische Irish College gegründet, ab 1610 ‚El Colegio Real de los Nobles Irlandeses' genannt. Initiator dieser Gründung war der anglo-irische Jesuit Thomas White aus Munster, der auch der erste Rektor des College wurde.[161] Dies war ein entscheidender Schritt in der Entwicklung zu einem fest institutionalisierten höheren irischen Bildungssystem in den katholischen Ländern des Kontinents, wo bald eine große Anzahl irischer Colleges Geistliche für die irische Untergrundkirche ausbildete. Vor allem in Spanien,[162] den Spanischen Niederlanden und Frankreich wurden spezielle Irish Colleges – die meisten davon für Weltgeistliche – gegründet.

Auf die Gründung von Salamanca 1592 folgte im Jahr 1594 das St. Patrick's College in Douai, wie Salamanca ein *secular college* und eine ebenfalls von loyalen Anglo-Iren dominierte Gründung. Initiator dieser Gründung war Christopher Cusack, der weitläufige Familienverbindungen in der Pale hatte.[163] In beiden Ländern folgten rasch weitere *Irish secular colleges*. Auf der iberischen Halbinsel Lissabon (1593), Santiago (1605), Sevilla (1612), Madrid (1629) und Alcalá (1657). In den Spanischen Niederlanden wurde das College in Douai zum Mutterhaus einer Gruppe von Irish Colleges in Antwerpen (1600), Lille (1610) und Tournai (1616). Im Laufe des 17. Jahrhunderts löste Frankreich Spanien als wichtigste Basis der Irish Colleges ab. Das 1605 in Paris gegründete College entwickelte sich zum größten Irish College auf dem Kontinent. Außerdem entstanden *secular colleges* in Bordeaux (1603), Toulouse (1603), Rouen (1610) und einigen anderen Orten.[164] Es gab zwar nur ein offizielles Jesuiten-College – in Poitiers ab 1674 –, doch bezeichnenderweise hatten viele der genannten *secular colleges* einen Jesuiten als Rektor, so dass die Bedeutung der Je-

---

[161] Vgl. CORCORAN, Early Irish Jesuit Educators, S. 548; [ROBINSON-]HAMMERSTEIN, Continental Education, S. 147–148. – Karin Schüller geht dagegen davon aus, dass bereits vor 1589 in Valladolid ein Irish College gegründet worden war. (Vgl. SCHÜLLER, Spanien und Irland, S. 156–157).

[162] Zu Gründung und Entwicklung der Irish Colleges in Spanien vgl. jüngst ausführlich: SCHÜLLER, Spanien und Irland, S. 146–197.

[163] Vgl. [ROBINSON-]HAMMERSTEIN, Continental Education, S. 146. Sein Vater war der Jurist Robert Cusack, der die elisabethanische Reformation unterstützt hatte, und sein Großvater Thomas Cusack war Lord Chancellor. (Siehe oben B.III.1.c).

[164] Vgl. MOODY, MARTIN, BYRNE, Maps, Genealogies, Lists, S. 48; WALSH, Movement, Karte; EDWARDS, Atlas of Irish History, S. 142–143; SILKE, Irish Abroad, S. 618–621. Die genauen Gründungsdaten sind für einige der irischen Colleges auf Grund der Quellenlage nicht exakt zu bestimmen. Bei den obigen Angaben habe ich mich an dem von Moody, Martin und Byrne herausgegebenen Band der *New History of Ireland* orientiert.

suiten für die Entwicklung irischer Bildungsinstitutionen auf dem Kontinent als ähnlich wichtig wie für das übrige katholische Europa einzuschätzen ist.[165]

Auch wenn die Studenten dieser Irish Colleges nicht ausschließlich aus den Reihen des anglo-irischen Bürgertums und der Gentry rekrutiert wurden, so dominierten diese doch im späten 16. und frühen 17. Jahrhundert das Bild.[166] Als der Exodus anglo-irischer Studenten auf den Kontinent seit den 1580er Jahren deutlich zunahm, entwickelte sich deren Verschiffung zu einer gut organisierten Untergrundaktion. Im Jahr 1600 berichtete zum Beispiel ein Spion aus Douai an Cecil, die Söhne der führenden Familien des Bürgertums und der Gentry würden systematisch von Kaufleuten aus Drogheda und Dublin in die Spanischen Niederlande verschifft.[167]

Die Bedeutung dieser irischen *secular colleges* auf dem Kontinent für die katholische Konfessionsbildung in Irland kann gar nicht hoch genug eingeschätzt werden. Denn obwohl es in Irland nie ein protestantisches Bildungsmonopol gab, war die Kontrolle von Staat und Kirche doch so groß, dass die Einrichtung eines Priesterseminars oder einer katholischen Universität nicht möglich war. So konnte die Ausbildung eines tridentinisch formierten Klerikernachwuchses nur in den katholischen Ländern des Kontinents erfolgen. Die Förderung oder zumindest Akzeptanz von Irish Colleges durch die katholischen Monarchen des Kontinents, vor allem die spanischen Könige, ermöglichte folglich die allmähliche Formierung einer katholischen Untergrundkirche in Irland.

Trotzdem hatte dies nicht den ,Rückzug' katholischer Bildungsinitiativen auf den Kontinent zur Folge. Die Bildungsfrage und vor allem die Universitätsfrage waren für Konfessionsbildung und Konfessionalisierung auf bei-

---

[165] Vgl. [ROBINSON-]HAMMERSTEIN, Continental Education, S. 148–149. Einen allgemeinen Überblick über die irischen Colleges auf dem Kontinent bietet O'BOYLE, Irish Colleges; speziell zu den französischen Colleges vgl. WALSH, Movement. Vgl. zu den von den Jesuiten getragenen Universitäten im Reich: BAUMGART, Universitätsgründungen; SCHUBERT, Typologie.

[166] Vgl. CLARKE, Pacification, S. 226.

[167] Nach Angaben des Spions lebten 60 junge Männer aus den besten Gentry-Familien der Pale im irischen College in Douai, außerdem zahlreiche Söhne von Kaufleuten aus Dublin und Drogheda. Er teilte auch die Namen derer mit, die die jungen Leute auf den Kontinent verschifften und ihnen ihren Unterhalt zukommen ließen. Der Spion empfahl, die Eltern der Studenten zu zwingen, ihre Söhne zurückzuholen und an englische Universitäten zu schicken. (Vgl. BRADY, Christopher Cusack, S. 101; [ROBINSON-]HAMMERSTEIN, Continental Education, S. 146). Ähnlich hatte bereits 1595 Sir John Dowdall an Burghley berichtet: „The townsmen do transport into Spain, Italy, Rheims, and other places, young men both of the Irish and English nation, in the company of Jesuits, to be brought up in their colleges; ..." (Sir John Dowdall to Lord Burghley, 9. März 1595, in: Irish History, hg. v. MAXWELL, S. 146–147, hier S. 147).

den Seiten zu wichtig, um nicht immer wieder im Mittelpunkt des Konfes-
sionskonfliktes in Irland zu stehen. Ein Beispiel dafür sind die im Jahr 1599
von Hugh O'Neill formulierten Kriegsziele, die Sir William Cecil mit dem
Diktum ,Utopia' versah, und die O'Neill vor allem mit Blick auf die loyalen Anglo-Iren veröffentlicht hatte. O'Neill forderte: „That there be erected
an university ..., wherein all sciences shall be taught according to the manner of the Catholic Roman church."[168] O'Neill hatte erkannt, dass das Bedürfnis nach katholischer Universitätsausbildung im eigenen Land ein
Punkt war, bei dem eine Interessengleichheit zwischen Gälen und loyalen
Anglo-Iren bestand und mit dem er folglich um die Unterstützung des
anglo-irischen Bevölkerungsteils werben konnte.

Während im frühen 17. Jahrhundert eine katholische Universitätsgründung in Irland in weite Ferne gerückt war, versuchte die katholische Seite
zumindest den Einfluss des Trinity College auf die irische Gesellschaft so
weit wie möglich einzudämmen. Die entsprechenden Aktivitäten der Jesuiten wurden oben bereits erläutert. Ein Vorfall aus dem Jahr 1629, in den
drei Studenten des Trinity College involviert waren, macht deutlich, wie
die Konfessionen innerhalb der Dubliner Stadtgesellschaft ,um jeden Mann'
kämpften. Die Studenten Trafford, Walworth und Smith wurden dabei entdeckt, als sie „suspected houses"[169] in der Stadt frequentierten – jedoch
nicht im üblichen Sinne studentischen Amusements. Vielmehr hatten sie –
wie sie in ihren Aussagen gegenüber Provost Bedell zugaben – im Hause
des Kaufmannes Bodkin verkehrt, der sie mit mehreren Mönchen bekannt
machte. Diese versuchten, die Studenten, die offenbar Zweifel am Protestantismus hegten, aus dem Trinity College ,abzuwerben', und boten an, ihnen über Galway eine Passage nach Spanien zu beschaffen.[170] Dieser Vorfall macht erneut deutlich, dass die doppelte Konfessionalisierung innerhalb
der Dubliner Stadtgesellschaft ein gesellschaftlicher Fundamentalprozess
war, und dass die Kleriker der katholischen Untergrundkirche in diesem
Zusammenhang versuchten, die protestantische Bildungsinstitution ,Trinity
College' zu unterlaufen.

In der Entwicklung der irischen Colleges auf dem Kontinent spiegelt sich
auch ein wichtiger Zug der katholischen Konfessionalisierung in Irland: die
Differenzierung in eine Ecclesia inter Anglicos und eine Ecclesia inter Hibernicos.[171] Das Fortbestehen dieser mittelalterlichen Trennung wurde vor
allem auf institutioneller Ebene deutlich. Die beiden wichtigsten *continen-*

---

[168] Articles intended to be stood upon by Tyrone, Nov.–Dez. 1599, in: Faith and
Fatherland, hg. v. MORGAN, S. 32–34, hier S. 33.
[169] MAHAFFY, Epoch, S. 208.
[170] Vgl. The Examination of William Smith, 7. Aug. 1629, abgedruckt in: Ebd.,
S. 225–227; vgl. auch MAXWELL, Trinity College, S. 46.
[171] Siehe dazu unten C.IV.1.b.

356 *Konfessionsbildung und gesellschaftliche Formierung*

tal colleges des späten 16. Jahrhunderts, Salamanca und Douai, waren von Klerikern anglo-irischer Herkunft dominiert. Dies galt auch für die in den ersten Jahren des 17. Jahrhunderts gegründeten Irish Colleges, die alle *secular colleges* mit starkem jesuitischem Einfluss waren. Die sowohl auf dem Kontinent als auch in Irland von den loyalen Anglo-Iren dominierte tridentinische Reformbewegung umfasste zunächst nicht den gälischen Katholizismus und die diesem traditionell verbundenen Regularkleriker, die Franziskaner und Dominikaner.

Der Neunjährige Krieg, die Niederlage O'Neills und die nachfolgende *plantation of Ulster* führten jedoch zu einem starken gälischen Exodus auf den Kontinent, der vor allem die politisch-militärische Elite, die Barden und die Regularkleriker umfasste. Die gälischen Regularkleriker gliederten sich dort nicht in die vorhandenen Irish Colleges ein, sondern bemühten sich um eigene Gründungen. In Löwen wurde 1606 das St. Anthony's College der Franziskaner gegründet, und 1625 schuf sich dieser Orden ein weiteres Zentrum, das St. Isidor's College in Rom. Auch die Dominikaner gründeten auf dem Kontinent ab Mitte der 1620er Jahre eigene Colleges, z.B. 1624 das Holy Cross College in Löwen.[172]

In diese Colleges traten auch die ehemaligen Barden ein, die sich nun häufig angesichts des Zusammenbruchs ihrer kulturellen Tradition in Irland für ein Leben als Regularkleriker entschieden.[173] Das St. Anthony's College, Löwen, wurde von Florence Conry, einem solchen ,*bard turned friar*', gegründet. Dies förderte ein bewusstes Wiederaufleben des gälischen Katholizismus mit starkem kulturellen Element.[174] Am St. Anthony's College wirkte Michael O'Clerigh, franziskanischer Laienbruder aus einer Bardenfamilie in Ulster, der sich um die Erhaltung des gälischen Kulturguts bemühte. Zusammen mit anderen Gelehrten sammelte er das Material und verfasste die so genannten *Annals of the Four Masters*, in denen die irische Geschichte von der Frühzeit bis in das Jahr 1616 aufgezeichnet ist.[175] Zu den ,*bards turned friars*' gehörte auch Bonaventure O'Hussey, der den ersten gälischen Katechismus verfasste, und Hugh MacCaghwell, der Erbauungsliteratur und theologische Schriften in gälischer Sprache veröffentlichte.[176]

John Bossy hat die These aufgestellt, dieses Wiederaufleben des gälischen Katholizismus in den Colleges auf dem Kontinent, „looks more directly a response to Elizabethan Anglophone catholic nationalism than it

---

[172] Vgl. MOODY, MARTIN, BYRNE, Chronology of Irish History, S. 223, 228.
[173] Vgl. dazu ausführlich MEIGS, Reformations, S. 81–84. Sie bezeichnet diese Gruppe prägnant als „bards into missionaries". (Ebd., S. 77).
[174] Vgl. ebd., S. 83.
[175] Vgl. Ó CUÍV, Irish Language, S. 530–531. Siehe auch oben C.I.2.c.
[176] Vgl. MEIGS, Reformations, S. 81–84.

does to any action of the Elizabethan or Jacobean governments".[177] Einerseits wird man nicht an der Tatsache vorbeikönnen, dass die College-Gründungen der gälischen Regularkleriker eine Folge der englischen Eroberung Irlands und des gälischen Exodus auf den Kontinent waren. Andererseits gab es aber bereits im späten 16. Jahrhundert zwischen loyalen Anglo-Iren und Gälen Konflikte um die *secular colleges*, die Bossys These bestätigen und deutlich machen, dass der Struktur der irischen Colleges auf dem Kontinent die alte Zweiteilung zwischen der ‚Ecclesia inter Anglicos‘ und der ‚Ecclesia inter Hibernicos‘ zu Grunde lag.

Dies geht deutlich aus den Meinungsverschiedenheiten hervor, die zwischen dem Gründer des *secular college* in Salamanca, Thomas White, und den gälischen Lords O'Neill und O'Donnell mit Unterstützung des Franziskaners Florence Conry entstanden. Die Studenten in Whites College stammten nämlich fast ausschließlich aus Munster, vor allem aus den anglo-irischen Städten, und kehrten nach ihrer Ausbildung als Missionare auch in diese Gegend zurück, in der ihnen die sozialen Netzwerke Schutz boten. Die gälischen Lords und der Franziskaner Conry beschwerten sich im Jahr 1602 über diese Praxis. Sie argumentierten, White stamme aus einer schismatischen Provinz, die unter der Herrschaft der englischen Krone stehe, und könne deshalb nicht als wahrer Katholik angesehen werden. Außerdem „el qual no tiene pia afficion a los Irlandeses de Ultonia y Conaçia y Catholicos declarados y que tantos años ha que tienen las armas en defensa de la Fee: y a esta causa no quiere recibir los estudiantes de aquellas provincias ..."[178] Daran wird deutlich, dass die Gründung Florence Conrys tatsächlich im Sinne Bossys eine ‚Gegengründung‘ zu den altenglisch dominierten *secular colleges* war und dass die für das Überleben des Katholizismus in Irland so wichtigen kontinentalen Colleges zugleich die Probleme und Spezifika der katholischen Konfessionsbildung in Irland widerspiegelten.[179]

Abschließend sollen an zwei Punkten Gemeinsamkeiten und Unterschiede der protestantischen und der katholischen Bildungsinstitutionen aufgezeigt werden. Eine Gemeinsamkeit bestand vor allem darin, dass die Colleges beider Konfessionen sich auf Grund der doppelten Konfessionalisierung in Irland rasch ausschließlich auf die Ausbildung von Klerikern bzw. Missionaren festlegten und darauf bedacht waren, dass sich die Studenten nach dem Abschluss ihres Studiums in den Dienst der jeweiligen Kirche stellten. Im Fall des Trinity College, Dublin, sollte vor allem die in den Statuten

---

[177] BOSSY, Catholicity, S. 295.

[178] Bittschrift an den spanischen König aus dem Jahr 1602, in: Ibernia Ignatiana, hg. v. HOGAN, S. 106–108, hier S. 106–107.

[179] Siehe dazu auch unten C.IV.1.b.

Bedells auf sieben Jahre festgelegte Amtszeit für *fellows* sicherstellen, dass
auch das hoch qualifizierte Personal des College sich nicht nur im akademischen Elfenbeinturm, sondern auch in der rauen Wirklichkeit der Church of
Ireland betätigte.[180] An den Irish Colleges wurde die Missionsorientierung
noch stärker betont, indem beispielsweise die Studenten in Salamanca sich
bei ihrem Eintritt in das College mit einem Eid darauf verpflichten mussten,
nach dem Studium in die irische Mission zu gehen.[181] Diese Äquivalenz in
der Ausrichtung und den Zielen der Colleges macht deutlich, dass es beiden
Konfessionen bei der Errichtung ihrer höheren Bildungsinstitutionen um
die Sicherung von geeigneten Multiplikatoren für ihre Kirchen ging.

Auf einem anderen Gebiet, nämlich ihrer Haltung zur gälischen Sprache,
unterschieden sich die Colleges der beiden Konfessionskirchen jedoch erheblich – und auch dies verweist auf die Natur der doppelten Konfessionalisierung in Irland. Am Trinity College war der ab 1628 unternommene
Versuch, durch Förderung der gälischen Sprache auch Missionare für das
gälische Irland auszubilden, allein auf den Einfluss Provost Bedells zurückzuführen. Als Einziger unter den neuenglischen Klerikern des späten 16.
und 17. Jahrhunderts engagierte sich dieser außerordentlich für eine protestantische Mission in gälischer Sprache und initiierte entsprechenden
Unterricht. Allerdings auch nur für die als „natives"[182] bezeichneten Studenten, so dass man davon ausgehen kann, dass kein neuenglischer Student
dazu gezwungen wurde, die gälische Sprache zu erlernen.[183]

Dagegen wurde in den altenglisch dominierten *secular colleges* auf dem
Kontinent die Ausbildung in gälischer Sprache wesentlich ernster genommen. Wie Helga [Robinson-]Hammerstein für Douai feststellt: „The teaching of Irish to students from the English-speaking parts of Ireland is evidence of the college's comprehensive missionary intent."[184] Auch wenn
sich die anglo-irische Mission vor allem auf die Städte konzentrierte,
brachten die katholischen Anglo-Iren dem gälischen Irland doch mehr
Aufmerksamkeit entgegen und bezogen die Gälen wesentlich stärker in ihre
Missionskonzepte ein als dies das neuenglisch geprägte Trinity College und
die protestantische Staatskirche taten.

Der Zwiespalt zwischen dem umfassenden Missionskonzept der anglo-
irischen Colleges und der tatsächlichen Umsetzung in Irland verweist auf
den häufig widersprüchlichen Charakter der anglo-irischen/altenglischen

---

[180] Vgl. TCD MS 1774b, S. 8; MAHAFFY, Epoch, S. 199, 339. Dies wurde jedoch in
den Laudschen Statuten geändert, so dass die *fellowships* nun auf Lebenszeit verliehen
wurden (Vgl. MURPHY, History, S. 97).

[181] Vgl. Students of the Irish College, Salamanca, hg. v. O'DOHERTY; [ROBIN-
SON-]HAMMERSTEIN, Continental Education, S. 149.

[182] Zitiert in: MAHAFFY, Epoch, S. 203.

[183] Vgl. STUBBS, History, S. 57–58.

[184] [ROBINSON-]HAMMERSTEIN, Continental Education, S. 147, vgl. S. 151.

Identität, die sich im späten 16. und in der ersten Hälfte des 17. Jahrhunderts im Umbruch befand. Einerseits bestand die oben beschriebene Teilung in anglo-irisch und gälisch dominierte Colleges fort, andererseits förderte das Exil auf dem Kontinent den Annäherungsprozess zwischen Altengländern und Gälen, indem man beispielsweise gemeinsam das katholische Irland als *island of saints and scholars* verteidigte.[185]

Insgesamt macht der irische Fall deutlich, dass rechtzeitige und systematische Bildungsinitiativen ein Schlüsselfaktor – man könnte auch sagen ‚Schlüsselmonopol‘ – für die erfolgreiche Durchsetzung einer Konfession in einem Territorium waren. In Irland ging es dabei jedoch weniger um die in der Forschung umstrittene Frage der religiösen Grundausbildung des Volkes.[186] Vielmehr waren die höheren Bildungsinstitutionen entscheidend, denn in *grammar schools* und Universitäten wurden die politischen und gesellschaftlichen Eliten auf eine bestimmte konfessionelle Linie eingeschworen, die sie als Multiplikatoren im Konfessionalisierungsprozess weitergaben.

Ordnet man die Frage von Bildung und Erziehung in die Gesamtentwicklung von Konfessionalisierung und Staatsbildung in Irland ein, so wird vor allem deutlich, dass die hohen Investitionen der Krone in das Heer zum Ausbau und zur Sicherung der Staatsbildung zur Folge hatten, dass die Bildung als ‚Schlüsselmonopol‘ der Konfessionsbildung und Konfessionalisierung nicht ausreichend gefördert wurde. Die im Verlauf der protestantischen Konfessionalisierung auf dem Kontinent zunehmende Territorialisierung des Bildungswesens wurde deshalb in Irland nicht durchgesetzt. Stattdessen waren katholische Schulen entstanden, die das vom protestantischen Staat und seiner Kirche angestrebte Bildungsmonopol durchbrachen. Und außerdem hatte sich eine katholische College-Organisation entwickelt, die sich durch eine besonders ausgeprägte Internationalität auszeichnete.

Die sozialen Trägergruppen der Bildungsinitiativen in Irland waren dagegen typisch für die gesamteuropäische Entwicklung im 16. Jahrhundert: Auch in Irland trat das städtische Bürgertum mit einem ausgeprägten Bildungsinteresse, einem humanistischen „Bildungsethos" hervor.[187] Allerdings kam es nach den nicht verwirklichten Bildungsinitiativen der vor-

---

[185] Siehe dazu oben C.I.2.c, aber auch unten C.IV.2.a zum Fortleben einer ausgeprägten kulturellen Überheblichkeit altenglischer Jesuiten gegenüber dem gälischen Irland.

[186] Vgl. z.B. die Kontroverse zwischen Strauss und Kittelson um die gesellschaftliche ‚Tiefenwirkung‘ der Bildungs- und Erziehungsmaßnahmen der Reformation. (Vgl. STRAUSS, Success and Failure; STRAUSS, Luther's House of Learning; KITTELSON, Successes and Failures).

[187] Vgl. zusammenfassend ROECK, Lebenswelt, S. 58–59.

konfessionellen Phase zu einer konfessionellen Aufspaltung. Der katholische Teil des anglo-irischen Bürgertums engagierte sich für katholische Schulen ‚im Untergrund' und für die im Ausland entstandenen irischen *secular colleges*, während das protestantische Bürgertum die neue protestantische Landesuniversität aufbaute und frequentierte. Der Versuch der Verantwortlichen in Staat und Kirche, den katholischen Anglo-Iren das Trinity College mit der Begründung ans Herz zu legen, dass sie so die hohen Kosten einer Ausbildung im Ausland vermeiden könnten, misslang. Die konfessionelle Polarisierung behielt die Oberhand gegenüber finanziellen Erwägungen, und folglich war das katholische Bürgertum bereit, in hohem Maße Geld und Ressourcen einzusetzen, um die katholische Ausbildung seiner Söhne auf dem Kontinent zu sichern.

IV. Konfessionsbildung und Disziplinierung in einer konfessionellen Konkurrenzsituation

1. Konfessionsbildung

a) Konfessionelle Normen und Spezifika der Church of Ireland

Die Wiedergewinnung klarer bekenntnismäßiger Grundsätze und deren Durchsetzung in den Konfessionskirchen nennt Reinhard an erster Stelle der Maßnahmen zur Konfessionalisierung, woran deutlich wird, dass die Konfessionalisierungsforschung dies als fundamentale Voraussetzung für das Einsetzen eines Konfessionalisierungsprozesses ansieht.[1] Denn zunächst musste man wissen, auf welcher Basis und mit welchen Normen die Konfessionskirchen und in deren Folge die Gesellschaft formiert werden sollten.

Während man für den europäischen ‚Normalfall‘ der Konfessionalisierung davon ausgehen kann, dass die beiden Aspekte der „Wiedergewinnung klarer theoretischer Vorstellungen",[2] also ein eindeutig definiertes Bekenntnis, und die Verpflichtung des vorhandenen kirchlichen Personals auf dieses Bekenntnis aufeinander folgende oder teilweise auch ineinander greifende Vorgänge waren, lässt sich für die Church of Ireland eine andere Chronologie feststellen. In der irischen Staatskirche erfolgte zuerst die personelle Erneuerung durch Kleriker aus den beiden protestantischen Nachbarländern England und Schottland. Es kamen zahlreiche der vor allem in den 1580er Jahren in England verfolgten Puritaner und auch schottische Presbyterianer nach Irland. Deren dogmatische, kirchenverfassungsmäßige und rituelle Vorstellungen und Traditionen trafen nun in Irland zusammen, und das ‚zusammengewürfelte‘ protestantische Personal fand innerhalb der bis dahin dogmatisch kaum definierten irischen Staatskirche zu einem theologisch-dogmatischen Kompromiss, dessen gemeinsamer Nenner eine deutliche puritanisch-calvinistische Ausrichtung war.[3] Dieser Prozess der bekenntnismäßigen ‚Identitätsfindung‘ der Church of Ireland soll im Folgenden nachgezeichnet werden.

In der Vorlaufphase der Konfessionalisierung zu Beginn der Regierungszeit Elisabeths I. hatte Irland zunächst – wie unter Heinrich VIII. und Edward VI. – kein festgeschriebenes Bekenntnis. Das Parlament von 1560 beschloss zwar den Suprematseid, dieser enthielt jedoch kein explizites Bekenntnis zum Protestantismus. Die Anerkennung des Suprematseid der

---

[1] Vgl. z.B. REINHARD, Konfession, S. 180.

[2] REINHARD, Zwang, S. 263.

[3] Vgl. FORD, Protestant Reformation in Ireland, 1590–1641, S. 193.

Königin war zunächst einmal ein politisch-rechtlicher Vorgang, der von einer positiven Umsetzung neuer protestantischer Normen noch weit entfernt war – auch wenn im Zuge des darauf folgenden Konfessionalisierungsprozesses den Katholiken die Natur des Suprematseids als ‚versteckter‘ Bekenntniseid deutlich wurde und sie ihn dann auch entsprechend verweigerten.[4]

Durch die mit der *Uniformitätsakte* von 1560 beschlossene Einführung des *Book of Common Prayer* erhielt die Church of Ireland zwar einen protestantischen Charakter, bekenntnismäßige Klarheit war dadurch aber nicht herbeigeführt. Die Auswirkungen auf den Gottesdienst waren angesichts der Dominanz vorkonfessionell-mittelalterlich denkender Kleriker in der Staatskirche sehr unterschiedlich, zumal das *Book of Common Prayer* in Irland auch in lateinischer Sprache benutzt werden durfte.[5] Von dieser Möglichkeit wurde offenbar sehr häufig Gebrauch gemacht, um den Unterschied zwischen der mittelalterlichen Messe und dem neuen protestantischen Gottesdienst so weit wie möglich zu verschleiern. Dementsprechend beklagte sich Andrew Trollope 1587 bei Walsingham: „And when they [d.h. die vorkonfessionell-mittelalterlichen Priester der Church of Ireland] must of necessity go to church, they carry with them a book in Latin of the Common Prayer set forth and allowed by her Majesty. But they read little or nothing of it or can well read it, but they tell the people a Tale of Our Lady or St. Patrick or some other saint ...“[6]

Die irische Staatskirche war also zunächst unter Elisabeth ohne Bekenntnis, eine Tatsache, die den vorkonfessionellen Charakter der Jahre nach 1560 unterstreicht. Im Jahr 1566 veröffentlichten dann Lord Deputy Henry Sidney und die Erzbischöfe, Bischöfe und Commissioners for Ecclesiastical Causes die *Brefe Declaration of Certein Principall Articles of Religion*, auch *12 Artikel* genannt. Ob die Aktivitäten des päpstlichen Legaten Wolfe der Anlass hierfür waren, wie Jourdan meint,[7] lässt sich aus der Quelle nicht erkennen. Dort wird als Grund für die Veröffentlichung das Bedürfnis nach eindeutigen dogmatischen Normen für das Personal der

---

[4] Siehe oben C.II.2.a.

[5] Siehe oben B.II.1.a.

[6] Andrew Trollope to Walsingham, 26. Okt. 1587, in: State Papers, hg. v. BRADY, S. 117–121, hier S. 118. – Alan Ford schreibt dazu: „Though the Book of Common Prayer was the prescribed liturgical norm, it was used and misused in careless fashion: sometimes it was simply ignored, sometimes it was read in Latin, often it was freely adapted to accomodate the time-honoured methods of pre-reformation worship with which the people were familiar.“ (FORD, Protestant Reformation in Ireland, 1590–1641, S. 19).

[7] Vgl. JOURDAN, Transitional Stage, S. 346. Siehe auch oben B.II.1.b.

Church of Ireland angegeben.[8] Die *12 Artikel* waren also ein erster Schritt zu einer lehrmäßigen Vereinheitlichung und Formierung der Staatskirche auf dem Weg zu einer protestantischen Konfessionskirche.

Die *12 Artikel* beruhten auf den so genannten *11 Artikeln*, die der englische Erzbischof Parker von Canterbury im Jahr 1561 als provisorisches dogmatisches Gebäude für die englische Staatskirche entworfen hatte. Die Artikel 5 und 7 der irischen *12 Artikel*, in denen die Anerkennung des Supremats der Königin und des *Book of Common Prayer* verlangt wurde, enthielten einen besonderen Hinweis auf die entsprechenden Parlamentsbeschlüsse, um die Legitimität der religiösen Veränderungen hervorzuheben. Die *12 Artikel* waren zwar insofern unmissverständlich protestantisch, als der Anspruch des Papstes auf Oberhoheit über die Kirche zurückgewiesen (Artikel 6), der Exorzismus bei der Taufe abgelehnt (Artikel 8), die Messe verurteilt (Artikel 9), das Abendmahl in beiderlei Gestalt befürwortet (Artikel 10) und Reliquien, Heiligenbilder, Pilgerfahrten, Rosenkränze etc. abgelehnt (Artikel 11) wurden. Die theologisch-dogmatische Grundlage der Church of Ireland blieb aber insgesamt recht offen und flexibel, was vor allem im Vergleich mit den *104 Artikeln* von 1615 deutlich wird. Weder die Vorstellung vom Papst als Antichrist noch die calvinistische Prädestinationslehre tauchten in den *12 Artikeln* auf, und auch die Sprache dieses ersten Bekenntnisses der Church of Ireland war insgesamt sehr moderat und zurückhaltend.

Hinsichtlich ihrer dogmatischen Festlegung verharrte die Staatskirche in diesem Zustand bis in das 17. Jahrhundert. Wie oben beschrieben, kam es gegen Ende des 16. Jahrhunderts zu einem ‚Generationswechsel‘ beim Personal der Staatskirche, so dass die Church of Ireland nun mehrheitlich mit protestantischen Klerikern aus England oder Schottland und der zahlenmäßig kleinen Gruppe der Absolventen von Trinity College, Dublin, besetzt war. Auf der Basis dieses personellen Wandels fand die Staatskirche dann in der Convocation von 1615 zu einer neuen bekenntnismäßigen Grundlage.

Das Bekenntnis von 1615, die so genannten *104 Artikel*, war von ganz anderer Qualität als die *12 Artikel*.[9] Während die *12 Artikel* in knapper Form die wichtigsten Elemente der königlichen Suprematie und des Protestantismus festhielten, stellten die *104 Artikel* ein ausgereiftes und ausgefeiltes Werk dogmatischer Ein- und Abgrenzung dar. Sie machten deutlich, dass die Staatskirche sich zu diesem Zeitpunkt auf Grund ihrer perso-

---

[8] „... for the unitie of Doctrine to be holden and taught of all Persons [=parsons], Vicars, and Curates, as well intestification [sic] of their co[m]mon consente and full agrement in the said Doctryne, as also nessessarye for the instructio[n] of their people in their severall Cures ...“ (Brefe Declaration, S. xxv).

[9] Aber auch die Quantität spricht bereits für sich: Die *104 Artikel* sind wesentlich detaillierter als die *12 Artikel*.

nellen Zusammensetzung zu einer Konfessionskirche gewandelt hatte. Die *104 Artikel* wurden – im Gegensatz zu ihren Vorgängern – von Geistlichen verfasst, die ihre Erfahrung in Irland unmittelbar in die dogmatische Festlegung ihrer Kirche einbrachten.[10] Denn nicht nur der puritanisch-calvinistische Konsens, sondern auch die doppelte Konfessionalisierung der irischen Gesellschaft fand ihren direkten Niederschlag in den *104 Artikeln.*[11] Obwohl das neue irische Bekenntnis zum Teil wörtlich mit den *39 Artikeln* der englischen Staatskirche von 1562[12] übereinstimmte, war es doch deutlich geprägt von der konfessionellen Situation Irlands im frühen 17. Jahrhundert.

Im Einzelnen sind die folgenden Spezifika hervorzuheben: Die besondere Betonung der doppelten Prädestination in Artikel 12, die wohl auf den Einfluss der puritanischen und schottischen Kleriker in der Church of Ireland zurückzuführen war. Während die parallele englische Artikel nur die Prädestination zum ewigen Leben und zum Heil, aber nicht zur Verdammnis enthielt, formulierte der irische Artikel klar und deutlich die calvinistische Lehre: „By the same eternall counsell God hath predestinated some vnto life, and reprobated some vnto death: of both which there is a certaine number, knowen only to God, which can neither be increased nor diminished."[13]

Weitere Artikel, die Ausdruck des puritanisch-calvinistischen Konsenses in der Church of Ireland waren, betrafen die Sonntagsheiligung und die einzige Auslassung gegenüber den englischen Artikeln, die Frage der Kirchenverfassung.[14] In Artikel 56 der *104 Artikel* hieß es: „The first day of the weeke, which is the *Lords Day*, is wholly to be dedicated unto the ser-

---

[10] Es ist das Verdienst Alan Fords, die Interpretation der *104 Artikel* von der Diskussion um die theologischen Ansichten Erzbischofs Usshers abgekoppelt zu haben, indem er aufgezeigt hat, dass die Religionsartikel mit hoher Wahrscheinlichkeit nicht das alleinige Werk Usshers waren, sondern auf einem Kompromiss der gesamten Convocation beruhten. Ford interpretiert den Satz „he ... was appointed to draw them [d.h. die Religionsartikel] up" nicht im Sinne einer Autorenschaft Usshers, sondern im Sinne einer Funktion als Sekretär für die Convocation, denn der spätere Erzbischof nahm an der Klerikerversammlung von 1615 noch als niederer Kleriker teil. (Vgl. FORD, Protestant Reformation in Ireland, 1590–1641, S. 195–197 [Zitat auf S. 196]).

[11] Alan Ford schreibt dazu: „The three most important elements of this originality are its approach to predestination, concessions to puritan tastes, and the attitude towards Catholicism." (FORD, Protestant Reformation in Ireland, 1590–1641, S. 197).

[12] Articles Agreed upon by the Archbishops and Bishops of both Provinces, and the whole clergy, in the convocation holden at London in the year 1562 (im Folgenden abgk.: *39 Artikel*), in: Kirche von England, hg. v. FABRICIUS, S. 374–403.

[13] Artikel 12, in: Articles of Religion, S. xxxv. Vgl. dagegen Artikel 17 der englischen *39 Artikel*, in: Kirche von England, hg. v. FABRICIUS, S. 386–387; vgl. auch FORD, Protestant Reformation in Ireland, 1590–1641, S. 198.

[14] Vgl. FORD, Protestant Reformation in Ireland, 1590–1641, S. 199–200.

uice of God: and therefore we are bound therein to rest from our common and daily buysinesse, and to bestow that leasure vpon holy exercises, both publike and priuate."[15] Diese Betonung der Sonntagsheiligung erscheint nicht nur deshalb signifikant, weil sie eine bekannte Forderung der Puritaner war, sondern auch, weil sich die Church of Ireland mit diesem Artikel eindeutig gegen die Auffassung des Königs wandte. Einige Jahre später, nämlich 1618, sollte James I. seine Meinung zu dieser Frage sogar schriftlich äußern, und zwar im so genannten *Book of Sports*, in dem er z.B. das Tanzen am Sonntag verteidigte – eine Sonntagsbeschäftigung, die die Puritaner strikt ablehnten.[16] In den *104 Artikeln* wurden den sportlichen Übungen des Königs „holy exercises" entgegengesetzt.

In Artikel 36 der englischen Artikel wurde explizit die Konsekration von Erzbischöfen und Bischöfen und die Ordination von Pfarrern durch die Bischöfe als rechtmäßig und mit den Lehren der Bibel vereinbar bezeichnet.[17] Dieses deutliche Bekenntnis zur hierarchischen Bischofskirche fehlte in den *104 Artikeln*. Dies war offensichtlich ein Entgegenkommen gegenüber den in der Provinz Ulster zahlreich vertretenen Presbyterianern schottischer Herkunft.[18] Zwar wurde der englische Artikel 23 über die Berufung von Geistlichen im irischen Artikel 71 übernommen, doch ließ dessen Formulierung vor allem hinsichtlich der Frage der zu Grunde liegenden Kirchenverfassung einen weiten Auslegungsspielraum zu: „It is not lawfull for any man to take vpon him the office of publike preaching or ministring the Sacraments in the Church, vnless hee bee first lawfully called and sent to execute the same. And those we ought to iudge lawfully called and sent, which bee chosen and called to this worke by men who haue publike authoritie giuen them in the Church, to call and send ministers into the Lords vineyard."[19]

Die irische Staatskirche des frühen 17. Jahrhunderts war also bemüht, einen möglichst breiten protestantischen Kompromiss zu finden und sich damit eine möglichst breite personelle Basis zu sichern. Dies geschah vor dem Hintergrund des seit dem späten 16. Jahrhundert in Irland massiv erstarkenden Katholizismus, dem die Church of Ireland eine geeinte protestantische Front entgegenstellen wollte. So wurde *anti-popery* zur wich-

---

[15] Articles of Religion, S. xliii.
[16] Vgl. WROUGHTON, Stuart Age, S. 33.
[17] Vgl. die *39 Artikel*, in: Kirche von England, hg. v. FABRICIUS, S. 398.
[18] Vgl. FORD, Protestant Reformation in Ireland, S. 200. Ford betont hier nur das Entgegenkommen gegenüber puritanisch gesinnten Geistlichen und spricht nicht von den presbyterianisch denkenden Klerikern aus Schottland, die mir angesichts des offensichtlichen Entgegenkommens von Bischöfen in Ulster gegenüber ihren schottischen Pfarrern als ein nicht zu unterschätzender Faktor erscheinen. (Siehe dazu oben C.II.2.a).
[19] Articles of Religion, S. xlv.

tigsten Grundlage protestantischer Konfessionsbildung in Irland,[20] der Schulterschluss in den eigenen Reihen wurde durch eine betont aggressive Abgrenzung zum konfessionellen Gegner herbeigeführt. Vor dem Hintergrund dieser Abwehrhaltung gegenüber dem Katholizismus sind die folgenden Merkmale der *104 Artikel* hervorzuheben.

Mit deutlichen Worten und im Unterschied zu den englischen *39 Artikeln* und den irischen *12 Artikeln*, die beide noch aus der Zeit vor der Exkommunikation Königin Elisabeths stammten, wurde der Papst mit dem Antichristen identifiziert und damit der konfessionelle Abgrenzungsprozess dogmatisch untermauert. Während in den *12 Artikeln* nur der Anspruch des Papstes, das Oberhaupt der „universal Churche of Christ"[21] zu sein, und in den *39 Artikeln* sein Anspruch auf Jurisdiktion im Königreich England[22] zurückgewiesen wurde, hieß es in Artikel 80 des irischen Bekenntnisses von 1615: „The Bishop of Rome is so farre from being the supreame head of the vniuersall Church of Christ, that his workes and doctrine doe plainely discover him to bee *that man of sinne*, foretold in the holy Scriptures, *whome the Lord shall consume with the spirit of his mouth, and abolish with the brightnes of his comming.*"[23]

Das in Irland im Verhältnis zwischen Staat und Katholiken seit der Bulle *Regnans in Excelsis* immer wieder virulent gewordene Problem der politischen Macht des Papstes wurde in den irischen Artikeln ausführlich behandelt. In Artikel 59 wurden die vom Papst beanspruchten Rechte hinsichtlich der Absetzung weltlicher Herrscher und damit zusammenhängende Aufstände oder Invasionen zurückgewiesen.[24] Artikel 60 enthielt eine noch deutlichere Ablehnung der Lehre vom gerechten Krieg gegen einen vom Papst exkommunizierten Monarchen, die eindeutig auf die Rebellionen anglo-irischer und gälischer Lords unter dem Banner der militärischen Gegenreformation verwies: „That Princes which be excommunicated or depriued by the Pope, may be deposed or murthered by their subiects, or any other whatsoeuer, is impious doctrine."[25] Durch diese Ergänzungen in den irischen Artikeln erhielten auch die nachfolgenden Bestimmungen, die mit

---

[20] Vgl. Asch, Antipopery.

[21] Artikel 6, in: Brefe Declaration, S. xxvii.

[22] Artikel 37 der englischen *39 Artikel*, in: Kirche von England, hg. v. Fabricius, S. 399.

[23] Articles of Religion, S. xlvii (Kursivsetzung im Original).

[24] „The Pope neither of himselfe, nor by any authoritie of the Church or Sea of Rome, ... hath any power or authoritie to depose the King ... or to authorise any other Prince to inuade or annoy him or his Countries, or to discharge any of his subiects of their allegeance and obedience to his Maiestie, or to giue licence or leaue to any of them to beare armes, raise tumult, or to offer any violence or hurt to his Royall person, state, or gouernement, or to any of his subiects within his Maiesties Dominions." (Ebd., S. xliii–xliv; vgl. Ford, Protestant Reformation in Ireland, 1590–1641, S. 201).

[25] Articles of Religion, S. xliv.

Artikel 37 der englischen Artikel übereinstimmten, eine andere Signifikanz. Denn dort wurde erstens die Todesstrafe für „heynous and grieuous offences" bejaht, wobei man sofort an die konfessionell begründeten Rebellionen erinnert wird.[26] Zweitens wurde das Tragen von Waffen und der Kampf in gerechten Kriegen „at the commandement of the Magistrate" befürwortet: Erneut denkt man zuerst an den gerechten konfessionellen Krieg, im irischen Kontext vor allem an die Verteidigung des Landes gegen gegenreformatorisch motivierte Invasionen und Aufstände.[27]

An zahlreichen anderen Stellen in den *104 Artikeln* finden sich weitere Indizien für die in der irischen Staatskirche besonders intensive Auseinandersetzung mit dem Katholizismus. In den Artikeln 25–28, 36, 39 und 45 wurde das protestantische Verständnis von der Natur der Sünde und der guten Werke ausführlich erläutert, da katholische Autoren diese Fragen wiederholt als Schwerpunkt ihrer Kritik gewählt hatten.[28] Im gälischen Irland war das Fasten eine religiöse Übung, die sich großer Beliebtheit erfreute und intensiv betrieben wurde.[29] Deshalb legten die Kleriker der Staatskirche in Artikel 50 und 51 der *104 Artikel* ihre Haltung zum Fasten dar und brachten zum Ausdruck, dass sie die katholischen Fastengewohnheiten für reine Äußerlichkeiten hielten. Es wurde einerseits betont, dass die von Staats wegen festgelegten Fastentage keine religiöse Bedeutung hätten, sondern ausschließlich „the better preseruation of the Commonwealth"[30] dienten, andererseits wurde hervorgehoben, dass nicht allein der Akt des Fastens zur Seligkeit führe, sondern die dahinter stehende Haltung des Herzens.[31]

Einige weitere geringfügige Unterschiede zu den englischen *39 Artikeln* erscheinen insgesamt signifikant, obwohl sie zum großen Teil aus den *12 Artikeln* von 1566 übernommen worden waren. Die *104 Artikel* beschäftigten sich nämlich intensiv mit katholischen Bräuchen, die in Irland weiterhin öffentlich praktiziert wurden und die die Staatskirche deshalb ausdrücklich zurückweisen wollte. Wäre der Monopolanspruch der Church of Ireland im frühen 17. Jahrhundert durchgesetzt gewesen, so hätte – wie an den englischen *39 Artikeln* deutlich wird – keine Notwendigkeit mehr bestanden, weiterhin detailliert auf die Unterschiede zum katholischen Brauchtum hinzuweisen. In Artikel 52 wurden z.B. Pilgerfahrten und Ro-

---

[26] Artikel 61, in: Ebd. Vgl. Artikel 37 der englischen *39 Artikel*, in: Kirche von England, hg. v. FABRICIUS, S. 398–400.

[27] Artikel 62, in: Articles of Religion, S. xliv.

[28] Vgl. FORD, Protestant Reformation in Ireland, 1590–1641, S. 200.

[29] Vgl. MACLYSAGHT, Irish Life, S. 76–77; [GOOD, William], The Maners of the Irishry, Both of Old and of Later Times, in: CAMDEN, Britain, S. 140–148, hier S. 144 A (zu Good siehe auch unten C.IV.2.a).

[30] Artikel 50, in: Articles of Religion, S. xlii.

[31] Vgl. Artikel 51, in: Ebd.

senkränze verurteilt, katholische Bräuche, die in den englischen Artikeln
überhaupt keine Erwähnung mehr fanden.[32] Artikel 74 des irischen Bekenntnisses verurteilte die katholische Ohrenbeichte beim Priester: „Neither
is it Gods pleasure that his people should bee tied to make a particular
confession of all their knowen sinnes vnto any mortall man ...“[33] In Ergän-
zung zu den mit den englischen *39 Artikeln* übereinstimmenden Ausführungen zur Taufe wurde in Artikel 91 der *104 Artikel* ausdrücklich darauf hingewiesen, dass dieses Sakrament ohne Exorzismus, die Anwendung von
Öl, Salz und Speichel und das Weihen des Wassers wirksam sei.[34] Auch die
Erläuterungen über die Natur des Abendmahls waren in den irischen Artikeln ausführlicher als in den englischen. Nach der zentralen Ablehnung der
Transsubstantiation, die mit den englischen Artikeln übereinstimmte,[35]
wurde auf die folgenden Punkte noch zusätzlich hingewiesen: In Artikel 99
wurde das katholische Verständnis der Eucharistie abgelehnt mit dem Hinweis auf die einmalige Vergebung der Sünden durch Christi Kreuzestod.[36]
In Artikel 100 wurde die private Messe, das Empfangen der Eucharistie
ohne Teilnahme einer Gemeinde, verurteilt.[37] Vor allem dieser Artikel verweist wiederum deutlich auf die irischen Verhältnisse, wo die katholischen
Kleriker im Untergrund, die auf den Schutz durch Privatleute angewiesen
waren, häufig private Messen lasen.[38]

Die Entwicklung zur Minderheitskirche und die theologisch-dogmatische
Fixierung der Church of Ireland führten insgesamt zu einer „defensive,
exclusive ideology“[39] gegenüber der katholischen Bevölkerung Irlands. Das
konfessionelle Selbstverständnis der protestantischen Neuengländer verband sich mit ihrem kulturellen Überlegenheitsgefühl, das sich gleicherma-

---

[32] Vgl. ebd., S. xlii–xliii.

[33] Ebd., S. xlvi. – Vgl. die Ablehnung der Ohrenbeichte durch die Calvinisten in
Brandenburg, in: NISCHAN, Second Reformation, S. 183.

[34] Vgl. Articles of Religion, S. xlviii–xlix. Wobei die Ablehnung des Exorzismus
bei der Taufe natürlich auch auf den calvinistischen Grundkonsens in der irischen
Staatskirche hinweist. (Vgl. NISCHAN, Second Reformation, S. 182).

[35] Vgl. Artikel 94, in: Articles of Religion, S. xlix. Auch im Hinblick auf das
Abendmahl nahm die irische Staatskirche eine calvinistische Position ein. Wie bei Calvin wird hier eine vermittelnde Auffassung zwischen den Haltungen Luthers und
Zwinglis vertreten, die auf die untrennbar enge Verbindung „between the sign and the
thing signified" verweist. (McGRATH, Reformation Thought, S. 182, vgl. S. 181–185).

[36] Vgl. Articles of Religion, S. l.

[37] Vgl. ebd.

[38] Die private Messe war in Irland so gang und gäbe, dass man sich auch von katholischer Seite darüber beklagte, so der päpstliche Nuntius Rinuccini. (Vgl. Bericht
über die Situation in Irland, 1. März 1646, in: Embassy, hg. v. HUTTON, S. 132–147,
hier S. 143).

[39] FORD, Protestant Reformation in Ireland, S. 73; vgl. ASCH, Antipopery, S. 271.

ßen auf Gälen und Altengländer bezog:[40] „... the application of predestinarian doctrine to the Irish situation allowed for the easy identification of the
elect of God with the elite of colonialism, and generated a sense of spriri-
tual superiority which reinforced the strong conviction of social and cultural superiority which the settlers already felt."[41] Die Verschlossenheit der
Bevölkerung Irlands gegenüber dem protestantischen Glauben und ihre
Anhänglichkeit an den ‚papistischen Aberglauben' konnten nun auch mit
der Prädestination, der vorherbestimmten Verdammung der Iren, erklärt
werden. Der protestantische Prediger Richard Olmstead deutete dies mit
folgenden Worten an: „... it is possible that men living under a powerful
ministry of the word, ... shut their eares against it, resist the motions of the
blessed *Spirit*, and cryes of their consciences, that that curse may bee set
upon that mans soule, (and I verily beleeve it is upon the soules of many
living under the Gospel) which our Savior set upon the fig tree, *Never fruit
grow on thee hereafter* ..."[42]

Man sollte daraus jedoch nicht den Schluss ziehen, dass das Scheitern
der Reformation in Irland direkt auf den Einfluss der Prädestinationslehre
zurückzuführen ist. Vielmehr ist der Zusammenhang umgekehrt zu sehen:
Die Anwendung der Prädestinationslehre auf die irische Situation und der
Pessimismus der Kleriker der Church of Ireland im Hinblick auf ihre protestantische Mission waren eine Folge und nicht die Ursache ihrer Erfahrungen in Irland: „... it cannot be assumed that a straightforward relationship existed between the church's predestinarian theology and its missionary failure. ... Where theology served the ministers was in providing a
means of explaining why they failed, why their preaching was so in-
effective."[43]

---

[40] Siehe dazu oben C.I.1.c.

[41] CLARKE, Varieties of Uniformity, S. 118–119; vgl. FORD, Protestant Reformation
in Ireland, 1590–1641, S. 228.

[42] OLMSTEAD, Sions Teares, S. 180; vgl. FORD, Protestant Reformation in Ireland,
S. 68–69.

[43] FORD, Protestant Reformation in Ireland, 1590–1641, S. 216. – Diese Interpretation Alan Fords wurde von Nicholas Canny heftig kritisiert. Canny meint, die Erklärung des Verhaltens der protestantischen Kleriker in Irland aus der Doktrin der Staatskirche „verges on the polemical ... by suggesting that protestantism was used by the
protestant élite in Ireland as an instrument of apartheid". (CANNY, Protestants, S. 107).
Ich verstehe Ford jedoch so, dass er nicht Verhalten direkt aus Doktrin und Theologie
ableiten, sondern deren Bedeutung als unterstützendes und verstärkendes Erklärungs-
muster für eine bereits vorhandene ‚Weltsicht' aufzeigen will. Ford betont: „Strictly
speaking, it would be erroneous to suggest that the theological and intellectual outlook
of Irish preachers was the primary cause of the failure of their ministry in Ireland. The
difficulties of the reformation predate the creation of a doctrinally aware and intellec-
tually coherent ministry. Rather, the pessimism was a product of their experience in
Ireland ..." (FORD, Protestant Reformation in Ireland, 1590–1641, S. 228).

Im Jahr 1634 musste die Convocation der irischen Staatskirche, wie wir oben gesehen haben, auf Druck von Wentworth den *39 Artikeln* der Church of England zustimmen.[44] Angesichts des Widerstandes aus der Church of Ireland gegen diese dogmatisch-theologische Festlegung ‚von außen‘ wurde der Status der irischen Artikel von 1615 bewusst offen gelassen. Als die Annahme der *39 Artikel* durch die Klerikerversammlung anstand, verfügte Wentworth, dass Dean Andrews „should put no Question at all, touching the receiving or not of the Articles of the Church of *Ireland*“.[45] Darin wurde er auch von Laud aus England bestärkt, der ihm schrieb: „... whereas you propose to have the Articles of *England* received in *ipsissimis verbis*, and leave the other as no Way concerned, neither affirmed nor denied, you are certainly in the Right, and so says the King ... as well as I.“[46] Wentworth wandte also, um die Annahme der englischen Artikel durch eine widerwillige Convocation zu ermöglichen, die Technik des ‚Dissimulierens‘ an, die bewusste Unklarheit in einem strittigen Punkt – ähnlich wie man auch im Reich im Augsburger Religionsfrieden vorgegangen war.[47] Dadurch, dass die irischen *104 Artikel* weder ausdrücklich aufgehoben noch bestätigt worden waren, war ihr Status nun für unterschiedliche Interpretationen offen.

Wentworth verurteilte die irischen Artikel wegen ihres ‚Puritanismus‘ und ging von der alleinigen Gültigkeit der englischen Artikel aus, denn für ihn schlossen sich die beiden Bekenntnisse gegenseitig aus.[48] Die von Wentworth und Bramhall nach 1634 vorangetriebene Konfessionalisierung der Church of Ireland ‚von außen‘ verlief deshalb gemäß dem oben idealtypisch beschriebenen ‚europäischen Normalfall‘. Denn nun war die – nach Meinung Wentworth’ und Bramhalls eindeutige – Bekenntnisbildung als erster Schritt erfolgt, so dass in einem zweiten Schritt der Schulterschluss in den eigenen Reihen durch eidliche Verpflichtung der Multiplikatoren auf das neue Bekenntnis abgesichert werden sollte.

James Ussher, der protestantische Erzbischof von Armagh, meinte dagegen, die *104 Artikel* seien unangetastet und weiterhin gültig. Er schrieb 1635 nach England: „The articles of religion agreed upon in our former synod, anno MDCXV. we let stand as they did before. But for the manifesting of our agreement with the Church of England, we have received and approved your articles also, concluded in the year MDLXII. as you

---

[44] Siehe oben B.V.3.a.

[45] The Lord Deputy to the Archbishop of Canterbury, 16. Dez. 1634, in: Strafforde’s Letters, hg. v. KNOWLER, Bd. 1, S. 342–345, hier S. 343.

[46] The Archbishop of Canterbury to the Lord Deputy, 20. Okt. 1634, in: Strafforde’s Letters, hg. v. KNOWLER, Bd. 1, S. 329–331, hier S. 329.

[47] Vgl. HECKEL, Deutschland im konfessionellen Zeitalter, S. 44, 50.

[48] Vgl. MCCAFFERTY, God Bless, S. 205.

may see in the first of our canons."[49] Ussher trieb dies sogar noch weiter, indem er von den Pfarrern seiner Diözese bei der Ordination die Unterschrift unter beide Bekenntnisse forderte und damit seiner Auffassung praktischen Ausdruck verlieh.[50] Das ‚Dissimulieren' bei der Annahme der *39 Artikel* durch die Convocation gab Ussher also die Möglichkeit, den calvinistischen Kompromiss der Church of Ireland und ihre protestantische ‚Breite' zumindest als Anspruch weiterhin aufrechtzuerhalten. Insofern war die irische Staatskirche nach 1634 theologisch-dogmatisch weniger eindeutig definiert als zuvor. Ihr klares Glaubensbekenntnis von 1615 war durch die Gültigkeit von zwei sich teilweise widersprechenden Glaubensbekenntnissen ‚verwaschen', und es waren Unklarheiten geschaffen worden, statt diese ‚auszumerzen'.[51]

Die Technik des ‚Dissimulierens' wurde besonders an den irischen *canons* deutlich. Im ersten *canon* wurden zwar, wie wir oben gesehen haben,[52] die englischen Artikel ausdrücklich als Bekenntnisgrundlage der Church of Ireland angenommen, doch folgte im Text mehrfach die dissimulierende Formulierung „the Articles of Religion generally received in the Church of *England* and *Ireland*".[53] Die *canons* stellten insgesamt einen Kompromiss dar zwischen dem Ziel Wentworth' und Bramhalls, die englischen *canons* unverändert in der irischen Staatskirche einzuführen, und den Vorstellungen der Convocation der Church of Ireland und Erzbischof Usshers.[54] Es gelang Wentworth und Bramhall jedoch, durch geschickte Formulierungen in einigen Punkten die Übernahme der englischen *canons* dem Sinn, wenn auch nicht dem exakten Wortlaut nach sicherzustellen.

Wesentliche Konfliktpunkte waren Fragen des Ritus und des Verhaltens der Gläubigen im Gottesdienst. Diese wurden bereits an den alternativen *canons* deutlich, die die Kommission der Convocation unter dem Vorsitz von Dean Andrews[55] zunächst erarbeitet hatte. Darin hatte man auf die Erwähnung von Heiligentagen, den Gebrauch der Messgewänder, das Kreuzeszeichen bei der Taufe und das Niederknien beim Empfang des Abendmahls verzichtet.[56] Auch ein Bericht Bischof Bramhalls aus Ulster von

---

[49] The Archbishop of Armagh to Dr. Ward, 15. Sept. 1635, in: Works of Ussher, hg. v. ELRINGTON u. TODD, Bd. XVI, S. 9–10, hier S. 9.

[50] Vgl. KNOX, Ussher, S. 51–52; CAPERN, Caroline Church, S. 77.

[51] Vgl. REINHARD, Katholische Konfessionalisierung, S. 426. – In der praktischen Umsetzung der Beschlüsse der Convocation von 1634 zählte jedoch ausschließlich die Auslegung Wentworth' und Bramhalls.

[52] Siehe oben B.V.3.a.

[53] So in *canon* 9 und 31, vgl. Canons der Church of Ireland, 1634, in: Constitutions, S. 10, 22.

[54] Vgl. McCAFFERTY, God Bless, S. 199.

[55] Siehe oben B.V.3.a.

[56] Vgl. FORD, Church of Ireland, S. 67.

1634 spricht die calvinistisch-presbyterianischen Vorstellungen der schottischen Pfarrer in der Church of Ireland an, die zu Konflikten mit dem Laudschen Arminianismus führten: die Betonung der Predigt und damit der
Kanzel gegenüber dem Altar, das Ersetzen des Altars durch einen Abendmahlstisch, das Abhalten des Abendmahls im Sitzen im Gegensatz zum
Niederknien und die Ablehnung von Priestergewändern.[57]

Im englischen *canon* 18 hieß es: „... all manner of persons then [d.h.
während des Gottesdienstes] present shall reverently kneel upon their
knees, when the general confession, litany, and other prayers are read; ...
and likewise, when in time of divine service the Lord Jesus shall be mentioned, due and lowly reverence shall be done by all persons present ...“[58]
Dagegen legte *canon* 7 der irischen Staatskirche nur global fest, dass die
Gläubigen im Gottesdienst „all such reverent gestures and actions, as by
the Book of Common Prayer are prescribed ...“[59] zu benutzen hätten. Die
in den englischen *canons* festgeschriebene Verbeugung bei der Nennung
des Namens Jesu wurde ausdrücklich nicht übernommen. Des Weiteren
wurde der Gebrauch des Kreuzeszeichens bei der Taufe, der im englischen
canon 13 verankert war, in den irischen *canons* weggelassen.[60] Dies erscheint als ein letzter Versuch der Mitglieder der Convocation, in Fragen
des kirchlichen Ritus nicht völlig auf die Richtung der englischen Staatskirche einzuschwenken und ihre eigenständige Ausrichtung zu erhalten. Zudem wurden die beschriebenen Zeremonien vor dem Hintergund der alltäglichen Konfrontation mit dem Katholizismus in Irland als potentiell ,papis-
tisch' empfunden, und die Church of Ireland sollte deshalb erst recht von
ihnen freigehalten werden.

Bramhall und Wentworth gelang es aber, die irische Staatskirche sozusagen ,durch die Hintertür', d.h. durch die Verwendung unauffälliger Formulierungen, auf rituelle Übereinstimmung mit der Church of England zu
verpflichten. Es wurde nämlich durch den Zusatz weniger Worte im iri-

---

[57] Bramhall schrieb: „In the great united dioceses of Down and Connor I found almost the whole resident clergy absolute irregulars, the very ebullition of Scotland, but
Conformists very rare, and those rather in judgement than practice. They are ordinarily
licensed preachers and beneficers long before they enter into holy orders. It would
trouble a man to find twelve Common Prayer Books in all their Churches, and those
only not cast behind the altar because they have none, but in place of it a table ten
yards long, where they sit and receive the Sacrament together like good fellows. ...
They declaim in their pulpits (which, with their long table, is all the implements they
require to set up with) against kneeling at the Sacraments, as the sin of Jeroboam, and
run away from a priest's coat with high sleeves, as the Devil from the Sign of the
Cross." (Bishop Bramhall to Archbishop Laud, 20. Dez. 1634, in: Papers, hg. v.
SHIRLEY, S. 41–45, hier S. 41).
[58] Zitiert in: MANT, History, Bd. 1, S. 498.
[59] Canons der Church of Ireland, 1634, in: Constitutions, S. 10.
[60] Vgl. MANT, History, Bd. 1, S. 499; MCCAFFERTY, God Bless, S. 199–200.

schen *canon* 7 bestimmt, dass „all ministers ... shall use and observe the orders, rites, ornaments, and ceremonies prescribed in the Book of Common Prayer, and in the act for uniformity printed therewith".[61] Auf diese Weise wurde die irische Staatskirche auf die im *Act of Uniformity* und im *Prayer Book* vorgesehenen Riten und „ornaments" verpflichtet, wodurch beispielsweise das Kreuzeszeichen bei der Taufe und die Messgewänder doch noch Eingang in die irischen *canons* gefunden hatten.[62]

Auch andere *canons* waren Kennzeichen der von Wentworth und Bramhall angestrebten Konfessionalisierung ‚von außen': So musste die Church of Ireland akzeptieren, dass der irische *canon* 18 – in Übereinstimmung mit dem englischen – vorschrieb, dass „no Minister when he celebrateth the Communion, shall wittingly administer the same to any but such as kneel ..."[63] Dies war ein Erfolg für Wentworth und Bramhall, denn die schottischen Presbyterianer betrachteten das Sitzen beim Abendmahl als „the scriptural method" und nahmen es an einem in der Mitte der Kirche stehenden Tisch ein.[64] Auch in St. Peter in Drogheda, der Kirche, in der Erzbischof Ussher sonntags predigte, stand der Abendmahlstisch „lengthwise in the aisle".[65] Zudem wurde im irischen *canon* 94 festgeschrieben, dass der Altar am Ostende der Kirche zu stehen habe und „a cup of silver for the celebration of the Holy Communion" bereitzustellen sei.[66] Damit wurde die irische Staatskirche auf die hochkirchlichen Vorstellungen des Arminianismus Laudscher Prägung verpflichtet – ein weit reichender Angriff auf ihr bisheriges Selbstverständnis und ihre Gottesdienstpraxis. Denn, wie wir oben gesehen haben, hatte der höchste Vertreter der irischen Staatskirche nichts dagegen, dass das Boyle Grabmal in Christ Church Cathedral am Ostende der Kirche stand, wo nach Laudscher Meinung der Altar zu stehen hatte.[67]

Eine ähnliche Verpflichtung auf den Laudschen Arminianismus musste die irische Staatskirche hinsichtlich der Ohrenbeichte hinnehmen. In *canon* 19 wurde die freiwillige Ohrenbeichte beim Pfarrer vor der Einnahme des Abendmahls angeboten – eine Bestimmung, die zwar nicht im unmittelbaren Gegensatz zur strikten Ablehnung der obligatorischen Ohrenbeichte in

---

[61] *Canon* 7, in: Canons der Church of Ireland, 1634, in: Constitutions, S. 9; vgl. auch *canon* 13, in: Ebd., S. 13.
[62] Vgl. McCafferty, God Bless, S. 200; Bolton, Caroline Tradition, S. 15.
[63] Canons der Church of Ireland, 1634, in: Constitutions, S. 15; vgl. Mant, History, Bd. 1, S. 499; Kearney, Strafford, S. 116.
[64] Reid, Presbyterian Church, Bd. 1, S. 121, vgl. S. 121–122.
[65] Travels of Sir William Brereton in Ireland, 1635, in: Illustrations, hg. v. Falkiner, S. 363–407, hier S. 375.
[66] Canons der Church of Ireland, 1634, in: Constitutions, S. 56; vgl. Bolton, Caroline Tradition, S. 15; McCafferty, God Bless, S. 201.
[67] Siehe oben B.V.3.b.

Artikel 74 der *104 Artikel* stand, die jedoch eindeutig den Akzent verschob hin zu dieser ‚klassischen' Ohrenbeichte.[68] Auf dem Gebiet der Kirchenverfassung wurde die irische Staatskirche nun explizit auf die Bischofskirche und eine entsprechende hierarchische Kirchenstruktur festgelegt – eine normative Festlegung, die die Church of Ireland 1615 ausdrücklich vermieden hatte. Vor allem in *canon* 4 wurde jetzt vorgeschrieben, dass jeder, der die Konsekration oder Ordination nach den Riten des *Book of Common Prayer* anzweifle, mit Exkommunikation zu bestrafen sei.[69] Dies war ein unübersehbarer Schritt in Richtung auf den Ausschluss presbyterianisch denkender Geistlicher aus der Church of Ireland.

Insgesamt wird deutlich, dass die Entwicklung der dogmatischen und rituellen Normensetzung in der Church of Ireland die Phasen der Konfessionalisierung in Irland widerspiegelt. Auf eine erste – im europäischen Vergleich sehr lange andauernde – Phase der minimalen Festsetzung konfessioneller Normen mit Hilfe des *Act of Uniformity* und der *12 Artikel* erfolgte zunächst in der Phase des Umschwungs der Zugang von „geeigneten Multiplikatoren".[70] Diese Kleriker fanden dann in den *104 Artikeln* von 1615 eine gemeinsame dogmatisch-theologische Basis. Die *104 Artikel* waren somit das Ergebnis einer bereits weitgehend abgeschlossenen Entwicklung der Church of Ireland, nämlich deren protestantische Konfessionsbildung durch Wandel der personellen Grundlage.

Dieser Umstand ist auf ein wesentliches Spezifikum der irischen Staatskirche zurückzuführen – die Tatsache nämlich, dass der Status der Church of Ireland ähnlich ambivalent war wie der des gesamten Landes. So wie Irland selbstständiges Königreich und englische Kolonie zugleich war,

---

[68] Im irischen *canon* 19 heißt es: „... the people are often to be exhorted, to enter into a special examination of the state of their own souls; and that finding themselves either extreme dull, or much troubled in mind, they do resort unto God's Ministers, to receive from them as well advice and counsel ... as the benefit of absolution likewise ... by the power of the keys, which Christ hath committed to his Ministers for that purpose." (Canons der Church of Ireland, 1634, in: Constitutions, S. 16; vgl. Articles of Religion, S. xlvi). Vgl. auch den Briefwechsel zwischen Laud und Wentworth hinsichtlich der von Croxton in seiner Gemeinde abgenommenen Beichten, wobei Laud fürchtete, dass man Croxton in der irischen Staatskirche dafür angreifen könne. (Vgl. BOLTON, Caroline Tradition, S. 16–17).

[69] „And if any shall affirm that they who are consecrated or ordered according to those Rites are lawfully made, nor ought to be accounted either Bishops, Priests, or Deacons; or shall deny that the Churches established under this Government are true Churches, or refuse to join with them in Christian Profession, let him be excommunicated ..." (Canons der Church of Ireland, 1634, in: Constitutions, S. 8; vgl. KNOX, Ussher, S. 52).

[70] REINHARD, Katholische Konfessionalisierung, S. 426.

schwankte auch die irische Staatskirche zwischen Unabhängigkeit und dem Status eines ‚Appendix' der Church of England.[71] Grundsätzlich war die Church of Ireland in hohem Maße vom englischen Staat und seiner Kirche abhängig. Bereits die Reformationsgesetzgebungen von Heinrich VIII. und Elisabeth spiegelten diese Abhängigkeit der Church of Ireland: Die Gesetze wurden zwar im irischen Parlament getrennt beschlossen, aber sie hingen zeitlich und sachlich eng mit der Entwicklung der politisch-rechtlichen Reformation in England zusammen. Ähnliches galt auf personeller Ebene, denn die irische Staatskirche erhielt einen großen Teil ihres Klerikernachschubs aus England.[72]

Andererseits sind die *104 Artikel* jedoch Ausdruck der Unabhängigkeit der Church of Ireland, deren Kleriker nun nicht mehr zur ‚Mutterkirche' nach England blickten, sondern ein eigenständiges Bekenntnis formulierten. Doch bereits die Phase der Konfessionalisierung ‚von außen' markierte wiederum eine stärkere Abhängigkeit der Church of Ireland von der englischen Staatskirche. Denn während Wentworth und Bramhall den angestrebten Formierungsprozess innerhalb der Staatskirche aktiv vorantrieben, drängten sie den irischen Primas, Erzbischof Ussher, zunehmend aus der „day-to-day administration"[73] der irischen Staatskirche heraus.[74] Ussher zog sich, wie bereits erwähnt, in den Jahren nach 1634 auch aus den entscheidenden Gremien der Church of Ireland, vor allem der Ecclesiastical Commission, zurück.[75]

---

[71] Vgl. FORD, Dependent or Independent, S. 178–179. Mit Fords Einschätzung, dass nur „‚nationalist' native clergy" (ebd., S. 179) im Jahr 1634 die Unabhängigkeit der Church of Ireland gegen Wentworth und Bramhall verteidigten, stimme ich jedoch nicht überein. Wenn nicht eine breite Mehrheit der Kleriker in der Convocation – ob altenglischer, neuenglischer oder schottischer Herkunft – den protestantischen Kompromiss als Ausdruck der Unabhängigkeit der Church of Ireland hätte verteidigen wollen, wäre es wohl kaum zu so massivem Widerstand gegen die Vorstöße Wentworth' und Bramhalls gekommen. (Siehe oben B.V.3.a).
[72] Dagegen waren die beiden Gruppen der Kleriker schottischer Herkunft, die vor allem im Zuge der *plantation of Ulster* nach Irland kamen, und der Absolventen von Trinity College, Dublin, zahlenmäßig deutlich kleiner.
[73] FORD, Dependent or Independent, S. 177.
[74] Vgl. z.B. die Anfrage von Bishop Bedell an Dr. Ward in England im Jahr 1635: „I would desire you to certify me how you stand with my L. of Derry [Bramhall]. ... he seemed to some to overtop my L. Primate [Ussher] here, although some think that was by direction from others [Laud?, Wentworth?]." (Bedell to Ward, 11. Okt. 1635, in: Tanner Letters, hg. v. MCNEILL, S. 114–115, hier S. 115). Während Wentworth und Bramhall mit Laud in sehr regem Kontakt standen (vgl. Papers, hg. v. SHIRLEY), nahm der Kontakt zwischen Ussher und Laud nach der Ankunft Wentworth' in Irland stark ab (vgl. Correspondence, hg. v. FORD).
[75] „Indeed, in 1635 he physically personified his cession of power by retiring from his official duties in Dublin to his seat in Drogheda." (FORD, Dependent or Independent, S. 178; siehe oben C.II.1.b).

Während das Spezifikum eines zwischen Abhängigkeit und Unabhängigkeit schwankenden Zustands der Church of Ireland eng mit der politischen ‚Zwitterstellung' des irischen Königreichs verbunden war, erwuchsen andere konfessionelle Spezifika der irischen Staatskirche aus der konfessionellen Konkurrenzsituation. Denn die Konkurrenz zur institutionalisierten katholischen Untergrundkirche machte sich nicht nur in der Theologie der Church of Ireland bemerkbar, sondern resultierte auch in anderen Besonderheiten der protestantischen Konfessionsbildung. Zwei Spezifika sollen im Folgenden genauer beschrieben werden: Der im Zuge der doppelten Konfessionsbildung entstandene Widerspruch zwischen Anspruch und Wirklichkeit der Church of Ireland und die Frage nach den Auswirkungen des erhöhten Laieneinflusses in der irischen Staatskirche.

Im Verlauf des frühen 17. Jahrhunderts trat der Widerspruch zwischen dem Anspruch der Church of Ireland, als Staatskirche das konfessionelle Monopol in Irland innezuhaben, und ihrer faktischen Stellung als Minderheitskirche zunehmend hervor. Am deutlichsten wurde dies meines Erachtens im Hinblick auf die im folgenden Kapitel zu analysierenden Disziplinierungsinstrumente.[76] Auch in Bezug auf die Pfarrerversorgung, die Kirchengemeinden und die kirchlichen Gebäude blieb der Anspruch der Staatskirche, in ganz Irland präsent zu sein, im 17. Jahrhundert ungebrochen erhalten. Jede Pfarrei Irlands sollte mit einem Pfarrer der Church of Ireland besetzt sein, und alle mittelalterlichen Kirchengebäude sollten – nach dem Vorbild von einheitlich protestantischen Gesellschaften – entweder der Staatskirche oder für säkularen Gebrauch zur Verfügung stehen.

Deshalb wurden Staat und Kirche auch im 17. Jahrhundert nicht müde, Konfessionalisierungsprogramme zu entwerfen, um die Umsetzung des konfessionellen Monopols der Church of Ireland zu verwirklichen und dem zunehmenden Ausgreifen der katholischen Untergrundkirche entgegenzuwirken. In diesen Konfessionalisierungsprogrammen, vor allem in den Instruktionen der Krone für die *regal visitations*, wurde immer wieder nachdrücklich die Anwendung aller Verfahren der konfessionellen Disziplinierung gefordert: von der effektiven Kontrolle des Personals (Suprematseid, Lizenzierung von Lehrern) bis hin zur „Monopolisierung der Bildung".[77]

Im Gegensatz zu diesen Ansprüchen und Zielvorstellungen einer erfolgreichen Konfessionalisierungspolitik stand die kirchlich-gesellschaftliche Realität, der die Church of Ireland sich zwar anpasste, die sie jedoch nie akzeptierte. Die Anpassungsmechanismen waren genauso vielfältig wie die oben genannten Ansprüche: Theoretisch war die Staatskirche in jeder Pfar-

---

[76] Siehe unten C.IV.2.b.

[77] REINHARD, Katholische Konfessionalisierung, S. 426; vgl. z.B. TCD MS 806: Instructions to the Commissioners of the regal Visitation, 1615, fol. 121r–122r; TCD MS 808: [King James'] orders and directions concerning the State of the Church of Ireland ..., 1623, fol. 28–40.

rei in Irland präsent, indem jedem gut ausgebildeten protestantischen Pfarrer mindestens zwei Pfründen übertragen wurden.[78] Faktisch jedoch lebte der Pfarrer in der – im Allgemeinen in einer *plantation* gelegenen – Gemeinde, in der der größte Teil der Gemeindemitglieder protestantisch war. Die anderen Pfarreien überließ er entweder sich selbst oder ließ sie durch einen armen irischen Hilfsgeistlichen versorgen – „where one could be found".[79]

Diese Situation stand in engem Zusammenhang mit der Tatsache, dass die Church of Ireland die mittelalterliche Gemeindeeinteilung übernommen hatte und es ihr nicht gelang, dieses System beispielsweise durch die Zusammenlegung von Pfarreien so zu reformieren, dass einheitliche Pfarreigrößen und angemessene Pfründen entstanden wären. In den Instruktionen zur Reform der Staatskirche wurde deshalb immer wieder auch die Neuordnung der Pfarreien angemahnt, vor allem indem nebeneinander gelegene Pfarreien zusammengeschlossen werden sollten. Doch das Problem wurde nicht dauerhaft gelöst.[80] Hier wurde der „Ballast" mittelalterlicher Kirchenorganisation zum Problem für die protestantische Staatskirche, während die katholische Untergrundkirche, die nicht mehr an das alte Pfarreisystem gebunden war, dies als „Wettbewerbsvorteil" nutzen konnte:[81] Sie war flexibel und passte sich den Bedürfnissen der Bevölkerung an.[82]

Auch die Verwendung der Kirchengebäude spiegelte den Widerspruch zwischen Anspruch und Realität innerhalb der Staatskirche, denn faktisch hatten Staat und Kirche in Irland nie die Kontrolle über die mittelalterlichen Kirchengebäude inne. Die Klagen der Bischöfe über die mangelnde Durchsetzung dieses ‚Fundamentalmonopols' der Staatskirche nahmen kein Ende: Alte Klöster wurden weiterhin für Gottesdienste und vor allem als

---

[78] Dies natürlich auch, um dem Pfarrer einen angemessenen Lebensunterhalt zu sichern.

[79] FORD, Protestant Reformation in Ireland, S. 61, vgl. S. 59–61.

[80] Vgl. BL Add. MS 4756: Entry Book of Reports of the Commissioners for Ireland, appointed by James I in 1622, fol. 18v; TCD MS 550: Ussher, Primate. Visitation-book, 1622: Raphoe, Bischof Andrew Knox, fol. 212, 220, 222; TCD MS 808: [King James'] orders and directions concerning the State of the Church of Ireland ..., 1623, fol. 28–40, hier fol. 31.

[81] Die Begriffe „Ballast" und „Wettbewerbsvorteil" stammen von Wolfgang Reinhard, der damit die Entwicklung der „alten Kirche" im Rahmen der europäischen Konfessionalisierung charakterisiert. (Vgl. REINHARD, Katholische Konfessionalisierung, S. 426). In Irland wirkte sich die Übernahme der mittelalterlichen Kirchenstruktur durch die Staatskirche jedoch eindeutig zum ‚Wettbewerbsnachteil' der Protestanten aus.

[82] Vgl. z.B. die Zusammenlegung von katholischen Gemeinden in Dublin im Jahr 1616. (Vgl. Ó FEARGHAIL, Evolution, S. 248–250).

katholische Begräbnisstätten genutzt,[83] aber auch Pfarrkirchen waren „shut
up agaynst the minister and reserved for masses".[84] Dazu kam die Nutzung
als faktische ‚Simultankirchen', wie sie oben im Zusammenhang mit der
Frage nach Konfessionalisierung als Fundamentalprozess beschrieben
wurde.[85] Im Zuge der *plantations*, vor allem der *plantation of Ulster*,
setzte jedoch – zumindest auf dem Gebiet der Kirchengebäude – eine Anerkennung des Minderheitsstatus der Staatskirche ein, denn neue Kirchen
wurden in ihrer Größe den tatsächlich vorhandenen protestantischen Gemeinden angepasst, konkret: es wurde klein gebaut.[86]

Das größte Problem, mit dem sich die Staatskirche im Hinblick auf die
mittelalterlichen Kirchengebäude konfrontiert sah, war deren Zustand.
„Church and chancel down/ruined" ist einer der meist wiederholten Sätze
in den Visitationsprotokollen der Church of Ireland.[87] Es ist schwer, die
einzelnen Faktoren, die zur Vernachlässigung und in der Folge zum Verfall
der Kirchengebäude beitrugen, zu gewichten. Mit Sicherheit waren auch
die anhaltenden Kriege und die damit verbundenen ökonomischen Probleme ein Grund für die Vernachlässigung von Kirchengebäuden durch Patrone aus Adel und Gentry, in deren Besitz sich zum Beispiel in der Diözese
Dublin bis zu 70 Prozent der Pfründen befanden. Für Irland insgesamt
schätzt man diese Ziffer auf 60 Prozent, im Vergleich zu 40 Prozent in
England und Wales.[88]

Dieser erhöhte Laieneinfluss auf die ökonomischen Grundlagen der
Staatskirche hätte deren Situation nicht grundsätzlich tangieren müssen.
Falls nämlich die Mehrheit der Laien in die protestantische Staatskirche
integriert worden wäre, hätten die Laienpatrone auch die in ihrem Besitz
befindlichen Pfründen mit protestantischen Pfarrern besetzt. Erst im Zuge
der doppelten Konfessionalisierung hatte der erhöhte Laieneinfluss entscheidende Konsequenzen für die Staatskirche: Die katholischen *lay impropriators* ließen die in ihrem Besitz befindlichen Pfarreien unbesetzt und
nutzten das Einkommen aus den Pfründen häufig, um katholische Priester

---

[83] Vgl. The State of the Diocese of Killaloe, Presented to His Majesties
Commissioners at Dublin ... per Johannem [John Rider] Laonensem Episcopum, 1622,
abgedruckt in: DWYER, Diocese of Killaloe, S. 100–156, hier S. 142.
[84] The Royal Visitation of Killaloe Diocese, 1615, abgedruckt in: DWYER, Diocese
of Killaloe, S. 89–100, hier S. 97.
[85] Siehe oben C.II.2.c.
[86] Vgl. CANNY, Early Modern Ireland, c. 1500–1700, S. 143.
[87] Vgl. z.B. A Certificate of the State and Revennewes of the Bishoppricke of Meath
and Clonemackenosh, 1622, abgedruckt in: ELRINGTON, Life of Ussher, S. lx–cxxiv;
The Royal Visitation of Killaloe Diocese, 1615, abgedruckt in: DWYER, Diocese of
Killaloe, S. 89–100.
[88] Vgl. LENNON, Sixteenth-Century Ireland, 314–315; vgl. auch Sir Henry Sydney to
the Queen, 28. April 1576, in: State Papers, hg. v. BRADY, S. 14–19.

zu unterstützen.[89] So wurde der große Laieneinfluss auf die Pfründen der Staatskirche zu „a weapon to be wielded ... against the state church".[90]

Doch auch auf Seiten protestantischer Laien war der Besitz von Kirchengut ein zweischneidiges Schwert. Das bekannteste Beispiel ist Richard Boyle, Earl of Cork, der in hohem Maß über Kirchengut und Patronatsrechte verfügte. Er kontrollierte unter anderem den Kirchenbesitz der Diözese Lismore und bewohnte den bischöflichen Palast. Daneben besaß er in der Diözese Cork die Ländereien und *impropriated rectories* des Stifts Youghal in Erbpacht.[91] Zudem hatten Verwandte des Earl of Cork und andere Kleriker ihm zahlreiche Kirchengüter günstig verkauft oder verpachtet.[92]

In der Forschung wurde dies häufig als Paradebeispiel schäbiger Ausbeutung der Church of Ireland durch neuenglische Siedler gewertet.[93] Dies sollte jedoch differenzierter betrachtet werden. Wie Nicholas Canny in seiner Biographie des Earl of Cork nachgewiesen hat, setzte dieser sein Vermögen – und damit auch seine Einnahmen aus Kirchenbesitz – ein, um auf seinen Ländereien Kirchen zu bauen, Schulen und Armenhäuser zu gründen und Prediger für seine Pächter zu unterhalten.[94] Damit verhielt sich Boyle im irischen Kontext ähnlich wie puritanisch gesinnte Eliten in England, deren Aktivitäten für die Verbreitung des Protestantismus als wesentlicher Beitrag zur Durchsetzung der Reformation in England angesehen werden.[95] Vor diesem Hintergrund wird deutlich, dass der Earl of Cork keineswegs einfach als ‚Feind seiner eigenen Kirche' qualifiziert werden kann. Sicher-

---

[89] Vgl. LENNON, Lords, S. 152–157, 161–163, 212–214; LENNON, Sixteenth-Century Ireland, S. 321; BRADY, Conservative Subversives, S. 28–30; CORISH, Catholic Community, S. 91–95.

[90] LENNON, Sixteenth-Century Ireland, S. 315; vgl. The Bishop of Kilmore [Thomas Moigne] to James Ussher, Archbishop elect of Armagh, 26. [sic] März 1624 [1625], in: Works of Ussher, hg. v. ELRINGTON u. TODD, Bd. XV, S. 272–273, hier S. 272.

[91] Das Stift Youghal hatte der Earl of Desmond im Jahr 1464 gegründet und reich ausgestattet.

[92] Vgl. ASCH, Hof Karls I., S. 241; KEARNEY, Strafford, S. 126.

[93] Vgl. JOURDAN, Charles I, S. 41: „It is ... the Earl's wholesale appropriation of Church properties, and the methods by which he held them, that most strongly belied his claims to be a friend of the Church to which he belonged." So auch noch KEARNEY, Strafford, S. 126: „Richard Boyle was indeed the most outstanding example in Ireland of a layman who appropriated for his own profit not merely the revenues of rectories but also those of bishoprics."

[94] Canny betont, dass dies von den Commissioners der *regal visitation* von 1622 bestätigt wurde. Hervorzuheben ist auch, dass Boyles Aktivitäten für den protestantischen Glauben aus seiner Sicht Hand in Hand gingen mit den als „public works" oder „commonwealth work" bezeichneten Siedlungsmaßnahmen, wie der Ansiedlung von englischen Bauern, der Errichtung von befestigten Städten etc. (CANNY, Upstart Earl, S. 22, vgl. S. 22–23).

[95] Vgl. FORD, Protestant Reformation in Ireland, S. 51.

lich trug der Besitz von Kirchengut – ebenso wie bei den katholischen Lai-
enpatronen – auch zu seinem persönlichen Reichtum bei, aber er setzte diesen Reichtum auch betont für die Stärkung des Protestantismus in Irland
ein.

Trotzdem blieb jedoch das grundsätzliche Problem erhalten, dass der
Diözesanbischof – oder im Fall von Bischofssitzen die Krone – auf *impropriated churches* keinen Zugriff hatte. Vor allem das Besetzungsrecht
fiel in diesen Fällen an die Laienpatrone. Dass dies von protestantischen
Laien wie dem Earl of Cork auch zu ihrem eigenen Vorteil genutzt wurde,
zeigt dessen ,Besetzungspolitik'. Cork brachte zahlreiche seiner Verwandten in kirchlichen Ämtern und sogar auf Bischofsstühlen unter, zum
Beispiel seine Verwandten Richard Boyle (Namensvetter des Earl) und Michael Boyle als Bischöfe von Cork, Cloyne und Ross beziehungsweise von
Waterford und Lismore.[96]

Im Verlauf des frühen 17. Jahrhunderts gelang es der Staatskirche nicht,
diesen Laieneinfluss zurückzudrängen, zumal es auch – trotz vieler Klagen
über den ökonomischen Zustand der Church of Ireland – keine staatliche
Initiative auf diesem Gebiet gab. Erst Wentworth' Staatsbildungs- und
Konfessionalisierungsprogramm ,von außen' widmete sich, wie wir gesehen haben, auch diesem Problem der Staatskirche.[97]

Insgesamt bleibt als Spezifikum der Konfessionsbildung der Church of
Ireland ein anhaltender Widerspruch zwischen Anspruch und Wirklichkeit.
Im frühen 17. Jahrhundert hätte – auf der Grundlage der *Graces* – die
Möglichkeit bestanden, den Status der Church of Ireland nach dem Vorbild
der calvinistischen Öffentlichkeitskirche in den Niederlanden[98] zu gestalten.
Denn mit den *Graces* hatte die Krone – ohne die Position der Church of
Ireland als Staats- und Öffentlichkeitskirche aufgeben – implizit akzeptiert, dass ein konfessionelles Monopol des Protestantismus in Irland nicht
durchzusetzen war. Die Church of Ireland beharrte jedoch auf ihrem konfessionellen Monopol- und Absolutheitsanspruch, so dass der Gegensatz
zwischen Anspruch und Wirklichkeit immer stärker hervortrat.

b) Normen und Spezifika der katholischen Konfessionsbildung

Für die katholische Kirche als internationaler Kirche einerseits und Untergrundkirche in Irland andererseits ergab sich im Hinblick auf die konfessionellen Normen ein gewisses Spannungsverhältnis: Mit der Annahme der
Trienter Beschlüsse verpflichtete sich die katholische Kirche in Irland

---

[96] Vgl. KEARNEY, Strafford, S. 126.
[97] Siehe oben B.V.3.b.
[98] Vgl. SCHILLING, Religion und Gesellschaft, S. 207–213; TRACY, Public Church.

grundsätzlich zu deren Durchführung.[99] Doch mussten in der Praxis die Normen des tridentinischen Konzils und ihre Umsetzung an die spezifische Situation der katholischen Kirche als Untergrundkirche angepasst werden.[100] Die folgende Analyse wird sich deshalb auf diejenigen Elemente der katholischen Konfessionsbildung in Irland konzentrieren, die sich von den Vorgaben des Trienter Konzils unterschieden und damit den spezifischen Charakter der katholischen Untergrundkirche ausmachten.

Die offizielle Annahme der Trienter Beschlüsse erfolgte – im europäischen Vergleich und angesichts der Lage der katholischen Kirche in Irland – verhältnismäßig zügig. Bereits für das Jahr 1568 oder 1569, also in der Phase der vorkonfessionellen Unsicherheit und nur wenige Jahre nach der Veröffentlichung der *12 Artikel* der Church of Ireland, ist die Annahme des Tridentinums in einer Provinzialsynode von Armagh belegt.[101] In der konfessionellen Umschwungphase kam es – nach Aussage von Synodaldekreten des frühen 17. Jahrhunderts – erneut zu einer Verkündigung des Konzils von Trient, und zwar 1587 auf der Synode von Clogher.[102]

Wie im Europa des konfessionellen Zeitalters insgesamt, bedeutete die offizielle Annahme der Trienter Beschlüsse jedoch keineswegs ihre Umsetzung – im irischen Fall ist es sogar fraglich, ob die Annahme des Tridentinums über die Teilnehmer der Synoden hinaus bekannt wurde. Die beiden oben genannten frühen Synoden betrafen nur die Kirchenprovinz Armagh, also im Wesentlichen Ulster, so dass andere Kirchenprovinzen Irlands ohnehin nicht beteiligt waren. Der Anhang zu den Synodalbeschlüssen von Armagh aus dem Jahr 1614 macht demgemäß deutlich, dass das Tridentinum in den Diözesen außerhalb Armaghs weder angenommen noch verkündet worden war und dass auch die erste Verkündigung der tridentinischen Beschlüsse in der Provinz Armagh als sehr zweifelhaft angesehen

---

[99] Dies war bekanntlich auch im deutschen Reich ein langwieriger Prozess. (Vgl. SCHILLING, Konfessionalisierung im Reich, S. 17–19).

[100] Der Status der katholischen Kirche als Untergrundkirche macht sich auch an der Quellenlage bemerkbar. Im Folgenden stütze ich mich im Wesentlichen auf die unregelmäßigen Synodalbeschlüsse des katholischen Klerus in verschiedenen Kirchenprovinzen Irlands. Quellen, die genauere Aussagen über die Durchsetzung im niederen Klerus, geschweige denn im Volk zuließen, sind für die katholische Konfessionskirche nicht vorhanden.

[101] Vgl. MORAN, Catholic Archbishops, S. 89. – Petrus Canisius reiste 1565/66 durch das Reich, um die katholischen Bischöfe und Landesherren auf das Tridentinum zu verpflichten. (Vgl. SCHILLING, Konfessionalisierung im Reich, S. 17).

[102] Vgl. Memoirs of Oliver Plunkett, hg. v. MORAN, S. 137. Allerdings wissen wir von dieser Synode nur durch die Synodalbeschlüsse von Drogheda 1614, die sich darauf beziehen. (Vgl. Dekrete der Provinzialsynode von Armagh, 1614, in: Renehan: Collections, hg. v. MCCARTHY, S. 116–146, hier S. 139).

wurde.[103] Insofern kann die gleichzeitige Annahme des Tridentinums in den 1614 stattfindenden Provinzialsynoden von Armagh und Dublin als erste gesicherte Annahme des Tridentinums für Irland gelten. Vergleicht man dies mit dem entscheidenden Datum protestantischer Bekenntnisbildung in Irland – den *104 Artikeln* von 1615 –, so erweisen sich die beiden Konfessionsbildungen als erstaunlich parallel.

Insgesamt befassen sich die katholischen Synodaldekrete selten mit der „Ausmerzung von konfessionellen Unklarheiten"[104] und mit der dogmatisch-rituellen Abgrenzung zur Gegenseite. Dies ist auf zwei Spezifika der katholischen Konfessionskirche zurückzuführen. Erstens, auf die Internationalität der katholischen Kirche, so dass für die katholischen Kleriker in Irland nach Trient – trotz aller Besonderheiten ihrer Situation – zur Frage der dogmatischen Abgrenzung zum Protestantismus kein eigener Handlungsbedarf mehr bestand.[105] Und zweitens steht zu vermuten, dass die katholischen Geistlichen im frühen 17. Jahrhundert die konfessionelle Loyalität der Mehrheit der Bevölkerung bereits hinter sich wussten.[106] Folglich beschränkten sie sich auf ihnen besonders dringlich erscheinende Fälle der Abgrenzung zum Protestantismus und richteten ihr Augenmerk ansonsten auf inner-kirchliche Fragen, wogegen die Church of Ireland aus ihrer deutlichen Minderheitssituation heraus fast schon einen ‚dogmatisch-theologischen Abgrenzungsaktivismus' entwickelte, um ihre Position in der irischen Gesellschaft durch systematische Positionsbestimmung gegenüber dem konfessionellen Gegner zu untermauern.

An einigen Stellen machten sich die katholischen Kleriker jedoch durchaus Gedanken darüber, ob und wie die dogmatisch-rituelle Abgrenzung zum Protestantismus auch das Kirchenvolk erreichte. So warnte die Provinzialsynode von Armagh im Jahr 1614 die Priester davor, nicht den Eindruck des Abendmahls *sub utraque species* zu erwecken. Dies glaubten die einfachen Leute rasch, wenn man ihnen die Reinigung des Kelches über-

---

[103] Vgl. Memoirs of Oliver Plunkett, hg. v. MORAN, S. 137; Dekrete der Provinzialsynode von Armagh, 1614, in: Renehan: Collections, hg. v. McCARTHY, S. 116–146, hier S. 139–140.

[104] REINHARD, Zwang, S. 263.

[105] Hier lag einer der ‚Wettbewerbsvorteile' der katholischen Kirche als internationale Institution. (Vgl. REINHARD, Katholische Konfessionalisierung, S. 444–445).

[106] Auch dies ist ein Argument gegen die von Nicholas Canny vertretene These, der Katholizismus habe im 17. Jahrhundert nicht die Mehrheit der irischen Bevölkerung für sich gewonnen. (Vgl. CANNY, Why the Reformation Failed). Ohne die grundsätzliche Überzeugung, dass die Loyalität der Mehrheit der Bewohner Irlands ihrer eigenen Konfessionskirche gehörte, hätten die katholischen Kleriker sich eindeutig wesentlich intensiver mit der protestantischen ‚Versuchung' für ihre Gläubigen auseinander setzen müssen.

lasse.[107] Hier tritt in den katholischen Synodaldekreten ausnahmsweise die „Ausmerzung von konfessionellen Unklarheiten" in den Vordergrund, und zwar bezeichnenderweise im Zusammenhang mit der Frage des Laienkelches, der sich häufig als „Vehikel" des Protestantismus erwiesen hatte.[108]

Im Gegensatz zur Church of Ireland war zwar der Druck auf die katholische Kirche in Irland im Hinblick auf die Festlegung theoretischer Normen gering, stattdessen musste sie sich aber auf ihren Status als illegale Untergrundkirche einstellen. In diesem Zusammenhang wurde das Tridentinum an einigen wichtigen Stellen eingeschränkt und damit den Gegebenheiten in Irland angepasst. Darüber hinaus wurde die Einführung einiger Vorgaben des Tridentinums auf Grund der Verhältnisse in Irland auf unbestimmte Zeit verschoben.[109] Diese Anpassungen bezogen sich sowohl auf Riten und Gebräuche als auch auf die Kirchenorganisation und ihre Institutionen.

Die wichtigste Modifikation des Tridentinums betraf die Anwendung des Ehedekrets *Tametsi*. Hier wagten es die katholischen Kleriker nach eigener Aussage nicht, die Bestimmung des Dekrets über die Ungültigkeit klandestiner Ehen zu verkünden.[110] Dies wurde auf zwei Arten begründet: mit der ‚Gefahr für die Seelen' einerseits, denn klandestine Ehen waren offensichtlich in Irland weit verbreitet;[111] und andererseits mit dem Argument, dass angesichts von Krieg und Verfolgung und einer mangelnden Versorgung mit katholischen Pfarrern den Laien die Einhaltung dieser Bestimmung nicht auferlegt werden könne.[112] Es bleibt also offen, ob dies ein Zugeständnis an die Sitten und Gebräuche vor allem der gälischen Gesellschaft war oder ob hier eine Anpassung an den Status als Untergrundkirche, die in einem feindlichen Umfeld ohne ausreichende Klerikerversorgung operieren musste, vorgenommen wurde. Abgesehen von der Ungültigkeitserklärung klandestiner Ehen nahmen die irischen Synodaldekrete *Tametsi* aber dem Sinn nach immer wieder auf und forderten die Anwendung zahlreicher Bestimmungen, wie zum Beispiel den Vollzug der

---

[107] Vgl. Dekrete der Provinzialsynode von Armagh, 1614, in: Renehan: Collections, hg. v. McCarthy, S. 116–146, hier S. 124.

[108] Reinhard, Zwang, S. 263.

[109] Vgl. z.B. Dekrete der Provinzialsynode von Dublin, 1614; abgedruckt in: Moran, Catholic Archbishops, S. 439–463, hier S. 441.

[110] Die Bestimmung bezog sich nicht auf bereits geschlossene klandestine Ehen, sondern sollte nach der Verkündigung von *Tametsi* in jeder einzelnen Gemeinde für zukünftige Ehen gelten. (Vgl. Corish, Catholic Community, S. 15).

[111] Vgl. z.B. Dekrete der Provinzialsynode von Dublin, 1614, abgedruckt in: Moran, Catholic Archbishops, S. 439–463, hier S. 451.

[112] Vgl. z.B. Dekrete der Provinzialsynode von Armagh, 1614, in: Renehan: Collections, hg. v. McCarthy, S. 116–146, hier S. 139–140.

Eheschließung vor dem Gemeindepriester.[113] Insofern ist es auch denkbar, dass letztlich beide oben genannten Gründe für die Nicht-Verkündung der Bestimmung über die Ungültigkeit klandestiner Ehen zutrafen: Die Kleriker waren sich der Tatsache bewusst, dass sie nicht über ausreichendes Personal verfügten, um nach einer Verkündigung der Bestimmung alle katholischen Ehen in Irland einzusegnen, so dass sie es vorzogen, ‚die Seelen' von vornherein nicht zu gefährden.

Auch das Taufritual war von der Anpassung an die Situation der Untergrundkirche betroffen. In der irischen katholischen Kirche war weiterhin die Verwendung des Rituals von Salisbury, d.h. das Untertauchen bei der Taufe, üblich. Grundsätzlich strebte die irische Hierarchie des beginnenden 17. Jahrhunderts Einheitlichkeit mit dem römischen Ritus an, und demgemäß verbot die Provinzialsynode von Dublin 1614 das Ritual von Salisbury und schrieb das römische Taufritual durch Aufgießen des Wassers vor.[114] Dies war jedoch offensichtlich nicht in ganz Irland durchsetzbar, denn eine ebenfalls 1614 stattfindende Synode für die Provinz Armagh, also den gälischen Teil der Insel, zeigte sich kompromissbereit: Hier wurde die weitere Tolerierung des Rituals von Salisbury mit der unglücklichen Lage der Kirche begründet und darauf verwiesen, dass diese Dinge „adiaphoras et indifferentes" seien.[115]

Da in der katholischen Untergrundkirche in Irland eine flächendeckende Versorgung mit geistlichem Personal nicht sichergestellt werden konnte, wurde die Zeit, in der die Gläubigen die österliche Kommunion empfangen durften, ausgeweitet. In einer Bulle Papst Pauls V. von 1607 wurde diese Zeit von Aschermittwoch bis Christi Himmelfahrt ausgedehnt mit dem ausdrücklichen Hinweis auf den Mangel an Klerikern und die Schwierigkeiten der Kommunikation zwischen Geistlichen und Kirchenvolk auf Grund der Verfolgungen.[116] Alle diese ‚Anpassungen' machen deutlich, dass die katholische Kirche in Irland auf Grund ihrer Situation als Untergrundkirche

---

[113] Vgl. z.B. Dekrete der Provinzialsynode von Dublin, 1614, abgedruckt in: MO-RAN, Catholic Archbishops, S. 439–463, hier S. 451–454. Zur Disziplinierung des Eheverhaltens, vor allem in der gälischen Gesellschaft, und zu den parallelen Disziplinierungsabsichten der beiden Konfessionskirchen siehe unten C.IV.2.a.

[114] Vgl. z.B. Dekrete der Provinzialsynode von Dublin, 1614, abgedruckt in: MO-RAN, Catholic Archbishops, S. 439–463, hier S. 443–444.

[115] Dekrete der Provinzialsynode von Armagh, 1614, in: Renehan: Collections, hg. v. McCARTHY, S. 116–146, hier S. 121.

[116] Vgl. z.B. Dekrete der Provinzialsynode von Dublin, 1614, abgedruckt in: MO-RAN, Catholic Archbishops, S. 439–463, hier S. 447–448; Dekrete der Provinzialsynode von Armagh, 1614, in: Renehan: Collections, hg. v. McCARTHY, S. 116–146, hier S. 129.

bei der Durchsetzung von Reformen die Vereinheitlichung im Sinne Roms teilweise einschränken musste.[117]

Auch in anderer Hinsicht wurde das Tridentinum an die Lage der katholischen Untergrundkirche angepasst, die zwar für den Staat und seine protestantische Kirche durchaus ‚sichtbar' war, aber – um zu überleben – doch bei weitem nicht so sichtbar sein durfte wie eine katholische Staats- oder Landeskirche auf dem Kontinent. Zu diesen Anpassungen zählte unter anderem, dass die Kleriker in Irland nicht verpflichtet waren, geistliche Kleidung zu tragen, denn dies hätte sie ungebührlich ‚öffentlich' gemacht und – zumindest in Zeiten, in denen die staatlichen Behörden aktiv gegen katholische Kleriker vorgingen – ihre Entdeckung gefördert. So hielt die Provinzialsynode von Dublin und Cashel 1629 in ihrem ersten Dekret fest, dass das Tragen von geistlicher Kleidung und Tonsur für Ordensgeistliche in der Öffentlichkeit in Irland unmöglich sei und somit das Tridentinum in diesen Punkten nicht eingehalten werden könne.[118] Es wurde jedoch betont, dass die Kleriker im Rahmen ihrer Amtsausübung immer die entsprechende geistliche Kleidung zu tragen hätten und dass die säkulare Kleidung schlicht sein solle.[119] Wie bereits erwähnt, konnte auch die durch das Tridentinum geforderte Einrichtung von Priesterseminaren in der irischen Untergrundkirche nicht umgesetzt werden.[120]

Die Anpassung an die konfessionelle Untergrundsituation erforderte vor allem eine weitgehende Flexibilität im Hinblick auf Kirchengebäude und das Abhalten der Messe. Der katholischen Kirche standen – zumindest von Rechts wegen – die mittelalterlichen Kirchengebäude in Irland nicht mehr

---

[117] Auch wenn man auf Grund mangelnder Quellen keine Aussagen über die Durchsetzung der beschlossenen Synodaldekrete machen kann, lässt sich doch aus den häufigen Hinweisen auf die Probleme der katholischen Untergrundkirche in Irland entnehmen, dass die Wahrscheinlichkeit für eine rasche Verwirklichung der tridentinischen Reformen sehr gering war.

[118] Vgl. z.B. Dekrete der Provinzialsynode von Dublin und Cashel, 1629, abgedruckt in: Moran, Catholic Archbishops, S. 434–436, hier S. 434.

[119] Siehe dazu unten C.IV.2.a. Dass sich die katholischen Geistlichen an diese ‚Freiheiten' in ihrer Kleidung rasch gewöhnten und dies bei einem tridentinisch denkenden Kleriker vom Kontinent auf starke Kritik stoßen konnte, beweisen die Worte des päpstlichen Nuntius Rinuccini aus dem Jahr 1646: „... the old Bishops accustomed to celebrate their few functions in secret without trouble or interference, make little account of the splendour and grandeur of religion; ... Hence, one sees nothing less than abhorrence in them of being subjected to any forms either in dress or ceremonial, almost all of them officiating as ordinary priests; and administer for example the sacrament of Confirmation, not only without stole or mitre, but what is little else than a secular dress ..." (Bericht über die Situation in Irland, 1. März 1646, übers. in: Embassy, hg. v. Hutton, S. 141).

[120] Vgl. z.B. Dekrete der Provinzialsynode von Dublin und Cashel, 1629, abgedruckt in: Moran, Catholic Archbishops, S. 434–436, hier S. 434. Siehe oben C.III.2.a.

zur Verfügung.[121] Aus diesem Grund wurden, vor allem im gälischen Irland, Messen im Freien, in Kellern oder Ställen abgehalten, und dies wurde von der Kirche ausdrücklich gebilligt. In den anglo-irischen Gebieten stellten die wohlhabenden Bürger und die Gentry entweder Räume in ihren Privathäusern oder andere Räumlichkeiten in ihrem Besitz als Ersatz für Kirchenräume zu Verfügung.[122]

Dies war jedoch nur ein Aspekt des massiven Laieneinflusses, unter dem die katholische Untergrundkirche in Irland stand und die man als ihr wichtigstes Spezifikum bezeichnen kann. Denn nicht nur auf die Kirchenräume hatten die Laien erheblichen Einfluss, sondern sie beherbergten auch die Kleriker und kamen für deren Lebensunterhalt auf. Dieser *household/ seigneurial Catholicism* stand in offenem Gegensatz zu der im Tridentinum verankerten Konzentration des kirchlichen Lebens auf die Pfarrgemeinde und zur bewussten Hervorhebung der zentralen Rolle des Klerus als geistlichem Stand im reformierten Katholizismus.[123]

Die katholischen Kleriker passten sich an das System des *household Catholicism* an, vor allem indem sie nach ihrer Ausbildung auf dem Kontinent in die eigenen Familien und die ihnen bekannten sozialen Netzwerke zurückkehrten.[124] Die Anpassung ging so weit, dass Kleriker in Haushalten von wohlhabenden Laien, die für ihren Lebensunterhalt sorgten, auch weltliche Aufgaben, z.B. als Verwalter, übernahmen.[125] Selbst in den Synodaldekreten wurde die Konzentration auf das ganze Haus an einzelnen Punkten indirekt unterstützt, indem die Kleriker zum Beispiel aufgefordert wurden, in den Häusern, in denen sie übernachteten, Katechismusunterricht zu erteilen.[126] Die katholischen Laien, insbesondere die altenglische Gentry und das Bürgertum, gewöhnten sich rasch an dieses Arrangement mit ihren Klerikern, das ihnen im Allgemeinen einen ‚residierenden‘ Hausgeistlichen, einen Lehrer für ihre Kinder und eventuell auch noch einen Verwalter in einer Person bescherte.

---

[121] Zur Nutzung der eigentlich im Besitz der Staatskirche befindlichen oder säkularisierten mittelalterlichen Kirchenräume durch Katholiken siehe oben C.II.2.c.

[122] Vgl. z.B. Dekrete der Provinzialsynode von Dublin, 1614, abgedruckt in: MORAN, Catholic Archbishop, S. 439–463, hier S. 446.

[123] Vgl. REINHARD, Katholische Konfessionalisierung, S. 441–442; CONRAD, Ursulagesellschaft, S. 294.

[124] Siehe dazu oben C.III.2.c.

[125] Vgl. z.B. Dekrete der Provinzialsynode von Armagh, 1614, in: Renehan: Collections, hg. v. McCARTHY, S. 116–146, hier S. 119.

[126] Vgl. z.B. Dekrete der Provinzialsynode von Dublin, 1614, abgedruckt in: MORAN, Catholic Archbishops, S. 439–463, hier S. 442.

Der irische Katholizismus entfernte sich damit weit vom tridentinischen Ideal,[127] und deshalb forderte der hohe Klerus in den Synodaldekreten immer wieder die Zurückdrängung des Laieneinflusses auf die katholische Kirche. Den Klerikern wurde insbesondere verboten, bei Laien weltliche Funktionen zu übernehmen.[128] Doch auf Grund der konfessionellen Situation in Irland konnten solche Synodalbeschlüsse nur Absichtserklärungen bleiben. Außerdem wird man angesichts der eng geknüpften sozialen Netzwerke im anglo-irischen Irland und der ebenso stark auf Personalbeziehungen und -verbänden beruhenden gälischen Gesellschaft fragen müssen, ob nicht gerade die Anpassung der katholischen Kirche an diese sozialen Gegebenheiten die konfessionelle Loyalität der Laien und damit das Überleben der katholischen Kirche gesichert hat.

Das Merkmal eines erhöhten Laieneinflusses betraf beide Konfessionskirchen in Irland. In beiden Fällen beruhte dieser Laieneinfluss auf dem Verhältnis der Kirchen zum Staat und auf der Entwicklung der Staatsbildung in Irland. Während die protestantische Staatskirche nicht effektiv vom Staat unterstützt wurde und deshalb unter stärkeren Laieneinfluss geriet, war die katholische Kirche als Untergrundkirche zwar vom Staat unabhängig, musste sich aber deswegen ebenfalls auf die Unterstützung ihrer Laienschaft verlassen. In beiden Kirchen bestand der erhöhte Laieneinfluss vor allem auf dem Gebiet der finanziellen Grundlagen der Konfessionskirchen.

In den katholischen Synodaldekreten versuchte die höhere Geistlichkeit, den Laieneinfluss auf die materielle Versorgung des Klerus einzudämmen oder zumindest zu überwachen. Deshalb galt der Besitz von Kirchengut als ,besonderer Reservatfall', von dem nur der Bischof dispensieren konnte.[129] Der ,Hintergedanke' dabei war, langfristig den Zugriff auf das Kirchengut zu sichern, um im Fall einer Änderung der politischen Verhältnisse zu Gunsten des Katholizismus nicht genauso mit ,leeren Händen' dazustehen wie jetzt die konkurrierende protestantische Staatskirche. Ein ähnliches Motiv stand hinter der Anweisung, die Bischöfe sollten in den einzelnen Pfarreien die Einkünfte der Kleriker festlegen, und hinter der Bestimmung,

---

[127] Dieser *household Catholicism* erntete auch die Kritik des Nuntius Rinuccini. (Vgl. Bericht über die Situation in Irland, 1. März 1646, übers. in: Embassy, hg. v. HUTTON, S. 141).

[128] Vgl. z.B. Dekrete der Provinzialsynode von Armagh, 1614, in: Renehan: Collections, hg. v. MCCARTHY, S. 116–146, hier S. 119.

[129] Vgl. z.B. Dekrete der Provinzialsynode von Dublin, 1614, abgedruckt in: MORAN, Catholic Archbishops, S. 439–463, hier S. 457; Dekrete der Provinzialsynode von Armagh, 1614, in: Renehan: Collections, hg. v. MCCARTHY, S. 116–146, hier S. 126; Dekrete der Provinzialsynode von Armagh, 1618, abgedruckt in: MORAN, Catholic Archbishops, S. 427–431, hier S. 430; Dekrete der Provinzialsynode von Dublin und Cashel, 1629, abgedruckt in: MORAN, Catholic Archbishops, S. 434–436, hier S. 435.

dass den Geistlichen der Zehnte des im Besitz von Katholiken befindlichen Kirchengutes zustünde.[130] Hier versuchte man, Einfluss auf die Höhe der Klerikereinkünfte zu nehmen, um diese Fragen nicht völlig der Gunst der Laien zu überlassen. Auch forderten die Bischöfe ihr Visitationsrecht gegenüber den Laienbruderschaften ein, zum Beispiel gegenüber der religiösen Gilde von St. Anne in Dublin.[131] Da diese, wie wir oben gesehen haben, über hohe Einkünfte verfügte und sowohl unabhängig von der Staatskirche als auch der katholischen Untergrundkirche operierte, wollten die Bischöfe über das Disziplinierungsinstrument der Visitation auch hier die Autonomie der Laien einschränken. Die Synodalbeschlüsse strebten parallel zur Eindämmung des altenglischen Laieneinflusses auch die Zurückdrängung der in der gälischen Kirche traditionell engen Verknüpfung von Kleriker- und Laienamt an. Dazu zählten vor allem die so genannten „clerici conjugati", also *coarbs* und *erenaghs*, die sich um die Verwaltung von Kirchengut kümmerten.[132]

Doch stellte dies im Hinblick auf die katholische Konfessionskirche nur eine Seite des Laieneinflusses dar, den ich als ‚informell' bezeichnen möchte. Einen ‚offiziellen' Laieneinfluss auf die katholische Untergrundkirche, der dem Einfluss katholischer Landesherren auf dem Kontinent entsprochen hätte, wollte Hugh O'Neill immer wieder durchsetzen, jedoch weitgehend ohne Erfolg. Beispielsweise versuchte er, Papst Clemens VIII. davon zu überzeugen, den Franziskaner Oviedo statt des italienischen Jesuiten Mansoni zum päpstlichen Nuntius in Irland zu ernennen, denn ein Franziskaner stand dem Gälen O'Neill näher als ein Jesuit.[133] Sowohl als Earl of Tyrone als auch aus seinem kontinentalen Exil versuchte O'Neill, Bischofsernennungen in Ulster in seinem Sinne zu beeinflussen, wobei er sich auf seinen Status als ‚Landesherr' berief.[134] Die Versuche, einen solchen ‚offiziellen' Laieneinfluss auszuüben, wurden jedoch in Rom nicht akzeptiert, und dies hatte zur Folge, dass die katholische Konfessionskirche in Irland der Kurie unmittelbar unterstand – wesentlich unmittelbarer als dies zum Beispiel für eine katholische Landeskirche im Reich jemals möglich gewesen wäre, denn hier wirkten katholische Landesherren durch die Gründung geistlicher Räte als Teil ihrer landesherrlichen Verwaltung auf die Kirche ein.[135]

---

[130] Vgl. z.B. Dekrete der Provinzialsynode von Dublin, 1614, abgedruckt in: MORAN, Catholic Archbishops, S. 439–463, hier S. 454; Dekrete der Provinzialsynode von Dublin, 1640, abgedruckt in: MORAN, Catholic Archbishops, S. 463–465, hier S. 464.

[131] Vgl. z.B. Dekrete der Provinzialsynode von Armagh, 1614, in: Renehan: Collections, hg. v. MCCARTHY, S. 116–146, hier S. 135.

[132] Vgl. ebd., S. 121.

[133] Vgl. [ROBINSON-]HAMMERSTEIN, Continental Education, S. 150.

[134] Vgl. MOODY, MARTIN, BYRNE, Chronology of Irish History, S. 218.

[135] Vgl. TURCHINI, Bayern; ZIEGLER, Typen.

Ein weiteres wichtiges Spezifikum der katholischen Konfessionskirche in Irland, das im Verlauf des 17. Jahrhunderts massive Konflikte innerhalb dieser Kirche heraufbeschwor, ergab sich aus der Verknüpfung ihrer mittelalterlichen Zweiteilung in die Ecclesia inter Anglicos und die Ecclesia inter Hibernicos[136] mit den auch für den kontinentalen Katholizismus wohl bekannten Konflikten zwischen Säkular- und Regularklerikern und zwischen mittelalterlich-vorkonfessionellen und tridentinisch formierten Klerikern.[137] Als die katholische Kirche in Irland Ende des 16. und zu Beginn des 17. Jahrhunderts weitgehend als Missionskirche organisiert war, wurden die Regularkleriker, vor allem die Franziskaner, die in der gälischen Gesellschaft ohnehin Aufgaben des Parochialklerus wahrnahmen,[138] mit missionarischen Sondervollmachten ausgestattet.[139] Die tridentinische Bewegung innerhalb des irischen Katholizismus wurde dagegen seit dem späten 16. Jahrhundert vor allem von Säkularklerikern anglo-irischer Herkunft getragen.

Im Zuge des Aufbaus einer katholischen Konfessionskirche im Sinne des Tridentinums suchten die Säkularkleriker dann das Diözesan- und vor allem das Parochialsystem und ihre damit verbundenen Rechte gegenüber den Regularklerikern durchzusetzen. Sie wollten dem Monopol der Parochialkleriker auf die *cura animarum* in den Gemeinden und den Rechten der Bischöfe zur Visitation und Kontrolle der Kleriker in ihren Diözesen Geltung verschaffen. In den Synodaldekreten des frühen 17. Jahrhunderts wurde deshalb gefordert, die Regularkleriker sollten sich aus den Gemeinden zurückziehen oder dort nur noch ‚aushilfsweise‘ und mit Genehmigung des Bischofs Aufgaben wahrnehmen.[140]

Konflikte zwischen Weltklerus und Regularklerus ergaben sich besonders auf zwei Ebenen. Der erste Konfliktpunkt waren die Beerdigungen und die damit verbunden Einnahmen.[141] Vor allem im gälischen Irland war es weit verbreitet, sich im Franziskanerhabit in einem Kloster beerdigen zu

---

[136] Siehe oben A.III.2.

[137] Vgl. BIRELEY, Catholicism, S. 203–204; HSIA, Catholic Renewal, S. 108.

[138] „Well into the seventeenth century, people in many parts of Ireland were accustomed to associate the performance of spiritual duties with the religious orders rather than with the parish clergy." (CLARKE, Colonial Identity, S. 66).

[139] Vgl. CLARKE, Pacification, S. 226.

[140] Vgl. z.B. Dekrete der Provinzialsynode von Armagh, 1618, abgedruckt in: MORAN, Catholic Archbishops, S. 427–431, hier S. 430; Dekrete der Synode von Ossory, 1624, übers. in: MORAN, Catholic Archbishops, S. 391–392; Dekrete der Provinzialsynode von Dublin und Cashel, 1629, abgedruckt in: MORAN, Catholic Archbishops, S. 434–436, hier S. 434–435.

[141] Vgl. z.B. Dekrete der Provinzialsynode von Dublin und Cashel, 1629, abgedruckt in: MORAN, Catholic Archbishops, S. 434–436, hier S. 436; Antwort von Thomas Rothe, Generalvikar von Ossory, auf eine Beschwerde der Franziskaner in Kilkenny, ca. 1630, in: Wadding Papers, hg. v. JENNINGS, S. 446–450.

lassen, so dass hier mit der Durchsetzung der Rechte der Parochialkleriker nicht nur die Vertreter der Bettelorden, sondern auch volksreligiöse Traditionen angegriffen wurden.[142] Der zweite Konfliktpunkt waren die Ordenshäuser. Da die Regularkleriker in Irland keine ‚normalen‘ Klöster gründen konnten, sondern in kleinen Gruppen in Häusern von Laien lebten, wollten die Bischöfe ihr Visitationsrecht auch auf diese Häuser ausdehnen. In den Synodaldekreten wurde deshalb ausdrücklich festgehalten, die „hospitia missionariorum" seien keine „conventus Regulares" und folglich auch nicht exempt.[143]

Die *regulars* wehrten sich gegen die Durchsetzung der gemeinde- und bischofszentrierten Kirchenstruktur, denn diese beschnitt nicht nur ihre missionarischen Sondervollmachten, sondern entzog ihnen auch die bislang häufig an Stelle des Parochialklerus wahrgenommenen Aufgaben der alltäglichen Seelsorge. In der Situation der irischen Untergrundkirche bedeutete dies für die Regularkleriker im Wesentlichen den Verlust ihrer Legitimation und ihrer Existenzberechtigung.[144] Denn die katholische Kirche in Irland passte sich ihrer Situation auch insofern an, als sie sich fast ausschließlich auf die Pfarrseelsorge konzentrierte. Als Untergrundkirche hatte sie keinen Raum für Domkapitel und nur wenig Raum für Mönche und Klöster. *Regulars* konnten weder angemessen untergebracht werden noch konnte die Bevölkerung sie zusätzlich zu den Säkularklerikern in größerer Zahl versorgen. Abgesehen von wenigen Ausnahmen – von Laien unterhaltene kleine Klostergemeinschaften – konnten die Regularkleriker in Irland Legitimation und Unterhalt also nur in der Pfarrseelsorge finden. Und

---

[142] „The problem about funerals was that techniques of parochial control were here more than usually inappropriate, because ... it was against Irish tradition, which preferred interment in monastic burial-grounds and similar places. This gave rise to a lot of bad blood between the secular clergy and the religious orders about burial rights, ... the friars, especially the Franciscans, were in close touch with popular burial practice." (BOSSY, Counter-Reformation and the People of Catholic Ireland, S. 163–164). – Zur Frage der mit den Beerdigungen verbundenen *wakes* und zu deren Disziplinierung siehe unten C.IV.2.a.

[143] Dekrete der Provinzialsynode von Dublin und Cashel, 1629, abgedruckt in: MORAN, Catholic Archbishops, S. 434–436, hier S. 436.

[144] Vgl. den Brief des Franziskaners Strange von 1631, in dem er sich über diesen Statusverlust der Regularkleriker beklagt, in: Thomas Strange, Guardian der Franziskaner, an Luke Wadding, 21. Nov. 1631, in: Report on Franciscan Manuscripts, S. 54–55. – Auch Frauenklöster sollte es in Irland nach dem Willen beider Konfessionen eigentlich nicht geben. Obwohl sich immer wieder ‚informelle‘ Frauenklöster bildeten, wurden sie nicht nur von den staatlichen Behörden verfolgt, sondern sollten auch nach dem Willen der katholischen Hierarchie in Irland nicht aufrechterhalten werden. (Vgl. Dekrete der Provinzialsynode von Dublin, 1614, abgedruckt in: MORAN, Catholic Archbishops, S. 439–463, hier S. 455–456). Zum Eintritt in ein Frauenkloster reisten deshalb zahlreiche Frauen auf den Kontinent. (Vgl. LENNON, Lords, S. 156).

genau dies wurde ihnen durch die Säkularkleriker, die das Tridentinum durchzusetzen suchten, nun weitgehend verwehrt.

Doch auch hier konnte das tridentinische Ideal in der katholischen Konfessionskirche in Irland nicht verwirklicht werden: „... the regulars had strong local support in resisting the dominance of the parish structure which threatened to exclude them from the administration of the pastoral sacraments, and they profited from the equivocal attitudes of some regular bishops whose loyalty to their orders was at odds with their official brief. ... there can be little doubt of the general result: reform did not triumph and the role of the regulars in Irish religion remained inappropriately large.“[145] Genauso wie im Zusammenhang mit dem Laieneinfluss auf die Kirche wird man sich aber auch hier fragen müssen, ob nicht gerade die aktive Rolle der *regulars* im gälischen Irland stark dazu beigetragen hat, die Loyalität der Gälen zum Katholizismus zu erhalten.[146] Denn die *regulars* haben, wie Samantha Meigs herausgearbeitet hat, den für die gälische Gesellschaft potentiell problematischen Übergang vom mittelalterlichen zum neuzeitlichen Katholizismus geebnet.[147]

Die Phase der Institutionalisierung und Konfessionsbildung der katholischen Untergrundkirche in der ersten Hälfte des 17. Jahrhunderts war stark von den beschriebenen Auseinandersetzungen zwischen *seculars* und *regulars* geprägt. Die Säkularkleriker, die sich für die Durchsetzung des Tridentinums einsetzten, waren meist altenglischer Herkunft, während die Regularkleriker, insbesondere die Franziskaner, meist gälischer Herkunft waren und zu Beginn des 17. Jahrhunderts häufig noch zu den ‚*traditionalist* ‘ *clergy* gehörten. Folglich überlagerten sich drei Konfliktkreise, nämlich *secular – regular*, *Tridentine – traditionalist* und Old English – Gaelic Irish, innerhalb der katholischen Untergrundkirche.[148]

Auch als die Franziskaner und Dominikaner, deren Personal zunehmend aus den Reihen der ehemaligen Barden rekrutiert wurde,[149] auf dem Kontinent ausgebildet wurden, blieb der Gegensatz zwischen Klerikern altenglischer und gälischer Herkunft bestehen.[150] Besonders deutlich zeigte er sich

---

[145] CLARKE, Colonial Identity, S. 66–67.

[146] Aidan Clarke sieht einen grundlegenden Widerspruch zwischen dem vom Tridentinum geforderten Parochialsystem und der gälischen Gesellschaftsstruktur: „The parochial unit ... was not wholly appropriate to a community structured upon kinship and characterised by feud, and a parochial sacramental system was unfamiliar to a people who had been accustomed to associate the performance of spiritual duties with the religious orders rather than with parish priests.“ (CLARKE, Pacification, S. 226).

[147] Vgl. MEIGS, Reformations, S. 99–100.

[148] Vgl. CLARKE, Colonial Identity, S. 66–69; MEIGS, Reformations, S. 93–97.

[149] Vgl. MEIGS, Reformations, S. 77–89.

[150] Zu den Faktoren, die auf dem Kontinent eine allmähliche Überbrückung dieses Gegensatzes ermöglichten, siehe oben C.I.2.b und c.

innerhalb der *regulars* selbst, denn verschiedene Orden rekrutierten ihr Personal größtenteils aus jeweils einer der beiden Bevölkerungsgruppen: Die Franziskaner und Dominikaner blieben mehrheitlich gälische Orden, während die altenglische Bevölkerungsgruppe sich den neuen Orden des reformierten Katholizismus zuwandte, allen voran den Jesuiten, aber auch den Kapuzinern und den unbeschuhten Karmelitern – beides strenge Bettelorden, die aus der Reformbewegung der zweiten Hälfte des 16. Jahrhunderts hervorgegangen waren.[151]

Auch die Bischofshierarchie der katholischen Konfessionskirche war weiterhin von der Spaltung Irlands in eine gälische und eine altenglische Einflusszone determiniert. Nachdem seit 1618 zunächst nur Bischöfe altenglischer Herkunft für die altenglischen Gebiete ernannt worden waren, wurden ab Mitte der 1620er Jahre auch gälische Bischöfe auf Bischofsstühle im gälischen Irland berufen.[152] Es entstand also eine „working recognition of spheres of influence ... with Irish bishops appointed to Irish dioceses and Old English bishops appointed to Old English ones".[153]

Die aus dem Mittelalter stammende kulturell-ethnisch bedingte Zweiteilung der irischen Kirche in eine Ecclesia inter Anglicos und eine Ecclesia inter Hibernicos blieb im Wesentlichen auch im konfessionellen Zeitalter bestehen und wurde zu einem Spezifikum der katholischen Untergrundkirche in der ersten Hälfte des 17. Jahrhunderts: „To assert that the Old Irish and the Old English shared a common religion which pulled them towards one another is to miss the point. The religion which they shared was not an agent of union, but a source of disagreement, and in practice the church did not reconcile their differences; rather, it adapted itself to them."[154]

Es formierte sich auf der einen Seite eine stark an der Durchsetzung der tridentinischen Reform im gesamten Irland interessierte ‚Ecclesia inter Anglicos‘, getragen vom altenglischen Stadtbürgertum und der Gentry und mit einer Affinität zu modernen, bildungsorientierten Orden wie den Jesui-

---

[151] Zur Bedeutung dieses kulturell-ethnischen Gegensatzes für die von den Jesuiten gegenüber dem gälischen Irland vertretenen Normen der Sozialdisziplinierung siehe nachfolgend C.IV.2.a.

[152] Vgl. CORISH, Catholic Community, S. 21; CREGAN, Background, S. 85.

[153] CLARKE, Colonial Identity, S. 69; vgl. auch die Einschätzung Luke Waddings von 1626: „Ut autem ipse in re tam gravi, et ad maximam totius regni Hiberniae et ecclesiae Catholicae utilitatem spectante, opinionem meam veraciter, et ut conscientia mihi dictat, ennarem, dico quod meo judicio (salvo semper meliori) in dioecesibus et ecclesiis in quibus est major numerus antiquorum Hibernorum quam Anglohibernorum, non convenit Anglohibernum eligi in pontificem quamdiu aliqui antiqui Hiberni aeque docti ac virtuosi in praedicta provincia inveniantur; in ecclesiis vero aut dioecesibus in quibus sunt plures Anglohiberni subditi, ne eligatur antiquus Hibernus, sed Anglohibernus." (Wadding an das Heilige Offizium, 1626, in: Wadding Papers, hg. v. JENNINGS, S. 168–174, hier S. 174).

[154] CLARKE, Colonial Identity, S. 70.

ten. Diese ‚altenglische Kirche' hatte jedoch kein Interesse an militärischem Widerstand gegen die englische Krone im Zeichen der Gegenreformation. Auf der anderen Seite finden wir die ‚Ecclesia inter Hibernicos', die seit dem Spätmittelalter eng mit dem gälischen Irland verbundene Kirche, in der die traditionellen Bettelorden, besonders die Franziskaner, eine wichtige Rolle spielten. Diese ‚gälische Kirche' hatte ein geringeres Interesse an der Durchsetzung der tridentinischen Reform, unterstützte jedoch die von anglo-irischen und gälischen Lords getragenen Versuche einer militärischen Gegenreformation.[155] Auch wenn – gefördert durch das gemeinsame kontinentale Exil und den von neuenglisch-protestantischer Seite ausgeübten ‚Zwang zur Konfessionalisierung' – ein langfristiger Annäherungsprozess zwischen gälischen Iren und Altengländern seinen Lauf nahm, so blieb die ethnisch-kulturelle Spaltung des irischen Katholizismus doch zunächst sein vorherrschendes Merkmal.

2. Disziplinierung

a) Äquivalente Disziplinierungsziele der Konfessionskirchen

Die Definition des Konfessionalisierungstheorems enthält auch die Komponente ‚Sozialdisziplinierung'. Die Disziplinierung der Konfessionskirchen richtete sich sowohl auf das moralische Verhalten (Ehe, Familie etc.) des Einzelnen als auch auf die Formierung des Kirchenvolkes zu einer Großgruppe ‚Konfession', z.B. durch Visitationen.[156] Während Wolfgang Reinhard Konfessionalisierung als „erste Phase der von Gerhard Oestreich so genannten absolutistischen ‚Sozialdisziplinierung'"[157] definiert, sieht Heinz Schilling den Zusammenhang zwischen Konfessionalisierung und Disziplinierung vor allem auf dem Gebiet der durch die Konfessionskirchen vorangetriebenen Zurückdrängung „vorkonfessionelle[r] Formen der Volksreligiosität ..., die auf einem animistisch-magischen, teils noch dem Heidentum entstammenden Weltbild gründeten".[158]

In ähnlicher Weise hat Jean Delumeau die These von der ‚Christianisierung' vertreten, wonach die Disziplinierungsmaßnahmen der frühneuzeitlichen Konfessionskirchen in den ländlichen Gegenden Europas den magischen Volksglauben erst in der Frühen Neuzeit vernichtet und durch das Christentum ersetzt haben.[159] In diesem Zusammenhang steht auch die besonders von Robert Muchembled vertretene Akkulturationsthese, die von

---

[155] Vgl. MEIGS, Reformations, S. 93–94.
[156] Vgl. im Einzelnen REINHARD, Zwang, insbes. S. 266.
[157] REINHARD, Zwang, S. 268; vgl. zu Oestreichs Konzept der Sozialdisziplinierung: OESTREICH, Strukturprobleme; SCHULZE, Gerhard Oestreichs Begriff.
[158] SCHILLING, Reformation und Konfessionalisierung, S. 23.
[159] Vgl. DELUMEAU, Catholicism.

einer Dichotomie zwischen Eliten- und Volkskultur – auch auf religiöser Ebene – ausgeht.[160]

Die historiographische Diskussion der letzten Jahre hat diese Konzepte eher kritisch betrachtet. Dabei haben die Kritiker vor allem die Breiten- und Tiefenwirkung der Disziplinierungsabsichten und -versuche ‚von oben' hinterfragt. Es ist vor allem die Frage aufgeworfen worden, ob eine Disziplinierung ‚des Volkes' – sowohl durch staatliche Straf- als auch durch kirchliche Sündenzucht – überhaupt stattgefunden hat, und inwieweit das Volk nicht auch Formen der Selbstdisziplinierung ausübte bzw. die Disziplinierungsmechanismen und -institutionen von Staat und Kirche einer grundsätzlichen Akzeptanz im Volk bedurften, um überhaupt wirksam zu werden. Dem makrohistorischen Ansatz ‚Disziplinierung' wurden mikrohistorische Studien und Ansätze entgegengesetzt, die einen Erfolg der Disziplinierungsmaßnahmen ‚von oben' negierten.[161] Mittlerweile zeichnet sich in der Forschung aber die Tendenz ab, das makrohistorische Konzept der ‚Disziplinierung' mit mikrohistorischen Ansätzen zu verbinden und auf diesem Weg eine integrative Doppelperspektive zu gewinnen.[162]

Auf Grund der genannten Forschungskontroverse und der intensiven Beschäftigung der jüngeren Forschung mit Formen des Widerstandes und der Selbstdisziplinierung im Volk sind jedoch zwei Aspekte der Disziplinierungsfrage in den Hintergrund getreten. Einerseits wurde die Frage nach Normen und Zielen staatlicher oder kirchlicher Disziplinierung vernachlässigt.[163] Andererseits wurde die von Heinz Schilling formulierte These von der ‚funktionalen Äquivalenz' der Konfessionalisierungsprozesse – und damit auch der in ihnen enthaltenen Disziplinierungsimpulse[164] – bislang in der Forschung nicht aufgenommen. Ebenso fehlen vergleichende Studien zu den Disziplinierungszielen oder -maßnahmen der frühneuzeitlichen Konfessionskirchen.[165]

In den beiden folgenden Abschnitten soll versucht werden, aus der (Quellen-)‚Not' für Irland eine ‚Tugend' zu machen, indem die beiden oben genannten, von der Forschung vernachlässigten Fragestellungen in den Vordergrund gerückt werden. Im vorliegenden ersten Abschnitt wird nach äquivalenten Disziplinierungszielen der beiden Konfessionskirchen im All-

---

[160] Vgl. MUCHEMBLED, Culture populaire.
[161] Vgl. z.B. LOTTES, Disziplin; DINGES, Armenfürsorge. Dinges vertritt die Meinung, das Sozialdisziplinierungskonzept sei obsolet.
[162] Vgl. CHAIX, Schule der Sitten; SCHILLING, Disziplinierung.
[163] Als Ausnahme kann dabei nur die Forschung zur frühneuzeitlichen Policeygesetzgebung gelten. (Vgl. HÄRTER, Entwicklung). Für die konfessionellen Disziplinierungsnormen und -ziele liegt vor: MÜNCH, Zucht und Ordnung.
[164] Vgl. SCHILLING, Konfessionalisierung im Reich, S. 6–7.
[165] Vgl. SCHILLING, Kirchenzucht, S. 25, der dort ausdrücklich auf dieses Forschungsdesiderat hinweist.

gemeinen und gegenüber dem gälischen Irland im Besonderen gefragt. Für eine Untersuchung des *grass roots level* stehen in Irland leider keine Quellen zur Verfügung, so dass dieser Aspekt hier ausgeblendet werden muss. Im zweiten Abschnitt werden dann die Kontroll- und Disziplinierungsinstrumente der Konfessionskirchen untersucht. Hier soll es vor allem um die Frage gehen, wie sich Disziplinierungsmaßnahmen in einer konfessionellen Konkurrenzsituation auswirkten.

Die irische Forschung hat sich bislang kaum mit Fragen der Sozialdisziplinierung beschäftigt.[166] Auch die Frage nach den Normen und Zielen konfessioneller Disziplinierung ist bislang für die Frühe Neuzeit nicht gestellt worden, weder für eine der beiden Konfessionskirchen noch in vergleichender Sicht.[167] Die nun folgende vergleichende Untersuchung will deshalb auch auf diesem Gebiet einen Beitrag zur Überwindung der ‚konfessionellen Arbeitsteilung‘ insbesondere der irischen Forschung leisten.

Zunächst also zu den Normen der Disziplinierung, wobei zwei Aspekte im Vordergrund stehen. Erstens: Waren die Disziplinierungsziele der beiden Konfessionen ‚funktional äquivalent‘? Und zweitens: Wie bewerteten die Vertreter der jeweiligen Konfession die gesellschaftlich-politischen Strukturen und die sozialen und religiösen Bräuche des gälischen Irland? Welche Normen wollten sie in der gälischen Gesellschaft durchsetzen?

Für die erste Frage werden die katholischen Synodaldekrete und die *canons* der Church of Ireland miteinander verglichen, um äquivalente Disziplinierungziele der Konfessionskirchen ‚herauszufiltern‘. Der zweite Aspekt soll durch eine vergleichende Analyse von Aussagen über die gälische Gesellschaft untersucht werden. Dafür werden die Äußerungen von Vertretern beider Konfessionen, und zwar von Jesuiten altenglischer, englischer und kontinentaler Herkunft einerseits und von neuenglischen Protes-

---

[166] Meines Wissens gibt es nur zwei Aufsätze, die den Aspekt der sozialen Kontrolle thematisieren. Fred Powell gibt in einem Aufsatz einen Überblick über die Armengesetzgebung im frühneuzeitlichen Irland (POWELL, Social Policy), und Nicholas Canny analysiert das „pattern of social control" in den englischen Kolonien in Irland und Nordamerika. Er postuliert einen Gegensatz zwischen der Siedler-Elite und den Siedlern aus unteren gesellschaftlichen Schichten und kommt zu dem Schluss, die Eliten hätten in den Kolonien auf beiden Seiten des Atlantiks in der permanenten Angst gelebt, dass die einfachen Siedler sich den *natives* kulturell annähern würden. (Vgl. CANNY, Permissive Frontier).

[167] Vgl. aber die Anmerkungen von Corish und Clarke, die in der Forschung bislang nicht weiterverfolgt worden sind: „The Counter-reformation priest was every bit as revolutionary as the sheriff [in challenging traditional social patterns]." (CORISH, Catholic Community, S. 39). „Although the government was unaware of the fact, the pressures towards ‚civility‘ in Ireland were not wholly English and protestant." (CLARKE, Pacification, S. 225). – Zur Forschung über Kirchenzucht und Kirchengerichte siehe unten C.IV.2.b.

tanten andererseits, gegenübergestellt, um äquivalente Disziplinierungsnormen und -ziele der beiden Konfessionen gegenüber dem gälischen Irland
herauszuarbeiten.

Die äquivalenten Disziplinierungsziele der beiden Konfessionskirchen lassen sich zunächst an ihrem gemeinsamen Interesse erkennen, eine fest gefügte Parochialstruktur durchzusetzen. Im gälischen Irland beinhaltete dies
das Ziel einer Ablösung der dominierenden ‚Mönchskirche‘, die eng mit
der gälischen Gesellschaft verbunden war und die alltägliche Seelsorge der
Bevölkerung weitgehend übernommen hatte.[168] In Übereinstimmung mit
diesem allgemeinen Ziel konzentrierten sich beide Konfessionskirchen stark
auf eine Reform des Parochialklerus, wobei die Disziplinierungsabsichten
gegenüber den Gemeindepfarrern auf beiden Seiten folgende Punkte um-
fassten: die Durchsetzung der Residenzpflicht, eine ausreichende Qualifi-
kation für die Übernahme des geistlichen Amtes und die regelmäßige Katechese des Kirchenvolkes. Außerdem sollten Predigten nur von lizenzierten
Predigern gehalten werden. In beiden Konfessionskirchen wurde besonderer Wert auf die rechte Ausstattung des Altars und der Kirche gelegt. Da
die Kleriker als Vorbild für die Laienschaft angesehen wurden, befassten
sich beide Konfessionskirchen zudem intensiv mit Fragen des öffentlichen
Auftretens, der privaten Lebensführung und der Kleidung der Kleriker.[169]
Im Hinblick auf die Disziplinierung der Laien suchten beide Kirchen zunächst die „Kontrolle der Beteiligung"[170] an ihren Riten – und damit natürlich die Kontrolle der Zugehörigkeit zu der jeweiligen Konfessionskirche –
durchzusetzen. In der katholischen Kirche wurden die Parochialkleriker
deshalb in einem Synodaldekret von 1614 dazu verpflichtet, Tauf- und
Eheschließungsbücher zu führen. Die Staatskirche forderte in ihren *canons*
von 1634 die Führung von Tauf-, Eheschließungs- und Bestattungsbüchern
in jeder Pfarrei.[171] Des Weiteren bemühten sich beide Konfessionskirchen –

---

[168] Siehe oben C.IV.1.b.
[169] Vgl. *canons* 9, 31, 37, 39, 42, 95, in: Canons der Church of Ireland, 1634, in:
Constitutions, S. 10, 22–23, 26–29, 56–57; Dekrete der Provinzialsynode von Dublin,
1614; abgedruckt in: MORAN, Catholic Archbishops, S. 439–463; Dekrete der Provinzialsynode von Armagh, 1614, in: Renehan: Collections, hg. v. MCCARTHY, S. 116–146;
Dekrete der Provinzialsynode von Tuam, 1632, in: Memoirs of Oliver Plunkett, hg. v.
MORAN, S. 386–389.
[170] REINHARD, Zwang, S. 266.
[171] Vgl. *canon* 46, in: Canons der Church of Ireland, 1634, in: Constitutions, S. 30–
31; Dekrete der Provinzialsynode von Armagh, 1614, in: Renehan: Collections, hg. v.
MCCARTHY, S. 116–146, hier S. 122, 128. – Allerdings wird man von einer Umsetzung
dieser Ziele selbst in der Church of Ireland nicht ausgehen können. Die Dubliner Gemeinden St. John the Evangelist (1619) und St. Bride (1633) führten die ersten Kirchenbücher, und zwar vor dem verpflichtenden Beschluss durch die *canons* der Church
of Ireland. Für die Zeit nach den *canons* von 1634 sind vier weitere Pfarreien mit Kir-

durch die von den Pfarrern erteilte Katechese – um die Vermittlung der Grundlagen des christlichen Glaubens an alle Gläubigen.[172]

Bei den Disziplinierungsnormen und -zielen beider Konfessionskirchen gegenüber den Laien trat vor allem die Ehe stark in den Vordergrund. Beide Kirchen betonten die verbotenen Verwandtschaftsgrade, pochten auf der Zustimmung der Eltern vor einer Eheschließung und insistierten vor allem auf der Durchführung einer öffentlichen Zeremonie vor dem Gemeindepfarrer.[173] Auffällig ist, dass hier die katholischen Synodaldekrete sehr ausführlich sind – obwohl, wie wir oben gesehen haben, *Tametsi* insgesamt in Irland nicht verkündet wurde. So stand die in den Synodaldekreten verlangte Zustimmung der Eltern zur Eheschließung zwar im strengen Sinn gegen die tridentinischen Bestimmungen, die allein den Konsens der Brautleute in den Vordergrund stellten. Aber angesichts gälischer Ehegewohnheiten, die die Auflösung und Scheidung von Ehen zuließen, wollte man offensichtlich die soziale Institution der Ehe so weit wie möglich stabilisieren. Auch andere Dekrete, wie der Hinweis auf den Unterschied zwischen Eheschließungen *de praesenti* oder *de futuro*, die Anweisung an die Priester, Dispens von Ehehindernissen öffentlich zu verlesen, um eine spätere Anfechtung der Ehe unmöglich zu machen, und die Verurteilung von ,Entführungen' oder ,Durchbrennen' sind deutliche Hinweise auf den Versuch, über die Disziplinierung der Ehe stabilere soziale Beziehungen herzustellen.[174]

Die Disziplinierungsziele der frühmodernen Konfessionskirchen in Irland waren an vielen Punkten äquivalent. Dies entspricht der allgemeinen Entwicklung der Konfessionskirchen im Rahmen der europäischen Konfessionalisierung, z.B. im Hinblick auf die Durchsetzung der Parochialstruktur, die Katechese der Bevölkerung und die Kontrolle der Ehe. Allerdings muss man dabei auf einen wichtigen Unterschied zwischen den katholischen Reformzielen und dem Ansatz der Church of Ireland hinweisen. Denn wäh-

---

chenbüchern nachgewiesen, davon drei in Dublin. (Vgl. REFAUSSE, Records, S. 46). Für die katholische Kirche ist die Situation erwartungsgemäß schlechter, da vermutlich kaum Kirchenbücher geführt wurden. (Über die Gründe kann man spekulieren, sie jedoch naturgemäß nicht nachweisen; vgl. RYAN, Catholic Church Records, S. 116–117). Die katholischen Kirchenbücher beginnen frühestens im 18. Jahrhundert.

[172] Vgl. *canon* 11, in: Canons der Church of Ireland, 1634, in: Constitutions, S. 12; Dekrete der Provinzialsynode von Dublin, 1614; abgedruckt in: MORAN, Catholic Archbishops, S. 439–463, hier S. 449–450.

[173] Vgl. *canon* 47–52, in: Canons der Church of Ireland, 1634, in: Constitutions, S. 32–34; Dekrete der Provinzialsynode von Dublin, 1614; abgedruckt in: MORAN, Catholic Archbishops, S. 439–463, hier S. 451–454.

[174] Vgl. z.B. Dekrete der Provinzialsynode von Dublin, 1614; abgedruckt in: MORAN, Catholic Archbishops, S. 439–463, hier S. 451–454; Dekrete der Provinzialsynode von Armagh, 1614, in: Renehan: Collections, hg. v. MCCARTHY, S. 116–146, hier S. 128.

rend die Staatskirche seit dem frühen 17. Jahrhundert als protestantische
Minderheits- und weitgehend auch Elitenkirche nicht mehr an der Mehrheit
der irischen Bevölkerung, insbesondere den Gälen, interessiert war,[175] sah
es die katholische Kirche als wichtigen Teil ihrer Aufgabe an, die Volksreligiosität vor allem der gälischen Bevölkerung zu disziplinieren. In diesem
Kontext sind zahlreiche Synodaldekrete der katholischen Kirche zu sehen.
So wurde beispielsweise die Sitte des Zutrinkens verurteilt und die Unterdrückung bestimmter Formen des Volksglaubens gefordert, z.b. religiöse
Bräuche an heiligen Quellen und Bäumen.[176] Auch zahlreiche andere Disziplinierungsziele, die der tridentinische Katholizismus überall in Europa
verfolgte, stellten fundamentale Angriffe auf die besonders stark auf Personenverbänden beruhende gälische Gesellschaft dar. Zu diesen Disziplinierungszielen zählten die Abschaffung des Friedenskusses in der Messe und
die massive Einschränkung der Anzahl der Paten.[177]

Zu der nun folgenden vergleichenden Analyse von Aussagen reformierter
bzw. tridentinischer Katholiken und neuenglischer Protestanten über die
gälische Gesellschaft und ihre Bräuche ist vorab kurz die Auswahl der
Quellen zu erläutern. In der jüngeren irischen Historiographie wurden zur
Erforschung der neuenglisch-protestantischen Identität die Flugschriften
bekannter neuenglischer Autoren wie Edmund Spenser und Barnaby Rich
intensiv untersucht. Dies hat dazu geführt, dass die in den protestantischen
Flugschriften enthaltene Kritik an der gälischen Gesellschaft und ihren Le-
bensformen als einzigartig angesehen wird. Vor allem Brendan Bradshaw
sieht, wie oben aufgezeigt, in der neuenglisch-protestantischen Abgrenzungsidentität gegenüber dem gälischen Irland eine besondere Aggressivität und eine inhärente Tendenz zum Kolonialismus.[178] Der frühneuzeitliche
Katholizismus wird dagegen als fester Bestandteil der Gesellschaft, Kultur
und Identität sowohl der altenglischen als auch der gälischen Bevölkerungsgruppe angesehen, der langfristig integrierend für die nationale Identität Irlands wirkte.

Vor diesem Hintergrund erschien es der Forschung zwangsläufig, dass
die protestantisch-neuenglische Abgrenzungsidentität gegenüber dem gäli-

---

[175] Siehe dazu oben C.IV.1.a zur Abgrenzung über die Prädestinationslehre und unten C.IV.2.b zum Wandel der Disziplinierungsinstrumente der Church of Ireland zu
Konfessionalisierungsinstrumenten.
[176] Vgl. Dekrete der Provinzialsynode von Armagh, 1614, in: Renehan: Collections,
hg. v. MCCARTHY, S. 116–146, hier S. 130–131.
[177] Vgl. z.B. Dekrete der Provinzialsynode von Dublin, 1614; abgedruckt in: MO-
RAN, Catholic Archbishops, S. 439–463, hier S. 446; Dekrete der Provinzialsynode von
Armagh, 1614, in: Renehan: Collections, hg. v. MCCARTHY, S. 116–146, hier S. 122.
Zum europäischen Kontext vgl. BOSSY, Mass; BOSSY, Godparenthood.
[178] Siehe oben C.I.1.c.

schen Irland in militärischer Eroberung und kolonialen Ansiedlungsprojek-
ten ihren Ausdruck fand, wogegen die katholische Kirche mit konzilianten
Mitteln in die Gesellschaft hineinzuwirken suchte. Auf Grund dessen wurden die Disziplinierungsziele der beiden Konfessionen gegenüber dem gälischen Irland bislang nicht miteinander verglichen.[179] Neben der mangelnden
vergleichenden Sicht wurde meines Erachtens in der Forschung auch nicht
ausreichend sorgfältig zwischen Disziplinierungszielen und -intentionen
und den zur Durchsetzung angewandten Mitteln unterschieden.

In der nun folgenden vergleichenden Betrachtung ist deshalb die an der
gälischen Gesellschaft geäußerte Kritik, die explizit oder implizit auf Normen und Ziele der Disziplinierung verweist, von deren praktischer Umsetzung zu trennen. Nur so können meines Erachtens die Disziplinierungsnormen und -ziele der beiden konkurrierenden Konfessionen gegenüber
dem gälischen Irland angemessen verglichen werden.

Zunächst zu den allgemeinen Einschätzungen der Beobachter beider
Konfessionen über die politische Struktur und Kultur des gälischen Irland.
Der Protestant Barnaby Rich, ein seit 1573 in Irland lebender ehemaliger
Soldat und protestantischer Pamphletist, schrieb über den Umgang der gälischen Iren miteinander: „... persecuting and prosecuting the one the other
with fire, with sword, and with such raging fury that the most barbarous
savages that never knew civility are not more tragical in their executions
than are the Irish."[180] Doch auch die beiden ersten Jesuiten, die 1542 nach
Irland kamen, Salmerón und Broët, berichteten ähnlich über die Fragmentierung und Militarisierung des gälischen Gemeinwesens: „... vidimus mor-
bum hunc seditionum intestinarum desperatum esse et immedicabilem,
iuditio nostro, tum propter antiqua odia et inueterata et quae iam egerant
radices, tum propter feritatem et barbariem morum, plusquam bestialium,
et vix a quoque, nisi ab eo qui viderit, credibilium ..."[181]

Es gibt zahlreiche Beispiele dafür, dass protestantische Beobachter Entsetzen äußerten über die allgemeine Gewaltbereitschaft in der gälischen
Gesellschaft, in der Viehdiebstahl eine jahrhundertealte Tradition hatte.[182]
Doch auch der englische Jesuit William Good, der in den 1560er Jahren als
Lehrer in Limerick tätig war, brachte seine Empörung zum Ausdruck über
die christliche Rechtfertigung, die die Gälen für ihre räuberischen Gewohn-
heiten vorbrachten: „They account it no shame or infamy to commit robberies, which they practise every where with exceeding cruelty, when they
goe to robbe, they powre out their praiers to God, That they may meete

---

[179] Siehe aber die Anmerkungen von Corish und Clarke oben Fußnote 167.

[180] RICH, New Description, S. 132.

[181] Broët und Salmeron an Kardinal Cervini, 9. April 1542, in: Epistolae Paschasii
Broëtii, hg. v. CERVÓS, S. 25–31, hier S. 28.

[182] Vgl. z.B. Fynes Moryson's Unpublished Itinerary, hg. v. KEW, S. 40–41; RICH,
New Description, S. 130, 133.

with a booty: and they suppose, that a cheat or booty is sent unto them from God as his gift: neither are they perswaded, that either violence, or rapine, or manslaughter displeaseth God: For, in no wise would he present unto them this opportunitie, if it were a sinne; nay a sinne it were if they did not lay hold upon the said opportunitie."[183]

Es wird deutlich, dass hier von beiden konfessionellen Seiten massive Kritik an der gälischen Gesellschaft geübt wurde, die auf parallele Disziplinierungsintentionen verweist: Man strebte die Schaffung eines friedlichen, auf Recht und Gesetz beruhenden Gemeinwesens an. Die Mittel waren allerdings sehr unterschiedlich. Die neuenglisch(-protestantische) Seite setzte zunächst auf Maßnahmen wie *surrender and regrant*, um die gälische Gesellschaft zu befrieden und gälische *warlords* in domestizierte Adelige zu verwandeln. Da dies nur mit begrenztem Erfolg gelang, eskalierte die Situation allmählich bis zur bekannten militärischen Eroberung.

Dagegen wandten die altenglischen Jesuiten im frühen 17. Jahrhundert die ihnen zur Verfügung stehenden ‚spirituellen‘ Mittel an, um das gleiche Ziel zu erreichen. Die Jesuiten predigten gegen Viehdiebstahl,[184] und sie engagierten sich als unabhängige ‚Schiedsrichter‘ bei Konflikten im gälischen oder gälisierten anglo-irischen Adel. In ihrem Reformbemühen wandten sich die Jesuiten auch an einzelne mächtige Lords. So wird berichtet, ein Adliger in County Cork habe auf Grund jesuitischen Einflusses seinen Herrschaftsbereich reformiert, er habe Räuber gefangen nehmen und erhängen lassen, und er habe mit benachbarten Lords Frieden geschlossen.[185] Insgesamt wird man die Gründe für die unterschiedliche Umsetzung von vergleichbaren Disziplinierungszielen also in den politischen Umständen und Entwicklungen zu suchen haben, jedoch nicht, wie Bradshaw meint, bei den Konfessionen und deren theologischen Grundlagen.

Die Beobachter beider Konfessionen übten darüber hinaus massive Kritik an den Lebensgewohnheiten und Bräuchen der gälischen Gesellschaft, die ihrer Meinung nach soziale Instabilität förderten. Die gälischen Bauern

---

[183] [GOOD, William], The Maners of the Irishry, Both of Old and of Later Times, in: CAMDEN, Britain, S. 140–148, hier S. 144 C; vgl. auch Broёt und Salmeron an Kardinal Cervini, 9. April 1542, in: Epistolae Paschasii Broёtii, hg. v. CERVÓS, S. 25–31, hier S. 28.

[184] Vgl. z.B. die von dem Jesuiten Christopher Holywood berichtete ‚Erfolgsgeschichte‘ aus dem Jahr 1605: „Terrified by a sermon on Hell and the punishment that awaits those who steal a cow or much less, a man brought the Father eight fine horses which he had taken; they were ... restored to their rightful owners." (Brief von Christopher Holywood aus dem Jahr 1605, übers. in: HOGAN, Distinguished Irishmen, S. 423–434, hier S. 433, vgl. 426–428).

[185] Vgl. Christopher Holywood an Ordensgeneral Aquaviva, 29. Jan. 1605, in: Ibernia Ignatiana, hg. v. HOGAN, S. 155–158, hier S. 156–157; vgl. auch Brief von Christopher Holywood aus dem Jahr 1605, übers. in: HOGAN, Distinguished Irishmen, S. 423–434, hier S. 431–433.

wurden als Opfer der Lords angesehen. Der Protestant Fynes Moryson, Sekretär des Lord Deputy Mountjoy, beschrieb die gälischen Lords in seinem *Itinerary* als „... absolut Tyrants ouer their people, themselues eating vpon them and making them feede their kerne, or footemen, and their horsemen".[186] „Neither take they any rent of them for their lands, but at pleasure impose mony vppon them, vppon all occasions of spending ..."[187] Ähnlich äußerte sich der Jesuit Holywood im Jahr 1605 in einem Brief nach Rom: „The gentlemen of these counties are of old Irish descent, or have adopted Irish ways; they never arrange with tenants about a fixed rent, but stick to the ancient customs which leave everything uncertain. Thus the tenant has nothing that under one title or another the landlord may not claim, if he likes."[188] Das Verhältnis zwischen Lord und abhängigem Bauer, in dessen Rahmen der Lord keine feste Pacht erhob, sondern *coyne and livery* beanspruchte, also sein Gefolge nach Gutdünken einquartierte,[189] wurde von beiden Beobachtern gleichermaßen als willkürlich und instabil empfunden. Während die altenglischen Jesuiten hier erneut durch Predigen eine Veränderung herbeiführen wollten,[190] entwickelte die englische Regierung das System der *composition rent*, um alle willkürlichen Forderungen gälischer Lords wie *coyne and livery* zu ersetzen.[191]

Sowohl altenglische Jesuiten als auch neuenglische Protestanten sahen zudem die gälischen Barden als eine Gruppe in der gälischen Gesellschaft, die Instabilität und häufige Kriegführung fördere. Die von dem englischen Dichter Edmund Spenser[192] und dem Jesuiten Holywood geäußerten Ansichten stimmen in erstaunlichem Maße überein. Spenser schrieb: „... Irish bards ... seldom ... choose unto themselves the doing of good men for the ornaments of their poems, but whomsoever they find to be most licentious of life most bold and lawless in his doings, most dangerous and desperate in all parts of disobedience and rebellious disposition, him they set up and glorify in their rhymes, him they praise to the people, and to young men make an example to follow."[193] Und Pater Holywood kam zu folgender Einschätzung: „In all these parts much was made of a certain class of idle

---

[186] Fynes Moryson's Unpublished Itinerary, hg. v. KEW, S. 101.

[187] Ebd., S. 37.

[188] Brief von Christopher Holywood aus dem Jahr 1605, übers. in: HOGAN, Distinguished Irishmen, S. 423–434, hier S. 427.

[189] Siehe oben A.III.1.

[190] „We have in private and public spoken against this abuse, and not without some hope of putting it down, as all have promised to rectify it." (Brief von Christopher Holywood aus dem Jahr 1605, übers. in: HOGAN, Distinguished Irishmen, S. 423–434, hier S. 427–428).

[191] Siehe oben B.III.3.a.

[192] Siehe oben C.I.1.c.

[193] SPENSER, A View, hg. v. RENWICK, S. 73.

and flattering men who wandered from place to place, praising some gentlemen, vituperating others, and singling out for special laudation such as
had taken preys, and spent lavishly, and were liberal towards those flatterers. Hence many ... squandered their own freely, or took away the goods
of their neighbours."[194]

Im Hinblick auf gälische Ehegewohnheiten, die Scheidung und Ehe auf
Probe zuließen,[195] die Sitte des *fostering* und das Verhalten der Gälen bei
wakes und Beerdigungen sahen die Beobachter aus beiden reformierten
Konfessionskirchen, wiederum übereinstimmend, sehr stark die Notwendigkeit sozialer Disziplinierung. Fynes Moryson schrieb über Ehescheidun-
gen im gälischen Irland: „The meere Irish [d.h. die gälischen Iren] diuorced
wiues and with theire consent tooke them agayne frequently, and for small
yea ridiculous causes, allwayes paying a bribe of Cowes to the Brehowne
Iudges, and sending the wife away with some fewe Cowes more than shee
brought ..."[196] Pater Holywoods Bericht von 1605 macht deutlich, dass sowohl Protestanten als auch tridentinische Katholiken diese Sitten besonders
in den oberen sozialen Schichten der gälischen Gesellschaft reformieren
wollten: „A certain northern Catholic Baron ... had put away his wife (the
daughter of another Baron) on the ground of the invalidity of their marriage. This caused such dissension and scandal, that not only Catholics, but
also Protestants of authority, tried to reconcile him to his wife, who had
borne him a son."[197]

Auch die auf Grund des im gälischen Irland weit verbreiteten Konkubi-
nats entstandenen Klerikerfamilien und -‚dynastien' waren für die Beobachter beider Konfessionen nicht akzeptabel. Weder die protestantische
noch die reformiert-katholische Kirche konnten das System der Klerker-
familien ohne Eheschließung akzeptieren, das ein integraler Bestandteil der
mittelalterlichen gälischen Gesellschaft war. John Bale, protestantischer Bischof von Ossory unter Edward VI., berichtete in seiner *Vocacyon of John
Bale to the Bishopric of Ossory in Ireland* , dass ein Gemeindepfarrer ihm
ein ehemaliges Karmeliterkloster beschrieb und mit der Bemerkung schloss,

---

[194] Brief von Christopher Holywood aus dem Jahr 1605, übers. in: HOGAN, Distinguished Irishmen, S. 423–434, hier S. 427.

[195] Vgl. COSGROVE, Marriage.

[196] Fynes Moryson's Unpublished Itinerary, hg. v. KEW, S. 67. – Die Jesuiten Salmerón und Broët beklagten Illegitimität und Inzest: „Dispensamus etiam obiter cum
nonnullis illegitimis et incestuosis, quorum in illa insula est numerus, vt ita dixerimus,
innumerabilis; et incestus adeo horribiles, quales neque audiuntur inter gentes, ita vt
matrem suam vel sororem germanam habeat quis." (Broët und Salmeron an Kardinal
Cervini, 9. April 1542, in: Epistolae Paschasii Broëtii, hg. v. CERVÓS, S. 25–31, hier
S. 29–30).

[197] Brief von Christopher Holywood aus dem Jahr 1605, übers. in: HOGAN, Distinguished Irishmen, S. 423–434, hier S. 425; vgl. auch Irish War of Defence, hg. v.
BYRNE, S. 37–38.

der letzte Prior des Klosters sei sein leiblicher Vater gewesen: „I axed him / if that were in marriage? He made me answere / No. For that was (he sayd) against his profession. Than counselled I hym / that he never shulde boast of it more. Whie (sayth he) it is an honour in this lande / to have a spirituall man / as a byshop / an Abbot / a Monke / a Fryre / or a Prest to father."[198] Auch der englische Jesuit Good kritisierte „the most filthy life of their Priests, who of churches make profane houses, and keepe harlots ... The Priests Lemmons and their bastards, abide within the curcuit of a Church, drinke untill they be drunke, lie together, shed bloud, and keepe up their cattell there."[199]

Auch hier trat im Verlauf der katholischen Konfessionsbildung in Irland eine deutliche Differenzierung zwischen *Tridentine* und *traditional priests* auf. Denn die auf dem Kontinent ausgebildeten Kleriker befolgten offensichtlich das Gebot der Keuschheit und den Zölibat und suchten dieses Disziplinierungsziel unter den traditionellen Klerikern durchzusetzen. In den Synodaldekreten wird deshalb immer wieder darauf hingewiesen, dass Kleriker nicht mit Frauen allein sein sollten etc. Zudem wurde davor gewarnt, Dispense für die Söhne von Priestern zu erteilen, eine Praxis, die im mittelalterlichen Irland gang und gäbe war.[200]

Neben dem Eheverhalten kritisierten Protestanten und reformierte Katholiken die gälische Sitte des *fostering*, der Aufzucht von Kindern durch Pflegeeltern, als einen Brauch, der soziale Instabilität fördere. Fynes Moryson schrieb dazu: „The worst is, that these Nurses with this extreame indulgency corrupt the Children they foster, Norishing and hartning the boyes in all villanye, and the girlls in obscenity."[201] Pater Good widmete sich detailliert den sozialen Problemen, die *fostering* seines Erachtens heraufbeschwörte: „Be they reproved at any time by their owne parents? they fly to these their foster-fathers and being hartened by them, breake out oftentimes even unto open warre against their said parents; ... Semblably the nources traine up those maidens which they reare, to all obscurity and filthinesse. ... To conclude the greatest corruptions of Ireland, are thought to spring from these foster-fathers & nources, and from nought else."[202]

Doch die weitaus größte Kritik übten Protestanten und Jesuiten an dem Verhalten und den Bräuchen der Gälen bei Totenwachen (*wakes*) und Beerdigungen. Edmund Spenser schrieb: „There [are] ... cries ... used

---

[198] BALE, Vocacyon, S. 51–52.
[199] [GOOD, William], The Maners of the Irishry, Both of Old and of Later Times, in: CAMDEN, Britain, S. 140–148, hier S. 144 D–E.
[200] Vgl. z.B. Dekrete der Provinzialsynode von Dublin und Cashel, 1629, abgedruckt in: MORAN, Catholic Archbishops, S. 434–436, hier S. 436.
[201] Fynes Moryson's Unpublished Itinerary, hg. v. KEW, S. 109.
[202] [GOOD, William], The Maners of the Irishry, Both of Old and of Later Times, in: CAMDEN, Britain, S. 140–148, hier S. 143 E–F.

amongst the Irish which savour greatly of Scythian barbarism, as their lamentations at their burials, with despairful outcries and immoderate wailings, ... the same is ... altogether heathenish, ... for it is the manner of all pagans and infidels to be intemperate in their wailings for their dead, for that they had no faith nor hope of salvation ..."[203] Auch der Jesuit Good kritisierte diese Sitten, die Teil des vorchristlichen gälischen Volksglaubens waren, und sah ähnlich wie Spenser den Brauch des *keening*, das laute Weinen als Ausdruck der Trauer, als ein Verhalten, das mit christlichen Vorstellungen und Normen nicht zu vereinbaren sei: „... [they] say, that the soule ... is going away to these kinde of haggish women that appeare by night and in darkenesse: But after it is departed once out of the bodie, they keepe a mourning and wailing for it, with loud howling and clapping of their hands together. Now they follow the corps when it goes to buriall, with such apeale of outcries, that a man would thinke the quicke as well as the dead past all recoverie."[204]

Die Totenwachen, die ein wesentlicher Bestandteil der gälischen Sitten waren und häufig mit ausschweifenden Feierlichkeiten einhergingen, wurden auch in den katholischen Synodaldekreten scharf kritisiert. So verurteilte bespielsweise die Provinzialsynode von Armagh im Jahr 1618 die Totenwachen mit der Begründung, dass dabei Schauspieler und Barden mit unschicklichen Liedern aufträten, die unangemessen seien und von der Furcht vor dem Tod, der im Bild des Verstorbenen vor den Anwesenden stehe, ablenkten.[205]

Doch nicht nur einzelne Aspekte der gälischen Volksfrömmigkeit wurden von Protestanten und reformiert-katholischen Beobachtern kritisch gesehen, sondern der moralische Lebenswandel und die Kenntnisse in den Grundlagen des christlichen Glaubens in der gälischen Gesellschaft insgesamt. Die Aussage Edmund Spensers wird in der Forschung im Allgemeinen unter dem Stichwort ,protestantischer Kolonialismus' subsumiert, denn Spenser habe durch Degradierung der gälischen Iren Eroberung und Kolonisation rechtfertigen wollen: „... they are all Papists by their profession, but in the same so blindly and brutishly informed, ... that you would rather think them atheists or infidels; ... not one amongst an hundred knoweth any ground of religion and article of his faith, but can perhaps say his pater noster or his Ave Maria, without any knowledge or understanding what one word thereof meaneth."[206] Doch auch der Jesuit James Archer, der als einziger Jesuit anglo-irischer Herkunft im Neunjährigen Krieg auf der Seite

---

[203] Spenser, A View, hg. v. Renwick, S. 55–56.

[204] [Good, William], The Maners of the Irishry, Both of Old and of Later Times, in: Camden, Britain, S. 140–148, hier S. 147 D.

[205] Vgl. Dekrete der Provinzialsynode von Armagh, 1618, abgedruckt in: Moran, Catholic Archbishops, S. 427–431, hier S. 429–430.

[206] Spenser, A View, hg. v. Renwick, S. 84.

des gälischen Lord O'Neill stand, beschrieb die Gälen 1598 als „homines inculti, barbari et plane rudes".[207] Und der Superior der irischen Jesuiten, Richard de la Field, schrieb im Jahr 1600: „... ille [d.h. James Archer] ... cum uno aut altero socio necessarius erit ut incultos illos rudesque populos generali quidem nomine Religionis pro Fide pugnantes, sed vita moribusque a Christiana perfectione multum distantes doceant, instruantque ac coercant a variis excessibus vitiisque quibus addicti sunt."[208]

Die protestantischen Neuengländer und die den reformierten Katholizismus repräsentierenden Jesuiten waren sich also in ihren konkreten Einschätzungen der gälischen Gesellschaft und den daraus abgeleiteten Disziplinierungszielen in hohem Maße einig. Ihre Kritik an der gälischen Gesellschaft erstreckte sich vor allem auf die mit Gewalt und sozialer Instabilität assoziierten politisch-sozialen Verhaltensweisen, denen sie als Normen einen friedlichen Commonwealth und stabile soziale Beziehungen gegenüberstellten. Die Parallelität der protestantischen und reformiert-katholischen Disziplinierungsziele gegenüber dem gälischen Irland bestätigte der Jesuit Christopher Holywood indirekt, indem er eine seiner ‚Erfolgsgeschichten' mit der Bemerkung beendete: „... unde apud vicinos tanta est sequuta quies, ut affirmarent nostros esse optimos reipublicae reformatores quin et ipsos propterea laudavit Status."[209]
Für die vorgestellten altenglischen Jesuiten ist dabei von einer Überlagerung und gegenseitigen Verstärkung des traditionellen kulturellen Überlegenheitsgefühls der Altengländer gegenüber den gälischen Iren einerseits und den tridentinischen Reformzielen andererseits auszugehen. Diese Elemente verbanden sich bei Jesuiten und Weltgeistlichen altenglischer Herkunft zu der Vorstellung einer Verbreitung von *civility* im gälischen Irland mit Hilfe des reformierten Katholizismus,[210] wobei die Jesuiten die Durch-

---

[207] James Archer an Ordensgeneral Aquaviva, 10. Aug. 1598, in: Ibernia Ignatiana, hg. v. HOGAN, S. 38–40, hier S. 39.
[208] Richard [de la] Field an Ordensgeneral Aquaviva, 20. Juli 1600, in: Ibernia Ignatiana, hg. v. HOGAN, S. 67–68, hier S. 67.
[209] Christopher Holywood an Ordensgeneral Aquaviva, 29. Jan. 1605, in: Ibernia Ignatiana, hg. v. HOGAN, S. 155–158, hier S. 157.
[210] Ein Vertreter dieser altenglischen Einstellung war z.B. auch David Rothe, katholischer Bischof von Ossory und Patriarch der irischen Seminarkleriker zu Beginn des 17. Jahrhunderts. Aidan Clarke, einer der wenigen Historiker, der die Parallelität der katholischen und protestantischen Disziplinierungsziele gegenüber der gälischen Gesellschaft erkannt hat, fasst im Hinblick auf Rothe zusammen: „The aims of ... David Rothe, who saw the catholic religion as a means to ‚eliminate barbarous customs, abolish bestial rites and convert the detestable intercourse of savages into polite manners and a care for maintaining the commonwealth', were not dissimilar to those of the English government ..." (CLARKE, Pacification, S. 225; vgl. auch ASCH, Antipopery,

setzung des Tridentinums im gälischen Irland als eine neue „plantatio" der katholischen Konfession ansahen.[211]

Trotz aller funktionalen Äquivalenz der Disziplinierungsziele darf man jedoch nicht die Tatsache aus dem Auge verlieren, dass deren Umsetzung realhistorisch auf sehr unterschiedlichen Wegen erfolgte und der englische Staat zunehmend auf Zwangsmaßnahmen und militärisches Vorgehen zurückgriff, wogegen die Jesuiten weiterhin das Mittel der friedlichen Reform ‚von innen' anwandten. Vor dem Hintergrund dieser politisch-konfessionell aufgeladenen Situation im irischen Königreich wird im Folgenden danach gefragt, wie sich die Kontroll- und Disziplinierungsinstrumente der beiden Konfessionskirchen entwickelten, welche Akzeptanz sie erfuhren und inwieweit sie zur gesellschaftlichen Spaltung beitrugen.

b) Kontroll- und Disziplinierungsinstrumente in einer konfessionellen Konkurrenzsituation

Während die Kirchenzucht, insbesondere die calvinistische, in der kontinentalen Historiographie mittlerweile intensiv erforscht ist[212] und auch für die englischen Kirchengerichte mehrere einschlägige Studien vorliegen,[213] gibt es für Irland bisher nur wenige Arbeiten zu den Kirchengerichten, die sich überdies mit der Wende vom 15. zum 16. Jahrhundert und nicht mit der Zeit der konfessionellen Spaltung beschäftigen.[214] Diese Untersuchungen haben jedoch bereits das Quellenproblem deutlich gemacht, auf Grund dessen man für Irland keine quantitativen Untersuchungen und keine Studie der *longue durée* durchführen kann. Vor allem die in der englischen Forschung intensiv ausgewerteten Kirchengerichtsprotokolle stehen für die irische Staatskirche nicht zur Verfügung, so dass der so genannte *grass roots*

S. 261; Bossy, Counter-Reformation and the People of Catholic Ireland, S. 166; Clarke, Colonial Identity, S. 68–70).

[211] Andrew Morony an Ordensgeneral Aquaviva, 3. April 1605, in: Ibernia Ignatiana, hg. v. Hogan, S. 161; vgl. Nicholas Leynich an Ordensgeneral Aquaviva, 3. April 1605, in: Ibernia Ignatiana, hg. v. Hogan, S. 161–162, hier S. 162; Corish, Catholic Community, S. 41.

[212] Vgl. Schilling, Sündenzucht; Schmidt, Dorf und Religion; Roodenburg, Oonder censuur; zu den Hugenotten in Frankreich vgl. z.B. Mentzer, Disciplina; zu Genf vgl. Kingdon, Church; Monter, Enforcing Morality.

[213] Vgl. insbesondere Ingram, Church Courts; Houlbrooke, Church Courts; Marchant, Puritans; Marchant, Church; Sharpe, Defamation. Eine vergleichende Studie zwischen England und Neuengland ist von Friedeburg, Sündenzucht.

[214] Die Forschungen John McCaffertys und Henry A. Jefferies' beschränken sich bislang auf die Kirchengerichtsprotokolle der Erzdiözese von Armagh im späten 15. und frühen 16. Jahrhundert, da hierfür eine geschlossene Quelle (Book 1 von Primate Cromers *register*) vorliegt. (Vgl. McCafferty, Defamation; Jefferies, Church Courts; Jefferies, Priests and Prelates, S. 105–118).

level, insbesondere die Reaktionen der Bevölkerung auf die kirchlichen Disziplinierungsmaßnahmen, in hohem Maße im Dunkeln bleiben muss.

Im vorliegenden Abschnitt soll deshalb versucht werden, durch eine qualitative Analyse der vorhandenen Quellen beider Konfessionskirchen einen Eindruck davon zu gewinnen, wie sich konfessionelle Kontroll- und Disziplinierungsinstrumente in einer konfessionellen Konkurrenzsituation entwickelten und welche Rückschlüsse im Hinblick auf ihre gesellschaftliche Akzeptanz man daraus ziehen kann. Es geht also um die Frage, inwieweit konfessionelle Disziplinierung vor dem Hintergrund konkurrierender Konfessionskirchen überhaupt wirksam werden konnte. Dies soll mit Blick sowohl auf die ‚öffentlichen' Disziplinierungsinstrumente der Church of Ireland als auch die parallelen, inoffiziellen, aber durchaus ‚sichtbaren' Mechanismen der katholischen Untergrundkirche untersucht werden.

Im europäisch vergleichenden Kontext kann man zunächst für beide Konfessionskirchen in Irland festhalten, dass sich deren Kontroll- und Disziplinierungsinstrumente später entwickelten als auf dem Kontinent oder in England. Bezeichnend ist dabei, dass beide Kirchen ihre Disziplinierungsinstrumente erst unter den Bedingungen der zunehmenden Konfessionalisierung der Gesellschaft ausbauten bzw. entschieden einsetzten. Beredtes Beispiel dafür ist die Visitationstätigkeit der Church of Ireland: Die wenigen aus dem 16. Jahrhundert erhaltenen Diözesanvisitationen zeichnen sich vor allem durch ihre Kürze aus. Es wurde nur angegeben, welche Pfarreien mit einem Pfarrer versorgt waren und welche nicht.[215] Die eigentliche Visitationstätigkeit der Church of Ireland begann in der Phase der Konfessionalisierung nach 1603 und fand zudem in enger Zusammenarbeit mit dem Staat statt. In den Jahren 1615 und 1622 und dann erneut unter Wentworth 1633/34 wurden große *regal visitations* durchgeführt, die erstmals umfassend über den Zustand des Personals und der Pfarreien der Church of Ireland Auskunft gaben.[216] Ähnliches lässt sich auf Seiten der katholischen Kirche beobachten, die im frühen 17. Jahrhundert erstmals regelmäßig Synoden abhielt, in deren Dekreten Kontroll- und Disziplinierungsziele formuliert wurden. Auffallend ist dabei die beinahe Gleichzeitigkeit der Entwicklung: Kurz vor der ersten *regal visitation* der Church of Ireland

---

[215] Vgl. Visitations, hg. v. NICHOLLS; Relation, hg. v. MOORE; Bishop Miler Magrath's Visitation, hg. v. POWER; TCD MS 582: Bodkin's Visitation of Tuam, 1558–9, fol. 131–133. Visitationen in England und auf dem Kontinent zeichneten sich dagegen bereits durch ausgesprochene Ausführlichkeit aus. (Vgl. O'DAY, Geschichte; LANG, Kirchenvisitation; LANG, Reform im Wandel).

[216] Vgl. den Überblick von PHAIR, Regal Visitations. Die *regal visitation* von 1615 wurde als Serie herausgegeben von Murphy und Ronan (Royal Visitation). Ford hat diese Visitationen quantitativ ausgewertet, um Aussagen über die Versorgung der Church of Ireland mit gut ausgebildeten Pfarrern machen zu können. (Vgl. FORD, Protestant Reformation in Ireland, 1590–1641).

von 1615 fanden 1614 in den katholischen Diözesen Dublin und Armagh
Provinzialsynoden statt, gefolgt von zahlreichen weiteren Synoden in den
1620er und 30er Jahren.[217] Die Phasenverschiebung der irischen Entwicklung gegenüber dem Kontinent wird auch an der oben bereits erwähnten
Kontrolle der Beteiligung an Riten deutlich: Erst im frühen 17. Jahrhundert
wurde die Führung von Kirchenbüchern in beiden Konfessionskirchen gefordert.[218]

In ihrer Funktion als Staatskirche bediente sich die Church of Ireland aller
Verfahren und Institutionen zur Herstellung einer konfessionellen Großgruppe und zur Disziplinierung, z.B. Visitationen, Kirchengerichte, Exkommunikation und vor allem Erhebung der *recusancy fines* für Abwesenheit vom Gottesdienst. Zudem wurde die Armenfürsorge als Mittel der
Disziplinierung eingesetzt.
     Beginnen wir mit den Visitationen, die im Allgemeinen als das wich-
tigste Kontroll- und Disziplinierungsinstrument angesehen werden.[219]
Durchführung und Inhalte der Visitationen der Church of Ireland geben
nicht nur Auskunft über den Zustand der Staatskirche, sondern auch über
die konfessionellen Verhältnisse in Irland insgesamt. Sie stellen ein Disziplinierungsinstrument der Church of Ireland dar, das eine ganz spezifische
Anpassung an die doppelte Konfessionalisierung in Irland erkennen lässt.
     Während die Visitationen der Church of Ireland, vor allem die *regal vis-
itations*, im frühen 17. Jahrhundert zwar detaillierter waren als die des 16.
Jahrhunderts, konzentrierten sie sich lediglich auf Fragen nach der Qualifi-
kation des Personals, der finanziellen Situation der Pfründen, eventuellen
Patronatsrechten und dem baulichen Zustand der Kirchen.[220] Die Visitationen der Staatskirche erreichten damit bei weitem nicht die Genauigkeit und
Detailfreudigkeit kontinentaler Visitationen. Es wurden beispielsweise nie
Fragen nach dem religiösen und moralischen Verhalten der Gemeindemitglieder gestellt. Dies macht zunächst einmal deutlich, dass die protestantische Konfessionskirche in Irland weiterhin in einem elementaren Stadium
des konfessionskirchlichen Aufbaus war, denn ihre personelle und finanzielle Ausstattung blieb, wenn sie sich auch gebessert hatte, weiterhin ihre
primäre Sorge.
     Ein anderer Aspekt trat im Verlauf des frühen 17. Jahrhunderts in den
Visitationen jedoch zunehmend in den Vordergrund: die Kontrolle des
konfessionellen Gegners. Dies schlug sich bereits 1615 in den Instruktionen

---

[217] Vgl. ROGAN, Synods.
[218] Zur tatsächlichen Umsetzung siehe oben Fußnote 171.
[219] Vgl. REINHARD, Zwang, S. 266.
[220] Vgl. TCD MS 806: Remembrances to the Commissioners of the regal Visitation,
1615, und Instructions to the Commissioners of the regal Visitation, 1615, fol. 119r–
122r; Royal Visitation of Dublin, hg. v. RONAN, S. 3–5.

an die Visitatoren nieder, die unter anderem das Einholen von Informationen über die Aktivitäten katholischer Priester verlangten.[221] So konzentrierten sich die Visitationsprotokolle im 17. Jahrhundert verstärkt auf die katholische Konkurrenz. Als typisch kann die Visitation Erzbischof Bulkeleys in der Diözese Dublin von 1630 gelten: Hier wiederholt der Bischof so oder ähnlich bei den meisten Pfarreien zunächst die fast schon lakonische Feststellung „The most part of the parishioners are recusants ...“ oder sogar „There are noe Protestants in the Parishe“,[222] um dann die ‚Ausstattung‘ der konkurrierenden katholischen Konfession aufzuzählen: *mass houses*, Schulen, Unterstützung durch katholische Laien.

Dies stellte eindeutig eine Anpassung eines protestantischen Disziplinierungsinstruments an die spezifische konfessionelle Konkurrenzsituation in Irland dar, die sich zudem in Verbindung mit dem gleichlaufenden staatlichen Interesse an der Überwachung katholischer Aktivitäten fast zu einem eigenständigen Kontrollinstrument gegenüber der katholischen Kirche entwickelte. Denn zusätzlich zu den ‚normalen‘ Visitationsprotokollen führte man häufig Listen, die über Namen, Herkunft, Aufenthaltsort und Beschützer katholischer Priester Auskunft gaben.[223] Der ‚Gipfel‘ dieser auf die konkurrierende Konfessionskirche gerichteten Visitationstätigkeit waren Kalkulationen, in denen berechnet wurde, wie viel Geld Staat und Kirche in Irland jährlich verloren gingen, weil die Mehrheit der irischen Bevölkerung neben der Staatskirche die katholische Hierarchie im Untergrund finanziell unterstützte.[224]

Während es sich bei der Visitation in ihrer ursprünglichen Funktion um ein primär auf die inner-konfessionellen Verhältnisse ausgerichtetes Disziplinierungsinstrument handelte, waren die *recusancy fines* – nach dem Modell der englischen Staatskirche – ausdrücklich zu dem Zweck geschaffen worden, den Besuch der Gottesdienste der Staatskirche gegenüber Unwilligen – meist Katholiken – durchzusetzen. Auf Grund dessen wurde bei diesem Disziplinierungsinstrument die polarisierende Wirkung der Disziplinierungsmaßnahmen der Church of Ireland am deutlichsten.

Während der Regierungszeit Elisabeths I. wurden die *recusancy fines* nur sehr sporadisch erhoben. Eine systematische Durchsetzung ließ vor al-

---

[221] Vgl. TCD MS 806: Remembrances to the Commissioners of the regal Visitation, 1615, fol. 119r; Royal Visitation of Dublin, hg. v. RONAN, S. 5.

[222] Archbishop Bulkeley's Visitation, hg. v. RONAN, S. 58, 65.

[223] Vgl. TCD MS 567: List of Priests and Friars in 1613, fol. 32r–35v; TCD MS 580: An account of the Popish Priests in Ireland, and of the Natives who are gone abroad, in the reign of King Charles I, fol. 21r–25v; Catholicism, hg. v. HUNTER.

[224] Vgl. Abstract of the Sums which the Pope annually extracts from Ireland, in: CSPI 1647–1660, Addenda 1625–1660, S. 298–300; TCD MS 567: An Abstract of the Money ... exacted by the Pope and Popish Clergy from the laity of this kingdom in the time of James I, fol. 23r–26v; Catholic Religious Practices, hg. v. GILLESPIE.

lem die politische Situation des Landes nicht zu.[225] Erst im frühen 17. Jahrhundert wurden *recusancy fines* zeitweise sehr intensiv, aber nicht durchgängig als Disziplinierungsinstrument eingesetzt. In der zu diesem Zeitpunkt bereits konfessionalisierten Gesellschaft hatten sie jedoch nicht den von Staat und Kirche beabsichtigten Effekt: Statt Integration herbeizuführen, förderten sie Polarisierung.

Als typisches Beispiel können die oben bereits beschriebenen Vorgänge um die so genannten *mandates* in Dublin gelten.[226] Aus der Erkenntnis heraus, dass die übliche Strafe von 12 Pence nicht ausreichte, um die reichen Stadtbürger Dublins im Sinne der Staatskirche zu disziplinieren, wurden die im Zuge der *mandates* verhafteten Bürger zu Geldstrafen von 100 Pfund verurteilt.[227] Die Regierung versuchte dabei deutlich zu machen, dass es ihr nicht um eine Aufbesserung der Staatskasse, sondern um die Durchsetzung konfessioneller Konformität ging: „... and in order that they might perceive that not their goods but their conformity was sought, [Lord Deputy Chichester and the Council] allotted the greatest part of their fines to the repairing of such churches in that city [d.h. Dublin] as remained ruinous since the great blast of gunpowder [1597], to the relieving of poor scholars in the college, and to such other necessary and charitable uses."[228]

Die Verurteilten weigerten sich zu zahlen und sicherten durch einen geschickten Schachzug ihre Zahlungsunfähigkeit: Sie überschrieben ihren gesamten Besitz ihren Familien und Freunden. Doch die Verantwortlichen des Staates waren nicht bereit, dies zu akzeptieren, und in einer Petition katholischer Gentry an den Hof wurde berichtet, dass „for levying of these fines ..., their houses and doors are broken up, their wives and poor children distressed and terrified, with divers other extremities which were too long to recite".[229]

Daran wird deutlich, dass in der bereits konfessionalisierten Atmosphäre Dublins im frühen 17. Jahrhundert Regierung und Staatskirche durch ihre Maßnahmen nicht ihr Disziplinierungsziel erreichten, sondern vielmehr den doppelten Konfessionalisierungsprozess weiter vorantrieben. Als die alt-

---

[225] „Sporadic efforts were made in Elizabeth's reign to impose the 12*d.* fine on recusants, ... but they foundered upon the caution of the Dublin administration, anxious neither to overstrain the delicate machinery of local government, nor to test too far the loyalty of subjects at a time when rebellion was almost a normal feature of civil life." (FORD, Protestant Reformation in Ireland, S. 52).

[226] Siehe oben B.IV.2.a.

[227] Vgl. McCAVITT, Chichester, S. 322.

[228] Lord Deputy [Chichester] and Council to the Lords, 5. Dez. 1605, in: CSPI 1603–1606, S. 355–358, hier S. 356.

[229] Lord Gormaston, and other Noblemen of the English Pale, to the Earl of Salisbury, 8. Dez. 1605, in: CSPI 1603–1606, S. 365–366, hier S. 366; vgl. LENNON, Lords, S. 180.

englischen katholischen Stadtbürger sich im frühen 17. Jahrhundert endgültig darüber klar wurden, dass die Church of Ireland nicht mehr ihre Kirche und das Trinity College auf Grund seiner protestantischen Ausrichtung
nicht ihr College war, gab die Tatsache, dass sie zur Finanzierung dieser
Einrichtungen gezwungen wurden, ihrem konfessionellen Widerstand Auf-
trieb statt ihn zu brechen.[230]

Die *mandates* sind jedoch nur die Spitze eines Eisberges und spektaku-
lärer Fall im Rahmen einer allgemeinen Politik von Staat und Kirche, die in
einer vorkonfessionellen Gesellschaft plausibel war, in einer doppelt konfessionalisierten Gesellschaft jedoch in das Gegenteil ihrer Zielsetzung um-
schlug. So wurde immer wieder angeordnet, die Einnahmen aus den *recusancy fines* zur Instandsetzung der Kirchen zu verwenden – mit dem Argument, dass die Church of Ireland erst nach der Renovierung der
Kirchengebäude im Stande sei, eine umfassende, d.h. alle Bewohner des
Landes einschließende, seelsorgerliche Versorgung bereitzustellen.[231] Doch
das war ein Trugschluss, weil die zu Beginn des 17. Jahrhunderts bereits
konfessionell formierten Katholiken diese Verwendung ihrer *recusancy
fines* als besondere Bestätigung ihrer konfessionellen Diskriminierung ansahen und natürlich erst recht nicht bereit waren, Kirchen zu besuchen, die
mit ihren Strafgeldern finanziert worden waren.[232]

Ähnlich verhielt es sich mit anderen Kontroll- und Disziplinierungsmaßnahmen, die einen finanziellen Aspekt hatten. So war bereits in der *Uniformitätsakte* von 1560 nach englischem Vorbild verfügt worden, dass die

---

[230] Es fällt dabei erneut auf, dass die Zwangs- und Kontrollmaßnahmen der Dubliner Regierung nie längerfristig systematisch durchgeführt wurden und schon allein
deshalb keine Wirksamkeit entfalten konnten. Da die Dubliner Politik immer auf hal-
bem Wege von London gestoppt wurde, hatten die Disziplinierungsmaßnahmen statt
der Konformität mit der Staatskirche eine zunehmende gesellschaftliche und konfessionelle Antagonisierung zur Folge. (Siehe oben B.IV.1.c).

[231] Vgl. TCD MS 806: Remembrances to the Commissioners of the regal Visitation,
1615, fol. 119r; TCD MS 582: His Majesty's Instructions concerning the Church of
Ireland, brought over by Bishop Andrew Knox about 1620, fol. 134r–136v, hier
fol. 136r.

[232] Beispiele für Finanzierung von Kirchenrenovierungen mit *recusancy fines*: Bischof Buckworth' Bericht über die Diözese Dromore, 1622: „The Cathedrall Church
which serveth allsoe for the parish Church is allmost all new builded, Covered Glassed
& in part furnished with Seates with the Recusants' Fines." (Bishop Buckworth's Report of the Diocese, 1622, abgedruckt in: ATKINSON, Dromore, S. 127–132, hier
S. 127). *Regal visitation* von Killaloe, 1622: „... ye rest of the churches in ye county of
Clare, they are for ye most part built by ye helpe of ye fines of ye Recusants ..." (The
State of the Diocese of Killaloe, Presented to His Majesties Commissioners at Dublin ...
per Johannem [John Rider] Laonensem Episcopum, 1622, abgedruckt in: DWYER, Diocese of Killaloe, S. 100–156, hier S. 130).

recusancy fines auch zur Armenfürsorge verwendet werden sollten.[233] Dies war in einer Staatskirche wie der englischen, die zugleich die große Mehrheit der Gesellschaft umfasste, kein Problem. Die einschränkende Bestimmung der Church of Ireland, dass Armenfürsorge nur ihren eigenen Mitgliedern zuteil werden sollte, war im europäischen Kontext, vor allem innerhalb einer multikonfessionellen Gesellschaft wie in den Niederlanden, auch keine Besonderheit.[234] Doch in Irland widersprachen sich die beiden Maßgaben, denn die Staatskirche wollte ja nicht Exklusion, sondern Inklusion, nämlich die Durchsetzung ihres konfessionellen Monopols, erreichen. Dementsprechend hieß es 1622, dass „such poor may be relieved as duly and constantly frequent divine service", damit andere Arme ermuntert würden „to do the like".[235] In einer doppelt konfessionalisierten Gesellschaft konnte auch dieses Disziplinierungsinstrument das eigentlich verfolgte Ziel der konfessionellen Inklusion nicht erreichen, denn die Katholiken richteten ihr eigenes informelles Armenfürsorgesystem ein.

Aus den Jesuiten-Briefen geht hervor, dass dieses System in den altenglischen Städten gut organisiert war und – so kann man auf Grund des sozialen Zusammenhalts der katholischen Altengländer wohl annehmen – auch dauerhaft funktionierte. Die oben bereits erwähnten Marianischen Kongregationen kümmerten sich intensiv um die Armenfürsorge.[236] Da die altenglischen Eliten in den Städten weiterhin als Amtsträger fungierten, konnten katholische Initiativen im Hinblick auf die Armenfürsorge sogar als städtische Projekte angestrebt werden. Aus Limerick wurde zum Beispiel berichtet, dass ein Jesuit den Stadtrat überzeugte, ein Armenhaus zu bauen, wofür in der Stadt umgehend gesammelt wurde. Als das Projekt durch staatliche Zwangsmaßnahmen gegen die Katholiken unterbrochen wurde, spendeten die katholischen Bürger gemäß den Vorgaben des Jesuitenpaters freiwillig für die Armen.[237] Dieses katholische stadtbürgerliche Gemeinschaftsprojekt auf freiwilliger Basis steht in offensichtlichem Kontrast zu dem 1606 von Sir Henry Brouncker erzwungenen und mit erhöhten *recusancy fines* finanzierten Hospital in Cork.[238]

---

[233] Vgl. The Act of Uniformity, 1560, in: Irish Historical Documents, hg. v. Curtis u. McDowell, S. 123–125, hier S. 124–125.

[234] Vgl. Grell, Cunningham, Reformation, insbes. S. 4–16.

[235] BL Add. MS 4756: Entry Book of Reports of the Commissioners for Ireland, appointed by James I in 1622, fol. 23r.

[236] Vgl. MacErlean, Sodality, S. 14, 16.

[237] Vgl. Christopher Holywood an Ordensgeneral Aquaviva, 29. Jan. 1605, in: Ibernia Ignatiana, hg. v. Hogan, S. 155–158, hier S. 157; Nicholas Leynich an Ordensgeneral Aquaviva, 1605, übers. in: Words of Comfort, hg. v. Hogan, S. 118–120, hier S. 119.

[238] Vgl. Court of Exchequer, Trinity Term, 4th of James I. [1606], Munster. Certain Fines imposed by the Lord President and Council there, ... together with the causes thereof ..., in: Words of Comfort, hg. v. Hogan, S. 137–139, hier S. 139. – Nach Ab-

Ein ähnliches Bild ergibt sich bei der Betrachtung der bischöflichen Kirchengerichte. Die *diocesan courts* der Church of Ireland zeichneten sich, wie die der englischen Staatskirche, durch große Kontinuität seit dem Mittelalter aus. In ihnen wurde weiterhin das kanonische Recht angewandt, abgesehen natürlich von den sich auf die Autorität des Papstes beziehenden Gesetzen.[239] Die jüngere Forschung zu den *church courts* in England hat nachgewiesen, dass diese auf Grund ihrer Funktion als Schiedsinstanzen z.B. bei Ehe- und Nachbarschaftskonflikten ein beachtliches Maß an gesellschaftlicher Akzeptanz erfuhren und dass die massive Kritik, die teilweise von puritanischer Seite geübt wurde, als übertrieben angesehen werden muss.[240] Obwohl der kritische – und puritanische – Bischof Bedell von Kilmore die Situation der irischen *church courts* nicht negativer beurteilte als die der englischen Kirchengerichte,[241] hatten die Mängel und Korruptionsfälle der protestantischen Kirchengerichte in der doppelt konfessionalisierten Gesellschaft Irlands jedoch andere Auswirkungen als in England.

Um die Funktion der Kirchengerichte als geistliche Institutionen herauszustellen, versuchte die irische Regierung die *church courts* vor allem auf zwei Ebenen zu reformieren: auf der personellen Ebene, so dass möglichst nur noch im römischen Recht ausgebildete Juristen den Kirchengerichten vorsitzen sollten; und auf der Spruchebene, so dass statt Geldstrafen im Allgemeinen die öffentliche Kirchenbuße verhängt werden sollte, und dass, falls Geldstrafen verhängt würden, diese nicht überhöht sein dürften und für „pious uses" bereitzustellen seien.[242]

Erzbischof Ussher verteidigte dagegen die häufige Verhängung von Geldstrafen statt Kirchenbuße mit den Worten: „... if men stood not more in fear of the fees of the court, than of standing in a white sheet, we should

---

schluss der vorliegenden Studie erschien ein Aufsatz von Colm Lennon zur Frage der Armenfürsorge im Irland des 16. Jahrhunderts. (Vgl. LENNON, Dives and Lazarus). Obwohl Lennon sein Hauptaugenmerk auf die Bedeutung der Armenfürsorge als Ausdruck der städtischen Autonomie legt, weist auch er auf die Bedeutung konfessioneller Spannungen hin. (Vgl. ebd., S. 58, 61).

[239] Zu England vgl. HELMHOLZ, Canon Law; zu Irland vgl. OSBOROUGH, Ecclesiastical Law.

[240] Vgl. vor allem INGRAM, Church Courts; vgl. auch die Zusammenfassung der englischen Forschung bei SCHMIDT, Christianisierung, S. 123–125.

[241] Vgl. Bedell an Ussher, 1630: „The time was, when I hoped the Church of Ireland was free from this abuse, at least freer than her sister of England; but I find I am deceuved." (William Bedell, Bishop of Kilmore, to the Archbishop of Armagh, 15. Feb. 1629 [1630], in: Works of Ussher, hg. v. ELRINGTON u. TODD, Bd. XV, S. 463–472, hier S. 468).

[242] His Majesy's Directions, hg. v. HAND u. TREADWELL, S. 210, vgl. S. 210–212; vgl. auch TCD MS 808: [King James'] orders and directions concerning the State of the Church of Ireland ..., 1623, fol. 28–40, hier fol. 36.

have here among us another Sodom and Gomorrah."[243] Im Gegensatz zu
Ussher erkannte Bischof Bedell jedoch, dass sich die Verhängung von
Geldstrafen gegen Katholiken durch die Kirchengerichte genauso auswirkte
wie die Erhebung der *recusancy fines*: „Contrary causes must needs produce contrary effects. Wherefore let us preach never so painfully and pi-
ously; I say more, let us live never so blamelessly ourselves, so long as the
officers in our courts prey upon them, they esteem us no better than publi-
cans and worldlings: ... And if the honestest and best of our own protestants be thus scandalized, what may we think of papists, such as are all in
a manner that we live among?"[244] Bedell war sich also des Problems bewusst, dass die durch die Kirchengerichte verhängten Geldstrafen die doppelte Konfessionalisierung vorantrieben statt die Protestantisierung und
Disziplinierung der Bevölkerung im Sinne der Staatskirche zu fördern.

Zudem hatte – wie im Fall der Armenfürsorge – die Church of Ireland
zu Beginn des 17. Jahrhunderts ohnehin kein Monopol mehr auf die kirchliche Gerichtsbarkeit in Irland. Vielmehr standen sich – aufbauend auf der
parallelen Institutionalisierung der beiden Konfessionskirchen – auch konkurrierende Systeme kirchlicher Rechtsprechung gegenüber. Einer der
Konfliktpunkte zwischen der protestantischen und der katholischen Jurisdiktion war die Ehegerichtsbarkeit. Während die protestantischen Kirchengerichte Katholiken wegen ‚heimlicher Ehen‘ – Ehen, die vor einem katholischen Priester geschlossen worden waren[245] – verfolgten, beschuldigten
sie zugleich die katholischen Kirchengerichte der Korruption.

George Downham, der protestantische Bischof von Derry, schrieb im
Jahr 1622: „Besides the jurisdiction exercised by my chancellor and official
there is a jurisdiction usurped by authority from Rome, to the great dis-
honour of God, hindrance of religion and shame of the government." Diese
bestehe aus „four officials ... who amongst many other abominations which
they practise, do for small rewards divorce married couples, and set them
at liberty to marry others, insomuch that there is scarce any man of years

---

[243] The Archbishop of Armagh to the Bishop of Kilmore, 23. Feb. 1629 [1630], in:
Works of Ussher, hg. v. ELRINGTON u. TODD, Bd. XV, S. 473–476, hier S. 474–475.
[244] William Bedell, Bishop of Kilmore, to the Archbishop of Armagh, 15. Feb. 1629
[1630], in: Works of Ussher, hg. v. ELRINGTON u. TODD, Bd. XV, S. 463–472, hier
S. 467–468.
[245] Wentworth setzte die Verfolgung der Katholiken für ‚heimliche‘ Ehen aus: „...
that all the Archbishops and Bishops have Direction from me your Deputy, to forbear
questioning any for clandestine Marriages and Christenings, which was informed to be
a great Burthen and Charge unto them." (The Graces, the Requests of the Commons,
and the Advice of the Lord Deputy and Council of Ireland concerning the same, 6. Okt.
1634, in: Strafforde's Letters, hg. v. KNOWLER, S. 312–328, hier S. 320; siehe auch
oben B.V.2.a).

but he hath more wives living and few women which have not plurality of husbands."[246]

In seiner Diözese Kilmore stellte der protestantische Bischof Bedell sogar fest, dass die katholische Kirche nicht nur ein konkurrierendes System kirchlicher Jurisdiktion errichtet hatte, sondern dass sie ihn auch an der Ausübung seiner Gerichtsbarkeit hindern wollte. Dass die katholischen Kleriker versuchen konnten, für ihre eigene Jurisdiktion ein Monopol in Anspruch zu nehmen, ist ein Hinweis darauf, dass die von ihnen ausgeübte kirchliche Gerichtsbarkeit von der Mehrheit der Bevölkerung akzeptiert wurde. Dazu schrieb Bedell an Laud: „[The Catholic clergy are] more numerous by far than we, and in full exercise of all jurisdiction ecclesiastical, by their vicar-generals and officials, who are so confident as they excommunicate those who come to our courts, even in matrimonial causes, which affront hath been offered myself by the Popish Primate's Vicar-General ..."[247] Bedell berichtete Ussher im Jahr 1629 auch von dem konkreten Fall einer Frau, die ihren Mann vor dem protestantischen Kirchengericht angeklagt hatte, dann jedoch vom katholischen Vicar General und einem Priester exkommuniziert wurde („put out of the church, and denounced excommunicate").[248]

In Reaktion auf solche Vorkommnisse suchte die Regierung zunächst die Kirchengerichte zu stärken. Es sollte verhindert werden, dass die *recusants* sich an weltliche Gerichte wandten, um die Verfahren vor den Kirchengerichten aufzuhalten,[249] und es wurde harte Bestrafung und Landesverweis für „Jesuits and priests and titulary popish archbishops, bishops and such like that presume to exercise ecclesiastical jurisdiction within our kingdom of Ireland"[250] gefordert. Doch wurde im Zuge der *Graces* den Katholiken zugestanden, dass Vergehen wegen ‚heimlicher' – also von katholischen Priestern vollzogenen – Ehen, Taufen und Beerdigungen[251] nicht durch die Kirchengerichte der Church of Ireland, sondern durch die weltlichen Gerichte zu verfolgen seien; dies erhöhte die Chancen der Katholiken, einer Bestrafung zu entgehen, vor allem auf Grund der oben bereits ange-

---

[246] TCD MS 550: Ussher, Primate. Visitation-book, 1622: Derry, Bischof George Downham, fol. 205–206.

[247] William Bedell an Laud, 1. April 1630, zitiert in: True Relation, hg. v. Jones, S. 149–150.

[248] William Bedell, Bishop of Kilmore, to the Archbishop of Armagh, 15. Feb. 1629 [1630], in: Works of Ussher, hg. v. Elrington u. Todd, Bd. XV, S. 463–472, hier S. 471. Leider berichtet Bedell nicht, wie der Fall sich weiterentwickelte.

[249] Vgl. His Majesty's Directions, hg. v. Hand u. Treadwell, S. 209–210.

[250] TCD MS 808: [King James'] orders and directions concerning the State of the Church of Ireland ..., 1623, fol. 28–40, hier fol. 36.

[251] Vgl. The Archbishop of Armagh to the Irish Bishops, 17. März 1636 [1637], in: Works of Ussher, hg. v. Elrington u. Todd, Bd. XVI, S. 532.

sprochenen Unzuverlässigkeit staatlicher Amtsträger katholischen Glaubens, wenn diese gegen ihre eigene Konfessionskirche oder deren Mitglieder vorgehen sollten.[252]

Die Kirchengerichte der Staatskirche sahen sich einem inoffiziellen und offensichtlich funktionierenden System katholischer Kirchenjustiz gegenüber, das sie selbst als korrupt beurteilten, das aber von der katholischen Mehrheit der Bevölkerung frequentiert wurde und damit die gesellschaftliche Akzeptanz erfuhr, die man den offiziellen *church courts* versagte. Die protestantischen Kirchengerichte konnten ihren Anspruch auf gesamtgesellschaftliche Zuständigkeit in der konfessionell gespaltenen Gesellschaft Irlands nicht mehr durchsetzen.

Abschließend soll hier die Frage der Exkommunikation in der doppelt konfessionalisierten Gesellschaft Irlands untersucht werden. Die kleine und große Exkommunikation, d.h. der Ausschluss vom Abendmahl einerseits und der vollkommene Ausschluss vom kirchlichen und weltlichen Leben der Gemeinde andererseits, war an sich in konfessionell geschlossenen Gesellschaften oder Gruppen ein sehr effektives Disziplinierungsmittel.[253] Wie die anderen oben bereits genannten Kontroll- und Disziplinierungsmechanismen setzte die Church of Ireland die Exkommunikation als Instrument zur Durchsetzung ihres konfessionellen Monopols in der irischen Gesellschaft ein.[254] Doch auch hier bewirkte die Strategie der Staatskirche das genaue Gegenteil. Von protestantischen Geistlichen ausgesprochene Exkommunikationen liefen nämlich in der in fast allen Gemeinden – selbst in Dublin – mehrheitlich katholischen Bevölkerung schlichtweg ins Leere. Eine kleine Exkommunikation war von vornherein wirkungslos, denn Katholiken waren ohnehin nicht an Gottesdienst und Abendmahl der protestantischen Kirche interessiert. Der völlige Ausschluss aus der Gemeinde, auch der weltlichen, der durch eine große Exkommunikation herbeigeführt werden sollte, konnte auch nicht verwirklicht werden, denn die mehrheitlich katholischen weltlichen Gemeinden schlossen niemanden wegen einer von protestantischer Seite ausgesprochenen Exkommunikation aus.

Während die meisten protestantischen Bischöfe die Paradoxie ihrer Exkommunikationen nicht erkannten, brachte Bischof Bedell das Problem auf den Punkt: „To excommunicate them for not appearing or obeying, they being already none of our body, and a multitude, it is to no profit, nay ra-

---

[252] Siehe oben C.II.2.a.

[253] Vgl. KINGDON, Social Control; MENTZER, Marking the Taboo.

[254] Die Exkommunikation wurde sogar ausdrücklich als Disziplinierungsinstrument empfohlen. Vgl. TCD MS 808: [King James'] orders and directions concerning the State of the Church of Ireland ..., 1623, fol. 28–40, hier fol. 38; TCD MS 808: An Abstract of the state of the Church of Ireland, ... by Thomas Crewe, 1622, fol. 41–45, hier fol. 45; Archbishop of Canterbury and Lord Salisbury to Sir Arthur Chichester, 5. Feb. 1612, in: CSPI 1611–1614, S. 242–243, hier S. 243.

ther makes the exacerbation worse."²⁵⁵ Hier benannte der Bischof ausdrücklich alle Elemente, die die Exkommunikationen der Church of Ireland wirkungslos machten: die Tatsache, dass die Katholiken mittlerweile so weit konfessionalisiert waren, dass sie die Staatskirche bewusst als ein getrenntes Kirchenwesen ansahen, dem sie nicht angehörten und das sie ihrer Meinung nach auch nicht exkommunizieren konnte, und die Tatsache, dass die katholische Konfessionskirche die Mehrheit der Bevölkerung hinter sich wusste.

So dienten die gegen Katholiken ausgesprochenen Exkommunikationen der Staatskirche nicht mehr – wie in einer konfessionell geschlossenen Gesellschaft oder Gruppe – als Disziplinierungsinstrument, sondern wurden ebenfalls zu einem die konfessionelle Abgrenzung und Konfrontation verschärfenden Faktor. Die protestantischen Bischöfe wollten dies häufig nicht hinnehmen und suchten ihre Machtlosigkeit dadurch zu überwinden, dass sie bei den weltlichen Behörden einen *writ de excommunicato capiendo* beantragten. Die Betroffenen sollten also verhaftet und zu Geldstrafen verurteilt werden.²⁵⁶ Auch dieser Rekurs auf die weltliche Gerichtsbarkeit war in einer mehrheitlich protestantischen Gesellschaft wie der englischen durchaus ein sinnvolles Instrument, um einen halsstarrigen Delinquenten zu disziplinieren. In Irland dagegen, wo die Mehrheit der Bevölkerung und die Mehrheit der lokalen Amtsträger, die die *writs* zu vollstrecken hatten, Katholiken waren, blieben die *writs* häufig wirkungslos, weil die lokalen Amtsträger sie verschleppten. Die Bischöfe der Staatskirche äußerten deshalb häufig Unzufriedenheit über ihre entsprechende Machtlosigkeit in der irischen Gesellschaft.²⁵⁷

Dagegen gibt es in den Quellen deutliche Hinweise darauf, dass das Disziplinierungsmittel der Exkommunikation in der katholischen Konfessionskirche erfolgreich durchgesetzt werden konnte. So berichtete ein Protestant im Jahr 1606, katholische Frauen „will neither eat nor lie with their husbands", falls diese von einem katholischen Kleriker wegen des Besuches protestantischer Gottesdienste exkommuniziert worden seien.²⁵⁸ In den Sy-

---

²⁵⁵ William Bedell, Bishop of Kilmore, to the Archbishop of Armagh, 15. Feb. 1629 [1630], in: Works of Ussher, hg. v. ELRINGTON u. TODD, Bd. XV, S. 463–472, hier S. 471. Die Situation hatte sich im frühen 18. Jahrhundert nicht verändert. (Vgl. CONNOLLY, Religion, S. 177–178).

²⁵⁶ Vgl. True Relation, hg. v. JONES, S. 39–40.

²⁵⁷ So z.B. in der Beschwerde von John Rider, dem protestantischen Bischof von Killaloe, in der *regal visitation* von 1622. (Vgl. The State of the Diocese of Killaloe, Presented to His Majesties Commissioners at Dublin ... per Johannem [John Rider] Laonensem Episcopum, 1622, abgedruckt in: DWYER, Diocese of Killaloe, S. 100–156; hier S. 143; vgl. auch TCD MS 550: Ussher, Primate. Visitation-book, 1622: Derry, Bischof George Downham, fol. 206).

²⁵⁸ Concerning Reformation of Religion in Ireland (wahrscheinlich von Sir Henry Brouncker verfasst), 1606, in: CSPI 1603–1606, S. 543–545, hier S. 544.

nodaldekreten wurden die Kleriker sogar aufgefordert, die Disziplinierungsinstrumente der Exkommunikation und der öffentlichen Kirchenbuße
nur spärlich einzusetzen, damit man nicht die Aufmerksamkeit der staatlichen Behörden unnötig auf sich lenke.[259] Dies ist ein weiterer indirekter
Hinweis auf die hohe Wirksamkeit dieser Maßnahmen, denn nur dadurch,
dass die katholische Gemeinschaft eine vom Bischof oder Priester ver-
hängte große Exkommunikation im Alltag umsetzte, konnte diese öffentlich und damit für den Staat ‚sichtbar' werden.

Insgesamt wird deutlich, dass die Disziplinierungsinstrumente der Church
of Ireland eine spezifische Anpassung an die konfessionelle Konkurrenzsituation erfuhren und sich von Instrumenten der Disziplinierung zu Instrumenten der doppelten Konfessionalisierung entwickelten. Der Grund für
diesen Wandel der staatskirchlichen Disziplinierungsinstrumente war der
andauernde Anspruch der Church of Ireland auf das konfessionelle Monopol in Irland. Deshalb zielte die Staatskirche mit ihren Disziplinierungsmaßnahmen nicht nur auf die protestantische Minderheit, sondern auf die
gesamte Bevölkerung der Insel, ja sogar vor allem auf die katholische
Mehrheit. Die Church of Ireland wandte die Institutionen und Verfahren
kirchlicher Disziplinierung bewusst an, um ihren konfessionellen Monopolanspruch gegenüber den Katholiken durchzusetzen.

Die doppelte Konfessionalisierung der irischen Gesellschaft war aber im
frühen 17. Jahrhundert bereits so weit fortgeschritten, dass die Disziplinierungsmaßnahmen der Church of Ireland nicht mehr zu einer Integration der
Katholiken in die Staatskirche führen konnten, sondern die *Catholic community* antagonisierten. Erschwerend kam dabei die häufige Verhängung
von Geld- und Gefängnisstrafen hinzu, denn gerade deren Nutzung für *pious uses* auf protestantischer Seite führte zur Verschärfung der konfessionellen Gegensätze. Durch eine Beschränkung ihrer Disziplinierungsmaßnahmen auf die den Gottesdienst der Staatskirche besuchenden Protestanten hätte die Church of Ireland ihren faktisch bereits festgeschriebenen
Status als Konfessions- und Minderheitskirche ‚öffentlich' akzeptiert. Dazu
war die Staatskirche jedoch – wie wir oben mehrfach in anderen Zusam-
menhängen gesehen haben – nicht bereit.

Dagegen waren die Disziplinierungsmaßnahmen der katholischen Kirche
gegenüber ihrem eigenen Kirchenvolk – berücksichtigt man deren Lage als
illegale Untergrundkirche ohne staatlichen Rückhalt und die Tatsache, dass
Disziplinierung deshalb nur auf dem Weg des sozialen Konsenses durchgesetzt werden konnte – erstaunlich erfolgreich. Der Fall Irland macht inso-

---

[259] Die Provinzialsynode von Dublin verfügte 1614, dass keine öffentlichen Bußen
aufzuerlegen seien. (Dekrete der Provinzialsynode von Dublin, 1614; abgedruckt in:
MORAN, Catholic Archbishops, S. 439–463, hier S. 450).

fern vor allem eines deutlich: So sehr auch die ‚Tiefenwirkungen' konfessioneller und staatlicher Disziplinierungsmaßnahmen in den europäischen Gesellschaften der Frühen Neuzeit in der Forschung umstritten sind, Sozialdisziplinierung konnte nicht wirksam werden ohne einen gesellschaftlichen Grundkonsens über die Legitimität kirchlicher Sündenzucht oder staatlicher Sanktionen. Im anderen Fall liefen Disziplinierungsmaßnahmen von vornherein ins Leere.

D. Ergebnisse[1]

I. Frühmoderne Staatsbildung, Widerstand und Konfessionalisierung

Im 16. und in der ersten Hälfte des 17. Jahrhunderts wandelte sich der politisch-verfassungsrechtliche Status Irlands entscheidend. Ausgehend von seinem mittelalterlichen Status als Lordship der englischen Krone, hatte Irland am Ende unseres Untersuchungszeitraums jene politisch-konstitutionelle ‚Zwitterstellung‘ als zweitrangiges Königreich und Kolonie erreicht, die es bis zum Ende der Frühen Neuzeit – bis zur Unionsakte von 1801 – behielt.

Das Lordship of Ireland hatte bereits am Ende des Mittelalters ein Parlament und einen Vizekönig mit eigenständiger Verwaltung, so dass es gegenüber anderen Peripherien des englischen Königreichs, vor allem im Vergleich zu Wales, eine deutlich stärkere Eigenständigkeit besaß. Zudem hatte sich im Laufe des späten Mittelalters in Irland eine politische Struktur herausgebildet, die Peter Moraw für das Reich als „offene Verfassung"[2] bezeichnet hat: Das effektive Machtzentrum des Königs war auf das kleine Gebiet der Pale geschrumpft; die königstreuen Städte erhielten, da der König sie nicht direkt verteidigen konnte, umfassende Privilegien; die angloirischen Adeligen erlangten weitgehende politische Unabhängigkeit und machten sich allmählich daran, ihre Gebiete zu Landesherrschaften auszubauen, die dem Zugriff des Königs entzogen waren; und das gälische Irland lag völlig außerhalb des königlichen Einflussbereichs und außerhalb des *common law*.

Unter Heinrich VIII. begann der Versuch, eine frühmoderne Staatsbildung nach Muster des englischen Königreichs in Irland zu verwirklichen. Das geschah im zeitlichen und sachlichen Zusammenhang mit der von

---

[1] Im Folgenden werden die Ergebnisse zunächst weitgehend analytisch getrennt im Hinblick auf ‚Staatsbildung‘ einerseits und auf ‚Konfessionsbildung‘ andererseits dargestellt. Da jedoch beide Aspekte im Prozess der doppelten Konfessionalisierung in Irland immer ineinander griffen, ist eine völlige Trennung nicht möglich. Im dritten Teil der Ergebnisse wird dann das konfessionelle Zeitalter der irischen Geschichte als langfristiger Wandlungsprozess und im Hinblick auf die spezifische Verknüpfung von Staatsbildung und Konfessionalisierung im europäisch-vergleichenden Kontext analysiert.

[2] MORAW, Von offener Verfassung.

Thomas Cromwell in England initiierten *Tudor revolution in government* und in enger Verknüpfung mit der politisch-rechtlichen Reformation von 1536, die den König an die Spitze der irischen Staatskirche stellte. Das irische Königreich, das 1541 geschaffen wurde, war analog zur englischen Verfassungsstruktur des King-in-Parliament gestaltet: Auch in Irland besaß der König sowohl seine weltliche Souveränität als auch die Suprematie über die Staatskirche nur im Parlament.

Mit der *Tudor Revolution in government* verband sich zugleich die Absicht der englischen Regierung, die Autonomie der anglo-irischen Lords in Irland einzuschränken. Der englische Staat griff zunehmend in Irland ein, wollte das benachbarte Königreich stärker kontrollieren und effizienter verwalten. Bereits die ersten Zentralisierungsmaßnahmen Londons führten zur Kildare-Rebellion, woraufhin die so genannte *native rule* durch *direct rule* ersetzt wurde. Durch diesen Schritt wurde die Stellung Irlands als ‚zweitrangiges' Königreich im Rahmen des *multiple kingdom* der Tudors festgeschrieben.[3] Zudem begann nun ein allmählicher Elitenaustausch, zunächst vor allem in der zentralen Dubliner Verwaltung.

In das neue irische Königreich sollten auch die gälischen Iren integriert werden. Mit Hilfe der *surrender-and-regrant*-Politik wollte die Krone autonome gälische Lords mit vorwiegend konzilianten Mitteln in domestizierte Adelige nach englischem Vorbild umwandeln. Ziel war die Etablierung des Gewaltmonopols des Staates, die Schaffung eines befriedeten politischen Gemeinwesens und eines einheitlichen Untertanenverbandes. Ohne dieses Ausgreifen der Tudor-Monarchie in der ersten Hälfte des 16. Jahrhunderts hätte sich in Irland langfristig wahrscheinlich ein System unabhängiger gälischer und anglo-irischer Landesherrschaften mit loser Überdachung durch die englische Krone entwickelt.

Die angestrebte irische Staatsbildung als Königreich in Personalunion mit England erwies sich unter den Königen Edward und Mary jedoch als sehr konfliktträchtig und schwer durchführbar. Eine häufig oszillierende Politik von Seiten Englands und der Vizekönige einerseits und das von Fehden geprägte politische System des gälischen und autonomen anglo-irischen Irland andererseits ließen an die Stelle der friedlichen Integration verstärkt militärisches Vorgehen treten. Im Rahmen dieser *mid-Tudor crisis* wurde auch das erste englische Siedlungsprojekt in Irland begonnen, dessen Ziel es war, die ‚rebellischen' gälischen Untertanen durch ‚treue' Untertanen englischer Herkunft zu ersetzen. Damit gewann der koloniale Charakter Irlands zunehmend an Bedeutung.

Diese Entwicklung war jedoch weder zwangsläufig noch beabsichtigt. Es gab keine planmäßige Eroberung Irlands durch England, vielmehr blieb

---

[3] Die Abhängigkeit des irischen Parlaments vom englischen Privy Council war ja bereits Ende des 15. Jahrhunderts durch *Poynings' Law* festgelegt worden.

die friedliche Umwandlung Irlands in ein Königreich nach englischem Vorbild das eigentliche Ziel englischer Politik auf der Nachbarinsel.[4] Obwohl der Staatsbildungsprozess in Irland seit der *mid-Tudor crisis* deutlich von militärischer Eroberung und *plantation* geprägt war, macht das Beispiel Connacht deutlich, dass friedliche Staatsbildung auch noch gegen Ende des 16. Jahrhunderts möglich war: Konflikt und Koexistenz waren die beiden Pole, zwischen denen der Staatsbildungprozess im frühneuzeitlichen Irland oszillierte.

Das spezifische Problem frühmoderner Staatsbildung in Irland resultierte auch in der zweiten Hälfte des 16. und im frühen 17. Jahrhundert aus seiner politischen Stellung als peripheres Königreich im Rahmen des *multiple kingdom* der Tudors und Stuarts einerseits und seiner geopolitischen Lage als ,Trittstein nach England' andererseits. Die Einbettung Irlands in ein *multiple kingdom* bedeutete, dass es im Rahmen des irischen Staatsbildungsprozesses zwei zentrale politische Handlungsebenen gab, nämlich die neuenglische Regierung in Dublin einerseits und die Krone und den Hof in London andererseits. Auf Grund unterschiedlicher Interessen dieser beiden Regierungszentren wurde nicht selten die Durchführung einer geschlossenen Politik oder eines bestimmten politischen Programms in Irland verhindert.

Die Interessen der Dubliner und der Londoner Regierung traten vor allem im Zuge der Konfessionalisierung ab den 1580er Jahren auseinander, denn während man von neuenglischer Seite in Irland die Notwendigkeit einer rigiden Staatsbildungs- und Konfessionalisierungspolitik betonte, sah die englische Regierung Irland immer vor dem Hintergrund des gesamten *multiple kingdom* und der außenpolitischen Sicherheit ihres Hauptkönigreichs England. Während die Krone zwar einerseits bereit war, sich bei akuter Gefährdung der englischen Hintertür finanziell und militärisch in hohem Maß in Irland zu engagieren, wollte sie andererseits in den relativen Friedensperioden im irischen Königreich nicht von sich aus Widerstand provozieren, um die Sicherheit des Gesamtstaates nicht zu gefährden. Deshalb verfolgte die Londoner Regierung häufig eine den Interessen Dublins entgegengesetzte Strategie: Sie rief wiederholt zur Mäßigung gegenüber den katholischen Altengländern auf, und teilweise wurde die Konfessionalisierungspolitik der Vizekönige und des irischen Privy Council sogar explizit von ihr gestoppt. Alle diese Faktoren trugen zum stark oszillierenden Charakter englischer Staatsbildungspolitik in Irland bei.

---

[4] Geht man von der Annahme der Regierung Heinrichs VIII. aus, dass Irland durch eine konziliante Politik befriedet und in ein Königreich nach englischem Muster umgewandelt werden könne, so stellt sich die Eroberung Irlands durch England nicht als Erfolg, sondern als Misserfolg dar. Deshalb hat Ciaran Brady das Schlagwort der älteren Historiographie vom „Tudor conquest" zur „Tudor failure" umgedeutet. (Vgl. BRADY, Decline, S. 102).

Zugleich eröffnete die politische Stellung Irlands als Peripherie im Rahmen eines *multiple kingdom* den oppositionellen Kräften auf der Insel spezifische politische Handlungsmöglichkeiten. Der außerhalb Irlands gelegene Hof bot den loyalen Anglo-Iren und späteren Altengländern eine Appellationsebene, um ihre Interessen gegen die Dubliner Regierung durchzusetzen. Auch so wurden die politisch-konfessionellen Maßnahmen Dublins häufig untergraben. Daneben war die Insel als ,Trittstein' nach England bereits seit dem frühen 16. Jahrhundert, namentlich seit der Kildare-Rebellion, für die politischen Gegner Englands auf dem Kontinent von Interesse. Die Konfessionalisierung des internationalen Systems in der zweiten Hälfte des 16. Jahrhunderts bot gälischen und autonomen anglo-irischen Lords die Möglichkeit, durch eine konfessionelle Begründung ihrer Rebellionen auf dem Kontinent – vor allem in Spanien – Bündnispartner zu finden und militärische Hilfe anzuwerben.

Beginnend mit den beiden Desmond-Rebellionen in den späten 1560er und 1570er Jahren verknüpfte sich allmählich die säkulare Frage der englischen Herrschaft über Irland mit der Konfessionsfrage. Im Zuge ihres politischen Widerstandes gegen den von englischer Seite ausgeübten ,Staatsbildungsdruck' stellten sich autonome anglo-irische und gälische Adelige auf die Seite der militärischen Gegenreformation. Damit traten sie in eine politisch-religiöse Fundamentalopposition zum englischen Staat.

Zugleich formierte sich seit den 1580er Jahren auf Seiten der loyalen Anglo-Iren eine andere Form des politischen Widerstandes. Dies war kein Widerstand gegen die militärische Eroberung Irlands an sich, sondern er bezog sich zunächst allein auf die hohen finanziellen Belastungen, die die loyalen Anglo-Iren im Zuge dieser Eroberung zu tragen hatten. Erst als die Vizekönige die anglo-irischen Gravamina über die *cess* missachteten und unter Berufung auf die königliche Prärogative versuchten, die *cess* in eine feste Steuer ohne parlamentarische Zustimmung umzuwandeln, formierten sich die loyalen Anglo-Iren als *commonwealth men* zur Verteidigung ihrer ,alten Rechte und Freiheiten' – im kontinentalen Vokabular zu einer ,ständischen Opposition'.

Ausgelöst durch das harte Vorgehen der Regierung im Anschluss an die Baltinglass-Rebellion und durch das Regierungsprogramm Lord Deputy Perrots – des ersten ,Konfessionalisierungsprogramms' in Irland – kam es auf Seiten der loyalen Anglo-Iren zu einer allmählichen Verkoppelung von politischer Unzufriedenheit und Religion. Seit den 1580er Jahren floss in die Vorstellung von der Verteidigung der *ancient liberties*, die gegen den Übergriff der Dubliner Regierung zu bewahren seien, auch das Element der ,Gewissensfreiheit' bzw. des ,alten Glaubens' ein.

Der konfessionelle Gegensatz wurde dann rasch zum „Kristallisations-kern"[5] in den Auseinandersetzungen der loyalen Anglo-Iren mit der Dubliner und teilweise auch der Londoner Regierung. Man kann hier vor allem im frühen 17. Jahrhundert einen Eskalationsprozess beobachten, im Zuge dessen sich die protestantische Konfessionalisierung und Staatsbildung ‚von oben' und der sich um den tridentinischen Katholizismus formierende politisch-konfessionelle Widerstand der Altengländer ‚von unten' immer unversöhnlicher gegenüberstanden. Die Zentralisierungs- und Staatsbildungsmaßnahmen der Regierung konzentrierten sich zunehmend auf die altenglischen Städte, da deren umfassende Privilegien und politische Unabhängigkeit vor dem Hintergrund ihrer konfessionellen Option als Gefährdung für den Staat erschienen. Umgekehrt wurde die altenglische Opposition gegen diese konfessionell-politischen Angriffe immer ‚fundamentaler' – bis hin zur Sprengung des Parlaments von 1613–15.

Trotzdem blieb die „Fundamentalopposition"[6] der Altengländer auch im frühen 17. Jahrhundert immer im Rahmen der Verfassung, so dass sie ihren Widerstand entweder im Parlament oder durch Appellationen an die Krone zum Ausdruck brachten. Die Rebellionen eines James Fitzmaurice Fitzgerald oder eines Hugh O'Neill – und damit die militärische Gegenreformation – lagen ihnen fern. Die Baltinglass-Rebellion von 1580/81 ist deshalb vor dem Hintergrund der politischen Grundeinstellung der großen Mehrheit der loyalen anglo-irischen Bevölkerungsgruppe als eine Ausnahmeerscheinung zu betrachten. Allerdings hatte sie insofern ‚Signalwirkung', als sich die Regierung hier erstmals in der Pale, also im Regierungszentrum, mit einem konfessionell begründeten Aufstand konfrontiert sah. In den Augen der protestantischen Neuengländer bestätigte dies die im konfessionellen Zeitalter verbreitete Annahme, dass protestantische „Rechtgläubigkeit" das „Band der Gesellschaft"[7] sei und somit Katholizismus zwangsläufig zu rebellischem Verhalten führen müsse.

Vor diesem Hintergrund ist das politische Verhalten der protestantischen Neuengländer und der Dubliner Regierung auch in der ersten Hälfte des 17. Jahrhunderts zu sehen. Man greift hier wesentlich zu kurz, wenn man deren Widerstand gegen einen politisch-konfessionellen Ausgleich mit den katholischen Altengländern im Sinne eines ‚kolonialistischen Eigennutzes' interpretiert; vielmehr sollte die konfessionelle Argumentation der Zeitgenossen ernst genommen werden. Dies wurde vor allem im Rahmen der Auseinandersetzungen um die *Graces* deutlich.

Mit den *Graces*, die als königliches ‚Edikt' erlassen wurden, eröffnete sich die Möglichkeit, dem Katholizismus in Irland ein eingeschränktes Maß

---

[5] SCHILLING, Konfessionskonflikt, S. 372.
[6] SCHILLING, Konfessionalisierung im Reich, S. 6.
[7] SCHREINER, Rechtgläubigkeit.

an Toleranz zu gewähren und damit langfristig die Existenz von zwei Konfessionskirchen in einem politisch-gesellschaftlichen Raum anzuerkennen. Dazu wäre es aber – gemäß der englisch-irischen Verfassungstradition – unabdingbar gewesen, den Gnadenerweisen durch ein Parlamentsgesetz die Zustimmung des gesamten *body politic* zu sichern. Stattdessen blieben die *Graces* abhängig von der königlichen Prärogative, so dass sie – wie die französischen Religionsedikte – dem politischen Willen, um nicht zu sagen der Willkür, der Krone und ihres irischen Vizekönigs unterworfen waren und kein ‚verbrieftes‘, d.h. parlamentarisch legitimiertes Recht der katholischen Altengländer darstellten. In diesem Sinn sind die *Graces* gescheitert, auch wenn einzelne Bestimmungen – vor allem der *oath of allegiance* – umgesetzt wurden.

Das Scheitern der *Graces* erklärt sich wiederum vor dem Hintergrund der spezifischen politischen Situation des irischen Königreichs. Denn der Versuch, in Irland einen konfessionellen Ausgleich zu finden, wurde nicht – wie im Reich 1555 und in Mitteleuropa 1648 – aus der Einsicht der beiden konkurrierenden Konfessionsparteien, dass man sich gegenseitig nicht besiegen könne, geboren, sondern aus den außenpolitischen Interessen der englischen Regierung. Die Situation in Irland war jedoch zu dieser Zeit von einer sich zunehmend verschärfenden Konfessionalisierung im Innern der Gesellschaft geprägt – und damit vor allem auf Seiten der protestantischen Neuengländer nicht von Interesse an einer bi-konfessionellen Einigung. Der irische Staat und die irische Gesellschaft blieben so dauerhaft von Konfessionskonflikten überschattet.

Im frühen 17. Jahrhundert verfestigte sich nach einer Phase des Wandels von fast einem Jahrhundert auch die politisch-konstitutionelle Zwitterstellung des irischen Königreichs. Die Siedlungsprojekte, vor allem die *plantation of Ulster*, hatten Irlands kolonialen Charakter deutlich verstärkt, doch dies änderte grundsätzlich nichts an der unter Heinrich VIII. festgelegten Verfassungsstruktur. Als Königreich in Personalunion mit England war Irland einerseits nicht ‚vollwertig‘, sondern abhängig und – in der Interessenhierarchie der Krone – zweitrangig. Dabei trug es nun aber deutlich stärkere absolutistische Züge als sein Vorbild England. In Irland wurde das stehende Heer zum ersten Schlüsselmonopol frühmoderner Staatsbildung, so dass die Insel staatliche Durchdringung auf dem Weg der Eroberung erlebte. Daraus ergab sich dieselbe Konsequenz wie in zahlreichen Territorien des Reiches nach dem Westfälischen Frieden. Die Versorgung des stehenden Heeres war auf der Basis der *necessitas* in permanenter Kriegssituation zunehmend durch Kontributionen ohne parlamentarische Zustimmung gesichert worden. Dies führte zur Zurückdrängung des ‚ständischen Elements‘ in der irischen Verfassung: Zwischen 1585 und 1613 wurde das Parlament in Irland nicht einberufen.

Nach dem Vollzug der militärischen Eroberung ging der englische Staat im frühen 17. Jahrhundert auch daran, sich die Zollhoheit als weiteres Schlüsselmonopol frühmoderner Staatsbildung zu sichern. Dies hatte einen Angriff auf die städtischen Privilegien und die politisch-konfessionelle Autonomie der altenglischen Städte überhaupt zur Folge. Parallel zu vergleichbaren Entwicklungen auf dem Kontinent versuchte die englische Krone, die altenglischen ‚Autonomiestädte' in Irland ‚einzufangen', also sie dem Staat unterzuordnen. Dies gelang zwar weitgehend auf wirtschaftlich-politischem Gebiet, jedoch nicht auf dem konfessionellen Sektor.

Die letzte Phase der Staatsbildung in Irland im konfessionellen Zeitalter wurde von Vizekönig Thomas Wentworth geprägt. Der neue Lord Deputy wollte auf Irland das Modell eines absolutistischen Konfessionsstaates übertragen. Neben den Schlüsselmonopolen Heer und Zölle wollte Wentworth nun auch die Staatskirche zu einem Instrument absolutistischer Staatsbildung ausbauen. Dieses Ziel verfolgte er in mehreren Schritten. Zunächst wollte er die Church of Ireland in eine dogmatisch-personell ‚schlagkräftige' Konfessionskirche verwandeln und ihr eine solide ökonomische Basis verschaffen. Diese formierte Kirche sollte dann im nächsten Schritt sowohl ihren Anspruch auf das konfessionelle Monopol in Irland durchsetzen als auch als Instrument staatlicher Verdichtung dienen.

Zugleich strebte Wentworth die entschiedene Zurückdrängung des ‚ständischen Elements' im irischen Königreich an. Im Gegensatz zu seinen Vorgängern, die die politisch-konfessionell bevorrechtigte Stellung der neuenglischen Elite akzeptiert und mitgetragen hatten, richtete sich Wentworth' Angriff auf die alt- und die neuenglischen Eliten zugleich. Im Parlament von 1634/35 spielte er die beiden Interessengruppen geschickt gegeneinander aus und baute sich selbst zugleich eine neue *court party* auf, mit der er in Zukunft das irische Parlament kontrollieren wollte. Sein ‚Fundamentalangriff' auf beide Elitegruppen richtete sich sowohl gegen deren konfessionelle als auch deren ökonomische Interessen. Den Altengländern verweigerte er endgültig die *Graces* und damit eine konfessionelle Tolerierung. Die politische Macht der altenglischen Elite wollte er dadurch brechen, dass er ihnen ihre wirtschaftliche Basis durch Siedlungsprojekte auf altenglischem Land entzog. Für die Neuengländer bedeutete die Wentworthsche Konfessionalisierung ‚von außen' einen Fundamentalangriff auf ihre Symbiose mit der Staatskirche – und zwar sowohl im Hinblick auf ihr theologisches Selbstverständnis als auch ihre ökonomischen Interessen. Dieser massive politische und konfessionelle Druck führte jedoch in einer politischen Krisensituation zu der überraschenden Allianz der beiden Elitegruppen, die sich zum Widerstand gegen Wentworth zusammenfanden.

II. Konfessionsbildung und Konfessionalisierung in einer konfessionellen Konkurrenzsituation

Im späten 16. und im frühen 17. Jahrhundert kam es in Irland zur Ausbreitung und Verfestigung von zwei Konfessionskirchen in einem politisch-gesellschaftlichen Raum. Dies widersprach der im Europa des konfessionellen Zeitalters immer angestrebten und auch weitgehend durchgesetzten Einheit von politischem und kirchlichem Raum, so dass in Irland häufig die konfliktfördernden Faktoren der frühneuzeitlichen Konfessionalisierung wirksam wurden.

Nach einer Phase des religiösen Wechselspiels unter den Königen Heinrich, Edward und Mary, die die konfessionelle Entwicklung Irlands nicht nachhaltig prägte, begann mit der endgültigen Etablierung der Church of Ireland im Jahr 1560 der ‚Vorlauf' für die doppelte Konfessionalisierung der Gesellschaft und der Kirchen in Irland – doch dies auch nur aus der Rückschau. Denn die Zeit zwischen 1560 und 1580 war vor allem von vorkonfessionell-mittelalterlicher Religiosität in einem konfessionellen Vakuum geprägt, das vorerst von keiner Kirche ausgefüllt wurde. Die Staatskirche, die theoretisch das gesamte Land umfasste, hatte faktisch nur Zugriff auf einen kleinen Teil Irlands. Und auch die Intervention der tridentinischen Konfessionskirche in den 1560er Jahren hatte zunächst noch keine Auswirkungen auf die irische Gesellschaft.

Das religiöse Verhalten der anglo-irischen Eliten der Pale und der Städte zeichnete sich durch Konformität mit der Staatskirche ohne Konversion zu einem wie auch immer definierten Protestantismus aus. In dieser Schwebephase verhinderte die geringe Macht des Staates, dass entscheidende Weichen für die Zukunft gestellt wurden. Zwei Mechanismen im Prozess der Konfessionalisierung – die effektive Kontrolle der Multiplikatoren, vor allem der Pfarrer, Lehrer und lokalen Amtsträger, und die Einrichtung von Bildungsinstitutionen – wurden nicht in Gang gesetzt und konnten so nicht im Sinne einer Durchsetzung des konfessionellen Monopolanspruchs der Church of Ireland genutzt werden. In Parallelität zum Prozess der Konfessionalisierung im kontinentalen Europa begann dann in den 1580er Jahren eine Umschwungphase, die in Irland zu konkurrierenden Konfessionsbildungen und zu einer ‚doppelt konfessionalisierten' Gesellschaft führte. Die protestantische und die katholische Konfessionalisierung verliefen dabei weitgehend synchron und wirkten permanent aufeinander ein. Die doppelte Konfessionalisierung in Irland war deshalb ein Prozess des ständigen „challenge and response".[1]

Im Gegensatz zum Kontinent, wo man von einem ‚Normalfall' ausgeht, im Zuge dessen die Herausbildung und Formierung von Konfessionskirchen zu Leitvorgängen für eine weitergreifende gesellschaftlich-politische Formierung wurden, kann man in Irland einen umgekehrten Prozess feststellen. Hier kam es zunächst zu den oben beschriebenen politischen Konflikten im Zuge der weitgehend mit militärischen Mitteln durchgeführten frühmodernen Staatsbildung. Die Folge war eine politisch-gesellschaftliche Polarisierung, an die sich das konfessionelle Moment rasch anlagerte, um dann zum Kern des „Konfliktsyndroms"[2] zu werden. Während die autonomen anglo-irischen und gälischen Lords sich zu Trägern der militärischen Gegenreformation entwickelten, wandten sich die loyalen Anglo-Iren dem reformierten Katholizismus zu und wurden zu Trägern der tridentinischen Mission in Irland.

Entscheidend für den Prozess der doppelten Konfessionalisierung in Irland wurde die Bildungsoption der anglo-irischen Eliten für ihre Kinder. Denn während sie selbst weiterhin Konformität mit der Staatskirche übten, schickten sie ihre Söhne an die katholischen Universitäten des Kontinents – und diese kamen als tridentinisch formierte Katholiken nach Irland zurück. Wie auf dem Kontinent war der Schritt von vorkonfessionellem ‚Lavieren' hin zu konfessioneller Entschiedenheit mit einem Generationswechsel verbunden. Die loyale anglo-irische Bevölkerungsgruppe etablierte in der Folge eine tridentinische Mission in Irland und wandte sich ‚modernen Orden', allen voran den Jesuiten, zu.

Dieser katholische Formierungsprozess baute allmählich einen ‚Zwang zur Konfessionalisierung' in der irischen Gesellschaft auf. Der tridentinische Katholizismus stellte eine klar definierte konfessionelle Alternative zur Church of Ireland dar, die in den eng geknüpften sozialen Netzwerken der anglo-irischen Bevölkerungsgruppe auf fruchtbaren Boden fiel. Die Church of Ireland wurde von diesem Umschwung überrascht: Konformität wandelte sich binnen weniger Jahre in *recusancy*; vorkonfessionelle Priester in der Staatskirche trafen eine bewusste Entscheidung für den Katholizismus und verließen ihre Pfründen. Im frühen 17. Jahrhundert wurde aus der tridentinischen Mission dann eine institutionalisierte katholische Konfessionskirche.

In Reaktion auf diese Vorgänge entwickelte sich auch die Staatskirche zu einer formierten Konfessionskirche. Im Vergleich zum europäischen ‚Normalfall' verliefen entscheidende Prozesse dieser protestantischen

---

[1] Vgl. SCHILLING, Reformation, der dies als Modell für die Reformation als Teil eines längerfristigen Wandels entwirft.
[2] SCHILLING, Konfessionskonflikt, S. 372.

Konfessionalisierung in veränderter Konstellation. Während auf dem Kontinent das klare Glaubensbekenntnis zur Grundlage für die darauf folgende Formierung des Klerus wurde, gelangte in Irland zunächst ein bereits konfessionell formierter Klerus aus England und Schottland in die Pfarreien der Church of Ireland. Dieser Klerus fand einen gemeinsamen theologisch-dogmatischen Nenner auf der Basis des Calvinismus und in bewusster Abwehr des Katholizismus. So erhielt die Staatskirche mit den *104 Artikeln* von 1615 auch ein eindeutiges Bekenntnis.

Diese spezifische Abfolge im Prozess der protestantischen Konfessionsbildung in Irland – zuerst die Erneuerung des Personals, dann die Festlegung eindeutiger Normen – ist auf den Status der irischen Staatskirche im Rahmen des *multiple kingdom* zurückzuführen. Denn ähnlich wie der irische Staat befand sich die Church of Ireland immer, wenn auch in wechselndem Maße, in einem Abhängigkeitsverhältnis zur englischen Staatskirche. Ihren deutlichsten Ausdruck fand diese ‚Appendix-Situation‘ in den 1630er Jahren unter Wentworth, als dieser durch einen Prozess der Konfessionalisierung ‚von außen‘ versuchte, die irische Staatskirche auf die dogmatischen und rituellen Normen der Church of England zu verpflichten.

In europäisch vergleichender Sicht weist die protestantische Konfessionalisierung in Irland viele strukturelle Ähnlichkeiten mit den so genannten ‚Zweiten Reformationen‘ bzw. calvinistischen Konfessionalisierungen im Reich auf. Denn als „Fürstenreformation“[3] erfasste sie nur eine kleine Elite in Staat und Kirche und traf auf ständischen Widerstand ‚von unten‘. Der „Kristallisationskern“[4] dieses Widerstandes war jeweils eine konkurrierende Konfessionskirche – im Reich war es das Luthertum, in Irland der Katholizismus. Im Zuge dieser Konfrontation entwickelte sich die Church of Ireland zu einer elitären Minderheitskirche, gab jedoch ihren Anspruch auf das konfessionelle Monopol in Irland nie auf.

Die beiden konkurrierenden Konfessionsbildungen in einem politisch-gesellschaftlichen Raum führten einerseits zu erheblichen Spannungen, andererseits aber auch zu Anpassungen an die konfessionelle Konkurrenzsituation, denn nur so war das alltägliche Zusammenleben weiterhin möglich: Konflikt und Koexistenz lagen hier eng nebeneinander. Als eindeutig konfessionalisierte Lebensbereiche sind Erziehung, Bildung und Bildungsinstitutionen zu nennen, wobei diesem Aspekt auch eine Vorreiterrolle im Prozess der Konfessionalisierung insgesamt zukam. Bezeichnenderweise erfolgte die Konfessionalisierung des Universitätssektors durch eine räumliche Trennung – das Trinity College, Dublin, in Irland, die Irish Colleges auf dem Kontinent –, die ansonsten gerade kein Merkmal der

---

[3] SCHILLING, Zweite Reformation, S. 421.
[4] SCHILLING, Konfessionskonflikt, S. 372.

doppelten Konfessionalisierung in Irland war. Die Konfessionalisierung von Erziehung und Bildung sicherte das langfristige Überleben beider Konfessionskirchen – aber perpetuierte damit auch die konfessionellen Gegensätze in der irischen Gesellschaft.

Andere Lebensbereiche waren stark bis teilweise konfessionalisiert. Im Konnubium der altenglischen Eliten und in ihren sozialen Netzwerken manifestierte sich die konfessionelle Spaltung der Gesellschaft. Für ganz Irland wird man jedoch, trotz aller Propaganda der Kleriker beider Seiten, nicht von einer Konfessionalisierung von Ehe und Familie sprechen können, denn gemischtkonfessionelle Ehen waren offenbar keine Seltenheit. Das Nebeneinander von stark konfessionell geprägten und nicht-konfessionalisierbaren Strukturen wurde auch im Hinblick auf die *res publica litteraria* deutlich. Hier zeigte sich, dass einerseits die Geschichtsschreibung – parallel zur Identitätsentwicklung – im Laufe des frühen 17. Jahrhunderts zunehmend konfessionalisiert wurde und dass die konfessionelle Determinierung allmählich die ältere ethnisch-kulturelle verdrängte. Andererseits blieb aber eine humanistische Gelehrtenrepublik über die konfessionellen Grenzen hinweg erhalten.

Auch im Hinblick auf das Alltagsleben – soweit man es in den Quellen fassen kann – ist der Befund zwiespältig. Beim Kalender passte sich die katholische Konfessionskirche an ihre protestantische Umwelt an, indem sie auf die Einführung des gregorianischen Kalenders verzichtete. Auch bei den Kirchenräumen fand grundsätzlich eine funktionale Anpassung an die gegebene konfessionelle Situation statt, indem die katholische Kirche weitgehend auf die Nutzung der alten Kirchenräume verzichtete und sich neue erschloss. Dies war jedoch nicht immer der Fall, und deshalb konnten faktische Simultankirchen zu Streitpunkten werden.

Als besonders konfliktträchtig erwies sich die Tatsache, dass die Church of Ireland ihren Anspruch auf das konfessionelle Monopol in Irland nicht aufgab und deshalb ständig versuchte, ihre Disziplinierungsmaßnahmen auf die Gesamtgesellschaft auszudehnen. In der doppelt konfessionalisierten Gesellschaft Irlands wurden jedoch aus Instrumenten der Disziplinierung und der Kirchenzucht Instrumente der konfessionellen Polarisierung. Zugleich erfuhren die Disziplinierungsmechanismen der Staatskirche eine spezifische Anpassung an die konfessionelle Konkurrenzsituation. Dabei wandelte sich vor allem die Visitation teilweise von einem Instrument der Disziplinierung ‚im Innern' der eigenen Konfessionskirche zu einem Instrument der Kontrolle des konfessionellen Gegners.

Unter der konfessionalisierten ‚Oberfläche' überlebten aber auch zahlreiche ‚mittelalterliche' Tiefenstrukturen und prägten das Gesicht der beiden Konfessionskirchen. Dazu gehörte vor allem die kulturell-ethnische Zweiteilung der katholischen Kirche, deren mittelalterliche Spaltung in die

Ecclesia inter Hibernicos und die Ecclesia inter Anglicos auch im konfessionellen Zeitalter lebendig blieb. Dies hatte auch Auswirkungen auf die „funktionalen ... Gleichheiten"[5] der katholischen und der protestantischen Konfessionsbildung. Sowohl der tridentinische Reformkatholizismus, allen voran die Jesuiten, als auch die protestantische Reformation zielten nämlich auf die Disziplinierung der gälischen Gesellschaft und die Zurückdrängung der gälischen Volksreligiosität ab. Auch wenn dieser Aspekt der Sozialdisziplinierung als allgemeineuropäisches Merkmal der Konfessionalisierung zu gelten hat, war er in Irland doch geprägt durch ein spezifisch ‚englisches' kulturelles Überlegenheitsgefühl. Diesem wurde aber unterschiedlich Ausdruck verliehen – konziliant im Fall der den tridentinischen Katholizismus vertretenden Altengländer, überwiegend aggressiv im Fall der Church of Ireland und der neuenglischen Bevölkerungsgruppe.

Eine andere auffällige Parallelität zwischen der katholischen und der protestantischen Konfessionskirche in Irland ist auf die spezifische Situation des englischen Staates in Irland zurückzuführen: In beiden konkurrierenden Konfessionskirchen konnten Laien großen Einfluss ausüben. Dieser erhöhte Laieneinfluss beruhte im Fall der Church of Ireland auf der mangelnden Unterstützung durch den Staat und im Fall der katholischen Konfessionskirche auf ihrem Untergrundstatus.

---

[5] SCHILLING, Konfessionalisierung im Reich, S. 6–7.

III. Das konfessionelle Zeitalter als Epoche
der irischen Geschichte

Die erste Hälfte des 16. Jahrhunderts war in Irland nicht von einer reformatorischen Volksbewegung geprägt wie dies in Mitteleuropa der Fall war. Stattdessen erlebte Irland eine politisch-rechtliche Reformation, die einherging mit einer Intensivierung des Staatsbildungsprozesses von Seiten Englands. Trotz dieser unterschiedlichen Entwicklung in der ersten Jahrhunderthälfte trat Irland in den 1580er Jahren – analog zur Entwicklung im Reich – in ein Zeitalter der Konfessionalisierung ein, das zur Formierung konkurrierender Konfessionskirchen führte und damit die irische Neuzeit entscheidend prägte.

Die Epoche der Konfessionalisierung war einerseits – wie in Mitteleuropa – auf vielen Ebenen des politisch-gesellschaftlichen Lebens in Irland von grundlegenden Wandlungsprozessen gekennzeichnet. Andererseits verliefen Schlüsselprozesse der Konfessionalisierung und Staatsbildung in Irland anders als dies die Forschung – abgeleitet von der Entwicklung im Reich – idealtypisch beschrieben hat.

Vor allem auf der Ebene der Identitäten konnten wir einen langfristigen, aber dennoch erheblichen Wandel feststellen: Die Identitäten aller drei Bevölkerungsgruppen in Irland, der Gälen, der Altengländer und der Neuengländer, wurden zunächst konfessionell überformt und dann konfessionell determiniert. Aber es war das Signum eines allmählichen Wandels, dass die mittelalterlichen Identitätsstrukturen lange wirkmächtig blieben. Deshalb war die integrierende Wirkung der katholischen Konfession in Irland eingeschränkt. Zwar erzeugte sie eine fest gefügte Gruppenidentität der Altengländer, doch trotz der daraus entstandenen konfessionellen Gemeinsamkeit blieben Gälen und Altengländer noch lange Zeit getrennte Bevölkerungsgruppen mit unterschiedlicher ethnisch-kultureller und politischer Identität.

Bei Gälen und Neuengländern kann man die Verknüpfung von politischer und konfessioneller Identität im späten 16. Jahrhundert bzw. im frühen 17. Jahrhundert deutlich beobachten. Bis zur Hinwendung der loyalen Anglo-Iren zum tridentinischen Katholizismus in den 1580er Jahren teilten die Neuengländer zunächst mit diesen eine Verständigungsebene, die sich an einer englischen kulturellen Identität und humanistischen Bildungsidealen orientierte. Im Zuge der doppelten Konfessionalisierung entwickelten die Neuengländer jedoch eine politische und konfessionelle Identität, die geprägt war von dem Selbstverständnis Englands als *Protestant nation* und der calvinistischen Theologie der Church of Ireland. Ihre ausgeprägte protestantische Identität ging einher mit einer aggressiven Abgrenzung gegenüber dem Katholizismus. Folglich sahen sich die Neuengländer als eine bedrohte, aber auserwählte protestantische Minderheit, umgeben von papistischen Feinden. Sie setzten Katholizismus mit politischem Rebellentum und ‚Barbarei' gleich, so dass sie nicht nur die ohnehin von ihnen als kulturell-ethnisch inferior angesehenen Gälen, sondern auch die katholischen Altengländer auf der Basis der Konfession politisch-kulturell abwerteten.

Während die Konfession bei den gälischen Lords zunächst als öffentliches Begründungsmuster für ihre politisch-militärischen Auseinandersetzungen mit der Krone fungierte, entwickelte sich im frühen 17. Jahrhundert vor allem unter den vom kontinentalen Exil geprägten Barden eine konfessionelle Gruppenidentität, die auch in religiösen Erwählungskonzepten ihren Ausdruck fand. Dies führte bis 1641 zu einer klaren identitätsmäßigen Frontstellung zwischen protestantischen Neuengländern und katholischen Gälen.

Dagegen war die Identitätsentwicklung der loyalen Anglo-Iren ambivalent. Während sie bis in die späten 1570er Jahre hinein ein dezidiert ‚englisches' politisch-kulturelles Selbstverständnis in scharfer Abgrenzung gegenüber den gälischen Iren hatten, durchlief ihre Identität in der Konfessionalisierungsepoche nach 1580 einen komplexen Wandlungsprozess. Am Ende stand eine ‚gespaltene' Identität, deren Aufrechterhaltung im Zeitalter der Konfessionalisierung immer wieder zu Problemen führte. Doch diese Identität erlaubte es den Altengländern zugleich, sich einerseits als Katholiken von den protestantischen Neuengländern abzugrenzen und andererseits ihre Abgrenzung gegenüber den Gälen, denen sie sich weiterhin kulturell überlegen fühlten, beizubehalten. Wichtiger war die Annahme des tridentinischen Katholizismus jedoch für ihre identitätsmäßige Abgrenzung als ‚Old English' gegenüber den protestantischen ‚New English', denn hier war die Konfession der einzige Abgrenzungsfaktor. Kulturell-ethnisch und im Hinblick auf ihre Loyalität zur englischen Krone fühlten sich die Altengländer weiterhin als das, was ihre Selbstbezeichnung ausdrückte: englisch.

Nicht nur auf der Ebene der Identitäten, sondern auch im Hinblick auf Staatsbildung und Konfessionalisierung war das konfessionelle Zeitalter prägend für die irische Geschichte der Neuzeit. Allerdings verstärkten sich hier Staatsbildung und Konfessionalisierung nicht gegenseitig, vielmehr setzten die beiden Prozesse vornehmlich konfliktfördernde und nicht integrative Kräfte frei.

Dies ist vor allem darauf zurückzuführen, dass die staatlich-militärische Durchdringung Irlands und der Versuch, dort eine protestantische Staatskirche zu etablieren, weitgehend parallele Prozesse waren. In England war dagegen die protestantische Reformation, die erst in der zweiten Hälfte des

16. Jahrhunderts einsetzte, entkoppelt von der politisch-rechtlichen Reformation und der Staatsbildung, die bereits in der ersten Hälfte des Jahrhunderts weit fortgeschritten war. Dadurch konnte in England eine Reformation ‚von oben' erfolgreich durchgesetzt werden.

Noch instruktiver ist meines Erachtens der Vergleich mit Wales, einer anderen Peripherie des englischen Königreichs. Wales war bereits unter Edward I. vollständig erobert worden und die Unionsakte zwischen Wales und England im Jahr 1536 markierte das Ende eines langen Prozesses der Integration in das englische Königreich, verbunden mit der Ausbreitung englischer Lokalverwaltung und englischen Rechts.[1] Erst nach der weitgehenden Vollendung der politischen Integration wurde Wales mit der politisch-rechtlichen und dann der protestantischen Reformation der Tudors konfrontiert, die zwar auch nicht problemlos verlief, aber letztlich in ganz Wales erfolgreich eingeführt wurde.

Auch im Reich kann man in Staaten, in denen die Konfessionalisierung letztlich zur Stärkung der Staatsgewalt beitrug und die territoriale Integration förderte, eine vorlaufende Modernisierung des Staates feststellen, namentlich in Bayern. Aus dem Blickwinkel des Staatsbildungsprozesses ist es daher als entscheidend für das Scheitern des *cuius-regio-eius-religio*-Prinzips in Irland anzusehen, dass die Dubliner Regierung in den Jahren nach 1560 weit davon entfernt war, Irland staatlich zu kontrollieren, und deshalb auch nicht in der Lage war, den konfessionellen Monopolanspruch der Church of Ireland durchzusetzen. Zwar konnte sich aus dem „Kirchen- und Religionsmonopol ein erster mächtiger Schub für die frühneuzeitliche Staats- oder Nationalstaatsbildung"[2] ergeben, doch musste dazu vorher ein Mindestmaß an staatlicher Durchdringung erreicht sein.

Für die europäische Konfessionalisierung heißt das, dass Staatsbildung und Konfessionalisierung nur sich gegenseitig verstärkende Prozesse mit integrativer Wirkung sein konnten, wenn der Prozess der Staatsbildung dem der Konfessionalisierung vorausging und die beiden Prozesse somit zumindest teilweise entkoppelt waren. Durch die weitgehende Parallelität von Staatsbildung und militärischer Eroberung einerseits und Konfessionalisierung andererseits überwogen dagegen in Irland auf allen gesellschaftlichen Ebenen die konfliktfördernden und abgrenzenden Impulse der Konfessionalisierung.

---

[1] Vgl. BRADY, Comparable Histories.
[2] SCHILLING, Nation und Konfession, S. 92.

E. Anhang

I. Zeittafel und Karten

1. Zeittafel

1155	päpstliche Bulle *Laudabiliter*
1169/70	Eroberung Irlands durch die Anglo-Normannen (unter *Heinrich II.*)
1509–47	*Heinrich VIII.*
1534/35	Kildare-Rebellion
1536/37	Reformationsparlament Heinrichs VIII.
1541	Parlament erklärt Heinrich VIII. zum König von Irland
1547–53	*Edward VI.*
1549	Einführung des protestantischen *First Book of Common Prayer*
1553–58	*Mary Tudor*
1557	Parlament beschließt Rückkehr zum Katholizismus und *plantation* von Leix und Offaly
1558–1603	*Elisabeth I.*
1560	Reformationsparlament Elisabeths
1569–71	zweites Parlament unter Elisabeth
1569–73	erste Desmond-Rebellion
1570	päpstliche Bulle *Regnans in Excelsis*
1579–83	zweite Desmond-Rebellion
1580/81	Baltinglass-Rebellion
1585/86	drittes und letztes Parlament unter Elisabeth
1585	*composition of Connacht*
1585 ff.	*plantation of Munster*
1592	Gründung des Trinity College, Dublin, und des Irish College, Salamanca
1595–1603	Neunjähriger Krieg

1603–25	*James I.*
1603	*recusancy revolt* in den Städten der Provinz Munster
1605	Erlass der *mandates* in Dublin
1607	*flight of the earls*
1607 ff.	*plantation of Ulster*
1613–15	einziges Parlament unter James I.
1615	*104 Artikel* der Church of Ireland
1625–49	*Charles I.*
1628	Gewährung der *Graces*
1632–40	Vizekönig Thomas Wentworth
1634/35	erstes Parlament unter Charles I.
1634	Annahme der englischen *39 Artikel* durch die Church of Ireland
1640–42	zweites Parlament unter Charles I.
1641	Aufstand in Ulster
1642	Konföderation von Kilkenny
1649/50	Eroberung Irlands durch Cromwell
1660–85	*Charles II.*
1685–88	*James II.*
1688	Glorious Revolution
1690	Battle of the Boyne

2. Karten

a) Irland: Eine moderne Überblickskarte

(aus: BOTTIGHEIMER, Karl S., Geschichte Irlands, Stuttgart, Berlin, Köln, Mainz: Verlag W. Kohlhammer, 1985, S. 11; zuerst erschienen in: BOTHEROYD, S. u. P.F., Irland, Stuttgart 1985)

b) Lordships in Irland zu Beginn des 16. Jahrhunderts

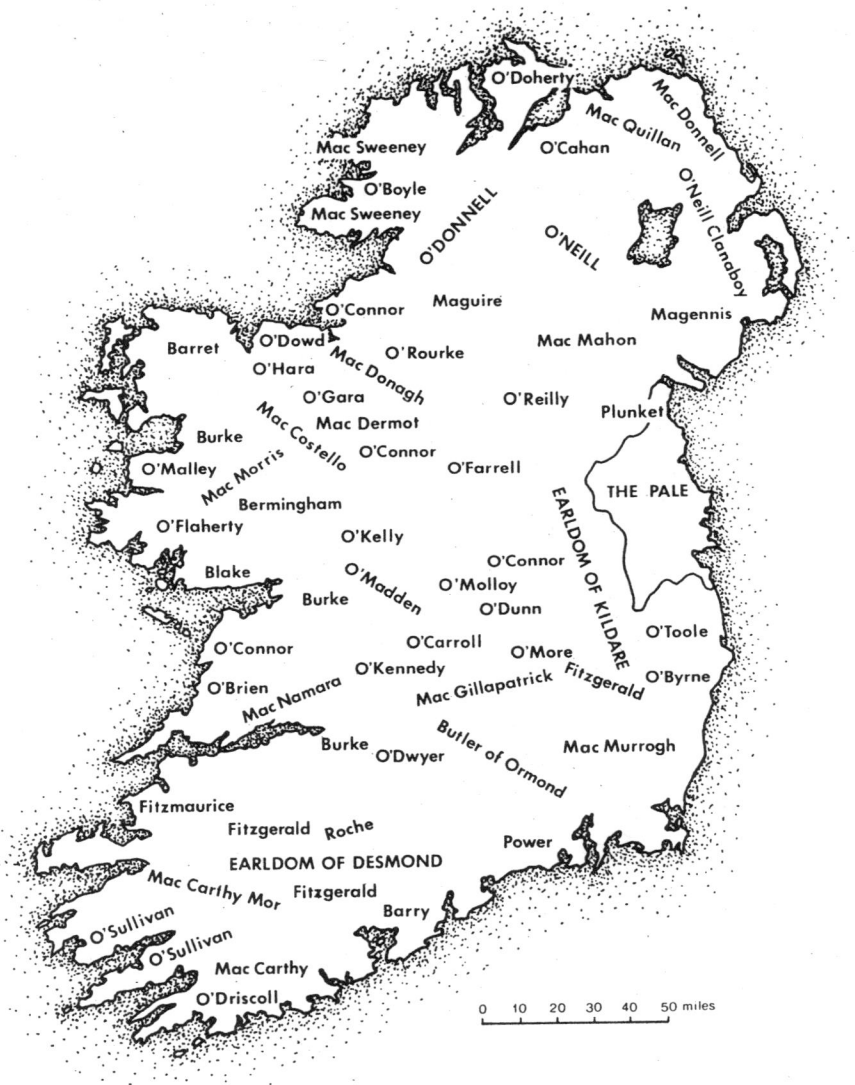

(aus: Canny, Nicholas, From Reformation to Restoration: Ireland, 1534–1660, Dublin: Helicon Limited, 1987, S. ix)

c) Diözesen in Irland im 16. Jahrhundert

shading represents
areas under royal control

(aus: LENNON, Colm, Sixteenth-Century Ireland: The Incomplete Conquest, New Gill History of Ireland 2, Dublin: Gill & Macmillan, 1994, S. 116)

d) *Plantations in Irland vor 1625*

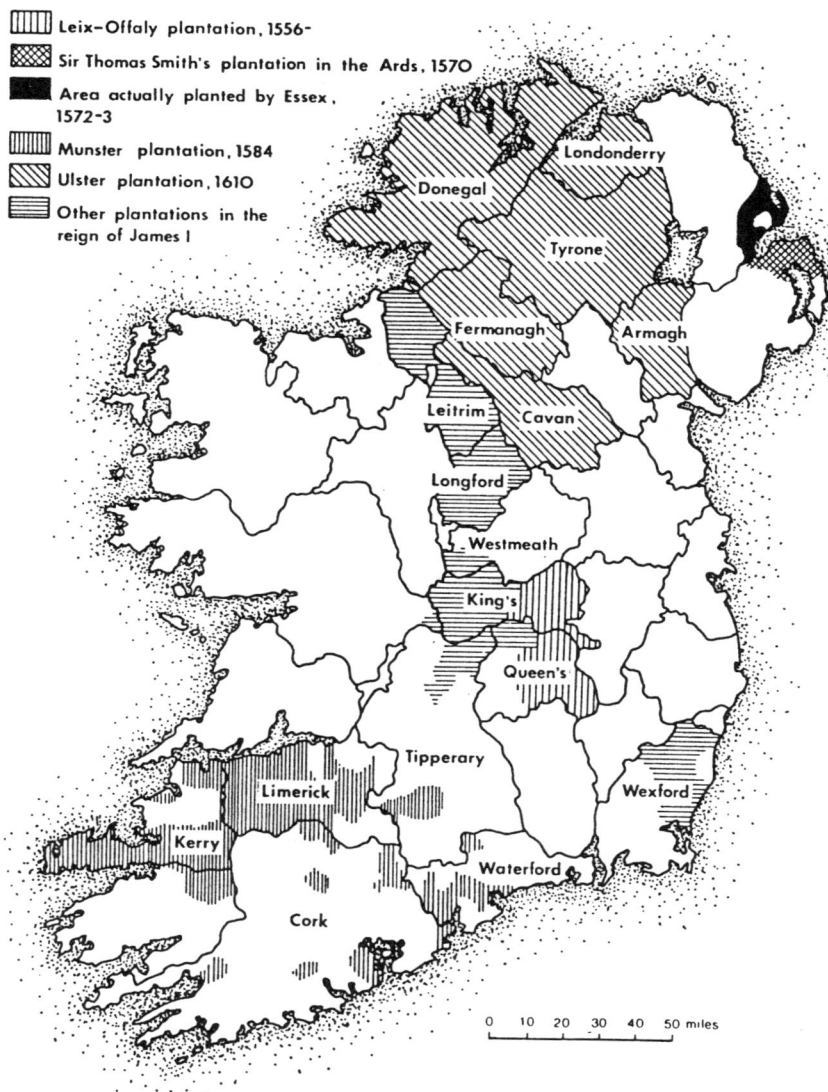

Legend:
- Leix–Offaly plantation, 1556-
- Sir Thomas Smith's plantation in the Ards, 1570
- Area actually planted by Essex, 1572-3
- Munster plantation, 1584
- Ulster plantation, 1610
- Other plantations in the reign of James I

(aus: CANNY, Nicholas, From Reformation to Restoration: Ireland, 1534–1660, Dublin: Helicon Limited, 1987, S. x)

e) *Katholischer Landbesitz in Irland vor 1641*

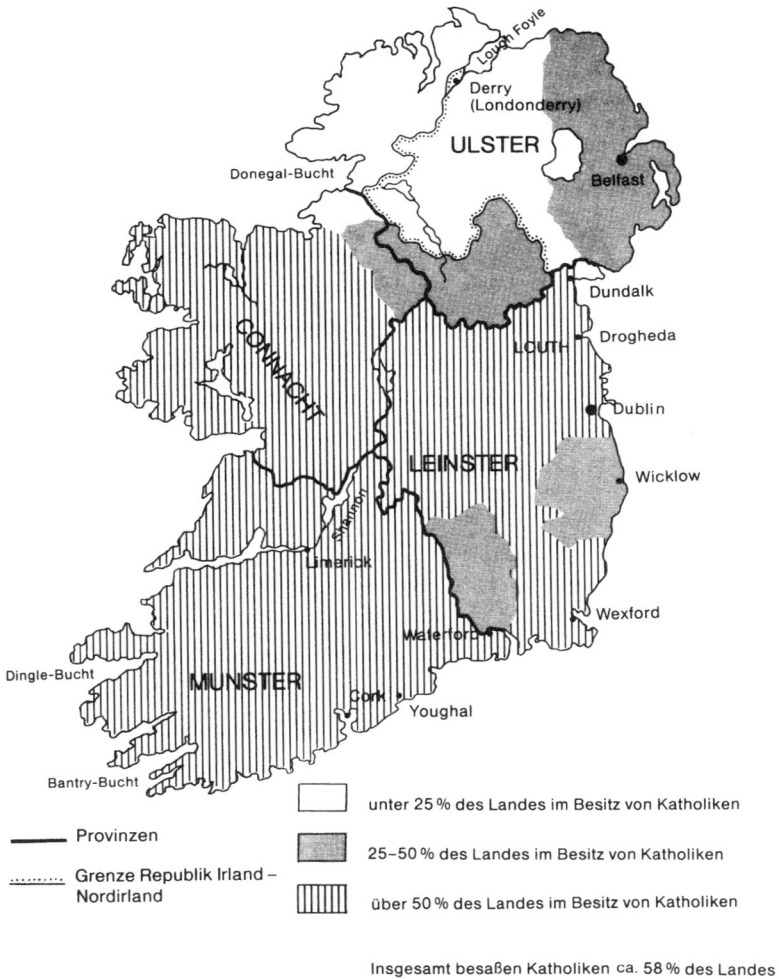

Lough Foyle

Derry
(Londonderry)

ULSTER

Donegal-Bucht

Belfast

Dundalk

Drogheda

CONNACHT

LOUTH

Dublin

LEINSTER

Wicklow

Shannon

Limerick

Wexford

Waterford

Dingle-Bucht

MUNSTER

Cork

Youghal

Bantry-Bucht

—— Provinzen

········· Grenze Republik Irland –
Nordirland

☐ unter 25 % des Landes im Besitz von Katholiken

▨ 25–50 % des Landes im Besitz von Katholiken

▥ über 50 % des Landes im Besitz von Katholiken

Insgesamt besaßen Katholiken ca. 58 % des Landes

(aus: BOTTIGHEIMER, Karl S., Geschichte Irlands, Stuttgart, Berlin, Köln, Mainz: Verlag W. Kohlhammer, 1985, S. 105)

II. Quellen- und Literaturverzeichnis

1. Quellen

a) Ungedruckte Quellen

British Library, London (abgk.: *BL*):
Add. MS 4756: Entry Book of Reports of the Commissioners for Ireland, appointed by James I in 1622
Add. MS 19831: Documents relating to the rebellion in Munster, 1590–1599

National Library of Ireland, Dublin (abgk.: *NL*):
MS 643: Transcript of an English draft of David Rothe's „Analecta Sacra", 17th century

Representative Church Body Library, Dublin (abgk.: *RCB*):
MS P.328.5: Vestry Book of St. John the Evangelist's, Dublin, 1595–1658

Trinity College, Dublin (abgk.: *TCD*):
MS 550: Ussher, Primate. Visitation-book
MS 566: Visitations and Returns of several Dioceses in the [Reign of Elizabeth I and] Reign of James I [1586–1615]
MS 567: Papers relating to Roman Catholics in Ireland
MS 580: Miscellanea de rebus potissimum Hibernicis
MS 582: Collectanea de Rebus Hibernicis
MS 802: Papers relating to State Affairs chiefly under Elizabeth and James I
MS 806: Miscellanea [Visitatio Regalis (1615)]
MS 808: Collections Relating to the King's revenue, the Plantation of Counties, and other matters in Ireland
MS 842: Collections relating to Ireland
MS 843: Collections relating chiefly to Ireland
MS 1062: Reeves. History of Irish Convocation
MS 1066: Visitatio Regalis 1615
MS 1067: Visitatio Regalis 1633–4
MS 1774b: Hely-Hutchinson, John. An Essay towards a History of Trinity College, Dublin, to 1730, Book 1 to 6

b) Gedruckte Quellen

ALEXANDER, A.F., Hg., The *O'Kane Papers*, in: Analecta Hibernica 12 (1943), S. 67–127.
ALLINGHAM, H., Hg., *Captain Cuellar*'s Adventures in Connacht & Ulster, A.D. 1588. A Picture of the Times Drawn from Contemporary Sources, London 1897.
ANDREWE, George, A Quaternion of *Sermons* Preached in Dublin, Dublin 1625.
Articles of Religion, Agreed upon by the Archbishops and Bishops, and the Rest of the Cleargie of Ireland, in the Convocation Holden at Dublin in the Yeare ... 1615 ...,

in: ELRINGTON, C.R., The Life of the Most Reverend James Ussher with an Account of His Writings, Dublin, London 1848, S. xxxi–l.

BALE, John, The *Vocacyon* of Johan Bale, hg. v. HAPPÉ, P. u. KING, J.N., Binghamton 1990.

BEACON, Richard, *Solon His Follie* (1594), hg. v. CAREY, V. u. CARROLL, C., Binghamton 1994.

BERRY, H.F., Hg., *History* of the Religious Guild of S. Anne in S. Audoen's Church, Dublin, 1430–1740. Taken from its Records in the Haliday Collection, R.I.A., in: Proceedings of the Royal Irish Academy, section c, 25 (1904–5), S. 21–106.

BRADSHAW, B., Hg., Fr *Wolfe's Description* of Limerick City, 1574, in: North Munster Antiq. Journal 17 (1975), S. 47–54.

–, Hg., *A Treatise* for the Reformation of Ireland, 1554–5, in: Irish Jurist, new series, 16 (1981), S. 299–315.

BRADY, W.M., Hg., *State Papers* Concerning the Irish Church in the Time of Queen Elizabeth, London 1868.

A *Brefe Declaration* of Certein Principall Articles of Religion: Set out by Order & Aucthoritie as well of the Right Honorable Sir Henry Sidney ... General Deputie of this Realme of Ireland, as by Tharchebyshops, & Byshopes & other Her Majesties Hygh Commissioners for Causes Ecclesiasticall in the Same Realme, Dublin 1566, in: ELRINGTON, C.R., The Life of the Most Reverend James Ussher with an Account of His Writings, Dublin, London 1848, S. xxi–xxix.

BURKE, W.P., Hg., The *Diocese of Derry* in 1631, in: Archivium Hibernicum 5 (1916), S. 1–6.

BYRNE, M.J., Hg. u. Übers., The *Irish War of Defence*, 1598–1600. Extracts from the De Hibernia Insula Commentarius by Peter Lombard, Dublin, Cork 1930.

Calendar of the Carew Manuscripts preserved in the Archiepiscopal Library at Lambeth (abgk.: *Carew*), 6 Bde., London 1867–1873.

Calendar of the State Papers relating to Ireland, of the Reigns of Henry VIII., Edward VI., Mary, and Elizabeth (abgk.: *CSPI*), *1509–1573*, London 1860.

Calendar of the State Papers relating to Ireland, of the Reign of Elizabeth (abgk.: *CSPI*), *1574–1585, 1586–1588, 1588–1592, 1592–1596, 1596–1597, 1598–1599, 1599–1600, 1600, 1600–1601, 1601–1603*, London 1867–1912.

Calendar of the State Papers relating to Ireland, of the Reign of James I. (abgk.: *CSPI*), *1603–1606, 1606–1608, 1608–1610, 1611–1614, 1615–1625*, London 1872–1880.

Calendar of the State Papers relating to Ireland, of the Reign of Charles I. (abgk.: *CSPI*), *1625–1632, 1633–1647*, London 1900–1901.

Calendar of the State Papers relating to Ireland (abgk.: *CSPI*), *1647–1660, Addenda 1625–1660*, London 1903.

CAMDEN, William, *Britain*, or a Chorographicall Description of the Most Flourishing Kingdomes, England, Scotland, and Ireland ..., London 1610.

CAMPION, Edmund, *Two Bokes* of the Histories of Ireland, hg. v. VOSSEN, A.F., Assen 1963.

CANNY, N.P., Hg., *Rowland White's „Discors* Touching Ireland, c. 1569", in: Irish Historical Studies XX (1977), S. 439–463.

–, Hg., Rowland White's „The *Dysorders* of the Irisshery, 1571", in: Studia Hibernica 19 (1979), S. 147–160.

CERVÓS, F., Hg., *Epistolae* PP. *Paschasii Broëtii*, Claudii Jaji, Joannis Codurii et Simonis Rodericii, Monumenta Historica Societas Jesu, Madrid 1903.

CLARKE, A., Hg., A *Discourse* Between Two Councillors of State, the One of England and the Other of Ireland (1642), in: Analecta Hibernica 26 (1970), S. 159–175.

Constitutiones Provinciales at Synodales Ecclesiae Metropolitanae et Primatialis Dublinensis, Dublin 1770.

Constitutions and Canons Ecclesiastical Treated upon by the Archbishops and Bishops, and the Rest of the Clergy of Ireland. And Agreed upon by Royal License in the Synods held at Dublin, A.D. 1634 and 1711, Dublin 1864.

COPINGER, John, *A Mnemosynum* or Memoriall to the Afflicted Catholickes in Irelande, 1606, English Recusant Literature, 1558–1640, hg. v. ROGERS, D.M., Bd. 129, London 1973.

CORCORAN, T., Hg., *State Policy* in Irish Education, A.D. 1536 to 1816, Dublin 1916.

–, Hg., *Education Systems* in Ireland from the Close of the Middle Ages, Dublin 1928.

CORISH, P.J., Hg., Two *Reports* on the Catholic Church in Ireland in the Early Seventeenth Century, in: Archivium Hibernicum 22 (1959), S. 140–162.

–, Hg., A Contemporary *Account* of the Martyrdom of Conor Devany, O.F.M., Bishop of Down and Connor, and Patrick O'Loughran, in: Collectanea Hibernica 26 (1984), S. 13–19.

–, Hg., Two Seventeenth-Century *Proclamations* against the Catholic Clergy, in: Archivium Hibernicum 39 (1984), S. 53–57.

CUNNINGHAM, B., Hg., *A View* of Religious Affiliation and Practice in Thomond, 1591, in: Archivium Hibernicum 48 (1994), S. 13–24.

CURTIS, E. u. McDOWELL, R.B., Hgg., *Irish Historical Documents* 1172–1922, 1943, Reprint New York, London 1968.

DAVIES, Sir John, A *Discovery* of the True Causes Why Ireland Was Never Entirely Subdued ... Until the Beginning of His Majesty's Happy Reign, hg. v. MYERS, J.P., Washington, 1988.

DICKENS, A.G. u. CARR, D., Hgg., The *Reformation in England* to the Accession of Elizabeth I, 1967, Reprint London, Melbourne, Auckland 1991.

ELRINGTON, C.R. u. TODD, J.H., Hgg., The Whole *Works of* ... James Ussher, 17 Bde., Dublin 1847–64.

ELTON, G.R., Hg., The *Tudor Constitution*. Documents and Commentary, Cambridge 1960.

FABRICIUS, C., Hg., Die *Kirche von England*, ihr Gebetbuch, Bekenntnis und kanonisches Recht, Corpus Confessionum, 17. Abt., 1. Bd., Berlin 1937.

FALKINER, C.L., Hg., *Illustrations* of Irish History and Topography, Mainly of the Seventeenth Century, London, New York 1904.

–, Hg., Barnaby *Rich's „Remembrances* of the State of Ireland, 1612" with Notices of Other Manuscript Reports, by the Same Writer, on Ireland under James the First, in: Proceedings of the Royal Irish Academy, section c, 26 (1906–07), S. 125–142.

FITZSIMON, Henry, An *Answer* to Sundry Complaintive Letters of Afflicted Catholics, declaring the severity of divers late proclamations; as, of the speedy banishment of all priests; of death to them and their receivers, if any remained; of the oath of allegiance; ransacking of pursuivants; and of utter ruin to any professing the Catholic Religion. Written in the Year 1607, in: HOGAN, E., Hg., Words of Comfort to Persecuted Catholics Written in Exile in 1607, Letters from a Cell in Dublin Castle and Diary of the Bohemian War of 1620 by Father Fitzsimon, Dublin 1881, S. 1–46.

–, A *Catholike Confutation* of M. John Riders Clayme of Antiquitie 1608, English Recusant Literature, 1558–1640, hg. v. ROGERS, D.M., Bd. 182, London 1974.

–, The *Iustification* and Exposition of the Divine Sacrifice of the Masse 1611, English Recusant Literature, 1558–1640, hg. v. ROGERS, D.M., Bd. 108, London 1972.

FORD, A., Hg., *Correspondence* Between Archbishops Ussher and Laud, in: Archivium Hibernicum 46 (1991–92), S. 5–21.

GIBLIN, C., Hg., *Irish Franciscan Mission* to Scotland, 1619–1646. Documents from Roman Archives, Dublin 1964.

GILLESPIE, R., Hg., *Catholic Religious Practices* and Payments in Seventeenth-Century Ireland, in: Archivium Hibernicum 47 (1993), S. 3–10.

–, Hg., The First *Chapter Act Book* of Christ Church Cathedral, Dublin, 1574–1634, Dublin 1997.

GIRALDUS CAMBRENSIS [GERALD OF WALES], *Expugnatio Hibernica*. The Conquest of Ireland, hg. v. SCOTT, A.B. u. MARTIN, F.X., Dublin 1978.

–, The *History* and Topography of Ireland, hg. v. O'MEARA, J.J., London, New York 1982.

HADFIELD, A. u. McVEAGH, J., Hgg., „*Strangers to that Land.*" British Perceptions of Ireland from the Reformation to the Famine, Gerrard's Cross 1992.

HAND, G.J. u. TREADWELL, V.W., Hgg., *His Majesty's Directions* for Ordering and Settling the Courts within his Kingdom of Ireland, 1622, in: Analecta Hibernica 26 (1970), S. 177–212.

HERBERT, Sir William, *Croftus* Sive de Hibernia Liber, hg. v. KEAVENEY, A. u. MADDEN, J., Dublin 1992.

HICKSON, M., Hg., *Ireland* in the Seventeenth Century, or, The Irish Massacres of 1641–2 ..., 2 Bde., London 1884.

HINTON, E.M., Hg., *Rych's Anothomy* of Ireland, with an Account of the Author, in: Publications of the Modern Language Association of America 55 (1949), S. 73–101.

HOGAN, E., Hg., The *Description* of Ireland and The State thereof as it is at this present In Anno 1598. Now For the First Time Published From a Manuscript Preserved in Clongowes-Wood College With Copious Notes and Illustrations, Dublin, London 1878.

–, Hg., *Ibernia Ignatiana* Seu Ibernorum Societas Jesu Patrum Monumenta, Dublin 1880.

–, Hg., *Words of Comfort* to Persecuted Catholics Written in Exile in 1607, Letters from a Cell in Dublin Castle and Diary of the Bohemian War of 1620 by Father Fitzsimon, Dublin 1881.

HOLINGUS, Joannes [John HOWLIN], Perbreve *Compendium* in quo continentur nonnulli eorum qui in Hybernia regnante impia Regina Elizabeth, vincula, exilium et martyrium perpessi sunt [vor 1599 verfasst], in: MORAN, P.F., Hg., Spicilegium Ossoriense. Being a Collection of Original Letters and Papers Illustrative of the History of the Irish Church from the Reformation to the Year 1800, Bd. 1, Dublin 1874, S. 82–119.

HOOKER, John, The Supplie of this *Irish Chronicle*, Continued from the Death of King Henrie the Eight, 1546, untill this Present Yeare 1586, ..., in: Holinshed's Chronicles of England, Scotland, and Ireland, in Six Volumes, Bd. 6: Ireland, London 1808, Reprint New York 1965, S. 321–461.

HUNTER, R.J., Hg., *Catholicism* in Meath, c. 1622, in: Collectanea Hibernica 14 (1971), S. 8–12.

HUTTON, A.M., Hg. u. Übers., The *Embassy* in Ireland of Monsignor G.B. Rinuccini, Archbishop of Fermo, in the Years 1645–1649 ..., Dublin 1873.

JACKSON, B., Hg., A *Document* on the Parliament of 1613 from St Isidor's College, Rome, in: Analecta Hibernica 33 (1986), S. 47–58.

JENNINGS, B., Hg., *Wadding Papers*, 1614–38, Dublin 1953.

–, Hg., *Louvain Papers*, 1606–1827, Dublin 1968.

JEROME, Stephen, *Irelands Jubilee*, or Joyes Io-pæan, for Prince Charles his Welcome Home, Dublin 1624.

JONES, T.W., Hg., A *True Relation* of the Life and Death of William Bedell, London 1872.

KEATING, Geoffrey [Seathrún CÉITINN], *History of Ireland / Foras Feasa ar Éirinn* (c. 1634), hg. u. übers. v. COMYN, D. u. DINNEEN, P.S., 4 Bde., London 1902–14.

KEW, G., Hg., The Irish Sections of *Fynes Moryson's Unpublished Itinerary*, Dublin 1998.

KNOWLER, W., Hg., The Earl of *Strafforde's Letters* and Dispatches, 2 Bde., London 1739.

LESLIE, Henry, *A Warning* for Israel, Dublin 1625.

–, A *Treatise* of the Authoritie of the Church, Dublin 1637.

LESLIE, S., Hg., *Saint Patrick's Purgatory*. A Record from History and Literature, London 1932.

LOMBARD, Peter, De Regno Hiberniae, Sanctorum Insula, *Commentarius*, hg. v. MORAN, P.F., Dublin 1868.

MCCARTHY, D., Hg., Collections on Irish Church History, from the Manuscripts of the Late Laurence F. Renehan (abgk.: *Renehan: Collections*), Bd. 1, Dublin 1861.

MACCUARTA, B., Hg., *Mathew de Renzy's* Letters on Irish Affairs, 1613–1620, in: Analecta Hibernica 34 (1987), S. 107–183.

MCNEILL, C., Hg., *Harris: Collectanea* de Rebus Hibernicis, in: Analecta Hibernica 6 (1934), S. 248–450.

–, Hg., The *Tanner Letters*. Original Documents and Notices of Irish Affairs in the Sixteenth and Seventeenth Centuries. Extracted From the Collection in the Bodleian Library, Oxford, Dublin 1943.

MAHAFFY, J.P., Hg., The *Particular Book* of Trinity College, Dublin. A Facsimile from the Original, London 1904.

MAXWELL, C., Hg., *Irish History* from Contemporary Sources (1509–1610), London 1923.

–, Hg., The *Stranger* in Ireland from the Reign of Elizabeth to the Great Famine, London 1954.

MEAGHER, J., Hg., *Presentments* of Recusants in Dublin, 1617–18, in: Reportorium Novum. Dublin Diocesan Historical Record 2 (1960), S. 269–273.

MOODY, T.W. u. SIMMS, J.G., Hgg., The *Bishopric of Derry* and the Irish Society of London, 1602–1705, Bd. 1: 1602–70, Bd. 2: 1670–1705, Dublin 1968, 1983.

MOORE, D., Hg., A *Relation* Concerning the Estate of the Churches within the Diocese of Leighlin, 1585-7, in: Archivium Hibernicum 42 (1987), S. 3–11.

MORAN, P.F., Hg., *Memoirs of* the Most Rev. *Oliver Plunket*, Archbishop of Armagh, and Primate of All Ireland, Dublin 1861.

–, Hg., *Spicilegium Ossoriense*. Being a Collection of Original Letters and Papers Illustrative of the History of the Irish Church from the Reformation to the Year 1800, 3 Bde., Dublin 1874–84.

MORGAN, H., Hg., *Faith and Fatherland* or Queen and Country? An Unpublished Exchange Between O'Neill and the State at the Height of the Nine Years' War, in: Duíche Néill. Journal of the O Neill Country Historical Society 9 (1994), S. 9–65.

–, Hg., „*Lawes of Irelande*". A Tract by Sir John Davies, in: Irish Jurist, new series, 28–30 (1993–95), S. 307–314.

MURPHY, M.A., Hg., *Royal Visitation of Cashel and Emly*, 1615, in: Archivium Hibernicum 1 (1912), S. 277–311.

–, Hg., *The Royal Visitation of Cork*, Cloyne, Ross, and the College of Youghal, (1615) in: Archivium Hibernicum 2 (1913), S. 173–215.

–, Hg., *The Royal Visitation, 1615. Diocese of Killaloe*, in: Archivium Hibernicum 3 (1914), S. 210–226.

–, Hg., *The Royal Visitation, 1615 (Dioceses of Ardfert and Aghadoe)*, in: Archivium Hibernicum 4 (1915), S. 178–198.

MYERS, J.P., Hg., *Elizabethan Ireland*. A Selection of Writings by Elizabethan Writers on Ireland, Hamden 1983.

NICHOLLS, K.W., Hg., Some *Documents* on Irish Law and Customs in the Sixteenth Century, in: Analecta Hibernica 26 (1970), S. 105–129.

–, Hg., The *Episcopal Rentals* of Clonfert and Kilmacduagh, in: Analecta Hibernica 26 (1970), S. 130–135.

–, Hg., *Visitations* of the Dioceses of Clonfert, Tuam and Kilmacduagh, c. 1565–67, in: Analecta Hibernica 26 (1970), S. 144–157.

O'DOHERTY, D.J., Hg., *Students of the Irish College Salamanca*, 1595–1619, in: Archivium Hibernicum 2 (1913), S. 1–36.

O'DONNELL, T.J., Hg., Selections from the *Zoilomastix* of Philip O'Sullivan Beare, Dublin 1960.

OLMSTEAD, Richard, *Sions Teares* Leading to Joy, Dublin 1630.

O'MEARA, J.J. Hg., Giraldus Cambrensis in *Topographia* Hibernie. Text of the First Recension, in: Proceedings of the Royal Irish Academy, section c, 52 (1949), S. 113–178.

O'SULLIVAN, W., Hg., *Correspondence of David Rothe and James Ussher*, 1619–23, in: Collectanea Hibernica 36–37 (1994–95), S. 7–49.

O'SULLIVAN BEARE, Philip, Historiae Catholicae Iberniae *Compendium*, hg. v. KELLY, M., Dublin 1850.

POWER, P., Hg., *Bishop Miller Magrath's Visitation* of Waterford and Lismore, 1588, in: Journal of the Waterford and South-East of Ireland Archaeological Society 12 (1909), S. 155–161; 13 (1910), S. 8–16.

QUINN, D.B., Hg., A *Discourse* of Ireland (circa 1599). A Sidelight on English Colonial Policy, in: Proceedings of the Royal Irish Academy, section c, 47 (1941–42), S. 151–166.

–, Hg., Edward *Walshe's „Conjectures"* Concerning the State of Ireland (1552), in: Irish Historical Studies V (1946–47), S. 303–322.

Report on Franciscan Manuscripts Preserved at The Convent, Merchants' Quai, Dublin, Dublin 1906.

RICH, Barnaby, A *New Description* of Ireland, Together with the Manners, Customs, and Dispositions of the People (1610), in: MYERS, J.P., Hg., Elizabethan Ireland. A Selection of Writings by Elizabethan Writers on Ireland, Hamden 1983, S. 126–145.

RONAN, M.V., Hg., The *Royal Visitation of Dublin*, 1615, in: Archivium Hibernicum 8 (1941), S. 1–55.

–, Hg., *Archbishop Bulkeley's Visitation* of Dublin, 1630, in: Archivium Hibernicum 8 (1941), S. 56–98.

SHEEHAN, A., Hg., *Attitudes* to Religious and Temporal Authority in Cork in 1600. A Document from Laud MS 612, in: Analecta Hibernica 31 (1984), S. 61–68.

SHIRLEY, E.P., Hg., *Original Letters* and Papers in Illustration of the History of the Church in Ireland During the Reign of Edward VI, Mary and Elizabeth I, London 1851.

–, Hg., *Papers* Relating to the Church of Ireland, 1631–39, London, Dublin 1874.

SHUCKBURGH, E.S., Hg., *Two Biographies* of William Bedell, Bishop of Kilmore, Cambridge 1902.

SPENSER, Edmund, *A View* of the Present State of Ireland, hg. v. RENWICK, W.L., Oxford 1970.

–, *A View* of the Present State of Ireland, hg. v. HADFIELD, A. u. MALEY, W., Oxford 1997.

STANIHURST, Richard, A *Treatise* Conteining a Plaine and Perfect Description of Ireland, With an Introduction to the Better Vunderstanding of the Histories Apperteining to that Iland. Compiled by Richard Stanihurst, in: Holinshed's Chronicles of England, Scotland, and Ireland, in Six Volumes, Bd. 6: Ireland, London 1808, Reprint New York 1965, S. 1–69.

–, *On Ireland's Past.* De rebus in Hibernia gestis, übers. in: LENNON, C., Richard Stanihurst, the Dubliner, 1547–1618. A Biography with a Stanihurst Text „On Ireland's Past", Dublin 1981, S. 131–160.

USSHER, James, A *Discourse* of the Religion Anciently Professed by the Irish and Brittish, London 1631.

VIDURRE, R. u. CERVÓS, F., Hgg., *Epistolae P. Alphonsi Salmeronis*, Monumenta Historica Societas Jesu, 2 Bde., Madrid 1906–07.

WALSH, R., Hg., *State of Ireland*, 1611, in: Archivium Hibernicum 2 (1913), S. 157–165.

2. Literatur

a) Literatur zur Geschichte Irlands

ABBOTT, T.K.,*Catalogue* of the Manuscripts in the Library of Trinity College, Dublin, Dublin 1800.

ADAIR, J.,The *Pilgrim's Way*. Shrines and Saints in Britain and Ireland, London 1978.

ANDREWS, K.R., CANNY, N.P. u. HAIR, P.E.H., Hgg., The *Westward Enterprise*. English Activities in Ireland, the Atlantic, and America, 1480–1650, Liverpool 1978.

ASCH, R.G., Die *englische Herrschaft* in Irland und die Krise der Stuart-Monarchie im 17. Jahrhundert, in: Historisches Jahrbuch 110 (1990), S. 370–408.

–, *Antipopery* and Ecclesiastical Policy in Early Seventeenth Century Ireland, in: Archiv für Reformationsgeschichte 83 (1992), S. 258–301.

–, „*Obscured in Whiskey*, Mist and Misery". The Role of Scotland and Ireland in British History, in: ASCH, R.G., Hg., Three Nations – a Common History? England, Scotland, Ireland and British History, c. 1600–1920, Bochum 1993, S. 9–48.

–, *Kulturkonflikt* und Recht. Irland, das Common Law und die Ancient Constitution, in: Ius Commune 21 (1994), S. 169–212.

ATKINSON, E.D., *Dromore*. An Ulster Diocese, Dundalk 1925.

BAGWELL, R., *Ireland under the Tudors*. With a Succinct Account of the Earlier History, 3 Bde., 1885–1890, Reprint London 1963.

–, *Ireland under the Stuarts* and during the Interregnum, 3 Bde., 1909–1916, Reprint London 1963.

BALL, J.T., The Reformed *Church of Ireland* (1537–1889), 2. Aufl., London 1890.

BARNARD, T.C., *Cromwellian Ireland*. Government and Reform in Ireland, 1649–60, Oxford 1975.

–, *Crises of Identity* among Irish Protestants, 1641–1685, in: Past & Present 127 (1990), S. 39–83.

–, The *Uses of 23 October 1641* and Irish Protestant Celebrations, in: English Historical Review 106 (1991), S. 889–920.

–, *Irish Images* of Cromwell, in: RICHARDSON, R.C., Hg., Images of Oliver Cromwell. Essays for and by Roger Howell, Jr., Manchester, New York 1993, S. 180–206.

–, *Protestants* and the Irish Language, c. 1675–1725, in: Journal of Ecclesiastical History 44 (1993), S. 243–272.

–, The *Protestant Interest*, 1641–1660, in: OHLMEYER, J.H., Hg., Ireland from Independence to Occupation, 1641–1660, Cambridge 1995, S. 218–240.

–, *Scotland and Ireland* in the Later Stewart Monarchy, in: ELLIS, S.G. u. BARBER, S., Hgg., Conquest and Union. Fashioning a British State, 1485–1725, London, New York 1995, S. 195–221.

BECKETT, J.C., The *Making of Modern Ireland*, 1603–1923, London 1972.

–, The *Anglo-Irish Tradition*, Ithaca, N.Y., London 1976.

–, *Geschichte Irlands*, 2., erw. Aufl., Stuttgart 1977.

BEGLEY, J.C., The *Diocese of Limerick* in the Sixteenth and Seventeenth Centuries, Dublin u.a. 1927.

BELLESHEIM, A., *Geschichte der katholischen Kirche* in Irland. Von der Einführung des Christenthums bis auf die Gegenwart, Bd. 2: Von 1509 bis 1690, Mainz 1890.

BERBIG, H.J., *Oliver Cromwells Irlandpolitik*, in: Archiv für Kulturgeschichte 66 (1984), S. 159–173.

BIELER, L., *Trias Thaumaturga*, 1647, in: O DONNELL, T., Hg., Father John Colgan O.F.M., 1592–1658. Essays in Commemoration of the Third Centenary of His Death, Dublin 1959, S. 41–49.

BINDER, C., „*Edmund Spencer*'s Poetry and Politics" (with Special Reference to Ireland), in: SIEGMUND-SCHULTZE, D., Hg., Irland. Gesellschaft und Kultur, Bd. II, Halle 1979, S. 195–212.

BOLSTER, E., A History of the *Diocese of Cork*. From Reformation to the Penal Era, Cork 1982.

BOLTON, F.R., The *Caroline Tradition* of the Church of Ireland. With Particular Reference to Bishop Jeremy Taylor, London 1958.

BONN, M.J., Die *englische Kolonisation* in Irland, 2 Bde., Stuttgart, Berlin 1906.

BORAN, E., *Town and Gown*. The Relationship of Trinity College and Dublin, 1592–1641, in: History of Universities 13 (1994), S. 61–85.

–, *Perceptions* of the Role of Trinity College, Dublin, from 1592 to 1641, in: ROMENO, A., Hg., Università in Europa. Le istituzioni universitarie dal Medioèvo ai nostri giorni. Strutture, organizzazione, fundamento, Messina 1995, S. 257–266.

–, The *Libraries* of Luke Challoner and James Ussher, 1595–1608, in: ROBINSON-HAMMERSTEIN, H., Hg., European Universities in the Age of Reformation and Counter-Reformation, Dublin 1998, S. 75–115.

–, An Early *Friendship Network* of James Ussher, Archbishop of Armagh, 1626–1656, in: ROBINSON-HAMMERSTEIN, H., Hg., European Universities in the Age of Reformation and Counter-Reformation, Dublin 1998, S. 116–134.

BOSSY, J., The *Counter-Reformation and the People of Catholic Ireland*, 1596–1641, in: WILLIAMS, T.D., Hg., Historical Studies VIII, Dublin 1971, S. 155–169.

BOTTIGHEIMER, K.S., *English Money* and Irish Land. The „Adventurers" in the Cromwellian Settlement of Ireland, Oxford 1971.

–, The *Reformation* in Ireland Revisited, in: Journal of British Studies 15 (1976), S. 140–149.

–, *Kingdom and Colony*. Ireland in the Westward Enterprise, 1536–1660, in: ANDREWS, K.R., CANNY, N.P. u. HAIR, P.E.H., Hgg., The Westward Enterprise. English Activities in Ireland, the Atlantic, and America, 1480–1650, Liverpool 1978, S. 45–64.

–, *Ireland and the Irish*, New York 1982.

–, The *Failure* of the Reformation in Ireland. Une Question Bien Posée, in: Journal of Ecclesiastical History 36 (1985), S. 196–207.

–, *Geschichte Irlands*, Stuttgart u.a. 1985.

–, The *New New Irish History*, in: Journal of British Studies 27 (1988), S. 72–79.

–, *Nackte Wahrheit* kontra brauchbare Vergangenheit. Die irische „Historikerdebatte", in: Innsbrucker Historische Studien 14/15 (1994), S. 165–175.

–, The *Hagiography* of William Bedell, in: BARNARD, T., Ó CRÓINÍN, D. u. SIMMS, K., Hgg., „A Miracle of Learning". Studies in Manuscripts and Irish Learning. Essays in Honour of William O'Sullivan, Aldershot u.a. 1997, S. 199–206.

BOTTIGHEIMER, K.S. u. LOTZ-HEUMANN, U., The *Irish Reformation* in European Perspective, in: Archiv für Reformationsgeschichte 89 (1998), S. 268–309.

BOWEN, D., The *Protestant Crusade* in Ireland, 1800–70, Dublin 1978.

BOYLE, P., The *Irish College in Paris* from 1578 to 1901, London, New York 1901.

–, *Irishmen* in the University of Paris in the Seventeenth and Eighteenth Centuries, in: Irish Ecclesiastical Record, 4th series, 14 (1903), S. 24–45.

–, The *Irish College at Bordeaux*, 1603–1794, in: Irish Ecclesiastical Record, 4th series, 22 (1907), S. 127–145.

BRADSHAW, B., The *Opposition* to the Ecclesiastical Legislation in the Irish Reformation Parliament, in: Irish Historical Studies XVI (1969), S. 285–303.

–, *George Browne*, First Reformation Archbishop of Dublin, 1536–1554, in: Journal of Ecclesiastical History 21 (1970), S. 301–326.

–, The *Beginnings* of Modern Ireland, in: FARRELL, B., Hg., The Irish Parliamentary Tradition, Dublin, New York 1973, S. 68–87, 262–269.

–, The *Dissolution* of the Religious Orders in Ireland under Henry VIII, Cambridge 1974.

–, The *Edwardian Reformation* in Ireland, 1547–53, in: Archivium Hibernicum 34 (1977), S. 83–99.

–, *Cromwellian Reform* and the Origins of the Kildare Rebellion, 1533–34, in: Transactions of the Royal Historical Society 27 (1977), S. 69–93.

–, *Native Reaction* to the Westward Enterprise. A Case-Study in Gaelic Ideology, in: ANDREWS, K.R., CANNY, N.P. u. HAIR, P.E.H., Hgg., The Westward Enterprise. English Activities in Ireland, the Atlantic, and America, 1480–1650, Liverpool 1978, S. 65–80.

–, *Sword, Word and Strategy* in the Reformation in Ireland, in: Historical Journal 21 (1978), S. 475–502.

–, „*Manus the Magnificent*". O'Donnell as Renaissance Prince, in: COSGROVE, A. u. McCARTNEY, D., Hgg., Studies in Irish History Presented to R. Dudley Edwards, Dublin 1979, S. 15–37.

–, The *Irish Constitutional Revolution* of the Sixteenth Century, Cambridge 1979.

–, The *Elizabethans and the Irish. A Muddled Model*, in: Studies 70 (1981), S. 233–243.

–, *Edmund Spenser* on Justice and Mercy, in: DUNNE, T., Hg., The Writer as Witness. Literature as Historical Evidence. Historical Studies XVI, Cork 1987, S. 76–89.

–, *Irland*, in: Theologische Realenzyklopädie, Bd. 16, Berlin, New York 1987, S. 273–287.

–, *Robe and Sword* in the Conquest of Ireland, in: CROSS, C., LOADES, D. u. SCARISBRICK, J.J., Hgg., Law and Government under the Tudors, Cambridge 1988, S. 139–162.

–, The *Reformation* in the Cities. Cork, Limerick and Galway, 1534–1603, in: BRADLEY, J., Hg., Settlement and Society in Medieval Ireland. Studies Presented to F.X. Martin, O.S.A., Kilkenny 1988, S. 445–476.

–, *Nationalism* and Historical Scholarship in Modern Ireland, in: Irish Historical Studies XXVI (1989), S. 329–351.

–, *Geoffrey Keating*. Apologist of Irish Ireland, in: BRADSHAW, B., HADFIELD, A. u. MALEY, W., Hgg., Representing Ireland. Literature and the Origins of Conflict, 1534–1660, Cambridge 1993, S. 166–190.

–, The *Tudor Reformation* and Revolution in Wales and Ireland. The Origins of the British Problem, in: BRADSHAW, B. u. MORRILL, J., Hgg., The British Problem, c. 1534–1707. State Formation in the Atlantic Archipelago, Houndmills, London 1996, S. 39–65.

–, The *English Reformation* and Identity Formation in Ireland and Wales, in: BRADSHAW, B. u. ROBERTS, P., Hgg., British Consciousness and Identity. The Making of Britain, 1533–1707, Cambridge 1998, S. 43–111.

BRADY, C., *Faction* and the Origins of the Desmond Rebellion of 1579, in: Irish Historical Studies XXII (1981), S. 289–312.

–, *Conservative Subversives*. The Community of the Pale and the Dublin Administration, 1556–86, in: CORISH, P.J., Hg., Radicals, Rebels & Establishments. Historical Studies XV, Belfast, 1985, S. 11–32.

–, *Court*, Castle and Country. The Framework of Government in Tudor Ireland, in: BRADY, C. u. GILLESPIE, R., Hgg., Natives and Newcomers. Essays on the Making of Irish Colonial Society, 1534–1641, Dublin 1986, S. 22–49.

–, *Spenser's Irish Crisis*. Humanism and Experience in the 1590s, in: Past & Present 111 (1986), S. 17–49.

–, *Debate: Spenser's Irish Crisis*. Humanism and Experience in the 1590s. A Reply, in: Past & Present 120 (1988), S. 210–215.

–, *Sixteenth-Century Ulster* and the Failure of Tudor Reform, in: BRADY, C., O'DOWD, M. u. WALKER, B., Hgg., Ulster. An Illustrated History, London 1989, S. 77–102.

–, The *Road* to the „View". On the Decline of Reform Thought in Tudor Ireland, in: COUGHLAN, P., Hg., Spenser and Ireland. An Interdisciplinary Perspective, Cork 1989, S. 25–45.

–, The *Decline* of the Irish Kingdom, in: GREENGRASS, M., Hg., Conquest and Coalescence. The Shaping of the State in Early Modern Europe, London u.a. 1991, S. 94–115.

–, The *Chief Governors*. The Rise and Fall of Reform Government in Tudor Ireland, 1536–1588, Oxford 1994.

–, Hg., *Interpreting Irish History*. The Debate on Historical Revisionism. A Reader, Dublin 1994.

–, *Comparable Histories*? Tudor Reform in Wales and Ireland, in: ELLIS, S.G. u. BARBER, S., Hgg., Conquest and Union. Fashioning a British State, 1485–1725, London, New York 1995, S. 64–86.

–, *England's Defence* and Ireland's Reform. The Dilemma of the Irish Viceroys, 1541–1641, in: BRADSHAW, B. u. MORRILL, J., Hgg., The British Problem, c. 1534–1707. State Formation in the Atlantic Archipelago, Houndmills, London 1996, S. 89–117.

BRADY, C. u. GILLESPIE, R., Hgg., *Natives and Newcomers*. Essays on the Making of Irish Colonial Society, 1534–1641, Dublin 1986.

BRADY, J., Father *Christopher Cusack* and the Irish College of Douai, 1594–1624, in: O'BRIEN, S., Hg., Measgra i gcuimhne Mhichíl Uí Chléirigh. Miscellany of Historical and Linguistic Studies in Honour of Brother Michael Ó Cléirigh, O.F.M., Chief of the Four Masters, 1643–1943, Dublin 1944, S. 98–107.

–, *Ireland* and the Council of Trent, in: Irish Ecclesiastical Record, 5th series, 68 (1946), S. 188–195.

–, Some *Irish Scholars* of the Sixteenth Century, in: Studies 37 (1948), S. 226–231.

–, The *Catechism* in Ireland. A Survey, in: Irish Ecclesiastical Record 83 (1955), S. 167–176.

–, The *Irish Colleges* in Europe and the Counter-Reformation, in: Proceedings of the Irish Catholic Historical Committee 1957, S. 1–8.

BRADY, W.M., *Essays* on the English State Church in Ireland, London 1869.

BROCKLISS, L.W.B. u. FERTÉ, P., *Irish Clerics* in France in the Seventeenth and Eighteenth Centuries. A Statistical Study, in: Proceedings of the Royal Irish Academy, section c, 87 (1987), S. 527–572.

CABALL, M., *Providence* and Exile in Early Seventeenth-Century Ireland, in: Irish Historical Studies XXIX (1994), S. 174–188.

–, *Faith*, Culture and Sovereignty. Irish Nationality and its Development, 1558–1625, in: BRADSHAW, B. u. ROBERTS, P., Hgg., British Consciousness and Identity. The Making of Britain, 1533–1707, Cambridge 1998, S. 112–139.

CANNY, N.P., *Hugh O'Neill*, Earl of Tyrone and the Changing Face of Gaelic Ulster, in: Studia Hibernica 10 (1970), S. 7–35.

–, The *Ideology* of English Colonization. From Ireland to America, in: William and Mary Quarterly 30 (1973), S. 575–598.

–, The *Formation of the Old English Elite* in Ireland, O'Donnell Lecture, Dublin 1975.

–, The Elizabethan *Conquest* of Ireland. A Pattern Established 1565–76, Hassocks 1976.

–, *Early Modern Ireland*. An Appraisal Appraised, in: Irish Economic and Social History 4 (1977), S. 56–65.

–, *Dominant Minorities*. English Settlers in Ireland and Virginia, 1550–1650, in: HEPBURN, A.C., Hg., Minorities in History. Historical Studies XII, London 1978, S. 51–69.

–, The *Permissive Frontier*. The Pattern of Social Control in English Settlements in Ireland and Virginia, 1550–1650, in: ANDREWS, K.R., CANNY, N.P. u. HAIR, P.E.H., Hgg., The Westward Enterprise. English Activities in Ireland, the Atlantic, and America, 1480–1650, Liverpool 1978, S. 17–44.

–, *Why the Reformation Failed* in Ireland. Une Question Mal Posée, in: Journal of Ecclesiastical History 30 (1979), S. 423–450.

–, The *Formation of the Irish Mind*. Religion, Politics and Gaelic Irish Literature, 1580–1750, in: Past & Present 95 (1982), S. 91–116.

–, The *Upstart Earl*. A Study of the Social and Mental World of Richard Boyle, First Earl of Cork, 1566–1643, Cambridge 1982.

–, *Edmund Spenser* and the Development of an Anglo-Irish Identity, in: Yearbook of English Studies 13 (1983), S. 1–19.

–, *Galway*. From the Reformation to the Penal Laws, in: Ó CEARBHAILL, D., Hg., Galway. Town and Gown, 1484–1984, Dublin 1984, S. 10–28.

–, *Protestants*, Planters and Apartheid in Early Modern Ireland, in: Irish Historical Studies XXV (1986), S. 105–115.

–, From *Reformation* to Restoration. Ireland, 1534–1660, Dublin 1987.

–, *Identity Formation* in Ireland. The Emergence of the Anglo-Irish, in: CANNY, N.P. u. PADGEN, A., Hgg., Colonial Identity in the Atlantic World, 1500–1800, Princeton 1987, S. 159–212.

–, *Kingdom and Colony*. Ireland in the Atlantic World, 1560–1800, Baltimore, London 1988.

–, *Ireland* as Terra Florida, in: CANNY, N.P., Kingdom and Colony. Ireland in the Atlantic World, 1560–1800, Baltimore, London 1988, S. 1–29.

–, The *Theory* and Practice of Acculturation. Ireland in a Colonial Context, in: CANNY, N.P., Kingdom and Colony. Ireland in the Atlantic World, 1560–1800, Baltimore, London 1988, S. 31–68.

–, *Migration and Opportunity*. Britain, Ireland and the New World, in: CANNY, N.P., Kingdom and Colony. Ireland in the Atlantic World, 1560–1800, Baltimore, London 1988, S. 69–102.

–, Debate: *Spenser's Irish Crisis*. Humanism and Experience in the 1590s, in: Past & Present 120 (1988), S. 201–209.

–, *Early Modern Ireland, c. 1500–1700*, in: FOSTER, R.F., Hg., The Oxford Illustrated History of Ireland, Oxford, New York 1991, S. 104–160.

–, The *Marginal Kingdom*. Ireland as a Problem in the First British Empire, in: BAILYN, B. u. MORGAN, P.D., Hgg., Strangers Within the Realm. Cultural Margins of the First British Empire, Chapel Hill 1991, S. 35–66.

–, The Attempted *Anglicization* of Ireland in the Seventeenth Century. An Exemplar of „British History", in: ASCH, R.G., Hg., Three Nations – a Common History? England, Scotland, Ireland and British History, c. 1600–1920, Bochum 1993, S. 49–82.

–, The *1641 Depositions* as a Source for the Writing of Social History. County Cork as a Case Study, in: O'FLANAGAN, P. u. BUTTIMER, C.G., Hgg., Cork. History and Society. Interdisciplinary Essays on the History of an Irish County, Dublin 1993, S. 249–308.

–, Irish, Scottish and Welsh *Responses* to Centralisation, c. 1530 – c. 1640, in: GRANT, A. u. STRINGER, K.J., Hgg., Uniting the Kingdom? The Making of British History, London, New York 1995, S. 147–169.

–, *Religion*, Politics and the Irish Rising of 1641, in: DEVLIN, J. u. FANNING, R., Hgg., Religion and Rebellion. Historical Studies XX, Dublin 1997, S. 40–70.

CAPERN, A.L., The *Caroline Church*. James Ussher and the Irish Dimension, in: Historical Journal 39 (1996), S. 57–85.

CAREY, V.P., John *Derricke's Image of Ireland*, Sir Henry Sidney, and the Massacre at Mullaghmast, 1578, in: Irish Historical Studies XXXI (1999), S. 305–327.

CAVANAGH, S.T., „The *Fatal Destiny* of that Land". Elizabethan Views of Ireland, in: BRADSHAW, B., HADFIELD, A. u. MALEY, W., Hgg., Representing Ireland. Literature and the Origins of Conflict, 1534–1660, Cambridge 1993, S. 116–131.

CLARKE, A., The *Policies* of the „Old English" in Parliament 1640–41, in: MCCRACKEN, J.L., Hg., Historical Studies V, Dublin 1965, S. 85–102.

–, The *Old English* in Ireland, 1625–42, Ithaca, N.Y., 1966.

–, The *Graces*, 1625–41, Irish History Series 8, Dublin 1968.

–, *Ireland and the General Crisis*, in: Past & Present 48 (1970), S. 79–99.

–, Historical Revision XVIII. The History of *Poynings' Law*, 1615–41, in: Irish Historical Studies XVIII (1972), S. 207–222.

–, The *Irish Economy*, 1600–1660, in: MOODY, T.W., MARTIN, F.X. u. BYRNE, F.J., Hgg., A New History of Ireland, Bd. 3: Early Modern Ireland, 1534–1691, 1976, Reprint Oxford 1978, S. 168–186.

–, *Selling Royal Favours*, 1624–32, in: MOODY, T.W., MARTIN, F.X. u. BYRNE, F.J., Hgg., A New History of Ireland, Bd. 3: Early Modern Ireland, 1534–1691, 1976, Reprint Oxford 1978, S. 233–242.

–, The *Government* of Wentworth, 1632–40, in: MOODY, T.W., MARTIN, F.X. u. BYRNE, F.J., Hgg., A New History of Ireland, Bd. 3: Early Modern Ireland, 1534–1691, 1976, Reprint Oxford 1978, S. 243–269.

–, The *Breakdown* of Authority, 1640–41, in: MOODY, T.W., MARTIN, F.X. u. BYRNE, F.J., Hgg., A New History of Ireland, Bd. 3: Early Modern Ireland, 1534–1691, 1976, Reprint Oxford 1978, S. 270–288.

–, *Colonial Identity* in Early Seventeenth-Century Ireland, in: MOODY, T.W., Hg., Nationality and the Pursuit of National Independence. Historical Studies XI, Belfast 1978, S. 57–71.

–, *Ireland, 1534–1660*, in: LEE, J., Hg., Irish Historiography 1970–79, Cork 1981, S. 34–55.

–, The *Genesis* of the Ulster Rising of 1641, in: ROEBUCK, P., Hg., Plantation to Partition, Belfast 1981, S. 29–45.

–, *Ireland, 1450–1750*, in: Tijdschrift voor Geschiedenis 97 (1984), S. 518–528.

–, Bishop *William Bedell* (1571–1642) and the Irish Reformation, in: BRADY, C., Hg., Worsted in the Game. Losers in Irish History, Dublin 1989, S. 61–72.

–, *Varieties of Uniformity*. The First Century of the Church of Ireland, in: SHEILS, W.J. u. WOOD, D., Hgg., The Churches, Ireland and the Irish, Oxford, New York 1989, S. 105–122.

–, The *1641 Rebellion* and Anti-Popery in Ireland, in: MACCUARTA, B., Hg., Ulster 1641. Aspects of the Rising, Belfast 1993, S. 139–158.

CLARKE, A. mit EDWARDS, R.D., *Pacification*, Plantation, and the Catholic Question, 1603–23, in: MOODY, T.W., MARTIN, F.X. u. BYRNE, F.J., Hgg., A New History of Ireland, Bd. 3: Early Modern Ireland, 1534–1691, 1976, Reprint Oxford 1978, S. 187–232.

CLARKE, A., GILLESPIE, R. u. McGUIRE, J., Hgg., A New History of Ireland. *Bibliographical Supplement*, 1534–1691, Oxford 1991.

CLEARY, G., Father *Luke Wadding* and St. Isidore's College, Rome, Rom 1925.

COBURN-WALSHE, H., *Responses* to the Protestant Reformation in Sixteenth-Century Meath, in: Ríocht na Mídhe 8 (1987), S. 97–109.

–, Enforcing the *Elizabethan Settlement*. The Vicissitudes of Hugh Brady, Bishop of Meath, 1563–1584, in: Irish Historical Studies XXVI (1989), S. 352–376.

–, The *Rebellion* of William Nugent, 1581, in: COMERFORD, R.V., CULLEN, M., HILL, J.R. u. LENNON, C., Hgg., Religion, Conflict and Coexistence in Ireland. Essays Presented to Monsignor Patrick J. Corish, Dublin 1990, S. 26–52, 297–302.

CONLAN, P., *St Anthony's College* of the Irish Franciscans, Louvain, Dublin 1977.

–, *St. Isidore's College* Rome, Rom 1982.

CONNOLLY, S.J., *Priests and People* in Pre-Famine Ireland, 1780–1845, Dublin, New York 1982.

–, *Religion*, Law and Power. The Making of Protestant Ireland, 1660–1760, Oxford 1992.

–, Hg., The *Oxford Companion* to Irish History, Oxford 1998.

CONNORS, T., *Religion* and the Laity in Early Modern Galway, in: MORAN, G., GILLESPIE, R. u. NOLAN, W., Hgg., Galway. History and Society. Interdisciplinary Essays on the History of an Irish County, Dublin 1996, S. 131–148.

CORBOY, J., Father *Henry Fitzsimon*, S.J., 1566–1643, in: Studies 32 (1943), S. 260–266.

–, Father *James Archer*, S.J., 1550–1625, in: Studies 33 (1944), S. 99–107.

–, The *Irish College at Salamanca*, in: Irish Ecclesiastical Record 63 (1944), S. 247–253.

CORCORAN, T., *Studies* in the History of Classical Teaching, Irish and Continental, 1500–1700, Dublin 1911.
–, The *Clongowes Record*, 1814 to 1932. With Introductory Chapters on Irish Jesuit Educators, 1564 to 1813, Dublin 1932.
–, *Early Irish Jesuit Educators*, in: Studies 29 (1940), S. 545–560.
CORISH, P.J., *Rinuccini's Censure* of 27 May 1648, in: Irish Theological Quarterly 18 (1951), S. 322–337.
–, Ireland's First *Papal Nuncio*, in: Irish Ecclesiastical Record 81 (1954), S. 172–183.
–, The *Beginnings* of the Irish College, Rome, in: THE FRANCISCAN FATHERS, Hgg., Father Luke Wadding. Commemorative Volume, Dublin, London 1957, S. 284–294.
–, The *Reorganization* of the Irish Church, 1603–41, in: Proceedings of the Irish Historical Committee 1957, S. 9–14.
–, An Irish Counter-Reformation Bishop. *John Roche*, in: Irish Theological Quarterly 25 (1958), S. 14–32, 101–123; 26 (1959), S. 101–116, 313–330.
–, The *Origins* of Catholic Nationalism, in: CORISH, P.J., Hg., A History of Irish Catholicism, Bd. 3, Fasz. 8, Dublin 1968.
–, Die *Lage der Katholiken* in Großbritannien und Irland im 17. und 18. Jahrhundert, in: JEDIN, H., Hg., Handbuch der Kirchengeschichte, Bd. 5: Die Kirche im Zeitalter des Absolutismus und der Aufklärung, Freiburg u.a. 1970, S. 194–205.
–, The *Rising* of 1641 and the Catholic Confederacy, 1641–5, in: MOODY, T.W., MARTIN, F.X. u. BYRNE, F.J., Hgg., A New History of Ireland, Bd. 3: Early Modern Ireland, 1534–1691, 1976, Reprint Oxford 1978, S. 289–316.
–, *Irish Ecclesiastical History* since 1500, in: LEE, J., Hg., Irish Historiography 1970–79, Cork 1981, S. 154–172.
–, The *Catholic Community* in the Seventeenth and Eighteenth Centuries, Dublin 1981.
–, *David Rothe*, Bishop of Ossory, 1618–50, in: Journal of the Butler Society 2 (1984), S. 315–323.
–, *Catholic Marriage* under the Penal Code, in: COSGROVE, A., Hg., Marriage in Ireland, Dublin 1985, S. 67–77.
–, The *Irish Catholic Experience*. A Historical Survey, Dublin 1985.
–, *Two Centuries* of Catholicism in County Wexford, in: WHELAN, K., u. NOLAN, W., Hgg., Wexford. History and Society. Interdisciplinary Essays on the History of an Irish County, Dublin 1987, S. 222–247.
–, *Women* and Religious Practice, in: MACCURTAIN, M. u. O'DOWD, M., Hgg., Women in Early Modern Ireland, Edinburgh 1991, S. 212–220.
–, The *Irish Martyrs* and Irish History, in: Archivium Hibernicum 47 (1993), S. 89–93.
COSGROVE, A., A Century of *Decline*, in: FARRELL, B., Hg., The Irish Parliamentary Tradition, Dublin 1973, S. 57–67.
–, *Hiberniores Ipsis Hibernis*, in: COSGROVE, A. u. MCCARTNEY, D., Hgg., Studies in Irish History Presented to R. Dudley Edwards, Dublin 1979, S. 1–14.
–, *Late Medieval Ireland*, 1370–1541, Dublin 1981.
–, *Medieval Ireland*, 1169–1534, in: LEE, J., Hg., Irish Historiography 1970–79, Cork 1981, S. 13–33.
–, *Parliament* and the Anglo-Irish Community. The Declaration of 1460, in: COSGROVE, A., u. MCGUIRE, J.I., Hgg., Parliament and Community. Historical Studies XIV, Belfast 1983, S. 25–41.
–, Hg., *Marriage in Ireland*, Dublin 1985.
–, *Marriage* in Medieval Ireland, in: COSGROVE, A., Hg., Marriage in Ireland, Dublin 1985, S. 25–50.

–, Hg., A *New History of Ireland*, Bd. 2: *Medieval Ireland*, 1169–1534, Oxford 1987.

–, The *Emergence* of the Pale, 1399–1447, in: COSGROVE, A., Hg., A New History of Ireland, Bd. 2: Medieval Ireland, 1169–1534, Oxford 1987, S. 533–556.

–, *Anglo-Ireland* and the Yorkist Cause, 1447–60, in: COSGROVE, A., Hg., A New History of Ireland, Bd. 2: Medieval Ireland, 1169–1534, Oxford 1987, S. 557–568.

–, *Ireland Beyond the Pale*, 1399–1460, in: COSGROVE, A., Hg., A New History of Ireland, Bd. 2: Medieval Ireland, 1169–1534, Oxford 1987, S. 569–590.

–, The *Writing* of Irish Medieval History, in: Irish Historical Studies XXVII (1990), S. 97–111.

COUGHLAN, P., Hg., *Spenser and Ireland*. An Interdisciplinary Perspective, Cork 1989.

–, „Some *Secret Scourge* Which Shall by Her Come unto England". Ireland and Incivility in Spenser, in: COUGHLAN, P., Hg., Spenser and Ireland. An Interdisciplinary Perspective, Cork 1989, S. 46–74.

–, „Cheap and Common *Animals*". The English Anatomy of Ireland in the Seventeenth Century, in: HEALY, T. u. SAWDAY, J., Hgg., Literature and the English Civil War, Cambridge 1990, S. 205–223.

COWMAN, D., The *Reformation Bishops* of the Diocese of Waterford and Lismore, in: Decies 27 (1984), S. 31–38.

CRAWFORD, J.G., *Anglicizing the Government* of Ireland. The Irish Privy Council and the Expansion of Tudor Rule, 1556–1578, Dublin 1993.

CREGAN, D.F., Irish Catholic *Admissions* to the English Inns of Court, 1558–1625, in: Irish Jurist, new series, 5 (1970), S. 95–114.

–, *Irish Recusant Lawyers* in Politics in the Reign of James I, in: Irish Jurist, new series, 5 (1970), S. 306–320.

–, The *Confederation of Kilkenny*, in: FARRELL, B., Hg., The Irish Parliamentary Tradition, Dublin 1973, S. 102–115.

–, The Social and Cultural *Background* of a Counter-Reformation Episcopate, 1618–60, in: COSGROVE, A. u. McCARTNEY, D., Hgg., Studies in Irish History Presented to R. Dudley Edwards, Dublin 1979, S. 85–117.

CUNNINGHAM, B., The *Composition* of Connacht in the Lordships of Clanricard and Thomond, 1577–1641, in: Irish Historical Studies XXIV (1984), S. 1–14.

–, *Native Culture* and Political Change in Ireland, 1580–1640, in: BRADY, C. u. GILLESPIE, R., Hgg., Natives and Newcomers. Essays on the Making of Irish Colonial Society, 1534–1641, Dublin 1986, S. 148–170.

–, Seventeenth-Century *Interpretations* of the Past. The Case of Geoffrey Keating, in: Irish Historical Studies XXV (1986), S. 116–128.

–, *Natives* and Newcomers in Mayo, 1560–1603, in: GILLESPIE, R. u. MORAN, G., Hgg., „A Various County". Essays in Mayo History, 1500–1900, Westport 1987, S. 24–43.

–, *Geoffrey Keating*'s Eochair Sgiath An Aifrinn and the Catholic Reformation in Ireland, in: SHEILS, W.J. u. WOOD, D., Hgg., The Churches, Ireland and the Irish, Oxford, New York 1989, S. 133–143.

–, The *Culture* and Ideology of Irish Franciscan Historians at Louvain, 1607–1650, in: BRADY, C., Hg., Ideology and the Historians. Historical Studies XVII, Dublin 1991, S. 11–30, 222–226.

–, The *Anglicisation* of East Breifne. The O'Reillys and the Emergence of County Cavan, in: GILLESPIE, R., Hg., Cavan. Essays on the History of an Irish County, Dublin 1995, S. 51–72.

–, From *Warlords* to Landlords. Political and Social Change in Galway, 1540–1640, in: MORAN, G., GILLESPIE, R. u. NOLAN, W., Hgg., Galway. History and Society. Interdisciplinary Essays on the History of an Irish County, Dublin 1996, S. 97–129.

CUNNINGHAM, B. u. GILLESPIE, R., „*Persecution*" in Seventeenth-Century Irish, in: Éigse 22 (1987), S. 15–20.

–, „The Most Adaptable of *Saints*". The Cult of St Patrick in the Seventeenth Century, in: Archivium Hibernicum 49 (1995), S. 82–104.

CURTAYNE, A., *St. Patrick's Purgatory*, London, Dublin 1945.

CURTIN, N.J., „*Varieties* of Irishness". Historical Revisionism, Irish Style, in: Journal of British Studies 35 (1996), S. 195–219.

DAWSON, J.E.A., *Two Kingdoms or Three*? Ireland in Anglo-Scottish Relations in the Middle of the Sixteenth Century, in: MASON, R.A., Hg., Scotland and England 1286–1815, Edinburgh 1987, S. 113–138.

DICKSON, D., *New Foundations*. Ireland, 1660–1800, Dublin 1987.

–, No *Scythians* Here. Women and Marriage in Seventeenth-Century Ireland, in: MACCURTAIN, M. u. O'DOWD, M., Hgg., Women in Early Modern Ireland, Edinburgh 1991, S. 223–235.

DIXON, W.M., *Trinity College*, Dublin, London 1902.

DUFFY, S., *Ireland* in the Middle Ages, Houndmills, London 1997.

–, Hg., *Atlas of Irish History*, Dublin 1997.

DUNNE, T., The *Gaelic Response* to Conquest and Colonization. The Evidence of the Poetry, in: Studia Hibernica 20 (1980), S. 7–30.

–, *New Histories*. Beyond „Revisionism", in: Irish Review 12 (1992), S. 1–12.

DWYER, P., The *Diocese of Killaloe* from the Reformation to the Eighteenth Century, Dublin 1878.

EDWARDS, R.D., *Church and State* in Tudor Ireland. A History of the Penal Laws against Irish Catholics, 1534–1603, 1935, Reprint New York 1972.

–, *Church and State in the Ireland of Míchél Ó Cléirigh*, 1626–41, in: O'BRIEN, S., Hg., Measgra i gcuimhne Mhichíl Uí Chléirigh. Miscellany of Historical and Linguistic Studies in Honour of Brother Michael Ó Cléirigh, O.F.M. Chief of the Four Masters, 1643–1943, Dublin 1944, S. 1–20.

–, *Ireland*, Elizabeth I and the Counter-Reformation, in: BINDOFF, S.T., HURSTFIELD, J. u. WILLIAMS, C.H., Hgg., Elizabethan Government and Society. Essays Presented to Sir John Neale, London 1961, S. 315–339.

–, The *Irish Reformation Parliament* of Henry VIII 1536–7, in: MOODY, T.W., Hg., Historical Studies VI, London 1968, S. 59–80.

–, *Ireland in the Age of the Tudors*. The Destruction of Hiberno-Norman Civilization, London, New York 1977.

–, An *Agenda* for Irish History, 1978–2018, in: Irish Historical Studies XXI (1978), S. 3–19.

EDWARDS, R.D. u. O'DOWD, M., *Sources* for Early Modern Irish History, 1534–1641, Cambridge 1985.

EDWARDS, Ruth D., An *Atlas of Irish History*, 2. Aufl., London, New York 1981.

ELLIS, S.G., The *Kildare Rebellion* and the Early Henrician Reformation, in: Historical Journal 19 (1976), S. 807–830.

–, Tudor Policy and the Kildare Ascendancy in the Lordship of Ireland, 1496–1534, in: Irish Historical Studies XX (1977), S. 235–271.

–, Thomas Cromwell and Ireland, 1532–1540, in: Historical Journal 23 (1980), S. 497–519.

–, *Henry VIII*, Rebellion and the Rule of Law, in: Historical Journal 24 (1981), S. 513–531.

–, The *Destruction* of the Liberties. Some Further Evidence, in: Bulletin of the Institute of Historical Research 54 (1981), S. 150–161.

–, *Parliament* and Community in Yorkist and Tudor Ireland, in: COSGROVE, A. u. McGUIRE, J.I., Hgg., Parliament and Community. Historical Studies XIV, Belfast 1983, S. 43–68.

–, *John Bale*, Bishop of Ossory, 1552–3, in: Journal of the Butler Society 2 (1984), S. 283–293.

–, *Tudor Ireland*. Crown, Community and the Conflict of Cultures, 1470–1603, London, New York 1985.

–, *Nationalist Historiography* and the English and Gaelic Worlds in the Late Middle Ages, in: Irish Historical Studies XXV (1986), S. 1–18.

–, *Reform and Revival*. English Government in Ireland, 1470–1534, Woodbridge, New York 1986.

–, The *Pale* and the Far North. Government and Society in Two Early Tudor Borderlands, O'Donnell Lecture, Galway 1988.

–, *Economic Problems* of the Church. Why the Reformation Failed in Ireland, in: Journal of Ecclesiastical History 41 (1990), S. 239–265.

–, Historiographical Debate: *Representations* of the Past in Ireland. Whose Past and Whose Present?, in: Irish Historical Studies XXVII (1991), S. 289–308.

–, The *Inveterate Dominion*. Ireland in the English State. A Survey to 1700, in: NOLTE, H.-H., Hg., Internal Peripheries in European History, Göttingen, Zürich 1991, S. 29–43.

–, *Writing Irish History*. Revisionism, Colonialism, and the British Isles, in: Irish Review 29 (1996), S. 1–21.

–, *Ireland* in the Age of the Tudors, 1447–1603. English Expansion and the End of Gaelic Rule, London, New York 1998.

–, The *Collapse* of the Gaelic World, 1450–1650, in: Irish Historical Studies XXXI (1999), S. 449–469.

ELRINGTON, C.R., The *Life of* the Most Reverend James *Ussher* with an Account of His Writings, Dublin, London 1848.

ELVERT, J., *Geschichte Irlands*, München 1993.

–, Hg., *Nordirland* in Geschichte und Gegenwart / Northern Ireland – Past and Present, Stuttgart 1994.

FAIRFIELD, L.P., The *Vocacyon of John Bale* and Early English Autobiography, in: Renaissance Quarterly 24 (1971), S. 327–340.

FITZGERALD, G., *Manuscripts* in the Representative Church Body Library, in: Analecta Hibernica 23 (1966), S. 307–309.

FITZPATRICK, B., *Seventeenth-Century Ireland*. The War of Religions, Dublin 1988.

FLYNN, T.S., The *Irish Dominicans*, 1536–1641, Blackrock 1993.

FORD, A., The *Protestant Reformation in Ireland*, in: BRADY, C. u. GILLESPIE, R., Hgg., Natives and Newcomers. Essays on the Making of Irish Colonial Society, 1534–1641, Dublin 1986, S. 50–74.

–, The *Protestant Reformation in Ireland, 1590–1641*, Frankfurt a.M. u.a. 1987 (auch als 2. Aufl., Dublin 1997).

–, „*Standing One's Ground*". Religion, Polemic and Irish History Since the Reformation, in: FORD, A., McGUIRE, J. u. MILNE, K., Hgg., As by Law Established. The Church of Ireland Since the Reformation, Dublin 1995, S. 1–14.

–, The *Church of Ireland*, 1558–1634. A Puritan Church?, in: FORD, A., McGUIRE, J. u. MILNE, K., Hgg., As by Law Established. The Church of Ireland Since the Reformation, Dublin 1995, S. 52–68.

–, The *Reformation in Kilmore* before 1641, in: GILLESPIE, R., Hg., Cavan. Essays on the History of an Irish County, Dublin 1995, S. 73–98.

–, *Dependent or Independent*. The Church of Ireland and its Colonial Context, 1536–1647, in: The Seventeenth Century 10 (1995), S. 163–187.

–, *Who Went to Trinity?* The Early Students of Dublin University, in: ROBINSON-HAMMERSTEIN, H., Hg., European Universities in the Age of Reformation and Counter-Reformation, Dublin 1998, S. 53–74.

–, *James Ussher* and the Creation of an Irish Protestant Identity, in: BRADSHAW, B. u. ROBERTS, P., Hgg., British Consciousness and Identity. The Making of Britain, 1533–1707, Cambridge 1998, S. 185–212.

FORD, A. u. MILNE, K., Hgg., The *Church of Ireland*. A Critical Bibliography, 1536–1992, in: Irish Historical Studies XXVIII (1993), S. 345–384.

FORD, A., McGUIRE, J. u. MILNE, K., Hgg., *As by Law Established*. The Church of Ireland Since the Reformation, Dublin 1995.

FORRESTAL, A., *Catholic Synods* in Ireland, 1600–1690, Dublin 1998.

FOSTER, R.F., *Modern Ireland*, 1600–1972, London 1988.

–, Hg., The Oxford Illustrated *History of Ireland*, Oxford, New York 1991.

–, *Paddy* and Mr Punch. Connections in Irish and English History, London u.a. 1993.

FRAME, R., „Les *Engleys* Neés en Irlande". The English Political Identity in Medieval Ireland, in: Transactions of the Royal Historical Society, 6th series, 3 (1993), S. 83–103.

FURLONG, N., Life in *Wexford* Port, 1600–1800, in: WHELAN, K., u. NOLAN, W., Hgg., Wexford. History and Society. Interdisciplinary Essays on the History of an Irish County, Dublin 1987, S. 150–172.

GAFFNEY, D., The Practice of *Religious Controversy* in Dublin, 1600–1641, in: SHEILS, W.J. u. WOOD, D., Hgg., The Churches, Ireland and the Irish, Oxford, New York 1989, S. 145–158.

GIBLIN, C., *Irish Exiles* in Catholic Europe, in: CORISH, P.J., Hg., A History of Irish Catholicism, Bd. 4, Fasz. 3, Dublin 1967.

–, The *Irish Colleges* on the Continent, in: SWORDS, L., Hg., The Irish-French Connection, 1578–1978, Paris 1978, S. 9–20.

–, The *Contribution* of Irish Franciscans on the Continent in the Seventeenth Century, in: MAHER, M., Hg., Irish Spirituality, Dublin 1981, S. 88–103.

–, *Hugh McCaghwell*, O.F.M., Archbishop of Armagh. Aspects of his Life, in: Seanchas Ardmhacha 11 (1985), S. 259–290.

GILLESPIE, R., *Urban Oligarchies* and Popular Protest in the Early Seventeenth Century. Two Ulster Examples, in: Retrospect 1982, S. 54–56.

–, *Colonial Ulster*. The Settlement of East-Ulster, 1600–1641, Cork 1985.

–, The *End of an Era*. Ulster and the Outbreak of the 1641 Uprising, in: BRADY, C. u. GILLESPIE, R., Hgg., Natives and Newcomers. Essays on the Making of Irish Colonial Society, 1534–1641, Dublin 1986, S. 191–213.

–, *Continuity* and Change. Ulster in the Seventeenth Century, in: BRADY, C., O'DOWD, M. u. WALKER, B., Hgg., Ulster. An Illustrated History, London 1989, S. 104–133.

–, *Church, State and Education* in Early Modern Ireland, in: O'CONNELL, M.R., Hg., O'Connell. Education, Church and State, Dublin 1992, S. 40–59.

–, *Destabilizing Ulster*, 1641-2, in: MACCUARTA, B., Hg., Ulster 1641. Aspects of the Rising, Belfast 1993, S. 107–122.

–, *Explorers*, Exploiters and Entrepreneurs. Early Modern Ireland and its Context, 1500–1700, in: GRAHAM, B.J. u. PROUDFOOT, L.J., Hgg., An Historical Geography of Ireland, London, San Diego 1993, S. 123–157.

–, The Sacred in the Secular. *Religious Change* in Catholic Ireland, 1500–1700, The Fifth Annual Lecture in Catholic Studies Sponsored by the Edmundite Trust Fund for Catholic Studies and Ministry at Saint Michael's College, Colchester, Vermont 1993.

–, The *Religion of Protestants*. A View from the Laity, 1580–1700, in: FORD, A., McGUIRE, J. u. MILNE, K., Hgg., As by Law Established. The Church of Ireland Since the Reformation, Dublin 1995, S. 89–99.

–, *Small Towns* in Early Modern Ireland, in: CLARKE, P., Hg., Small Towns in Early Modern Europe, Cambridge 1995, S. 148–165.

–, *Devoted People*. Belief and Religion in Early Modern Ireland, Manchester, New York 1997.

GREEN, I., „The Necessary Knowledge of the Principles of Religion". *Catechisms* and Catechizing in Ireland, c. 1560–1800, in: FORD, A., McGUIRE, J. u. MILNE, K., Hgg., As by Law Established. The Church of Ireland Since the Reformation, Dublin 1995, S. 69–88.

GWYNN, A., *John Lynch*'s „De Praesulibus Hiberniae", in: Studies 34 (1945), S. 37–52.

–, *Archbishop Ussher* and Father Brendan O Conor, in: THE FRANCISCAN FATHERS, Hgg., Father Luke Wadding. Commemorative Volume, Dublin, London 1957, S. 263–283.

–, The *Twelfth Century Reform*, in: CORISH, P.J., Hg., A History of Irish Catholicism, Bd. 2, Fasz. 1, Dublin 1968.

GWYNN, A. u. HADCOCK, R.N., *Medieval Religious Houses*. Ireland, 1970, Reprint Dublin 1988.

HADFIELD, A., *Briton and Scythian*. Tudor Representations of Irish Origins, in: Irish Historical Studies XXVIII (1993), S. 390–408.

–, *English Colonialism* and National Identity in Early Modern Ireland, in: Eire – Ireland 28 (1993), S. 69–86.

–, *Rocking the Boat*. A Response to Hiram Morgan, in: Irish Review 14 (1993), S. 15–19.

–, *Translating the Reformation*. John Bale's Irish Vocacyon, in: BRADSHAW, B., HADFIELD, A. u. MALEY, W., Hgg., Representing Ireland. Literature and the Origins of Conflict, 1534–1660, Cambridge 1993, S. 43–59.

–, The „Sacred Hunger of Ambitious Minds". *Spenser's Savage Religion*, in: HAMILTON, D.B. u. STRIER, R., Hgg., Religion, Literature, and Politics in Post-Reformation England, 1540–1688, Cambridge 1996, S. 27–45.

–, Edmund *Spenser's Irish Experience*. Wilde Fruit and Salvage Soyl, Oxford 1997.

HAMMERMAYER, L., *Herrschaftlich-staatliche Gewalt*, Gesellschaft und Katholizismus in Irland vom 16.–18. Jahrhundert. Aspekte des postreformatorischen Katholizismus auf den Britischen Inseln während der „Penal Times", in: Gesellschaft und Herrschaft. Eine Festgabe für Karl Bosl zum 60. Geburtstag, München 1969, S. 191–218.

HAMMERSTEIN [später ROBINSON-HAMMERSTEIN], H., Aspects of the *Continental Education* of Irish Students in the Reign of Queen Elizabeth I, in: WILLIAMS, T.D., Hg., Historical Studies VIII, Dublin 1971, S. 137–153.

HARRINGTON, J.P., A *Tudor Writer's Tracts* on Ireland. His Rhetoric, in: Éire – Ireland 17 (1982), S. 92–103.

HAYES, R.J., Hg., *Manuscript Sources* for the History of Irish Civilization, 11 Bde., Boston 1965, First Supplement, 1965–1975, 3 Bde., Boston 1979.

HAYES-MCCOY, G.A., *Scots Mercenary Forces* in Ireland, 1565–1603, Dublin, London 1937.

–, *Gaelic Society* in Ireland in the Late Sixteenth Century, in: HAYES-MCCOY, G.A., Hg., Historical Studies IV, London 1963, S. 45–61.

–, The *Royal Supremacy* and Ecclesiastical Revolution, 1534–47, in: MOODY, T.W., MARTIN, F.X. u. BYRNE, F.J., Hgg., A New History of Ireland, Bd. 3: Early Modern Ireland, 1534–1691, 1976, Reprint Oxford 1978, S. 39–68.

–, *Conciliation*, Coercion, and the Protestant Reformation, 1547–71, in: MOODY, T.W., MARTIN, F.X. u. BYRNE, F.J., Hgg., A New History of Ireland, Bd. 3: Early Modern Ireland, 1534–1691, 1976, Reprint Oxford 1978, S. 69–93.

–, The *Completion* of the Tudor Conquest and the Advance of the Counter-Reformation, 1571–1603, in: MOODY, T.W., MARTIN, F.X. u. BYRNE, F.J., Hgg., A New History of Ireland, Bd. 3: Early Modern Ireland, 1534–1691, 1976, Reprint Oxford 1978, S. 94–141.

HAYTON, D.W., From *Barbarian* to Burlesque. English Images of the Irish, c. 1660–1750, in: Irish Economic and Social History 15 (1988), S. 5–31.

HELFERTY, S. u. REFAUSSÉ, R., Hgg., *Directory of Irish Archives*, 2. Aufl., Dublin 1993 (auch als 3. Aufl., Dublin 1999).

HENCHY, M., The *Irish College at Salamanca*, in: Studies 70 (1981), S. 220–227.

HENRY, A.G., „*Seminarie Soldiers*". Connections Between the Religious and Military Communities in the Spanish Netherlands, 1585–1610, in: Retrospect 1987, S. 41–48.

–, The *Emerging Identity* of an Irish Military Group in the Spanish Netherlands, 1586–1610, in: COMERFORD, R.V., CULLEN, M., HILL, J.R. u. LENNON, C., Hgg., Religion, Conflict and Coexistence in Ireland. Essays Presented to Monsignor Patrick J. Corish, Dublin 1990, S. 53–77, 302–309.

–, The *Irish Military Community* in Spanish Flanders, 1585–1621, Dublin 1992.

HERLIHY, K., Hg., The *Irish Dissenting Tradition*, 1650–1750, Blackrock 1995.

–, Hg., The *Religion of Irish Dissent*, 1650–1800, Blackrock 1996.

–, Hg. The *Politics of Irish Dissent*, 1650–1800, Dublin 1997.

–, Hg., *Propagating the Word* of Irish Dissent, 1650–1800, Dublin 1998.

HIGHLEY, C., *Shakespeare*, Spenser, and the Crisis in Ireland, Cambridge 1997.

HILL, C., Sevententh-Century *English Radicals* and Ireland, in: CORISH, P.J., Hg., Radicals, Rebels & Establishments. Historical Studies XV, Belfast, 1985, S. 33–49.

HINTON, E., *Ireland through Tudor Eyes*, Philadelphia 1935.

HOGAN, E., *Distinguished Irishmen* of the Sixteenth Century, London 1894.

HOLLOWAY, H., The *Reformation in Ireland*. A Study of Ecclesiastical Legislation, London 1919.

HOLMES, R.F.G., *Ulster Presbyterians and Irish Nationalism*, in: MEWS, S., Hg., Religion and National Identity, Oxford 1982, S. 535–548.

HUNTER, R.J., *Ulster Plantation Towns*, 1609–41, in: HARKNESS, D.W. u. O'DOWD, M., Hgg., The Town in Ireland. Historical Studies XIII, Belfast 1981, S. 55–80.

JACKSON, D., *Intermarriage* in Ireland, 1550–1650, Montreal 1970.

JEFFERIES, H.A., The *Irish Parliament* of 1560. The Anglican Reforms Authorised, in: Irish Historical Studies XXVI (1988), S. 128–141.

–, The *Church Courts* of Armagh on the Eve of the Reformation, in: Seanchas Ard Mhacha 15 (1993), S. 1–38.

–, *Priests and Prelates* of Armagh in the Age of Reformations, 1518–1558, Dublin 1997.

–, *George Montgomery*, First Protestant Bishop of Derry, Raphoe and Clogher (1605–10), in: JEFFERIES, H.A. u. DEVLIN, C., Hgg., History of the Diocese of Derry from the Earliest Times, Dublin 2000, S. 140–166.

JEFFERIES, H.A. u. DEVLIN, C., Hgg., History of the *Diocese of Derry* from the Earliest Times, Dublin 2000.

JENNINGS, B., The *Irish Franciscan College* of St Anthony at Louvain, Dublin 1925.

–, *Michael O Cleirigh*. Chief of the Four Masters and his Associates, Dublin, Cork 1936.

JOHNSTON, E.M., *Problems* Common to Both Protestant and Catholic Churches in Eighteenth-Century Ireland, in: MACDONAGH, O., MANDLE, W.F. u. TRAVERS, P., Hgg., Irish Culture and Nationalism, 1750–1950, 1983, Reprint Canberra 1985, S. 14–39.

JONES, F.M., *Canonical Faculties* on the Irish Mission in the Reign of Queen Elizabeth, 1558–1603, in: Irish Theological Quarterly 20 (1953), S. 152–171.

–, The *Counter-Reformation*, in: Corish, P.J., Hg., A History of Irish Catholicism, Bd. 3, Fasz. 3, Dublin 1967.

JONES, W.R., *Giraldus Redivivus*. English Historians, Irish Apologists, and the Works of Gerald of Wales, in: Eire – Ireland 9 (1974), S. 3–20.

JOURDAN, G.V., The *Transitional Stage* of Reform, in: PHILLIPS, W.A., Hg., History of the Church of Ireland from the Earliest Times to the Present Day, Bd. 2: The Movement towards Rome, the Medieval Church and the Reformation, London 1934, S. 292–375.

–, The *Rise of Recusancy*, in: PHILLIPS, W.A., Hg., History of the Church of Ireland from the Earliest Times to the Present Day, Bd. 2: The Movement towards Rome, the Medieval Church and the Reformation, London 1934, S. 376–447.

–, The *Movement* towards a Doctrinal Reformation, in: PHILLIPS, W.A., Hg., History of the Church of Ireland from the Earliest Times to the Present Day, Bd. 2: The Movement towards Rome, the Medieval Church and the Reformation, London 1934, S. 448–524.

–, The *Rise of the Puritans* and Planter Class, in: PHILLIPS, W.A., Hg., History of the Church of Ireland from the Earliest Times to the Present Day, Bd. 2: The Movement towards Rome, the Medieval Church and the Reformation, London 1934, S. 525–579.

–, The Rule of *Charles I*, in: PHILLIPS, W.A., Hg., History of the Church of Ireland from the Earliest Times to the Present Day, Bd. 3: The Modern Church, London 1933, S. 1–58.

KEARNEY, H.F., The *Court of Wards* and Liveries in Ireland, 1622–1641, in: Proceedings of the Royal Irish Academy, section c, 57 (1955–56), S. 29–68.

–, *Ecclesiastical Politics* and the Counter-Reformation in Ireland, 1618–1648, in: Journal of Ecclesiastical History 11 (1960), S. 202–212.

–, The *Irish Parliament* in the Early Seventeenth Century, in: FARRELL, B., Hg., The Irish Parliamentary Tradition, Dublin 1973, S. 88–101.

–, *Strafford* in Ireland, 1633–41. A Study in Absolutism, 2. Aufl., Cambridge 1989.

KELLY, J., The *Catholic Church* in the Diocese of Ardagh, 1650–1870, in: GILLESPIE, R. u. MORAN, G., Hgg., Longford. Essays in County History, Dublin 1991, S. 63–91.

–, The *Formation* of the Modern Catholic Church in the Diocese of Kilmore, 1580–1880, in: GILLESPIE, R., Hg., Cavan. Essays on the History of an Irish County, Dublin 1995, S. 115–138.

KELLY, J. u. KEOGH, D., Hgg., History of the Catholic *Diocese of Dublin*, Dublin 2000.

KENNY, C., The *Exclusion* of Catholics from the Legal Profession in Ireland, 1537–1829, in: Irish Historical Studies XXV (1987), S. 337–357.

KILROY, P., *Sermon* and Pamphlet Literature in the Irish Reformed Church, 1613–1634, in: Archivium Hibernicum 33 (1975), S. 110–121.

–, *Bishops and Ministers* in Ulster During the Primacy of Ussher, in: Seanchas Ardmhacha 8 (1977), S. 284–298.

–, *Women* and the Reformation in Seventeenth-Century Ireland, in: MACCURTAIN, M. u. O'DOWD, M., Hgg., Women in Early Modern Ireland, Edinburgh 1991, S. 179–196.

–, *Protestantism* in Uster, 1610–1641, in: MACCUARTA, B., Hg., Ulster 1641. Aspects of the Rising, Belfast 1993, S. 25–36.

–, *Protestant Dissent* and Controversy in Ireland, 1660–1714, Cork 1994.

KIRCHEISEN, P., Die *englische Revolution* und Irland, in: SIEGMUND-SCHULTZE, D., Hg., Irland. Gesellschaft und Kultur, Bd. III, Halle 1982, S. 50–59.

KNOX, R.B., James *Ussher*. Archbishop of Armagh, Cardiff 1967.

LAURENCE, A., The *Cradle* to the Grave. English Observations of Irish Social Customs in the Seventeenth Century, in: The Seventeenth Century 3 (1988), S. 63–84.

LAWLOR, H.J., Two Collections of *Visitation Reports* in the Library of Trinity College, in: Hermathena 31 (1905), S. 319–331.

LEERSSEN, J., *Archbishop Ussher* and Gaelic Culture, in: Studia Hibernica 22–23 (1982–83), S. 50–58.

–, *Mere Irish* and Fíor Gael. Studies in the Idea of Nationality, its Development and Literary Expression Prior to the Nineteenth Century, Amsterdam, Philadelphia 1986.

–, *Wildness*, Wilderness, and Ireland. Medieval and Early-Modern Patterns in the Demarcation of Civility, in: Journal of the History of Ideas 56 (1995), S. 25–39.

LEIGHTON, C.D.A., *Catholicism* in a Protestant Kingdom. A Study of the Irish Ancien Régime, New York 1994.

LENNON, C., *Recusancy and the Dublin Stanyhursts*, in: Archivium Hibernicum 33 (1975), S. 101–110.

–, *Richard Stanihurst (1547–1618)* and Old English Identity, in: Irish Historical Studies XXI (1978), S. 121–143.

–, *Reform Ideas* and Cultural Resources in the Inner Pale in the Mid-Sixteenth Century, in: Stair 2 (1979), S. 3–9.

–, *Richard Stanihurst*, the Dubliner, 1547–1618. A Biography with a Stanihurst Text „On Ireland's Past", Dublin 1981.

–, *Civic Life* and Religion in Early Seventeenth-Century Dublin, in: Archivium Hibernicum 38 (1983), S. 14–25.

–, The *Counter-Reformation* in Ireland, 1542–1641, in: BRADY, C. u. GILLESPIE, R., Hgg., Natives and Newcomers. Essays on the Making of Irish Colonial Society, 1534–1641, Dublin 1986, S. 75–92.

–, *Civic Privilege* and State Power in Dublin, 1534–1613, in: Rostrum. A Journal of Education and the Arts 1987, S. 107–114.

–, The *Lords* of Dublin in the Age of Reformation, Dublin 1989.

–, The *Rise of Recusancy* among the Dublin Patricians, 1580–1613, in: SHEILS, W.J. u. WOOD, D., Hgg., The Churches, Ireland and the Irish, Oxford, New York 1989, S. 123–132.

–, The *Chantries* in the Irish Reformation. The Case of St Anne's Guild, Dublin, 1550–1630, in: COMERFORD, R.V., CULLEN, M., HILL, J.R. u. LENNON, C., Hgg.,

Religion, Conflict and Co-existence in Ireland. Essays Presented to Monsignor Patrick J. Corish, Dublin 1990, S. 8–25.

–, The *Sixteenth Century*, in: Ó Muirí, R., Hg., Irish Church History Today, Armagh 1992, S. 27–41.

–, „The *Bowels* of the City's Bounty". The Municipality of Dublin and the Foundation of Trinity College, in: Long Room 37 (1992), S. 10–16.

–, *Sixteenth-Century Ireland*. The Incomplete Conquest, Dublin 1994.

–, The *Survival* of Confraternities in Post-Reformation Dublin, in: Confraternities 6 (1995), S. 5–12.

–, Primate *Richard Creagh* and the Beginnings of the Irish Counter-Reformation, in: Archivium Hibernicum 51 (1997), S. 74–86.

–, *Dives and Lazarus* in Sixteenth-Century Ireland, in: Hill, J. u. Lennon, C., Hgg., Luxury and Austerity. Historical Studies XXI, Dublin 1999, S. 46–65.

–, An Irish *Prisoner* of Conscience of the Tudor Era. Archbishop Richard Creagh of Armagh, 1523–86, Dublin 2000.

Liechty, J., The *Popular Reformation* Comes to Ireland. The Case of John Walker and the Foundation of the Church of God, 1804, in: Comerford, R.V., Cullen, M., Hill, J.R. u. Lennon, C., Hgg., Religion, Conflict and Co-existence in Ireland. Essays Presented to Monsignor Patrick J. Corish, Dublin 1990, S. 159–187.

Lindley, K.J., The *Impact* of the 1641 Rebellion upon England and Wales, 1641–45, in: Irish Historical Studies XVIII (1972), S. 143–176.

Loeber, R., *Civilisation* through Plantation. The Projects of Mathew de Renzi, in: Murtagh, H., Hg., Irish Midland Studies, Athlone 1980, S. 121–135.

Lotz-Heumann, U., The *Protestant Interpretation* of History in Ireland. The Case of James Ussher's Discourse, in: Gordon, B., Hg., Protestant History and Identity in Sixteenth-Century Europe, Bd. 2: The Later Reformation, Aldershot 1996, S. 107–120.

–, *Abgrenzungsidentitäten* im Irland des späten 16. und frühen 17. Jahrhunderts, in: Kwiatkowski, S. u. Małłek, J., Hgg., Ständische und religiöse Identitäten in Mittelalter und früher Neuzeit, Toruń 1998, S. 165–189.

–, *Social Control* and Church Discipline in Ireland in the Sixteenth and Early Seventeenth Centuries, in: Schilling, H., Hg., Institutionen, Instrumente und Akteure sozialer Kontrolle und Disziplinierung im frühneuzeitlichen Europa / Institutions, Instruments and Agents of Social Control and Discipline in Early Modern Europe, Frankfurt a.M. 1999, S. 275–304.

Luce, J.V., *Trinity College*, Dublin. The First 400 Years, Dublin 1992.

Lydon, J., *Ireland* in the Later Middle Ages, Dublin 1973.

–, The *Middle Nation*, in: Lydon, J., Hg., The English in Medieval Ireland, Dublin 1984, S. 1–26.

Lyons, M.A., Church and Society in *County Kildare*, c. 1470–1547, Dublin 2000.

McCafferty, J., *Defamation* and the Church Courts in Early Sixteenth-Century Armagh, in: Archivium Hibernicum 48 (1994), S. 88–99.

–, *John Bramhall* and the Church of Ireland in the 1630s, in: Ford, A., McGuire, J. u. Milne, K., Hgg., As by Law Established. The Church of Ireland Since the Reformation, Dublin 1995, S. 100–111.

–, „*God Bless* Your Free Church of Ireland". Wentworth, Laud, Bramhall and the Irish Convocation of 1634, in: Merritt, J.F., Hg., The Political World of Thomas Wentworth, Earl of Strafford, 1621–1641, Cambridge 1996, S. 187–208.

MacCarthy, R.B., *A Short History of the Church of Ireland*. Ancient & Modern, Dublin 1995.

MacCarthy-Morrogh, M., The *Munster Plantation*. English Migration to Southern Ireland, 1583–1641, Oxford 1986.

–, The *English Presence* in Early Seventeenth Century Munster, in: Brady, C. u. Gillespie, R., Hgg., Natives and Newcomers. Essays on the Making of Irish Colonial Society, 1534–1641, Dublin 1986, S. 171–190.

McCavitt, J., „Good Planets in their Several Spheares". The *Establishment* of the Assize Circuits in Early Seventeenth Century Ireland, in: Irish Jurist, new series, 24 (1989), S. 248–278.

–, Lord Deputy *Chichester* and the English Government's „Mandates Policy" in Ireland, 1605–7, in: Recusant History 20 (1991), S. 320–335.

McCorristine, L., The *Revolt* of Silken Thomas, Dublin 1987.

MacCurtain, M., *Tudor and Stuart Ireland*, Dublin 1972.

–, *Marriage* in Tudor Ireland, in: Cosgrove, A., Hg., Marriage in Ireland, Dublin 1985, S. 51–66.

–, *Women*, Education and Learning in Early Modern Ireland, in: MacCurtain, M. u. O'Dowd, M., Hgg., Women in Early Modern Ireland, Edinburgh 1991, S. 160–178.

MacCurtain, M. u. O'Dowd, M., Hgg., *Women* in Early Modern Ireland, Edinburgh 1991.

McDowell, R.B. u. Webb, D.A., *Trinity College*, Dublin, 1592–1952. An Academic History, Cambridge u.a. 1982.

MacErlean, J., The *Sodality* of the Blessed Virgin Mary in Ireland. A Short History, Dublin 1928.

McGurk, J., The *Elizabethan Conquest* of Ireland. The 1590s Crisis, Manchester 1997.

McKenna, T.J., The *Church of Ireland Clergy* in Cork. An Analysis of the 1615 Regal Visitation, in: Journal of the Cork Historical and Archaeological Society 77 (1972), S. 117–123.

MacLysaght, E., *Irish Life* in the Seventeenth Century. After Cromwell, Dublin, Cork 1939.

MacNeill, C., *Publications* of Irish Interest Published by Irish Authors on the Continent of Europe Prior to the Eighteenth Century, Dublin 1930.

Mahaffy, J.P., An *Epoch* in Irish History. Trinity College, Dublin, its Foundation and Early Fortunes, 1591–1660, London 1903.

Mant, R., *History* of the Church of Ireland From the Reformation to the Revolution, 2 Bde., London 1840.

Martin, F.X., The *Irish Friars* and the Observant Movement in the Fifteenth Century, in: Proceedings of the Irish Catholic Historical Committee 1960, S. 10–16.

–, *Friar Nugent*. A Study of Francis Lavalin Nugent (1569–1635), Agent of the Counter-Reformation, Rom, London 1962.

–, *Gerald of Wales*. Norman Reporter on Ireland, in: Studies 58 (1969), S. 279–292.

Maurer, M., Kleine *Geschichte Irlands*, Stuttgart 1998.

Maxwell, C., A History of *Trinity College*, Dublin, 1592–1892, Dublin 1946.

Meigs, S.A., The *Reformations* in Ireland. Tradition and Confessionalism 1400–1690, Houndmills, London, New York 1997.

Metz, K.H., „*A Tale of Troy*". Geschichtserfahrung und die Anfänge der Nationwerdung in Irland, 1641–1652, in: Geschichte in Wissenschaft und Unterricht 38 (1987), S. 466–477.

–, *Der Andere und die Fremden*. Zu Physik und Metaphysik der Feindschaft am Beispiel des englischen Bildes vom Iren im 17. Jahrhundert, in: Gruner, W.D. u. Völkel, M., Hgg., Region – Territorium – Nationalstaat – Europa. Beiträge zu einer europäischen Geschichtslandschaft, Festschrift für Ludwig Hammermayer zum 70. Geburtstag am 7. Oktober 1998, Rostock 1998, S. 64–80.

MILLETT, B., The *Irish Franciscans*, 1651–1665, Rom 1964.

–, *Irish Literature* in Latin, 1550–1700, in: MOODY, T.W., MARTIN, F.X. u. BYRNE, F.J., Hgg., A New History of Ireland, Bd. 3: Early Modern Ireland, 1534–1691, 1976, Reprint Oxford 1978, S. 561–586.

MITCHISON, R., *Ireland and Scotland*. The Seventeenth-Century Legacies Compared, in: DEVINE, T.M. u. DICKSON, D., Hgg., Ireland and Scotland, 1600–1850. Parallels and Contrasts in Economic and Social Development, Edinburgh 1983, S. 2–11.

MOODY, T.W., The *Londonderry Plantation*, Belfast 1939.

–, The *Irish Parliament* under Elizabeth and James I. A General Survey, in: Proceedings of the Royal Irish Academy, section c, 45 (1938–40), S. 41–81.

MOODY, T.W., MARTIN, F.X. u. BYRNE, F.J., Hgg., A *New History of Ireland*, Bd. 3: *Early Modern Ireland*, 1534–1691, 1976, Reprint Oxford 1978.

MOODY, T.W., MARTIN, F.X. u. BYRNE, F.J., Hgg., A New History of Ireland, Bd. 8: A *Chronology of Irish History* to 1976. A Companion to Irish History I, Oxford 1982.

MOODY, T.W., MARTIN, F.X. u. BYRNE, F.J., Hgg., A New History of Ireland. Bd. 9: *Maps, Genealogies, Lists*. A Companion to Irish History II, Oxford 1984.

MOONEY, C., The *Irish Church* in the Sixteenth Century, in: Irish Ecclesiastical Record, 5th series, 99 (1963), S. 102–113.

–, *St. Anthony's College*, Louvain, in: Donegal Annual 8 (1969), S. 18–48.

–, *Irish Franciscans and France*, Dublin, London 1964.

–, The *Church in Gaelic Ireland*. Thirteenth to Fifteenth Centuries, in: CORISH, P.J., Hg., A History of Irish Catholicism, Bd. 2, Fasz. 5, Dublin 1969.

–, The *First Impact* of the Reformation, in: CORISH, P.J., Hg., A History of Irish Catholicism, Bd. 3, Fasz. 2, Dublin 1967.

MORAN, P.F., History of the *Catholic Archbishops* of Dublin since the Reformation, Bd. 1, Dublin 1864.

MORGAN, H., The *End of Gaelic Ulster*. A Thematic Interpretation of Events Between 1534 and 1610, in: Irish Historical Studies XXVI (1988), S. 8–32.

–, *Writing Up Early Modern Ireland*, in: Historical Journal 31 (1988), S. 701–711.

–, *Mid-Atlantic Blues*, in: Irish Review 11 (1991/92), S. 50–55.

–, *Hugh O'Neill* and the Nine Years War in Tudor Ireland, in: Historical Journal 36 (1993), S. 21–37.

–, *Tyrone's Rebellion*. The Outbreak of the Nine Years War in Tudor Ireland, Woodbridge, Rochester 1993.

–, Hg., *Political Ideology in Ireland*, 1541–1641, Dublin 1999.

MORRILL, J., *Three Kingdoms* and one Commonwealth? The Enigma of Mid-Seventeenth-Century Britain and Ireland, in: GRANT, A. u. STRINGER, K.J., Hgg., Uniting the Kingdom? The Making of British History, London, New York 1995, S. 170–190.

MORRISSEY, T., The *Irish Student Diaspora* in the Sixteeenth Century and the Early Years of the Irish College at Salamanca, in: Recusant History 14 (1978), S. 242–260.

–, *James Archer* of Kilkenny. An Elizabethan Jesuit, Dublin 1979.

MURPHY, A., But the Irish Sea Betwixt Us. Ireland, *Colonialism*, and Renaissance Literature, Lexington, Kentucky 1999.

MURPHY, C., The *Wexford Catholic Community* in the Later Seventeenth Cetury, in: COMERFORD, R.V., CULLEN, M., HILL, J.R. u. LENNON, C., Hgg., Religion, Conflict and Coexistence in Ireland. Essays Presented to Monsignor Patrick J. Corish, Dublin 1990, S. 78–98.

MURPHY, H.L., A *History* of Trinity College, Dublin from its Foundation to 1702, Dublin 1951.

MURRAY, J., *Archbishop Alen*, Tudor Reform and the Kildare Rebellion, in: Proceedings of the Royal Irish Academy, section c, 89 (1989), S. 1–16.

–, *Ecclesiastical Justice* and the Enforcement of the Reformation. The Case of Archbishop Browne and the Clergy of Dublin, in: FORD, A., McGUIRE, J. u. MILNE, K., Hgg., As by Law Established. The Church of Ireland Since the Reformation, Dublin 1995, S. 33–51.

–, *St Patrick's Cathedral* and the University Question in Ireland, c. 1547–1585, in: ROBINSON-HAMMERSTEIN, H., Hg., European Universities in the Age of Reformation and Counter-Reformation, Dublin 1998, S. 1–33.

NEWMAN, P.R., *Companion* to Irish History. From the Submission of Tyrone to Partition, 1603–1921, Oxford, New York 1991.

NICHOLLS, K., *Gaelic and Gaelicised Ireland* in the Middle Ages, Dublin 1972.

–, *Gaelic Society* and Economy in the High Middle Ages, in: COSGROVE, A., Hg., A New History of Ireland, Bd. 2: Medieval Ireland, 1169–1534, Oxford 1987, S. 397–438.

O'BOYLE, J., The *Irish Colleges* on the Continent, Dublin 1935.

Ó BRIAIN, F., *Irish Hagiography*. Historiography and Method, in: O'BRIEN, S., Hg., Measgra i gcuimhne Mhichíl Uí Chléirigh. Miscellany of Historical and Linguistic Studies in Honour of Brother Michael Ó Cléirigh, O.F.M., Chief of the Four Masters, 1643–1943, Dublin 1944, S. 119–131.

Ó BUACHALLA, B., *James Our True King*. The Ideology of Irish Royalism in the Seventeenth Century, in: BOYCE, G.D., ECCLESHALL, R., GEOGHEGAN, V., Hgg., Political Thought in Ireland Since the Seventeenth Century, London, New York 1993, S. 7–35.

O'CONNELL, W.D., *Franciscan Reorganization* in Munster in during the Early Seventeenth Century, in: Journal of the Cork Historical and Archaeological Society 44 (1939), S. 37–45.

–, *Regulars* in the Post-Reformation Period, in: Journal of the Cork Historical and Archaeological Society 48 (1943), S. 19–25.

O'CONNOR, D.C., *St. Patrick's Purgatory*, Lough Derg, Dublin 1903.

Ó CUÍV, B., The *Irish Language* in the Early Modern Period, in: MOODY, T.W., MARTIN, F.X. u. BYRNE, F.J., Hgg., A New History of Ireland, Bd. 3: Early Modern Ireland, 1534–1691, 1976, Reprint Oxford 1978, S. 509–545.

O'DOWD, M., *Gaelic Economy* and Society, in: BRADY, C. u. GILLESPIE, R., Hgg., Natives and Newcomers. Essays on the Making of Irish Colonial Society, 1534–1641, Dublin 1986, S. 120–147.

OEHLKE, A., *Irland* und die Iren in deutschen Reisebeschreibungen des 18. und 19. Jahrhunderts, Frankfurt a.M. u.a. 1991.

Ó FEARGHAIL, C., The *Evolution* of Catholic Parishes in Dublin City from the Sixteenth to the Nineteenth Centuries, in: AALEN, F.H.A. u. WHELAN, K., Hgg., Dublin. City and County. From Prehistory to the Present, Studies in Honour of J.H. Andrews, Dublin 1992, S. 229–250.

Ó FEARGHAIL, F., The *Catholic Church* in County Kilkenny, 1600–1800, in: NOLAN, W. u. WHELAN, K., Hgg., Kilkenny. History and Society. Interdisciplinary Essays on the History of an Irish County, Dublin 1990, S. 197–249.

Ó HANNRACHÁIN, T., *Vatican Diplomacy* and the Mission of Rinuccini to Ireland, in: Archivium Hibernicum 47 (1993), S. 78–88.

OHLMEYER, J.H., *Civil War* and Restoration in the Three Stuart Kingdoms. The Political Career of Randal MacDonnell, First Marquis of Antrim, 1609–83, Cambridge, New York 1993.

–, Hg., *Irland from Independence to Occupation*, 1641–1660, Cambridge 1995.

O'HUSSEY, T., The *Catechism* in Irish, in: Irish Ecclesiastical Record 59 (1942), S. 36–48.

OLDEN, M., *Counter-Reformation Problems*. Munster, in: Irish Ecclesiastical Record, 5th ser., 104 (1965), S. 21–32.

O'RIORDAN, M., The *Gaelic Mind* and the Collapse of the Gaelic World, Cork 1990.

–, The *Native Ulster Mentalité* as Revealed in Gaelic Sources, 1600–1650, in: MACCUARTA, B., Hg., Ulster 1641. Aspects of the Rising, Belfast 1993, S. 61–92.

OSBOROUGH, W.N., *Ecclesiastical Law* and the Reformation in Ireland, in: HELMHOLZ, R.H., Hg., Canon Law in Protestant Lands, Berlin 1992, S. 223–252.

Ó SIOCHRÚ, M., *Confederate Ireland*, 1642–1649. A Constitutional and Political Analysis, Dublin 1999.

O'SULLIVAN, W., *Ussher* as a Collector of Manuscripts, in: Hermathena 88 (1956), S. 34–58.

OTWAY-RUTHVEN, J., The *Native Irish* and English Law in Medieval Ireland, in: Irish Historical Studies VII (1950), S. 1–16.

–, A *History of Medieval Ireland*, 2. Aufl., London, New York 1980.

OULTON, J.E.L., *Ussher's Work* as a Patristic Scholar and Church Historian, in: Hermathena 88 (1956), S. 3–11.

PALMER, W., The *Problem of Ireland* in Tudor Foreign Policy 1485–1603, Woodbridge 1994.

–, *Borderlands* and Colonies. Tudor Ireland in the Perspective of Colonial America, in: Éire – Ireland 39 (1994), S. 37–51.

PAWLISCH, H.S., *Sir John Davies, the Ancient Constitution and the Feudal Law*, in: Historical Journal 23 (1980), S. 689–702.

–, *Sir John Davies* and the Conquest of Ireland. A Study in Legal Imperialism, Cambridge 1985.

PERCEVAL-MAXWELL, M., The *Scottish Migration* to Ulster in the Reign of James I., London 1973.

–, *Ireland and the Monarchy* in the Early Stuart Multiple Kingdom, in: Historical Journal 34 (1991), S. 279–295.

–, The *Outbreak of the Irish Rebellion* of 1641, Montreal u.a. 1994.

PHAIR, P.B., Seventeenth-Century *Regal Visitations*, in: Analecta Hibernica 28 (1978), S. 79–102.

PHILLIPS, W.A., Hg., *History* of the Church of Ireland from the Earliest Times to the Present Day, Bd. 2: The Movement towards Rome, the Medieval Church and the Reformation, London 1934; Bd. 3: The Modern Church, London 1933.

POLLARD, M., *Dublin's Trade* in Books, 1550–1800, Lyell Lectures, 1986–1987, Oxford 1989.

POTTER, D., *French Intrigue* in Ireland during the Reign of Henri II, 1547–1559, in: International History Review 5 (1983), S. 159–180.

POWELL, F., *Social Policy* in Early Modern Ireland, in: Social Studies 7 (1982–83), S. 56–66.

QUANE, M., *Meath Diocesan School*, in: Ríocht na Mídhe 4 (1971), S. 40–59.

QUINN, D.B., *Ireland* and Sixteenth Century European Expansion, in: WILLIAMS, T.D., Hg., Historical Studies I, London 1958, S. 20–32.

–, *Henry VIII* and Ireland, 1509–34, in: Irish Historical Studies XII (1961), S. 318–344.

–, *The Elizabethans and the Irish*, Ithaca, N.Y., 1966.

–, *Aristocratic Autonomy*, 1460–94, in: COSGROVE, A., Hg., A New History of Ireland, Bd. 2: Medieval Ireland, 1169–1534, Oxford 1987, S. 591–618.

–, „*Irish*" *Ireland and* „*English*" *Ireland*, in: COSGROVE, A., Hg., A New History of Ireland, Bd. 2: Medieval Ireland, 1169–1534, Oxford 1987, S. 619–637.

–, The *Hegemony* of the Earls of Kildare, 1494–1520, in: COSGROVE, A., Hg., A New History of Ireland, Bd. 2: Medieval Ireland, 1169–1534, Oxford 1987, S. 638–661.

–, The *Reemergence* of English Policy as a Major Factor in Irish Affairs, 1520–34, in: COSGROVE, A., Hg., A New History of Ireland, Bd. 2: Medieval Ireland, 1169–1534, Oxford 1987, S. 662–687.

QUINN, D.B. u. NICHOLLS, K.W., *Ireland* in 1534, in: MOODY, T.W., MARTIN, F.X. u. BYRNE, F.J., Hgg., A New History of Ireland, Bd. 3: Early Modern Ireland, 1534–1691, 1976, Reprint Oxford 1978, S. 1–38.

RANGER, T., *Richard Boyle* and the Making of an Irish Fortune, 1588–1614, in: Irish Historical Studies X (1956–57), S. 257–297.

–, *Strafford in Ireland*. A Revaluation, in: Past & Present 19 (1961), S. 26–45.

REFAUSSE, R., The *Records* of the Church of Ireland, in: RYAN, J.G., Hg., Irish Church Records. Their History, Availability and Use in Family and Local History Research, Dublin 1992, S. 41–68.

REID, J.S., The History of the *Presbyterian Church* in Ireland, hg. v. KILLEN, W.D., 2 Bde., Belfast 1867.

RICE, G., *Attitudes* to the Counter-Reformation in Meath, 1600–1630, in: Ríocht na Mídhe 6 (1972), S. 54–63.

RICHTER, M., *Irland im Mittelalter*. Kultur und Geschichte, Stuttgart u.a. 1983.

–, The *Interpretation* of Medieval Irish History, in: Irish Historical Studies XXIV (1985), S. 289–298.

–, *Medieval Ireland*. The Enduring Tradition, Dublin 1988.

ROBINSON-HAMMERSTEIN, H., *Erzbischof* Adam Loftus und die elisabethanische Reformationspolitik in Irland, Diss. Marburg 1976.

–, *Archbishop* Adam Loftus. The First Provost of Trinity College, Dublin, in: ROBINSON-HAMMERSTEIN, H., Hg., European Universities in the Age of Reformation and Counter-Reformation, Dublin 1998, S. 34–52.

ROGAN, E., *Synods* and Catechesis in Ireland, c. 445–1962. A Juridico-Historical Study of Irish Synodal Activity, from the Early Days of Christianity in Ireland up to the Second Vatican Council, with Special Reference to Catechesis, Rom 1987.

RONAN, M.V., The *Reformation in Dublin*, 1536–1558, London u.a. 1926.

–, The *Reformation in Ireland* under Elizabeth, 1558–1580, London u.a. 1930.

ROSS, B., *Britannia et Hibernia*. Nationale und Kulturelle Identitäten im Irland des 17. Jahrhunderts, Heidelberg 1996.

RYAN, C., *Religion and State* in Seventeenth-Century Ireland, in: Archivium Hibernicum 33 (1975), S. 122–132.

RYAN, J.G., *Catholic Church Records*, in: RYAN, J.G., Hg., Irish Church Records. Their History, Availability and Use in Family and Local History Research, Dublin 1992, S. 107–138.

SALMON, V., *Missionary Linguistics* in Seventeenth Century Ireland and a North American Analogy, in: Historiographia Linguistica 12 (1985), S. 321–349.

SCHÜLLER, K., Die Beziehungen zwischen *Spanien und Irland* im 16. und 17. Jahrhundert. Diplomatie, Handel und die soziale Integration katholischer Exulanten, Münster 1999.

SEYMOUR, St.J.D., *St. Patrick's Purgatory*. A Mediaeval Pilgrimage in Ireland, Dundalk [1918].

SHAGAN, E.H., *Constructing Discord*. Ideology, Propaganda, and English Responses to the Irish Rebellion of 1641, in: Journal of British Studies 36 (1997), S. 4–34.

SHEEHAN, A., The *Recusancy Revolt* of 1603. A Reinterpretation, in: Archivium Hibernicum 38 (1983), S. 3–13.

–, *Irish Towns* in a Period of Change, 1558–1625, in: BRADY, C. u. GILLESPIE, R., Hgg., Natives and Newcomers. Essays on the Making of Irish Colonial Society, 1534–1641, Dublin 1986, S. 93–119.

SIEGMUND-SCHULTZE, D., Hg., *Irland*. Gesellschaft und Kultur, 6 Bde., Halle 1976–1989.

SILKE, J.J., *Later Relations* Between Primate Peter Lombard and Hugh O'Neill, in: Irish Theological Quarterly 22 (1955), S. 15–30.

–, *Primate Lombard* and James I, in: Irish Theological Quartely 22 (1955), 124–150.

–, *Hugh O'Neill*, the Catholic Question and the Papacy, in: Irish Ecclesiastical Record 104 (1966), S. 65–79.

–, The Irish *Peter Lombard*, in: Studies 64 (1975), S. 143–155.

–, The *Irish Abroad*, 1534–1691, in: MOODY, T.W., MARTIN, F.X. u. BYRNE, F.J., Hgg., A New History of Ireland, Bd. 3: Early Modern Ireland, 1534–1691, 1976, Reprint Oxford 1978, S. 587–633.

–, Some *Aspects* of the Reformation in Armagh Province, in: Clogher Record 11 (1984), S. 342–363.

SIMMS, A., *Core and Periphery* in Medieval Europe. The Irish Experience in a Wider Context, in: SMYTH, W.J. u. WHELAN, K., Hgg., Common Ground. Essays on the Historical Geography of Ireland Presented to T. Jones Hughes, Cork 1988, S. 22–40.

SIMMS, K., *Bardic Poetry* as Historical Source, in: DUNNE, T., Hg., The Writer as Witness. Literature as Historical Evidence. Historical Studies XVI, Cork 1987, S. 58–75.

–, From *Kings* to Warlords. The Changing Political Structure of Gaelic Ireland in the Later Middle Ages, Woodbridge 1987.

–, The *Norman Invasion* and the Gaelic Recovery, in: FOSTER, R.F., Hg., The Oxford Illustrated History of Ireland, Oxford, New York 1991, S. 53–103.

STEGAT, H., Zur *Politik der Tudors* in Irland, in: SIEGMUND-SCHULTZE, D., Hg., Irland. Gesellschaft und Kultur, Bd. I, Halle 1976, S. 57–67.

–, *Repressive Measures* against the Irish Language and Culture between 1485 and 1610, in: SIEGMUND-SCHULTZE, D., Hg., Irland. Gesellschaft und Kultur, Bd. II, Halle 1979, S. 44–65.

–, The *Decline* of the Irish Bardic Literature in the 16th and 17th Centuries, in: SIEGMUND-SCHULTZE, D., Hg., Irland. Gesellschaft und Kultur, Bd. III, Halle 1982, S. 42–49.

STUBBS, J.W., The *History* of the University of Dublin from its Foundation to the End of the Eighteenth Century, Dublin, London 1889.

TREADWELL, V., The Irish *Court of Wards* under James I., in: Irish Historical Studies XII (1960–61), S. 1–27.

–, The *Irish Parliament of 1569–71*, in: Proceedings of the Royal Irish Academy, section c, 65 (1966), S. 55–89.

–, The *Irish Customs* Administration in the Sixteenth Century, in: Irish Historical Studies XX (1977), S. 384–417.

–, The *Establishment* of the Farm of the Irish Customs, 1603–13, in: English Historical Review 93 (1978), S. 580–602.

–, *Sir John Perrot* and the Irish Parliament of 1585–6, in: Proceedings of the Royal Irish Academy, section c, 85 (1985), S. 259–308.

–, *Buckingham* and Ireland, 1616–1628. A Study in Anglo-Irish Politics, Dublin 1998.

TREVOR-ROPER, H., *James Ussher*, Archbishop of Armagh, in: TREVOR-ROPER, H., Hg., Catholics, Anglicans and Puritans, Chicago 1988, S. 120–165.

WALSH, K., *One Church* and Two Nations. a Uniquely Irish Phenomenon?, in: LOADES, D.M. u. WALSH, K., Hgg., Faith and Identity. Christian Political Experience, Oxford, Cambridge, Mass., 1990, S. 81–98.

–, In the Wake of *Reformation* and Counter-Reformation. Ireland's Belated Reception of Renaissance Humanism?, in: KAUFFMANN, G., Hg., Die Renaissance im Blick der Nationen Europas, Wiesbaden 1991, S. 33–50.

WALSH, M.K., „*Destruction by Peace*". Hugh O'Neill after Kinsale, Armagh 1986.

–, The *Irish College* of Madrid, in: Seanchas Ard Mhacha 15 (1993), S. 39–50.

WALSH, T.J., The Irish Continental College *Movement*. The Colleges at Bordeaux, Toulouse, and Lille, Dublin, Cork 1973.

WALTON, J., The *Merchant Community* of Waterford in the 16th and 17th Centuries, in: BUTEL, P. u. CULLEN, L., Hgg., Cities and Merchants. French and Irish Perspectives on Urban Development, 1500–1900, Dublin 1986, S. 183–192.

–, *Church*, Crown and Corporation in Waterford City, 1520–1620, in: NOLAN, W. u. POWER, T.P., Hgg., Waterford. History and Society. Interdisciplinary Essays on the History of a Irish County, Dublin 1992, S. 177–197.

WATT, J., The *Church in Medieval Ireland*, Dublin 1972.

–, *Gaelic Polity* and Cultural Identity, in: COSGROVE, A., Hg., A New History of Ireland, Bd. 2: Medieval Ireland, 1169–1534, Oxford 1987, S. 314–351.

–, The *Church and the Two Nations* in Late Medieval Armagh, in: SHEILS, W.J. u. WOOD, D., Hgg., The Churches, Ireland and the Irish, Oxford, New York 1989, S. 37–54.

WHEELER, J.S., *Cromwell* in Ireland, New York 1999.

WHITE, D.G., The *Reign* of Edward VI in Ireland. Some Political, Social and Economic Aspects, in: Irish Historical Studies XIV (1965), S. 197–211.

WITTHOFF, E., *Grenzen der Kultur*. Differenzwahrnehmung in Randbereichen (Irland, Lappland, Rußland) und europäische Identität in der Frühen Neuzeit, Frankfurt a.M. 1997.

b) Literatur zur Geschichte der Britischen Inseln

ASCH, R.G., *Krone, Hof und Adel* in den Ländern der Stuart Dynastie im frühen 17. Jahrhundert, in: Zeitschrift für historische Forschung 16 (1989), S. 183–220.

–, Hg., *Three Nations* – a Common History? England, Scotland, Ireland and British History, c. 1600–1920, Bochum 1993.

–, Der *Hof Karls I.* von England. Politik, Provinz und Patronage 1625–1640, Köln, Weimar, Wien 1993.

ASSMANN, A., This blessed plot, this earth, this realm, this England. Zur *Entstehung* des englischen Nationalbewußtseins in der Tudor-Zeit, in: GARBER, K., Hg., Nation und Literatur im Europa der Frühen Neuzeit. Akten des I. Internationalen Osnabrücker Kongresses zur Kulturgeschichte der Frühen Neuzeit, Tübingen 1989, S. 429–452.

AVELING, J.C.H., The *Handle* and the Axe. The Catholic Recusants in England from Reformation to Emancipation, London 1976.

BAILYN, B. u. MORGAN, P.D., Hgg., *Strangers* Within the Realm. Cultural Margins of the First British Empire, Chapel Hill 1991.

BOSSY, J., The *Character* of Elizabethan Catholicism, in: Past & Present 21 (1962), S. 39–59.

–, The *English Catholic Community*, 1570–1850, London 1975.

BRADSHAW, B. u. MORRILL, J., Hgg., The *British Problem*, c. 1534–1707. State Formation in the Atlantic Archipelago, Houndmills, London 1996.

BRADSHAW, B. u. ROBERTS, P., Hgg., *British Consciousness* and Identity. The Making of Britain, 1533–1707, Cambridge 1998.

CANNY, N., Hg., The *Origins of Empire*. British Overseas Enterprise to the Close of the Seventeenth Century, The Oxford History of the British Empire Bd. 1, Oxford, New York 1998.

COLLINSON, P., The Elizabethan *Puritan Movement*, London 1967.

–, The *Religion* of Protestants. The Church in English Society, 1559–1625, The Ford Lectures 1979, Oxford 1982.

–, The *Elizabethan Church* and the New Religion, in: HAIGH, C., Hg., The Reign of Elizabeth I., London 1984, S. 169–194.

–, *England and International Calvinism*, 1558–1640, in: PRESTWICH, M., Hg., International Calvinism, 1541–1715, Oxford 1985, S. 197–224.

–, The *Birthpangs* of Protestant England. Religious and Cultural Change in the Sixteenth and Seventeenth Centuries, Houndmills, London 1988.

–, *England*, in: SCRIBNER, B., PORTER, R. u. TEICH, M., Hgg., The Reformation in National Context, Cambridge 1994, S. 80–94.

COWAN, I.B., The *Scottish Reformation*. Church and Society in Sixteenth Century Scotland, London 1982.

CRESSY, D., *Bonfires* and Bells. National Memory and the Protestant Calendar in Elizabethan and Stuart England, London 1989.

CROSS, C., *Churchmen* and the Royal Supremacy, in: HEAL, F. u. O'DAY, R., Hgg., Church and Society in England. Henry VIII to James I, London 1977, S. 15–34.

–, *Parochial Structure* and the Dissemination of Protestantism in Sixteenth Century England. A Tale of Two Cities, in: BAKER, D., Hg., The Church in Town and Countryside, Oxford 1977, S. 269–278.

–, The *State* and Development of Protestantism in English Towns, 1520–1603, in: DUKE, A.C. u. TAMSE, C.A., Hgg., Britain and the Netherlands, Bd. 7: Church and State Since the Reformation, The Hague 1981, S. 22–44.

–, *Church and People* 1450–1660. The Triumph of the Laity in the English Church, 4. Aufl., London 1987.

–, *Sin and Society*. The Northern High Commission and the Northern Gentry in the Reign of Eizabeth I, in: CROSS, C., LOADES, D. u. SCARISBRICK, J.J., Hgg., Law and Government under the Tudors, Cambridge 1988, S. 195–209.

DAVIES, J., The *Caroline Captivity* of the Church. Charles I and the Remoulding of Anglicanism, 1625–1641, Oxford 1992.

DAWSON, J., The Fifth *Earl of Argyle*, Gaelic Lordship and Political Power in Sixteenth-Century Scotland, in: Scottish Historical Review 67 (1988), S. 1–27.

–, *William Cecil* and the British Dimension of Early Elizabethan Foreign Policy, in: History 74 (1989), S. 196–216.

–, *Calvinism* and the Gaidhealtachd in Scotland, in: PETTEGREE, A., DUKE, A. u. LEWIS, G., Hgg., Calvinism in Europe, 1540–1620, Cambridge 1994, S. 231–253.

–, Anglo-Scottish *Protestant Culture* and Integration in Sixteenth-Century Britain, in: ELLIS, S.G. u. BARBER, S., Hgg., Conquest and Union. Fashioning a British State, 1485–1725, London, New York 1995, S. 87–114.

DICKENS, A.G., The *English Reformation*, London 1964.

–, The *Early Expansion* of Protestantism in England, 1520–1558, in: Archiv für Reformationsgeschichte 78 (1987), S. 187–222.

Dictionary of National Biography, 63 Bde., London 1885–1900.

DONALDSON, G., The *Scottish Reformation*, London 1960.

–, Scottish *Church History*, Edinburgh 1985.

–, Scotland's *Conservative North* in the Sixteenth and Seventeenth Centuries, in: DONALDSON, G., Scottish Church History, Edinburgh 1985, S. 191–203.

DUFFY, E., The English *Secular Clergy* and the Counter-Reformation, in: Journal of Ecclesiastical History 34 (1983), S. 214–230.

–, The *Stripping of the Altars*. Traditional Religion in England, c. 1400 – c. 1580, New Haven, London 1992.

–, *Morebath*, 1520–1570. A Rural Parish in the Reformation, in: DEVLIN, J. u. FANNING, R., Hgg., Religion and Rebellion. Historical Studies XX, Dublin 1997, S. 17–39.

DURKACZ, V.E., The *Decline* of the Celtic Languages. A Study of Linguistic and Cultural Conflict in Scotland, Wales and Ireland from the Reformation to the Twentieth Century, Edinburgh 1983.

ELLIS, S.G., *Crown*, Community and Government in the English Territories, 1450–1575, in: History 71 (1986), S. 187–204.

–, *Tudor Frontiers* and Noble Power. The Making of the British State, Oxford 1995.

–, *Tudor State Formation* and the Shaping of the British Isles, in: ELLIS, S.G. u. BARBER, S., Hgg., Conquest and Union. Fashioning a British State, 1485–1725, London, New York 1995, S. 40–63.

ELLIS, S. u. BARBER, S., Hgg., *Conquest and Union*. Fashioning a British State, 1485–1725, London, New York 1995.

ELTON, G.R., The *Tudor Revolution in Government*, Cambridge 1953.

–, *England under the Tudors*, 2. Aufl., London, New York, 1974.

–, The *English Parliament* in the Sixteenth Century. Estates and Statutes, in: COSGROVE, A. u. MCGUIRE, J.I., Hgg., Parliament and Community. Historical Studies XIV, Belfast 1983, S. 69–95.

–, *Lex terrae victrix*. Der Rechtsstreit in der englischen Frühreformation, in: Zeitschrift der Savigny-Stiftung für Rechtsgeschichte 114 (1984), S. 217–236.

FAIRFIELD, L.P., *John Bale*. Mythmaker for the English Reformation, West Lafayette, Indiana, 1976.

FINCHAM, K. u. LAKE, P., The *Ecclesiastical Policy* of King James I, in: Journal of British Studies 24 (1985), S. 169–207.

FIRTH, K.R., The *Apocalyptic Tradition* in Reformation Britain, 1530–1645, Oxford 1979.

FLETCHER, A., *Factionalism* in Town and Countryside. The Significance of Puritanism and Arminianism, in: BAKER, D., Hg., The Church in Town and Countryside, Oxford 1977, S. 291–300.

–, The *First Century* of English Protestantism and the Growth of National Identity, in: MEWS, S., Hg., Religion and National Identity, Oxford 1982, S. 309–317.

FRAME, R., The Political *Development* of the British Isles, 1100–1400, Oxford 1995.

FRIEDEBURG, R. von, *Sozialdisziplinierung* in England? Soziale Beziehungen auf dem Lande zwischen Reformation und „Great Rebellion", 1550–1642, in: Zeitschrift für historische Forschung 17 (1990), S. 385–418.

–, *Sündenzucht* und sozialer Wandel. Earls Colne (England), Ipswich und Springfield (Neuengland) c. 1524–1690 im Vergleich, Stuttgart 1993.

–, Anglikanische *Sittenzucht* und nachbarschaftliche Sittenreform. Reformierte Sittenzucht zwischen Staat, Kirche und Gemeinde in England 1559–1642, in: SCHILLING, H., Hg., Kirchenzucht und Sozialdisziplinierung im frühneuzeitlichen Europa, Berlin 1994, S. 153–182.

GOODARE, J., *Scotland*, in: SCRIBNER, B., PORTER, R. u. TEICH, M., Hgg., The Reformation in National Context, Cambridge 1994, S. 95–110.

GRANT, A. u. STRINGER, K.J., Hgg., *Uniting the Kingdom?* The Making of British History, London, New York 1995.

GREYERZ, K. von, Der alltägliche *Gott* im 17. Jahrhundert. Zur religiös-konfessionellen Identität der englischen Puritaner, in: Pietismus und Neuzeit 16 (1990), S. 11–30.

–, *England* im Jahrhundert der Revolutionen 1603–1714, Stuttgart 1994.

GUY, J., *Tudor England*, Oxford 1991.

HAAN, H. u. NIEDHART, G., *Geschichte Englands*. Vom 16. Jahrhundert bis zum 18. Jahrhundert, München 1993.

HADFIELD, A., *Literature*, Politics and National Identity. Reformation to Renaissance, Cambridge 1994.

HAIGH, C., *Reformation and Resistance* in Tudor Lancashire, Cambridge 1975.

–, From *Monopoly* to Minority. Catholicism in Tudor England, in: Transactions of the Royal Historical Society, 5th series, 31 (1981), S. 129–147.

–, The *Church of England*, the Catholics and the People, in: HAIGH, C., Hg., The Reign of Elizabeth I, London 1984, S. 195–219.

–, *Revisionism*, the Reformation, and the History of English Catholicism, in: Journal of Ecclesiastical History 36 (1985), S. 394–406.

–, The *Continuity* of Catholicism in the English Reformation, in: HAIGH, C., Hg., The English Reformation Revised, 1987, Reprint Cambridge 1988, S. 176–208.

–, The *Recent Historiography* of the English Reformation, in: HAIGH, C., Hg., The English Reformation Revised, 1987, Reprint Cambridge 1988, S. 19–33.

–, *Elizabeth I*, London, New York 1988.

–, The *English Reformation*. A Premature Birth, a Difficult Labour and a Sickly Child, in: Historical Journal 33 (1990), S. 449–459.

–, *English Reformations*. Religion, Politics, and Society under the Tudors, Oxford 1993.

HALLER, W., The *Elect Nation*. The Meaning and Relevance of Foxe's Book of Martyrs, New York 1963.

HAMMERMAYER, L., *Römische Kurie* und postreformatorischer Katholizismus in England, in: WEITLAUFF, M. u. HAUSBERGER, K., Hgg., Papsttum und Kirchenreform. Historische Beiträge, St. Ottilien 1990, S. 405–441.

HAVRAN, M.J., The *British Isles*, in: O'MALLEY, J.W., Hg., Catholicism in Early Modern History. A Guide to Research, St. Louis, Mo., 1988, S. 69–82.

HAWKINS, M., *Ambiguity* and Contradiction in „the Rise of Professionalism". The English clergy, 1570–1730, in: BEIER, A.L., CANNADINE, D. u. ROSENHEIM, J.M., Hgg., The First Modern Society. Essays in English History in Honour of Lawrence Stone, Cambridge 1989, S. 241–269.

HAZLETT, W.I.P., Settlements. The *British Isles*, in: BRADY, T.A. Jr., OBERMAN, H.A. u. TRACY, J.D., Hgg., Handbook of European History, 1400–1600. Late Middle

Ages, Renaissance and Reformation, Bd. 2: Visions, Programs and Outcomes, Leiden, New York, Köln 1995, S. 455–490.

HEAL, F., *Economic Problems* of the Clergy, in: HEAL, F. u. O'DAY, R., Hgg., Church and Society in England. Henry VIII to James I, London 1977, S. 99–118.

HECHTER, M., *Internal Colonialism*. The Celtic Fringe in British National Development, 1536–1966, London 1975.

HELMHOLZ, R.H., *Canon Law* in Post-Reformation England, in: HELMHOLZ, R.H., Hg., Canon Law in Protestant Lands, Berlin 1992, S. 203–221.

HILL, C., The *Century of Revolution*, 1603–1714, Edinburgh 1961.

–, *Change* and Continuity in Seventeenth-Century England, London 1974.

–, *Puritans* and „the Dark Corners of the Land", in: HILL, C., Change and Continuity in Seventeenth-Century England, London 1974, S. 3–47.

–, *Protestantismus*, Pamphlete, Patriotismus und öffentliche Meinung im England des 16. und 17. Jahrhunderts, in: GIESEN, B., Hg., Nationale und kulturelle Identität. Studien zur Entwicklung des kollektiven Bewußtseins in der Neuzeit, Frankfurt a.M. 1991, S. 100–120.

HOLMES, P., *Resistance* and Compromise. The Political Thought of the Elizabethan Catholics, Cambridge 1982.

HOULBROOKE, R., The Protestant *Episcopate*, 1547–1603. The Pastoral Contribution, in: HEAL, F. u. O'DAY, R., Hgg., Church and Society in England. Henry VIII to James I, London 1977, S. 78–98.

–, *Church Courts* and the People during the English Reformation, 1520–1570, Oxford u.a. 1979.

HUGHES, A., The *Causes* of the English Civil War, Houndmills, London 1991.

HUTTON, R., The *Rise* and Fall of Merry England. The Ritual Year, 1400–1700, Oxford 1994.

INGRAM, M., *Religion*, Communities and Moral Discipline in Late Sixteenth and Early Seventeenth-Century England. Case Studies, in: GREYERZ, K. von, Hg., Religion and Society in Early Modern Europe, 1500–1800, London 1984, S. 177–193.

–, *Church Courts*, Sex and Marriage in England, 1570–1640, Cambridge 1987.

JENKINS, P., A *History* of Modern Wales, 1536–1990, London 1992.

–, The *Anglican Church* and the Unity of Britain. The Welsh Experience, 1560–1714, in: ELLIS, S.G. u. BARBER, S., Hgg., Conquest and Union. Fashioning a British State, 1485–1725, London, New York 1995, S. 115–138.

–, Seventeenth-Century *Wales*. Definition and Identity, in: BRADSHAW, B. u. ROBERTS, P., Hgg., British Consciousness and Identity. The Making of Britain, 1533–1707, Cambridge 1998, S. 213–235.

JONES, J.G., Early Modern *Wales*, c. 1525–1640, Houndmills, London 1994.

JONES, W.R., *England* Against the Celtic Fringe. A Study in Cultural Stereotypes, in: Cahiers d'Histoire Mondiale 13 (1971), S. 155–171.

KEARNEY, H.F., *Scholars* and Gentlemen. Universities and Society in Pre-Industrial Britain, 1500–1700, London 1970.

–, The *British Isles*. A History of Four Nations, Cambridge 1989.

KING, J.N., English *Reformation Literature*. The Tudor Origins of the Protestant Tradition, Princeton 1982.

–, *Spenser's Poetry* and the Reformation Tradition, Princeton 1990.

KIRK, J., „The *Policies* of the Best Reformed Kirks". Scottish Achievements and English Aspirations in Church Government after the Reformation. A Revision Article, in: Scottish Historical Review 59 (1980), S. 22–53.

–, The *Jacobean Church* in the Highlands, 1567–1625, in: INVERNESS FIELD CLUB, Hg., The Seventeenth Century in the Highlands, Inverness 1986, S. 24–51.

–, The *Kirk* and the Highlands at the Reformation, in: KIRK, J., Patterns of Reform, Edinburgh 1989, S. 305–333.

KITCHING, C., The *Disposal* of Monastic and Chantry Lands, in: HEAL, F. u. O'DAY, R., Hgg., Church and Society in England. Henry VIII to James I, London 1977, S. 119–136.

KLUXEN, K., *Staatskirche* und Nonkonformismus in England, in: FUCHS, P., Hg., Staat und Kirche im Wandel der Jahrhunderte, Stuttgart u.a. 1966, S. 115–129.

–, *Geschichte Englands.* Von den Anfängen bis zur Gegenwart, 4. Aufl., Stuttgart 1991.

KÜMIN, B., The Shaping of a *Community*. The Rise and Reformation of the English Parish, c. 1400–1560, Aldershot 1995.

LAKE, P., The *Significance* of the Elizabethan Identification of the Pope as Antichrist, in: Journal of Ecclesiastical History 31 (1980), S. 161–178.

–, *Moderate Puritans* and the Elizabethan Church, Cambridge 1982.

–, *Calvinism* and the English Church, 1570–1635, in: Past & Present 114 (1987), S. 32–76.

LAKE, P. u. QUESTIER, M., *Agency*, Appropriation and Rhetoric under the Gallows. Puritans, Romanists and the State in Early Modern England, in: Past & Present 153 (1996), S. 64–107.

LAROCCA, J.L., „Who Can't Pray with Me, Can't Love Me". *Toleration* and Early Jacobean Recusancy Policy, in: Journal of British Studies 23 (1984), S. 22–36.

LOADES, D.M., The *Origins* of English Protestant Nationalism, in: MEWS, S., Hg., Religion and National Identity, Oxford 1982, S. 297–307.

–, The Sense of *National Identity* among the Marian Exiles (1553–1558), in: LOADES, D.M. u. WALSH, K., Hgg., Faith and Identity. Christian Political Experience, Oxford, Cambridge, Mass., 1990, S. 99–108.

–, The *Mid-Tudor Crisis*, 1545–1565, London 1992.

–, *England* under the Tudors, in: BRADY, T.A. Jr., OBERMAN, H.A. u. TRACY, J.D., Hgg., Handbook of European History, 1400–1600. Late Middle Ages, Renaissance and Reformation, Bd. 1: Structures and Assertions, Leiden, New York, Köln 1994, S. 403–436.

–, *Tudor Government.* Structures of Authority in the Sixteenth Century, Oxford 1997.

–, *Power* in Tudor England, Houndmills, London 1997.

LOOMIE, A.J., The *Armadas* and the Catholics of England, in: Catholic Historical Review 59 (1973), S. 385–403.

LYNCH, M., *Calvinism* in Scotland, 1559–1638, in: PRESTWICH, M., Hg., International Calvinism, 1541–1715, Oxford 1985, S. 225–255.

MCCAUGHEY, T.P., *Protestantism* and Scottish Highland Culture, in: MACKEY, J.P., Hg., An Introduction to Celtic Christianity, Edinburgh 1989, S. 172–205.

MCCOOG, T.M., The *Society of Jesus* in Ireland, Scotland, and England, 1541–1588. „Our Way of Proceeding", Leiden, New York, Köln 1996.

MACCULLOCH, D., The *Myth* of the English Reformation, in: Journal of British Studies 30 (1991), S. 1–19.

–, *England*, in: PETTEGREE, A., Hg., The Early Reformation in Europe, Cambridge 1992, S. 166–187.

MCGRATH, P., *Papists and Puritans* under Elizabeth I, London 1967.

–, *Elizabethan Catholicism.* A Reconsideration, in: Journal of Ecclesiastical History 35 (1984), S. 414–428.

MALTBY, W.S., The *Black Legend* in England. The Development of Anti-Spanish Sentiment, 1558–1660, Durham, N.C., 1971.

MARCHANT, R.A., The *Puritans* and the Church Courts in the Diocese of York, 1560–1642, London 1960.

–, The *Church* under the Law. Justice, Administration and Discipline in the Diocese of York, 1560–1640, Cambridge 1969.

MARSHALL, P., The *Catholic Priesthood* and the English Reformation, Oxford 1994.

MORGAN, H., *British Policies* before the British State, in: BRADSHAW, B. u. MORRILL, J., Hgg., The British Problem, c. 1534–1707. State Formation in the Atlantic Archipelago, Houndmills, London 1996, S. 66–88.

MORRILL, J., A *British Patriarchy*? Ecclesiastical Imperialism under the Early Stuarts, in: FLETCHER, A. u. ROBERTS, P., Hgg., Religion, Culture and Society in Early Modern Britain. Essays in Honour of Patrick Collinson, Cambridge 1994, S. 209–237.

–, The *British Problem*, c. 1534–1707, in: BRADSHAW, B. u. MORRILL, J., Hgg., The British Problem, c. 1534–1707. State Formation in the Atlantic Archipelago, Houndmills, London 1996, S. 1–38.

–, Hg., The Oxford Illustrated *History* of Tudor and Stuart Britain, Oxford, New York 1996.

O'DAY, R., *Ecclesiastical Patronage*. Who Controlled the Church?, in: HEAL, F. u. O'DAY, R., Hgg., Church and Society in England. Henry VIII to James I, London 1977, S. 137–155.

–, The *English Clergy*. The Emergence and Consolidation of a Profession, 1558–1642, Leicester 1979.

–, *Geschichte* der bischöflichen Kirchenvisitation in England, 1500–1689, in: ZEEDEN, E.W. u. LANG, P.T., Hgg., Kirche und Visitation. Beiträge zur Erforschung des frühneuzeitlichen Visitationswesens in Europa, Stuttgart 1984, S. 191–215.

–, The *Debate* on the English Reformation, London 1986.

–, The Longman Companion to the *Tudor Age*, Harlow 1995.

Oxford English Dictionary, Oxford 1989.

POCOCKE, J.G.A., *British History*. A Plea for a New Subject, in: Journal of Modern History 47 (1975), S. 601–628.

QUESTIER, M.C., *Conversion*, Politics and Religion in England, 1580–1625, Cambridge 1996.

–, *Loyalty*, Religion and State Power in Early Modern England. English Romanism and the Jacobean Oath of Allegiance, in: Historical Journal 40 (1997), S. 311–329.

ROBBINS, K., *Religion and Identity in Modern British History*, in: MEWS, S., Hg., Religion and National Identity, Oxford 1982, S. 465–487.

ROBERTS, P.R., The *Union* with England and the Identity of „Anglican" Wales, in: Transactions of the Royal Historical Society 22 (1972), S. 49–70.

–, The *English Crown*, the Principality of Wales and the Council of the Marches, 1534–1641, in: BRADSHAW, B. u. MORRILL, J., Hgg., The British Problem, c. 1534–1707. State Formation in the Atlantic Archipelago, Houndmills, London 1996, S. 118–147.

ROSE, E., *Cases of Conscience*. Alternatives Open to Recusants and Puritans under Elizabeth I and James I, London 1975.

RUSSELL, C., The *British Background* to the Irish Rebellion of 1641, in: Historical Research 61 (1988), S. 166–182.

–, The *Causes* of the English Civil War, The Ford Lectures 1987–1988, Oxford 1990.

–, *Composite Monarchies* in Early Modern Europe. The British and Irish Example, in: GRANT, A. u. STRINGER, K.J., Hgg., Uniting the Kingdom? The Making of British History, London, New York 1995, S. 133–146.

SCARISBRICK, J.J., The *Reformation* and the English People, Oxford 1984.

SCHERNECK, H., *Außenpolitik*, Konfession und nationale Identitätsbildung in der Pamphletistik des elisabethanischen England, in: BERDING, H., Hg., Nationales Bewußtsein und kollektive Identität. Studien zur Entwicklung des kollektiven Bewußtseins in der Neuzeit 2, Frankfurt a.M. 1994, S. 282–300.

SCHRÖDER, H.-C., Die *Revolutionen* Englands im 17. Jahrhundert, Frankfurt a.M. 1986.

SEAVER, P., The *English Reformation*, in: OZMENT, S., Hg., Reformation Europe. A Guide to Research, St. Louis, Mo., 1982, S. 271–296.

SHARPE, J.A., *Defamation* and Sexual Slander in Early Modern England. The Church Courts at York, York 1980.

SMITH, A.G.R., The *Emergence* of a Nation State. The Commonwealth of England, 1529–1660, London, New York, 1984.

SPUFFORD, M., Can We Count the „*Godly*" and the „Conformable" in the Seventeenth Century?, in: Journal of Ecclesiastical History 36 (1985), S. 428–438.

STONE, L., The *Educational Revolution* in England, 1560–1640, in: Past & Present 28 (1964), S. 41–80.

SUTHERLAND, N.M., The *Marian Exiles* and the Establishment of the Elizabethan Régime, in: Archiv für Reformationsgeschichte 78 (1987), S. 253–286.

THOMAS, K., *Religion* and the Decline of Magic. Studies in Popular Beliefs in Sixteenth and Seventeenth Century England, London 1971.

TREVOR-ROPER, H., *Archbishop Laud*, 1573–1645, 2. Aufl., London 1962.

–, *Catholics*, Anglicans and Puritans. Seventeenth Century Essays, Chicago 1988.

–, *Laudianism* and Political Power, in: TREVOR-ROPER, H., Catholics, Anglicans and Puritans. Seventeenth Century Essays, Chicago 1988, S. 40–119.

TYACKE, N., *Anti-Calvinists*. The Rise of English Arminianism, c. 1590–1640, Oxford 1987.

TYACKE, N. u. WHITE, P., The *Rise of Arminianism* Reconsidered – A *Rejoinder*, in: Past & Present 115 (1987), S. 201–229.

WENDE, P., *Geschichte Englands*, Stuttgart u.a. 1985.

WIENER, C.Z., The *Beleaguered Isle*. A Study of Elizabethan and Early Jacobean Anti-Catholicism, in: Past & Present 51 (1971), S. 27–62.

WHITE, P., The *Rise of Arminianism* Reconsidered, in: Past & Present 101 (1983), S. 34–54.

WHITING, R., The Blind *Devotion* of the People. Popular Religion and the English Reformation, Cambridge 1989.

WILLIAMS, G., The *Welsh Church* from Conquest to Reformation, Cardiff 1962.

–, Some *Protestant Views* of Early British Church History, in: WILLIAMS, G., Welsh Reformation Essays, Cardiff 1967, S. 207–219.

–, *Religion* and Welsh Literature in the Age of the Reformation, in: Proceedings of the British Academy 69 (1983), S. 371–408.

–, *Recovery*, Reorientation and Reformation. Wales c. 1415–1642, Oxford 1987.

–, *Medieval Wales* and the Reformation, in: MACKEY, J.P., Hg., An Introduction to Celtic Christianity, Edinburgh 1989, S. 206–236.

WITHRINGTON, D., *Education* in the 17th Century Highlands, in: INVERNESS FIELD CLUB, Hg., The Seventeenth Century in the Highlands, Inverness 1986, S. 60–69.

WORMALD, J., *Court, Kirk and Community*. Scotland, 1470–1625, London 1981.

WRIGHT, A.D., The *People* of Catholic Europe and the People of Anglican England, in: Historical Journal 18 (1975), S. 451–466.

WROUGHTON, J., The Longman Companion to the *Stuart Age*, Harlow 1997.

c) Literatur zur Reformation und zum konfessionellen Zeitalter in Europa allgemein

ASCH, R.G., *No Bishop* No King oder Cuius Regio Eius Religio. Die Deutung und Legitimation des fürstlichen Kirchenregiments und ihre Implikationen für die Genese des „Absolutismus" in England und im protestantischen Deutschland, in: ASCH, R.G. u. DUCHHARDT, H., Hgg., Der Absolutismus – ein Mythos? Strukturwandel monarchischer Herrschaft in West- und Mitteleuropa (ca. 1550–1700), Köln, Weimar, Wien 1996, S. 79–124.

BAHLCKE, J. u. STROHMEYER, A., Hgg., *Konfessionalisierung in Ostmitteleuropa*. Wirkungen des religiösen Wandels im 16. und 17. Jahrhundert in Staat, Gesellschaft und Kultur, Stuttgart 1999.

BANGERT, W.V., *Claude Jay* and Alfonso Salmerón. Two Early Jesuits, Chicago 1985.

BAUMGART, P., *Universitätsgründungen* im konfessionellen Zeitalter. Würzburg und Helmstedt, in: BAUMGART, P. u. HAMMERSTEIN, N., Hgg., Beiträge zu Problemen deutscher Universitätsgründungen in der Frühen Neuzeit, Nendeln/Liechtenstein 1978, S. 191–215.

–, Die deutschen *Universitäten* im Zeichen des Konfessionalismus, in: PATSCHOVSKY, A. u. RABE, H., Hgg., Die Universität in Alteuropa, Konstanz 1994, S. 147–168.

BECKER, T.P., *Konfessionalisierung* in Kurköln. Untersuchungen zur Durchsetzung der katholischen Reform in den Dekanaten Ahrgau und Bonn anhand von Visitationsprotokollen 1583–1761, Bonn 1989.

BENEDICT, P., Un roi, une loi, deux fois. *Parameters* for the History of Catholic-Reformed Co-existence in France, 1555–1685, in: GRELL, O.P. u. SCRIBNER, B., Hgg., Tolerance and Intolerance in the European Reformation, Cambridge 1996, S. 65–93.

BENRATH, G.A., Die deutsche evangelische *Universität* der Reformationszeit, in: RÖSSLER, H. u. FRANZ, G., Hgg., Universität und Gelehrtenstand 1400–1800, Limburg 1970, S. 63–83.

–, Das Verständnis der *Kirchengeschichte* in der Reformationszeit, in: GRENZMANN, L. u. STACKMANN, K., Literatur und Laienbildung im Spätmittelalter und in der Reformationszeit. Symposion Wolfenbüttel 1981, Stuttgart 1984, S. 97–113.

BIRELEY, R., The Refashioning of *Catholicism*, 1450–1700, Houndmills, London 1999.

BLOK, L., Die reformierte *Öffentlichkeitskirche* und die anderen Religionsgemeinschaften in den Niederlanden im 17. Jahrhundert, in: VOGLER, G., Hg., Wegscheiden der Reformation. Alternatives Denken vom 16. bis zum 18. Jahrhundert, Weimar 1994, S. 381–397.

BOSL, K., *Stellung* und Funktionen der Jesuiten in den Universitätsstädten Würzburg, Ingolstadt und Dillingen, in: PETRI, F., Hg., Bischofs- und Kathedralstädte des Mittelalters und der frühen Neuzeit, Köln, Wien 1976, S. 163–177.

BOSSY, J., The *Counter-Reformation and the People of Catholic Europe*, in: Past & Present 47 (1970), S. 51–70.

–, *Blood and Baptism*. Kinship, Community and Christianity in Western Europe from the Fourteenth to the Seventeenth Centuries, in: BAKER, D., Sanctity and Secularity. The Church and the World, Oxford 1973, S. 129–143.

–, The Social History of *Confession* in the Age of the Reformation, in: Transactions of the Royal Historical Society, 5th series, 25 (1975), S. 21–38.

–, *Catholicity* and Nationality in the Northern Counter-Reformation, in: MEWS, S., Hg., Religion and National Identity, Oxford 1982, S. 285–296.

–, The *Mass* as a Social Institution, 1200–1700, in: Past & Present 100 (1983), S. 29–61.

–, *Godparenthood*. The Fortunes of a Social Institution in Early Modern Christianity, in: GREYERZ, K. von, Hg., Religion and Society in Early Modern Europe, 1500–1800, London 1984, S. 194–201.

–, *Christianity* in the West, 1400–1700, Oxford, New York 1985.

BRADY, T.A. Jr., OBERMAN, H.A. u. TRACY, J.D., Hgg., *Handbook* of European History, 1400–1600, Late Middle Ages, Renaissance and Reformation, *Bd. 1*: Structures and Assertions, Leiden, New York, Köln 1994.

–, *Handbook* of European History, 1400–1600. Late Middle Ages, Renaissance and Reformation, *Bd. 2*: Visions, Programs and Outcomes, Leiden, New York, Köln 1995.

BRÜCKNER, W., Christlicher *Amulett-Gebrauch* der frühen Neuzeit. Grundsätzliches und Spezifisches zur Popularisierung der Agnus Dei, in: Frömmigkeit. Formen, Geschichte, Verhalten, Zeugnisse. Lenz Kriss-Rettenbeck zum 70. Geburtstag, München 1993, S. 89–134.

BRUGGISSER, T., *Frömmigkeitspraktiken* der einfachen Leute in Katholizismus und Reformiertentum, in: Zeitschrift für historische Forschung 17 (1990), S. 1–26.

BÜCKING, J., *Reformversuche* an den deutschen Universitäten in der frühen Neuzeit, in: RABE, H., MOLITOR, H. u. RUBLACK, H.-C., Hgg., Festgabe für Ernst Walter Zeeden zum 60. Geburtstag am 14. Mai 1976, Münster 1976, S. 355–369.

BURKE, P., How to be a *Counter-Reformation Saint*, in: GREYERZ, K. von, Hg., Religion and Society in Early Modern Europe, 1500–1800, London 1984, S. 45–55.

CAMERON, E., The *European Reformation*, Oxford 1991.

CHAIX, G., Die schwierige *Schule der Sitten*. Christliche Gemeinden, bürgerliche Obrigkeit und Sozialdisziplinierung im frühneuzeitlichen Köln, etwa 1450–1600, in: SCHILLING, H., Hg., Kirchenzucht und Sozialdisziplinierung im frühneuzeitlichen Europa, Berlin 1994, S. 199–217.

CHÂTELLIER, L., The *Europe of the Devout*. The Catholic Reformation and the Formation of a New Society, Cambridge, Paris 1989, (Originalausgabe: L'Europe des Dévots, Paris 1987).

CHRISTOPHERSEN, K.E., *Hallelujahs*, Damnations, or Norway's Reformation as Lenghty Process, in: Church History 48 (1979), S. 279–289.

COHN, H.J., The *Territorial Princes* in Germany's Second Reformation, 1559–1622, in: PRESTWICH, M., Hg., International Calvinism, 1541–1715, Oxford 1985, S. 135–165.

CONRAD, A., *Zwischen Kloster und Welt*. Ursulinen und Jesuitinnen in der katholischen Reformbewegung des 16./17. Jahrhunderts, Mainz 1991.

–, Die Kölner *Ursulagesellschaft* und ihr „weltgeistlicher Stand". Eine weibliche Lebensform im Katholizismus der Frühen Neuzeit, in: REINHARD, W. u. SCHILLING, H., Hgg., Die katholische Konfessionalisierung. Wissenschaftliches Symposion der Gesellschaft zur Herausgabe des Corpus Catholicorum und des Vereins für Reformationsgeschichte 1993, Gütersloh 1995, S. 271–295.

DAVIDS, K. u. LUCASSEN, J., Hgg., A *Miracle* Mirrored. The Dutch Republic in European Perspective, Cambridge 1995.

DELUMEAU, J., *Catholicism* between Luther and Voltaire. A New View of the Counter-Reformation, London, Philadelphia 1977, (Originalausgabe: Le Catholicisme entre Luther et Voltaire, Paris 1971).

DICKENS, A.G., Johannes *Sleidan* and Reformation History, in: KNOX, R.B., Hg., Reformation Conformity and Dissent. Essays in Honour of Geoffrey Nuttal, London 1977, S. 17–43.

–, Contemporary *Historians* of the German Reformation, in: DICKENS, A.G., Reformation Studies, London 1982, S. 509–535.

DICKENS, A.G. u. TONKLIN, J., The *Reformation* in Historical Thought, Cambridge, Mass., 1985.

DICKERHOF, H., Die katholische *Gelehrtenschule* des konfessionellen Zeitalters im Heiligen Römischen Reich, in: REINHARD, W. u. SCHILLING, H., Hgg., Die katholische Konfessionalisierung. Wissenschaftliches Symposion der Gesellschaft zur Herausgabe des Corpus Catholicorum und des Vereins für Reformationsgeschichte 1993, Gütersloh 1995, S. 348–370.

DIETZ, B. u. EHRENPREIS, S., Hgg., *Drei Konfessionen* in einer Region. Beiträge zur Geschichte der Konfessionalisierung im Herzogtum Berg vom 16. bis zum 18. Jahrhundert, Köln 1999.

DINGES, M., Frühneuzeitliche *Armenfürsorge* als Sozialdisziplinierung? Probleme mit einem Konzept, in: Geschichte und Gesellschaft 17 (1991), S. 5–29.

DÜLMEN, R. van, *Volksfrömmigkeit* und konfessionelles Christentum im 16. und 17. Jahrhundert, in: SCHIEDER, W., Hg., Volksreligiosität in der modernen Sozialgeschichte, Göttingen 1986, S. 14–30.

EHRENPREIS, S., „Wir sind mit blutigen Köpfen davongelaufen ...". Lokale *Konfessionskonflikte* im Herzogtum Berg 1550–1700, Bochum 1993.

–, *Konfessionalisierung von unten*. Konzeption und Thematik eines bergischen Modells?, in: DIETZ, B. u. EHRENPREIS, S., Hgg., Drei Konfessionen in einer Region. Beiträge zur Geschichte der Konfessionalisierung im Herzogtum Berg vom 16. bis zum 18. Jahrhundert, Köln 1999, S. 3–13.

ELIAS, N., Über den *Prozeß der Zivilisation*, Bd. 1, 1. Aufl., Frankfurt a.M. 1976, Bd. 2, 13. Aufl., Frankfurt a.M. 1988.

ELLIOTT, J.H., A Europe of *Composite Monarchies*, in: Past & Present 137 (1992), S. 48–71.

ENDRIß, A., *Phasen der Konfessionsbildung*. Aufgezeigt am Beispiel der Reichsstadt Wimpfen im Zeitraum von 1523 bis 1635, in: Rabe, H., Molitor, H. u. Rublack, H.-C., Hgg., Festgabe für Ernst Walter Zeeden zum 60. Geburtstag am 14. Mai 1976, Münster 1976, S. 289–326.

EVANS, R.J.W. u. THOMAS, T.V. Hgg., *Crown, Church and Estates*. Central European Politics in the Sixteenth and Seventeenth Centuries, London 1991.

EVENNETT, H.O., The *Spirit* of the Counter-Reformation, Cambridge, London 1968.

FORSTER, M.R., The *Counter-Reformation* in the Villages. Religion and Reform in the Bishopric of Speyer, 1560–1720, Ithaca, N.Y., London 1992.

FRANÇOIS, E., Die *unsichtbare Grenze*. Protestanten und Katholiken in Augsburg 1648–1806, Sigmaringen 1991.

FREITAG, W., *Volks- und Elitenfrömmigkeit* in der Frühen Neuzeit. Marienwallfahrten im Fürstbistum Münster, Paderborn 1991.

–, *Konfliktfelder* und Konfliktparteien im Prozeß der lutherischen und reformierten Konfessionalisierung – das Fürstentum Anhalt und die Stifte Halberstadt und Magdeburg im 16. Jahrhundert, erscheint in: Archiv für Reformationsgeschichte 92 (2001).

FRIEDRICH, A., Die *Gelehrtenschule* in Marburg, Kassel und Korbach zwischen Melanchthonianismus und Ramismus in der zweiten Hälfte des 16. Jahrhunderts, Darmstadt, Marburg 1983.

FRIEß, P. u. KIEßLING, R., Hgg., *Konfessionalisierung und Region*, Konstanz 1999.

GARSTEIN, O., *Rome* and the Counter-Reformation in Scandinavia until the Establishment of the S. Congregatio de Propaganda Fide in 1622, Bd. 2 (1583–1622), Oslo 1980.

GAWTHROP, R. u. STRAUSS, G., *Protestantism* and Literacy in Early Modern Germany, in: Past & Present 104 (1984), S. 31–55.

GOETERS, J.F.G., *Genesis*, Formen und Hauptthemen des reformierten Bekenntnisses in Deutschland. Eine Übersicht, in: SCHILLING, H., Hg., Die reformierte Konfessionalisierung in Deutschland – Das Problem der „Zweiten Reformation". Wissenschaftliches Symposion des Vereins für Reformationsgeschichte 1985, Gütersloh 1986, S. 44–59.

GORDON, B., The *Changing Face* of Protestant History and Identity in the Sixteenth Century, in: GORDON, B., Hg., Protestant History and Identity in Sixteenth-Century Europe, Bd. 1: The Medieval Inheritance, Bd. 2: The Later Reformation, Aldershot 1996, S. 1–22.

GRANE, L. u. HØRBY, K., Hgg., Die *dänische Reformation* vor ihrem internationalen Hintergrund, Göttingen 1990.

GREENGRASS, M., The Longman Companion to the *European Reformation*, c. 1500–1618, London, New York 1998.

GRELL, O.P., The *Catholic Church* and its Leadership, in: GRELL, O.P., Hg., The Scandinavian Reformation. From Evangelical Movement to Institutionalisation of Reform, Cambridge 1995, S. 70–113.

GRELL, O.P. u. SCRIBNER, B., Hgg., *Tolerance* and Intolerance in the European Reformation, Cambridge 1996.

GRELL, O.P. u. CUNNINGHAM, A., The *Reformation* and Changes in Welfare Provision in Early Modern Northern Europe, in: GRELL, O.P. u. CUNNINGHAM, A., Hgg., Health Care and Poor Relief in Protestant Europe, 1500–1700, London, New York 1997, S. 1–42.

GROENHUIS, G., *Calvinism* and National Consciousness. The Dutch Republic as the New Israel, in: DUKE, A.C. u. TAMSE, C.A., Hgg., Britain and the Netherlands, Bd. 7: Church and State Since the Reformation, The Hague 1981, S. 118–133.

GROSS, M.-A., Die frühneuzeitliche *Konfessionalisierung* und ihre Konsequenzen für das Verhältnis von Staat und Kirche in Deutschland und Frankreich – Eine Zwischenbilanz, in: KAELBLE, H. u. SCHRIEWER, J., Hgg., Gesellschaften im Vergleich. Forschungen aus Sozial- und Geschichtswissenschaften, Frankfurt a.M. u.a. 1998, S. 53–83.

GUGGISBERG, H.R. u. KRODEL, G.G., Hgg., Die *Reformation* in Deutschland und Europa. Interpretationen und Debatten, Gütersloh 1993.

HAHN, A., Die *Rezeption* des tridentinischen Pfarrerideals im westtrierischen Pfarrklerus des 16. und 17. Jahrhunderts, Luxemburg 1974.

HAMM, B., *Reformation* als normative Zentrierung von Religion und Gesellschaft, in: Jahrbuch für Biblische Theologie 7 (1992), S. 241–279.

–, Von der spätmittelalterlichen *reformatio* zur Reformation. Der Prozeß normativer Zentrierung von Religion und Gesellschaft in Deutschland, in: Archiv für Reformationsgeschichte 84 (1993), S. 7–82.

HAMMERSTEIN, N., *Universitäten* und Reformation, in: Historische Zeitschrift 258 (1994), S. 340–357.

–, Hg., *Handbuch* der deutschen Bildungsgeschichte, Bd. 1: 15. bis 17. Jahrhundert. Von der Rennaissance und der Reformation bis zum Ende der Glaubenskämpfe, München 1996.

HARLINE, C., *Official Religion* – Popular Religion in Recent Historiography of the Catholic Reformation, in: Archiv für Reformationsgeschichte 81 (1990), S. 239–262.

HÄRTER, K., *Entwicklung* und Funktion der Policeygesetzgebung des Heiligen Römischen Reiches Deutscher Nation im 16. Jahrhundert, in: Ius Commune 20 (1993), S. 61–141.

HASSINGER, E., Das *Werden des neuzeitlichen Europa* 1300–1600, Braunschweig 1959.

HEADLEY, J.M., *Luther's View* of Church History, New Haven, London 1963.

HECKEL, M., *Deutschland im konfessionellen Zeitalter*, Göttingen 1983.

HEIß, G., *Konfessionsbildung*, Kirchenzucht und frühmoderner Staat. Die Durchsetzung des „rechten" Glaubens im „Zeitalter der Glaubensspaltung" am Beispiel des Wirkens der Jesuiten in den Ländern Ferdinands I., in: EHALT, H.C., Hg., Volksfrömmigkeit, Köln, Wien 1989, S. 191–220.

HILLERBRAND, H.J., Hg., The *Oxford Encyclopedia of the Reformation*, Oxford, New York 1996.

HOLENSTEIN, A., *Seelenheil* und Untertanenpflicht. Zur gesellschaftlichen Funktion und theoretischen Begründung des Eides in der ständischen Gesellschaft, in: BLICKLE, P., Hg., Der Fluch und der Eid. Die metaphysische Begründung gesellschaftlichen Zusammenlebens und politischer Ordnung in der ständischen Gesellschaft, Berlin 1993, S. 11–63.

HSIA, R.P., *Society* and Religion in Münster, 1535–1618, New Haven 1984.

–, *Social Discipline* in the Reformation. Central Europe, 1550–1750, London, New York 1989.

–, The World of *Catholic Renewal*, 1540–1770, Cambridge 1998.

JEDIN, H., *Katholische Reformation* oder Gegenreformation? Ein Versuch zur Klärung der Begriffe nebst einer Jubiläumsbetrachtung über das Trienter Konzil, Luzern 1946.

KAPLAN, B.J., *Calvinists* and Libertines. Confession and Community in Utrecht, 1578–1620, Oxford 1995.

KAUFMANN, T., Die *Konfessionalisierung* von Kirche und Gesellschaft. Sammelbericht über eine Forschungsdebatte, in: Theologische Literaturzeitung 121 (1996), Sp. 1008–1025 (Teil 1), Sp. 1112–1121 (Teil 2).

KINGDON, R.M., *Church and Society* in Reformation Europe, London 1985.

–, *Social Control* and Political Control in Calvin's Geneva, in: GUGGISBERG, H.R. u. KRODEL, G.G., Hgg., Die Reformation in Deutschland und Europa. Interpretationen und Debatten, Gütersloh 1993, S. 521–532.

KITTELSON, J.M., *Successes and Failures* in the German Reformation. The Report from Strasbourg, in: Archiv für Reformationsgeschichte 73 (1982), S. 153–175.

–, *Learning* and Education. Phase Two of the Reformation, in: GRANE, L. u. HØRBY, K., Hgg., Die dänische Reformation vor ihrem internationalen Hintergrund, Göttingen 1990, S. 149–163.

KLUETING, H., Das *Konfessionelle Zeitalter* 1525–1648, Stuttgart 1989.

KNOX, D., *Erasmus' De Civilitate* and the Religious Origins of Civility in Protestant Europe, in: Archiv für Reformationsgeschichte 86 (1995), S. 7–48.

KOCH, E., Der kursächsische *Philippismus* und seine Krise in den 1560er und 1570er Jahren, in: SCHILLING, H., Hg., Die reformierte Konfessionalisierung in Deutschland – Das Problem der „Zweiten Reformation". Wissenschaftliches Symposion des Vereins für Reformationsgeschichte 1985, Gütersloh 1986, S. 60–78.

KONERSMANN, F., *Kirchenregiment* und Kirchenzucht im frühneuzeitlichen Kleinstaat. Studien zu den herrschaftlichen und gesellschaftlichen Grundlagen des Kirchenregiments der Herzöge von Pfalz-Zweibrücken 1410–1793, Köln 1996.

LADEMACHER, H., Die Konfession in der *Außenpolitik* der europäischen Staaten im 16. und 17. Jahrhundert. Inhaltliche Perspektiven und massenmediale Darstellung, in: QUANDT, S., Hg., Luther, die Reformation und die Deutschen. Wie erzählen wir unsere Geschichte?, Paderborn u.a. 1982, S. 53–60.

LANG, P.T., *Konfessionsbildung* als Forschungsfeld, in: Historisches Jahrbuch 100 (1980), S. 479–493.

–, Die Bedeutung der *Kirchenvisitation* für die Geschichte der Frühen Neuzeit. Ein Forschungsbericht, in: Rottenburger Jahrbuch für Kirchengeschichte 3 (1984), S. 207–212.

–, *Reform im Wandel*. Die katholischen Visitationsinterrogatorien des 16. und 17. Jahrhunderts, in: ZEEDEN, E.W. u. LANG, P.T., Hgg., Kirche und Visitation. Beiträge zur Erforschung des frühneuzeitlichen Visitationswesens in Europa, Stuttgart 1984, S. 131–189.

–, „Ein grobes, unbändiges *Volk*." Visitationsberichte und Volksfrömmigkeit, in: MOLITOR, H. u. SMOLINSKY, H., Hgg., Volksfrömmigkeit in der Frühen Neuzeit, Münster 1994, S. 49–63.

LEHMANN, H., Das Zeitalter des *Absolutismus*. Gottesgnadentum und Kriegsnot, Stuttgart u.a. 1980.

LOTTES, G., *Disziplin* und Emanzipation. Das Sozialdisziplinierungskonzept und die Interpretation der frühneuzeitlichen Geschichte, in: Westfälische Forschungen 42 (1992), S. 63–74.

LUTZ, H., *Normen* und gesellschaftlicher Wandel zwischen Renaissance und Revolution. Differenzierung und Säkularisierung, in: Saeculum 26 (1975), S. 166–180.

–, Hg., Zur Geschichte der *Toleranz* und Religionsfreiheit, Darmstadt 1977.

–, Das *Ringen* um deutsche Einheit und kirchliche Erneuerung, 1490–1648, Berlin 1983.

–, *Reformation* und Gegenreformation, 4. Aufl., durchges. u. ergänzt v. Alfred KOHLER, München, Wien 1997.

LYBY, T. u. GRELL, O.P., The *Consolidation* of Lutheranism in Denmark and Norway, in: GRELL, O.P., Hg., The Scandinavian Reformation. From Evangelical Movement to Institutionalisation of Reform, Cambridge 1995, S. 114–143.

MALTBY, W.S., Hg., *Reformation Europe*. A Guide to Research II, St. Louis, Mo., 1992.

McGRATH, A.E., *Reformation Thought*. An Introduction, 2. Aufl., Oxford, Cambridge, Mass., 1993.

MENTZER, R.A., *Disciplina* Nervus Ecclesiae. The Calvinist Reform of Morals at Nîmes, in: Sixteenth Century Journal, 18 (1987), S. 89–115.

–, *Marking the Taboo*. Excommunication in French Reformed Churches, in: MENTZER, R., Hg., Sin and the Calvinists. Morals Control and the Consistory in the Reformed Tradition, Kirksville 1995, S. 97–128.

MOELLER, B., *Reichsstadt* und Reformation, Gütersloh 1962 (auch als bearb. Neuausg., Berlin 1987).

–, *Stadt und Buch*. Bemerkungen zur Struktur der reformatorischen Bewegung in Deutschland, in: MOMMSEN, W.J., Hg., Stadtbürgertum und Adel in der Reformation. Studien zur Sozialgeschichte der Reformation in England und Deutschland /

The Urban Classes, the Nobility and the Reformation. Studies on the Social History of the Reformation in England and Germany, Stuttgart 1979, S. 25–39.

MOLITOR, H., Die *untridentinische Reform*. Anfänge katholischer Erneuerung in der Reichskirche, in: BRANDMÜLLER, W., IMMENKÖTTER, H. u. ISERLOH, E., Hgg., Ecclesia militans. Studien zur Konzilien- und Reformationsgeschichte. Festschrift Remigius Bäumer, Bd. 1: Zur Konziliengeschichte, Paderborn u.a. 1988, S. 399–431.

MOLITOR, H. u. SMOLINSKY, H., Hgg., *Volksfrömmigkeit* in der Frühen Neuzeit, Münster 1994.

MONTER, E. W., *Enforcing Morality* in Early Modern Europe, London 1987.

MORAW, P., *Von offener Verfassung* zu gestalteter Verdichtung. Das Reich im späten Mittelalter 1250 bis 1490, Frankfurt a.m., Berlin 1989.

MÖRKE, O., *Rat und Bürger* in der Reformation. Soziale Gruppen und kirchlicher Wandel in den welfischen Hansestädten Lüneburg, Braunschweig und Göttingen, Hildesheim 1983.

–, „Konfessionalisierung" als politisch-soziales Strukturprinzip? Das Verhältnis von Religion und Staatsbildung in der Republik der Vereinigten Niederlande im 16. und 17. Jahrhundert, in: Tijdschrift voor Sociale Geschiedenis 16 (1990), S. 31–60.

–, Die *Ruhe im Sturm*. Die katholische Landstadt Mindelheim unter der Herrschaft der Frundsberg im Zeitalter der Reformation, Augsburg 1991.

–, Die politische *Bedeutung des Konfessionellen* im Deutschen Reich und in der Republik der Vereinigten Niederlande. Oder: War die Konfessionalisierung ein „Fundamentalvorgang"?, in: ASCH, R.G. u. DUCHHARDT, H., Hgg., Der Absolutismus – ein Mythos? Strukturwandel monarchischer Herrschaft in West- und Mitteleuropa (ca. 1550–1700), Köln, Weimar, Wien 1996, S. 125–164.

MUCHEMBLED, R., *Culture populaire* et culture des élites dans la France moderne (XVe–XVIIIe siècles), Paris 1978.

MÜLLER, S., Die *Konfessionalisierung* in der Grafschaft Oldenburg. Untersuchungen zur „Sozialdisziplinierung" einer bäuerlichen Gesellschaft in der Frühen Neuzeit, in: Archiv für Reformationsgeschichte 86 (1995), S. 257–319.

MÜNCH, P., *Zucht und Ordnung*. Reformierte Kirchenverfassungen im 16. und 17. Jahrhundert (Nassau-Dillenburg, Kurpfalz, Hessen-Kassel), Stuttgart 1978.

NISCHAN, B., The *Second Reformation* in Brandenburg. Aims and Goals, in: Sixteenth Century Journal 14 (1983), S. 173–187.

–, The *Schools* of Brandenburg and the „Second Reformation". Examples of Calvinist Learning and Propaganda, in: SCHNUCKER, R.V. Hg., Calviniana. Ideas and Influence of Jean Calvin, Kirksville, Mo., 1988, S. 215–233.

–, *Kontinuität* und Wandel im Zeitalter des Konfessionalismus. Die Zweite Reformation in Brandenburg, in: Jahrbuch für Berlin-Brandenburgische Kirchengeschichte 58 (1991), S. 87–133.

–, *Confessionalism* and Absolutism. The Case of Brandenburg, in: PETTEGREE, A., DUKE, A. u. LEWIS, G., Hgg., Calvinism in Europe, 1540–1620, Cambridge 1994, S. 181–204.

–, *Prince, People and Confession*. The Second Reformation in Brandenburg, Philadelphia 1994.

OESTREICH, G., *Strukturprobleme* des europäischen Absolutismus, in: OESTREICH, G., Geist und Gestalt des frühmodernen Staates, Berlin 1969, S. 179–197.

O'MALLEY, J.W., Hg., *Catholicism* in Early Modern History. A Guide to Research, St. Louis, Mo., 1988.

–, The *First Jesuits*, Cambridge, Mass., London 1993.

OZMENT, S., Hg., *Reformation Europe*. A Guide to Research, St. Louis, Mo., 1982.

PARKER, G., *Success* and Failure During the First Century of the Reformation, in: Past & Present 136 (1992), S. 43–82.

PETTEGREE, A., Hg., The *Early Reformation* in Europe, Cambridge 1992.

–, The *Politics* of Toleration in the Free Netherlands, 1572–1620, in: GRELL, O.P. u. SCRIBNER, B., Hgg., Tolerance and Intolerance in the European Reformation, Cambridge 1996, S. 182–198.

PRESS, V., Die „*Zweite Reformation*" in der Kurpfalz, in: SCHILLING, H., Hg., Die reformierte Konfessionalisierung in Deutschland – Das Problem der „Zweiten Reformation". Wissenschaftliches Symposion des Vereins für Reformationsgeschichte 1985, Gütersloh 1986, S. 104–129.

PRESTWICH, M., Hg., *International Calvinism*, 1541–1715, Oxford 1985.

PRINZ, M., *Sozialdisziplinierung* und Konfessionalisierung. Neuere Fragestellungen in der Sozialgeschichte der frühen Neuzeit, in: Westfälische Forschungen 42 (1992), S. 1–25.

PRODI, P., Das *Sakrament* der Herrschaft. Der politische Eid in der Verfassungsgeschichte des Okzidents, Berlin 1997.

RABB, T.K., The *Struggle for Stability* in Early Modern Europe, New York 1975.

REGAN, P., Calvinism and the *Dutch Israel Thesis*, in: GORDON, B., Hg., Protestant History and Identity in Sixteenth-Century Europe, Bd. 2: The Later Reformation, Aldershot 1996, S. 91–106.

REINHARD, W., *Gegenreformation* als Modernisierung? Prolegomena zu einer Theorie des konfessionellen Zeitalters, in: Archiv für Reformationsgeschichte 68 (1977), S. 226–252.

–, *Konfession* und Konfessionalisierung in Europa, in: REINHARD, W., Hg., Bekenntnis und Geschichte. Die Confessio Augustana im historischen Zusammenhang, München 1981, S. 165–189.

–, *Zwang* zur Konfessionalisierung? Prolegomena zu einer Theorie des konfessionellen Zeitalters, in: Zeitschrift für historische Forschung 10 (1983), S. 257–277.

–, *Reformation*, Counter-Reformation, and the Early Modern State. A Reassessment, in: Catholic Historical Review 75 (1989), S. 383–404.

–, Was ist *katholische Konfessionalisierung?*, in: REINHARD, W. u. SCHILLING, H., Hgg., Die katholische Konfessionalisierung. Wissenschaftliches Symposion der Gesellschaft zur Herausgabe des Corpus Catholicorum und des Vereins für Reformationsgeschichte 1993, Gütersloh 1995, S. 419–452.

–, Hg., *Power Elites* and State Building, Oxford 1996.

–, „*Konfessionalisierung*" auf dem Prüfstand, in: BAHLCKE, J. u. STROHMEYER, A., Hgg., Konfessionalisierung in Ostmitteleuropa. Wirkungen des religiösen Wandels im 16. und 17. Jahrhundert in Staat, Gesellschaft und Kultur, Stuttgart 1999, S. 79–103.

REINHARD, W. u. SCHILLING, H., Hgg., Die *katholische Konfessionalisierung*. Wissenschaftliches Symposion der Gesellschaft zur Herausgabe des Corpus Catholicorum und des Vereins für Reformationsgeschichte 1993, Gütersloh 1995.

REPGEN, K., *Kriegslegitimationen* in Alteuropa. Entwurf einer historischen Typologie, in: Historische Zeitschrift 241 (1985), S. 27–49.

–, What is a „*Religious War*"?, in: KOURI, E.I. u. SCOTT, T., Hgg., Politics and Society in Reformation Europe. Essays for Sir Geoffrey Elton on his Sixty-Fifth Birthday, Houndmills, London 1987, S. 311–328.

–, Was ist ein *Religionskrieg?*, in: REPGEN, K., Von der Reformation zur Gegenwart. Beiträge zu Grundfragen der neuzeitlichen Geschichte, hg. v. GOTTO, K. u. HOCKERTS, G., Paderborn u.a. 1988, S. 84–97.

ROBERTS, P., The Most Crucial Battle of the Wars of Religion? The Conflict over *Sites for Reformed Worship* in Sixteenth-Century France, in: Archiv für Reformationsgeschichte 89 (1998), S. 247–267.

ROECK, B., *Lebenswelt* und Kultur des Bürgertums in der Frühen Neuzeit, München 1991.

ROODENBURG, H., *Oonder censuur*. De kerkelijke tucht in de gereformeerde gemeente van Amsterdam, 1578–1700, Hilversum 1990.

–, *Reformierte Kirchenzucht* und Ehrenhandel. Das Amsterdamer Nachbarschaftsleben im 17. Jahrhundert, in: SCHILLING, H., Hg., Kirchenzucht und Sozialdisziplinierung im frühneuzeitlichen Europa, Berlin 1994, S. 129–152.

ROPER, L., The *Holy Household*. Women and Morals in Reformation Augsburg, Oxford 1989.

RUBLACK, H.-C., Hg., Die *lutherische Konfessionalisierung* in Deutschland. Wissenschaftliches Symposion des Vereins für Reformationsgeschichte 1988, Gütersloh 1992.

RÜEGG, W., Hg., *Geschichte* der Universität in Europa, Bd. 3: Von der Reformation zur Französischen Revolution (1500–1800), München 1996.

SCHEUNER, U., *Staatsräson* und religiöse Einheit des Staates, in: SCHNUR, R., Hg., Staatsräson. Studien zur Geschichte eines politischen Begriffs, Berlin 1975, S. 363–405.

SCHILLING, H., Die *politische Elite* nordwestdeutscher Städte in den religiösen Auseinandersetzungen des 16. Jahrhunderts, in: MOMMSEN, W.J., Hg., Stadtbürgertum und Adel in der Reformation. Studien zur Sozialgeschichte der Reformation in England und Deutschland / The Urban Classes, the Nobility and the Reformation. Studies on the Social History of the Reformation in England and Germany, Stuttgart 1979, S. 235–308.

–, *Religion und Gesellschaft* in der calvinistischen Republik der Vereinigten Niederlande. „Öffentlichkeitskirche" und Säkularisation; Ehe und Hebammenwesen; Presbyterien und politische Partizipation, in: PETRI, F., Hg., Kirche und gesellschaftlicher Wandel in deutschen und niederländischen Städten der werdenden Neuzeit, Köln, Wien 1980, S. 197–250.

–, *Konfessionskonflikt* und Staatsbildung. Eine Fallstudie über das Verhältnis von religiösem und sozialem Wandel in der Frühneuzeit am Beispiel der Grafschaft Lippe, Gütersloh 1981.

–, *Konfessionalisierung als gesellschaftlicher Umbruch*. Inhaltliche Perspektiven und massenmediale Darstellung, in: QUANDT, S., Hg., Luther, die Reformation und die Deutschen. Wie erzählen wir unsere Geschichte?, Paderborn u.a. 1982, S. 35–51.

–, *Wandlungs- und Differenzierungsprozesse* innerhalb der bürgerlichen Oberschicht West- und Nordwestdeutschlands im 16. und 17. Jahrhundert, in: BISKUP, M. u. ZERNACK, K., Hgg., Schichtung und Entwicklung der Gesellschaft in Polen und Deutschland im 16. und 17. Jahrhundert. Parallelen, Verknüpfungen, Vergleiche, Wiesbaden 1983, S. 121–173.

–, Hg., Die *reformierte Konfessionalisierung* in Deutschland – Das Problem der „Zweiten Reformation". Wissenschaftliches Symposion des Vereins für Reformationsgeschichte 1985, Gütersloh 1986.

–, Die *„Zweite Reformation"* als Kategorie der Geschichtswissenschaft, in: SCHILLING, H., Hg., Die reformierte Konfessionalisierung in Deutschland – Das Problem der

„Zweiten Reformation". Wissenschaftliches Symposion des Vereins für Reformationsgeschichte 1985, Gütersloh 1986, S. 387–437.

–, „*History of Crime*" or „History of Sin"? Some Reflections on the Social History of Early Modern Church Discipline, in: KOURI, E.I. u. SCOTT, T., Hgg., Politics and Society in Reformation Europe. Essays for Sir Geoffrey Elton on his Sixty-Fifth Birthday, Houndmills, London 1987, S. 289–310.

–, *Aufbruch und Krise*. Deutschland 1517–1648, Berlin 1988.

–, Die *Konfessionalisierung im Reich*. Religiöser und gesellschaftlicher Wandel in Deutschland zwischen 1555 und 1620, in: Historische Zeitschrift 246 (1988), S. 1–45.

–, *Reformation und Konfessionalisierung* in Deutschland und die neuere deutsche Geschichte, in: Gegenwartskunde. Zeitschrift für Gesellschaft, Wirtschaft, Politik und Bildung, Sonderheft 5 (1988): Religion, Kirchen und Gesellschaft in Deutschland, S. 11–29.

–, *Nation und Konfession* in der frühneuzeitlichen Geschichte Europas. Zu den konfessionsgeschichtlichen Voraussetzungen der frühmodernen Staatsbildung, in: GARBER, K., Hg., Nation und Literatur im Europa der Frühen Neuzeit, Tübingen 1989, S. 87–107.

–, *Sündenzucht* und frühneuzeitliche Sozialdisziplinierung. Die calvinistische, presbyteriale Kirchenzucht in Emden vom 16. bis 19. Jahrhundert, in: SCHMIDT, G., Hg., Stände und Gesellschaft im Alten Reich, Stuttgart 1989, S. 265–302.

–, *Literaturbericht „Konfessionsbildung"* und „Konfessionalisierung", in: Geschichte in Wissenschaft und Unterricht 41 (1991), S. 447–463.

–, *Nationale Identität* und Konfession in der europäischen Neuzeit, in: GIESEN, B., Hg., Nationale und kulturelle Identität. Studien zur Entwicklung des kollektiven Bewußtseins in der Neuzeit, Frankfurt a.M. 1991, S. 192–252.

–, *Stadt und frühmoderner Territorialstaat*. Stadtrepublikanismus versus Fürstensouveränität. Die politische Kultur des deutschen Stadtbürgertums in der Konfrontation mit dem frühmodernen Staatsprinzip, in: STOLLEIS, M., Hg., Recht, Verfassung und Verwaltung in der frühneuzeitlichen Stadt, Köln, Wien 1991, S. 19–39.

–, Die *Stadt* in der Frühen Neuzeit, München 1993.

–, *Konfessionalisierung und Formierung* eines internationalen Systems während der frühen Neuzeit, in: GUGGISBERG, H.R. u. KRODEL, G.G., Hgg., Die Reformation in Deutschland und Europa. Interpretationen und Debatten, Gütersloh 1993, S. 591–613.

–, *Luther, Loyola, Calvin* und die europäische Neuzeit, in: Archiv für Reformationsgeschichte 85 (1994), S. 5–31.

–, Hg., *Kirchenzucht und Sozialdisziplinierung* im frühneuzeitlichen Europa, Berlin 1994.

–, Die *Kirchenzucht* im frühneuzeitlichen Europa in interkonfessionell vergleichender und interdisziplinärer Perspektive. Eine Zwischenbilanz, in: SCHILLING, H., Hg., Kirchenzucht und Sozialdisziplinierung im frühneuzeitlichen Europa, Berlin 1994, S. 11–40.

–, *Confessional Europe*, in: BRADY, T.A. Jr., OBERMAN, H.A. u. TRACY, J.D., Hgg., Handbook of European History, 1400–1600. Late Middle Ages, Renaissance and Reformation, Bd. 2: Visions, Programs and Outcomes, Leiden, New York, Köln 1995, S. 641–675.

–, *Europa und der Norden* auf dem Weg in die Neuzeit, in: STIFTERVERBAND FÜR DIE DEUTSCHE WISSENSCHAFT, Hg., Europa und der Norden. Bericht über das

7. deutsch-norwegische Historikertreffen in Tromsø, Juni 1994, Oslo 1995, S. 51–71.

–, Die *Konfessionalisierung von Kirche, Staat und Gesellschaft*. Profil, Leistung, Defizite und Perspektiven eines geschichtswissenschaftlichen Paradigmas, in: REINHARD, W. u. SCHILLING, H., Hgg., Die katholische Konfessionalisierung. Wissenschaftliches Symposion der Gesellschaft zur Herausgabe des Corpus Catholicorum und des Vereins für Reformationsgeschichte 1993, Gütersloh 1995, S. 1–49.

–, Die *Reformation* – ein revolutionärer Umbruch oder Hauptetappe eines längerfristigen reformierenden Wandels?, in: SPEITKAMP, W. u. ULLMANN, H.-P., Hgg., Konflikt und Reform. Festschrift für Helmut Berding, Göttingen 1995, S. 26–40.

–, *Literaturbericht „Konfessionelles Zeitalter"*, Teil I–IV, in: Geschichte in Wissenschaft und Unterricht 48 (1997), S. 350–369 (Teil I), S. 618–627 (Teil II), S. 682–694 (Teil III), S. 748–766 (Teil IV).

–, *Disziplinierung* oder „Selbstregulierung der Untertanen"? Ein Plädoyer für die Doppelperspektive von Makro- und Mikrohistorie bei der Erforschung der frühmodernen Kirchenzucht, in: Historische Zeitschrift 264 (1997), S. 675–691.

–, Der religionssoziologische *Typus Europa* als Bezugspunkt inner- und interzivilisatorischer Gesellschaftsvergleiche, in: KAELBLE, H. u. SCHRIEWER, J., Hgg., Gesellschaften im Vergleich. Forschungen aus Sozial- und Geschichtswissenschaften, Frankfurt a.M. u.a. 1998, S. 41–52.

–, *Reformation* – Umbruch oder Gipfelpunkt eines Temps des Réformes?, in: MOELLER, B., Hg., Die frühe Reformation in Deutschland als Umbruch. Wissenschaftliches Symposium des Vereins für Reformationsgeschichte 1996, Gütersloh 1998, S. 13–34.

–, Profil und Perspektiven einer interdisziplinären und komparatistischen *Disziplinierungsforschung* jenseits einer Dichotomie von Gesellschafts- und Kulturgeschichte, in: SCHILLING, H., Hg., Institutionen, Instrumente und Akteure sozialer Kontrolle und Disziplinierung im frühneuzeitlichen Europa / Institutions, Instruments and Agents of Social Control and Discipline in Early Modern Europe, Frankfurt a.M. 1999, S. 3–36.

–, Die *neue Zeit*. Vom Christenheitseuropa zum Europa der Staaten. 1250 bis 1750, Berlin 1999.

SCHINDLING, A., Die *Universität Gießen* als Typus einer Hochschulgründung, in: MORAW, P. u. PRESS, V., Hgg., Academia Gissensis, Marburg 1982, S. 83–113.

–, *Schulen und Universitäten* im XVI. und XVII. Jahrhundert. Zehn Thesen zu Bildungsexpansion, Laienbildung und Konfessionalisierung nach der Reformation, in: BRANDMÜLLER, W., IMMENKÖTTER, H. u. ISERLOH, E., Hgg., Ecclesia militans. Studien zur Konzilien- und Reformationsgeschichte. Festschrift Remigius Bäumer, Bd. 2: Zur Reformationsgeschichte, Paderborn u.a. 1988, S. 561–570.

–, *Delayed Confessionalization*. Retarding Factors and Religious Minorities in the Territories of the Holy Roman Empire, 1555–1648, in: INGRAO, C.W., Hg., State and Society in Early Modern Austria, West Lafayette 1994, S. 54–70.

–, *Konfessionalisierung* und Grenzen von Konfessionalisierbarkeit, in: SCHINDLING, A. u. ZIEGLER, W., Hgg., Die Territorien des Reichs im Zeitalter der Reformation und Konfessionalisierung. Land und Konfession 1500–1650, Bd. 7: Bilanz – Forschungsperspektiven – Register, Münster 1997, S. 9–44.

SCHINDLING, A. u. ZIEGLER, W., Hgg., Die *Territorien* des Reiches im Zeitalter der Reformation und Konfessionalisierung. Land und Konfession 1500–1650, 7 Bde., Münster 1989–1997.

SCHLÖGL, R., *Differenzierung* und Integration: Konfessionalisierung im frühneuzeitlichen Gesellschaftssystem. Das Beispiel der habsburgischen Vorlande, erscheint in: Archiv für Reformationsgeschichte 91 (2000), S. 238–284.

SCHMIDT, H.R., Die *Christianisierung* des Sozialverhaltens als permanente Reformation. Aus der Praxis reformierter Sittengerichte in der Schweiz während der frühen Neuzeit, in: Blickle, P. u. Kunisch, J., Hgg., Kommunalisierung und Christianisierung. Voraussetzung und Folgen der Reformation 1400–1600, Berlin 1989, S. 113–163.

–, *Konfessionalisierung* im 16. Jahrhundert, München 1992.

–, *Dorf und Religion*. Reformierte Sittenzucht in Berner Landgemeinden der Frühen Neuzeit, Stuttgart 1995.

–, *Gemeinde* und Sittenzucht im protestantischen Europa der frühen Neuzeit, in: BLICKLE, P., Hg., Theorien kommunaler Ordnung in Europa, München 1996, S. 181–214.

–, *Sozialdisziplinierung*? Ein Plädoyer für das Ende des Etatismus in der Konfessionalisierungsforschung, in: Historische Zeitschrift 265 (1997), S. 639–682.

SCHNABEL-SCHÜLE, H., Der große *Unterschied* und seine kleinen Folgen. Zum Problem der Kirchenzucht als Unterscheidungskriterium zwischen lutherischer und reformierter Konfession, in: HAGENMAIER, M. u. HOLTZ, S., Hgg., Krisenbewußtsein und Krisenbewältigung in der Frühen Neuzeit / Crisis in Early Modern Europe. Festschrift für H.-C. Rublack, Frankfurt a.M. u.a. 1992, S. 197–214.

SCHNEIDER, B., *Wandel* und Beharrung. Bruderschaften und Frömmigkeit in Spätmittelalter und Früher Neuzeit, in: MOLITOR, H. u. SMOLINSKY, H., Hgg., Volksfrömmigkeit in der Frühen Neuzeit, Münster 1994, S. 65–87.

SCHORN-SCHÜTTE, L., *Evangelische Geistlichkeit* in der Frühneuzeit. Deren Anteil an der Entfaltung frühmoderner Staatlichkeit und Gesellschaft. Dargestellt am Beispiel des Fürstentums Braunschweig-Wolfenbüttel, der Landgrafschaft Hessen-Kassel und der Stadt Braunschweig (16.–18. Jahrhundert), Gütersloh 1996.

–, *Konfessionalisierung* als wissenschaftliches Paradigma?, in: BAHLCKE, J. u. STROHMEYER, A., Hgg., Konfessionalisierung in Ostmitteleuropa. Wirkungen des religiösen Wandels im 16. und 17. Jahrhundert in Staat, Gesellschaft und Kultur, Stuttgart 1999, S. 61–77.

SCHREINER, K., *Rechtgläubigkeit* als „Band der Gesellschaft" und „Grundlage des Staates". Zur eidlichen Verpflichtung von Staats- und Kirchendienern auf die „Formula Concordiae" und das „Konkordienbuch", in: BRECHT, M. u. SCHWARZ, R., Hgg., Bekenntnis und Einheit der Kirche. Studien zum Konkordienbuch, Stuttgart 1980, S. 341–379.

–, *Iuramentum religionis*. Entstehung, Geschichte und Funktion des Konfessionseides der Staats- und Kirchendiener im Territorialstaat der frühen Neuzeit, in: Der Staat 24 (1985), S. 211–246.

SCHUBERT, E., Zur *Typologie* gegenreformatorischer Universitätsgründungen. Jesuiten in Fulda, Würzburg, Ingolstadt und Dillingen, in: RÖSSLER, H. u. FRANZ, G., Hgg., Universität und Gelehrtenstand 1400–1800, Limburg 1970, S. 85–105.

SCHULZE, W., *Gerhard Oestreichs Begriff* „Sozialdisziplinierung in der Frühen Neuzeit", in: Zeitschrift für historische Forschung 14 (1987), S. 265–302.

–, *Konfessionalisierung* als Paradigma zur Erforschung des konfessionellen Zeitalters, in: DIETZ, B. u. EHRENPREIS, S., Hgg., Drei Konfessionen in einer Region. Beiträge zur Geschichte der Konfessionalisierung im Herzogtum Berg vom 16. bis zum 18. Jahrhundert, Köln 1999, S. 15–30.

SCHWARZ LAUSTEN, M., The *Early Reformation* in Denmark and Norway, 1520–1559, in: GRELL, O.P., Hg., The Scandinavian Reformation. From Evangelical Movement to Institutionalisation of Reform, Cambridge 1995, S. 12–41.

SCRIBNER, B., Why was there no Reformation in *Cologne*? in: Bulletin of the Institute of Historical Research 49 (1976), S. 217–241.

SCRIBNER, B., PORTER, R. u. TEICH, M., Hgg., The *Reformation in National Context*, Cambridge 1994.

SIBETH, U., *Eherecht und Staatsbildung* in der Frühen Neuzeit. Das Beispiel Hessen, Darmstadt, Marburg 1994.

SMOLINSKY, H., *Ehespiegel* im Konfessionalisierungsprozeß, in: REINHARD, W. u. SCHILLING, H., Hgg., Die katholische Konfessionalisierung. Wissenschaftliches Symposion der Gesellschaft zur Herausgabe des Corpus Catholicorum und des Vereins für Reformationsgeschichte 1993, Gütersloh 1995, S. 311–331.

SPIERTZ, M.G., *Priest and Layman* in a Minority Church. The Roman Catholic Church in the Northern Netherlands, 1592–1686, in: SHEILS, W.J. u. WOOD, D., Hgg., The Ministry. Clerical and Lay, Oxford, Cambridge, Mass., 1989, S. 287–301.

SPITZ, L.W., The *Importance* of the Reformation for Universities. Culture and Confessions in the Critical Years, in: KITTELSON, J.M. u. TRANSUE, P.J., Hgg., Rebirth, Reform and Resilence. Universities in Transition, 1300–1700, Columbus, Ohio, 1984, S. 42–67.

STICHWEH, R., Der frühmoderne Staat und die *europäische Universität*. Zur Interaktion von Politik und Erziehungssystem im Prozeß ihrer Ausdifferenzierung (16.– 18. Jahrhundert), Frankfurt a.M. 1991.

STOLLEIS, M., „*Konfessionalisierung*" oder „Säkularisierung" bei der Entstehung des frühmodernen Staates, in: Ius Commune 20 (1993), S. 1–23.

STRAUSS, G., *Sucess and Failure* in the German Reformation, in: Past & Present 67 (1975), S. 30–63.

–, *Luther's House of Learning*. Indoctrination of the Young in the German Reformation, Baltimore 1978.

THADDEN, R. von, Die *Fortsetzung* des „Reformationswerks" in Brandenburg-Preußen, in: SCHILLING, H., Hg., Die reformierte Konfessionalisierung in Deutschland – Das Problem der „Zweiten Reformation". Wissenschaftliches Symposion des Vereins für Reformationsgeschichte 1985, Gütersloh 1986, S. 233–250.

TRACY, J.D., With and Without the *Counter-Reformation*. The Catholic Church in the Spanish Netherlands and the Dutch Republic, 1580–1650, in: Catholic Historical Review 71 (1985), S. 547–575.

–, *Public Church*, Gemeente Christi, or Volkskerk. Holland's Reformed Church in Civil and Ecclesiastical Perspective, 1572–1592, in: GUGGISBERG, H.R. u. KRODEL, G.G., Hgg., Die Reformation in Deutschland und Europa. Interpretationen und Debatten, Gütersloh 1993, S. 487–510.

TRAITLER, H., *Konfession* und Politik. Interkonfessionelle Flugschriftenpolemik aus Süddeutschland und Österreich (1564–1612), Frankfurt a.M. u.a. 1989.

TURCHINI, A., *Bayern* und Mailand im Zeichen der konfessionellen Bürokratisierung, in: REINHARD, W. u. SCHILLING, H., Hgg., Die katholische Konfessionalisierung. Wissenschaftliches Symposion der Gesellschaft zur Herausgabe des Corpus Catholicorum und des Vereins für Reformationsgeschichte 1993, Gütersloh 1995, S. 394–404.

VENARD, M., Hg., Die *Geschichte des Christentums*. Religion, Politik, Kultur, Bd. 8: Die Zeit der Konfessionen (1530–1620/30), deutsche Ausg. bearb. u. hg. v. SMOLINSKY, H., Freiburg, Basel, Wien 1992.

–, *Volksfrömmigkeit* und Konfessionalisierung, in: REINHARD, W. u. SCHILLING, H., Hgg., Die katholische Konfessionalisierung. Wissenschaftliches Symposion der Gesellschaft zur Herausgabe des Corpus Catholicorum und des Vereins für Reformationsgeschichte 1993, Gütersloh 1995, S. 258–270.

VOGLER, B., Die Enstehung der protestantischen *Volksfrömmigkeit* in der rheinischen Pfalz zwischen 1555 und 1619, in: Archiv für Reformationsgeschichte 72 (1981), S. 158–195.

WANEGFFELEN, T., Les *Chrétiens* face aux Églises dans l'Europe Moderne, in: Nouvelle Revue du Seizième Siècle 11 (1993), S. 37–53.

WARMBRUNN, P., *Zwei Konfessionen* in einer Stadt. Das Zusammenleben von Katholiken und Protestanten in den paritätischen Reichsstädten Augsburg, Biberach, Ravensburg und Dinkelsbühl, Wiesbaden 1983.

WESTPHAL, S., *Frau und lutherische Konfessionalisierung*. Eine Untersuchung zum Fürstentum Pfalz-Neuburg 1542–1614, Frankfurt a.M. 1994.

WILLIAMS, G., Reformation Views of *Church History*, London 1970.

WILLOWEIT, D., *Katholische Reform* und Disziplinierung als Element der Staats- und Gesellschaftsorganisation, in: PRODI, P., Hg., Treueformeln, Glaubensbekenntnisse und Sozialdisziplinierung zwischen Mittelalter und Neuzeit, München 1993, S. 113–132.

WOLGAST, E., *Formen* landesfürstlicher Reformation in Deutschland, in: GRANE, L. u. HØRBY, K., Hgg., Die dänische Reformation vor ihrem internationalen Hintergrund, Göttingen 1990, S. 57–90.

WRIGHT, A.D., The *People* of Catholic Europe and the People of Anglican England, in: Historical Journal 18 (1975), S. 451–466.

WUNDER, H., „Er ist die Sonn', sie ist der Mond". *Frauen* in der Frühen Neuzeit, München 1992.

ZAGORIN, P., *Ways of Lying*. Dissimulation, Persecution, and Conformity in Early Modern Europe, Cambridge, Mass., London 1990.

ZEEDEN, E.W., *Grundlagen* und Wege der Konfessionsbildung im Zeitalter der Glaubenskämpfe, in: Historische Zeitschrift 185 (1958), S. 249–299.

–, *Konfessionsbildung*. Studien zur Reformation, Gegenreformation und katholischen Reform, Stuttgart 1985.

ZIEGLER, W., *Territorium* und Reformation. Überlegungen und Fragen, in: Historisches Jahrbuch 110 (1990), S. 52–75.

–, *Typen* der Konfessionalisierung in katholischen Territorien Deutschlands, in: REINHARD, W. u. SCHILLING, H., Hgg., Die katholische Konfessionalisierung. Wissenschaftliches Symposion der Gesellschaft zur Herausgabe des Corpus Catholicorum und des Vereins für Reformationsgeschichte 1993, Gütersloh 1995, S. 405–418.

–, Kritisches zur *Konfessionalisierungsthese*, in: FRIEß, P. u. KIEßLING, R., Hgg., Konfessionalisierung und Region, Konstanz 1999, S. 41–53.

ZSCHUNKE, P., *Konfession und Alltag* in Oppenheim. Beiträge zur Geschichte von Bevölkerung und Gesellschaft einer gemischtkonfessionellen Kleinstadt in der Frühen Neuzeit, Wiesbaden 1984.

III. Register

1. Personen- und Ortsregister*

---

* Es wurden nur historische Personennamen in das Register aufgenommen.

2. Sachregister*

Abendmahl 98, 138, 206, 351, 363, 368, 371–373, 382, 416
Absolutismus, absolutistisch 130, 156, 173, 185, 187, 189, 196, 200, 208, 213, 393, 426–427
Act for the English Order, Habit and Language 260, 280, 318, 329
Act for the Preservation of Inheritance ... of the Church 209
Act of Adventurers 216
Act of Supremacy 94, 97, 264, 275, 283, 324
Act of Uniformity 94, 97, 260, 275, 362, 373–374, 411
Adiaphora 14, 201–202, 384
aes dána 49, 60, 255
Agnus Dei 300
Akkulturation, Akkulturationsprozess 2, 29, 35, 52, 57, 327–328, 393
alienations 101, 210
Altar 208, 303, 314, 372–373, 396
Analecta Hibernica 19
Anglisierung, Anglisierungspolitik 74–75, 90, 143, 180, 198, 231, 233, 260, 280, 317–318, 323, 328
Annals of the Four Masters 258, 356
Ansiedlungen, Ansiedlungsprojekte (siehe *plantations*)
anti-popery 236, 240, 365
Appellationen (siehe auch Delegationen, Petitionen) 132, 167, 200, 225, 424–425
Armada 225
Armenfürsorge 6, 302, 408, 412, 414

Arminianismus, arminianisch 13, 16, 188, 201–202, 351–352, 372–373
Artikel
– *11* englische 97, 363
– *39* englische 97, 201–202, 204, 270, 272–273, 282, 351, 364, 366–368, 370–371
– *12* irische 97, 270–271, 362–363, 366–367, 374, 381
– *104* irische 182, 201–202, 204, 268, 271–273, 363–368, 370, 374–375, 382, 430
Ascendancy 229
Assimilation (siehe Akkulturation)
Aufstände (siehe Rebellionen)
Augustiner (siehe auch Bettelmönche, -orden) 59, 61, 191–192
Autonomie
– adelige 54, 66–67, 106, 422
– städtische 56, 154, 156, 297, 427

Baltinglass-Rebellion (siehe Rebellionen)
Barbaren, Barbarei, Barbarität, barbarisch 118, 152, 213, 232, 252, 317, 323, 328, 345, 399, 404–405, 434
Barden, bardische Dichter 49, 52, 60, 219–222, 238, 257, 306, 356, 391, 401, 404, 434
bardische Dichtung, bardische Gedichte 31, 41, 49, 219–222, 238, 255
barristers (siehe auch Juristen) 285, 286
Battle of Kinsale 148

---

* Die folgenden Begriffe wurden nicht in das Register aufgenommen, da sie im Text häufig vorkommen: Reformation, (militärische) Gegenreformation, Konfession, Konfessionskirche, Konfessionsbildung, Konfessionalisierung, doppelte Konfessionalisierung, Konfessionskonflikt, konfessionelle Konkurrenzsituation; (tridentinischer) Katholizismus, Reformkatholizismus, katholische Kirche / Untergrundkirche, Protestantismus, protestantische Kirche, Church of Ireland, irische / protestantische Staatskirche, Minderheitskirche; Chief Governor, Lord Deputy, Lord Lieutenant, Vizekönig; Staatsbildung, Reformpolitik, Widerstand, Fundamentalopposition; Bevölkerungsgruppen: gälische Iren / Gaelic Irish, Anglo-Iren, gälischer / anglo-irischer Adel, loyale Anglo-Iren, Gentry, Stadtbürgertum, Altengländer / Old English, Neuengländer / New English.

Spätmittelalter und Reformation. Neue Reihe

Herausgegeben von Berndt Hamm in Verbindung mit Johannes Helmrath, Jürgen Miethke,
Heiko A. Obermann und Heinz Schilling

Band 9
Ulrich Hinz
Die Brüder vom Gemeinsamen Leben im Jahrhundert der Reformation
Das Münstersche Kolloquium
1997. XII, 357 Seiten. Leinen.

Band 10
Petra Seegets
Passionstheologie und Passionsfrömmigkeit im ausgehenden Mittelalter
Der Nürnberger Franziskaner Stephan Fridolin (gest. 1498) zwischen Kloster und Stadt
1998. X, 388 Seiten. Leinen.

Band 11
Gerhard Faix
Gabriel Biel und die Brüder vom gemeinsamen Leben
Quellen und Untersuchungen zu Verfassung und Selbstverständnis
des oberdeutschen Generalkapitels
1999. XI, 423 Seiten. Leinen.

Band 12
Sabine Vogel
Kulturtransfer in der frühen Neuzeit
Die Vorworte der Lyoner Drucke des 16. Jahrhunderts
1999. X, 322 Seiten. Leinen.

Band 13
Ute Lotz-Heumann
Die doppelte Konfessionalisierung in Irland
Konflikt und Koexistenz im 16. und in der ersten Hälfte des 17. Jahrhunderts
2000. XI, 510 Seiten. Leinen

Band 14
Johannes a Lasco (1499–1550) –
Polnischer Baron, Humanist und europäischer Reformator
Beiträge zum internationalen Symposium vom 14. bis 17. Oktober 1999
in der Johannes a Lasco Bibliothek Emden
Herausgegeben von Christoph Strohm
2000. X, 390 Seiten. Leinen.

Band 15
Spätmittelalterliche Frömmigkeit zwischen Ideal und Praxis
Herausgegeben von Berndt Hamm und Thomas Lenters
2000. Ca. 230 Seiten. Leinen.

Band 16
Jürgen Miethke
De potestate papae
Die päpstliche Amtskompetenz im Widerstreit der politischen Theorie
von Thomas von Aquin bis Wilhelm von Ockham
2000. X, 347 Seiten. Leinen.

Einen Gesamtkatalog erhalten Sie vom Verlag Mohr Siebeck, Postfach 2040, D-72010 Tübingen.
Neueste Informationen im Internet unter http://www.mohr.de